Vahlens Handbücher
der Wirtschafts- und Sozialwissenschaften

Einführung in die Bankbetriebslehre

von

Dr. Manfred Hein

Professor der Betriebswirtschaftslehre
an der Freien Universität Berlin

2., überarbeitete Auflage

Verlag Franz Vahlen München

Die Deutsche Bibliothek – CIP-Einheitsaufnahme

Hein, Manfred:
Einführung in die Bankbetriebslehre / von Manfred
Hein. – 2., überarb. Aufl. – München : Vahlen, 1993
  (Vahlens Handbücher der Wirtschafts- und
  Sozialwissenschaften)
  ISBN 3 8006 1730 7

ISBN 3 8006 1730 7

© 1993 Verlag Franz Vahlen GmbH, München
Satz und Druck der C. H. Beck'schen Buchdruckerei, Nördlingen

Vorwort

Die vorliegende Einführung in die Bankbetriebslehre ist in erster Linie für Studierende der Wirtschaftswissenschaft gedacht. Was an deutschen Hochschulen als „Allgemeine Betriebswirtschaftslehre" vermittelt wird, läßt sich – etwas vereinfacht – als verallgemeinerte Industriebetriebslehre kennzeichnen, so daß ihre Aussagen für Betriebe anderer Wirtschaftszweige nur in Teilen oder nur sinngemäß gelten. Daher erübrigt es die „Allgemeine Betriebswirtschaftslehre" nicht etwa, sich gesondert mit den betriebswirtschaftlichen Problemen des Bankbetriebes zu befassen, sondern sie legt es im Gegenteil nahe.

Aufgrund ihrer Konzeption spricht die vorliegende Einführung über den Kreis der Studierenden hinaus aber auch in der Bankpraxis tätige Leser an. Die Darstellung ist betont praxisnah gehalten; die bisher in der wissenschaftlichen Bankbetriebslehre entwickelten Ansätze werden besonders unter dem Gesichtspunkt ihrer Praktikabilität dargestellt. Daraus ergeben sich vor allem gegenüber quantitativen (mathematisch-statistischen) Verfahren zum Teil erhebliche Vorbehalte. Sie herauszuarbeiten, erschien mir angebracht, weil in der wissenschaftlichen Bankliteratur mitunter der Eindruck entsteht, als ließen sich nunmehr, mit Hilfe quantitativer Verfahren, praktisch alle Probleme lösen. Das aber ist keineswegs der Fall.

Eine um Praxisnähe bemühte Einführung steht vor der Schwierigkeit, daß sich die realen Bankbetriebe in ständigem Wandel befinden. Die Veränderungen habe ich bewußt in die Darstellung einbezogen, die zwar den zu Beginn der neunziger Jahre erreichten Entwicklungsstand zugrunde legt, ergänzend aber die wesentlichen Wandlungen in den vergangenen zwei Jahrzehnten sowie die erkennbaren weiteren Entwicklungstendenzen aufzeigt. Der Bankbetrieb erscheint auf diese Weise nicht als statisches, sondern – der Realität entsprechend – als ein sich ständig wandelndes Erkenntnisobjekt.

Es ist naheliegend, daß sich die Darstellung am Erscheinungsbild der Bankbetriebe im eigenen Lande orientiert. Um die Darstellung übersichtlich zu halten, mußte ich jedoch einen heute wesentlichen Teilbereich der Tätigkeit deutscher Banken weitgehend aussparen: ihr seit den siebziger Jahren stark erweitertes internationales Geschäft. Die Besonderheiten gegenüber dem Inlandsgeschäft sind so vielfältig, daß sie einem separaten Lehrbuch vorbehalten bleiben müssen.

Die Einführung in ein Fachgebiet kann nur Grundlinien aufzeigen und Probleme verdeutlichen, um den Leser zur vertiefenden Beschäftigung mit spezielleren Arbeiten anzuregen. Weiterführende Literatur ist zu wesentlichen Teilfragen bereits in den Fußnoten genannt; im übrigen wird jeweils auf die umfangreiche, als Anhang beigefügte Bibliographie zur Bankbetriebslehre verwiesen, die in gleicher Weise wie der Text gegliedert ist und dadurch einen direkten Übergang zur vertiefenden Lektüre ermöglicht.

Berlin, im April 1993   MANFRED HEIN

Inhaltsverzeichnis

Erster Abschnitt
Der Bankbetrieb als Gegenstand der Bankbetriebslehre

Zweiter Abschnitt
Bankbetriebliche Leistungen

Dritter Abschnitt
Rahmen bankbetrieblicher Leistungsprozesse

Vierter Abschnitt
Erstellung bankbetrieblicher Leistungen

Sechster Abschnitt
Rechnungswesen des Bankbetriebes

Abkürzungsverzeichnis

AG . . . . Die Aktiengesellschaft. Zeitschrift für das gesamte Aktien-
wesen

AGB . . . . Allgemeine Geschäftsbedingungen

AktG . . . . Aktiengesetz

BAK . . . . Bundesaufsichtsamt für des Kreditwesen

Bank . . . . Die Bank. Zeitschrift für Bankpolitik und Bankpraxis (bis
Ende 1976: Bk-B)

BB . . . . Der Betriebs-Berater. Zehntagedienst für Wirtschafts-,
Steuer- und Sozialrecht

Bbk-Bankenstatistik . . Deutsche Bundesbank, Bankenstatistik (Statistisches Beiheft zum Monatsbericht)

BbkG . . . . Gesetz über die Deutsche Bundesbank (Bundesbankgesetz)

BdB . . . . Bundesverband deutscher Banken e. V.

BfG . . . . Blätter für Genossenschaftswesen

BFuP . . . . Betriebswirtschaftliche Forschung und Praxis

BGB . . . . Bürgerliches Gesetzbuch

BkA . . . . Bank Archiv, Zeitschrift für das gesamte Bank- und Börsenwesen (bis 1987: Öst. Bk-A)

Bk-B . . . . Bank-Betrieb. Zeitschrift für Bankpolitik und Bankpraxis
(ab 1977: Bank)

Bkinf . . . . Bankinformation und Genossenschaftsforum

bum . . . . bank und markt. Zeitschrift für Unternehmensführung und
Marketing

Bw.Blätter . . . . Betriebswirtschaftliche Blätter (für die Praxis der Sparkassen und Landesbanken/Girozentralen)

DBW . . . . Die Betriebswirtschaft

DSGV . . . . Deutscher Sparkassen- und Giroverband e. V.

EGAktG . . . . Einführungsgesetz zum Aktiengesetz vom 6. 9. 1965

FAZ . . . . Frankfurter Allgemeine Zeitung für Deutschland

FLF . . . . Finanzierung – Leasing – Factoring (bis April 1980: Tzw)

GenG . . . . Gesetz betreffend die Erwerbs- und Wirtschaftsgenossen-
schaften (Genossenschaftsgesetz)

gi . . . . geldinstitute. Journal für Automation, Organisation und
Einrichtung

GWB . . . . Gesetz gegen Wettbewerbsbeschränkungen (Kartellgesetz)

HdO . . . . Handwörterbuch der Organisation

HGB . . . . Handelsgesetzbuch

Hrsg (hrsgg) . . . . Herausgeber (herausgegeben)

HypbkG . . . . Hypothekenbankgesetz

Karten . . . . Karten – cards – cartes. Zeitschrift für Zahlungsverkehr und
Kartendienstleistungen

KuK . . . . Kredit und Kapital

KWG . . . . Gesetz über das Kreditwesen (Kreditwesengesetz)

LK . . . . Der langfristige Kredit. Zeitschrift für langfristige Finanzierung und Vermögensanlage

Mb-Bbk . . . . Monatsberichte der Deutschen Bundesbank (ab 1993: Deutsche Bundesbank – Monatsbericht)

MuSa . . . .   Mustersatzung
NJW . . . .   Neue Juristische Wochenschrift
Öst.Bk-A . . . .   Österreichisches Bank-Archiv. Zeitschrift für das gesamte
                            Bank- und Sparkassen-, Börsen- und Kreditwesen (seit
                            1988: BkA)
PublG . . . .   Gesetz über die Rechnungslegung von bestimmten Unter-
                            nehmen und Konzernen (Publizitätsgesetz)
RechKredVO . . . . . .   Verordnung über die Rechnungslegung der Kreditinstitute
Spk . . . .   Sparkasse. Zeitschrift des Deutschen Sparkassen- und Giro-
                            verbandes e. V.
Spk Int . . . .   Sparkassen International. Zeitschrift des Internationalen In-
                            stituts der Sparkassen
Tzw . . . .   Teilzahlungswirtschaft. Unabhängiges Fachblatt für Raten-
                            kredit und Investitionsfinanzierung (ab Mai 1980: FLF)
WiSt . . . .   Wirtschaftswissenschaftliches Studium. Zeitschrift für Aus-
                            bildung und Hochschulkontakt
WiWo . . . .   Wirtschaftswoche
WM . . . .   Wertpapier-Mitteilungen. Teil IV: Zeitschrift für Wirt-
                            schafts- und Bankrecht
Wpg . . . .   Die Wirtschaftsprüfung
WuW . . . .   Wirtschaft und Wettbewerb. Zeitschrift für Kartellrecht,
                            Wettbewerbsrecht, Marktorganisation
WWA . . . .   Weltwirtschaftliches Archiv. Zeitschrift des Instituts für
                            Weltwirtschaft an der Universität Kiel
ZBB . . . .   Zeitschrift für Bankrecht und Bankwirtschaft
ZfB . . . .   Zeitschrift für Betriebswirtschaft
zfbf . . . .   Schmalenbachs Zeitschrift für betriebswirtschaftliche For-
                            schung (bis 1963: ZfhF)
ZfgG . . . .   Zeitschrift für das gesamte Genossenschaftswesen
ZfgK . . . .   Zeitschrift für das gesamte Kreditwesen
ZfhF . . . .   Zeitschrift für handelswissenschaftliche Forschung (ab 1964:
                            zfbf)
ZfO . . . .   Zeitschrift für Organisation
ZfV . . . .   Zeitschrift für Versicherungswesen
ZGR . . . .   Zeitschrift für Unternehmens- und Gesellschaftsrecht
ZgV . . . .   Zeitschrift für die gesamte Versicherungswissenschaft
ZHR . . . .   Zeitschrift für das gesamte Handelsrecht und Wirtschafts-
                            recht (bis 1960: Zeitschrift für das gesamte Handelsrecht
                            und Konkursrecht)
ZIP . . . .   Zeitschrift für Wirtschaftsrecht
ZIR . . . .   Zeitschrift Interne Revision
ZuB . . . .   Zahlungsverkehr und Bankbetrieb. Zeitschrift für bank-
                            wirtschaftliche und banktechnische Fragen

Erster Abschnitt

Der Bankbetrieb als Gegenstand der Bankbetriebslehre

Die Bankbetriebslehre befaßt sich mit jenen Wirtschaftseinheiten, die man im allgemeinen Sprachgebrauch Bankbetriebe, Banken oder auch Kreditinstitute nennt. Wesentliche Gemeinsamkeit ihrer Tätigkeiten und ihrer Produkte ist deren enge Beziehung zum Geld. Will man die Bankbetriebe genauer beschreiben und die Abhängigkeiten und Zusammenhänge im Rahmen ihrer Tätigkeit analysieren, so ist es angebracht, eine bestimmte Ausprägung des Bankbetriebes zugrunde zu legen. Denn die Tätigkeit der realen Bankbetriebe wandelt sich im Laufe der Zeit, und sie zeigt überdies erhebliche Unterschiede von Land zu Land, ja sogar innerhalb desselben Landes. Aussagen lediglich über „den Bankbetrieb" sind deshalb stets **in mehrfacher Hinsicht bedingte Aussagen.** In der Fachliteratur wird das leider nicht immer genügend hervorgehoben.

Die eingeschränkte Allgemeingültigkeit aller Aussagen – in der vorliegenden Einführung wie auch in allen anderen Arbeiten zur Bankbetriebslehre – soll dieser erste Abschnitt des Buches nachhaltig bewußt machen, indem die wesentlichen Bedingtheiten etwas näher erläutert werden:

1. Aussagen über „den Bankbetrieb" sind stets **zeitlich gebunden.** Die meisten der Tätigkeiten, die man heute als Bankgeschäfte (Bankleistungen) bezeichnet, lassen sich historisch weit zurückverfolgen, wobei sie sich – entsprechend den jeweiligen Erfordernissen der übrigen Wirtschaft – immer wieder, zum Teil tiefgreifend gewandelt haben. Sich den historischen Wandel in einigen wesentlichen Grundzügen vor Augen zu führen, verhilft zum einen dazu, die heutige Erscheinungsform des Bankbetriebes als Zwischenergebnis einer historischen Entwicklung zu begreifen. Zum anderen beugt es Fehlinterpretationen bei historischen Rückgriffen vor.

2. Aussagen über „den Bankbetrieb" sind in hohem Maße **räumlich gebunden.** Zwischen Bankbetrieben verschiedener Länder bestehen zum Teil grundlegende Unterschiede, die insbesondere auf Unterschieden der Wirtschaftssysteme beruhen. Sie sind zum Teil so erheblich, daß man sich zweckmäßig auf Bankbetriebe innerhalb eines bestimmten Wirtschaftssystems beschränkt, naheliegend dem des eigenen Landes.

3. Auch wenn man die heutigen Verhältnisse im eigenen Lande zugrunde legt, ist mit „Bankbetrieb" noch immer kein eindeutiges Forschungsobjekt umschrieben. Die realen Bankbetriebe unterscheiden sich in mannigfacher Hinsicht, vor allem nach dem Umfang ihres Leistungsangebotes: Ein Teil von ihnen beschränkt sich auf wenige Arten bankmäßiger Tätigkeit (Spezialbanken), andere bieten sie in voller Breite an (Universalbanken). Mindestens nach diesen beiden Grundtypen sind Aussagen über „den Bankbetrieb" zu differenzieren, wobei es naheliegt, **anhand des vorherrschenden Typs** vorzugehen.

1. Bankbetrieb im historischen Wandel

Die Tätigkeiten, die heute einen Bankbetrieb kennzeichnen, haben sich erst nach und nach, mit fortschreitender gesellschaftlicher Arbeitsteilung, in bestimmten Institutionen verdichtet. Um die historischen Wandlungen aufzuzeigen, ist daher zunächst zurückzugreifen auf die Entwicklung der (im heutigen Sinne) bankmäßigen Tätigkeiten, nicht auf die bestimmter Institutionen.

Die Entwicklung verlief nicht immer so einheitlich und gradlinig, wie sie im folgenden skizziert wird. Es gab beträchtliche Unterschiede von Land zu Land und immer wieder auch Rückschritte auf eine niedrigere Stufe der Entwicklung. Ausführlich gehen hierauf die detaillierteren Arbeiten zur Bankgeschichte ein.[1] Aus den dort geschilderten Einzelheiten lassen sich jedoch – legt man die Entwicklung auf dem europäischen Kontinent, für die neuere Zeit die in Deutschland zugrunde – die folgenden Entwicklungslinien erkennen.

Alle bankmäßigen Tätigkeiten beziehen sich auf Geld und dessen Surrogate; ihre Entwicklung ist daher unmittelbar mit der **Entwicklung des Geldes** verbunden. Da die äußere Form des Geldes im Laufe der Geschichte häufig wechselte, definiert man es zweckmäßig von seinen Funktionen her („money is what money does"). Die wesentlichen Geldfunktionen sind zwar nicht einhellig festgelegt, meist jedoch sieht man sie in dreierlei: allgemein anerkanntes Zahlungsmittel, Wertaufbewahrungsmittel und Recheneinheit zu sein. Diese Funktionen übernahmen beim Übergang vom Naturaltausch zur Geldwirtschaft einige der getauschten Güter, indem man sie nicht mehr nur annahm, um sie zu verbrauchen, sondern auch mit der Absicht, sie beim Tausch weiterzugeben. In verschiedenen Kulturkreisen dienten beispielsweise Getreide, Vieh, Edelsteine, Metalle als solches **Warengeld.** Zunehmend verloren die als Geld verwendeten Güter ihren Gebrauchs- oder Verbrauchswert. Man nahm sie schließlich fast nur noch an, um mit ihnen etwas anderes zu erlangen. Damit verengte sich zwangsläufig der Kreis der als Geld verwendeten Güter. Besonders **Edelmetalle** traten immer stärker in den Vordergrund, weil sie unverderblich, leicht teilbar und allgemein geschätzt waren. Die Metalle wurden zunächst noch bei jedem Tausch gewogen und auf ihre Feinheit geprüft; später – als die äußere Form durch die **Erfindung der Münze** vereinheitlicht worden war – übernahm der Staat die Garantie für Gewicht und Feinheit, indem er die Münzen einheitlich ausprägte. Damit war der Weg für die nächste Entwicklungsstufe bereitet: Kraft seiner Autorität konnte der Staat auch Münzen in Umlauf setzen, deren Nennwert höher war als der Warenwert des verwendeten Metalls (unterwertige oder Scheidemünzen). Statt der zuvor allein gebräuchlichen „vollwertigen" Münzen (Warenwert = Nennwert) wurden nun die Edelmetalle durch unedle Metalle herunterlegiert oder sogar durch sie ersetzt. Sobald der Nennwert nicht

---

[1] Literaturhinweise zur historischen Entwicklung des Geld- und Bankwesens: S. 340–343.

mehr durch den Warenwert, sondern in erster Linie durch staatliche Autorität festgelegt wurde, war es nur noch ein kleiner Schritt, den Warenwert schließlich gänzlich auszuschalten und wertloses **Papier** mit den Geldfunktionen auszustatten.

Hält man sich an den Stoff, der jeweils die Geldfunktionen übernahm, so ergeben sich zusammengefaßt folgende Entwicklungsstufen, die sich jeweils stark überlagerten:

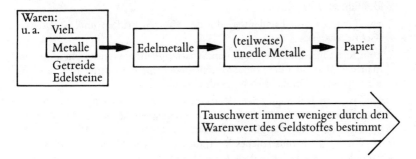

Welche Stoffe auch im Laufe der Geschichte Geldfunktionen übernahmen, stets gab es die Möglichkeit, Zahlungen auch „stofflos" durchzuführen. Schon auf frühen Stufen der Geldwirtschaft erkannte man es als Vereinfachung, das „stoffliche" Geld (im heutigen Sinne: Bargeld) bei einer zentralen Stelle zu verwahren und dann durch bloße Übertragung der Guthaben in den Büchern des Verwahrers zu zahlen. Auf diese Weise zahlte man bereits vor mehreren tausend Jahren bargeldlos: In Ägypten und auch in Babylonien diente Getreide als Geld, das in staatlichen Speichern oder in Tempeln gelagert und mit dem durch einfache Umbuchung in den Lagerbüchern gezahlt wurde, also praktisch mit **Buchgeld.** Es ist daher unzutreffend, wenn man – wie es des öfteren zu lesen ist – die stete Entmaterialisierung des Geldes mit der Folge Warengeld → Scheidegeld → Papiergeld → Buchgeld veranschaulicht. Mit Buchgeld zu zahlen, ist vielmehr auf allen Entwicklungsstufen des Bargeldes eine parallele Möglichkeit gewesen. Auch die Vorstellung, Buchgeld habe heute insofern Eigenleben gewonnen, als es nicht mehr notwendig eine „Verwahrung" von Bargeld voraussetze, trifft nicht zu. Auch auf früheren Entwicklungsstufen konnte Buchgeld statt auf vorheriger Einzahlung von Bargeld auf einem bloßen Kredit des Verwahrers beruhen. Kennzeichnend für die heutige Geldwirtschaft ist lediglich das außerordentlich große Übergewicht, das bei Zahlungen immaterielles Geld (Buchgeld) gegenüber dem materiellen Geld (Bargeld) erlangt hat. Aus diesem Grunde wohl neigt man vielfach dazu, es immer weniger als bloße Anweisung auf Bargeld, sondern als Geld eigener Art anzusehen.

Die stärksten **Anstöße zur Entwicklung bankmäßiger Tätigkeit** im heutigen Sinne gingen von den Mängeln des Bargeldes aus.[2] Die zunächst als Geld

---

[2] In einem alten Lehrbuch wird das Bankwesen gekennzeichnet als eine „Einrichtung, wodurch das Mangelhafte und Unzulängliche des Metallgeldes ersetzt, und aller Art des daraus entstehenden Mißbrauches oder Schadens soll gesteuert werden".

verwendeten Waren mußten bei jeder Zahlung auf ihre Güte und meist auch auf ihre Menge hin geprüft werden. Zudem war ihr Transport meist umständlich und gefährlich. Als sich Edelmetalle in der Form von Münzen als Geld durchsetzten, verringerten sich die praktischen Schwierigkeiten nur wenig. Nun hatte jeder kleine Staat, ja fast jede Stadt eine eigene Währung, was bedeutete: Münzen unterschiedlicher Feinheit und von unterschiedlichem Gewicht. Hinzu kamen die Gefahren bewußter Münzverschlechterung durch Beschneiden oder Herunterlegieren der Münzen. Die Mängel des Bargeldes führten zu zweierlei:

1. zur Tätigkeit von Fachleuten, die die Münzen prüften und wechselten (Geldwechsler);

2. zum fortwährenden Versuch, den Schwierigkeiten auszuweichen, indem man das Bargeld nur einmal prüfen und dann verwahren ließ, um im weiteren nach Möglichkeit bargeldlos zu zahlen.

Da im zweiten Fall nicht allein Vertrauen in die Fachkenntnis erforderlich war, sondern auch Vertrauen in die Zuverlässigkeit des Verwahrers, ist es begreiflich, daß diese Tätigkeiten zunächst Institutionen oder Personen mitübernahmen, die bereits solches Vertrauen genossen. Hierzu gehörten über Jahrhunderte hinweg besonders Tempel und staatliche Stellen, zunehmend aber auch **wohlhabende Kaufleute**. Sie alle gewährten meist auch Kredite, die jedoch zunächst noch in keinem systematischen Zusammenhang mit den verwahrten Geldern und dem bargeldlosen Zahlungsverkehr standen.

Während die Geldverwahrung (als Grundlage des bargeldlosen Zahlungsverkehrs) Vertrauen in die Zuverlässigkeit und die Kreditvergabe entsprechende Finanzmittel voraussetzten, erforderte das Prüfen und Wechseln von Münzen lediglich Fachkenntnisse. So waren die **Geldwechsler** die ersten, die sich auf Geldgeschäfte beschränken und die auch ihre Tätigkeit damit beginnen konnten. Aus diesem Grunde bezeichnet man die Geldwechsler des Altertums als die frühesten Vorläufer heutiger Bankbetriebe.

Aus dem Altertum sind besonders die Trapeziten zu nennen, die in Griechenland etwa zwischen dem 5. und dem 3. Jahrhundert v. Chr. tätig waren. Ihr Name leitete sich von dem Tisch („trapeza") her, an dem sie die Münzen prüften und wechselten. Soweit sie dabei genügend Vertrauen gewinnen konnten, überließ man ihnen Bargeld auch zur Verwahrung. Zum Teil gewährten sie bereits Kredite, mitunter auf der Grundlage der bei ihnen verwahrten Gelder.

Damit deutete sich schon sehr früh eine Entwicklung an, die dann im Mittelalter noch klarer hervortrat. Der auf Geldgeschäfte spezialisierte „Bankier" entwickelte sich nicht nur aus den Kaufleuten, die bankmäßige Tätigkeiten anfangs mitübernahmen und später verselbständigten, sondern auch aus den Geldwechslern, die weitere Geldgeschäfte übernahmen, sobald sie über hinreichend Vertrauen und entsprechende Mittel verfügten.

Eine besonders bedeutende Rolle spielten die Geldwechsler in den mittelalterlichen Handelszentren Norditaliens. Sie entwickelten mit Phantasie eine

---

VÖLLINGER, JOHANN ADAM: Lehrgebäude über Geld-, Bank- und Wechselwesen, Heidelberg 1798, S. 273.

solche Vielfalt von Geldgeschäften, daß einige Bankhistoriker in ihnen den eigentlichen Ursprung der modernen Bank sehen. Von ihrer Tätigkeit geht auch das Wort „Bank" aus. Es leitet sich von dem „banco" her, ihrem Verkaufstisch, den sie auf den Märkten zwischen den anderen Händlern aufstellten. Ihre Tätigkeit erweiterten sie bald über das Geldprüfen und Geldwechseln hinaus auf die Verwahrung von Bargeld und auf die Zahlungsvermittlung. Den lokalen Zahlungsverkehr bewerkstelligten sie durch einfache Umbuchung, den interlokalen Zahlungsverkehr durch Wechselbriefe, die den Transport von Bargeld ersparten und für deren Einlösung die Geldwechsler weitgezogene Netze eigener Niederlassungen aufbauten. Weitere Geschäfte knüpften an die bei ihnen verwahrten Gelder an, die zu nutzbringender Anlage verlockten. Die Geldwechsler begannen, auch Kredite zu vergeben und sich am Warenhandel zu beteiligen. Beides führte allerdings zu derart zahlreichen Zusammenbrüchen, daß der Staat versuchte, das Depositengeschäft – als Basis des bargeldlosen Zahlungsverkehrs – streng vom Kreditgeschäft und besonders vom Warenhandel zu trennen (Venezianische Verordnungen von 1374 und 1523). Als das nicht gelang, führte man statt dessen eine staatliche Aufsicht ein. Später versuchte man auch, das Problem durch Gründung „staatlicher Girobanken" zu lösen, denen von vornherein jegliche Kreditvergabe untersagt war. Sie jedoch gerieten ebenfalls in Schwierigkeiten, weil sich nun der Staat die verwahrten Gelder selbst nutzbar zu machen suchte.

Gegenüber den Geldwechslern hatten auf längere Sicht die das Geldgeschäft mitübernehmenden Großkaufleute mit dem überwiegenden Warenhandel (aus dem ihre Kapitalkraft stammte) offenbar die festere finanzielle Grundlage, auf der sie auch das Risiko von Kreditvergaben eher tragen konnten. Zudem ließen sie sich für ihre vor allem an den Staat vergebenen Kredite vorzugsweise (statt einer Tilgung in Bargeld) Handels-, Zoll- oder Steuerprivilegien einräumen, so daß ihr Kreditgeschäft wiederum ihre Interessen im Warenhandel förderte. Die Kaufleute sahen sich mitunter sogar genötigt, auch den lokalen Zahlungsverkehr selbst zu organisieren, weil sie sich von Geldwechslern schlecht betreut oder ausgenutzt fühlten. Eine solche Selbsthilfeeinrichtung war beispielsweise die 1609 gegründete AMSTERDAMSCHE WISSELBANK, die erste „Girobank" nördlich der Alpen.

Nachhaltiger Einfluß auf den Inhalt bankmäßiger Tätigkeit ging vom Aufkommen des Papiergeldes aus. Den Beginn des Überganges vom Metall- zum Papiergeld bildeten Depositenscheine, mit denen Verwahrer die Hinterlegung von Münzgeld quittierten und die bei hinreichendem Vertrauen in die betreffenden Verwahrer von Dritten als Zahlungsmittel akzeptiert wurden. Im nächsten Schritt wurden diese „Zettel" auch ohne vorherige Hinterlegung von Münzgeld, also auf Kredit ausgegeben. Diese Möglichkeit, zusätzliches Geld zu schaffen, nutzten bereits die Geldwechsler im Mittelalter; größere Bedeutung erlangte sie aber erst in der zweiten Hälfte des 17. Jahrhunderts, insbesondere im Rahmen der zahlreichen Experimente, Gelder für den Staat zu beschaffen – für Fürsten und Könige, für Städte und Länder.

Eine bedeutende Rolle beim Übergang zum Papiergeld spielten englische Goldschmiede, die in größerem Umfang Edelmetallgeld für Kunden verwahrten und deren dafür ausgestellte Quittungen wie Geld zirkulierten

(„goldsmith's notes"). Auf der Grundlage ihrer Erfahrungen kam es im Jahre 1694 mit der Gründung der BANK OF ENGLAND zu einem wegweisenden Schritt für die weitere Entwicklung:

Anstoß zur Gründung war der Geldbedarf des englischen Königs für einen Krieg gegen Frankreich. Der benötigte Betrag sollte von Großkaufleuten aufgebracht werden, denen der Staat die Tonnageabgaben für Schiffe verpfänden wollte. Die insoweit seit Jahrhunderten geläufige Konstruktion wurde nun aber mit der Gründung einer Bank – der BANK OF ENGLAND – verbunden, die vom Staat das Privileg für alle bankmäßigen Geschäfte erhielt. In ihrem Statut waren erstmals die verschiedenen Geldgeschäfte zu einer organischen Einheit zusammengefügt. Man hat das Institut daher auch als die **erste moderne Kreditbank** in der Bankgeschichte bezeichnet.[3]

Die wichtigsten Merkmale der Konstruktion waren:

• Die Gläubigergemeinschaft übernahm das Aktienkapital der Bank, dem in gleicher Höhe das verzinsliche Darlehen an den Staat gegenüberstand. Die Bank war damit deutlich vom Staatshaushalt getrennt.

• Der Bank wurden sämtliche Bankgeschäfte gestattet, jedoch Warengeschäfte ausdrücklich verboten. Die Erlaubnis erstreckte sich nicht nur auf die Annahme von Depositen, den bargeldlosen Zahlungsverkehr und auf Faustpfandkredite, sondern auch auf die Ausgabe von Papiergeld (Banknoten). Das Ausgaberecht war ein Privileg, da in der Folgezeit – die „goldsmith's notes" blieben davon unberührt – in London und Umgebung kein anderes Unternehmen neue Noten ausgeben durfte.

• Die Bank durfte Banknoten bis zur Höhe des Darlehens an den Staat ausgeben, was sich zweifach interpretieren läßt: a) Die Gläubigergemeinschaft erhielt die Möglichkeit, auf ihre Gelder zurückzugreifen; b) die Banknoten waren durch Kredite an den Staat „gedeckt".

Die BANK OF ENGLAND trug also bereits deutliche Züge einer modernen Zentralnotenbank. Allerdings verfolgte sie noch keine gesamtwirtschaftlichen Ziele, sondern war voll auf die Gewinnerzielung ausgerichtet.

Die Ausgabe eigener Banknoten wurde im 18. Jahrhundert allenthalben ein wesentliches, wenn auch sehr umstrittenes Bankgeschäft. WILLIAM PATERSON, auf dessen Plänen die Gründung der BANK OF ENGLAND beruhte, hatte für alle ausgegebenen Banknoten grundsätzlich volle Deckung durch Edelmetalle gefordert, was er allerdings für die BANK OF ENGLAND nicht durchsetzen konnte. In ähnlichen Plänen auf dem Kontinent versuchte man, die Banknotenausgabe durch die Bindung an Grundpfandrechte oder an Wertpapierbestände zu begrenzen. Entsprechende Projekte scheiterten aber zumeist. Viele der im 18. Jahrhundert auf dem Kontinent gegründeten „Zettelbanken" nahmen auch deshalb ein schlimmes Ende, weil sie „sich früher oder später in Fabriken von Staatspapiergeld verwandelten".[4]

Das Vorurteil gegen Banknoten – gewachsen aus dem häufigen Mißerfolg und Mißbrauch – schwand erst wieder im 19. Jahrhundert. Allgemein breitete sich nun die Einsicht aus, daß die Banknotenausgabe im Interesse der gesamtwirtschaftlichen Entwicklung auf ein einziges Institut im Lande zu beschränken sei **(Emissionsmonopol)**. Schrittweise wurden die daneben be-

---

[3] LÖFFELHOLZ, JOSEF: Geschichte der Betriebswirtschaft und der Betriebswirtschaftslehre, Stuttgart 1935, S. 353.
[4] LEXIS: Die Banken in den kontinentalen Staaten im 18. Jahrhundert, in: Handwörterbuch der Staatswissenschaften, 4. Aufl., Jena 1924, II. Band, S. 175.

stehenden Notenbanken ausgeschaltet, indem der Staat ihre Banknotenausgabe entweder eng begrenzte, sie völlig untersagte oder sie durch die Bestimmung neutralisierte, sonstige Banknoten müßten bei den Emittenten in vollem Umfang durch solche der Zentralnotenbank gedeckt sein. In Deutschland nahm 1876 die DEUTSCHE REICHSBANK ihre Tätigkeit als Zentralnotenbank auf; die letzten Banknoten anderer Institute wurden 1935 aus dem Verkehr gezogen. (In Schottland und in Nordirland sind noch heute einige private Banken berechtigt, eigene Banknoten auszugeben, müssen aber in gleichem Umfang Banknoten der Zentralbank in ihren Tresoren halten.)

Damit war die Banknotenausgabe aus dem Kreis der üblichen bankmäßigen Geschäfte ausgeschieden. Überall ist sie heute auf jeweils ein Institut im Lande beschränkt, in Deutschland auf die DEUTSCHE BUNDESBANK. Die Banknotenausgabe orientiert sich nur noch an volkswirtschaftlichen Erfordernissen, ist also völlig losgelöst von privaten Erwerbsinteressen und zumeist auch – außer in sozialistischen Ländern – frei von direkten Eingriffen des Staates.

Mit der Herausnahme der Banknotenausgabe aus den banküblichen Geschäften entstand auch die Grundlage für die **Arbeitsteilung in der wissenschaftlichen Behandlung** geld- und bankwirtschaftlicher Probleme. Die Tätigkeit der Zentralnotenbank wird seither im Rahmen der Volkswirtschaftslehre behandelt, während sich die Bankbetriebslehre auf die übrigen Kreditinstitute konzentriert. Bei der wissenschaftlichen Behandlung der „Zettelbanken" waren noch notwendig betriebs- und volkswirtschaftliche Gesichtspunkte eng miteinander verzahnt gewesen.

Die letzten wesentlichen Veränderungen auf dem Wege zu ihrem heutigen Erscheinungsbild erfuhren die Bankbetriebe
a) seit Mitte des vorigen Jahrhunderts durch den stark steigenden Kapitalbedarf im Zuge der Industrialisierung;
b) im Verlauf unseres Jahrhunderts durch ihre breite Öffnung auch für die mittleren und unteren Bevölkerungsschichten.

Bis ins vorige Jahrhundert hinein waren Bankbetriebe zumeist personen- oder familiengebundene Privatfirmen, die auch noch häufig Finanz- und Warengeschäfte verbanden. Der Eisenbahnbau und die beginnende **Industrialisierung** ließen jedoch den Kreditbedarf derart stark ansteigen, daß neue Organisationsformen erforderlich wurden, um mehr und möglichst längerfristige Mittel aufzubringen. Zu diesem Zweck rückten besonders die Effekten in den Vordergrund bankmäßiger Tätigkeit. Es entstanden Aktienbanken, die durch Ausgabe eigener Aktien und Schuldverschreibungen weitaus mehr Gelder als die familiengebundenen Privatfirmen zu beschaffen vermochten. Man empfand sie zudem als besonders geeignet, einen möglichst breiten Personenkreis an den aufstrebenden Industrieunternehmen zu beteiligen. Erste Bank dieser Art war die SOCIÉTÉ GÉNÉRALE DE CRÉDIT MOBILIER, die 1852 in Paris gegründet wurde. Das Institut war selbst zwar wenig erfolgreich, diente jedoch in anderen Ländern, besonders in Deutschland, als Vorbild für entsprechende Gründungen.

Mit der wachsenden Bedeutung der Aktienbanken war eine zunehmende Entpersönlichung des Bankgeschäfts verbunden. Ein Chronist beschreibt anschaulich den Wandel, der sich in dieser Zeit vollzog: „Der persönliche

Name, der mit der Bank untrennbar verbunden war, wurde aufgegeben und irgendein auswechselbares Wort des Tätigkeitsbereiches dafür eingesetzt . . . Der Vertrag von . . . Darlehnsnehmer und Darlehnsgeber wickelte sich nicht mehr zwischen den sich vom Ansehen bekannten Freunden ab, sondern spielte sich häufig über die Theke ein, wobei die Kontrahenten sich gleichgültig blieben, da sie als auswechselbare Vertreter ihrer Auftraggeber, der Aktionäre, handelten."[5]

Der hohe Finanzbedarf durch die Industrialisierung führte auch zu einer Verlagerung des Schwerpunktes bankmäßiger Tätigkeit. Hatten bis dahin die Abwicklung des Zahlungsverkehrs für die Kaufleute (verknüpft mit dem Depositengeschäft) sowie die Kreditvergabe an den Staat im Vordergrund gestanden, so rückten nun die Kreditvergabe an die Wirtschaft, speziell die Industrie, und die Beschaffung der hierfür erforderlichen Gelder in den Mittelpunkt bankmäßiger Tätigkeit. Darüber hinaus trat immer stärker das Bemühen der Bankbetriebe hervor, ihren Kunden ein möglichst umfassendes Angebot bankmäßiger Leistungen zu bieten. In der Fachliteratur taucht in dieser Zeit erstmals der Begriff „Universalbank" auf.

Bis in unser Jahrhundert hinein gehörte zu den Kunden der Bankbetriebe neben Wirtschaftsunternehmen (Kaufleuten) und dem Staat ein meist nur kleiner Kreis vermögender Privatpersonen. Bankmäßige Tätigkeit für die mittleren und unteren Bevölkerungsschichten hatte es bis dahin nur unter karitativen Gesichtspunkten gegeben. Bereits im Mittelalter finden wir Institutionen, die – beispielsweise errichtet vom Franziskanerorden – Minderbemittelten kleine Darlehen gewährten, um sie vor der Ausbeutung durch Wucherer zu schützen. Mit ähnlicher Absicht, nur vorrangig auf die sichere und verzinsliche Anlage kleiner Ersparnisse ausgerichtet, entstanden in Deutschland seit Ende des 18. Jahrhunderts die Sparkassen – anfangs getragen von privaten Wohltätigkeitsvereinigungen, später vor allem von Städten und Gemeinden. Die Aktienbanken begannen sich für den „kleinen Mann" als Bankkunden erst in den 20er Jahren unseres Jahrhunderts zu interessieren; und erst in neuester Zeit – seit den 50er Jahren – entwickelten sie sich zu **Banken für alle Bevölkerungsschichten.**

Den Anstoß für den Wandel gaben die nach dem zweiten Weltkrieg, genauer: seit der Währungsreform von 1948 in Westdeutschland stark steigenden Einkommen aus unselbständiger Arbeit, also der mittleren und unteren Bevölkerungsschichten. Dadurch wurden diese Schichten in zunehmendem Umfang sparfähig; das insgesamt von ihnen aufgebrachte Sparvolumen entwickelte sich immer deutlicher zu einer unverzichtbaren Finanzierungsquelle der Bankbetriebe, wenn sie den Kreditbedarf ihrer Firmenkunden weiterhin angemessen decken wollten. Durch ihren gewachsenen Wohlstand wurden die breiten Bevölkerungsschichten auch „bankfähig", d. h. über die Anlage ihrer Spargelder hinaus auch für den Absatz weiterer Bankleistungen erfolgversprechende Kunden (Kreditvergabe, Abwicklung des Zahlungsverkehrs, Wertpapiergeschäft). Die umfassende Aufnahme und Intensivierung des Geschäfts mit Millionen von Lohn- und Gehaltsempfängern brachte für die

---

[5] Kirchholtes, Hans Dieter: Jüdische Privatbankiers in Frankfurt am Main, Frankfurt a. M. 1969, S. 48 f.

Bankbetriebe weitreichende betriebliche Veränderungen mit sich. So erforderten die neuen Kunden eine andere Ausgestaltung des Leistungsangebots und andere Vertriebsformen als die traditionelle Kundschaft. Vor allem aber führte das Geschäft mit ihnen zu einer außerordentlich starken Zunahme der Zahl von Geschäftsvorfällen, deren Bewältigung die Bankbetriebe vor ungewohnte, nur schwer zu lösende Probleme stellte. Der Einfluß des Geschäftes mit der breiten Privatkundschaft prägt heute am auffälligsten das Erscheinungsbild des Bankbetriebes.

Bei den großen Instituten ist seit den 70er Jahren eine weitere wesentliche Wandlung zu beobachten: Sie dehnen zunehmend ihre Aktivitäten über die nationalen Grenzen hinweg aus. Zu welchen nachhaltigen Veränderungen die wachsende **Internationalisierung des Bankgeschäfts** letztlich führen wird, läßt sich allerdings noch nicht zuverlässig absehen.

Der stark geraffte Überblick über wesentliche Wandlungen des Inhalts bankbetrieblicher Tätigkeit sollte veranschaulichen, weshalb Aussagen über „den Bankbetrieb" stets zeitlich gebunden sein müssen. Im weiteren wird der Bankbetrieb in seiner heutigen, d. h. der Erscheinungsform der neunziger Jahre unseres Jahrhunderts zugrunde gelegt.

2. Bankbetrieb und Wirtschaftssystem[6]

Für die wirtschaftliche Tätigkeit setzt in jedem Lande der Staat einen bestimmten Rahmen, der dem einzelnen Betrieb mehr oder weniger große Freiräume für eigenständige Entscheidungen beläßt. Konkret schlägt sich dieser Rahmen in Rechtsnormen nieder. Die Gesamtheit der die Wirtschaft betreffenden Rechtsnormen bezeichnet man als die **Wirtschaftsverfassung** eines Landes. Wie alle Rechtsnormen beruhen auch die der Wirtschaftsverfassung auf der gesellschaftspolitischen Konzeption, die im jeweiligen Lande vorherrscht.

Als **Wirtschaftssystem** bezeichnet man gewöhnlich das Ordnungsgefüge in einer bestimmten, realen Volkswirtschaft, wie es die Wirtschaftsverfassung formt. Für allgemeiner gefaßte Überlegungen werden Wirtschaftssysteme, die auf gleichen oder sehr ähnlichen ordnungspolitischen Ideen beruhen, unter dem Begriff der **Wirtschaftsordnung** zusammengefaßt.[7]

Extreme Idealtypen einer Wirtschaftsordnung sind die totale Plan- und Verwaltungswirtschaft auf der einen und die völlig freie Verkehrs- oder Marktwirtschaft auf der anderen Seite. Beide Typen waren und sind so extrem nirgends verwirklicht; in der Realität finden wir sie nur in mehr oder weniger abgeschwächter Form vor. Als **realtypische Ordnungen** unterschied man bis zum Ende der achtziger Jahre vor allem die Wirtschaftsordnung des Westens und die des Ostens, womit man zusammenfaßte: die Gesamtheit

---

[6] Weiterführende Literaturhinweise zur Tätigkeit von Banken in Abhängigkeit von Wirtschaftsordnung und Wirtschaftssystem: S. 343 f.

[7] Bisweilen verwendet man im Schrifttum die Begriffe Wirtschaftssystem und Wirtschaftsordnung auch in umgekehrtem Sinne.

kapitalistisch-marktwirtschaftlicher Wirtschaftssysteme auf der einen und die Gesamtheit sozialistisch-zentralplanwirtschaftlicher Wirtschaftssysteme auf der anderen Seite. Letztere waren im wesentlichen gekennzeichnet durch grundsätzlich gesellschaftliches (überwiegend staatliches) Eigentum an den Betrieben und durch die zentrale Planung der Wirtschaftstätigkeit. Diese Planung erfolgte natural, d. h. staatliche Instanzen entschieden, welche Güter in welchen Mengen produziert und wie sie verteilt werden sollten. Für die Bankbetriebe in einer solchen Wirtschaftsordnung bestand die zentrale Aufgabe darin, durch Kontrolle der den Güterströmen entgegengerichteten Geldströme die Einhaltung der Pläne zu überwachen und auf ihre Erfüllung hinzuwirken. Mit Bankbetrieben in einer marktwirtschaftlichen Ordnung waren sie deshalb nicht vergleichbar, auch wenn sie sich mit dem Zahlungsverkehr, der Kreditvergabe und ähnlichen banktypischen Geschäften befaßten. Aussagen über „den Bankbetrieb" waren stets nur in Bezug auf eine der beiden Wirtschaftsordnungen gültig.

Seit dem Zusammenbruch der sozialistisch-planwirtschaftlichen Wirtschaftssysteme in Mittel- und Osteuropa erübrigt es sich, ausführlicher auf die unterschiedliche Rolle von Banken in der zentralplanwirtschaftlichen und der marktwirtschaftlichen Ordnung einzugehen. Wir können generell Bankbetriebe in einer marktwirtschaftlichen Ordnung zugrunde legen und nun fragen, weshalb es auch bei gleicher Wirtschaftsordnung zu von Land zu Land unterschiedlich ausgeprägten Bankbetrieben kommt, die es nahelegen, Aussagen über „den Bankbetrieb" weitgehend auf ein bestimmtes Wirtschaftssystem zu beziehen.

Im Rahmen einer marktwirtschaftlichen Ordnung ist es zwar grundsätzlich den Geschäftsleitungen der einzelnen Banken überlassen, mit wem sie auf welche Weise welche Geschäfte betreiben; doch wird realiter die Möglichkeit freier Wahl in zweifacher Hinsicht eingeschränkt. Zum einen durch die Geschäftsmöglichkeiten, was bei dominierender Gewinnorientierung bedeutet: nicht jedes denkbare Geschäft eröffnet auch die Aussicht, Gewinne zu erzielen. Zum anderen durch den Staat, der unter übergeordneten Zielvorstellungen begrenzend und lenkend in die Tätigkeit der Bankbetriebe eingreift.

(a) Die **Geschäftsmöglichkeiten** werden vor allem vom Stand der wirtschaftlichen Entwicklung und von der Wirtschaftsstruktur im jeweiligen Land bestimmt. Entwicklungsstand und Struktur der Wirtschaft beeinflussen die Geschäftsmöglichkeiten zum einen direkt, indem sie den Bedarf an bankmäßiger Finanzierung bestimmen, und zum anderen indirekt, indem sie den Grad von Wohlstand bzw. Armut der breiten Bevölkerung bestimmen und damit die Frage, inwieweit sich Bankgeschäfte mit dieser lohnen, oder ob nur eine schmale Bevölkerungsschicht mit hohem Einkommen und Vermögen „bankfähig" ist.

(b) Bankbetriebe sind in jedem Land aufgrund ihrer zentralen Stellung in der Wirtschaft bevorzugte **Objekte staatlicher Einflußnahme.** Ihre zentrale Stellung rührt vor allem daher, daß sie gewöhnlich einen großen Teil der Ersparnisse der Bevölkerung verwalten und daß eine Wirtschaftstätigkeit ohne Finanzierung durch Banken praktisch nicht möglich ist. Dies führt in allen marktwirtschaftlich organisierten Volkswirtschaften dazu, daß der Staat eingreift, um zum einen die Stabilität und Funktionsfähigkeit „des Bankenapparates" sicherzustellen und zum anderen über die Beeinflussung der Kreditvergabe der Banken Einfluß auf die wirtschaftliche Entwicklung zu nehmen. Art und Ausmaß dieser staatlichen Eingriffe sind von Land zu Land verschieden.

– Um die Ersparnisse der Bevölkerung zu schützen und die Funktionsfähigkeit des Bankwesens zu erhalten, besteht in allen marktwirtschaftlich angelegten Wirtschaftssystemen eine **Bankengesetzgebung,** nach der Banken nur mit staatlicher Erlaubnis tätig werden dürfen (Konzessionszwang) und die der Stabilität dienende Verhaltensregeln für die tätigen Banken vorsieht. Diese Verhaltensregeln legen zum Teil auch fest, was überhaupt als Banktätigkeit verstanden wird (Bankbegriff), indem sie die Tätigkeit von Bankunternehmen auf bestimmte Geschäftsarten beschränken. Ausgeprägte Beispiele hierfür bilden die Bankengesetzgebungen in den USA und in Japan, die vorsehen, daß Banken sich im wesentlichen auf das Einlagen- und Kreditgeschäft zu beschränken haben (commercial banks). Wertpapiergeschäfte sind hierauf spezialisierten Unternehmen vorbehalten, die man als Wertpapierhäuser (securities houses) bezeichnet und als nur bankähnlich ansieht (near banks).

Im Interesse der Stabilität des Bankwesens beschränkt sich der Staat mitunter nicht nur darauf, die Tätigkeit der Bankbetriebe auf bestimmte Geschäftsfelder zu beschränken, sondern legt zum Teil auch wesentliche Geschäftsbedingungen fest, beispielsweise Ober- oder Untergrenzen für die Zinssätze, um einen „ruinösen Preiswettbewerb" zu verhindern.

In Ländern, in denen der Staat die Geschäftstätigkeit von Banken in nur geringem Maße beschränkt, strebt die Mehrzahl der Institute nach einem breiten, vielfältigen Leistungsangebot, da sie hierin die besten Möglichkeiten der Risikostreuung und des Ertragsausgleichs sehen. Das Bankwesen in Ländern, in denen der in diesem Sinne „universell" tätige Bankbetrieb dominiert, bezeichnet man als „Universalbankensystem", wobei das wesentliche Merkmal gewöhnlich darin gesehen wird, daß der einzelnen Bank gleichzeitig das Einlagen-/Kreditgeschäft und das Wertpapiergeschäft gestattet sind. Bankensysteme, in denen dies – wie in den USA und in Japan – nicht erlaubt ist, werden als Spezialbanken- oder Trennbankensysteme bezeichnet. Die Begriffe sind etwas mißverständlich, weil sie das Bankwesen verschiedener Länder stärker auseinanderrücken, als es der Realität entspricht. Da überall wenigstens einige Geschäftsarten Spezialinstituten vorbehalten sind, könnte man die Unterschiede von Land zu Land auch als unterschiedlich stark ausgeprägte Trennbankensysteme interpretieren.[8]

Aber wie auch immer man es begrifflich erfaßt, festzuhalten bleibt: Die von Land zu Land unterschiedlich starken staatlichen Eingriffe in die Arbeitsteilung zwischen Bankbetrieben führen dazu, daß es „den Bankbetrieb" schlechthin in Wirtschaftssystemen marktwirtschaftlicher Ordnung nicht gibt.

---

[8] Universal- und Trennbanksystem: Unklarheiten, in: ZfgK, 1992, S. 925–926.

– Der Staat greift in die Tätigkeit von Bankbetrieben aber nicht nur ein, um die Sparer vor Verlusten zu schützen und die Funktionsfähigkeit des Systems sicherzustellen. Da die übrige Wirtschaft ohne Bankkredite nicht bestehen kann, eignet sich der Bankbetrieb, im besonderen seine Kreditvergabe auch gut als **Instrument der Wirtschaftspolitik.** So gibt es fast überall – aber von Land zu Land in unterschiedlicher Form und Intensität – Bemühungen des Staates, über die Einflußnahme auf die Kreditvergabe der Banken strukturschwache Teile der Wirtschaft zu stützen oder ganz allgemein die wirtschaftliche Entwicklung im Lande zu fördern. Die Maßnahmen reichen von Zinssubventionierungen bis zu Vorgaben an die Banken, Teile ihres Kreditvolumens für bestimmte Zwecke zu reservieren.

Das Ausmaß der Staatseingriffe hängt von den gesellschaftspolitischen Grundvorstellungen im jeweiligen Land ab, von Traditionen und den vorherrschenden Wertvorstellungen, die sich u. a. in der allgemeinen Einstellung zur Legitimität staatlicher Eingriffe in die (entsprechend der Wirtschaftsordnung) grundsätzlich private Entscheidungsautonomie niederschlagen.

Die nationalen Eigenarten, die zur Folge haben, daß es in marktwirtschaftlich organisierten Volkswirtschaften einen Einheitstyp „Bankbetrieb" nicht gibt, sind in neuerer Zeit allerdings gewissen **Angleichungstendenzen** ausgesetzt.

Anstöße, traditionelle Arbeitsteilungen zu lockern, gehen zum einen von der Internationalisierung des Bankgeschäfts aus. Die großen Banken der wichtigsten Industrieländer sind seit den sechziger Jahren in wachsendem Maße auch außerhalb ihres Heimatlandes tätig, wodurch Strukturunterschiede der Bankensysteme spürbar werden. Banken aus Ländern, in denen der Staat die Geschäftsfelder scharf begrenzt, dürfen in Ländern mit freizügiger Bankengesetzgebung viel umfassender tätig sein, als es ihnen in ihrem Heimatland gestattet ist, während sich umgekehrt Banken, die im eigenen Land „Universalbanken" sind, sich in jenen Ländern auf eines der Geschäftsfelder zu beschränken haben. Die Unzufriedenheit der in ihrem Heimatland universell tätigen Banken mit dieser Konstellation führt zur Forderung nach gleichen Rahmenbedingungen (Reziprozität), konkret: zu einem auch politischen Druck auf die Länder mit relativ starken staatlichen Eingriffen, ausländischen Banken erweiterte Geschäftsmöglichkeiten zu gewähren. Da aber ein Land nicht ausländischen Instituten größere Freiheiten als den einheimischen zugestehen kann, läuft der Druck auf eine generelle Lockerung, also auch für die Inlandsbanken hinaus.

Ein Angleichungsdruck ähnlicher Art entsteht, wenn mehrere Länder eine Wirtschafts- und letztlich eine politische Vereinigung anstreben und dementsprechend die Barrieren grenzüberschreitender Wirtschaftstätigkeit abbauen sowie die rechtlichen Rahmenbedingungen angleichen. So war bisher den Banken in den einzelnen Mitgliedstaaten der Europäischen Gemeinschaft (EG) zum Teil eine Arbeitsteilung gesetzlich vorgeschrieben, zum Teil wurde sie traditionell beachtet, zum Teil aber fehlten auch entsprechende Beschränkungen, was die Banken zu umfassenden (universellen) Leistungsangeboten nutzten. Nachdem man eine Reihe von Unterschieden zwischen den nationalen Regelungen bereits im Zuge der Rechtsangleichung beseitigt hat, wird im weiteren vor allem der Markt die Angleichung übernehmen. Seit Anfang 1993 darf jede Bank, die in einem Mitgliedstaat der EG ihren Hauptsitz hat, EG-weit auf der Grundlage des Bankrechts in ihrem Heimatland tätig sein, was Länder mit noch relvativ starken Eingriffen zu deren Rücknahme zwingen wird, um die Wettbewerbsfähigkeit ihrer Inlandsbanken zu erhalten.

Die Angleichungstendenzen ändern aber nur wenig daran, daß es einen Einheitstyp „Bankbetrieb" in der marktwirtschaftlichen Ordnung nicht gibt, so daß verallgemeinernde Aussagen die Verhältnisse in einem bestimmten, naheliegenderweise im eigenen Lande zugrunde legen.

3. Universalbank und Spezialbank[9]

Nachdem deutlich geworden ist, daß Aussagen über „den Bankbetrieb" notwendig zeitlich und räumlich gebunden sind, erscheint schließlich noch die Beschränkung auf einen bestimmten Banktyp angebracht, denn auch heute und hierzulande gibt es sehr verschiedenartige Bankbetriebe. Unterschiede bestehen hinsichtlich verschiedenster Merkmale: Geschäftskreis, Kundenkreis, Trägerschaft, Geschäftsgebiet, Größe.[10] Anhand des Geschäftskreises haben wir bereits den Bankbetrieb von Betrieben anderer Wirtschaftszweige abgegrenzt. Im Hinblick auf die genauere Analyse der Bankbetriebe ist es sachgerecht, dasselbe Merkmal nun vorrangig auch zur Differenzierung innerhalb des Bankwesens heranzuziehen, denn Umfang und Struktur des Geschäftskreises (Sortimentes) bestimmen wesentlich die Besonderheiten der betriebswirtschaftlichen Probleme einer Bank.

Die Erfahrung in marktwirtschaftlichen Ländern – in denen die Sortimentsentscheidung prinzipiell dem einzelnen Bankbetrieb überlassen bleibt – zeigt fast überall die **Tendenz zu einem möglichst breiten Sortiment**. Sie wird lediglich von Land zu Land in unterschiedlichem Maße durch Gesetze oder durch Konvention begrenzt. So ist beispielsweise in den USA und in Japan die institutionelle Trennung von Einlagen- und Kreditgeschäft (commercial banking) und Effektengeschäft (investment banking) gesetzlich vorgeschrieben, um Interessenkonflikten vorzubeugen. In Deutschland dagegen wird die einzelne Bank durch keine Konvention und auch kaum durch Vorschriften gehindert, ein umfassendes Sortiment banküblicher Leistungen anzubieten. Lediglich zwei Gesetzesnormen verschließen ihr bestimmte Bereiche:

a) § 14 BbkG überträgt der Deutschen Bundesbank „das ausschließliche Recht, Banknoten ... auszugeben", die „das einzige unbeschränkte gesetzliche Zahlungsmittel" sind;

---

[9] Weiterführende Literaturhinweise hierzu: S. 344 f.

[10] Einen ausführlichen Überblick über die Gliederungsmöglichkeiten gibt Hahn, Oswald: Struktur der Bankwirtschaft, Band I: Banktypologie und Universalbanken, 2. Aufl., Berlin 1989, S. 8–268.

b) § 5 HypbkG gestattet einer Bank in Verbindung mit „der Gewährung hypothekarischer Darlehen und der Ausgabe von Hypothekenpfandbriefen" nur einen sehr engen Kreis von Neben- und Hilfsgeschäften, so daß die Geschäftskombination Hypothekenpfandbriefe/Hypothekarkredite einer universell tätigen Bank faktisch untersagt ist. (Nicht untersagt ist es aber, daß sich Universalbanken an Hypothekenbanken beteiligen und deren Produkte vertreiben.)

Die meisten der in Deutschland tätigen Bankbetriebe, auf die auch der weitaus größte Teil des Geschäftsvolumens entfällt, bemühen sich um ein möglichst umfassendes Angebot banküblicher Leistungen. Man bezeichnet sie daher als Universalbanken und charakterisiert das deutsche Bankwesen – angesichts des vorherrschenden Betriebstyps – als **Universalbankensystem.**
Die dominierende Stellung der Universalbank läßt sich allerdings nicht ohne weiteres anhand von Zahlen demonstrieren. Die offizielle Bankenstatistik – wie sie die DEUTSCHE BUNDESBANK regelmäßig veröffentlicht – vermeidet die Begriffe Universalbank und Spezialbank. Versucht man selbst, die Institutsgruppen, für die die Bundesbank Zahlen liefert, den beiden Banktypen zuzuordnen, so geht das für manches Einzelinstitut nicht ganz ohne Willkür.
Zum einen ist der Kreis der banküblichen Geschäfte nicht eindeutig festgelegt, so daß sich nicht genau sagen läßt, wann ein Sortiment „umfassend" ist. Zum anderen weisen einzelne der universell tätigen Institute ausgeprägte Geschäftsschwerpunkte auf, die einer Spezialisierung sehr nahe kommen.
Trotz dieser Vorbehalte darf man die Zahlen als Beleg für die dominierende Stellung der Universalbank heranziehen, da die Unterschiede sehr groß sind: Vom zusammengefaßten Geschäftsvolumen aller Betriebe, die die Bundesbank als „Banken" erfaßt, entfallen 76% auf den Typ der Universalbank und nur 24% auf den Typ der Spezialbank.[11]
Den als Universalbanken zusammengefaßten Bankbetrieben ist zwar das Bemühen um ein möglichst umfassendes Finanzangebot gemeinsam, sie weisen aber keineswegs eine völlig einheitliche Geschäftsstruktur und Geschäftspolitik auf. Abweichungen gehen im wesentlichen auf **Unterschiede in der historischen Ausgangsposition der Institute** zurück. Sie werden auch – zumal sie weitgehend mit den Unterschieden in der Rechtsform übereinstimmen – von der Bundesbank als Merkmal zur Gruppierung der Universalbanken in die drei Teilgruppen Kreditbanken, Sparkassen und Kreditgenossenschaften zugrunde gelegt:

Institute	Ursprung	Rechtsform
Kreditbanken	Privatbankhäuser des 18. und 19. Jahrhunderts sowie die zur Deckung des im 19. Jahrhundert stark wachsenden Kapitalbedarfs gegründeten Aktienbanken	Einzelfirmen[12] und Personengesellschaften – beide zusammengefaßt als „Privatbankiers" – sowie Kapitalgesellschaften (überwiegend als AG)

---

[11] Im einzelnen vgl. dazu die Übersicht auf S. 16. – Eine detaillierte Beschreibung der einzelnen Institutsgruppen geben z. B. HAGENMÜLLER, KARL FRIEDRICH/JACOB, ADOLF-FRIEDRICH: Der Bankbetrieb, Band I, 5. Aufl., Wiesbaden 1987, S. 99–186.
[12] Seit 1976 werden in Deutschland neue Banken in der Rechtsform der Einzelfirma nicht mehr zugelassen (§ 2a KWG).

Institute	Ursprung	Rechtsform
Sparkassen	kommunale, zum Teil auch private Gründungen (wohltätige Vereinigungen) gegen Ende des 18. Jahrhunderts, um den ärmeren Bevölkerungsschichten die sichere und verzinsliche Anlage ihrer Spargelder zu ermöglichen	überwiegend öffentlich-rechtliche Anstalten; wenige, sog. „freie Sparkassen" in privater Rechtsform (Stiftung/Verein/AG)
Kreditgenossenschaften	Gründungen durch Handwerker, Kleingewerbetreibende und Bauern seit Ende des 18. Jahrhunderts, um ihre Kreditversorgung zu verbessern (Prinzip der Selbsthilfe)	Genossenschaften (eG)

Die unterschiedliche historische Ausgangsposition zeigt sich noch heute in der etwas unterschiedlichen Ausrichtung der Geschäftspolitik (Zielvorstellungen) und in unterschiedlichen Schwerpunkten der Tätigkeit. Kreditbanken, vor allem die größeren unter ihnen, sind noch vorrangig die Hausbanken der Mittel- und der Großindustrie, für die sie insbesondere die Finanzierung und die Zahlungsverkehrs-Abwicklung übernehmen; Sparkassen verfügen noch immer über den höchsten Anteil an Spareinlagen; und Kreditgenossenschaften versorgen weiterhin in erster Linie Handwerk, Kleingewerbe und landwirtschaftliche Betriebe mit Kredit.

Betriebswirtschaftlich bedeutsam sind auch die beträchtlichen Größenunterschiede zwischen den einzelnen Universalbanken. Kleinere Institute sind im Bemühen um ein möglichst umfassendes Leistungsangebot auf die Unterstützung ihrer Zentralinstitute angewiesen – kleine Sparkassen auf die Hilfe der Girozentralen, kleine Kreditgenossenschaften auf die ihrer Zentralbanken. Der Begriff der Universalbank ist also nur absatz-(angebots-)bezogen zu verstehen; innerbetrieblich können sich dahinter sehr verschiedene Strukturen verbergen, je nachdem, in welchem Umfang die einzelne Bank angebotene Leistungen nicht selbst erstellt, sondern nur vermittelt. Das gilt im übrigen nicht nur für kleine Bankbetriebe, die aus Kostengründen nicht alles selbst erstellen können, sondern auch für große Institute, die nicht alles, was sie ihren Kunden anbieten, im eigenen Hause erstellen wollen oder dürfen. So arbeiten die großen Universalbanken eng mit Realkreditinstituten, Bausparkassen, Investmentgesellschaften und Leasingunternehmen zusammen, an denen sie zumeist auch – um die Zusammenarbeit zu sichern – kapitalmäßig beteiligt sind.

Daß die Universalbank in Deutschland dominiert und in anderen marktwirtschaftlichen Industrieländern an Bedeutung gewinnt, besagt noch nicht, sie sei unumstritten. Besonders in Deutschland wird dieser Banktyp seit Jahren immer wieder kritisiert. Kritiker sehen besonders bei den größeren Universalbanken erhebliche **Interessenkonflikte** („denkbare Kollisionsfälle") und hegen den Verdacht, die Konflikte würden überwiegend zu Gunsten der jeweiligen Bank oder ihrer größeren Kunden gelöst, zu Lasten der kleineren

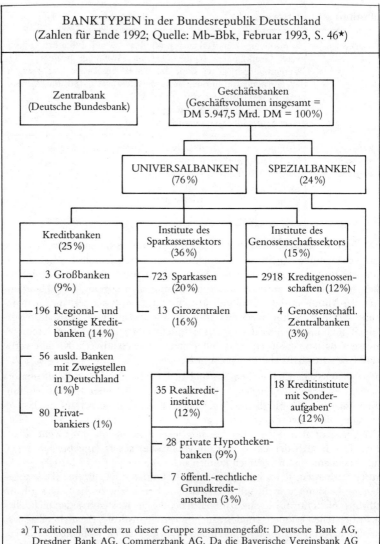

BANKTYPEN in der Bundesrepublik Deutschland
(Zahlen für Ende 1992; Quelle: Mb–Bbk, Februar 1993, S. 46*)

Zentralbank
(Deutsche Bundesbank)

Geschäftsbanken
(Geschäftsvolumen insgesamt =
DM 5.947,5 Mrd. DM = 100%)

UNIVERSALBANKEN
(76%)

SPEZIALBANKEN
(24%)

Kreditbanken
(25%)

Institute des
Sparkassensektors
(36%)

Institute des
Genossenschaftssektors
(15%)

— 3 Großbanken
(9%)

—196 Regional- und
sonstige Kredit-
banken (14%)

— 56 ausld. Banken
mit Zweigstellen
in Deutschland
(1%)[b]

— 80 Privat-
bankiers (1%)

— 723 Sparkassen
(20%)

— 13 Girozentralen
(16%)

— 2918 Kreditgenossen-
schaften (12%)

— 4 Genossenschaftl.
Zentralbanken
(3%)

35 Realkredit-
institute
(12%)

18 Kreditinstitute
mit Sonder-
aufgaben[c]
(12%)

— 28 private Hypotheken-
banken (9%)

— 7 öffentl.-rechtliche
Grundkredit-
anstalten (3%)

a) Traditionell werden zu dieser Gruppe zusammengefaßt: Deutsche Bank AG,
Dresdner Bank AG, Commerzbank AG. Da die Bayerische Vereinsbank AG
nach dem Bilanzvolumen inzwischen die Commerzbank erreicht hat, ist eine
Neubestimmung der Gruppe überfällig.
b) Regional- und sonstiger Kreditbanken im Mehrheitsbesitz ausländischer Banken:
3%; Marktanteil der Auslandsbanken insgesamt mithin 4%.
c) Einschl. Postbank (Postgiro- und Postsparkassenämter).

Kunden – ohne Verhandlungsmacht und mit niedrigem Informationsstand. Die als Konsequenz geforderte Abkehr vom Universalbankensystem dürfte jedoch in absehbarer Zeit nicht realisiert werden. So hat u. a. auch ein vom Finanzminister eingesetzter Untersuchungsausschuß nach mehrjähriger Arbeit einhellig von einem solchen Eingriff abgeraten.[13]

Wenn im weiteren die Universalbank als der vorherrschende Typ zugrunde gelegt wird, so ist damit gleichermaßen die einzelne Kreditbank, Sparkasse und Kreditgenossenschaft gemeint. Soweit die Unterschiede in ihrer Ausrichtung und Geschäftsstruktur für betriebswirtschaftliche Probleme von erheblichem Gewicht sind, wird das jeweils hervorgehoben.

Begrifflich abgehoben von den Banken werden gewöhnlich die (nur bankähnlichen) **Finanzinstitute,** zu denen man vor allem zählt: Leasing-, Factoring-, Beteiligungs- und Kreditkartengesellschaften (vgl. dazu die Legaldefinition in § 1 III KWG). Über Kapitalbeteiligungen und/oder Kooperationsverträge sind sie jedoch zu einem großen Teil in den Geschäftsbereich der Universalbanken einbezogen.

---

[13] Bericht der Studienkommission „Grundsatzfragen der Kreditwirtschaft", Frankfurt a. M. 1979, S. 46–73 und 222–245. – Einen knappen Überblick über die Vor- und Nachteile des Universalbankensystems gibt MÜLHAUPT, LUDWIG: Einführung in die Betriebswirtschaftslehre der Banken, Wiesbaden 1977, S. 229–244; ausführlicher dazu BÜSCHGEN, HANS-E.: Das Universalbanken-System, Frankfurt a. M. 1971.

Zweiter Abschnitt
Bankbetriebliche Leistungen

1. Zum Begriff der bankbetrieblichen Leistungen

Bewußt ist hier von bankbetrieblichen und nicht von Bankleistungen die Rede. Der Begriff Bankleistung kann zu Mißverständnissen führen, da man mit ihm auch den Beitrag „der Banken" zum gesamten Wirtschaftsprozeß umschreibt. Hier soll jedoch Leistung allein betriebswirtschaftlich verstanden werden. Es geht um die Frage, welche Aufgaben der einzelne Bankbetrieb für einzelne Kunden zu übernehmen bereit ist und wie er diese Aufgaben bewältigt.

1.1 Betriebswirtschaftliche Leistungsbegriffe

Der Begriff Leistung wird in der Betriebswirtschaftslehre oft in unterschiedlichem Sinne verwendet. Einig ist man aber gewöhnlich darin, daß sich Leistung nur in Verbindung mit einer bestimmten Aufgabe kennzeichnen läßt. Geht man davon aus, daß jede betriebliche Tätigkeit letztlich der Deckung des Bedarfs Dritter dient, so wird deutlich, weshalb man bei der genaueren Bestimmung des Leistungsbegriffs vor allem an zwei Stellen ansetzt: bei der betrieblichen Tätigkeit (bezogen auf deren Ergebnis) oder bei dem Ergebnis der Tätigkeit (bezogen auf dessen Verwendung):

Überwiegend versteht man unter betrieblicher Leistung das **Ergebnis betrieblicher Tätigkeit** (die Produkte), wobei die Tätigkeit selbst als Leistungserstellung (Produktion) bezeichnet wird. Mit dem Ergebnis der betrieblichen Tätigkeit ist das „fertige", also das absatzfähige Produkt gemeint, das wir künftig als betriebliche **Marktleistung** bezeichnen werden. Tätigkeitsergebnisse, die noch nicht selbständig abgesetzt werden können (Zwischenergebnisse), nennt man gewöhnlich Teilleistungen, gelegentlich auch interne Leistungen oder innerbetriebliche Teilakte.

Das kleine Schaubild verdeutlicht, daß die Marktleistung eine Mittelstellung einnimmt: Sie ist gleichzeitig Endobjekt der betrieblichen Tätigkeit und Ausgangsobjekt der Bedürfnisbefriedigung. Dementsprechend kann

a) die Marktleistung von der innerbetrieblichen Tätigkeit her gesehen und interpretiert werden **(betriebsbezogene Sicht),** wobei sich der Blick vor allem auf den durch sie verursachten Wertverzehr richtet; diese Sichtweise ist Grundlage aller Kapazitäts- und Kostenüberlegungen;

b) die Marktleistung von der Verwendung her gesehen und interpretiert werden **(markt- oder kundenbezogene Sicht),** wobei sich das Interesse besonders auf ihre Eignung zur Bedürfnisbefriedigung richtet; diese Sichtweise liegt der Analyse der Marktbeziehungen und der Marktpolitik zugrunde.

Im Sinne dieser Unterscheidung trennt man mitunter die Betriebs- oder Produktionsleistung von der Absatzleistung. Da es sich jedoch um denselben Sachverhalt handelt, nur betrachtet von zwei verschiedenen Standpunkten aus, wird im weiteren auf diese Begriffe verzichtet und lediglich von Marktleistung in betriebsbezogener und in marktbezogener Sicht gesprochen.

Alle betrieblichen Leistungen entstehen letztlich durch menschliche Arbeit („Dienste"), wenn sie auch unterstützt wird durch Betriebsmittel, die von einfachen Werkzeugen bis zu komplizierten technischen Anlagen reichen und deren Anteil an der Leistungserstellung mitunter weitaus größer als der Anteil menschlicher Arbeit ist. Das ändert jedoch nichts an der Gemeinsamkeit aller Betriebswirtschaften: Stets werden von Menschen Dienste für andere erbracht. In der Betriebswirtschaftslehre ist es nun üblich, jene Marktleistungen, in die auch konkrete Werkstoffe eingehen, als **Sachleistungen** in den Vordergrund der Betrachtung zu stellen. Manches Lehrbuch zur „Allgemeinen Betriebswirtschaftslehre" wird seinem Titel nicht gerecht, weil die Probleme der Produktion gar nicht „allgemein", sondern lediglich für Sachleistungen erörtert werden. Hebt man Sachleistungen aus der Vielfalt betrieblicher Tätigkeitsergebnisse heraus, so verbleibt als Rest, was man **Dienstleistungen** nennt – die immaterielle gegenüber der materiellen Kategorie. Im Sinne dieser Unterscheidung gruppiert man gewöhnlich auch die Betriebe in Sachleistungs- und Dienstleistungsbetriebe. Banken gehören dabei eindeutig zur zweiten Gruppe; die bankbetrieblichen Leistungen sind reine Dienstleistungen auf allen ihren Stufen.

Ob in die Tätigkeitsergebnisse konkrete Werkstoffe eingehen oder nicht, d. h. ob ein Betrieb Sachleistungen oder Dienstleistungen produziert und absetzt, hat erhebliche betriebswirtschaftliche Folgen. Die konkreten Werkstoffe machen Sachleistungen körperlich wahrnehmbar und vor allem lagerfähig. Mithin kann sie der Betrieb auf Vorrat („auf Lager") produzieren, der Käufer sie auf Vorrat erwerben. Bei Dienstleistungen ist das nicht möglich. Hier kann der Betrieb erst tätig werden, wenn der Kunde seine Aufträge erteilt hat. Da aber die Nachfrage nach Marktleistungen (die Beschäftigung) im Zeitablauf schwankt, bildet bei allen Dienstleistungsbetrieben der Umfang der bereitzuhaltenden Leistungsmöglichkeit (Kapazität) ein besonders schwerwiegendes Problem. Eine relativ geringe Kapazität – also relativ wenig Personal und Maschinen – kann bei zeitweise starker Nachfrage zu längeren Wartezeiten für die Kunden führen, eine relativ hohe Kapazität bei zeitweise geringer Nachfrage zu beträchtlichen „nutzlosen Kosten" (Leerkosten). Die Gefahr hoher Leerkosten wird mitunter als Besonderheit der Bankbetriebe dargestellt; es ist jedoch eine Besonderheit aller Dienstleistungsbetriebe, betrifft also ebenso Versicherungsunternehmen wie Friseure, Reinigungen wie Taxiunternehmen.

Nachdem wir zunächst Marktleistungen allgemein als betriebliche Tätigkeitsergebnisse und im zweiten Schritt Dienstleistungen als eine ihrer beiden Grundkategorien gekennzeichnet haben, können wir nunmehr die Betrachtung weiter einengen auf die bankbetrieblichen Marktleistungen.

1.2 Bankbetriebliche Leistungsbegriffe

Die „absatzfähigen Tätigkeitsergebnisse" eines Bankbetriebes klar zu erfassen, ist nicht so einfach, wie man das bei flüchtiger Überlegung vermuten könnte. In der Bankbetriebslehre ist der Leistungsbegriff wiederholt Gegenstand wissenschaftlicher Diskussionen gewesen.[1]

Eine Schwierigkeit sah man zum einen darin, daß der genaue Inhalt bankbetrieblicher Marktleistungen individuell, in der Verhandlung mit jedem einzelnen Kunden, vereinbart werden kann, da die Leistungen (als Dienstleistungen) nicht auf Vorrat, sondern erst nach Auftragserteilung produziert werden. Das führte in der Bankbetriebslehre zu Vorschlägen, den Inhalt der Marktleistungen lediglich formal zu umschreiben, etwa als „durchgeführte Kundenaufträge" oder als „jede Bedarfsbefriedigung durch Dienste der Bank". Zwar trifft es zu, daß der genaue Leistungsinhalt grundsätzlich für die Verhandlung zwischen Bank und Kunde offen ist. Die Erfahrung zeigt aber, daß die meisten Bankkunden nur die Wahl innerhalb eines fest umrissenen Kreises bankbetrieblicher Angebote haben, deren Ausgestaltung weitgehend vereinheitlicht (standardisiert) ist. Der wichtigste Grund für die Standardisierung liegt – wie in anderen Wirtschaftszweigen auch – in den mit ihr verbundenen Kostenvorteilen für den Hersteller.[2] Nur Kunden mit sehr starker Verhandlungsposition gelingt es, abweichend vom Standardangebot der Bank individuelle, d. h. auf ihre besonderen Bedürfnisse zugeschnittene Leistungsinhalte durchzusetzen.

Somit läßt sich der Inhalt bankbetrieblicher Leistungen – wenngleich er prinzipiell unbestimmt ist – konkreter fassen, indem man das banktübliche **Standardangebot** in den Vordergrund stellt. Auch damit ist allerdings noch kein fester Boden für betriebswirtschaftliche Analysen erreicht. Die von einer Universalbank angebotenen Leistungen sind außerordentlich vielfältig; und über den Inhalt des banktüblichen Standardangebotes besteht keine einhellige Vorstellung. Jeder Autor zählt einen anderen Katalog „üblicher Bankgeschäfte" auf, wobei die unterschiedlichsten Ordnungsgesichtspunkte verwendet werden. Zudem werden derartige Kataloge ständig von neuen Entwicklungen in der Praxis korrigiert – je detaillierter sie sind, desto häufiger. Bei derart unsicherem Boden greift man zum Teil auf das Kreditwesengesetz zurück, das in § 1 einen geschlossenen Katalog von insgesamt neun Bankgeschäften enthält. Doch auch das bleibt unbefriedigend, da es sich hier um

---

[1] Literaturhinweise hierzu: S. 345 f.
[2] Über weitere Gründe vgl. KRÜMMEL, HANS-JACOB: Bankzinsen, Köln/Berlin/Bonn/München 1964, S. 38–44.

eine zweckbestimmte Definition handelt, die lediglich den Kreis der vom Staat zu beaufsichtigenden Betriebe klar abgrenzen soll. Überdies ist es auch wieder nur eine unsystematische Aufzählung. Um für Analysen der betriebswirtschaftlichen Entscheidungsprobleme in der Bank eine klar umrissene Grundlage zu gewinnen, ist es daher erforderlich, zunächst Grundformen banktypischer Marktleistungen **(Leistungskategorien)** herauszuarbeiten, die es erlauben, die Vielfalt in der Praxis gebräuchlicher Bankgeschäfte (als **Leistungsarten**) systematisch einzuordnen.

1.2.1 Kategorien banktypischer Marktleistungen

Die vielfältigen Marktleistungen eines Bankbetriebes auf wenige Grundformen zurückzuführen, ist wiederholt versucht worden. Der bekannteste, noch heute – besonders in der Bankpraxis – weit verbreitete Vorschlag ist die Dreiteilung in Aktiv-, Passiv- und Dienstleistungsgeschäfte, die daran orientiert ist, ob sich Leistungen auf der Aktiv- oder der Passivseite der Bankbilanz niederschlagen oder ohne bilanziellen Niederschlag bleiben. Hiernach sind

● Aktivgeschäfte vor allem die verschiedenen Formen der Kreditvergabe durch die Bank;

● Passivgeschäfte vor allem die von der Bank als Einlagen hereingenommenen Gelder (Sicht-, Termin- und Spareinlagen);

● Dienstleistungsgeschäfte vor allem die Abwicklung des Zahlungsverkehrs für Kunden und die Besorgung von Effektengeschäften für sie (Emission; Kauf und Verkauf; Verwahrung und Verwaltung).

Versucht man, das rein formale Merkmal, nach dem hier gruppiert wird (Bilanzwirksamkeit), inhaltlich zu interpretieren, so wird offenbar als entscheidend für die Zuordnung einer Leistung angesehen, ob durch sie eine Forderung der Bank, eine Verbindlichkeit der Bank oder keines von beiden entsteht. Die Kategorienbildung legt also ausschließlich innerbetriebliche Gesichtspunkte zugrunde. Da Ausgangspunkt und Orientierungsrichtung der Tätigkeit eines Betriebes die individuellen und gemeinschaftlichen Bedürfnisse sind, erscheint es jedoch sachgerechter, bei ihnen anzusetzen: zunächst also danach zu gruppieren, welche Grundbedürfnisse mit bankbetrieblichen Leistungen befriedigt werden, und erst dann, im zweiten Schritt, innerbetriebliche Gesichtspunkte hinzunehmen.

Aus der Sicht der einzelnen Kunden befriedigen Bankbetriebe mit ihren Marktleistungen im wesentlichen **drei Grundformen von Bedürfnissen:**

1. sie bieten Geldanlagemöglichkeiten (ertragbringende Anlage von Zahlungsmitteln);

2. sie bieten Finanzierungsmöglichkeiten (entgeltliche Bereitstellung von Zahlungsmitteln);

3. sie übernehmen die Verwahrung und die Verwaltung von Wertobjekten, insbesondere von Geld und Effekten.

Diese Dreiteilung ähnelt, wenn man sie flüchtig betrachtet, der traditionellen Gruppierung in Aktiv-, Passiv- und Dienstleistungsgeschäfte; sie unterscheidet sich aber wesentlich von ihr. Zwar enthalten Passivgeschäfte wichtige Formen der Geldanlagemöglichkeit und Aktivgeschäfte wichtige Formen der Finanzierungsmöglichkeit für den Kunden; das Leistungsangebot der Bank geht jedoch in beiden Fällen über Passiv- bzw. Aktivgeschäfte hinaus, denn

- sie bietet den Kunden auch Geldanlagemöglichkeiten, die sie von Dritten beschafft, denen dementsprechend dann auch die Zahlungsmittel zufließen (Beispiele: Verkauf von Effekten oder von Gold an die Kunden);
- sie bietet den Kunden auch Finanzierungsmöglichkeiten, bei denen Dritte die Zahlungsmittel bereitstellen (Beispiele: Emission von Effekten für Kunden; Vermittlung staatlicher Finanzierungshilfen).

In der traditionellen Dreiteilung werden diese Leistungen den Dienstleistungsgeschäften zugeordnet, also von Aktiv- wie Passivgeschäften abgetrennt. Aus Kundensicht aber ist es kein wesentlicher Unterschied, ob bei der Geldanlage die Zahlungsmittel letztlich der Bank oder (durch ihre Vermittlung) einem Dritten zufließen und ob bei der Finanzierung die Bank selbst oder (durch ihre Vermittlung) ein Dritter die Zahlungsmittel bereitstellt. Aus der Sicht der Bank dagegen ist es ein tiefgreifender Unterschied, ob sie Geldanlagen und Finanzierungen selbst trägt oder nur vermittelt. Deshalb sind für innerbetriebliche Analysen die beiden aus marktbezogener Sicht gebildeten Kategorien aufzuspalten:

marktbezogene Sicht	betriebsbezogene Sicht
Geldanlagemöglichkeiten ————————	unmittelbar (Passivkredit)
	mittelbar
Finanzierungsmöglichkeiten ———————	unmittelbar (Aktivkredit)
	mittelbar

Die Begriffe Aktiv- und Passivkredit stellen die Beziehung zu den Aktiv- und Passivgeschäften her, sollen aber gleichzeitig den Unterschied gegenüber der traditionellen Dreiteilung augenfällig machen.

Der relative Umfang unmittelbarer und mittelbarer Geldanlage- bzw. Finanzierungsmöglichkeiten ist zwar von Institut zu Institut verschieden; das Schwergewicht jedoch liegt überall beim Angebot unmittelbarer Möglichkeiten der Geldanlage und Finanzierung. Aus diesem Grunde stehen sie auch in der Bankbetriebslehre im Mittelpunkt der Darstellung und Analyse bankbetrieblicher Tätigkeit.

Unmittelbare Geldanlage- und Finanzierungsmöglichkeiten kann man durchweg als reine Kredite kennzeichnen: Sie sind nicht mit Warenübertragungen verbunden wie etwa der Lieferantenkredit, sondern stellen „Kaufkraft von universeller Verwendbarkeit" dar.[3] Ein Kredit ermöglicht dem, der ihn erhält, zusätzliche Güter und Dienste an sich zu ziehen. Da der Bankbetrieb diese Möglichkeit, die er durch den Absatz von Geldanlagemöglichkeiten erhält, nicht selbst nutzt, sondern in Form des Angebots von

---

[3] Loos, Norbert: Die Marktpolitik der Kreditinstitute, Stuttgart 1969, S. 61.

Finanzierungsmöglichkeiten weitergibt, ist es begreiflich, daß man verschiedentlich die bankbetriebliche Leistung in der „Kreditvermittlung" sieht. Dieser Begriff aber ist irreführend, zumindest in betriebswirtschaftlicher Sicht (überdies auch rechtlich). Er erweckt den Eindruck, als bestehe die Leistung der Bank lediglich darin, als eine Art Makler einzelne Kreditgeber und Kreditnehmer zusammenzuführen. Auch das kommt zwar gelegentlich vor, ist dann aber nur eine der vielen Möglichkeiten des Angebots mittelbarer Finanzierungs- und Geldanlagemöglichkeiten (die in diesem Fall ausnahmsweise miteinander verknüpft sind). Bei den unmittelbaren Finanzierungs- und Geldanlagemöglichkeiten besteht eine solche Verbindung zwischen einzelnen Kreditgebern und Kreditnehmern grundsätzlich nicht. Die Bank tritt gegenüber jeder Seite als echter Geschäftspartner auf – mit eigenem Risiko und mit eigenständiger Geschäftspolitik. Anders formuliert: Jeder Mittelzufluß aufgrund einer abgesetzten Geldanlagemöglichkeit geht untrennbar in das Gesamtvermögen der Bank ein, jede Finanzierung wird aus dem Gesamtkapital der Bank heraus gewährt. Von „Vermittlung" kann allenfalls nachträglich (ex post) und für das Institut insgesamt die Rede sein. In diesem Fall jedoch interpretiert man die Leistungen einer Bank im Sinne ihrer gesamtwirtschaftlichen Funktion und nicht als ihre individualisierbaren Tätigkeitsergebnisse. Es handelt sich also um eine volkswirtschaftliche Sichtweise.

Daß **unmittelbare Finanzierungsmöglichkeiten** bankbetriebliche Marktleistungen darstellen, ist unbestritten. Man kann es von der Bedürfnisbefriedigung her sehen: Die Finanzierung erweitert die Verfügungsmöglichkeit des Kunden über Güter und Dienste. Man kann es aber auch aus innerbetrieblicher Sicht begründen: Die unmittelbaren Finanzierungen sind absatzfähige Ergebnisse bankbetrieblicher Tätigkeit, die der Bank Erlöse erbringen.

Ob auch **unmittelbare Geldanlagemöglichkeiten** als bankbetriebliche Marktleistungen anzusehen sind, wird dagegen unterschiedlich beurteilt. Zum Teil bestehen jedoch nur vermeintliche Gegensätze, weil man die beiden Standpunkte, von denen aus man Marktleistungen betrachten kann, nicht genügend auseinanderhält:

1. Aus markt- oder kundenbezogener Sicht stellen die vom Bankbetrieb angebotenen Geldanlagemöglichkeiten ohne Zweifel Marktleistungen dar. Sie befriedigen das Bedürfnis der Kunden nach ertragbringender Anlage ihrer überschüssigen Zahlungsmittel – sowohl in der Form der Einlagen (Spar- und Termineinlagen), als auch in der Form von Wertpapieren, mit denen die Bank verbriefte Forderungen gegen sich selbst verkauft.

2. Aus betriebsbezogener Sicht ist die Beurteilung dagegen etwas schwieriger. Zwar könnte man in Fortführung der marktbezogenen Argumentation meinen, das innerbetrieblich angestrebte Tätigkeitsergebnis seien die Geldanlagemöglichkeiten. Doch erzielt die Bank mit deren Absatz keinerlei direkten Erlös. Was aber einem Betrieb ausschließlich Kosten verursacht, läßt sich nicht gut als seine Marktleistung bezeichnen. Vielmehr liegt es nahe, hierin als Vorstufe einen Beschaffungsvorgang zu sehen, dessen Kosten durch die Erlöse beim Absatz der eigentlichen Marktleistungen gedeckt werden sollen. In diesem Sinne sieht man denn auch in der Bankpraxis das Angebot von Geldanlagemöglichkeiten nicht isoliert,

sondern eng verbunden mit den angebotenen Finanzierungsmöglichkeiten, bei deren Absatz auch die „Kosten der Kapitalbeschaffung" zu decken sind.

Diese Kapitalbeschaffung ist mit der Beschaffung im industriellen Fertigungsbetrieb nicht voll vergleichbar. Die Gelder werden überwiegend nicht aufgrund der geplanten Leistungserstellung „beschafft", sondern sie können der Bank auch dann zufließen, wenn keine Möglichkeit besteht, auch den Umfang der Finanzierungen entsprechend auszudehnen. Hieraus folgert man mitunter, die unmittelbaren Geldanlagemöglichkeiten seien – weil im Umfang ihrer Veränderungen unabhängig – innerbetrieblich doch als eigenständige Marktleistung zu sehen. In dieselbe Richtung zielt das Argument, die marktpolitischen Anstrengungen der Bank seien beim Angebot von Geldanlagemöglichkeiten die gleichen wie bei dem von Finanzierungsmöglichkeiten. Beides ist jedoch nur Folge einer bankbetrieblichen Besonderheit. Die Bank gehört zu den wenigen Betrieben, die en detail „einkaufen" und en gros „verkaufen". Das legt beim „Einkauf" statt gezielter und genau bemessener „Beschaffung" ein allgemeines Anerbieten zur Entgegennahme von Geldern nahe, wodurch zum einen deren Zufluß und Abfluß der Entscheidung des Bankbetriebes weitgehend entzogen ist und es zum anderen erforderlich wird, sich um die „Lieferanten" in gleicher Weise wie um die Abnehmer mit marktpolitischen Instrumenten zu bemühen.

Für die vom Bankbetrieb angebotenen unmittelbaren Geldanlagemöglichkeiten kommen wir also zu einem gespaltenen Ergebnis. Für alle markt- und kundenbezogenen Überlegungen sind sie als Marktleistungen einzustufen, für alle innerbetrieblichen Überlegungen dagegen als Formen der Kapitalbeschaffung, d. h. als Voraussetzung für das Angebot unmittelbarer Finanzierungsmöglichkeiten.

Neben den unmittelbaren Geldanlage- und Finanzierungsmöglichkeiten – die sich als Verbindlichkeiten oder als Forderungen in der Bankbilanz niederschlagen – bietet die Bank ihren Kunden auch **mittelbare Geldanlage- und Finanzierungsmöglichkeiten.** Vermittelte Geldanlagen sind überwiegend ertragbringende Forderungen und Anteilsrechte (in Wertpapierform: Schuldverschreibungen und Aktien); aber auch die Beschaffung nicht-zinstragender Anlagen wie Goldbarren und Goldmünzen gehört dazu. Bei den mittelbaren Finanzierungsmöglichkeiten bestehen generell vier Möglichkeiten: Die Bank übernimmt den Absatz vom Kunden ausgegebener Effekten; sie wickelt ihm von Dritten gewährte Kredite ab; sie ermöglicht durch ihre Mithaftung die Kreditvergabe durch Dritte; sie bringt den Kunden lediglich mit einem anderen Geldgeber zusammen.

Neben dem Angebot von Geldanlage- und von Finanzierungsmöglichkeiten bildet die **Verwahrung und Verwaltung von Geld und Effekten** die dritte Kategorie bankbetrieblicher Marktleistungen. Wie der Überblick über wesentliche historische Entwicklungsschritte zeigte, liegt in der sicheren Aufbewahrung von Bargeld – schon früh verbunden mit der Ausführung bargeldloser Zahlungen – einer der Anfänge bankgeschäftlicher Tätigkeit. Heute steht der bargeldlose Zahlungsverkehr so stark im Vordergrund, daß man ihn oft als eine eigenständige Leistungskategorie kennzeichnet. Die sichere Aufbewahrung seines Geldes ist für den Kunden heute ein zwar nur noch untergeordneter, aber kein völlig unbedeutender Gesichtspunkt. Damit besteht weiterhin die grundsätzliche Gemeinsamkeit mit der Verwahrung und

Verwaltung von Effekten, nur daß bei ihr aus Kundensicht Verwahrung und Verwaltung etwa gleiches Gewicht haben.

Wenn aus diesem Grunde die Verwahrung und Verwaltung jeder Art von Vermögensobjekten als nur eine Kategorie gesehen wird, so allein in kunden- oder marktbezogener Sicht. In betriebsbezogener Sicht ist es dagegen ein wesentlicher Unterschied, ob es sich bei den Vermögensobjekten um Geld oder um Effekten handelt: Der Bank überlassene Gelder kann sie als Grundlage ihrer Finanzierungen verwenden; bei Effekten dagegen ist ihr eine Verwendung im eigenen Interesse grundsätzlich nicht gestattet. Zudem unterscheidet sich auch die „Verwaltung" im Falle des Geldes (hier: Zahlungsverkehrsabwicklung) wesentlich von der bei Effekten (hier: Einzug von Zins- und Dividendenscheinen, Ausübung von Stimmrechten usw.).

Eine weitere Kategorie bankbetrieblicher Marktleistungen sieht man zum Teil in der **Beratung.** Zwar spielen Beratungen in der Tat eine bedeutende Rolle im bankbetrieblichen Alltag; meist aber handelt es sich um das Erklären bestimmter Leistungsarten oder um Empfehlungen bei der Wahl zwischen Alternativen innerhalb einer Leistungskategorie, beispielsweise zwischen verschiedenen Geldanlagemöglichkeiten. Insoweit ist die Beratung der jeweiligen Leistungsart oder -kategorie als eines ihrer qualitativen Merkmale zuzuordnen. Zu einer eigenständigen Leistungskategorie wird sie erst, wenn sie über das Erklären einzelner Leistungen hinaus zu einem selbständigen umfassenden Angebot gestaltet wird. Beispiele dafür gibt es in der Praxis,

Kategorien banktypischer Marktleistungen	
marktbezogene Sicht	betriebsbezogene Sicht
Geldanlagemöglichkeiten	(unmittelbare Geldanlagemöglichkeiten sind in betriebsbezogener Sicht keine Marktleistungen, sondern Formen der Kapitalbeschaffung)
	mittelbare Geldanlagemöglichkeiten
Finanzierungsmöglichkeiten	unmittelbare Finanzierungsmöglichkeiten
	mittelbare Finanzierungsmöglichkeiten
Verwahrung und Verwaltung von Geld und Effekten	Verwahrung und Verwaltung von Geld
	Verwahrung und Verwaltung von Effekten
Beratung	Beratung

vor allem als Angebote für mittelständische Unternehmen (Unternehmensberatung), aber auch für Privatpersonen (Haushaltsberatung). Fester Bestandteil des Sortimentes einer Universalbank ist die eigenständige Beratung bisher aber offenbar nicht geworden, so daß wir sie zunächst nur als Möglichkeit einer vierten Kategorie bankbetrieblicher Marktleistungen behandeln.

Abschließend ist noch einmal daran zu erinnern, daß der Inhalt bankbetrieblicher Marktleistungen prinzipiell unbestimmt ist, so daß es hier darum ging, das **banktübliche** Angebot zu erfassen. Was man als banküblich betrachtet, ist aber auf längere Sicht ebenfalls offen für Veränderungen. Ansatz für Übergänge bildet vor allem das Angebot mittelbarer Geldanlage- und Finanzierungsmöglichkeiten. Beim Angebot auch von Versicherungsleistungen beispielsweise läßt sich manches noch als mittelbare Geldanlagemöglichkeit interpretieren (Kapitallebensversicherung); der Bereich des Banküblichen aber wird überschritten, wenn die Bank z. B. auch Haftpflichtversicherungen anbietet. Derartige Grenzüberschreitungen werden im folgenden nicht durchgängig, sondern nur im Rahmen der Sortimentspolitik in die Betrachtung einbezogen.

1.2.2 Marktleistung und innerbetriebliche Teilleistungen

Bisher wurden nur die Marktleistungen („Fertigprodukte") näher gekennzeichnet. Für die spätere Analyse der Leistungserstellung ist es notwendig, ergänzend auch einige innerbetriebliche Zusammenhänge begrifflich zu klären.

Den **Prozeß der Leistungserstellung** gedanklich zu erfassen und zu gliedern, ist bei einer Bank schwieriger als bei einem Industriebetrieb. Dort kann man aufgrund der konkreten Objekte und der längeren Zeiträume ihrer Bearbeitung meist gut verfolgen, wie das Erzeugnis schrittweise an Wert gewinnt, bis es schließlich – als Fertigprodukt – absatzreif wird. Im Bankbetrieb dagegen sind zum einen die Tätigkeitsergebnisse abstrakt; und überdies wird der einzelne Kundenauftrag in sehr kurzer Zeit, vielfach noch am Tage der Auftragserteilung, vollständig bearbeitet, wobei auch die einzelnen Bearbeitungsgänge gewöhnlich außerordentlich kurz sind.

Prinzipiell läßt sich die Erstellung von Marktleistungen aber auch für den Bankbetrieb als **Verschmelzungsprozeß** darstellen: als ein verästelter Strom von Teil-Leistungen, der schließlich in die Marktleistungen einmündet. Eine solche innerbetriebliche Zerlegung zielt darauf ab, den Erstellungsprozeß überschaubar und auf diese Weise besser lenkbar zu machen. An die Teil-Leistungen knüpfen sich die Fragen nach ihren Kosten und nach der jeweils zu ihrer Erstellung erforderlichen Kapazität. In der Bankbetriebslehre finden sich Versuche, den Erstellungsprozeß gedanklich zu zerlegen, schon sehr früh in Arbeiten zur Kostenrechnung. Erst in neuerer Zeit jedoch hat man sich verstärkt bemüht, entsprechende Grundlagen für eine umfassende Analyse und Steuerung der bankbetrieblichen „Produktion" zu entwickeln. Die Ansätze sind dabei so vielfältig wie die verwendeten Begriffe. Man sieht die Marktleistungen zusammengefügt aus „innerbetrieblichen Teilakten", „Teilleistungen", „internen Leistungen", „Leistungselementen", „produktiven Teilakten". Hier wird im weiteren der Begriff „innerbetriebliche Teilleistungen" verwendet, weil er am besten geeignet ist, den in der Bankbetriebslehre am häufigsten gewählten Ansatz – die Trennung in Wert- und Stückleistung – zu erläutern. In der älteren Fachliteratur beschränkte man sich meistens darauf, den Gesamtprozeß der Leistungserstellung in die von Menschen und Maschinen verrichteten Arbeitsgänge zu zerlegen, ähnlich der Aufgabenzerlegung in der Organisationslehre. Die Zerlegung reichte hinunter bis zu einzelnen Handgriffen; und die Marktleistungen wurden dann als Summe von Arbeitsakten („Manipulationen") gesehen.[4] Zunehmend tauchten aber Zweifel auf, ob auf diese Weise die bankbetriebliche Leistungserstellung vollständig erfaßt sei, oder ob man nicht auch die bewegten Werte (Beträge) berücksichtigen müsse. Die Zweifel führten schließlich zu der These, man müsse sich alle Marktleistungen einer Bank zusammengesetzt aus zwei grundsätzlich verschiedenen Kategorien innerbetrieblicher Teilleistungen vorstellen:

* aus der **Stückleistung** (auch: Betriebs-, Mengen-, Arbeits- oder technisch-organisatorische Leistung) und

* der **Wertleistung** (auch: Betrags- oder finanzielle Leistung).

Unumstritten ist, daß für die Erstellung jeder Marktleistung Teilleistungen durch Menschen und/oder technische Hilfsmittel erbracht werden müssen. Mißverständnisse dagegen hat es immer wieder zum Inhalt der „Wertleistung" gegeben.[5]

Wesentliche Ursache für Mißverständnisse ist die Tatsache, daß jede bankbetriebliche Marktleistung mit einem bestimmten Geldbetrag verbunden ist: dem Betrag, den der Kunde als Kredit erhält, den er auf ein anderes Konto überweisen läßt, den er durch den Kauf von Aktien anlegt, usw. Alle Marktleistungen lassen sich mithin nicht nur in Stückzahlen erfassen (Zahl der Geschäftsvorfälle), sondern auch in Wertgrößen, indem man die Einzelbeträge der vergebenen Kredite, durchgeführten Überweisungsaufträge, abgewickelten Aktienkaufaufträge summiert. Dieses „doppelte Gesicht" der Marktleistungen hat Auswirkungen auch auf den Prozeß ihrer Erstellung. Es werden jeweils die Mitarbeiter und Betriebsmittel der Bank beansprucht, und daneben verändern sich auch ihre Forderungen, Verbindlichkeiten und/oder Geldbestände. Man kann daher sagen, die Erstellung der Marktleistungen wirke sich jeweils auf den konkreten betrieblichen Bereich wie auch auf den finanziellen Bereich der Bank aus. Diese Feststellung aber genügt noch nicht, um die „Wertleistung" im Sinne innerbetrieblicher Teilleistungen des finanziellen Bereichs genauer zu erklären. Erst die Arbeiten von HANS-DIETER DEPPE haben fruchtbare Ansätze zu einer umfassenden Analyse der bankbetrieblichen Leistungserstellung aufgezeigt, die im besonderen auch (und vor allem) den finanziellen Bereich detailliert einbeziehen.[6]

---

[4] Als Beispiel für diese Betrachtungsweise vgl. SCHÖNPFLUG, FRITZ: Zum Begriff der bankbetrieblichen Leistung, in: ZuB, 1934, S. 17–29.

[5] Ausführlich hierzu BENNER, WOLFGANG: Der liquiditätsmäßig-finanzielle Bereich (LFB) als Gegenstand der wissenschaftlichen Bankbetriebslehre, in: Bankbetriebliches Lesebuch, hrsgg. von H.-D. DEPPE, Stuttgart 1978, S. 341–380.

[6] Vgl. insbesondere DEPPE, HANS-DIETER: Eine Konzeption wissenschaftlicher Bankbetriebslehre in drei Doppelstunden, in: Bankbetriebliches Lesebuch, hrsgg. von H.-D. DEPPE, Stuttgart 1978, S. 31–85.

DEPPE erklärt alle innerbetrieblichen Teilleistungen als das Ergebnis der Inanspruchnahme verschiedenartiger „Nutzungspotentiale (Reservoirs)" des technisch-organisatorischen und des liquiditätsmäßig-finanziellen Bereichs. Diese zur Erstellung von Marktleistungen erforderlichen Nutzungspotentiale sind im ersten Fall vor allem menschliche Arbeitskraft und Betriebsmittel, im zweiten Fall Zahlungsmittel und finanzielles Haftungspotential. Das Haftungspotential – dessen bilanzieller Ausdruck das Eigenkapital der Bank ist – schirmt die Gläubiger vor Verlusten ihrer Bank ab.

Daß Teilleistungen aus beiden Bereichen zusammenwirken müssen, ist unmittelbar einsichtig bei der Marktleistung ‚Kreditvergabe', für deren Erstellung

– sowohl menschliche Arbeitskraft und Betriebsmittel Teilleistungen erbringen müssen (zur Prüfung des Kreditantrages, für maschinelle Bilanzanalysen, usw.),

– als auch die Zahlungsmittel der Bank in Anspruch genommen sowie ein Teil ihres Haftungspotentials belegt werden.

Nicht unmittelbar einsichtig ist es dagegen, inwiefern auch die Erstellung von z. B. Zahlungsverkehrs- oder Beratungsleistungen die Inanspruchnahme nicht nur der technisch-organisatorischen Einsatzfaktoren erfordern, sondern auch Zahlungsmittel und Haftungspotential (im Sinne von Produktionsfaktoren) beanspruchen. Der Zusammenhang ist deswegen schwerer zu erkennen, weil die innerbetrieblichen Teilleistungen des finanziellen Bereichs hier nicht unmittelbar in die Erstellung der Marktleistungen eingehen, sondern nur in einem mittelbaren Bezug zu ihnen stehen. Dennoch sind sie auch hier für die Leistungserstellung unabdingbar. Daß ein Bankbetrieb in hinreichendem Umfang über Zahlungsmittel und über haftendes Eigenkapital verfügt, gehört zu den Grundbedingungen seiner Existenz und ist damit auch eine notwendige Voraussetzung für die Erstellung aller seiner Marktleistungen. DEPPE zieht den Vergleich zu den Grundstücken im Rahmen des industriellen Produktionsprozesses, die man in der Produktionstheorie ebenfalls als notwendige Einsatzfaktoren behandelt, obwohl sie in die Erstellung industrieller Marktleistungen nicht unmittelbar eingehen (Potentialfaktoren).[7]

Als Fazit ergibt sich damit: Ebensowenig wie die Erstellung primär monetärer Marktleistungen (z. B. Kreditvergaben) ohne Teilleistungen auch des technisch-organisatorischen Bereichs möglich ist, lassen sich primär technisch-organisatorische Marktleistungen (z. B. die Abwicklung von Zahlungen) ohne Teilleistungen auch des liquiditätsmäßig-finanziellen Bereichs erstellen.

2. Arten banktypischer Marktleistungen

2.1 Geldanlagemöglichkeiten für den Kunden[8]

Die Vielfalt ertragbringender Geldanlagen, die eine Bank ihren Kunden ermöglicht, ist für innerbetriebliche Überlegungen zu trennen in

---

[7] Ebenda, S. 35.
[8] Weiterführende Literaturhinweise hierzu: S. 346–351.

- unmittelbare Anlagemöglichkeiten, die von der Bank ad hoc geschaffen werden und bei denen die angelegten Zahlungsmittel ihr selbst zufließen,
- mittelbare Anlagemöglichkeiten, die von anderen geschaffen werden und die die Bank ihren Kunden lediglich – im weitesten Sinne – vermittelt, so daß die angelegten Zahlungsmittel letztlich Dritten zufließen.

Ob die unmittelbare oder die mittelbare Form der Geldanlage überwiegt, ist von Land zu Land verschieden; das Verhältnis bestimmt sich vor allem nach den Spargewohnheiten der Bevölkerung. In Deutschland wird Geldvermögen überwiegend in Form von Einlagen bei Kreditinstituten gehalten, in weit geringerem Umfang dagegen in Form von Effekten. Besonders gilt das für die Ersparnisse der breiten Bevölkerung („Private Haushalte"), wie die folgende Übersicht deutlich macht.

Geldvermögen der inländischen nicht-finanziellen Sektoren[a]				
Stand: Ende 1991 (Beträge in Mrd. DM)	Private Haushalte	Unter- nehmen	Öffentliche Haushalte	insgesamt
Bargeld und Sichteinlagen	245	369	36	651
Geldanlagen bei:				
• Banken	1.117	218	258	1.593
davon: Termingelder[b]	(436)	(215)	(253)	(904)
Spareinlagen	(681)	(3)	(5)	(689)
• Bausparkassen	129	2	1	132
• Versicherungen	694	47	2	744
Geldanlage in:[c]				
• Geldmarktpapieren	10	13	0	22
• festverzinsl. Papieren	606	155	33	794
• Aktien	78	213	18	310
Sonstige Forderungen	251	556	197	1.004
	3.130	1.574	545	5.249

a) Quelle: Ergebnisse der gesamtwirtschaftlichen Finanzierungsrechnung der Deutschen Bundesbank 1982 bis 1991, Frankfurt a. M. 1992, S. 92 (Additionsdifferenzen durch Runden der Zahlen).
b) Einschließlich: Sparbriefe, Inhaberschuldverschreibungen, durchlaufende Kredite.
c) Nominalwerte. – Kurswerte (insgesamt): 762 Mrd. DM festverzinsliche Papiere, 659 Mrd. DM Aktien.

2.1.1 Unmittelbare Geldanlagen

Geldanlage bedeutet für den Kunden, daß er ertraglose Zahlungsmittel (Bar- oder Buchgeld) in ertragbringende Forderungen oder andere Vermögenswerte eintauscht. Als unmittelbar wird die Geldanlage dann bezeichnet, wenn die Zahlungsmittel der Bank selbst zufließen, der Kunde also dafür eine verzinsliche Forderung gegen die Bank erhält. Nach der äußeren Form kann man dabei zwei Möglichkeiten unterscheiden:

(1) Der Kunde tätigt eine **Einlage,** d. h. die Bank erfaßt den Erhalt der Zahlungsmittel und die dadurch begründete Forderung des Kunden lediglich „in ihren Büchern" (Buchforderung). Als der Geldanlage dienende Einlagen bei einer Bank werden unterschieden
a) Spareinlagen und
b) Termineinlagen.

(2) Der Kunde kauft ein von der Bank ausgegebenes **Wertpapier,** d. h. seine Forderung wird in einer Urkunde verbrieft (Wertpapierforderung). In diesem Falle trennt man zweckmäßig
a) kürzerfristige Wertpapiere: mit Laufzeiten, wie sie auch für Spar- und Termineinlagen gebräuchlich sind, und
b) längerfristige Wertpapiere: mit Laufzeiten, für die die Kunden gewöhnlich nicht mehr bereit sind, Einlagen zu tätigen.

Aus der Sicht der Bank ist die Hereinnahme von Zahlungsmitteln gegen Hingabe verzinslicher Buch- oder Wertpapierforderungen die wichtigste Form der **Kapitalbeschaffung.** Die anderen Möglichkeiten einer Bank, sich Mittel zu beschaffen, bleiben zunächst unberücksichtigt, weil sie sich nicht als „Angebot von Geldanlagemöglichkeiten" einordnen lassen. Es handelt sich um

• die Beschaffung von Eigenkapital;

• die Entgegennahme von Sichteinlagen, die die Kunden zur Abwicklung ihres Zahlungsverkehrs unterhalten und es daher auch hinnehmen, daß die Bank sie nur geringfügig oder gar nicht verzinst;

• die Aufnahme von Krediten bei anderen Banken und bankähnlichen Kapitalsammelstellen.

Insgesamt gesehen besteht mithin zwischen den Marktleistungen und der Kapitalbeschaffung folgender Zusammenhang:

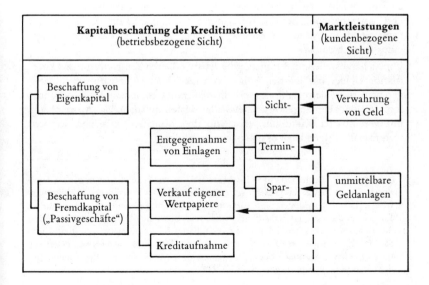

Spar- und Termineinlagen sowie der Verkauf eigener Wertpapiere werden im weiteren aus beiden Blickwinkeln gekennzeichnet: als Form der Geldanlage (Leistung für den Kunden) und als Form der Kapitalbeschaffung (in ihren Konsequenzen für Disposition und Ertrag der Bank).

2.1.1.1 Entgegennahme von Spar- und Termineinlagen

Die Initiative, Einlagen bei einer Bank zu tätigen, geht grundsätzlich von den Kunden aus, die ihre Zahlungsmittel verzinslich anlegen wollen und daher gewöhnlich auch nicht die Vorstellung haben, sie gewährten der Bank damit einen Kredit. Um den unterschiedlichen Bedürfnissen der anlagewilligen Kunden entgegenzukommen, werden verzinsliche Einlagen zu unterschiedlichen Bedingungen angeboten. Im Hinblick auf die angesprochenen Kundengruppen unterscheidet man vor allem zwischen Spareinlagen und Termineinlagen.

(a) Spareinlagen

Als Form der Geldanlage sind Spareinlagen grundsätzlich Privatpersonen vorbehalten. Sie haben sich historisch als Angebot für wirtschaftlich schwächere Bevölkerungskreise entwickelt, in dieser Form Gelder als Risikovorsorge für Krankheit und Alter zurückzulegen, aber auch – als Zwecksparen – für Ausbildung und größere Anschaffungen. Im wesentlichen trifft diese Charakteristik noch heute zu. Aus ihr ergibt sich eine grundlegende Eigenart der Spareinlagen: Sie werden gewöhnlich für eine längere Zeit unterhalten, müssen aber – da der Bedarfsfall unvermittelt eintreten kann – jederzeit kurzfristig verfügbar sein. Es sind überwiegend also nur formal kurzfristige Einlagen. Das erklärt auch, weshalb dem Einleger ein Zinssatz vergütet wird, der deutlich über dem für Sichteinlagen liegt.

Grundform ist die „Spareinlage mit vereinbarter Kündigungsfrist von drei Monaten", deren Zinssatz angesichts des großen Volumens der Einlagen eine der wichtigsten Größen im Rahmen bankpolitischer Entscheidungen und wirtschaftspolitischer Erörterungen ist („Spareckzins"). Der Sparer kann einen noch höheren Zinssatz erzielen, wenn er eine längere Kündigungsfrist vereinbart.

Um sicherzustellen, daß Einleger die relativ höheren Zinsen für formal kurzfristige Gelder nur bei der Anlage von tatsächlichen Ersparnissen nutzen, versucht man, dem Zahlungsverkehr dienende Gelder von den Sparkonten fernzuhalten. Hereingenommene Gelder dürfen nur dann als „Spareinlagen mit vereinbarter Kündigungsfrist von drei Monaten" bilanziert werden, wenn sie die folgenden Voraussetzungen erfüllen:[9]

---

[9] Gemäß § 21 IV RechKredVO. – Bis Mitte 1993 waren Spareinlagen in diesem Sinne durch die §§ 21–22 KWG definiert („Spareinlagen mit gesetzlicher Kündigungsfrist"). Diese Regelungen sind dann als „nicht mehr gerechtfertigter gesetzlicher Eingriff in die Vertragsfreiheit" gestrichen und durch die oben genannte Definition der Bilanzposition „Spareinlagen mit vereinbarter Kündigungsfrist von drei Monaten" ersetzt worden. Nur für Einlagen, die dieser Definition entsprechen, gelten die im folgenden genannten Vorzüge im Rahmen der Mindestreserve-Regelungen und der Grundsätze II und III gem. § 11 KWG.

- sie werden im wesentlichen nur von natürlichen Personen hereingenommen, von Unternehmen nur ausnahmsweise, sofern diese gemeinnützigen, mildtätigen oder kirchlichen Zwecken dienen;
- sie sind nicht für den Zahlungsverkehr bestimmt, d. h. über sie darf nicht mit Überweisung, Scheck, Lastschrift oder Kreditkarte verfügt worden;
- ohne Kündigung dürfen innerhalb eines Kalendermonats höchstens DM 3.000 zurückgefordert werden, höhere Beträge nur mit einer Kündigungsfrist von drei Monaten.

Besonderen gesetzlichen Schutz – etwa Konkursvorrechte – genießen Spareinlagen in Deutschland nicht. Lediglich die Institute einer Gruppe, die Sparkassen, müssen bei der Verwendung der als Spareinlagen hereingenommenen Gelder bestimmte Anlagevorschriften beachten. Die in den 70er Jahren von allen Institutsgruppen stark verbesserten Einlagensicherungssysteme schützen seither jedoch praktisch jeden Sparer vor dem Verlust seines Geldes.

Als Form der Kapitalbeschaffung lassen sich die Spareinlagen aufgrund der genannten Besonderheiten wie folgt kennzeichnen:

(a) Spareinlagen sind eine relativ teure Form der Kapitalbeschaffung:

- weil ein höherer Zinssatz als bei anderen formal kurzfristigen Einlagen gezahlt wird;
- weil Ein- und Auszahlungen in häufig sehr kleinen Beträgen einen im Verhältnis zu den Guthaben recht hohen Verwaltungsaufwand mit sich bringen;
- weil die Bank, um Spareinlagen zu gewinnen, den Kunden räumlich entgegenkommen muß: die Sammlung von Spargeldern war und ist einer der wesentlichen Gründe für den aufwendigen Ausbau der Geschäftsstellennetze im Bankbereich.

(b) Andererseits können die als Spareinlagen beschafften Zahlungsmittel relativ günstig angelegt werden,

- weil für Spareinlagen die geringste Mindestreserve zu unterhalten ist (der gesetzlich zulässige Höchstsatz beträgt 10%, dagegen bei Termineinlagen 20% und bei Sichteinlagen sogar 30%);[10]
- weil sie eine geringere Liquiditätsvorsorge als andere Einlageformen erfordern: zum einen verbleiben sie trotz formeller Kurzfristigkeit meist längere Zeit auf den Konten (Prolongation); zum anderen werden aufgrund der großen Zahl von Konten die täglichen Auszahlungen sehr weitgehend durch Einzahlungen auf andere Konten ausgeglichen (Substitution);
- weil sie – aus den gleichen Gründen – in besonders hohem Maße längerfristigen Finanzierungen zugrunde gelegt werden können; die staatliche Bankenaufsicht, die die langfristige Finanzierung auf den Umfang der langfristigen Mittel begrenzt, definiert 60% der Spareinlagen als „langfristige Finanzierungsmittel", von den Sicht- und Termineinlagen dagegen nur 10%.[11]

---

[10] Mindestreserven sind zinslose Einlagen bei der DEUTSCHEN BUNDESBANK, die die einzelne Geschäftsbank in einer bestimmten Relation zu ihrem Einlagevolumen unterhalten muß. Genauer dazu: S. 89.
[11] Im einzelnen dazu: S. 103f. („Grundsätze über das Eigenkapital und die Liquidität der Kreditinstitute").

Wenngleich sich alle Universalbanken intensiv um Spareinlagen bemühen, sind sie für die Institute der verschiedenen Gruppen doch von erheblich unterschiedlichem Gewicht. Die Unterschiede sind vor allem historisch begründet. Während sich Kreditgenossenschaften und ganz besonders die Sparkassen schon seit mehr als einem Jahrhundert um die privaten Sparer bemühen, haben die Kreditbanken sie erst in den 20er Jahren „entdeckt" und erst seit Ende der 50er Jahre zielstrebig umworben. So haben Spareinlagen auch bei ihnen stark zugenommen, doch werden noch immer ¾ des Gesamtvolumens bei Sparkassen und Kreditgenossenschaften unterhalten:

Spareinlagen von Nichtbanken[a]			
Stand: Ende 1992	Mrd. DM	Marktanteil der Gruppe	Anteil an der zusammengefaßten Bilanzsumme der Gruppe
Kreditbanken	135,3	17%	9%
davon:			
– Großbanken	(87,4)	(11%)	(16%)
– Privatbankiers	(2,9)	(0%)	(4%)
– sonst. Kreditbanken	(45,0)	(6%)	(6%)
Sparkassen	396,1	51%	33%
Kreditgenossenschaften . . .	198,1	25%	29%
Postsparkasse (Postbank) . .	41,9	5%	.
übrige Institutsgruppen . . .	13,6	2%	.
alle Banken	785,0	100%	13%

a) Quelle: Bbk-Bankenstatistik, Februar 1993, S. 25–39

Als Folge des starken Wachstums der Einkommen der breiten Bevölkerungsschichten ist auch das Volumen der Spargelder seit den 50er Jahren ständig gestiegen. Zunehmend wird allerdings den Anlegern bewußt, daß (seit den 70er Jahren) der Spareckzins kaum noch höher, häufig sogar niedriger als die Inflationsrate ist, so daß sie auf einem Sparkonto mit normaler Kündigungsfrist real nicht nur keinen Zinsertrag, sondern einen Verlust erzielen („negativer Realzins"). Das lenkt sie verstärkt zu Anlagen mit höheren Zinssätzen: zu Spareinlagen mit längerer Kündigungsfrist, zu Termineinlagen, zum Kauf festverzinslicher Wertpapiere. Als Liquiditätsreserve, zum Ansparen und Zwecksparen sowie als Zwischenanlage bleibt jedoch die Spareinlage die bevorzugte Anlageform.[12]

(b) Termineinlagen

Als Form der Geldanlage sind Termineinlagen in erster Linie für vorübergehend freie Gelder der Wirtschaftsunternehmen und der öffentlichen Stellen gedacht. Um sie den unterschiedlichen Anlagebedürfnissen anzupassen, bieten die Banken sie in verschiedenen Formen an:

---

[12] Vgl. auch TIEDEKEN, KLAUS: Die Entwicklung der privaten Kundeneinlagen. Frankfurt a. M./u. a. 1991.

1. als Festgeld, bei dem die Zahlungsmittel der Bank von vornherein für einen bestimmten Zeitraum überlassen werden, in der Regel für mindestens einen Monat;

2. als Kündigungsgeld, bei dem kein fester Zeitraum vereinbart wird, die Verfügung durch den Kunden jedoch nur bei Einhaltung einer vereinbarten Kündigungsfrist möglich ist;

3. eine Mischform bildet Festgeld, das die Bank jeweils um den zunächst vereinbarten Zeitraum verlängert, sofern es der Einleger nicht eine bestimmte Zahl von Tagen vor Fälligkeit kündigt.

Termineinlagen übernehmen die Banken gewöhnlich nur in größeren, runden Beträgen. Als Mindestbetrag gelten normalerweise etwa DM 30.000; in Zeiten knapper Mittel gingen die Banken bis auf DM 10.000, bei Kündigungsgeldern zum Teil bis auf DM 5.000 herunter.

Die Verzinsung von Termineinlagen steht in keinem festen Verhältnis zu der von Spareinlagen. Während sich bei Spareinlagen der Zinssatz vor allem an der längerfristigen Entwicklung (Kapitalmarktzins) orientiert, richten sich die Sätze für Termineinlagen vor allem nach der Liquiditätslage des Bankensektors (Geldmarktzins), die ihrerseits wesentlich durch die Zentralbankpolitik bestimmt wird. Daher schwanken die Termingeldsätze stärker als die für Spareinlagen und können sie zeitweilig erheblich übersteigen. Ihr Zinssatz kann dann bis an den für festverzinsliche Wertpapiere heranreichen, ohne daß Termineinlagen ein entsprechendes Kursrisiko tragen. Besonders in einer Zeit steigender Zinssätze ist das von großer Bedeutung.

Während Unternehmen und öffentlichen Stellen die Anlage auf einem Sparkonto weitgehend versperrt ist, können umgekehrt Privatpersonen für ihre Geldanlage neben der Spareinlage auch die Termineinlage wählen, sofern es sich um „termingeldfähige Größenordnungen" handelt.

Als Form der Kapitalbeschaffung sind Termineinlagen keine so stabile Grundlage für die unmittelbare Finanzierung wie die Spareinlagen. Zwar scheint durch die fest vereinbarte Laufzeit bzw. Kündigungsfrist ihr Einfluß auf die Liquidität der Bank besser vorhersehbar zu sein. Die Schwierigkeit liegt aber bei den Erwartungen der Bank auf Prolongation der Einlagen über die (zunächst) vereinbarten Termine hinaus. Sie ist ähnlich ungewiß wie bei der einzelnen Spareinlage, da man oft auch in den Unternehmen und öffentlichen Stellen nicht genau weiß, wann die Gelder benötigt werden. Bei Termineinlagen wiegt die Ungewißheit aber erheblich schwerer als bei Spareinlagen, weil es sich überwiegend um nur kurzfristige Geldüberschüsse handelt – als Form der Kassenhaltung des Kunden (Liquiditätsreserve) – und überdies um größere Einzelbeträge, deren Nicht-Prolongation die Liquiditätsplanung der Bank empfindlich stören kann. So stellt sie denn auch die Bankenaufsicht in ihrer Stabilität den täglich fälligen Einlagen (Sichteinlagen) gleich: nur 10% werden in beiden Fällen als langfristige Finanzierungsmittel angesehen – gegenüber 60% bei den Spareinlagen.

Unter Ertragsgesichtspunkten ist einerseits zu berücksichtigen, daß die Bank zum Teil wesentlich höhere Zinssätze als für Spareinlagen zahlen muß und überdies die zinslos bei der Bundesbank zu haltende Mindestreserve höher ist (Höchstsätze gemäß Bundesbankgesetz: 10% bei Spareinlagen, 20% bei Termineinlagen). Andererseits aber erfordern Termineinlagen geringeren Verwaltungsaufwand als Spareinlagen: sowohl absolut, da sie nicht mit häufigen

Ein- und Auszahlungen verbunden sind, als auch relativ, im Verhältnis zu den im Einzelfall wesentlich höheren Anlagebeträgen.

Da die bei Banken angelegten Liquiditätsüberschüsse der Unternehmen insgesamt erheblich höher als die der öffentlichen Stellen sind, haben Termineinlagen besonderes Gewicht bei jenen Instituten, die traditionell die vorrangige Bankverbindung der Wirtschaft sind: bei Kreditbanken (mittlere und größere Unternehmen) sowie bei Sparkassen und Kreditgenossenschaften (kleinere und mittlere Unternehmen).

Termineinlagen von Nichtbanken[a]

Stand: Ende 1992	Mrd. DM	Marktanteil der Gruppe		Anteil an der zusammengefaßten Bilanzsumme der Gruppe	
Kreditbanken	177,1	32%		9%	
darunter:					
– Großbanken	(85,5)		(16%)		(16%)
– Privatbankiers	(12,9)		(2%)		(19%)
– sonst. Kreditbanken	(77,1)		(14%)		(10%)
Sparkassen	171,9	31%		14%	
Girozentralen	27,9	5%		3%	
Kreditgenossenschaften . . .	164,7	30%		24%	
Genoss. Zentralbanken	1,5	0%		1%	
übrige Institutsgruppen . . .	9,6	2%		.	
alle Banken	551,9	100%		9%	

a) Quelle: Bbk-Bankenstatistik, Februar 1993, S. 24–35. – Nur Termingelder mit einer Befristung (Laufzeit/Kündigungsfrist) von 1 Monat bis unter 4 Jahre. Termingelder mit noch längeren Laufzeiten sind überwiegend durch den Bankensektor geleitete staatliche Finanzierungshilfen, die nur buchhalterisch als Kapitalbeschaffung und (in gleicher Höhe) unmittelbare Finanzierung erscheinen.

2.1.1.2 Verkauf eigener Wertpapiere

Der Verkauf eigener Wertpapiere schützt die Bank im Regelfall während der vereinbarten Laufzeit der Papiere vor Rückzahlungen an den Käufer (Geldgeber). Dafür ist sie bereit, ihm einen höheren Zinssatz als für Einlagen zu zahlen. Der Geldgeber wird allerdings zum Kauf längerfristiger Papiere nur bereit sein, wenn er die Aussicht hat, sein Geld bei Bedarf auch schon vor Ablauf der vereinbarten Laufzeit zurückzuerhalten. Dafür gibt es zwei mögliche Wege:

1. Es besteht für die Papiere ein Markt, auf dem Angebot und Nachfrage im Umfang so stark konzentriert sind, daß der vorzeitige Verkauf jederzeit möglich erscheint. Institutionalisierte Märkte sind die Wertpapierbörsen, an denen allerdings nur längerfristige Papiere gehandelt werden (Kapitalmarktpapiere = Effekten).
2. Die Bank ist bereit, die Papiere unter bestimmten Bedingungen auch schon vor Ablauf der vereinbarten Frist zurückzukaufen oder dem Käufer den Betrag auf andere Weise – etwa durch Beleihung der Papiere – zur Verfügung zu stellen.

Der Verkauf eigener Wertpapiere ist die typische Form der Kapitalbeschaffung bestimmter **Spezialbanken,** die auf diesem Wege beschaffte Mittel für bestimmte Finanzierungszwecke verwenden:

– die Mittel aus dem Verkauf der **Pfandbriefe** für Kredite an den Wohnungsbau (Hypothekardarlehen),

– die Mittel aus dem Verkauf der **Kommunalobligationen** für Kredite an Gebietskörperschaften (Kommunaldarlehen).

Dem Verwendungszweck entsprechend handelt es sich um langfristige Papiere (etwa 5–10 Jahre Laufzeit), die regelmäßig an den Wertpapierbörsen gehandelt werden. Emittenten sind zum einen die Realkreditinstitute (private Hypothekenbanken und öffentlich-rechtliche Grundkreditanstalten), zum anderen die Girozentralen.

Universalbanken ist die Ausgabe von Pfandbriefen und Kommunalobligationen grundsätzlich nicht gestattet (§§ 1 und 5 HypbkG).[13] Sie bieten ihren Kunden jedoch die Papiere der Spezialinstitute als mittelbare Geldanlagemöglichkeit an, insbesondere die Emissionen der ihnen jeweils verbundenen Institute: Kreditbanken Papiere von privaten Hypothekenbanken, Sparkassen Papiere von Girozentralen.

Seit Mitte der sechziger Jahre sind jedoch fast alle Universalbanken dazu übergegangen, auch eigene Papiere mit mittleren Laufzeiten anzubieten (4–6 Jahre; in Hochzinsphasen z. T. verkürzt bis auf ein Jahr). Sie werden unterschiedlich, überwiegend jedoch als **Sparbriefe** bezeichnet. Ihr Nennbetrag ist sehr gering, häufig beträgt er nur 100 DM; die Zinsen werden entweder in Form eines verringerten Kaufpreises berücksichtigt (Abzinsungspapiere) oder regelmäßig während der Laufzeit ausgezahlt; eine Rückzahlung der Anlagesumme ist meist innerhalb der ersten vier Jahre ausgeschlossen. Da es für die Papiere auch keinen Sekundärmarkt gibt, verbleibt als vorzeitige Quasi-Rückzahlung nur die Möglichkeit, sie von der Bank beleihen zu lassen. Im einzelnen sind die Angebote von Institut zu Institut sehr unterschiedlich ausgestaltet.[14]

Seit Anfang der siebziger Jahre bieten Universalbanken ihren Kunden darüber hinaus auch eigene Wertpapiere mit längeren Laufzeiten (etwa 5–10 Jahre) zum Kauf an, meist unter der Bezeichnung **Spar- bzw. Bankobligation.**[15] Auch sie sind unterschiedlich ausgestaltet, ähneln aber meist stark den traditionellen, bis dahin nur von Spezialbanken ausgegebenen Rentenpapieren; zum Teil werden sie auch an der Börse gehandelt.

Als Form der Geldanlage steht bei Wertpapieren der gegenüber Einlagen meist deutlich höhere Zinssatz im Vordergrund. Der Zins ist allerdings im

---

[13] Ausnahmen von diesem Grundsatz bilden zum einen die Girozentralen, zum anderen zwei private Universalbanken, die bereits vor Inkrafttreten des Hypothekenbankgesetzes eigene Pfandbriefe ausgaben und denen man – durch § 46 HypbkG – dieses Recht belassen hat (Bayerische Vereinsbank AG; Bayerische Hypotheken- und Wechsel-Bank AG; = „gemischte Hypothekenbanken").

[14] Einen guten Überblick über die Vielfalt der Angebote gibt GENTSCH, BURKHARD: Sparbriefe – Sparobligationen – Wachstumssparen, Berlin 1979.

[15] In Hochzinsphasen sind die Laufzeiten stark verkürzt worden, gelegentlich bis auf unter ein Jahr.

Regelfall für die gesamte Laufzeit festgelegt, so daß für den Anleger ein Zinsänderungsrisiko besteht: die Gefahr, steigende Marktzinsen nicht nutzen zu können, weil er sich für einen längeren Zeitraum gebunden hat. In Zeiten allgemein niedriger Zinssätze sind daher schneller verfügbare Anlagen, etwa Spareinlagen, vorzuziehen. Bei Papieren, für die ein Marktpreis (an der Börse) notiert wird, drückt sich das Risiko der Zinsänderung als Kursrisiko aus: steigende Marktzinsen führen zu Kursrückgängen der nominal nun niedrig verzinsten Papiere, bis deren Effektivverzinsung dem gestiegenen Marktzins entspricht. Dem Zinsänderungsrisiko steht allerdings die Chance gegenüber, bei sinkendem Zinsniveau noch für einige Zeit über dem Marktzins liegende Erträge bzw. bei vorzeitigem Verkauf durch die Kurssteigerung einen Gewinn zu erzielen.

Im Vergleich zur Spareinlage ist der beim Kauf von Wertpapieren höhere Zinssatz nicht nur bedroht vom Zinsänderungs- bzw. Kursrisiko; er wird außerdem durch Gebühren für Kauf bzw. Verkauf sowie für die Verwahrung der Papiere gemindert.

Als Form der Kapitalbeschaffung ist der Verkauf eigener Wertpapiere gegenüber der Hereinnahme von Einlagen in ähnlicher Weise, nur mit umgekehrten Vorzeichen wie aus Anlegersicht zu charakterisieren. Durch den höheren Zinssatz ist die Kapitalbeschaffung teurer, und der für die Laufzeit fest vereinbarte Zinssatz kann sich bei sinkendem Zinsniveau als zu hoch erweisen (Zinsänderungsrisiko), bei steigendem Zinsniveau aber auch als relativ niedrig.

Den höheren Zinssatz zahlt die Bank vor allem wegen des stark eingeschränkten Liquiditätsrisikos. Da sie während der Laufzeit im Normalfall nicht mit Rückzahlungen rechnen muß, können die Mittel längerfristigen Festzinskrediten zugrunde gelegt werden. Dies gestattet auch die Bankenaufsicht, die mit Laufzeiten von vier Jahren und darüber hereingenommene Gelder zu 100% als langfristige Finanzierungsmittel definiert (gegenüber nur 60% bei Spareinlagen bzw. 10% bei Termineinlagen).[16]

Neben dem höheren Zinssatz sind weitere Ertragsgesichtspunkte zu berücksichtigen, die die Kapitalbeschaffung durch Verkauf eigener Wertpapiere zum Teil billiger, zum Teil teurer machen als die durch Hereinnahme verzinslicher Einlagen. Auf der einen Seite sind mit Fristigkeiten von vier Jahren und darüber hereingenommene Gelder nicht mehr mindestreservepflichtig. Die Rücknahme vor Ablauf der vier Jahre wird daher die Bank nach Möglichkeit ausschließen. Weiterhin erfordert der Verkauf von Wertpapieren erheblich geringeren Verwaltungsaufwand als die Hereinnahme von Einlagen, da Aus- und Einzahlungen während der Laufzeit entfallen. Allerdings fallen Kosten für den Druck der Urkunden sowie Publizitätskosten und Notariatsgebühren an. Da die Einmalkosten der Emission bei längerer Laufzeit der Papiere an Gewicht verlieren, sind gewöhnlich nur die längerfristigen Spar- bzw. Bankobligationen als Inhaber- oder Orderpapiere ausgestaltet, die mittelfristigen Sparbriefe dagegen als Namenspapiere.

---

[16] Im einzelnen dazu: S. 103 f. („Grundsätze über das Eigenkapital und die Liquidität der Kreditinstitute").

Wie die folgende Übersicht zeigt, nehmen die Sparkassen wie bei den Spareinlagen auch beim Verkauf der Sparbriefe die führende Position ein. Die Spar- bzw. Bankobligationen werden statistisch innerhalb der „Inhaberschuldverschreibungen im Umlauf" erfaßt, bei denen jedoch die Emissionen der Spezialbanken das Bild beherrschen.

Emission festverzinslicher Wertpapiere[a]

Stand: Ende 1992	Spar- briefe	Inhaber- schuldv.	Marktanteil der Gruppe		Anteil an der zusammen- gefaßten Bilanz- summe d. Gruppe	
	– in Mrd. DM –		Spb	I'sch	Spb	I'sch
Kreditbanken	30,5	140,6[b]	13%	12%[b]	2%	9%[b]
darunter						
– Großbanken	(11,7)	(28,2)	(5%)	(2%)	(2%)	(5%)
– Privatbankiers	(2,1)	(0,8)	(1%)	(0%)	(3%)	(1%)
– sonst. Kreditbanken	(16,6)	(111,6)[b]	(7%)	(10%)[b]	(2%)	(14%)[b]
Sparkassen	141,1	58,4	57%	5%	12%	5%
Girozentralen	2,6	343,8	1%	30%	0%	36%
Kreditgenossen- schaften	70,6	22,2	29%	2%	10%	3%
Genoss. Zentral- banken	0,4	19,0	0%	2%	0%	10%
Realkreditinstitute	0,0	344,7	0%	30%	0%	51%
Kreditinst. mit Sonderaufgaben[c]	0,3	225,7	0%	19%	0%	33%
Alle Banken	245,5	1.154,4	100%	100%	4%	20%

a) Quelle: Bbk-Bankenstatistik, Februar 1993, S. 25–39. – ‚Sparbriefe' einschl. nicht börsenfähiger Inhaber-Sparschuldverschreibungen, Sparkassenobligationen o. ä.

b) Für die Institutsgruppe untypisch hoher Wert, verzerrt durch die Pfandbriefemission der beiden gemischten Hypothekenbanken (vgl. S. 37).

c) Einschl. Postbank (Postgiro- und Postsparkassenämter).

Während Sparbriefe und Spar-/Bankobligationen für die Anlage kleinerer Beträge vorgesehen, also den Spareinlagen vergleichbar sind, gibt es für Großeinleger auch eine verbriefte Alternative zur Termineinlage: das **Depositenzertifikat** (certificate of deposit, CD). Es ist vor allem in angelsächsischen Ländern gebräuchlich; die Einführung auch in Deutschland wird diskutiert.

Für Anleger sind diese Papiere nur dann eine flexiblere Alternative, wenn sie jederzeit verkäuflich sind. Dazu dient eine Ankaufszusage mindestens der emittierenden Bank (besser wohl: der Zentralbank), auf deren Basis die Papiere dann auch zwischen den Banken gehandelt werden („geldmarktfähige Depositenzertifikate").[17]

2.1.2 Mittelbare Geldanlagen

Während die Bank im Falle unmittelbarer Geldanlagen dem Kunden ertragbringende Forderungen gegen sich selbst überläßt, verschafft sie ihm im Falle mittelbarer Geldanlagen ertragbringende Anlagen, die andere bereits geschaffen haben. Es handelt sich also um Vermittlungen im weitesten Sinne, **zumeist in Form von Handelsgeschäften.** Rechtlich kann die Bank dabei als Eigenhändler, als Kommissionär oder als Makler auftreten.

Die Leistung der Bank ist mithin von grundsätzlich anderer Art als bei unmittelbaren Geldanlagen. Es ist eine reine Dienstleistung, im Normalfall für die Bank mit keiner Kapitalbeschaffung oder -anlage verbunden. Aus der Sicht des Kunden allerdings bestehen zwischen mittelbaren und unmittelbaren Anlagen enge Beziehungen, in weiten Bereichen sind es für ihn direkte Alternativen.

Unter den mittelbaren Geldanlagen, die eine Bank ihren Kunden verschafft, stehen im Vordergrund die von Dritten emittierten Kapitalmarktpapiere (Effekten). Nach den Ansprüchen, die sie verbriefen, sind zu unterscheiden:

- festverzinsliche Wertpapiere (Schuldverschreibungen), die das Recht auf eine bestimmte Verzinsung und auf Rückzahlung zu einem bestimmten Termin verbriefen;
- Aktien, die Eigentümerrechte verbriefen, insbesondere Stimmrechte und das Recht auf Teilhabe am Gewinn (Dividendenwerte);
- Anteile an einer Kapitalbeteiligungsgesellschaft (Investmentzertifikate), die Miteigentum an einem Gesamtvermögen verbriefen, das bestehen kann aus
  - verschiedenen festverzinslichen Wertpapieren (Rentenfonds),
  - verschiedenen Teilhaberpapieren (Aktienfonds),
  - verschiedenen Grundstücken (offene Immobilienfonds),
  - verschiedenen Geldmarktpapieren, z. B. Schatzwechseln, Privatdiskonten, Depositenzertifikaten (Geldmarktfonds),
  - Mischungen der genannten Anlageobjekte.

2.1.2.1 Verkauf von Effekten

Ohne eine Bank einzuschalten, ist es für den Kunden kaum möglich, Effekten zu kaufen oder zu verkaufen. Zum organisierten Markt in Deutschland (Wertpapierbörsen) haben außer dem börsenspezifischen Berufsstand der Makler nur Vertreter von Kreditinstituten Zutritt; und den unorganisierten Markt tragen die Kreditinstitute selbst (Interbanken-Markt). Um die Leistung der Bank genauer zu kennzeichnen, ist es erforderlich, beide Marktbereiche noch etwas zu gliedern:

---

[17] Für weitere Einzelheiten vgl. DIEROLF, GÜNTHER/LECHNER, JOSEF: Das Depositenzertifikat – Innovatives Finanzierungsinstrument, in: ZfgK, 1985, S. 760–763 und 806–810.

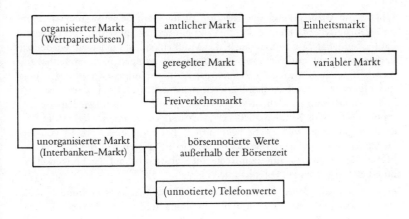

Das Börsengesetz sowie die Ordnungen der einzelnen Wertpapierbörsen lassen zum **Handel am organisierten Markt** nur Emissionen bestimmter Größenordnungen zu. Im Börsengesetz sind als Mindestnennbetrag DM 250.000 genannt, in den Börsenordnungen zum Teil 0,5 oder sogar 1,5 Millionen DM. Die drei Teilmärkte unterscheiden sich nach der Strenge der Zulassungsbedingungen. Sie sind am strengsten bei Papieren, die zum amtlichen Handel mit amtlicher Preisfeststellung (Notierung) zugelassen werden. Es sind dies die Emissionen der großen, eingeführten Unternehmen. Im amtlichen Handel können größere Aufträge – bei Aktien in der Regel ab 50 Stück – auch zu frei vereinbarten Kursen gehandelt werden (Markt für Papiere mit variabler Notierung). Anhand aller übrigen Kauf- und Verkaufsaufträge ermitteln amtliche Kursmakler börsentäglich für jedes Papier einen Einheitskurs (amtlicher Kurs), zu dem der Bankkunde einen Anspruch auf Ausführung hat.

Um den Börsenzugang für junge Unternehmen zu erleichtern, ist 1987 der „Geregelte Markt" eingerichtet worden, an dem erleichterte Zulassungsbedingungen bestehen. Die börsentäglichen Kurse werden nicht amtlich notiert, aber (von freien Maklern) nach den Regeln der amtlichen Preisfeststellung ermittelt.[18] Papiere, die die Zulassungsvoraussetzungen für den amtlichen und den geregelten Markt (noch) nicht erfüllen, sowie Papiere von nur regionaler Bedeutung und ausländische Papiere werden während der Börsenzeit im „Freiverkehr" gehandelt, d. h. zwischen freien Maklern und Bankenvertretern zu frei vereinbarten Preisen.

Als **unorganisierten Markt** faßt man alle außerbörslichen Geschäftsabschlüsse zusammen. Dazu gehören vor allem der gesamte Interbankenhandel und der Handel mit sehr großen, institutionellen Anlegern. Gehandelt werden hier Papiere, deren Gesamtbetrag zu niedrig für eine Börsenzulassung ist, aber auch zum Börsenhandel an sich zugelassene Papiere, wenn der Abschluß außerhalb der täglich nur dreistündigen Börsenzeit erfolgen soll, z. B. wenn es sich um sehr große Abschlußbeträge handelt (Pakethandel).

---

[18] Im einzelnen vgl. SCHIERENBECK, Henner: Der geregelte Markt als Organisationsinnovation für den deutschen Kapitalmarkt, in: BFuP, 1988, S. 430–455.

Über seine Bank erlangt der Kunde Zugang zum organisierten wie zum unorganisierten Effektenmarkt. Er kann ein breites Spektrum von Papieren kaufen und hat fast immer auch die Möglichkeit, sie jederzeit wieder zu verkaufen. Kauf und Verkauf über die Bank erfolgen nach einheitlichen, rechtlich genau festgelegten Regeln, die Mißverständnissen vorbeugen und den Eigentumserwerb an den Papieren sicherstellen sollen. Letzteres ist deshalb von besonderer Bedeutung, weil die Bank die gekauften Papiere gewöhnlich für den Kunden auch verwahrt und verwaltet, so daß er die Urkunden gar nicht zu Gesicht bekommt.[19] Bei Kauf und Verkauf von am amtlichen oder geregelten Markt gehandelten Papieren tritt die Bank rechtlich als Kommissionär mit dem Recht auf Selbsteintritt auf, bei Freiverkehrs- und Telefonwerten als Eigenhändler.

Die Kosten, mit denen Kauf und Verkauf für den Anleger verbunden sind, setzen sich aus einer Provision für die Bank und einem Entgelt für den Börsenmakler (Courtage) zusammen; Börsenumsatzsteuer fällt seit 1991 nicht mehr an. Die Kosten sind bei Aktien höher als bei festverzinslichen Papieren,
- sowohl die Bankprovision (ca. 1% gegenüber 0,5%, meist vom Kurswert),
- als auch die Courtage (ca. 0,1% gegenüber 0,075%).

Bei Großabschlüssen werden oft niedrigere Sätze berechnet, bei kleinen Aufträgen dagegen Mindestbeträge, so daß hier die Kosten, bezogen auf den Anlagebetrag, noch höher sein können. Außerdem können noch Spesen (Porti, Telefongebühren) hinzukommen sowie eine Limitgebühr, sofern der Auftrag mit einem bestimmten Kurslimit erteilt worden ist. Tritt die Bank dem Kunden als Eigenhändler gegenüber, so erstellt sie Netto-Abrechnungen, bei denen bereits alle Kosten im Kurs der Wertpapiere berücksichtigt sind.

2.1.2.2 Verkauf nicht–zinstragender Wertobjekte

Nach der Art des Ertrages sind Effekten dadurch gekennzeichnet, daß der Käufer (als Kapitalgeber) regelmäßig vom Emittenten (als Kapitalnehmer) Kapitalerträge erhält, die man im weiten Sinne als Zinsen bezeichnen kann. Neben diesen „zinstragenden" Wertobjekten vermitteln die Banken dem Kunden auch Wertobjekte, bei denen keine regelmäßigen Kapitalerträge anfallen. Den Nutzen kann der Käufer statt dessen im Gebrauchswert oder in erwarteten Wertsteigerungen der Objekte sehen. In den meisten Fällen fungiert die Bank dabei nur als Vermittler im engeren Sinne: sie bringt die Geschäftspartner lediglich zusammen. Die wichtigste Ausnahme, bei der Banken noch selbst als Handelspartner auftreten, bildet der **Handel mit Edelmetallen,** im wesentlichen: mit Gold.

Der einführende historische Überblick über die Entwicklung der Banktätigkeit hat gezeigt, daß der Handel mit Edelmetall, insbesondere der Tausch von Goldmünzen, eines der ursprünglichen Bankgeschäfte gewesen ist. Seitdem Edelmetalle nicht mehr als Zahlungsmittel dienen, ist daraus der Handel

---

[19] Über die Verwahrung und Verwaltung von Effekten für Kunden (Depotgeschäft) vgl. S. 73–76.

in Wertobjekten geworden. Neben früheren Zahlungsmitteln (Goldmünzen) werden auch Gedenkmedaillen aus Gold oder Silber sowie auf die Kundenwünsche abgestimmte Goldbarren (zwischen 1 und 1000 g) zum Kauf angeboten. Doch sind nur Münzen und Barren in vollem Sinne marktgängig, da die Banken Medaillen in der Regel nicht zurückkaufen.

2.1.3 Vermögensverwaltung

Die bisher beschriebenen Möglichkeiten der (unmittelbaren und mittelbaren) Geldanlage sind zunächst nur Angebote der Bank, zwischen denen sich der Kunde nach eigenem Ermessen entscheidet. Die Bank liefert ihm aber auch – wenn er es wünscht – Entscheidungshilfen in Form von Informationen über die jeweils in Betracht kommenden Alternativen und gibt auch auf seine individuellen Verhältnisse, insbesondere seine Ertrags- und Risikovorstellungen abgestimmte Empfehlungen. Diese Beratung (Anlageberatung) erfolgt

– entweder von Fall zu Fall, jeweils im Anschluß an einen konkreten Anlagewunsch des Kunden;
  in diesem Fall ist die Beratung keine eigenständige Leistung der Bank, sondern ein qualitatives Merkmal der angebotenen Geldanlagemöglichkeiten;
– die Beratung kann aber auch langfristig und systematisch auf der Grundlage eines Vertrages erfolgen, in welchem sich die Bank verpflichtet, gegen Entgelt regelmäßig Analysen über die Anlagemöglichkeiten und Vorschläge für Anlageentscheidungen zu erstellen („**Vermögensverwaltung auf der Grundlage eines Beratungsvertrages**").

Einen wesentlichen Schritt weiter gehen Verträge, mit denen der Kunde die Anlageentscheidung auf die Bank überträgt, die sie dann im Interesse des Anlegers, aber nach eigenem Ermessen trifft (Vermögensverwaltung im weiteren Sinne). Nach dem Ausmaß, in dem dabei individuelle Wünsche des Anlegers berücksichtigt werden, lassen sich zwei Ansätze unterscheiden:

(1) **Standardisierte Vermögensverwaltung.**
  Hier werden Vermögensobjekte bestimmter Art – beispielsweise Aktien oder Immobilien – zu einem Sondervermögen zusammengefaßt und den Anlegern Zertifikate zum Kauf angeboten, die das Miteigentum an diesem Sondervermögen (Investmentfonds) verbriefen. Über Umschichtungen innerhalb des Sondervermögens entscheiden nicht die Zertifikatsinhaber, sondern Anlageentscheidungen trifft allein die Gesellschaft, die das Sondervermögen verwaltet (Kapitalanlage-, Investmentgesellschaft). Da sie Anlagewünsche einzelner Zertifikatsinhaber nicht berücksichtigt, handelt es sich aus deren Sicht um eine standardisierte Vermögensverwaltung.[20] Ihre individuellen Ertrags- und Risikovorstellungen können die Anleger nur bei der Entscheidung für einen bestimmten Fonds zur Geltung bringen.
  Durch die Ausgabe sehr vieler Zertifikate für einen Fonds wird der Wert des einzelnen Anteils so stark gesenkt, daß sich die Fonds für die Anlage auch kleiner Beträge eignen (Publikumsfonds). Investmentfonds sind die

---

[20] Standardisiert sind auch die Grundregeln, nach denen Investmentfonds zu verwalten sind (gem. Gesetz über Kapitalanlagegesellschaften, KAGG).

übliche Form, in der Universalbanken den Anlegern kleinerer Beträge ihr professionelles Anlagemanagement anbieten. (Überwiegend sind die Kapitalanlagegesellschaften Gründungen von Universalbanken.)

(2) **Individuelle Vermögensverwaltung.**[21] Im Falle großer Vermögen ist die Bank bereit, stärker auf die individuellen Wünsche der Anleger einzugehen.

An die Stelle der standardisierten Vermögensverwaltung tritt nun die Verwaltung einzelner Kundenvermögen auf der Grundlage einer Vollmacht, mit welcher der Anleger der Bank das Recht überträgt, für ihn die Anlageentscheidungen nach eigenem Ermessen zu treffen (Vollmachtverwaltung, Vermögensverwaltung im engeren Sinne, discretionary portfolio management).

Den Kern entsprechender Verträge bilden Absprachen darüber, wie weit die Befugnisse der Bank reichen sollen. Die Anlageziele des Kunden schlagen sich hier als Anlagerichtlinien nieder, die beispielsweise festlegen, ob im Vordergrund die jährliche Ausschüttung oder der stete Vermögenszuwachs stehen sollen, welche Arten von Vermögensobjekten erworben werden dürfen (asset mix) und ob auch Kreditaufnahmen zu Lasten des Anlegers zulässig sein sollen.

Das Schwergewicht der von Banken verwalteten Vermögen bilden gewöhnlich Wertpapierbestände; doch kann die Verwaltung auch Immobilien, Beteiligungen, Gold, Devisen und andere Vermögensobjekte umfassen.[22]

Wenn eine Bank Kundenvermögen individuell verwaltet, dann setzt sie ein Mindestvolumen voraus, von dem ab erst der mit der Verwaltung verbundene Aufwand und Ertrag in ein akzeptables Verhältnis kommen. Aus den Instituten in Deutschland werden Beträge zwischen DM 200.000 und 500.000 als Mindestumfang genannt.

Individuelle Vermögensverwaltung kommt in Betracht für unterschiedliche Kundenkreise:

– für vermögende Einzelpersonen,
– für vermögende Personengruppen, z. B. Erbengemeinschaften,
– für Institutionen, die regelmäßig große Beträge anzulegen haben (institutionelle Anleger), beispielsweise Versicherungsgesellschaften, Pensionskassen, Stiftungen; für einzelne oder wenige dieser Anleger werden zum Teil auch Vermögensobjekte zu einem Sondervermögen zusammengefaßt und nach den Regeln des KAGG verwaltet (**Spezialfonds** i. S. von § 1 II KAGG, auch als Individualfonds bezeichnet).

Vermögensverwaltung wird von den Universalbanken in Deutschland überwiegend als mittelbares Angebot bereitgestellt: als standardisierte Verwal-

---

[21] Als detaillierte Gesamtdarstellung hierzu vgl. Brunner, Guido F.: Die Vermögensverwaltung deutscher Kreditinstitute im Privatkundengeschäft, Frankfurt a. M./ Bern 1987.

[22] Die sich auf Wertpapierbestände beziehende Vermögensverwaltung ist nicht zu verwechseln mit der „Verwaltung" von Wertpapieren im Rahmen des Depotgeschäfts. Dort geht es nicht um Anlageentscheidungen, sondern nur darum, daß die Bank für ihre Kunden die Rechte wahrnimmt, die ihnen aus den bei der Bank verwahrten Wertpapieren zustehen, insbesondere das Stimmrecht und das Recht auf Kapitalertrag. Zur Verwaltung im Rahmen des Depotgeschäfts vgl. S. 76.

tung ausschließlich über bankeigene Investmentgesellschaften, als individuelle Verwaltung in erheblichem Umfang ebenfalls über hierauf spezialisierte
Tochterunternehmen.

2.2 Finanzierungsmöglichkeiten für den Kunden[23]

Die bankbetriebliche Marktleistung besteht hier darin, daß die Bank dem
Kunden Zahlungsmittel zur entgeltlichen Nutzung bereitstellt. Aus Kundensicht handelt es sich um einen Finanzierungsvorgang (Kapitalbeschaffung).

Die Vielfalt der den Kunden gebotenen Finanzierungsmöglichkeiten ist für
innerbetriebliche Überlegungen der Bank zu gruppieren in

* unmittelbare Finanzierungen, bei denen die Bank die Zahlungsmittel
  selbst, mit eigener Haftung und in eigener Geschäftspolitik zur Verfügung
  stellt;

* mittelbare Finanzierungen, bei denen Dritte die Zahlungsmittel zur Verfügung stellen, die Bank ihrem Kunden also die Finanzierung lediglich – im
  weitesten Sinne – vermittelt.

Da in Deutschland Geldvermögen überwiegend in Form von Einlagen bei
Kreditinstituten gehalten wird (vgl. S. 30), nehmen diese auch bei der Finanzierung der Unternehmen, des Staates und der Privatpersonen eine dominierende Stellung ein. Von dem in der folgenden Übersicht als „Bankkredite"
erfaßten Gesamtbetrag entfallen rund ¾ auf Universalbanken und ¼ auf
Spezialbanken, insbesondere Realkreditinstitute.

Verpflichtungen der inländischen nicht-finanziellen Sektoren[a]				
Stand: Ende 1991 (Beträge in Mrd. DM)	Private Haushalte	Unter- nehmen	Öffentliche Haushalte	insgesamt
Ausgegebene Wertpapiere:[b]				
– Geldmarktpapiere	–	–	23	23
– festverzinsliche Papiere	–	67	569	637
– Aktien	–	227	–	227
Bankkredite:				
– kurzfristige	68	436	29	534
– langfristige	205	1.543	474	2.221
Darlehen von:				
– Bausparkassen	–	135	2	137
– Versicherungen	20	164	35	219
Sonst. Verpflichtungen	7	694	45	746
(darunter: ggü. d. Ausland)	(–)	(345)	(44)	(390)
	300	3.266	1.177	4.743

a) Quelle: Ergebnisse der gesamtwirtschaftlichen Finanzierungsrechnung der Deutschen
   Bundesbank 1982 bis 1991, Frankfurt a. M. 1992, S. 92 (Additionsdifferenzen durch Runden der Zahlen).
b) Nominalwerte. – Kurswerte (insgesamt): 613 Mrd. DM festverzinsliche Papiere,
   721 Mrd. DM Aktien.

---

[23] Weiterführende Literaturhinweise hierzu: S. 351–354.

2.2.1 Unmittelbare Finanzierungen

Finanzierung bedeutet für den Kunden, daß er Zahlungsmittel erhält und dafür eine Forderung (gegen sich selbst oder gegen einen Dritten) oder ein Anteilsrecht hingibt. Als unmittelbar wird die Finanzierung dann bezeichnet, wenn die Zahlungsmittel von der Bank selbst aufgebracht werden, sie also auch die Forderung bzw. das Anteilsrecht erhält. Nach der äußeren Form kann man dabei zwei Möglichkeiten unterscheiden:

(1) Die Bereitstellung von Zahlungsmitteln und die dadurch begründete Forderung der Bank wird von ihr und vom Kunden lediglich „in den Büchern" erfaßt (Buchkredit).

(2) Die Bank erhält für die bereitgestellten Zahlungsmittel ein Wertpapier, in dem ein bereits bestehendes Forderungs- oder Anteilsrecht verbrieft ist, das nun auf die Bank übergeht. Dabei sind nach der Art des Wertpapiers zu trennen:

a) Die Bank kauft einen Wechsel, den – im Regelfall – der Kunde für einen von ihm gewährten Kredit (v. a. Lieferantenkredit) erhalten hat. Mit dem Kauf übernimmt die Bank vom Kunden die Forderung gegen den aus dem Wechsel primär Verpflichteten (Akzeptant). Letztlich finanziert sie mithin den Akzeptanten, unmittelbar besteht jedoch das Kreditverhältnis zwischen ihr und dem Kunden, der (als Indossant) aus dem Wechsel ebenfalls verpflichtet ist.

b) Die Bank kauft Kapitalmarktpapiere: Schuldverschreibungen oder Aktien. Auch hier wird letztlich der Emittent des Wertpapiers finanziert; doch handelt es sich um eine weitgehend anonyme, vermarktete Finanzierung, bei der der Emittent gewöhnlich auch gar nicht weiß, daß durch den Kauf nun die Bank mit einem Teilbetrag Kapitalgeber geworden ist. Anders als beim Wechselankauf besteht auch keine unmittelbare Kreditbeziehung zum Verkäufer der Papiere. Der Kauf von Kapitalmarktpapieren durch eine Bank ist mithin nicht als Absatz einer Marktleistung anzusehen; es ist vielmehr eine Kapitalanlage aus eigener Initiative (Eigenanlage), wie sie auch andere Unternehmen und Privatpersonen tätigen.

Anders einzustufen wäre lediglich der Fall, daß die Bank für die bereitgestellten Zahlungsmittel von ihrem Kunden selbst emittierte Schuldverschreibungen oder Aktien erhält, so daß der Mittelrückfluß nicht nur durch Rückzahlungen des Kunden, sondern auch durch den Verkauf der Papiere an Dritte möglich wird. Derartige Konstruktionen sind jedoch sehr selten. Sie spielen fast nur in Krisenzeiten eine Rolle, wenn auf absehbare Zeit nicht rückzahlbare („eingefrorene") Kredite durch die Übernahme von Aktien des Kreditnehmers abgelöst, d. h. durch eine Beteiligung der Bank ersetzt werden.

Aus der Sicht der Bank ist die Bereitstellung von Zahlungsmitteln gegen die Hereinnahme von Buch- oder Wechselforderungen die wichtigste Form der **Kapitalverwendung.** Daneben unterhält eine Bank verschiedene Eigenanlagen, die für die Erstellung ihrer Marktleistungen erforderlich sind (Liquiditätsreserven, Sachanlagen) oder in engem Zusammenhang mit ihnen stehen (Kapitalmarktpapiere).

Insgesamt gesehen besteht mithin zwischen den Marktleistungen und der Kapitalverwendung folgender Zusammenhang:

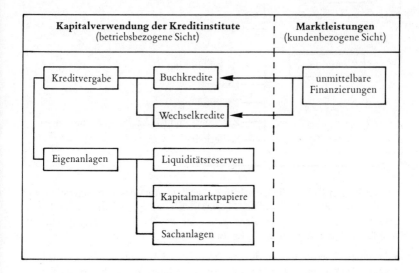

Buchkredite und Wechselkredite werden im weiteren aus beiden Blickwinkeln gekennzeichnet: als Form der Finanzierung (Leistung für den Kunden) und als Form der Kapitalverwendung (in ihren Konsequenzen für Disposition und Ertrag der Bank).

2.2.1.1 Vergabe von Buchkrediten

Buchkredite sind wenig standardisiert, weniger jedenfalls als die unmittelbaren Geldanlagemöglichkeiten, die eine Bank anbietet. In Lehrbüchern geht man zwar häufig von einem Katalog typischer Kreditformen aus. Doch handelt es sich dabei meist nur um ein Sammelsurium von in der Bankpraxis gebräuchlichen Bezeichnungen, aus denen sich kein systematisches Gesamtbild ergibt. Deutlich wird das an der Vielfalt der Merkmale, mit denen man die nebeneinandergestellten Kreditformen kennzeichnet: Kontokorrentkredit (Merkmal: Form der Gewährung), Kleinkredit (Merkmal: Kreditbetrag), Lombardkredit (Merkmal: Form der Besicherung), langfristiger Kredit (Merkmal: Laufzeit), usw. Statt einen solchen unsystematischen Katalog zugrunde zu legen, erscheint es zweckmäßiger, bei den wesentlichen Merkmalen eines Buchkredites anzusetzen und dann – angesichts des grundsätzlich breiten Gestaltungsspielraums – zu jedem Merkmal die Bestimmungsfaktoren der konkreten Ausgestaltung aus der Sicht des Kunden und aus der Sicht der Bank zu erörtern.

Da jeder Kredit als Bereitstellung von Geld zu bestimmten Bedingungen (Konditionen) gekennzeichnet werden kann, lassen sich zwei Gruppen wesentlicher Merkmale unterscheiden:

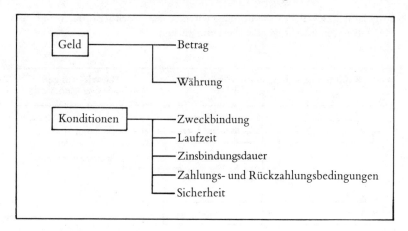

Im konkreten Fall ist die Gestaltung vor allem am **Verwendungszweck** des Kredites orientiert.

Je nachdem, ob die Rückzahlung aus dem Verwendungszweck vorgesehen ist oder nicht, sind zunächst produktive und spekulative Kredite von den konsumtiven Krediten zu unterscheiden:

- Produktivkredite dienen der Produktion und Verteilung von Gütern und Dienstleistungen; sie sollen aus dem jeweiligen Verkaufserlös zurückgezahlt werden.
- Spekulationskredite dienen zum Kauf bestimmter Wertobjekte (z. B. Grundstücke, Effekten); sie sollen aus dem Erlös beim Wiederverkauf – mit erwarteter Wertsteigerung – zurückgezahlt werden.
- Konsumkredite erweitern die Möglichkeiten der Bedürfnisbefriedigung von Privatpersonen; sie sollen – da die Tilgung aus dem Verwendungszweck heraus nicht möglich ist – aus dem Arbeitseinkommen des Kreditnehmers zurückgezahlt werden.[24]

Die Universalbanken vergeben überwiegend Produktivkredite, in wachsendem Umfang aber auch Konsumkredite. Bis gegen Ende der 50er Jahre beschränkten sie sich praktisch auf Produktivkredite und überließen die damals noch umstrittenen Konsumkredite („vorgegessenes Brot") den spezialisierten Teilzahlungskreditinstituten.

Bei den Produktivkrediten ist es üblich, Betriebsmittelkredite (Betriebskredite) und Anlagekredite (Investitionskredite) zu unterscheiden:

- Betriebsmittelkredite zur Finanzierung „des laufenden Geschäfts", d. h. für Werkstoffkäufe, Lohn- und Gehaltszahlungen, Lieferantenkredite;
- Anlagekredite zur Finanzierung des Ausbaus der Produktionskapazität, d. h. für den Kauf oder Bau von maschinellen Anlagen, Gebäuden.

Aus dieser Unterscheidung leitet man vor allem Unterschiede in den erforderlichen Kreditlaufzeiten ab. Betriebsmittelkredite werden als prinzipiell kurzfristig gekennzeichnet, weil die Ausgaben für Werkstoffe, Löhne usw.

---

[24] Einen Überblick über die vielfältigen Besonderheiten dieser Kredite geben BEIER, JOACHIM/JACOB, KLAUS-DIETER: Der Konsumentenkredit in der Bundesrepublik Deutschland, Frankfurt a. M. 1987.

bereits nach jeweils einem Produktionsgang über die Verkaufserlöse erstattet, also die gebundenen Zahlungsmittel schon nach kurzer Zeit wieder freigesetzt werden. Anlagekredite dagegen kennzeichnet man als prinzipiell langfristig, weil die in Anlagen gebundenen Zahlungsmittel erst im Verlaufe zahlreicher Produktionsgänge nach und nach wieder freigesetzt werden. Eine solche Gegenüberstellung ist aber etwas irreführend. Da Werkstoffe, Löhne usw. in weitgehend gleicher Höhe immer von neuem zu bezahlen sind (sofern der Betrieb die Produktion nicht einschränkt oder einstellt), erfordert auch „das laufende Geschäft" faktisch eine Finanzierung über längere Zeiträume.

Betriebsmittelkredite werden mitunter noch weiter gegliedert in Produktions-, Umsatz- und Lagerkredite, je nachdem, welche betrieblichen Phasen mit dem Kredit finanziert werden. In vereinfachter Form läßt sich die Erstellung von Sachgütern in vier Phasen zerlegen:

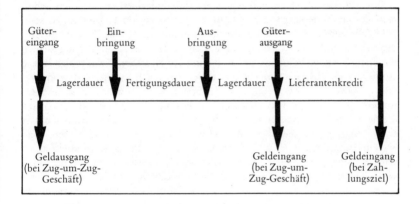

Mit Produktionskredit ist ein Kredit zur Überbrückung der Fertigungsdauer und gewöhnlich auch der betriebsnotwendigen Lagerdauer gemeint, mit Umsatzkredit ein Kredit zur Überbrückung des Zeitraums eingeräumter Zahlungsziele (Refinanzierung von Lieferantenkrediten) und mit Lagerkredit ein Kredit zur Überbrückung nicht-betriebsnotwendiger oder besonders langer Lagerungszeiträume.

Der Überblick über die unterschiedlichen Verwendungszwecke wurde vorangestellt, weil sich die Ausgestaltung des Kredits im konkreten Fall vor allem am jeweiligen Verwendungszweck orientiert. Welche Gestaltungsmöglichkeiten im einzelnen bestehen und wie sie aus der Sicht des Kunden und aus der Sicht der Bank zu beurteilen sind, ist nun anhand der wesentlichen Merkmale eines Kredites aufzuzeigen.

Aufgrund des vorgesehenen Verwendungszwecks tritt der Kunde gewöhnlich mit ziemlich klaren Vorstellungen über den **Betrag** des gewünschten Kredits an die Bank heran. Sie ergeben sich bei Betriebsmittelkrediten aus dem vorgelegten Finanzplan, bei Einzelanschaffungen (Investitionsgüter bei Unternehmen, langlebige Gebrauchsgüter bei Privatpersonen) aus den dafür erforderlichen Ausgaben.

Für die Bank ist die Höhe der einzelnen Kredite unter dem Gesichtspunkt des Risikos und unter dem der Wirtschaftlichkeit bedeutsam. Große Einzelkredite sind für die Bank risikoreicher, weil sie zu Verlusten in einer Höhe führen können, die das Eigenkapital der Bank angreifen und damit ihren Bestand gefährden. Unter dem Risikoaspekt ist der Kreditbetrag also relativ zu beurteilen: im Verhältnis zur Größe der Bank, insbesondere zum Umfang ihres haftenden Eigenkapitals. Im Kreditwesengesetz beispielsweise sind „Großkredite" – für die dann einstimmiger Vorstandsbeschluß, Meldepflicht und quantitative Beschränkungen vorgeschrieben werden – definiert als Kredite an einen Kreditnehmer, die insgesamt einen bestimmten Prozentsatz des haftenden Eigenkapitals des Kreditinstituts übersteigen (§ 13 KWG). Daß die Bank Obergrenzen für den einzelnen Kredit beachtet, kann man auch als Risikostreuung kennzeichnen: als Verteilung des Kreditvolumens auf viele Kreditnehmer, damit man im Einzelfall von deren Zahlungsunfähigkeit möglichst wenig berührt wird.

Während Risikoüberlegungen gegen zu große Einzelbeträge sprechen, scheinen Kostenüberlegungen ein Argument gegen zu kleine Beträge zu sein. Jedenfalls wird in der Fachliteratur hervorgehoben, daß die Kosten der Kreditprüfung und -überwachung im Verhältnis zur Kreditsumme bei kleinen Krediten wesentlich höher seien als bei großen Krediten. Zwar fehlen hierzu empirische Nachweise, doch mag es einleuchten, daß beispielsweise ein Kredit von DM 1.000.000 weniger als das 500-fache an Bearbeitungskosten erfordert als ein Kredit von DM 2.000. Allerdings ist zu bedenken, daß sich kleinere Kredite (insbesondere solche an Privatpersonen) erheblich besser schematisieren und damit in ihrer Abwicklung rationalisieren lassen. Und erweitert man den Blick über die Kosten hinaus auf den Gewinnbeitrag, so wird vollends zweifelhaft, ob wirklich große Kreditbeträge für die Bank vorteilhafter sind als kleine Beträge. Großkreditnehmer treten mit stärkerer Verhandlungsmacht auf, was die Bank häufig zu Preiszugeständnissen zwingt, während bei kleinen Kreditbeträgen nicht nur derartige Minderkonditionen entfallen, sondern auch der Normalzins gewöhnlich schon deutlich über dem für größere Kredite (an Firmenkunden) liegt.

Der Kunde trifft also mit seinen Vorstellungen über die Höhe des gewünschten Kredites auf eine bestimmte Strategie der Bank im Hinblick auf die Größenstruktur ihres Kreditvolumens. Zwei Fragen sind dann zu klären:

1. Paßt die gewünschte Höhe des Kredites in das Programm der Bank bzw. darf sie ihn in dieser Höhe überhaupt zusagen? Wenn ja:

2. Hält auch die Bank den Kredit in der vom Kunden gewünschten Höhe für erforderlich?

Zu 1.: Ist der gewünschte Betrag zu gering, weil die Bank das Kleingeschäft nicht tätigt oder es einschränken will, so wird sie den Kunden an ein anderes Institut verweisen. Ist der Betrag dagegen aus rechtlichen Gründen (Begrenzung durch das KWG) oder aufgrund der vom Institut verfolgten Risikopolitik zu groß, so besteht die Möglichkeit, den Kredit gemeinsam mit anderen Banken zu vergeben, d. h. selbst nur einen Teil des Risikos zu übernehmen (Konsortialkredit).

Zu 2.: Auch wenn der gewünschte Kreditbetrag in das Programm der Bank paßt, kann es vorkommen, daß der Kunde aufgrund der Kreditgespräche seine Vorstellungen revidiert, weil Erwartungsgrößen im Finanzplan geändert werden oder weil die Bank abweichende Vorstellungen über den Umfang oder die Struktur der mit dem Kredit zu finanzierenden Geschäfte durchsetzt.

Da die Kreditnehmer Löhne, Werkstoffe und Anlagen normalerweise in der **Währung** des eigenen Landes bezahlen, wird bei einer in Deutschland tätigen Bank auch der weitaus größte Teil der Kredite in DM nachgefragt. Kredite in anderen Währungen werden vor allem dann gewünscht,

* wenn der Kreditnehmer Betriebsmittel, Waren oder Anlagen aus dem Ausland bezieht;

* wenn ein Vorhaben bzw. Unternehmen im Ausland finanziert werden soll.

Mit der Kreditvergabe in einer anderen als der eigenen Landeswährung geht die Bank das Risiko ein, daß der Kurs der Kreditwährung bis zum Tage der Rückzahlung des Kredits gefallen ist und sie zwar den kreditierten Währungsbetrag zurückerhält, dessen DM-Gegenwert aber niedriger ist als zum Zeitpunkt der Kreditvergabe. Umgekehrt entsteht für den Kreditnehmer das Risiko, daß der Kurs der Kreditwährung bis zum Tilgungstermin steigt und er dadurch für die Tilgung – sofern er die Kreditwährung kaufen muß und sie nicht im Rahmen seiner Geschäfte erwirtschaftet – mehr aufwenden muß, als er ursprünglich als Kreditbetrag erhalten hat.

Das Risiko der Kursänderung (Kursrisiko) läßt sich durch Kompensation ausschalten: wenn bei der Bank der Kreditforderung eine Verbindlichkeit in der Kreditwährung gegenübersteht und beim Kunden der Kreditverbindlichkeit eine Forderung in der Kreditwährung. Vollständig ausgeschaltet ist das Risiko, wenn sich Forderung und Verbindlichkeit jeweils nach Höhe und Fälligkeitstermin genau entsprechen. Jede Kursschwankung führt dann zu gleich hohem Kursverlust auf der einen und Kursgewinn auf der anderen Seite. Bank wie Kunde verfügen über derartige Gegenposten häufig aufgrund ihrer übrigen Geschäfte: Die Bank erhält z. B. auch Einlagen in fremder Währung, der Kunde hat – etwa wenn er im internationalen Warenhandel tätig ist – auch Forderungen in fremder Währung. Sofern nicht schon auf diese Weise das Kursrisiko weitgehend ausgeschaltet ist, besteht für beide auch die Möglichkeit, sich durch ein Kurssicherungs-, z. B. ein Devisentermingeschäft zu sichern: für die Bank, indem sie den Währungsbetrag per Termin (der Kreditrückzahlung) verkauft, für den Kunden, indem er den Währungsbetrag per Termin kauft – jeweils zu einem bereits bei der Kreditvergabe bekannten Kurs.

Da der Kunde den Kredit für einen bestimmten Verwendungszweck nachfragt und die Bank den vorgesehenen Einsatz der Mittel vor ihrer Kreditvergabeentscheidung sorgfältig prüft und während der Laufzeit des Kredites überwacht, liegt es nahe anzunehmen, daß die Vereinbarungen eine klare Bindung an den vorgesehenen Zweck enthalten. Oft ist dies jedoch nicht möglich oder nicht zweckmäßig. Die ausdrückliche **Zweckbindung** bietet sich dann an, wenn mit den bereitgestellten Zahlungsmitteln bestimmte Vermögensgegenstände gekauft werden (Anlagegüter), zumal wenn sie der Bank auch als zusätzliche Sicherheit für die Rückzahlung des Kredites dienen sollen. Bei Betriebsmittelkrediten dagegen, mit denen die Bank „das laufende Geschäft" des Kunden finanziert, wird die Zweckbindung aus praktischen Gründen viel lockerer sein. Als Verwendungszweck des Kredites werden gewöhnlich nicht bestimmte Lohnzahlungen oder Rohstoffkäufe vereinbart, sondern er wird nur allgemein umschrieben („zur Stärkung der Betriebsmittel" o. ä.).

Die vom Kunden gewünschte **Laufzeit** (Fristigkeit) des Kredites bestimmt sich bei Produktivkrediten im wesentlichen nach ihrem Verwendungszweck, genauer: nach dem Zeitraum zwischen seinen für Produktion bzw. Einkauf erforderlichen Ausgaben und seinen durch den Absatz der Produkte oder Waren erzielten Einnahmen (Umschlagsdauer). Prinzipiell werden Anlage- oder Investitionskredite als langfristig, Betriebsmittelkredite als kurzfristig angesehen. Der bereits erwähnten Eigenart der Betriebsmittelkredite – relativ kurze Bindungsdauer, aber immer von neuem benötigt – ist die Laufzeitvereinbarung mit der Bank angepaßt: Sie werden mit kurzer Laufzeit vergeben, aber im Regelfall an deren Ende immer wieder verlängert (prolongiert). Das ermöglicht zum einen die kurzfristige Anpassung des Zinssatzes an veränderte Marktbedingungen sowie des Kreditbetrages an Veränderungen des Kreditbedarfs, zum anderen gibt es der Bank die Gelegenheit, das Engagement kurzfristig zu verringern oder gar zu beenden, ohne es formal aufkündigen zu müssen. Für den Kunden ergibt sich hieraus das schwerwiegende Risiko der Nicht-Prolongation notwendiger Betriebsmittelkredite.

Der Spielraum der Bank, auf die vom Kunden gewünschte Fristigkeit einzugehen, bestimmt sich im wesentlichen nach den Fristen der Mittel, die ihr selbst zur Verfügung stehen. Längere Laufzeiten sind nach der in der Praxis beachteten (und auch von der Bankenaufsicht vorgeschriebenen) „Goldenen Bankregel" nur auf der Grundlage langfristig hereingenommener Gelder sowie des „Bodensatzes" der mit kurzer Laufzeit hereingenommenen Gelder zulässig.[25] Da eine Universalbank überwiegend Gelder hereinnimmt, bei denen relativ kurze Laufzeiten vereinbart werden (v. a. Sicht-, Termin- und Spareinlagen), konzentriert sich die Frage nach dem Spielraum bei der Vergabe längerfristiger Kredite darauf, welchen Umfang des Bodensatzes man zugrunde legen darf. Im Zusammenhang der bankbetrieblichen Leistungserstellung wird im 4. Abschnitt des Buches hierauf ausführlich einzugehen sein.

Gewöhnlich unterscheidet man kurz-, mittel- und langfristige Kredite. Die Abgrenzung zwischen ihnen ist jedoch willkürlich. In der Fachliteratur werden die Grenzen denn auch an sehr unterschiedlichen Stellen gezogen, was zu Mißverständnissen führen kann. In der Bankpraxis ist der Sprachgebrauch durch Vorschriften vereinheitlicht worden, die die Bundesbank (im Anschluß an internationale Usancen) für die Erfassung der Zahlen zur amtlichen Bankenstatistik erlassen hat. Danach werden bezeichnet: als kurzfristig Kredite mit einer vereinbarten Laufzeit bis zu einem Jahr, als mittelfristig Kredite mit einer vereinbarten Laufzeit zwischen einem Jahr und vier Jahren, als langfristig Kredite mit einer vereinbarten Laufzeit von mehr als vier Jahren. Mit der Kennzeichnung längerfristig faßt man gewöhnlich mittelfristig und langfristig zusammen.

Während bei kurzfristigen Krediten der vereinbarte Zinssatz gewöhnlich für die gesamte Laufzeit unverändert bleibt, fallen bei längerfristigen Krediten

---

[25] Zur entsprechenden Regelung durch die Bankenaufsicht vgl. S. 103 f. („Grundsätze über das Eigenkapital und die Liquidität der Kreditinstitute", insbesondere Grundsatz II).

Laufzeit und Geltungsdauer des Zinssatzes (**Zinsbindungsdauer**) häufig auseinander, indem man vereinbart, den Zinssatz in kürzeren Abständen an den Marktzins anzupassen. Der Kunde ist hieran interessiert, wenn er erwartet, daß der Marktzins sinken wird, die Bank, wenn sie einen steigenden Marktzins erwartet. Dabei geht es der Bank nicht nur allgemein darum, mit steigendem Zinsniveau die eigenen Erträge zu erhöhen, sondern sie ist vor allem bestrebt, die Kreditzinsen in dem Maße anheben zu können, in dem sich ihre Geldbeschaffungskosten erhöhen, d. h. bei einer Universalbank vor allem: die Zinsen, die sie für die meist zu kürzeren Fristen hereingenommenen Einlagen zahlt. Für den Kunden bedeutet eine unterhalb der Kreditlaufzeit liegende Zinsbindungsdauer, daß er seine tatsächlichen Finanzierungskosten erst am Ende der Laufzeit des Kredits kennt, vorher also nicht sicher damit kalkulieren kann. Gegen die Gefahr, daß die Kosten für ihn zu hoch werden, kann er sich jedoch – gegen Zahlung einer Prämie – von der Bank einen bestimmten Maximalzins garantieren lassen (cap, eine Form des Zinsoptionsgeschäfts).[26]

Hinsichtlich der **Auszahlungs- und Rückzahlungsbedingungen** sind zwei grundsätzliche Möglichkeiten zu unterscheiden:

(a) Entweder es wird lediglich eine Obergrenze (Kreditlinie, Limit) vereinbart, bis zu der der Kunde während der vereinbarten Laufzeit die Kreditzusage nach eigenem Ermessen beanspruchen kann. Dies ist die banktypische Form des Kontokorrentkredits.

(b) Oder es werden für die Auszahlung und/oder die Tilgung des Kredites bestimmte Termine und Beträge im voraus fest vereinbart. Derartige Kredite nennt man in der Praxis Darlehen, womit sie allerdings allein im wirtschaftlichen Sinne gekennzeichnet sind, denn rechtlich sind auch Kontokorrentkredite „Darlehen" (gemäß §§ 607–610 BGB).

Das Kontokorrent ist eine jedem Kaufmann mögliche Form der Abrechnung mit Geschäftspartnern: die Verrechnung der beiderseitigen Ansprüche und Leistungen aus der Geschäftsverbindung, bei der die Einzelforderungen nach der periodischen Feststellung des Saldos untergehen. Eine Bank verrechnet allerdings über Kontokorrentkonten in erster Linie nicht gegenseitige Zahlungsansprüche zwischen sich und dem jeweiligen Kunden, sondern sie wikkelt über die Konten im Auftrage der Kunden deren Zahlungsverkehr ab. Sofern ein Konto stets ein Guthaben des Kunden aufweist (das lediglich im Zeitablauf aufgrund des Zahlungsverkehrs unterschiedlich hoch ist), spricht man nicht von einem Kontokorrent-, sondern von einem Depositen-, Giro- oder Scheckkonto. Als Kontokorrentkonten versteht man dann nur jene Konten, bei denen das Gläubiger-Schuldner-Verhältnis wechseln kann, d. h. bei denen die Verfügungen des Kunden sein Guthaben überschreiten und er damit einen Kredit der Bank in Anspruch nehmen kann.

Kredite auf einem Kontokorrentkonto kann der Kunde entweder ohne besondere Vereinbarung in Anspruch nehmen, wenn die Bank über sein Guthaben hinausgehende Verfügungen duldet oder wenn sie – so regelmäßig bei

---

[26] Das Gegenstück zum cap ist – ebenfalls gegen Zahlung einer Prämie – die Garantie eines bestimmten Mindestzinssatzes zur Absicherung variabel verzinslicher Geldanlagen des Kunden gegen einen Rückgang des Zinsniveaus (floor).

Lohn- und Gehaltskonten – formlose Überziehungen des Kontos bis zum Zwei- oder Dreifachen des Monatseinkommens sogar als spezielle Leistung anbietet. In diesen Fällen spricht man von einem **Überziehungskredit,** bei Lohn- und Gehaltskonten von einem Dispositionskredit. Da heute die Möglichkeit der formlosen Kontoüberziehung weit verbreitet ist, gibt es reine Depositenkonten im oben genannten Sinne kaum noch. Die zweite Variante ist der eigentliche **Kontokorrentkredit,** bei dem die Bank dem Kunden (auf dessen Antrag hin) für einen bestimmten Zeitraum eine Kreditlinie fest zusagt, in deren Rahmen er über sein Guthaben hinaus frei verfügen kann. Gehen seine Verfügungen (mit Duldung der Bank) über diese Kreditlinie hinaus, so erhöht er den Kontokorrent- um einen Überziehungskredit.

Die folgende Grafik veranschaulicht zusammenfassend die möglichen Verläufe eines Kontokorrentkontos und das Wesen des Kontokorrentkredits:

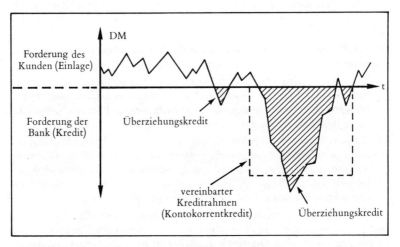

Der Kontokorrentkredit ist die typische Kreditform zur Finanzierung des „laufenden Geschäfts" (Betriebsmittelkredit). Kennzeichnend für das Konto ist das ständige Nebeneinander von Zahlungsausgängen für Löhne, Gehälter, Werkstoffkäufe und von Zahlungseingängen aufgrund des Absatzes der Produkte, wobei die Differenz zwischen Ein- und Ausgängen (und damit die Höhe der Kreditinanspruchnahme) von Tag zu Tag schwankt. Für den Kunden hat diese Gestaltung des Kredits wesentliche Vorteile. Er kann seine Kreditaufnahme sehr genau dem täglichen Kreditbedarf anpassen. Dadurch ist es ein sparsamer Kredit, denn Zinsen sind nur für den jeweils in Anspruch genommenen Betrag zu zahlen, nicht für den insgesamt zugesagten Kredit.

Für die Bank ist die flexible Handhabung durch den Kunden allerdings mit erheblicher Unsicherheit für ihre Liquiditätsplanung verbunden. In welchem Umfang die Kunden an den einzelnen Tagen über ihnen zugesagte Kreditlinien tatsächlich verfügen werden, ist grundsätzlich nicht vorhersehbar. Weil auch für letztlich nicht-beanspruchte Kreditzusagen liquide Mittel bereitzuhalten sind, fordert die Bank auch für sie ein Entgelt: die Kreditprovision.

Wird der Buchkredit als **Darlehen** vereinbart, so erhält die Bank eine zuverlässigere Grundlage für ihre Liquiditätsplanung. Aufgrund der Vereinbarungen stehen von vornherein die Termine fest, an denen in bestimmter Höhe Verfügungen und Tilgungen durch den Kunden stattfinden werden. Beeinträchtigt wird die Liquiditätsplanung lediglich durch nicht-vertragsgemäßes Verhalten des Kunden (säumige Schuldner und Kreditausfälle), nicht jedoch durch die Kreditform selbst.

Für den Kunden ist auch das Darlehen eine den Verwendungszwecken angepaßte Kreditform, nur eben anderen Verwendungszwecken als beim Kontokorrentkredit. Termine und Kreditbeträge von vornherein festzulegen, ist zwar unangebracht im Falle des schwankenden und nur begrenzt vorhersehbaren Bedarfs an Betriebsmittelkrediten; bei der Finanzierung von Investitionen entspricht dies jedoch durchaus der Struktur des Kreditbedarfs. Die für die Erweiterung der Unternehmenskapazität, für den Wohnungsbau sowie – bei Privatpersonen – für den Kauf langlebiger Konsumgüter erforderlichen Ausgaben kommen auf den Kunden gewöhnlich in absehbaren Teilbeträgen oder in einem Gesamtbetrag zu; und zum anderen werden auch die Möglichkeiten der Kredittilgung häufig durch im voraus absehbare Einnahmen des Kunden bestimmt: bei Unternehmen aus Teilen der Umsatzerlöse, die über regelmäßige Abschreibungen zurückgehalten werden, oder aus regelmäßigen Mieteinnahmen, bei Privatpersonen aus dem regelmäßigen Arbeitseinkommen.

Da Auszahlung und Tilgung des Kredits jeweils entweder in einem Betrag oder in festgelegten Raten erfolgen können, sind grundsätzlich vier Arten der Vereinbarung möglich. Das folgende Schaubild soll jeweils die Eignung für bestimmte Verwendungszwecke zeigen:

		Inanspruchnahme des Kredits	
		in einem Betrag	in Raten
Tilgung des Kredits	in einem Betrag	Spekulationskredit	Bauzwischenkredit (Tilgung aus der Anschlußfinanzierung)
	in Raten	Konsumentenkredit	industrieller Anlagekredit; Wohnungsbaukredit

Da die Bank bei der unmittelbaren Finanzierung das Kreditrisiko selbst trägt, wird jeder Kreditantrag sorgfältig daraufhin geprüft, wie groß die **Sicherheit** des Kredits ist oder genauer: die Wahrscheinlichkeit, daß die bereitgestellten Zahlungsmittel fristgemäß und einschließlich der vereinbarten Zinsen zurückgezahlt werden können. Sichere Aussagen hierüber werden niemals möglich sein, weil jede Kreditvergabe in die Zukunft gerichtet ist. Zur näheren Kennzeichnung der Sicherheit eines Kredites sind zwei Teilaspekte zu unterscheiden: (a) die Wahrscheinlichkeit seiner Rückzahlung aus der normalen wirtschaftlichen Tätigkeit des Kunden heraus (= Bonität des Kreditnehmers = ursprüngliche Sicherheit des Kredits); (b) die Wahrscheinlichkeit seiner Rückzahlung aus zusätzlich, speziell für den betreffenden Kredit bereitgestellten Vermögenswerten (= Besicherung = zusätzliche Sicherheit des Kredits).

Zu den grundsätzlichen Gestaltungsmöglichkeiten des Buchkredits im Hinblick auf seine Sicherheit ist vor allem auf zwei Fragen einzugehen:
1. Inwieweit werden überhaupt zusätzliche Sicherheiten vereinbart?
2. Welcher Art sind gegebenenfalls die zusätzlichen Sicherheiten?

Bankenvertreter heben stets hervor, daß sie sich nicht als Pfandleiher verstehen, die lediglich bestimmte Vermögenswerte beleihen, sondern daß sie Kredite in erster Linie im Hinblick auf die wirtschaftliche Leistungsfähigkeit ihrer Kunden vergeben. Dennoch zeigt die Erfahrung ein starkes Sicherheitsbedürfnis der Kreditinstitute. Kredite ohne zusätzliche Sicherheiten (Blankokredite) sind eher die Ausnahme. Kritiker glaubten sogar schon, eine „Erstarrung des Kreditgeschäfts in Sicherheitsfragen" zu erkennen.[27] Allgemeiner Anstoß für den Wunsch nach Bereitstellung zusätzlicher Sicherheiten ist die Schwierigkeit, die zukünftige wirtschaftliche Leistungsfähigkeit des Kunden (ursprüngliche Sicherheit) zuverlässig zu beurteilen. Zwei weitere Gründe verstärken das Sicherheitsbedürfnis:

• Die Treuhänderstellung der Bank gegenüber ihren Geldgebern (Einlegern), deren Vertrauen – auf dem ihre Tätigkeit wesentlich beruht – nicht durch Kreditverluste beeinträchtigt werden soll. Dabei ist zu berücksichtigen, daß eine Bank durchschnittlich nur mit etwa 5–8% Eigenkapital arbeitet.

• Die starke Ausdehnung des Kundenkreises, durch die das individuelle Vertrauensverhältnis zwischen Bankier und Kunden – wie es im vorigen Jahrhundert noch der Regelfall war – überwiegend einer schematisierten, zum Teil bürokratischen Bearbeitung der Kreditanträge gewichen ist. Dabei soll die Sicherheit der Kredite stärker durch generelle Anweisungen an die Sachbearbeiter als durch verantwortungsvolle Entscheidungen aufgrund der Besonderheiten des Einzelfalls gewährleistet werden.

Inwieweit sich die Bank mit ihrem Wunsch nach zusätzlichen Sicherheiten tatsächlich durchsetzen kann, hängt von der Verhandlungsmacht des jeweiligen Kunden ab (die sich vor allem nach seiner Bonität und dem Umfang seiner Leistungsabnahme bestimmt).

Sofern die Bank durchsetzt, daß der Kunde zusätzliche Sicherheiten stellt, gibt es dafür verschiedene Möglichkeiten. Generell sind zwei Ansätze zu unterscheiden: Die Möglichkeit des Zugriffs auf das gesamte Vermögen eines Dritten (der Kreditnehmer haftet ohnehin mit seinem gesamten Vermögen) und die Möglichkeit des bevorrechtigten Zugriffs auf einzelne Teile des Vermögens des Kreditnehmers oder eines Dritten (Absonderungsrechte für die Bank). Bei den einzelnen Teilen des Vermögens kann es sich um Forderungen, um bewegliche Sachen oder um unbewegliche Sachen handeln.

Die Möglichkeit des Zugriffs in das gesamte Vermögen eines Dritten erlangt die Bank durch dessen Bürgschaft. Für die Bank ist sie mit relativ wenig Arbeit verbunden und ermöglicht ihr auch – da nur selbstschuldnerische Bürgschaften genommen werden – eine verhältnismäßig schnelle Verwer-

---

[27] THEISINGER, KARL: Kreditgeschäft und Kreditpolitik, in: Die Bank, Wiesbaden 1952, S. 235.

tung. Der Kunde steht allerdings vor der Schwierigkeit, daß die Bereitschaft vermögender Personen, sich für Kreditnehmer zu verbürgen, nicht sehr groß ist.

Mit der Abtretung von Forderungen (Zession) erhält die Bank ebenfalls Ansprüche gegen Dritte, zumeist gegen Abnehmer des Kunden. Der Wert dieser Ansprüche hängt – wie bei der Bürgschaft – von der Bonität der Schuldner ab, die unter Umständen besser sein kann als die des Kreditnehmers. Da es sich zumeist aber um eine größere Zahl relativ kleiner Forderungen handelt, ergibt sich für die Bank eine erhebliche Arbeitsbelastung. Zudem birgt eine Abtretung ohne Verständigung des Schuldners (stille Zession) – die vom abtretenden Kunden häufig gewünscht wird – die Gefahr in sich, daß eine rechtswirksame Sicherung überhaupt nicht zustande kommt, weil Abtretungsverbote oder ein verlängerter Eigentumsvorbehalt bestehen. Außerdem können bei stiller Zession Zahlungen den Kreditnehmer über andere Banken oder in bar erreichen und von ihm nicht an die kreditgebende Bank abgeführt werden. Andererseits ermöglichen der Bank Zessionen jedoch gute Einblicke in Umsatzentwicklung und Umsatzstruktur des Kreditnehmers.

Absonderungsrechte an beweglichen Sachen kann die Bank durch Verpfändung oder durch Sicherungsübereignung erlangen. Die Wahlmöglichkeit zwischen beiden wird weitgehend durch die Vorschrift eingeengt, daß eine rechtswirksame Verpfändung die Übergabe der Sache an den Pfandnehmer – hier: die Bank – voraussetzt (§ 1205 BGB). Betriebsgebundene Vermögensteile wie Waren und Maschinen scheiden damit als Pfänder von vornherein aus. Problemlos verpfändbar sind dagegen Effekten, die meist ohnehin schon von der Bank verwahrt werden (Effektenlombard). Sind sie börsennotiert, ist ihr Wert ohne Mühe festzustellen und während der Kreditlaufzeit zu überwachen; bei Bedarf sind sie leicht zu verwerten. – Die Sicherungsübereignung ist im Gesetz direkt nicht vorgesehen; sie wurde von Bankjuristen entwickelt, um der genannten Schwierigkeit beim Pfand auszuweichen. Die Bank erwirbt hier Vermögensteile als Sicherungseigentum, d. h. bei einer notwendig werdenden Verwertung darf sie sich nur bis zur Höhe ihrer Forderung daraus befriedigen. Gleichzeitig wird ein Besitzkonstitut vereinbart (z. B. Verwahrung), durch das die der Bank übereigneten Vermögensteile weiterhin beim Kreditnehmer verbleiben können. Die Sicherungsübereignung bringt erhebliche Arbeitsbelastungen mit sich; und sie ist auch nicht ohne Gefahren für die Bank. So können Eigentumsvorbehalte eine rechtswirksame Übereignung verhindern. Außerdem ist es erforderlich, daß die übereigneten Sachen genau bestimmt (markiert) sind, was zum Beispiel bei Warenlagern nicht einfach ist. Während der Kreditlaufzeit besteht die Gefahr, daß der Kreditnehmer die Verfügungsgewalt mißbraucht; die laufende Überwachung, um solchem Mißbrauch vorzubeugen, kann für die Bank sehr mühsam sein. Weiterhin kann das Eigentum der Bank bei Verarbeitung der Sachen untergehen, da sie dann nicht mehr genau bestimmt sind. Und schließlich kann eine Verwertung – etwa von Spezialmaschinen oder umfangreichen Warenlagern – sehr schwierig und aufwendig werden.

Von den Pfandrechten an unbeweglichen Sachen (Grundpfandrechte) spielen vor allem Hypothek und Grundschuld eine Rolle. Dabei ist die normale

Hypothek zur Besicherung von Kontokorrentkrediten ungeeignet, da sie –
als grundsätzlich an den Bestand der Forderung gebunden (akzessorisch) –
mit der Rückführung des Kredites in gleichem Umfang zur Eigentümer-
grundschuld wird, ohne bei später wieder höherer Inanspruchnahme des
Kredits erneut aufzuleben. Auch die Höchstbetragshypothek, die man als
Ausweg wählt, ist für die Bank nicht ohne Probleme. Ihr Anspruch bestimmt sich auch hier nach der Höhe der Forderung, die zunächst auf dem
Klagewege nachgewiesen werden muß, falls sie der Kreditnehmer nicht an-
erkennt. So ziehen Banken gewöhnlich die Grundschuld vor: ein abstraktes
dingliches Recht, d. h. unabhängig vom Bestand der Forderung (nicht akzessorisch).

Die Wahl der Besicherung bestimmt sich im konkreten Fall zunächst danach,
über welche noch nicht belasteten Vermögensteile der Kreditnehmer überhaupt verfügt. Im Rahmen der dann noch bestehenden Wahlmöglichkeiten
liegt es nahe, auch die Besicherung am Verwendungszweck des Kredits zu
orientieren, also Betriebsmittelkredite vorrangig mit Zession und/oder Sicherungsübereignung, Investitionskredite vorrangig mit Grundpfandrechten
zu besichern.

2.2.1.2 Ankauf von Wechseln (Wechseldiskontkredite)

Die unmittelbare Finanzierung durch die Bank besteht hier darin, daß sie in
Wechseln verbriefte Forderungen des Kunden vor Fälligkeit ankauft (diskon-
tiert) und auf diese Weise vom Kunden in der Regel seinen Abnehmern
gewährte Lieferantenkredite refinanziert.

Für die Bank ist die Diskontierung von Wechseln unter Risiko- wie unter
Liquiditätsgesichtspunkten verteilhafter als die Vergabe von Buchkrediten.

(a) Eingeschränktes Risiko:

Der Bank haften für den Kredit mehrere Personen aus dem Wechsel
(Akzeptant, Aussteller, Indossanten), wobei sie sich – wenn der Akzeptant zur Zahlung nicht in der Lage oder nicht willens ist – nach Belieben
an jeden anderen Verpflichteten halten kann. Im Falle eines Prozesses
kommen relativ strenge Bestimmungen des Wechselgesetzes zum Zuge
(„Wechselstrenge"): Einwendungen sind nur aus dem Wechsel selbst,
nicht aus dem zugrunde liegenden Geschäft zulässig; der Kläger erhält
dadurch relativ schnell einen vollstreckbaren Titel.
Die Kreditvergabe durch den Ankauf von Wechseln enthält damit eine
gleichsam immanente zusätzliche Sicherheit für die Bank.

(b) Verbesserte Liquidität:

Anders als beim Buchkredit hat die Bank beim Wechseldiskontkredit die
Möglichkeit, den Kredit individuell zu refinanzieren, indem sie den
Wechsel vor Fälligkeit weiterverkauft (rediskontiert). Als Käufer kommt
vor allem die Zentralbank in Frage, woraus sich erklärt, daß deren Ankaufsbedingungen (qualitative Anforderungen) auch für den Wechselankauf der Bank gegenüber ihren Kunden bestimmend sind. Die DEUTSCHE
BUNDESBANK darf nur gute Handelswechsel mit maximal neunzig Tagen
Restlaufzeit und mit mindestens drei als zahlungsfähig bekannten Verpflichteten ankaufen (§ 19 BbkG)

In diesem Sinne „rediskontfähige" (bundesbankfähige) Wechsel übernimmt die Zentralbank allerdings nicht unbegrenzt. Sie hat für jede Bank
ein Limit (Rediskontkontingent) festgesetzt, das sie im Rahmen ihrer
geldpolitischen Maßnahmen erweitert oder verengt.

Die Vorteile gegenüber dem Buchkredit gibt die Bank zu einem Teil an den
Kunden weiter: Wechseldiskontkredite sind, sofern es sich um bundesbankfähige Wechsel handelt, billiger als vergleichbare Buchkredite, in der Regel
um etwa zwei Prozentpunkte.

Bank wie Kunde können die Vorteile allerdings nur in dem Maße nutzen, in
dem der Kunde Wechsel zum Verkauf besitzt. Weite Kundenkreise – insbesondere Handwerker, Händler und Landwirte – stehen der Verwendung von
Wechseln häufig skeptisch gegenüber, sind „wechselscheuer" als die wirtschaftlich erfahrenere Großkundschaft. Aus diesem Grunde ist nicht nur
insgesamt der Umfang der Wechseldiskontkredite erheblich geringer als jener der Buchkredite; aufgrund der Kundenstruktur bestehen auch deutliche
Unterschiede zwischen den Bankengruppen. Die folgende Tabelle veranschaulicht die geringere Bedeutung des Wechselankaufs bei Kreditgenossenschaften und Sparkassen, sowohl gegenüber ihren Spitzeninstituten (die sich
besonders auf die Großkundschaft konzentrieren) wie auch gegenüber den
Kreditbanken.

Kredite an Nichtbanken[a]					
			Wechseldiskontkredite		
Stand: Ende 1992 (Beträge in Mrd. DM)	Kredite insgesamt	kurzfristige Kredite (bis 1 Jahr)	absolut	Anteil an Krediten insges.	kurzfr.
Kreditbanken	904,9	317,9	32,1	4%	10%
Sparkassen	711,1	128,6	8,7	1%	7%
Girozentralen	428,4	48,9	4,9	1%	10%
Kreditgenossenschaften . . .	403,8	91,7	5,2	1%	6%
Genoss. Zentralbanken	45,1	18,7	2,5	6%	13%

a) Quelle: Bbk-Bankenstatistik, Februar 1993, S. 8–17. – Ohne durchlaufende Kredite,
Schatzwechselkredite und Wertpapiere.

2.2.2 Mittelbare Finanzierungen[28]

Während bei unmittelbaren Finanzierungen die Bank die kreditierten Zahlungsmittel selbst zur Verfügung stellt, erhält sie der Kunde bei der mittelbaren Finanzierung von Dritten, wobei die Bank lediglich – im weitesten Sinne
– als Vermittler fungiert. Kennzeichend ist für den Unterschied: Bei mittelbarer Finanzierung erhält die Bank als Entgelt keine Zinsen, sondern nur eine
Provision für ihre Hilfe.

---

[28] Weiterführende Literaturhinweise hierzu: S. 352–354.

Die rechtlich und in ihrer Abwicklung sehr unterschiedlichen Formen, die sich für mittelbare Finanzierungen in der Praxis herausgebildet haben, lassen sich auf vier Grundformen zurückführen:

(a) Die Bank übernimmt für Unternehmen und Gebietskörperschaften die Erstausgabe von Wertpapieren, genauer: deren Unterbringung im Publikum **(Effektenemission)**. Die Zahlungsmittel stellen hier also die Käufer der Papiere bereit.

(b) Die Bank verwaltet als Treuhänder einen Kredit an den Kunden, den er von einer anderen Institution erhalten hat **(Treuhandkredit)**. Die Zahlungsmittel stellt hier also ein Treugeber bereit. Vor allem handelt es sich dabei um öffentliche Gelder, insbesondere um ERP-Mittel.

(c) Die Bank übernimmt lediglich die Haftung für einen Kredit an ihren Kunden, während die Zahlungsmittel von einem Dritten bereitgestellt werden: entweder auf der Grundlage einer Bürgschaft oder Garantie der Bank **(Avalkredit)** oder durch Ankauf eines von der Bank akzeptierten Wechsels **(Akzeptkredit)**. In beiden Fällen stellt die Bank nur „ihren guten Namen" zur Verfügung, weshalb man Aval- und Akzeptkredit auch zusammenfassend als Kreditleihe bezeichnet (in Abgrenzung zur Geldleihe, bei der die Bank Zahlungsmittel bereitstellt).

(d) Die Bank tritt als reiner Makler auf, indem sie lediglich ihren Kunden mit einem Geldgeber zusammenbringt **(Vermittlungen im engen Sinne)**.

2.2.2.1 Emission von Effekten für Dritte

Durch die Größenordnung, in der die Erstausgabe (Emission) von Effekten üblich ist, kann sie nicht eine Bank alleine übernehmen. Vielmehr schließen sich für diesen Zweck mehrere Banken zu einem Emissionskonsortium zusammen. Es ist rechtlich eine Gelegenheitsgesellschaft (§§ 705 ff. BGB) und wird nach Erreichen des Zwecks – also nach Unterbringung der Effekten – wieder aufgelöst. In der Praxis gibt es jedoch Konsortien, die in gleicher oder weitgehend gleicher Zusammensetzung immer wieder tätig werden, zumindest für denselben Emittenten. Das gilt insbesondere auch für die Emission von Staatspapieren („Bundesanleihekonsortium").

Jedes Konsortialmitglied verpflichtet sich dazu, einen bestimmten Anteil der Emission (Quote) unterzubringen. Für die Verhandlungen mit dem Emittenten und für die technische Abwicklung der Emission übernimmt eine der Banken die Geschäftsführung (Konsortialführer). Gewöhnlich ist es die bevorzugte Hausbank des Emittenten.

Die Banken können grundsätzlich auf zwei verschiedene Arten in die Emission eingeschaltet sein:

● Als Geschäftsbesorger oder als Kommissionär, indem sie die Effekten nicht fest übernehmen, sondern lediglich für die Werbung und für die Vermittlung (Verkauf) sorgen. Das Absatzrisiko verbleibt also beim Emittenten.

● Als Eigenhändler, indem sie die Effekten im ersten Schritt fest vom Emittenten übernehmen – damit also auch das Absatzrisiko tragen – und im zweiten Schritt versuchen, sie im Publikum unterzubringen (Plazierung). Diese Variante ist in Deutschland der Regelfall.

Bei Aktien erfolgt die Plazierung, indem zunächst die bisherigen Aktionäre des emittierenden Unternehmens aufgefordert werden, das ihnen gesetzlich zustehende Bezugsrecht auf zusätzliche Aktien (§ 186 AktG) wahrzunehmen. Während der Bezugsfrist – mindestens zwei Wochen – werden die Bezugsrechte an den Börsen gehandelt, an denen die alten Aktien der Gesellschaft zugelassen sind. – Bei der Plazierung von Schuldverschreibungen (Anleihen, Obligationen) bestehen zwei Möglichkeiten:

1. Die Auflegung zur öffentlichen Zeichnung („Subskription").
   Sie wird gewählt, wenn die gesamte Emission innerhalb eines kurzen Zeitraums untergebracht werden soll. Im ersten Schritt wird zunächst das Publikum auf die Emission aufmerksam gemacht und zur Zeichnung aufgefordert, d. h. sich zum Kauf zu verpflichten. Nachdem das Publikum – im zweiten Schritt – bestimmte Beträge gezeichnet hat, teilen die Banken Teile der Emission zu. Geht der gezeichnete Betrag über die Gesamtsumme der Emission hinaus (Überzeichnung), so erhalten die Zeichner einen niedrigeren Betrag als gewünscht (Repartierung), wobei gewöhnlich kleinere Zeichnungen voll erfüllt werden, weil man diese Anlagen für dauerhafter (weniger spekulativ) hält.

2. Der freihändige Verkauf.
   Er wird gewählt, wenn der Emittent die Mittel nicht zu einem bestimmten Termin, sondern erst nach und nach benötigt. Der Verkauf zieht sich über einen längeren Zeitraum hin – zwar zu einem bestimmten Kurs, aber „freibleibend", d. h. unter dem Vorbehalt von Kursänderungen. Wichtigstes Beispiel ist die kontinuierliche Emission von Pfandbriefen und Kommunalobligationen, mit der Realkreditinstitute – überwiegend unter Vermittlung von Universalbanken – Mittel für die Vergabe von Hypothekar- und von Kommunaldarlehen beschaffen.

Für den Kunden ist die Effektenemission über Banken eine Fremdemission. Zwar ließe sich durch eine Eigenemission das Entgelt für den Mittler einsparen, doch aus mehreren Gründen ist die Fremdemission der Normalfall. Die Banken stehen bereits mit dem größten Teil der potentiellen Käufer in Kontakt, vor allem mit der breiten Masse der Sparer, die ein Industrieunternehmen selbst nicht annähernd so gut erreichen könnte. Weitere Aspekte sind die Kapitalkraft der Banken, die dem Emittenten durch Übernahme der Emission den Betrag schnell und vollständig bereitstellen können, sowie der Ruf der Banken, der die Aussicht für eine vollständige Unterbringung wesentlich erhöht. So gibt es Eigenemissionen nur in Ausnahmefällen: bei sehr begrenztem Abnehmerkreis (z. B. Konzerngesellschaften) oder bei Emittenten, die selbst über einen angemessenen Vertriebsapparat verfügen (z. B. Pfandbriefemissionen der gemischten Hypothekenbanken).

An die Emission schließen sich gewöhnlich weitere, mit ihr zusammenhängende Leistungen der Banken an: zunächst die Börseneinführung der Papiere, die nur durch an der betreffenden Börse zugelassene Banken möglich ist; später der Zinsen- bzw. Dividendendienst sowie mitunter auch die Kurspflege der emittierten Papiere, d. h. die laufende Beeinflussung ihres Börsenkurses in Richtung auf den „echten" Wert (in praxi vor allem die Verhinderung als ungerechtfertigt angesehener Kursrückgänge).

Für die Bank gilt die Mitwirkung bei der Effektenemission seit jeher als ein besonders lukratives Geschäft. Die als Provision meist genannten Sätze von etwa 2,5 % des Nennwertes bei Schuldverschreibungen – hier als Differenz zwischen Übernahmekurs des Konsortiums und Begebungskurs für das Publikum – sowie von etwa 4% des Nennwertes bei Aktien sind allerdings nur ungefähre Anhaltspunkte, da die Konditionen stets individuell ausgehandelt werden.[29]

Im Zusammenhang des gesamten Leistungsangebots der Bank bildet die Mitwirkung an Emissionen eine Ergänzung zum Kreditgeschäft (unmittelbare Finanzierungen) wie zum Einlagengeschäft (Angebot von Geldanlagemöglichkeiten). So können im Verlaufe der Zeit langfristig gewordene („eingefrorene") Kredite durch erfolgreich untergebrachte Emissionen konsolidiert, d. h. aus dem Emissionserlös zurückgeführt und so in eine der tatsächlichen Laufzeit angemessene Form gebracht werden. Die Bank kann auch von vornherein eine Emission einer Kreditvergabe vorziehen, wenn der Kredit zu Bedingungen (z. B. mit sehr langer Laufzeit) gewünscht wird, die sie nicht erfüllen kann. Das Einlagengeschäft ergänzt die Emissionstätigkeit insofern, als sie den Sparern zusätzliche Möglichkeiten der Geldanlage schafft. Dabei können allerdings Interessenkonflikte entstehen, vor allem die Gefahr, daß die Bank im eigenen und/oder im Interesse ihrer Großkunden (der Emittenten) den Sparern zu einseitig den Kauf der von ihr zu plazierenden Papiere empfiehlt.

Das wesentliche Risiko für die Bank, das auch den hohen Provisionssatz begründet, ist die Gefahr, daß sie fest übernommene Papiere nicht vollständig zu plazieren vermag (Absatzrisiko). Der nicht abgesetzte Teil der Emissionsquote wird dann zur unfreiwilligen Eigenanlage der Bank.

Neben der Emission von Kapitalmarktpapieren (Effekten) übernehmen Banken in neuerer Zeit für ihre Kunden auch die Unterbringung kurzfristiger Wertpapiere, die man nach ihrem amerikanischen Vorbild auch in Deutschland **Commercial Paper (CP)** nennt. Emittenten sind vor allem große Industrieunternehmen, die jeweils mit einer Bank (Arrangeur) vereinbaren, daß diese – allein oder gemeinsam mit anderen Banken (Plazeure) – bis zur Höhe eines bestimmten Gesamtbetrages kurzfristige Schuldverschreibungen des Emittenten bei Anlegern unterbringt. Die Papiere werden von den Plazeuren nicht fest, sondern auf „best-effort-Basis" übernommen; das Plazierungsrisiko trägt also der Emittent. Mit der Vereinbarung eines solchen „Commercial Paper-Programms" erhält der Emittent das Recht, innerhalb des festgelegten Rahmens jederzeit Papiere mit ihm genehmer Laufzeit zu begeben. Die übliche Laufzeit liegt zwischen 7 Tagen und 2 Jahren, geht aber meist nicht über drei Monate hinaus. Durch die revolvierende Emission von Papieren mit unterschiedlicher Laufzeit und in unterschiedlich hohen Emissionsbeträgen können die Emittenten auch längerfristigen Kapitalbedarf sehr flexibel decken, zudem gewöhnlich billiger als über Bankkredite. Plaziert werden die Papiere bei Großanlegern wie Versicherungs- und Investmentgesellschaften, woraus sich die übliche Mindeststückelung von ca. 0,5 Millionen DM erklärt. Die Banken erhalten eine Plazierungsprovision, die aber eines Tages entfallen könnte, wenn Emittenten und Großanleger direkt miteinander in Kontakt treten.

---

[29] HAGENMÜLLER, KARL FRIEDRICH/JACOB, ADOLF-FRIEDRICH: Der Bankbetrieb, Band II, 5. Aufl., Wiesbaden 1987, S. 111 f.

In Deutschland begannen CP-Emissionen erst Anfang 1991, nachdem zwei bis dahin bestehende Hemmnisse entfallen waren: die Börsenumsatzsteuer sowie die staatliche Genehmigungspflicht für die Emission inländischer Schuldverschreibungen (gem. §§ 795 und 808 a BGB).

2.2.2.2 Treuhandkredite

Treuhandkredite vergibt die Bank nicht selbst; sie leitet sie lediglich im Auftrage eines Treugebers weiter und verwaltet sie für ihn. Auf diese Weise erspart sie dem Treugeber den Aufbau eines eigenen Verteilungs- und Verwaltungsapparates.

Das Kreditrisiko trägt bei einem Treuhandkredit nicht die Bank (als Treuhänder), sondern der Treugeber. Die Bank kann allenfalls wegen ungenügender Sorgfalt bei der Bearbeitung des Kredits schadensersatzpflichtig werden. Von diesen Treuhandkrediten im engeren, eigentlichen Sinne ist die Weiterleitung zweckgebundener Mittel zu unterscheiden, bei der die Bank einen Teil des Kreditrisikos trägt, beispielsweise 20%. Im Hinblick auf die Bereitstellung der Zahlungsmittel handelt es sich auch hier um eine mittelbare Finanzierung der Bank; durch die teilweise Risikoübernahme trägt sie jedoch Züge unmittelbarer Finanzierung.

Als Treuhandkredite werden weit überwiegend öffentliche Gelder weitergeleitet, mit denen der Staat bestimmte Personenkreise (z. B. Flüchtlinge), bestimmte Wirtschaftszweige (z. B. die Landwirtschaft) oder bestimmte regionale Bereiche fördern will. Für mehr oder weniger eng umrissene Teilzwecke wird jeweils ein „Kreditprogramm" entwickelt, in dem der Staat – als Treugeber – den Kreis der Berechtigten, den Verwendungszweck und die Konditionen der Kredite festlegt. Die Gelder stammen zumeist aus dem ERP-Sondervermögen, zum Teil aber auch aus den Haushalten des Bundes oder der Länder. Sie werden gewöhnlich über zentrale staatliche Kreditinstitute zu den Banken geleitet, vor allem über die Kreditanstalt für Wiederaufbau (KfW).

Das zweite, in der Praxis weit weniger bedeutsame Beispiel für Treuhandkredite ist die Weiterleitung von Geldern, die Kapitalsammelstellen (z. B. Versicherungen) den Banken zur sicheren und rentablen Anlage überlassen. Hier haben Treuhandkredite also Anlage- und nicht Förderungscharakter. Dementsprechend fließen diese Mittel vor allem den großen Kunden der Bank zu.

Treuhandkredite mit Förderungscharakter stellen gewöhnlich eine Ergänzung zur unmittelbaren Finanzierung der Bank dar. Durch die meist günstigen Konditionen verschaffen sie dem Kunden Gelder, die er direkt von der Bank nicht erhalten hätte oder zu ihren Bedingungen nicht hätte akzeptieren können. Für die Bank bedeuten Treuhandkredite vor allem: Die Kapitalkraft ihrer Kunden wird gestärkt, ohne daß sie dabei ein Risiko tragen muß. Es fallen lediglich Verwaltungskosten an, für die ihr der Treugeber ein Entgelt zahlt. Daß die Kredite von ihr und nicht vom Treugeber verwaltet werden, fördert zudem den möglichst vollständigen Einblick der Bank in die finanziellen Verhältnisse ihrer Kunden.

2.2.2.3 Kreditleihen (Akzept- und Avalkredite)

Während bei Effektenemission und Treuhandkredit die Zahlungsmittel zwar letztlich von Dritten bereitgestellt werden, der Kunde sie aber über die Bank erhält, bekommt er im Falle der Kreditleihe von der Bank lediglich deren „Kredit" (im Sinne von: Haftung, Kreditwürdigkeit), mit dem er sich dann die Zahlungsmittel beschaffen oder eigene Zahlungen aufschieben kann. Die Bank stellt ihren Kredit in zwei Formen zur Verfügung: indem sie entweder einen vom Kunden auf sie gezogenen Wechsel akzeptiert (Akzeptkredit) oder indem sie für ihn eine Bürgschaft oder Garantie übernimmt (Avalkredit).

Akzeptkredit:

Indem die Bank einen vom Kunden auf sie gezogenen Wechsel akzeptiert, wird sie zum primär Zahlungsverpflichteten aus dem Wechsel – allerdings nur im Außenverhältnis, dem späteren Inhaber des Wechsels gegenüber. Im Innenverhältnis verpflichtet sich der Kunde gegenüber der Bank, den Wechselbetrag kurz vor Fälligkeit bereitzustellen. Sofern der Kunde die Vereinbarung einhält, werden also zu keiner Zeit Mittel der Bank erforderlich.

Die Bank zieht insoweit also Verdienst (eine Akzeptprovision) allein aus dem Einsatz ihres Namens. Der Kunde kann das Bankakzept einem Lieferanten in Zahlung geben oder es einer anderen Bank verkaufen. Häufig kauft jedoch die den Akzeptkredit vergebende Bank den Wechsel gleich selbst an. Diese Praxis ändert nichts an der genannten Charakteristik; es werden lediglich zwei Leistungsarten zu einer Transaktion zusammengezogen: ein Akzept- und ein Wechseldiskontkredit. Dahinter steht zum einen – besonders bei den großen Banken – die Sorge, umlaufende eigene Akzepte könnten auf beengte Liquidität des Instituts schließen lassen. Zum anderen aber eröffnet diese Kombination im Vergleich zum Buchkredit der Bank die Möglichkeit, den Kredit individuell zu refinanzieren, indem sie den vom Kunden ausgestellten, von ihr akzeptierten und dann diskontierten Wechsel weiterreicht (rediskontiert). Damit der Wechsel bundesbankfähig wird, sind im Regelfall allerdings drei Unterschriften erforderlich (vgl. S. 90). Nur in Ausnahmefällen kauft die Bundesbank auch Bankakzepte mit zwei Unterschriften an, sofern sie der kurzfristigen Finanzierung bestimmter Einzelgeschäfte dienen und „die Sicherheit des Wechsels ... in anderer Weise gewährleistet ist" (§ 19 BbkG).

Für den Kunden ist der Akzeptkredit nicht als zusätzliche Kreditfazilität (neben Buch- und Diskontkredit) zu sehen. Die Bank stellt gewöhnlich die gleichen strengen Sicherheitsanforderungen: genaue Kreditprüfung, häufig auch zusätzliche Sicherheiten. Zu beachten ist außerdem, daß anders als beim Buchkredit eine Prolongation praktisch ausgeschlossen ist, da die Bank vom Kunden absolute Zuverlässigkeit bei der Einlösung erwartet. Akzeptkredite eignen sich also nur dann, wenn der Kunde Dauer und Höhe des Kreditbedarfs mit Sicherheit vorausschätzen kann. Hinzu kommt, daß die Bank Akzeptkredite im Hinblick auf die Ankaufsbedingungen der Bundesbank gewöhnlich nur in bestimmten Größenordnungen zusagt. Sofern die akzeptierende Bank den Wechsel selbst ankauft, ist für den Kunden im ganzen gesehen der Kredit – wegen der Möglichkeit individueller Refinanzierung – billiger als ein Buchkredit, aber gewöhnlich etwas teurer als ein normaler Wechseldiskontkredit, bei dem der Bank ja neben ihrem Kunden mindestens ein weiterer Verpflichteter aus dem Wechsel haftet.

Besondere Bedeutung haben Akzeptkredite bei der Finanzierung des Außenhandels, vor allem – als **Rembourskredite** – in Verbindung mit einem Dokumentenakkreditiv. Grundlage ist ein Lieferantenkredit des Exporteurs an den ausländischen Importeur, über den er einen diskontfähigen Wechsel wünscht. Die dann gewählte Zahlungsbedingung „documents against acceptance" (d/a) stellt sicher, daß dem Importeur die Transport- und Versicherungsdokumente – die ihm die Verfügungsmacht über die an ihn versandte Ware verschaffen – von seiner Bank erst dann ausgehändigt werden, wenn er einen vom Exporteur auf ihn gezogenen Wechsel akzeptiert hat. Der Exporteur, der diesen Wechsel erhält, wird ihn jedoch nur dann bei seiner Bank diskontieren können, wenn der Akzeptant (Importeur) der Bank als kreditwürdig bekannt ist. Da sich das über größere Entfernungen häufig nur schwer feststellen läßt, zieht der Exporteur dem Akzept des Importeurs meist das Akzept einer Bank vor („Remboursbank"). Es kann die Bank des Importeurs sein; doch wählt man oft eine andere Bank, mitunter sogar eine Bank in einem dritten Land,

• wenn auch die Bank des Importeurs international zu wenig bekannt ist,
• wenn im Land des Importeurs Devisenbeschränkungen bestehen oder drohen,
• wenn in einem anderen Land – sofern das Bankakzept von der Remboursbank sofort angekauft wird – der Zinssatz günstiger ist.

In diesen Fällen stellt die Bank des Importeurs ihrem Kunden ihre Kreditlinie bei der dritten Bank zur Verfügung. Aussteller des Wechsels bleibt aber in jedem Fall der Exporteur.

Avalkredit:

Auch beim Avalkredit stellt die Bank keine Zahlungsmittel, sondern lediglich ihren Namen zur Verfügung. Während sie aber beim Akzeptkredit rechtlich zum Hauptverpflichteten wird, entsteht für sie beim Avalkredit auch rechtlich nur eine Eventualverbindlichkeit. Sie gibt entweder eine selbstschuldnerische Bürgschaft gegenüber einem Gläubiger des Kunden oder eine Garantie für eine Leistungs- oder Lieferungspflicht des Kunden. In beiden Fällen wird sie nur dann in Anspruch genommen, wenn der Kunde seiner Verpflichtung nicht nachkommt.

Eine **Bankbürgschaft** (im engeren, eigentlichen Sinne; §§ 765 ff. BGB) wünschen Kunden vor allem für Stundungskredite, die sie von staatlichen Institutionen erhalten: beispielsweise für Frachtstundungen der Bundesbahn oder für Zollstundungen.

Eine **Bankgarantie** wünschen Kunden besonders im Zusammenhang mit Auslandsgeschäften, wenn ihre ausländischen Geschäftspartner ihre Kreditwürdigkeit nicht sicher genug abschätzen können (große Entfernungen; andere Rechtsordnung und Usancen). Die Garantie einer Bank soll dann die Geschäftspartner mit der Zusage einer Ausgleichszahlung für den Fall sicherstellen, daß der Kunde nicht vertragsgemäß liefert (Liefergarantie), die Bedingungen einer Ausschreibung nicht einhält, wenn er den Auftrag erhält (Bietungsgarantie) oder seinen Gewährleistungspflichten für gelieferte Waren nicht nachkommt (Gewährleistungsgarantie). Zwischen der Bürgschaft im engeren Sinne und der Garantie besteht wirtschaftlich – als Leistung der Bank gesehen – kein Unterschied. In der Fachliteratur werden zum Teil beide als Bürgschaft im weiteren Sinne zusammengefaßt.

Ein Avalkredit für Zoll- und Frachtstundungen verbessert für den Kunden die Wirtschaftlichkeit, da er nicht mehr jeden Einzelbetrag sofort begleichen muß. Die Abrechnung in bestimmten, größeren Zeitabständen erleichtert zudem seine Finanzplanung. Ein Avalkredit eröffnet dem Kunden bei Auslandsgeschäften mitunter überhaupt erst die Möglichkeit, Aufträge hereinzuholen. Er hilft ihm also bei der Ausweitung seiner Geschäftsbeziehungen.

2.2.2.4 Reine Vermittlungen

Die Bank tritt hier nur noch als reiner Makler zwischen Kunden und Geldgebern auf, ohne also ein Risiko zu übernehmen und auch ohne Geldbeträge an den Kunden weiterzuleiten. Kreditvermittlungen ergänzen das Angebot unmittelbarer Finanzierungsmöglichkeiten. Die systematische Verknüpfung beider wird vor allem durch das Marketingdenken der Bank bestimmt: von dem Bestreben, im Finanzbereich die Wünsche des Kunden möglichst vollständig zu erfüllen. Leistungen, die man dabei nicht selbst erstellen darf oder will, werden dem Kunden im Wege der Vermittlung beschafft, d. h. als Fremdleistungen in das eigene Sortiment aufgenommen. Im Rahmen des Angebots von Finanzierungsmöglichkeiten kommt es zu reinen Vermittlungen aus unterschiedlichen Gründen.

(1) Die vom Kunden gewünschte bzw. von der Bank als erforderlich angesehene Laufzeit des Kredites übersteigt die Möglichkeiten der Bank.
Diesem Problem sehen sich vor allem Institute gegenüber, die weder langfristige Schuldverschreibungen ausgeben, noch über einen größeren Block von Spareinlagen verfügen, sondern ihr Kreditgeschäft überwiegend aus kürzerfristigen Mitteln finanzieren. Aber auch bei Instituten mit größerem Spareinlagenvolumen stößt der wachsende Wunsch der Kunden nach langfristigen Krediten oft auf Grenzen. Als Ausweg bietet sich dann die Vermittlung an, wobei vor allem zwei Möglichkeiten praktisch bedeutsam sind:

• Langfristige Hypothekardarlehen der Realkreditinstitute, unter Umständen auch der Bausparkassen, wobei zum Teil unmittelbare Finanzierung der Universalbank und vermittelte Finanzierung zu einer Marktleistung verknüpft werden („Baufinanzierung aus einer Hand" o. ä.), so daß der Kunde für die gesamte, aus verschiedenen Quellen stammende Finanzierung seines Vorhabens nur noch einen einzigen Kreditvertrag abschließt.

• Schuldscheindarlehen, die vor allem von Versicherungsunternehmen vergeben werden. Große Industrieunternehmen verschaffen sich die Darlehen zum Teil auch direkt von den Versicherungen.

(2) Die vom Kunden gewünschte Größenordnung des Kredits übersteigt hinsichtlich des Risikos und der Mittelaufbringung die Möglichkeiten der Bank. In einem solchen Fall bieten sich von mehreren Instituten gemeinsam vergebene Kredite an (Konsortialkredite), bei Sparkassen und Kreditgenossenschaften als Metakredite zusammen mit dem jeweiligen regionalen Spitzeninstitut: einer Girozentrale bzw. einer Genossenschaftlichen Zentralbank. Aus der Sicht der federführenden Hausbank des Kunden sind dabei die Anteile der Konsortialpartner vermittelte Kredite.

(3) Kredite sind an Finanzplätzen anderer Länder zinsgünstiger zu erhalten als sie die Bank dem Kunden unmittelbar anbieten kann.

Hier bietet sich die Vermittlung von Krediten ausländischer Korrespondenz- oder Tochterbanken an. Großkunden finden allerdings auch direkt Zugang zu ausländischen Banken.

(4) Der Kunde benötigt nicht einen Kredit, sondern – gewöhnlich als Grundlage zusätzlicher Fremdfinanzierung – eine erweiterte Eigenkapitalbasis. Da eine Bank unmittelbar ausschließlich mit Krediten finanziert (aus Kundensicht: Fremdkapital bereitstellt), verbleibt nur der Weg, ihm Eigenkapital zu vermitteln. Zwei Möglichkeiten sind von praktischer Bedeutung:

- Die Bank vermittelt einen zusätzlichen Eigenkapitalgeber (Gesellschafter), dem sie damit gleichzeitig eine Geldanlagemöglichkeit bietet.

- Die Bank vermittelt eine zeitlich begrenzte Eigenkapitalvergabe durch eine Kapitalbeteiligungs- oder eine Venture Capital-Gesellschaft. Diese Institute haben allerdings – meist von den Banken selbst gegründet – bisher noch kein allzu großes Gewicht erlangt.

2.3 Verwahrung und Verwaltung von Geld und Effekten

Die sichere Aufbewahrung und Verwaltung von Wertobjekten, insbesondere von Geld, ist eine der historischen Wurzeln bankmäßiger Tätigkeit im heutigen Sinne. Sie ist auch bis heute ein wichtiger Teil im Leistungsangebot einer Bank geblieben.

Im Hinblick auf die Möglichkeit einer (über die bloße Aufbewahrung hinausgehenden) Verwaltung und eventuellen Verwendung durch die Bank muß man zunächst zwischen der geschlossenen und der offenen Verwahrung unterscheiden.

(a) **Geschlossene Verwahrung:** Hier vermietet die Bank dem Kunden lediglich ihre sicheren Räumlichkeiten (Tresorgeschäft). Im Regelfall ist ihr nicht bekannt, was der Kunde im einzelnen dort verwahrt; die Verwaltung oder gar zeitweilige Verwendung durch die Bank ist somit von vornherein ausgeschlossen.

Der Kunde kann der Bank die Wertobjekte entweder in einem verschlossenen Behältnis übergeben (Verwahrstücke), oder er kann ein verschließbares Fach in der Stahlkammer der Bank mieten (Schließfach- oder Schrankfachgeschäft).

Die geschlossene Verwahrung wirft für die Bank technische Sicherheitsprobleme auf, aber keine Verwaltungs- oder gar Dispositionsprobleme. Sie bleibt deshalb im weiteren außer acht.

(b) **Offene Verwahrung:** Hier ist der Bank bekannt, was bei ihr verwahrt wird (Geld verschiedener Währungen; Effekten verschiedener Art); über den jeweiligen Umfang hat sie sorgfältig Buch zu führen. Damit ist sie grundsätzlich in der Lage, auch die Verwaltung zu übernehmen. Die Art der Verwaltung ist bei Geld und bei Effekten aufgrund ihrer unterschiedlichen Funktionen verschieden:

- Geld, das ein Kunde der Bank zur Verwahrung (und nicht zur ertragbringenden Anlage) überläßt, dient ihm zur Abwicklung seines Zahlungsverkehrs. Verwaltung durch die Bank bedeutet daher: Sie übernimmt die technische Durchführung der für den Kunden bestimmten und der von ihm disponierten Zahlungen, wird also Kassenführer des Kunden.

• Effekten, die ein Kunde der Bank zur Verwahrung überläßt, sind Teil seiner ertragbringenden Geldanlagen. Verwaltung durch die Bank bedeutet hier: Sie nimmt die Rechte für den Kunden wahr, die ihm aus den Papieren zustehen, im besonderen übernimmt sie den Einzug der Erträgnisse (Zinsen oder Dividenden), die Einlösung festverzinslicher Papiere am Fälligkeitstermin sowie – was über die rein technische Verwaltung schon hinausgeht – die Ausübung der Mitspracherechte aus Beteiligungspapieren (Aktien).

Verwaltung bei ihr verwahrter Gelder und Effekten bedeutet für die Bank stets: Verwaltung entsprechend den Weisungen des Kunden oder mindestens in seinem Interesse. Ist ihr über die Verwaltung hinaus auch die zeitweilige Verwendung gestattet (ohne daß dabei die Rechte des Kunden eingeschränkt werden), so ist damit die Verwendung in ihrem eigenen Interesse, für ihre Erwerbsziele gemeint. Eine solche Verwendung ist bei verwahrten Effekten grundsätzlich verboten, bei verwahrtem Geld dagegen grundsätzlich gestattet. Damit wird für die Bank (in betriebsbezogener Sicht) die Geldverwahrung zu einer Form der Kapitalbeschaffung.

2.3.1 Verwahrung und Verwaltung von Geld[30]

In den Lehrbüchern zur Bankbetriebslehre wird die Führung von Konten mit täglich fälligen Einlagen (Sichteinlagen) und die damit verbundene Abwicklung des Zahlungsverkehrs gewöhnlich nicht als Einheit behandelt, sondern auf zwei Themenbereiche verteilt: Sichteinlagen werden im Rahmen der Passivgeschäfte einer Bank erörtert, die Abwicklung des Zahlungsverkehrs im Rahmen der Dienstleistungsgeschäfte. Dem liegt – wie bereits erläutert wurde (S. 22) – eine Gruppierung bankbetrieblicher Marktleistungen allein aus betriebsbezogener Sicht zugrunde. Vom Kunden her betrachtet sind Sichteinlagen und Zahlungsverkehrs-Abwicklung dagegen als Einheit zu sehen: als Verwahrung und Verwaltung von Geld.

2.3.1.1 Verwahrung von Geld (Sichteinlagen)

Für den Kunden verwahrte Gelder erfaßt die Bank für ihn auf einem Konto als Sichteinlage (täglich fälliges Guthaben). Derartige Guthaben sind für den Kunden Geld, genauer: Buchgeld, mit dem er ebenso zahlen kann wie mit Bargeld, in vielen Fällen sogar erheblich einfacher und wirtschaftlicher. Sichteinlagen entstehen durch Einzahlung von Bargeld oder durch bargeldlose Übertragung von anderen Konten.

Der Kunde benötigt – sofern die Bank ihm nicht einen Kreditspielraum eingeräumt hat – Sichteinlagen, wenn er die Bank mit der bargeldlosen Abwicklung seines Zahlungsverkehrs beauftragen will. So sieht er diese Ein-

---

[30] Weiterführende Literaturhinweise hierzu: S. 355 f.

lagen auch in erster Linie als Voraussetzung für die Teilnahme am bargeldlosen Zahlungsverkehr, weniger als sichere Aufbewahrung seines Geldes. Gegenüber der Frühzeit bankmäßiger Tätigkeit hat sich also die Gewichtung umgekehrt: Historisch stand zunächst die sichere Aufbewahrung des Geldes im Vordergrund, an die sich – neben Einzahlungen und Auszahlungen in Bargeld – nach und nach auch bargeldlose Übertragungen anschlossen. Daß aber der Sicherheitsaspekt keineswegs bedeutungslos geworden ist, zeigt beispielsweise die Einrichtung des Nachttresors, durch den Geschäftsleute die Möglichkeit erhalten, ihre baren Tageseinnahmen auch außerhalb der Öffnungszeiten der Bank bei ihr zu hinterlegen, um sie vor Einbruch und Überfall zu schützen.

Da Sichteinlagen von der Bank gar nicht oder nur äußerst gering verzinst werden (allenfalls ½–¾% p. a.), überträgt der Kunde gewöhnlich überschüssige, d. h. für den laufenden Zahlungsverkehr nicht benötigte Teile des Guthabens in ertragbringende Anlagen.

Für die Bank ist es bedeutsam, daß sie die in Form von Sichteinlagen verwahrten Gelder verwenden darf, sofern sie nur jedem Einleger gegenüber liquide bleibt, d. h. alle Zahlungsaufträge des Kunden bis zur Höhe seines Guthabens unverzüglich auszuführen in der Lage ist. Die stete Zahlungsfähigkeit gegenüber den Kunden mit Sichteinlagen ist allerdings nicht isoliert zu sehen, sondern als Teil des Liquiditätsproblems der Bank insgesamt. Als täglich fällige, also jederzeit in vollem Umfang verfügbare Guthaben tragen die Sichteinlagen besondere Unsicherheit in die Liquiditätsplanung der Bank hinein. Wenn dennoch die Erfahrung zeigt, daß die Gesamtheit der Sichteinlagen bei einer Bank im Zeitablauf keine stärkeren Schwankungen aufweist, so beruht das auf den gleichen Ursachen wie bei den Spareinlagen. Zum einen bleibt auf dem einzelnen Konto trotz der Möglichkeit des Kunden, täglich über den Gesamtbetrag zu verfügen, ein Teil über längere Zeit unberührt (Prolongation); zum anderen werden Abgänge auf den Konten zu einem sehr großen Teil durch etwa gleichzeitige Eingänge auf anderen Konten ausgeglichen (Substitution). So definiert denn auch die Bankenaufsicht 10% der Sichteinlagen als langfristige Finanzierungsmittel und weitere 60% als kurz- und mittelfristige Finanzierungsmittel, verlangt also nur, daß 30% als Liquiditätsreserve gehalten werden.[31]

Unter Rentabilitätsgesichtspunkten ist einerseits zu berücksichtigen, daß Sichteinlagen zinslose oder nahezu zinslose Finanzierungsmittel darstellen. Andererseits ist bei ihnen die unverzinst bei der Bundesbank zu unterhaltende Mindestreserve am höchsten (Höchstsatz gemäß Bundesbankgesetz: 30% – gegenüber 20% bei Termin- und 10% bei Spareinlagen); und vor allem erfordern sie sehr hohe Verwaltungskosten, sofern man Sichteinlagen und Zahlungsverkehr als Einheit sieht. Für die Abwicklung des Zahlungsverkehrs erhebt zwar jede Bank Gebühren vom Kunden, die jedoch seit jeher weit unter den Kosten der Abwicklung liegen.

---

[31] Im einzelnen dazu: S. 103 f. und S. 139 („Grundsätze über das Eigenkapital und die Liquidität der Kreditinstitute").

2.3.1.2 Verwaltung von Geld (Zahlungsverkehrs-Abwicklung)[32]

Die Abwicklung des Zahlungsverkehrs wird hier zwar im systematischen Zusammenhang als Verwaltung bei der Bank verwahrter Gelder (Sichteinlagen) erörtert. Sie ist jedoch gleichermaßen auf der Grundlage von der Bank zugesagter Kreditlinien an den Kunden möglich (debitorischer Zahlungsverkehr). Eine Kreditlinie erhöht für den Kunden den verfügbaren Bestand an Buchgeld über sein Guthaben hinaus um den Betrag, bis zu dem er sein Konto (Kontokorrentkonto) überziehen darf.

Als Kassenführer des Kunden übernimmt die Bank außer Bargeldeinzahlungen zu Gunsten und Bargeldauszahlungen zu Lasten der Sichteinlage (halbbarer Zahlungsverkehr) vor allem die Abwicklung bargeldloser Zahlungen: Übertragungen zu Lasten des Kundenkontos auf andere Konten sowie Gutschriften auf dem Kundenkonto aufgrund von Übertragungen von anderen Konten.

Bargeldlose Übertragungen sind grundsätzlich in zwei Richtungen möglich, je nachdem, ob gegenüber der Bank der Zahlende oder der Zahlungsempfänger aktiv wird:

(1) Der Zahlende (Schuldner) löst den Vorgang aus, indem er seiner Bank den Auftrag erteilt, zu Lasten seines Kontos einen bestimmten Betrag an einen bestimmten Dritten durch Gutschrift auf dessen Konto zu zahlen. Einen solchen Auftrag nennt man Überweisungsauftrag oder Zahlungsauftrag im engeren Sinne, den entsprechenden Vorgang: die **Überweisung.**

Der Auftrag kann schriftlich – unter Verwendung eines entsprechenden Formulars – erteilt werden oder ohne Verwendung von Papier, indem der Kunde eine Mehrzahl von Aufträgen auf einem maschinell lesbaren Datenträger (v. a. Magnetband) einreicht oder eine Selbstbedienungseinrichtung benutzt (z. B. Bildschirmtext).

(2) Der Zahlungsempfänger (Gläubiger) löst den Vorgang aus, indem er seiner Bank den Auftrag erteilt, einen bestimmten Betrag vom Konto eines ihm zur Zahlung Verpflichteten (Schuldner) abzuziehen und seinem Konto gutzuschreiben. Einen solchen Auftrag nennt man Einziehungs- oder Inkassoauftrag.

Einen Inkassoauftrag kann die Bank nur ausführen, wenn der Kunde ihr nachweist, daß er zu einer solchen Verfügung über das Konto eines Dritten berechtigt ist. Das gebräuchliche Legitimationspapier ist der **Scheck,** den der Zahlende ausstellt, ihn dem Zahlungsempfänger übergibt und den dieser dann seiner Bank zum Inkasso einreicht. (Sofern der Scheck nicht vom Aussteller mit dem Vermerk „Nur zur Verrechnung" versehen worden ist, kann der Zahlungsempfänger damit bei der Bank des Ausstellers auch die Auszahlung in Bargeld verlangen.)

Bis in die fünfziger Jahre hinein war die Zahlung mit einem Scheck fast nur unter Geschäftsleuten gebräuchlich. Um auch bei der breiten Privatkundschaft die Ver-

---

[32] Als informativen Überblick, der auch Vergleiche mit Instrumenten und Organisation des Zahlungsverkehrs in anderen Industrieländern ermöglicht, vgl. BANK FÜR INTERNATIONALEN ZAHLUNGSAUSGLEICH (Hrsg.): Zahlungsverkehrssysteme in elf entwickelten Ländern, Frankfurt a. M. 1989.

wendung von Schecks zu fördern, mußten die Banken eine zusätzliche Leistung anbieten. Bei diesem Kundenkreis sind den Zahlungsempfängern – z. B. im Einzelhandel – die Scheckaussteller gewöhnlich nicht bekannt, so daß sie Schecks im allgemeinen nur mit einer Einlösungsgarantie der Bank des Scheckausstellers akzeptieren. Die Garantie ist unter den Banken vereinheitlicht worden: Sie reicht bis zu DM 400 je Scheck; und Kunden, für die die Bank bereit ist, sie zu übernehmen, erhalten einen entsprechenden Ausweis **(Scheckkarte),** den sie dem Zahlungsempfänger bei Hingabe eines Schecks vorlegen.

Für das Scheckkartenverfahren sind Anfang der siebziger Jahre einheitliche Scheckvordrucke und Scheckkarten verbindlich eingeführt worden, die in zahlreichen, vor allem europäischen Ländern in gleicher Weise ausgegeben und akzeptiert werden (eurocheque und eurocheque-Karte; ec-System).

Überweisung und Scheck sind die gebräuchlichen Zahlungsverkehrs-Instrumente für unregelmäßige Zahlungen.[33] Für regelmäßig wiederkehrende Zahlungen (Mieten, Versicherungsprämien, Beiträge, Rundfunk- und Fernsehgebühren) haben sich Varianten der beiden Grundformen herausgebildet:

(1) Der Dauerüberweisungsauftrag, kurz: **Dauerauftrag,** bei dem der Zahlungsvorgang vom Zahlenden ausgelöst wird.

Der Zahlende erteilt seiner Bank den Auftrag, bis auf Widerruf regelmäßig (beispielsweise am 15. eines jeden Monats) einen bestimmten Betrag an einen bestimmten Dritten durch Überweisung auf dessen Konto zu zahlen. Der Dauerauftrag ist nur für jene regelmäßigen Zahlungen geeignet, bei denen neben dem Termin und dem Zahlungsempfänger auch der Betrag zumindest für eine gewisse Zeit unverändert bleibt, also zum Beispiel für Mietzahlungen, nicht aber für Telefongebühren.

(2) Die **Lastschrift** (früher auch: rückläufige Überweisung), bei der der Zahlungsvorgang vom Zahlungsempfänger ausgelöst wird.

Der Zahlende ermächtigt den Zahlungsempfänger, regelmäßig einen gleichbleibenden oder einen wechselnden Betrag für bestimmte Leistungen (z. B. Telefongebühren) von seinem Konto abzuziehen. Das Einverständnis des Zahlenden mit einem solchen begrenzten Zugriff in sein Guthaben wird hier also nicht – wie beim Scheck – von Fall zu Fall auf dem Inkassopapier zum Ausdruck gebracht, sondern durch eine generelle, bis auf Widerruf geltende Erklärung des Zahlenden entweder gegenüber seiner Bank (Abbuchungsauftrag) oder gegenüber dem Zahlungsempfänger (Einzugsermächtigung).

Anders als der Dauerauftrag eignet sich die Lastschrift nicht nur für gleichbleibende, sondern auch für von Fall zu Fall wechselnde Zahlungsbeträge. Sie wird besonders von Unternehmen gewählt, die eine große Zahl relativ kleiner Zahlungen zu erhalten haben (Versicherungen, Versorgungsbetriebe, u. ä.), weil mit der Lastschrift sie selbst die Initiative zur pünktlichen Zahlung in die Hand bekommen. Zudem bietet sie den Unternehmen besonders gute Möglichkeiten zur Rationalisierung. Die

---

[33] Während in angelsächsischen Ländern weit überwiegend der Scheck bevorzugt wird, ist es in Deutschland die Überweisung. Nach Auskunft der Deutschen Bundesbank entfielen 1991 von allen bargeldlosen Zahlungen auf Überweisungen 75% (Betrag) bzw. 51% (Stückzahl), auf Schecks dagegen nur 15 bzw. 11%, auf Lastschriften 10 bzw. 38%.

Zahlungsvorgänge können nicht nur zeitlich konzentriert werden, sondern werden auch der Bank nur noch in maschinell lesbarer Form übergeben (Magnetbänder), d. h. ohne daß für jeden Einzelfall noch ein papierner Vordruck angefertigt wird.

Als wesentlichen Vorteil für den Zahlenden nennt man in beiden Fällen, daß ihm die Terminüberwachung abgenommen wird – beim Dauerauftrag übernimmt sie die Bank, bei der Lastschrift der Zahlungsempfänger. Allerdings muß der Zahlende im Auge behalten, daß er zu den jeweiligen Terminen auch über ausreichende Guthaben oder Kreditlinien verfügt.

Noch relativ geringe, aber wachsende Bedeutung als Instrument bargeldloser Zahlungen haben **Kreditkarten**.[34] Ursprünglich konzipiert als Exklusivprodukt für häufig, vor allem auch international reisende Geschäftsleute (travel & entertainment card, T&E-Karte), wird die Kreditkarte seit der zweiten Hälfte der achtziger Jahre zunehmend auch vom breiten Publikum genutzt.

Den in verschiedener Hinsicht vielfältigen Karten ist gemeinsam die Zweistufigkeit des Zahlungsvorgangs:

(1) Der Karteninhaber kann bei allen Handels- und Dienstleistungsunternehmen, die sich zur Annahme der Karten eines bestimmten Emittenten verpflichtet haben (Vertragsunternehmen), Waren und Dienste beziehen, indem er lediglich die Karte vorlegt und einen Rechnungsbeleg unterschreibt.

(2) Die Belege werden bei einer Verrechnungszentrale (Clearingstelle) gesammelt, die den Unternehmen die von ihnen gestundeten Beträge überweist und in gewissen Abständen – meist einmal im Monat – die zu zahlenden Beträge von den Kartenbenutzern einfordert. Die Kartenbenutzer können ihre Verbindlichkeiten mittels Lastschrift, Scheck oder Überweisung begleichen.

Banken werden dabei nicht nur eingeschaltet, um die Ausgleichszahlungen abzuwickeln; sie geben auch selbst Kreditkarten aus:

– Die meisten von ihnen bieten ihren Kunden die EUROCARD an (ursprünglich einheitlich gestaltet von der GZS Gesellschaft für Zahlungssysteme mbH, einer Gemeinschaftsgründung der Universalbanken; seit 1989 bankindividuell gestaltbar, aber unverändert mit der GZS als Clearingstelle).

– Darüber hinaus bieten einige Banken ihren Kunden in Lizenz die VISA-Karte an und betreiben dafür eine gemeinsame Clearingstelle.

Kreditkarten werden aber auch von ausschließlich auf deren Ausgabe spezialisierten Unternehmen ausgegeben (American Express; Diners Club), außerdem auch von Einzelhandelskonzernen bzw. Warenhäusern (Kundenkreditkarten).

Die nicht sofortige, sondern meist nur monatliche Abrechnung macht deutlich, daß mit der Nutzung der Karte auch ein Aufschub der Zahlung verbunden ist (Zahlungsziel). Vereinbart der Kartenbenutzer über diesen mehr technisch bedingten Aufschub hinaus eine noch spätere Zahlung, dann wird der Zahlungsvorgang mit einer Kreditvergabe verknüpft. Erst dann wird für ihn die Karte zu einer Kreditkarte im engeren, eigentlichen Sinne. Die Möglichkeit, über Karten verschiedener Emittenten Kreditlinien zu sammeln, hat vor allem in den USA großes Gewicht, ist jedoch in Deutschland weitgehend

---

[34] Als detaillierte Gesamtdarstellung hierzu vgl. SCHÖCHLE, SABINE: Kartengebundene Zahlungssysteme in Deutschland, Hamburg 1992.

entbehrlich, weil die Universalbanken ihren Privatkunden bereits großzügig Kreditlinien einräumen, besonders in Form des Dispositionskredits. Das aus den USA übernommen Wort ‚Kreditkarte' ist deshalb für deutsche Verhältnisse etwas irreführend.

Als Alternative zur Kreditkarte sieht man die **point of sale (POS)**-Zahlungssysteme, in neuerer Bezeichnung: **electronic cash**. Diese Systeme zielen auf eine Verrechnung völlig ohne Belege ab, indem sie vom Ort der Zahlung aus direkt – also ohne Umweg über eine Clearingstelle – die Belastung auf dem Bankkonto des Käufers und die Gutschrift auf dem Konto des Verkäufers ermöglichen. Grundlage dafür ist eine vom Käufer verwendete Plastikkarte, bei der es sich um eine Scheckkarte handeln kann oder um eine sog. Servicekarte, wie sie von Banken ausgegeben werden, um ihren Kunden den Zugang zu den bankeigenen Selbstbedienungs-Einrichtungen zu ermöglichen.

2.3.2 Verwahrung und Verwaltung von Effekten[35]

Die Verwahrung und Verwaltung von Effekten für den Kunden (Depotgeschäft) ist in engem Zusammenhang mit dem Kauf und Verkauf von Effekten zu sehen, den die Bank im Rahmen ihres Angebotes mittelbarer Geldanlagemöglichkeiten übernimmt. Die für Kunden gekauften Papiere werden in den meisten Fällen auch von der Bank verwahrt und verwaltet, so daß die Kunden sie überhaupt nicht zu Gesicht bekommen.

2.3.2.1 Verwahrung von Effekten

Bei der Verwahrung von Effekten für ihre Kunden hat die Bank grundsätzlich zwei Möglichkeiten:

(a) Die **Sonder- oder Streifbandverwahrung,** bei der – mit einem „Streifband" markiert – ganz bestimmte Urkunden verwahrt werden, deren Nummern die Bank dem Kunden in Form eines „Nummernverzeichnisses" mitteilt.

(b) Die **Sammelverwahrung,** bei der alle Papiere derselben Art zusammen verwahrt werden und der Kunde an dem Sammelbestand – der auch die eigenen Papiere der Bank enthält – lediglich Miteigentümer nach Bruchteilen ist. Die Sammelverwahrung war früher die Ausnahme; heute ist sie der Normalfall.

Für die Sammelverwahrung kann die Bank den eigenen Tresor benutzen (Haussammelverwahrung); üblich ist jedoch die zentrale Verwahrung bei der Wertpapiersammelbank (Deutscher Kassenverein AG), die Niederlassungen an sieben der acht Börsenplätze hat.[36] Die Bank wird dann „Zwischenverwahrer", der Kassenverein „Drittverwahrer". Durch die zentrale Verwahrung können Übertragungen zwischen Banken – überwiegend in Ausführung von Kauf- und Verkaufaufträgen der Kunden – ohne Übergabe

---

[35] Weiterführende Literaturhinweise hierzu: S. 356 f.

[36] Wertpapierbörsen bestehen in Berlin, Bremen, Düsseldorf, Frankfurt a. M., Hamburg, Hannover, München und Stuttgart; in Bremen gibt es jedoch keine Niederlassung des Kassenvereins.

von Urkunden durch bloße Umbuchung beim Kassenverein erfolgen: als stückeloser Überweisungsverkehr (Effektengiroverkehr), analog der bargeldlosen Übertragung im Zahlungsverkehr. Die beim Kassenverein zentralisierte Verwahrung nennt man deshalb auch **Girosammelverwahrung.**[37]

Die Sammel-, insbesondere die Girosammelverwahrung verursacht der Bank erheblich weniger Kosten als die Sonderverwahrung und ist daher auch für den Kunden billiger (ca. 1‰ p. a. vom Depotwert gegenüber 2 bis 2,5‰ bei Streifbandverwahrung). Nicht zu vermeiden ist die Streifbandverwahrung lediglich in den wenigen Fällen, in denen es auf ganz bestimmte Urkunden ankommt, vor allem bei Schuldverschreibungen, die nach und nach durch Auslosung zurückgezahlt werden. Doch selbst diese Papiere können bis kurz vor Beginn der ersten Auslosung in der Sammelverwahrung verbleiben.

An von der Bank verwahrten Effekten behält der Kunde – anders als bei verwahrtem Geld – grundsätzlich das Eigentum, so daß sie im Fall eines Konkurses der Bank aus der Konkursmasse ausgesondert werden. (Soll das Eigentum auf die verwahrende Bank übergehen, so müßte das – als „unregelmäßige Verwahrung" oder als Wertpapierdarlehen – ausdrücklich vereinbart werden.)

Die verwahrten Effekten kann der Kunde als zusätzliche Sicherheit für Kredite der Bank verpfänden. Sofern er damit einverstanden ist, hat die Bank die Möglichkeit, die Papiere dann weiterzuverpfänden, d. h. sie zur Besicherung von ihr selbst aufgenommener Kredite zu benutzen. Entsprechend den möglichen Vereinbarungen mit dem Kunden über eine Weiterverpfändung führen die Kassenvereine für die angeschlossenen Banken vier verschiedene Arten von Depotkonten:

- Depot A (Eigendepot): Für eigene Papiere der Bank sowie für Kundenpapiere, bei denen der Kunde ausdrücklich die unbeschränkte Weiterverpfändung zugelassen hat.
- Depot B (Anderdepot): Für Kundenpapiere ohne jede Verpfändungsermächtigung der Kunden; dies betrifft den größten Teil der Kundenpapiere.
- Depot C (Pfanddepot): Für Kundenpapiere, bei denen der Kunde die „übliche" Weiterverpfändung zugelassen hat, d. h. zur Refinanzierung aller von der Bank gewährter Effektenlombard-Kredite.
- Depot D (Sonderpfanddepot): Für Kundenpapiere, bei denen der Kunde nur eine beschränkte Weiterverpfändung gestattet hat, nur zur Refinanzierung des ihm von der Bank gewährten Kredites.

Die Einzelheiten der Verwahrung von Effekten, insbesondere die Sorgfaltspflichten und die stark eingeschränkten Verfügungsrechte der Bank, sind seit 1937 in einem besonderen Gesetz geregelt: im Gesetz über die Verwahrung und Anschaffung von Wertpapieren **(Depotgesetz).**[38]

---

[37] Bei Schuldverschreibungen des Staates werden zum Teil gar keine Urkunden mehr gedruckt, sondern die entsprechenden Verbindlichkeiten nur noch im Bundesschuldbuch vermerkt („Wertrechts-Anleihen").

[38] Im einzelnen vgl. hierzu HEINSIUS, THEODOR/HORN, ARNO/THAN, JÜRGEN: Depotgesetz – Kommentar zum Gesetz über die Verwahrung und Anschaffung von Wertpapieren vom 4. Februar 1937, Berlin 1975.

Über den Umfang der von Banken (als Eigen- und als Kundenbestände) verwahrten Effekten führt die DEUTSCHE BUNDESBANK regelmäßig Erhebungen durch. Sie zeigen, daß von den umlaufenden Schuldverschreibungen rund 90% und von den umlaufenden Aktien rund 60% bei den Banken lagern:

Wertpapierumlauf[a]

Stand: Ende 1991	Umlauf insges. (Mrd. DM; nom.)	Eigenbestände inld. Banken	davon Depotbestände bei inld. Banken	nicht aufglie- derbar[b]
Schuldverschreibungen inld. Emittenten	1.675,1	37%	56%	7%
Schuldverschreibungen ausld. Emittenten	241,8	14%	74%	12%
Aktien inld. Emittenten.	156,7	10%	52%	38%

a) Quelle: Die Entwicklung der Wertpapierdepots im Jahre 1991 (Beilage zu „Statistische Beihefte zu den Monatsberichten der Deutschen Bundesbank", Reihe 1, Juli 1992), S. 2.

b) Im wesentlichen selbstverwahrte und ins Ausland verbrachte Stücke. Bei Aktien ist durch Beteiligungen und ähnlichen Dauerbesitz der Anteil der Selbstverwahrung besonders hoch.

Im Depotgeschäft nehmen die Kreditbanken eine Vorrangstellung ein, insbesondere bei der Verwahrung von Aktien. Daß bei Sparkassen und Kreditgenossenschaften der Anteil an der Zahl der Kundendepots erheblich höher ist als der Anteil am Wert der verwahrten Papiere, veranschaulicht die Größenstruktur: die Institute beider Gruppen verwahren durchschnittlich für den einzelnen Kunden geringere Bestände als die Kreditbanken.

Verteilung der Depotbestände auf Bankengruppen[a]

Stand: Ende 1991	Zahl der Depots	Depotwert (Mrd. DM; nom.)		
		Schuldverschr. inld. Emittenten	Aktien inld. Emittenten	Schuldverschr. ausld. Emittenten
insgesamt	13,6 Mio.	647,7	66,3	33,3
davon bei:				
– Kreditbanken	36%	59%	70%	71%
(Großbanken)	(23%)	(31%)	(36%)	(46%)
– Sparkassen	22%	13%	11%	10%
– Girozentralen	1%	11%	9%	7%
– Kreditgenossenschaften .	16%	9%	3%	9%
– übrige Institute	25%	8%	7%	3%
(Investmentgesellsch.) .	(22%)[b]	–	–	–

a) Quelle: Die Entwicklung der Wertpapierdepots im Jahre 1991 (Beilage zu „Statistische Beihefte zu den Monatsberichten der Deutschen Bundesbank", Reihe 1, Juli 1992, S. 8–11.

b) Ausschließlich Verwahrung und Verwaltung von Investmentzertifikaten.

2.3.2.2 Verwaltung von Effekten

Die Verwaltung der für Kunden verwahrten Effekten besteht aus einer begrenzten Zahl typischer, meist regelmäßig wiederkehrender Arbeitsgänge. Allgemein formuliert kann man sagen: Die Bank nimmt für den Kunden alle Rechte wahr, die ihm aus den Papieren zustehen.

Bei Gläubigerpapieren (Schuldverschreibungen) handelt es sich vor allem um den regelmäßigen Einzug der Zinserträge, für den die Bank die Zinsscheine abtrennt, sie dem Emittenten vorlegt und den Gegenwert dem Kunden gutschreibt. Darüber hinaus beschafft sie für den Kunden neue Zinsscheinbögen (wenn die alten aufgebraucht sind), überwacht Kündigungen und Auslosungen von Teilen der Emission und zieht bei Fälligkeit der Papiere den Gegenwert vom Emittenten ein. – Bei Anteilspapieren (Aktien) geht es ebenfalls um den regelmäßigen Einzug der Erträge – hier: der Dividenden – sowie gegebenenfalls um den Bezug neuer Bögen mit Gewinnanteilscheinen. Außerdem übt die Bank bei Kapitalerhöhungen für den Kunden das Bezugsrecht aus oder verkauft in seinem Auftrag das Bezugsrecht; und sie tauscht bei Fusionen, Kapitalherabsetzungen und Konvertierungen für ihn die Aktienurkunden um.

Eine besondere Stellung im Rahmen der Verwaltung nimmt das Mitspracherecht (Stimmrecht) aus verwahrten Aktien ein. Sofern der Kunde an der Hauptversammlung selbst teilnehmen will, beschafft ihm die Bank die dafür erforderlichen Unterlagen, insbesondere die Stimmkarte. Er kann aber auch die Bank bevollmächtigen, für ihn das Stimmrecht auszuüben (Vollmacht- oder Depotstimmrecht).[39] Vollmachtstimmrechte werden den Banken in großem Umfang übertragen, insbesondere von Kleinaktionären, die an Hauptversammlungen aus Kostenüberlegungen und eingedenk ihrer äußerst geringen Einflußmöglichkeit nicht teilnehmen. Die Bank erlangt auf diese Weise Mitspracherechte, ohne selbst das entsprechende Kapital aufgebracht zu haben. Zwar muß sie dem Kunden eigene Vorschläge zur Tagesordnung der Hauptversammlung machen und ihn um seine Vorschläge bitten. Viele Kunden aber verzichten auf eigene Stellungnahmen (aus Vertrauen in ihre Bank oder aus Gleichgültigkeit) und überlassen es damit der Bank, das Stimmrecht nach eigenem Ermessen auszuüben. Besonders den großen Banken wird vorgeworfen, sie besäßen aufgrund der gebündelten Vollmachtstimmrechte vieler Kleinaktionäre – mitunter noch ergänzt um eigene Aktien – ein unangemessen großes Einflußpotential auf wichtige Unternehmen der übrigen Wirtschaft.

2.4 Beratung

Die Beratung läßt sich nur mit Vorbehalten als eigenständige Kategorie bankbetrieblicher Marktleistungen kennzeichnen. Sie ist es allenfalls in Ansätzen. Ein großer Teil der Beratung im Bankbetrieb bezieht sich auf die

---

[39] „Depotstimmrecht" ist der gebräuchliche, aber etwas mißverständliche Ausdruck, weil er leicht die Vorstellung erweckt, als könne die Bank ohne weiteres – auch ohne ausdrückliche Vollmacht des Kunden – die Stimmrechte aus den bei ihr verwahrten Aktien wahrnehmen. „Vollmachtstimmrecht" kennzeichnet den Sachverhalt treffender. – Rechtsgrundlage ist § 135 AktG.

bisher geschilderten Marktleistungen und ist daher als deren qualitatives Merkmal (Nebenleistung) zu sehen.

Eine Verselbständigung wird deutlich, sobald die Beratung nicht mehr einzelnen Leistungsarten zuzuordnen ist, sondern eine ganze Kategorie von Marktleistungen betrifft. In der Bankpraxis gilt dies besonders für die Beratung hinsichtlich unterschiedlicher Möglichkeiten der Geldanlage. Äußeres Indiz sind spezielle Plätze für die Anlage- oder Vermögensberatung in den Kundenräumen der Bank, die verdeutlichen, daß derartige Beratungen nicht in die gängige Organisation einzupassen, sondern etwas Eigenständiges sind.

Die Verselbständigung tritt noch klarer hervor, wenn Beratungen nicht bei den Marktleistungen der Bank ansetzen, sondern bei ihren unterschiedlichen Kundengruppen. Hier sind Tendenzen zu beobachten, die Bank zu einem Berater für den gesamten Finanzbereich von Unternehmen, zum Teil auch von Haushalten zu entwickeln.

Zusammengefaßt bestehen also die folgenden systematischen Ansätze bankbetrieblicher Kundenberatung:[40]

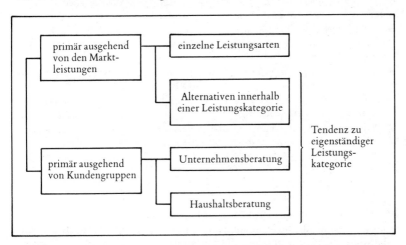

Der Kunde erwartet von der Beratung durch die Bank, daß ihm die Leistungen erklärt und im Hinblick auf sein Entscheidungsproblem sachkundig bewertet werden, so daß er auf diese Weise Zeit und Kosten für die eigene Beschaffung von Informationen erspart. Der Informationsbedarf ist besonders groß bei der breiten Privatkundschaft (Mengengeschäft), aber auch bei mittleren und kleinen Unternehmen, die oft nicht über eigene Finanzfachleute verfügen. – Für die Bank steht die Beratung im Dienste ihres allgemeinen Geschäftsinteresses, zu ertragbringenden Abschlüssen zu gelangen, sofern sie nicht als eigenständige Leistung gesehen wird und dann unmittelbar zu Erträgen führt.

(a) Von den Marktleistungen ausgehende Beratung.

Bei vielen von der Bank angebotenen Leistungen erwartet oder verlangt der Kunde, vor seiner Entscheidung beraten zu werden. Die Beratung bezieht

---

[40] Literaturhinweise zu den verschiedenen Ansätzen: S. 357 f.

sich zum Teil auf eine einzelne Leistungsart (beispielsweise einen Effekten-
kauf), zum Teil – verschiedene Anlage- oder Finanzierungsmöglichkeiten
vergleichend – auf eine ganze Leistungskategorie. Die Beratung kann von
der bloßen Erklärung der Leistungen bis zu konkreten Verhaltensvorschlä-
gen (Empfehlungen) für den Kunden reichen.

Beratung ist aber nicht nur im Zusammenhang mit der Entscheidung zu
einer bestimmten Geldanlage- oder Finanzierungsform zu sehen; sie spielt
auch während der Laufzeit der Geldanlage/Finanzierung als Überprüfung
der Entscheidung eine Rolle. Die Initiative geht dann meist von der Bank aus
– vor allem bei Kreditvergaben, aber auch bei Geldanlagen (z. B. Empfehlungen aufgrund der Beobachtung des Kundendepots).

Sobald es bei der Beratung um die Entscheidung zwischen verschiedenen Möglichkeiten und um Verhaltensempfehlungen geht, können für die Bank Konflikte entstehen
zwischen den Interessen des zu beratenden Kunden und ihren eigenen oder den Interessen anderer Kunden, die ihr geschäftlich wichtiger sind. Viele der in den letzten
Jahrzehnten diskutierten **Interessenkonflikte** fallen in den Bereich der Beratung. Kritisiert wurde besonders die Beratung über die verschiedenen Möglichkeiten der Geldanlage, bei der man den Banken vor allem vorwarf,

• sie rieten Spareinlegern nicht intensiv genug zur ertragreicheren Anlage in Effekten
  (mittelbare Geldanlage), weil Abflüsse bei den Spareinlagen ihr Kreditvergabe- und
  damit ihr Gewinnpotential verringern;

• sie rieten bei Effektenkäufen (bzw. -verkäufen) den Kunden vor allem zu Papieren,
  die sie selbst abstoßen (bzw. aufkaufen) möchten;

• sie vernachlässigten bei der Beratung solche Anlagen, die sie weder direkt noch
  vermittelnd beschaffen könnten.

Zu Vorwürfen dieser Art wird generell hervorgehoben, daß der Kunde in einer Dauerbeziehung zur Bank stehe, so daß es ihm auf die Dauer nicht verborgen bleibe, wenn
die Bank seine Interessen zugunsten eigener oder der Interessen ihr wichtigerer Kunden bewußt zurücksetze. Ein solches Verhalten würde das Vertrauen der Kunden in
die Bank schwächen und sie zu einem Wechsel ihrer Bankverbindung bewegen, was
letztlich auch das Ertragsstreben der Bank beeinträchtigen würde.

(b) Von den Kundengruppen ausgehende Beratung.
Kennzeichnend für die Marketingkonzeption ist es, daß stärker als einzelne
Marktleistungen die einzelnen Kunden oder Kundengruppen im Vordergrund der Überlegungen stehen. Der Wandel „von der Produkt- zur Kundenorientierung", der bei den Universalbanken seit den 70er Jahren zu beobachten ist, führte ihm Bereich der Beratung zu Tendenzen, bei den spezifischen Finanzproblemen bestimmter Kundengruppen statt bei den Leistungsarten und -kategorien anzusetzen, in Konsequenz: die Beratung als umfassende Finanz- oder sogar allgemeine Unternehmensberatung für bestimmte
Kundengruppen zu konzipieren. Für die Großkunden (größere Unternehmen und vermögende Privatpersonen) war die Beratung seit jeher individuell, also kundenorientiert. Die neueren Tendenzen beziehen sich mithin vor
allem auf die finanzielle Unternehmensberatung für mittelständische
Firmenkunden und auf die finanzielle Haushaltsberatung für Lohn- und
Gehaltsempfänger.

Die Unternehmensberatung mittelständischer Firmenkunden haben in neuerer Zeit Kreditinstitute aller Gruppen stärker in Richtung auf eine eigenständige Marktleistung entwickelt (consulting banking), die man zumeist über

hierauf spezialisierte Tochterunternehmen anbietet.[41] Die finanzielle Haushaltsberatung wird dagegen bisher fast nur von der Sparkassenorganisation gepflegt und auch dort im wesentlichen nur in Form der Zusammenarbeit mit einer zentralen Institution („Geld und Haushalt – Beratungsdienst der Sparkassen"), die Schriften, einen Vortragsdienst und individuelle Beratungen zur Verfügung stellt.

---

[41] Einen Überblick über die Möglichkeiten gibt RÜSCHEN, THOMAS: Consulting Banking, Wiesbaden 1990.

Dritter Abschnitt

Rahmen bankbetrieblicher Leistungsprozesse

Bei den Entscheidungen über Erstellung und Absatz bankbetrieblicher Leistungen sind Rahmenbedingungen zu beachten, die zum Teil von außen her, zum Teil aber auch aus dem Bankbetrieb selbst heraus bestimmt sind.

Extern bestimmte Rahmenbedingungen sind zum einen wirtschaftliche Faktoren wie das Kundenverhalten und die Konjunkturentwicklung, zum anderen rechtliche Regelungen, die den Spielraum von Entscheidungen begrenzen. Extern bestimmte Rahmenbedingungen gehen, da sie fremdbestimmt sind, grundsätzlich als Daten in die Entscheidungen der Bank ein. Das schließt nicht aus, daß einzelne Banken oder Bankengruppen gelegentlich in der Lage sein können, sie partiell zu beeinflussen.

Intern bestimmte Rahmenbedingungen werden zwar im Unternehmen selbst festgelegt, jedoch in Form von Grundsatzentscheidungen, die über längere Zeit gültig bleiben und somit für die Entscheidungen im täglichen Geschäftsablauf (kurzfristig) Datencharakter haben. Hierzu gehören vor allem die Unternehmensziele sowie Grundsätze der Standortwahl und der Aufbauorganisation.

1. Extern bestimmte Rahmenbedingungen

1.1 Wirtschaftliche Abhängigkeiten[1]

Wie jedes Unternehmen ist auch eine Bank durch vielfältige Beziehungen mit der Umwelt verbunden und auf diese Weise in erheblichem Maße von externen Einflüssen abhängig: vom Verhalten ihrer Kunden, vom Verhalten anderer Banken sowie von der allgemeinen wirtschaftlichen Entwicklung und den Maßnahmen staatlicher Wirtschaftspolitik. Im Vordergrund steht dabei das Verhalten der Kunden; die anderen Einflußfaktoren wirken vor allem indirekt, über die Kunden in die Bank hinein, indem sie den Umfang ihrer Nachfrage nach Bankleistungen verändern.

1.1.1 Absatzbeziehung und Kundenstruktur

Kennzeichnend für den Absatz bankbetrieblicher Leistungen ist nicht eine Vielzahl einzelner, isolierter Absatzakte (Laufkundschaft), sondern die **auf**

---

[1] Weiterführende Literaturhinweise hierzu: S. 358–361.

längere Sicht bestehende Absatzbeziehung (Stammkundschaft), in deren Rahmen die Kunden Leistungen der Bank in wechselndem Umfang beanspruchen. Das hat mehrere Gründe:

1. Unmittelbare Geldanlagen, unmittelbare Finanzierungen und Zahlungsverkehrsaufträge setzen ein Konto des Kunden bei der Bank voraus, mit dessen Eröffnung rechtlich eine grundsätzlich unbefristete Geschäftsbeziehung zwischen Bank und Kunde geschaffen wird.

2. Die wichtigsten bankbetrieblichen Leistungen erstrecken sich entweder über bestimmte Zeiträume (vor allem die unmittelbare Finanzierung) oder sogar über einen im voraus unbestimmten Zeitraum (beispielsweise: Spareinlagen, Effektenverwahrung).

3. Die Kunden neigen dazu, ihre Nachfrage nach Bankleistungen nicht auf eine größere Zahl von Banken aufzufächern, sondern sie im Gegenteil weitgehend oder vollständig auf eine Bank oder – bei größeren Unternehmen – auf wenige Banken zu konzentrieren: auf „ihre Bankverbindung" (Hausbank bzw. Hauskonsortium).

4. Ein Wechsel der Bankverbindung ist für den Kunden lästig und mit Kosten verbunden sowie – was vor allem für Kreditnehmer wichtig ist – mit der Unsicherheit über das Verhalten der neuen Bank ihnen gegenüber.

Die Nachfrage nach Leistungen schwankt also bei einer Bank weniger deshalb, weil bisherige Kunden wegbleiben oder neue hinzukommen, sondern vor allem weil die ständigen Kunden mehr oder weniger Leistungen nachfragen.

Schwankungen der Nachfrage sind für die Bank im Hinblick auf ihre wertmäßige und ihre stückmäßige Komponente von Bedeutung. Beide verlaufen nicht parallel. Zum Beispiel kann das Kreditvolumen wachsen, gleichzeitig aber die Zahl der Kreditfälle unverändert bleiben oder sogar zurückgehen, weil im Durchschnitt größere Einzelkredite als zuvor vergeben werden. Die **wertmäßige Komponente** ist bedeutsam, weil ihre Veränderung die Liquidität der Bank beeinflußt sowie auch nachhaltig ihre Ertragslage bestimmt, da die meisten Erlöse und die Hälfte der Kosten einer Bank wertbezogen sind (Zinsen und zinsähnliche Provisionen). Die **stückmäßige Komponente** ist dagegen für die technische Abwicklung der Leistungen bedeutsam; ihre Veränderungen bilden den entscheidenden Bestimmungsfaktor für Veränderungen der technisch-organisatorischen Kapazität (Personalbestand und Maschinenkapazität).

Der auf längere Sicht relativ feste Kundenkreis hat für die Bank den Vorteil, daß sie sich leichter über ihre Kunden informieren kann, um deren künftiges Verhalten besser abzuschätzen und zu beeinflussen. Zu diesem Zwecke ist es erforderlich, die Kunden nach gemeinsamen Bedürfnissen und Bestimmungsgrößen ihres Verhaltens zu gruppieren, also von der **Kundenstruktur** auszugehen (Segmentierung des Marktes).

In der Praxis gebräuchlich ist die Gruppierung der Kundschaft in Unternehmen (gewerbliche oder Firmenkundschaft), Privatpersonen (Privatkundschaft) und öffentliche Stellen. Je nach dem Zweck der Gruppierung kann es nützlich sein, die drei Gruppen noch weiter zu gliedern:

• die Firmenkundschaft nach Wirtschaftszweigen oder nach der Größe (Groß-, Mittel-, Kleinbetrieb);

• die Privatkundschaft nach dem Umfang ihres Einkommens und Vermögens in die vermögende („klassische") Privatkundschaft wie wirtschaftlich Selbständige sowie Haus- und Kapitalbesitzer einerseits und die breite Privatkundschaft – d. h. wirtschaftlich Unselbständige und Rentner – andererseits;

• die öffentlichen Stellen in Gebietskörperschaften (Bund, Länder, Gemeinden) und sonstige öffentliche Haushalte (vor allem Sozialversicherungen).

In ihrer **Grundposition der Bank gegenüber** sind Firmenkunden in erster Linie Kreditnachfrager, beanspruchen also insbesondere das Angebot unmittelbarer Finanzierungsmöglichkeiten. Als Einlagen unterhalten sie lediglich einen Teil ihrer Liquiditätsreserven bei der Bank (Sicht- und Termineinlagen). Die Grundposition der Privatkunden ist im wesentlichen umgekehrt: Sie sind vorrangig Geldanleger, d. h. ihre Nachfrage konzentriert sich auf das Angebot unmittelbarer Geldanlagen (Spar- und Termineinlagen) sowie mittelbarer Geldanlagen (vor allem Kauf von Effekten). Das Finanzierungsangebot der Bank nehmen sie, im ganzen gesehen, nur ergänzend in Anspruch. Bei den öffentlichen Stellen schließlich hält sich die Nachfrage nach unmittelbaren Finanzierungen und unmittelbaren Geldanlagemöglichkeiten etwa die Waage. Die unterschiedlichen Grundpositionen der drei großen Kundengruppen lassen sich anschaulich anhand der Zahlen über das Geldvermögen und die Verpflichtungen der inländischen „nichtfinanziellen Sektoren" gegenüber dem Bankensektor belegen:

Stand: Ende 1991	Spar- und Termingelder bei Banken		Kredite von Banken	
	in Mrd. DM	in %	in Mrd. DM	in %
Private Haushalte	1.117	⑦⓪	273	10
Unternehmen	218	14	1.979	⑦②
Öffentliche Haushalte	258	16	503	18
	1.593	100	2.755	100

Quelle: Ergebnisse der gesamtwirtschaftlichen Finanzierungsrechnung der Deutschen Bundesbank 1982 bis 1991, Frankfurt a. M. 1992, S. 92.

Der Umfang der Nachfrage nach Bankleistungen bestimmt sich bei Firmenkunden mithin vor allem nach ihrem Finanzierungsbedarf. Er ist im Einzelfall ständigen Schwankungen unterworfen, bedingt durch die veränderlichen Absatzmöglichkeiten, die ihrerseits stark von der Lage in der betreffenden Branche sowie von der allgemeinen wirtschaftlichen Lage mitbestimmt werden. Bei Privatkunden richtet sich der Umfang der Nachfrage nach Bankleistungen vorrangig nach der Entwicklung ihrer Arbeitseinkommen. In Zeiten steigender und weitgehend gesicherter Einkommen bildet diese Kundengruppe ein sehr stabiles Element innerhalb des gesamten Bankgeschäfts, zumal sich durch die sehr große Zahl der Kunden individuelle Schwankungen stärker kompensieren als bei der Firmenkundschaft.

Von den Schwankungen der Nachfrage zu unterscheiden sind die sich längerfristig vollziehenden Strukturveränderungen der Nachfrage, die meist ebenfalls nur eine bestimmte Kundengruppe betreffen – beispielsweise: der wachsende Anteil bargeldloser an den gesamten Zahlungen im Land, der wachsende Anteil der Sparfähigen an der Gesamtbevölkerung, der wachsende Anteil des Wertpapiersparens am gesamten Sparen.

1.1.2 Konjunktur und allgemeine Wirtschaftspolitik

Wie das einzelne Unternehmen und der einzelne Wirtschaftszweig entwikkelt sich auch die Gesamtwirtschaft nicht stetig, sondern in Schwankungen. Man kann das an den Veränderungen der wesentlichen volkswirtschaftlichen Indikatoren ablesen: an der Entwicklung der Umsätze, der Produktion, der Investitionen, des Sparvolumens, der Beschäftigung, des Preisniveaus. Da eine Universalbank mit Firmenkunden aus allen Wirtschaftszweigen und Privatkunden aus allen Bevölkerungsschichten in Geschäftsbeziehung steht, schlagen sich die Aufwärts- und Abwärtsbewegungen der allgemeinen Wirtschaftslage (Konjunkturschwankungen) in ihrem Geschäft konzentriert nieder. Bedenkt man zudem, daß neben dem Absatz auch ein wesentlicher Teil der Beschaffung einer Bank – nämlich die Beschaffung von Zahlungsmitteln – ihren Entscheidungen weitgehend entzogen ist, so wird deutlich, daß sie so stark wie kaum ein anderer Unternehmenstyp in ihrer Tätigkeit von gesamtwirtschaftlichen Entwicklungen abhängig ist.

Um die wesentlichen Zusammenhänge aufzuzeigen, werden im folgenden vereinfachend nur die Schwerpunkte der wichtigsten Kundengruppen zugrunde gelegt, Unternehmen also nur als Kreditnehmer, Privatpersonen nur als Geldanleger gesehen.

(a) Ein konjunktureller Aufschwung drückt sich beim einzelnen Unternehmen in erhöhter Nachfrage nach seinen Produkten aus, die zu erhöhter Produktion und – sofern der Nachfragezuwachs nicht erkennbar nur vorübergehend ist – zur Erweiterung der Produktionskapazität (Investitionen) führt. Beides erhöht den Finanzierungsbedarf, vorrangig die Nachfrage nach Bankkrediten. Umgekehrt führt ein nachhaltiger Rückgang der Nachfrage nach Produkten eines Unternehmens in der ersten Phase zwar wegen der sich vergrößernden Lagerhaltung unverkäuflicher Fertigprodukte zu einem vermehrten, im weiteren aber wegen der dann eingeschränkten Produktion zu einem verringerten Finanzierungsbedarf. Durch die rückläufigen Verkaufserlöse können Zahlungsschwierigkeiten auftreten, im Verhältnis zur Bank: Schwierigkeiten, erhaltene Kredite vereinbarungsgemäß zurückzuzahlen.

Beschränken sich Veränderungen der Nachfrage nach Krediten auf einzelne Unternehmen oder Wirtschaftszweige, so können sie sich mit gegenläufigen Entwicklungen in anderen Unternehmen oder Wirtschaftszweigen ausgleichen, sofern nicht die Bank eine sehr einseitige Kundenstruktur hat. Handelt es sich jedoch um gesamtwirtschaftliche Veränderungen, so schlagen sie voll auf die Bank durch und sind an der Entwicklung ihres Kreditvolumens abzulesen.

(b) Die Neigung der Privatkunden, Teile ihres Einkommens zu sparen, hängt in erster Linie von der Höhe und Entwicklungstendenz ihrer Einkommen ab. Die Einkommensentwicklung wiederum ist wesentlich abhängig von der Beschäftigungslage, wird also letztlich ebenfalls von den Absatzmöglichkeiten der Unternehmen bestimmt. Bisherige Erfahrungen zeigen, daß rückläufige Beschäftigung – Kurzarbeit und Entlassungen größeren Ausmaßes – in der ersten Phase eher zur Einschränkung des Konsums als des Sparens führt, weil bei sich verschlechternden Einkommenserwartungen die Ersparnisse (als Rücklage für unsichere Zeiten) erst ihre volle Bedeutung gewinnen. Im weiteren Verlauf werden sie jedoch in größerem Umfang herangezogen, um den Lebensunterhalt zu finanzieren.

Neben dem Einkommen gewinnt wachsenden Einfluß auf die Geldanlagen privater Haushalte die stete Geldentwertung. Allerdings wird sie vor allem im Verhältnis zum erzielbaren Zinsertrag der Geldanlagemöglichkeiten gesehen und beeinflußt daher mehr die Sparform als das Sparvolumen.

Zusammengefaßt lassen sich die wichtigsten Einflußfaktoren auf die Nachfrage nach Finanzierungs- und Geldanlagemöglichkeiten anhand einer stark vereinfachten Übersicht veranschaulichen:

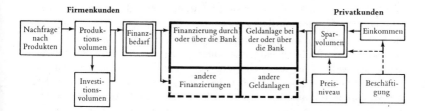

Die Schwankungen der Nachfrage zeigen sich bei inflationärer Tendenz (die allenthalben zu wachsenden Geldgrößen führt) nicht als absoluter Rückgang oder Zuwachs, sondern meist nur als geringeres oder verstärktes Wachstum des Volumens der Finanzierungen und der Geldanlagen.

Da sich Konjunkturschwankungen in der Bilanz des Bankbetriebes niederschlagen, bezeichnet man bisweilen die Bankbilanz als „Spiegelbild der Konjunktur". Empirisch läßt sich eine so weitgehende Parallele allerdings kaum nachweisen, da die konjunkturellen Einflüsse auf die Bankbilanz nicht zu isolieren sind, sich vor allem nicht von den Auswirkungen wirtschaftspolitischer, im besonderen zentralbankpolitischer Maßnahmen trennen lassen.

Der Staat versucht mit einer großen Vielfalt regulierender Maßnahmen, die wirtschaftliche Entwicklung zu beeinflussen, insonderheit konjunkturelle Abwärtsbewegungen zu verhindern oder sie wenigstens zu mildern und zu bremsen.[2] Auch die **Maßnahmen staatlicher Wirtschaftspolitik** wirken sich auf die Bankbetriebe aus, überwiegend indirekt, indem sie den Umfang der Nachfrage nach Bankleistungen verändern. Da die Schwankungen des Kre-

---

[2] Neben der hier skizzierten Ablaufs- oder Prozeßpolitik ist zweiter großer Bereich staatlicher Wirtschaftspolitik die Ordnungs- oder Strukturpolitik, d. h. die Installierung langfristig wirksamer Rahmenbedingungen für den Wirtschaftsprozeß. Von der den Bankbetrieb betreffenden Ordnungspolitik wird noch ausführlich die Rede sein: S. 97–111 (Aufsichts- und Wettbewerbsrecht).

ditvolumens der Banken auf die gesamtwirtschaftliche Entwicklung von erheblichem Einfluß sind, setzen konjunkturpolitische Maßnahmen aber auch direkt bei den Banken an. Für diesen, den monetären Bereich der Wirtschaftspolitik ist die Zentralbank zuständig. Ihre Maßnahmen haben unter den Rahmenbedingungen bankbetrieblicher Leistungsprozesse derart großes Gewicht, daß sie hier zunächst vernachlässigt und anschließend gesondert und ausführlicher behandelt werden.

Im Bemühen, die gesamtwirtschaftliche Entwicklung zu steuern, kann der Staat entweder

(a) selbst am Markt auftreten oder

(b) Marktdaten zu korrigieren und auf diese Weise Unternehmen oder Privatpersonen zu bestimmtem, gesamtwirtschaftlich erwünschtem Verhalten zu veranlassen suchen.

Instrumente sind dabei zu (a) die staatliche Ausgabenpolitik, zu (b) außerdem die Steuerpolitik und die Außenwirtschaftspolitik. Die Instrumente können außer zur konjunkturellen Beeinflussung auch zu anderen Zwecken eingesetzt werden, beispielsweise im Rahmen der Sozial- oder der Strukturpolitik. In das Schaubild auf S. 85 lassen sich die Maßnahmen überwiegend als „Einflußfaktoren der zweiten Reihe" einfügen.

Ihre Wirkungen auf die Banktätigkeit können hier nicht annähernd vollständig, sondern nur anhand einiger Beispiele gezeigt werden. Im Rahmen seiner Ausgabenpolitik kann der Staat beispielsweise durch Zuschüsse Arbeitsplätze schaffen oder sichern, was über Beschäftigung und Einkommen die Kredit- und Sparvolumina beeinflußt. Er kann auch das Sparen direkt fördern, indem er für langfristige Geldanlagen Zuschüsse (Sparprämien) zahlt. Im Rahmen der Steuerpolitik läßt sich über eine Veränderung der Steuern zum Beispiel die Ertragslage der Unternehmen oder die Einkommenssituation der Privatpersonen verändern, was ebenfalls indirekte Wirkungen auf Kredit- und Sparvolumen hat. Im Rahmen der Außenwirtschaftspolitik schließlich kann über Zollregelungen die Absatzsituation einzelner Unternehmen oder ganzer Wirtschaftszweige so verändert werden, daß auch ihr Finanzierungsbedarf davon beeinflußt wird.

Ergänzt sei, daß der Staat auch direkten Einfluß auf die Nachfrage nach Bankleistungen hat, indem er den Umfang seiner eigenen Bankeinlagen oder Bankkredite verändert.

In welcher Weise und in welchem Maße Konjunkturschwankungen und wirtschaftspolitische Maßnahmen das Geschäft der einzelnen Bank beeinflussen, richtet sich nach ihrer Kundenstruktur, da Konjunktur und Wirtschaftspolitik gewöhnlich nicht alle Wirtschaftssektoren und Bevölkerungsgruppen gleichmäßig erfassen.

1.1.3 Maßnahmen der Zentralbank[3]

Im Rahmen der Bankbetriebslehre ist lediglich zu zeigen, weshalb und in welcher Weise die zentralbankpolitischen Maßnahmen bei den Geschäftsbanken ansetzen.[4] Die

---

[3] Einen detaillierteren Überblick hierzu geben: Issing, Otmar: Einführung in die Geldpolitik, 4. Aufl., München 1992; Die Deutsche Bundesbank – Geldpolitische

Reaktionen der einzelnen Bank – als primäre Wirkung der Maßnahmen – werden erst im 4. Abschnitt des Buches, d. h. im Zusammenhang der bankbetrieblichen Leistungserstellung erörtert. Die Frage schließlich, wie die Maßnahmen über die Geschäftsbanken hinaus (als sekundäre und eigentlich angestrebte Wirkung) die gesamtwirtschaftliche Entwicklung beeinflussen, ist nicht mehr Gegenstand der Bankbetriebslehre; sie wird detailliert im Rahmen der Volkswirtschaftslehre behandelt.

Die Maßnahmen der Zentralbank (Geldpolitik) sind Teil der Wirtschaftspolitik, basierend auf der Einsicht, daß im Konjunkturverlauf monetäre Faktoren eine wesentliche Rolle spielen. Die Zentralbank in Deutschland, die DEUTSCHE BUNDESBANK, ist dabei gesetzlich verpflichtet, die Wirtschaftspolitik der Regierung zu unterstützen, allerdings von direkten Weisungen der Regierung unabhängig (§ 12 BbKG).

Als gesamtwirtschaftliche Schlüsselgrößen, über deren Steuerung die Zentralbank Angebot und Nachfrage nach Gütern und Diensten zu beeinflussen sucht, werden vor allem angesehen: die Geldmenge, das Zinsniveau und die Liquidität der Wirtschaft. Je nach theoretischer Grundposition messen Wissenschaftler und Praktiker den drei Größen unterschiedliche Bedeutung bei. So erscheint Theoretikern häufig der Einfluß über den Zins wenig erfolgversprechend, während in der Praxis der Zentralbankpolitik die Liquidität der Wirtschaft eine eher untergeordnete Rolle spielt. Einig ist man sich jedoch über die besondere Bedeutung der Geldmenge.

Die bei weitem wichtigste Geldquelle der Wirtschaft ist der Bankkredit. Unmittelbar kann die Bundesbank die Kreditvergabe an die Wirtschaft nicht steuern, da sie Kredite lediglich an Geschäftsbanken und an öffentliche Haushalte vergeben darf (§§ 22 und 19 sowie § 20 BbKG). Mithin bleibt ihr nur die mittelbare Einflußnahme, indem sie die Kreditvergabe der Geschäftsbanken steuert. Hierfür sind zwei grundsätzliche Möglichkeiten denkbar:

- Die Zentralbank kann entweder den Geschäftsbanken einen maximalen Umfang oder eine maximale Zuwachsrate des Kreditvolumens vorschreiben (direkte Kreditpolitik, auch: Kreditplafondierung),

- oder sie kann mit ihren Maßnahmen auf jene Größen einwirken, an denen eine Geschäftsbank den Umfang ihrer Kreditvergabe orientiert (indirekte Kreditpolitik).

Der DEUTSCHEN BUNDESBANK steht derzeit allein der zweite Weg offen; die Kreditplafondierung ist gesetzlich bisher nicht vorgesehen, wurde jedoch als eine der möglichen Änderungen des Bundesbankgesetzes wiederholt diskutiert.

Bei der Zusage von Krediten muß eine Geschäftsbank vor allem berücksichtigen, daß die Zusage zum Teil in einer Geldform beansprucht wird, die sie selbst nicht schaffen kann: entweder in Bargeld (Banknoten und Münzen) oder – sofern Kreditnehmer statt durch Barabhebung durch Übertragung auf

---

Aufgaben und Instrumente, 5. Aufl., Frankfurt a. M. 1989 (diese Broschüre ist kostenlos bei der Bundesbank erhältlich). – Über neuere Entwicklungen vgl. EHRLICHER, WERNER/SIMMERT, DIETHARD B. (Hrsg.): Wandlungen des geldpolitischen Instrumentariums der Deutschen Bundesbank, Berlin 1988.

[4] Mit „Geschäftsbanken" sind hier (entsprechend dem allgemeinen Sprachgebrauch) alle Kreditinstitute außerhalb der Zentralbank gemeint.

Konten bei anderen Banken verfügen – in Guthaben bei der Zentralbank, mit denen Verrechnungssalden zwischen den Geschäftsbanken auszugleichen sind. Bargeld und Zentralbankguthaben faßt man begrifflich als **„Zentralbankgeld"** zusammen. Um den Umfang der Kreditvergabe einer Geschäftsbank zu beeinflussen, ist mithin bei ihrem verfügbaren Bestand an Zentralbankgeld sowie bei ihren Möglichkeiten anzusetzen, sich Zentralbankgeld zu beschaffen.

Die Maßnahmen der Zentralbank zielen im ersten Schritt also auf die Liquidität der Geschäftsbanken, um so – im zweiten Schritt – deren Kreditvergabe zu steuern und auf diese Weise letztlich Einfluß auf die Konjunktur zu nehmen:

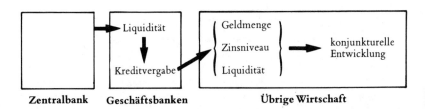

| Zentralbank | Geschäftsbanken | Übrige Wirtschaft |

Deutlich wird an dem stark vereinfachten Schaubild, weshalb man häufig die Geschäftsbanken als „Transmissionsriemen" oder als „verlängerten Arm der Notenbank" bezeichnet, dem die Aufgabe zukomme, die kreditpolitischen Absichten der Zentralbank an die Wirtschaft weiterzugeben.

Die **Instrumente,** derer sich die Zentralbank dabei bedient, werden in der Fachliteratur nach verschiedenen Gesichtspunkten systematisiert.[5] Aus dem Blickwinkel einer Geschäftsbank ist es zweckmäßig zu unterscheiden, ob die Zentralbank

(a) bei den Geschäftsbanken direkt die verfügbare Zentralbankgeldmenge verändert (Mindestreservepolitik), oder ob sie

(b) die Bedingungen – im besonderen die Zinssätze – verändert, zu denen die Geschäftsbanken sich Zentralbankgeld beschaffen oder Zentralbankgeld anlegen können (Diskont- und Lombardpolitik; Offenmarktpolitik; Devisenkurspolitik).

Der aktive Zugriff auf die Bankenliquidität (a) ist eine administrative Maßnahme, der sich die einzelne Geschäftsbank nicht entziehen, auf die sie lediglich reagieren kann. Die Zentralbank greift hier direkt in ihre Entscheidungen ein. Variiert sie dagegen nur die Bedingungen der Beschaffung und Anlage von Zentralbankgeld (b), so sind dies marktkonforme Maßnahmen in dem Sinne, daß sie lediglich Marktdaten verändert, ohne in die Entscheidungsfreiheit der Geschäftsbanken einzugreifen.

---

[5] Die der DEUTSCHEN BUNDESBANK zur Verfügung stehenden Instrumente sind im 4. Abschnitt des BbkG geregelt (§§ 14–18: „Währungspolitische Befugnisse"). Ergänzende Beschlüsse des Zentralbankrates dazu sind jeweils im jährlichen Geschäftsbericht der Bank abgedruck („Die zur Zeit gültigen kreditpolitischen Regelungen der Deutschen Bundesbank").

Zu (a):

Die Bundesbank darf von den Geschäftsbanken verlangen, daß sie auf einem Girokonto bei ihr **Mindestreserven** in bestimmter Höhe unterhalten (§ 16 BbkG). In dieser Höhe ist der Bestand an Zentralbankgeld einer Geschäftsbank „eingefroren", d. h. einer ertragbringenden Verwendung entzogen. Alle Einlagen bei der Bundesbank, damit auch die Mindestreserven, werden von ihr grundsätzlich nicht verzinst (§ 19 Abs. I Ziff. 4 BbkG).

Die Höhe der jeweils geforderten Mindestreserven errechnet sich aus bestimmten Prozentanteilen der Sicht-, Termin- und Spareinlagen, die die Kunden bei der Bank unterhalten. Die Prozentanteile („Reservesätze") werden von der Bundesbank für alle Geschäftsbanken einheitlich festgelegt, sind aber in zweifacher Hinsicht differenziert:

• nach der Art der Verbindlichkeiten: für Sichteinlagen besteht der höchste, für Termineinlagen ein geringerer, für Spareinlagen der niedrigste Reservesatz (gesetzliche Obergrenzen für die drei Einlagearten: 30, 20 und 10%); die Differenzierung knüpft an die unterschiedliche Liquiditätsvorsorge für die verschiedenen Arten der Einlagen an, ist also ein Relikt aus der Zeit, als Mindestreserven noch der Liquiditätssicherung dienten;

• nach dem Umfang der Verbindlichkeiten (und damit nach der Größe der Geschäftsbank): für Sichteinlagen gelten drei Reservesätze, für die ersten 10 Mio. DM ein niedriger, für die weiteren 90 Mio. DM ein höherer und für Einlagen von mehr als 100 Mio. DM der höchste Satz (Progressionsstaffel); unter der Annahme, daß das Kreditvergabepotential mit der Größe der Bank steigt, soll durch die Progressionsstaffel eine gleichmäßige Belastung der Institute erreicht werden.

Das sich aus Reservesätzen und Bezugsbasis (Verbindlichkeiten) ergebende Reserve-Soll ist nicht an jedem einzelnen Tag, sondern nur im Monatsdurchschnitt zu erfüllen. Das ermöglicht es der einzelnen Geschäftsbank, die Mindestreserve durch Über- und Untererfüllungen im Laufe des Monats als eine ihrer Dispositionsgrößen in die Liquiditätsplanung einzubeziehen, also an Tagen mit hohen Netto-Abflüssen an Zentralbankgeld mit ihrem Guthaben bei der Bundesbank unter dem Reserve-Soll zu bleiben und es dafür an Tagen mit hohen Netto-Zuflüssen mit ihrem Guthaben zu überschreiten.[6]

Die **Mindestreservepolitik** besteht vor allem darin, daß die Zentralbank die Reservesätze variieren und auf diese Weise bei den Geschäftsbanken mehr oder weniger Zentralbankgeld „einfrieren" kann. Ergänzend kann sie auch den Kreis der reservepflichtigen Verbindlichkeiten verändern, also die Bezugsbasis der Reservesätze. Für eine Geschäftsbank ist die Mindestreservepolitik der schwerwiegendste zentralbankpolitische Eingriff, aus der Sicht der Bundesbank: ihr schlagkräftigstes Instrument.

Zu (b):

Mit den übrigen Instrumenten verändert die Zentralbank nicht direkt den Bestand an verfügbarem Zentralbankgeld, sondern lediglich die Bedingungen, insbesondere die Zinssätze, zu denen sich die einzelne Geschäftsbank bei ihr Zentralbankgeld beschaffen oder bei ihr Zentralbankgeld verzinslich an-

---

[6] Errechnung und Erfüllung des Mindestreserve-Solls regelt im einzelnen eine „Anweisung der Deutschen Bundesbank über Mindestreserven (AMR)", die in der jeweils gültigen Fassung im jährlichen Geschäftsbericht der Bank abgedruckt ist.

legen kann. Ob sie von den Möglicheiten Gebrauch macht, liegt in der freien Entscheidung der einzelnen Geschäftsbank.

Die variierbaren Bedingungen für die Beschaffung und Anlage von Zentralbankgeld gelten zwar nur für Geschäfte mit der Zentralbank; doch wirkt sich ihre Variation auch auf die Bedingungen am Markt aus.

(1) Beschaffung von Zentralbankgeld
Traditionell gewährt die Zentralbank den Geschäftsbanken (ebenso wie diese ihren Kunden) Kredite in zwei alternativen Formen: als Wertpapier- oder als Buchkredit. Wertpapierkredite beschränken sich auf den Ankauf von Wechseln (Diskontkredit). Da es sich um Kundenwechsel der Geschäftsbanken handelt, ist der Weiterverkauf an die Zentralbank aus ihrer Sicht ein Rediskont. Buchkredite gewährt die Zentralbank ausschließlich gegen Verpfändung von Effekten (Lombardkredit).

Alternativ zum Diskont- und Lombardkredit bietet die Bundesbank in neuerer Zeit den Geschäftsbanken die Möglichkeit, ihr Wertpapiere zu verkaufen mit gleichzeitiger Vereinbarung des Rückkaufs zu einem bestimmten späteren Termin (Wertpapierpensionsgeschäfte).

Diskont- und Lombardpolitik.
Im Rahmen ihrer Diskont- und Lombardpolitik kann die Zentralbank verschiedene Bedingungen der Kreditvergabe variieren:

• die qualitativen Anforderungen an die Wechsel (beim Diskont) und an die Effekten (beim Lombard);

• quantitative Obergrenzen, bis zu denen sie zur Kreditvergabe bereit ist (Rediskont- und Lombardkontingente);

• den Kreditzins (Diskont- und Lombardsatz).[7]

Zur **Qualität** der „zentralbankfähigen" Wechsel und der „lombardfähigen" Effekten bestehen gesetzliche Mindestanforderungen (§ 19 BbkG). Danach muß einem zentralbankfähigen Wechsel ein Handelsgeschäft zugrunde liegen, seine restliche Laufzeit darf drei Monate nicht überschreiten, und er muß die Unterschriften von drei als zahlungsfähig bekannten Verpflichteten tragen. Zusätzlich kann die Bundesbank durch eigene Richtlinien Wechsel bestimmter Wirtschaftssektoren bevorzugen oder benachteiligen, unter Umständen sogar vom Ankauf ausschließen (selektive Diskontpolitik). Bei der qualitativen Lombardpolitik hat die Bundesbank die Möglichkeit, den Kreis der als Pfand zugelassenen privaten Schuldverschreibungen zu erweitern oder zu verringern, was jedoch vorrangig aus Bonitäts-, nicht aus geldpolitischen Überlegungen geschieht.

Den qualitativen Anforderungen genügende Wertpapiere sichern einer Geschäftsbank allerdings noch nicht den Zentralbankkredit, da die Zentralbank darüber hinaus für die Kreditvergabe an Geschäftsbanken **quantitative Obergrenzen** festlegt. Für jede Bank setzt sie – orientiert an deren haftenden Mitteln (Eigenkapital) – ein Rediskontkontingent fest, das nicht überschrit-

---

[7] Entsprechend dem Sprachgebrauch der Bankpraxis werden die Begriffe zum Teil aus Zentralbanksicht gebildet (Diskontsatz, Diskontpolitik), zum Teil aus der Sicht der Geschäftsbanken (Rediskontkontingent). Mitunter versteht man unter Diskont- und Lombardpolitik allein die Variation des Diskont- bzw. Lombardsatzes.

ten werden darf. Hat eine Bank die Grenze erreicht, steht ihr nur noch der Lombardkredit offen. Die Variation der Rediskontkontingente ist der Zentralbank global möglich, indem sie sie generell erhöht oder senkt oder – als kurzfristige Maßnahme – ihre Ausnutzung nur zu einem bestimmten Prozentsatz gestattet. Sie kann aber auch, differenzierter, bestimmte Wechsel nicht auf die Kontingente anrechnen oder bestimmte andere Geschäfte, deren Umfang sie begrenzen möchte, zusätzlich zu den rediskontierten Wechseln anrechnen. – Anders als der Diskont- ist der Lombardkredit zumeist nicht mengenmäßig begrenzt. Die Bundesbank versteht jedoch Lombardkredite als nur sehr kurzfristige Liquiditätshilfen und wünscht keine übermäßige Inanspruchnahme. Als übermäßig verstand sie in den vergangenen Jahren Lombardkredite, die 15 oder 20% des Rediskontkontingents überstiegen. Bei übermäßiger Inanspruchnahme verweigert die Bundesbank nicht weitere Kredite, sondern überprüft die Kreditpolitik des betreffenden Instituts. Die Bundesbank praktizierte auch noch andere mengenorientierte Varianten der Lombardpolitik: höhere Zinsen für Kredite, die ein bestimmtes Kontingent überstiegen, und gelegentlich sogar die zeitweilige Einstellung des Lombardgeschäfts.

Innerhalb des durch qualitative und quantitative Schranken eingeengten Spielraums ihrer Kreditvergabe variiert die Zentralbank die Kosten der Kredite: den **Diskontsatz** („Bankrate") und den **Lombardsatz.** Der Lombardsatz lag bis 1966 stets einen Prozentpunkt über dem Diskontsatz. Seither variiert ihn die Bundesbank getrennt; meist lag er zwei, gelegentlich drei Prozentpunkte über dem Diskontsatz. Die grundsätzlich höheren Kosten des Lombardkredits sollen die Geschäftsbanken dazu anhalten, ihn wirklich nur als sehr kurzfristige Liquiditätshilfe aufzunehmen.

Bis 1967 waren in Deutschland die Zinssätze, zu denen Geschäftsbanken ihren Kunden Kredite vergeben (Sollzinsen), durch eine „Zinsverordnung" fest an den Diskontsatz der Bundesbank gekoppelt. Wenngleich entsprechende Vorschriften inzwischen nicht mehr bestehen, orientieren die Geschäftsbanken ihre Sollzinsen auch weiterhin stark am jeweiligen Diskontsatz der Bundesbank.

Pensionspolitik.
Ein flexibleres Instrument, den Geschäftsbanken Zentralbankgeld auf dem Kreditwege zur Verfügung zu stellen, hat die Bundesbank seit Ende der siebziger Jahre entwickelt. Sie kauft von ihnen festverzinsliche Wertpapiere mit der Vereinbarung, daß sie die Institute zu einem bestimmten Termin zurückkaufen **(Wertpapierpensionsgeschäfte).**[8] Der Zins für diese Form des Zentralbankkredits ergibt sich aus der Differenz zwischen dem Ankaufs- und dem höheren Rückgabebetrag (Pensionssatz).

---

[8] Die Bundesbank bezeichnet sie auch als „Offenmarktgeschäfte mit Rückkaufsvereinbarung", ordnet sie also der Offenmarkt- und nicht (wie Diskont- und Lombardgeschäfte) der Refinanzierungspolitik zu. Dies entspricht zwar der allgemeinen Definition von Offenmarktgeschäften als Kauf und Verkauf von Wertpapieren durch die Zentralbank; doch kauft sie bei Pensionsgeschäften Wertpapiere ja nicht am offenen, d. h. für jedermann zugänglichen Markt, sondern nur von Kreditinstituten mit dem alleinigen Zweck, ihnen Zentralbankgeld zuzuführen. In der Bilanz der Bundesbank ist das Volumen noch laufender Pensionsgeschäfte denn auch zutreffend in der Position „Kredite an inländische Kreditinstitute" enthalten.

Wie bei der Diskont- und der Lombardpolitik betreibt die Bundesbank auch mit Pensionsgeschäften Politik über drei Ansätze: indem sie die qualitativen Anforderungen an die Papiere, die quantitativen Obergrenzen ihres Kredits und – vor allem – den Zinssatz variiert.

Die **qualitativen Anforderungen** an die Wertpapiere (Pensionsfähigkeit) stimmen weitgehend mit denen an lombardfähige Papiere überein. Anders dagegen ist der Ansatz bei der **quantitativen Begrenzung.** Bei Pensionsgeschäften legt die Bundesbank nicht – wie bei Diskont- und Lombardgeschäften – institutsbezogene Kontingente fest, sondern sie schreibt in meist wöchentlichem Abstand für eine bestimmte Laufzeit – bisher zwischen 15 und 60 Tage – einen Gesamtbetrag aus, bis zu dem sie Effekten in Pension zu nehmen bereit ist (Betragsziel). Die Geschäftsbanken teilen ihr dann mit, in welcher Höhe sie von dem jeweiligen Angebot Gebrauch machen möchten. Übersteigt die Summe ihrer Gebote das von der Bundesbank vorgesehene Volumen, so teilt sie den Instituten eine Quote zu, mit der sie ihr Betragsziel erreicht (Ausschreibungs- oder Tenderverfahren). Der **Pensionssatz** kommt je nach Zuteilungsverfahren in unterschiedlicher Weise zustande:

– Entweder die Bundesbank legt ihn – zusammen mit ihrem Betragsziel und der Laufzeit – jeweils selbst fest, so daß die Geschäftsbanken nur Mengenanpasser sind (Mengentender);

– oder die Geschäftsbanken werden aufgefordert, außer dem von ihnen gewünschten Betrag auch einen für sie akzeptablen Zinssatz zu nennen, und die Bundesbank teilt dann – beginnend mit dem höchsten Zinsgebot – so weit zu, bis der von ihr vorgesehene Gesamtbetrag erreicht ist (Zinstender). Als Zinssatz wird den Geschäftsbanken entweder einheitlich das niedrigste Gebot berechnet, mit dem das Betragsziel gerade erreicht wird (holländisches Verfahren), oder jedem Institut wird das von ihm genannte Zinsgebot berechnet (amerikanisches Verfahren). Die Bundesbank ist vom anfänglich benutzten holländischen zum amerikanischen Verfahren übergegangen, um zu verhindern, daß Geschäftsbanken versuchen, mit Geboten zu „Mondpreisen" eine Zuteilung sicherzustellen.

Diskont-, Lombard- und Pensionssatz bilden grundsätzlich die Obergrenze auch für die Zinssätze des Zentralbankgeld-Handels zwischen den Geschäftsbanken, also am ‚Geldmarkt der Banken', denn eine Geschäftsbank wird dort normalerweise für Kreditaufnahmen nicht höhere Zinssätze akzeptieren, als sie bei der Bundesbank zahlen müßte. Da der Rediskont von Wechseln in der Regel durch Kontingente nur begrenzt möglich ist und die Aufnahme von Lombardkrediten von der Bundesbank nur als vorübergehende Liquiditätshilfe in Notfällen betrachtet wird, fungiert als Obergrenze der kurzfristigen Geldmarktsätze (Tagesgeld) gewöhnlich der jeweilige Pensionssatz.

(2) Anlage von Zentralbankgeld

Bietet die Zentralbank den Geschäftsbanken verzinsliche Anlagemöglichkeiten für Zentralbankgeld, so in der Absicht, ihnen Zentralbankgeld zu entziehen und dadurch tendenziell ihre Kreditvergabe zu dämpfen. Inwieweit sie derartige Angebote macht, hängt davon ab, aus welchen Quellen den Geschäftsbanken Zentralbankgeld überwiegend zufließt. Sind die Rediskontierung von Wechseln oder (wie in neuester Zeit) revolvierende Pensionsgeschäfte die bedeutendsten Zentralbankgeld-Quellen, dann kann die Zentralbank die Kreditvergabe der Geschäftsbanken dadurch dämpfen, daß sie diese Refinanzierungen verteuert und/oder enger begrenzt. Fließt aber den Geschäftsbanken Zentralbankgeld vorrangig aus anderen Quellen zu, beispielsweise als Folge von Überschüssen der Zahlungsbilanz, dann macht sie das vom Zentralbankkredit unabhängiger und damit gegen dessen verschlechterte Bedingungen weniger empfindlich. In diesem Fall rückt die Möglichkeit der Zentralbank in den Vordergrund, das den Geschäftsbanken zufließende Zentralbankgeld durch das Angebot verzinslicher Anlagemöglichkeiten zu absorbieren. In der Vergangenheit hat die Bundesbank hierbei zwei Ansätze gewählt:

(a) Zum einen hat sie den Geschäftsbanken Wertpapiere mit (im Verhältnis zum Marktniveau) attraktiver Verzinsung zum Kauf angeboten.

Da sie nicht befugt ist, eigene Papiere auszugeben, verwendete sie hierfür zum Teil Schatzwechsel, die ihr aus Kassenkrediten an öffentliche Stellen zur Verfügung standen (gemäß § 20 BbkG). Überwiegend aber nutzte sie ihr vom Bund bereitgestellte Schatzwechsel und Unverzinsliche Schatzanweisungen (Liquiditätspapiere gemäß § 42 BbkG), bei denen es sich wirtschaftlich gesehen um Emissionen der Bundesbank handelt, da allein sie die Zins- und Tilgungsverpflichtungen erfüllt. .

Seit 1993 werden Bundesbank-Liquiditäts-U-Schätze (im Börsenjargon: **Bulis**) erstmals auch privaten Anlegern angeboten. Sie haben eine Mindeststückelung von 500.000 DM und Laufzeiten von 3, 6 und 9 Monaten. Ihre vorzeitige Rückgabe an die Bundesbank ist nicht vorgesehen, so daß ihre Liquidität davon abhängt, inwieweit sich ein Sekundärmarkt bildet.

Da hier die Bank-Kunden über die Anlage entscheiden, ist der Umfang des Zentralbankgeldabflusses der Entscheidung der einzelnen Geschäftsbank entzogen. Daß die Zentralbank mit den Geschäftsbanken um Termingelder konkurriert, wird zum Teil als „ordnungspolitisch störend" kritisiert.

Mit der Ausgabe der Liquiditätspapiere will die Bundesbank ihre Geldpolitik verstärkt auf die Offenmarktpolitik ausrichten; die erstmalige Ausgabe auch an private Anleger wurde begleitet von einer kräftigen Senkung der Mindestreservesätze.

(b) Statt selbst verzinsliche Anlagemöglichkeiten anzubieten, hat die Bundesbank zeitweise den Geschäftsbanken Anlagemöglichkeiten im Ausland attraktiver gemacht, indem sie ihnen hierfür eine günstige Kurssicherung anbot.

Liquiditätsanlagen im Ausland erfolgen zumeist in einer anderen Währung und sind daher dem Devisenkursrisiko ausgesetzt. Die Banken sichern sich dagegen, indem sie die zur Anlage erworbenen Devisen gleichzeitig per Termin wieder verkaufen (Swapgeschäft). Der Unterschied zwischen Kassa- und Terminkurs (Swapsatz) tendiert am Markt dazu, Zinsvorteile ausländischer gegenüber inländischen Anlagen auszugleichen. Um dennoch Liquidität der Geschäftsbanken in ausländische Anlagen zu lenken, hat die Bundesbank ihnen zeitweise Swapgeschäfte zu Sätzen angeboten, die günstiger als am Markt waren, so daß Zinsvorteile im Ausland mindestens zum Teil bestehen blieben (Swapsatzpolitik).

Betrachtet man die Gesamtheit der Maßnahmen vom Standpunkt der einzelnen Geschäftsbank aus, so setzen sie zwar bei ihrer Liquidität an, sind aber letztlich Eingriffe in ihr Rentabilitätsstreben. Zinserlöse bilden die wichtigste

Ertragsquelle einer Geschäftsbank, so daß (bei erwerbswirtschaftlicher Orientierung) ihre Tätigkeit auf die möglichst rentable Verwendung der ihr zufließenden Zahlungsmittel gerichtet ist – unter Wahrung der unbedingten Zahlungsfähigkeit. Kontraktive Maßnahmen der Zentralbank, die den Geschäftsbanken Teile ihres Bestandes an Zentralbankgeld für eine Verwendung blockieren oder die Beschaffung von Zentralbankgeld verteuern oder begrenzen, beschneiden mithin die Rentabilität der Institute. Eine expansive Politik verschafft umgekehrt den Geschäftsbanken die Möglichkeit, höhere Zinserlöse zu erzielen. Eigentliches Steuerungsobjekt der Zentralbank ist so gesehen das ertragsorientierte Verhalten der Geschäftsbanken, dem sie mehr oder weniger Spielraum gewährt.

1.2 Rechtliche Regelungen für die Tätigkeit der Bankbetriebe

Zu den extern bestimmten Rahmenbedingungen, die grundsätzlich als Daten in die Entscheidungen der Bank eingehen, gehört neben den wirtschaftlichen Einflußfaktoren auch die Gesamtheit der die Banktätigkeit betreffenden Rechtsnormen (Bankrecht). Auch sie sind zu beachten, aber vom einzelnen Institut nicht zu beeinflussen.

Im Hinblick auf das Ausmaß, in dem die Entscheidungsfreiheit der einzelnen Bank durch rechtliche Regelungen beschränkt wird, ist es zweckmäßig, zwischen dem privaten und dem öffentlichen Bankrecht zu unterscheiden:

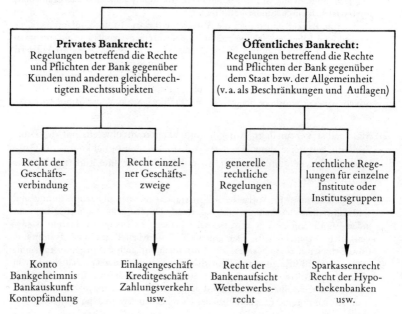

Privates Bankrecht:
Regelungen betreffend die Rechte und Pflichten der Bank gegenüber Kunden und anderen gleichberechtigten Rechtssubjekten

Öffentliches Bankrecht:
Regelungen betreffend die Rechte und Pflichten der Bank gegenüber dem Staat bzw. der Allgemeinheit (v. a. als Beschränkungen und Auflagen)

Recht der Geschäftsverbindung

Recht einzelner Geschäftszweige

generelle rechtliche Regelungen

rechtliche Regelungen für einzelne Institute oder Institutsgruppen

Konto
Bankgeheimnis
Bankauskunft
Kontopfändung

Einlagengeschäft
Kreditgeschäft
Zahlungsverkehr
usw.

Recht der
Bankenaufsicht
Wettbewerbsrecht

Sparkassenrecht
Recht der Hypothekenbanken
usw.

Dabei ist allerdings zu ergänzen, daß eine strenge Trennung privatrechtlicher und öffentlich-rechtlicher Bestimmungen nicht immer möglich ist, so zum Beispiel im Wettbewerbsrecht.

1.2.1 Recht der Bankgeschäfte (Privates Bankrecht)

Das Recht der Bankgeschäfte soll streitige Privatrechtsverhältnisse im Bankbereich regeln, d. h. es präzisiert die Rechte und Pflichten der Bank und ihrer Geschäftspartner im Zusammenhang mit bankbetrieblichen Leistungen. Der allgemeine Grundsatz der Vertragsfreiheit (§ 305 BGB) beherrscht weitgehend auch das Recht der Bankgeschäfte. Gesetzliche Bestimmungen dienen – als dispositives Recht – im wesentlichen der Ergänzung individueller Verträge sowie ihrer Auslegung. Soweit es sich um zwingendes Recht handelt, ist die Vertragsfreiheit vor allem zum Schutze wirtschaftlich Schwächerer eingeschränkt.

Das Recht der Bankgeschäfte ist nicht in einem speziellen Gesetz zusammengefaßt. In erster Linie sind die allgemeinen Vorschriften des BGB und des HGB als rechtlicher Rahmen auch der Banktätigkeit maßgebend. Nur für einen Tätigkeitsbereich gibt es ein besonderes Gesetz: zum Depotgeschäft das Gesetz über die Verwahrung und Anschaffung von Wertpapieren. Daneben regeln einige Gesetze die Tätigkeit von Spezialbanken (z. B. das Hypothekenbankgesetz) und einige Gesetze erfassen Bereiche, die für eine Bank von besonderer Bedeutung sind (z. B. Scheckgesetz und Wechselgesetz).

Die verschiedenen Arten bankbetrieblicher Marktleistungen rechtlich zu qualifizieren, ist hier nur im Ansatz erforderlich; für Einzelheiten kann auf die Spezialliteratur verwiesen werden.[9] Rechtlich sind die wichtigsten Bankleistungen **Schuldverhältnisse,** so daß allgemeine gesetzliche Grundlage das 2. Buch des BGB ist. Im einzelnen sind zu qualifizieren:

- von Kunden entgegengenommene Einlagen als Summenverwahrung (depositum irregulare) im Sinne von § 700 BGB;
- Buchkredite der Bank als Darlehen im Sinne der §§ 607 ff. BGB, Diskontkredite als Kauf im Sinne der §§ 433 ff. BGB (einige Autoren qualifizieren auch Diskontkredite als Darlehen);
- eine Reihe vermittelnder Leistungen als Kauf im Sinne der §§ 433 ff. BGB (beispielsweise Effektenkommissionsgeschäfte) oder als entgeltliche Geschäftsbesorgung im Sinne von § 675 BGB (beispielsweise die Abwicklung des Zahlungsverkehrs).

Entsprechend der ausgeprägten Neigung der Banken, sich Kredite zusätzlich besichern zu lassen, hat das **Recht der Kreditsicherung** große Bedeutung für die praktische Tätigkeit. Zusätzliche Sicherheiten, die sich eine Bank stellen läßt, sind rechtlich entweder Schuldrechte oder Sachenrechte. Die grundlegenden Vorschriften finden sich daher ebenfalls im BGB: die gesetzliche Regelung der Bürgschaft (§§ 765 ff. BGB und §§ 349 f. HGB), der Abtretung von Forderungen (§§ 398 ff. BGB), der Pfandrechte an beweglichen Sachen (§§ 1204 ff. BGB) und an unbeweglichen Sachen (§§ 1113 ff. BGB).

Wie in anderen Wirtschaftszweigen, in denen gleichartige Geschäfte (Verträge) in sehr großer Zahl abzuwickeln sind, haben auch im Bankbereich –

---

[9] Standardwerke sind: CANARIS, CLAUS-WILHELM: Bankvertragsrecht, 3. Aufl., Berlin/New York 1988 (1. Teil) und 1993 (2. Teil); HOPT, KLAUS J./MÜLBERT, PETER O.: Kreditrecht, Berlin/New York 1989. – Weitere Literaturhinweise: S. 361 f.

ergänzend zu den gesetzlichen Bestimmungen – **Allgemeine Geschäftsbedingungen** (AGB) bei der vertraglichen Vereinbarung erhebliches Gewicht. Die Institute jeder der drei Universalbankgruppen – Kreditbanken, Sparkassen und Kreditgenossenschaften – legen ihrer Geschäftsbeziehung mit dem einzelnen Kunden einheitliche AGB zugrunde, wobei die Unterschiede zwischen den AGB der drei Gruppen nur sehr geringfügig sind. Die Allgemeinen Geschäftsbedingungen werden jeweils ergänzt durch ebenfalls einheitliche Sonderbedingungen für verschiedene Geschäftssparten.[10] Die AGB sind quasi allgemeines Recht, dem sich der Kunde im Umgang mit einer Bank zu unterwerfen hat. Über ihre Zielrichtung hieß es in den AGB der Kreditbanken einführend:

„Der Kunde darf sich darauf verlassen, daß die Bank seine Aufträge mit der Sorgfalt eines ordentlichen Kaufmanns erledigt und dabei das Interesse des Kunden wahrt, soweit sie dazu im Einzelfall imstande ist. Die Mannigfaltigkeit der Geschäftsvorfälle, ihre große Zahl und die Schnelligkeit, mit der sie zumeist erledigt werden müssen, machen die Aufstellung bestimmter allgemeiner Regeln erforderlich, an die sich beide Teile zu halten haben. Nur so können Kunde und Bank wissen, was unter ihnen rechtens ist. Nur so können die beiderseitigen Belange und Risiken sowie die Entgelte des Kunden für die Leistungen der Bank in angemessener Weise gegeneinander abgewogen werden."

Inhaltlich befassen sich diese „allgemeinen Regeln" mit den Methoden der Kontoführung, der Übernahme von Aufträgen durch die Bank, der Anzeigepflicht von für die Bank wesentlichen Veränderungen in den Verhältnissen des Kunden, den Pfand- und Sicherungsrechten der Bank sowie mit verschiedenen Haftungsausschlüssen.

Für und gegen die AGB der Banken werden die gleichen Argumente vorgebracht wie generell zu Allgemeinen Geschäftsbedingungen in der Wirtschaft. Sie sollen – wie es das Zitat veranschaulicht – der schnelleren und kostengünstigeren Abwicklung von Massenvorgängen und insoweit auch den Interessen der Kunden dienen. Begreiflicherweise bemühen sich jedoch Unternehmen, die sie einseitig festsetzen, bei dieser Gelegenheit in möglichst großem Umfang Risiken auf den Kunden abzuwälzen. Die Grenze zwischen notwendiger Vereinfachung des Wirtschaftsverkehrs und zu starker Risikoabwälzung auf den Kunden ist jedoch nicht scharf zu ziehen. So wird es immer wieder Diskussionen über einzelne Teile der AGB geben, zumal die Kunden aufgrund der fast vollständigen Vereinheitlichung bei allen Universalbanken praktisch nur die Wahl haben, die AGB zu akzeptieren oder auf eine Bankverbindung zu verzichten.

Um Meinungsverschiedenheiten zwischen Banken und ihren privaten Kunden schneller und billiger zu bereinigen, als dies über ordentliche Gerichte möglich ist, haben sich die Banken eine Art eigener Gerichtsbarkeit geschaffen. Kundenbeschwerden können über den Bankenverband einer unabhängigen Persönlichkeit **(Ombudsmann)** vorgelegt werden, deren Schlichtungsspruch für die betroffene Bank bindend ist, sofern der Beschwerdegegen-

---

[10] Die AGB und die Sonderbedingungen sind zusammengefaßt und ausführlich erläutert bei WERHAHN, JÜRGEN W./SCHEBESTA, MICHAEL: AGB und Sonderbedingungen der Banken – Kommentar für die Praxis (Loseblattsammlung), Wiesbaden 1988 ff.

stand den jeweiligen Höchstbetrag für vermögensrechtliche Klagen vor dem Amtsgericht nicht übersteigt (1993: 10.000 DM). Bei höheren Beträgen steht es der Bank frei zu klagen, dem Kunden in jedem Fall. Durch die unbürokratische Bereinigung von Streitfällen sollen das Ansehen der Banken schädigende Diskussionen in der Öffentlichkeit vermieden werden, wie sie sich mitunter an Urteile ordentlicher Gerichte anschließen.[11]

1.2.2 Aufsichts- und Wettbewerbsrecht (Öffentliches Bankrecht)

Grundlage des Wirtschaftsrechts in der Bundesrepublik Deutschland ist die Anerkennung des Privateigentums und der Gewerbefreiheit. Mit Gesetzen soll der Staat nur eingreifen, um die Funktionsfähigkeit des Wettbewerbs zu erhalten oder wiederherzustellen und um soziale Störungen zu vermeiden. Die Bankbetriebe nehmen in diesem allgemeinen Rahmen eine Sonderstellung ein. Außer in der Einflußnahme der Zentralbank auf Liquidität und Rentabilität des einzelnen Kreditinstituts, die es in vergleichbarer Weise in anderen Wirtschaftszweigen nicht gibt, kommt die „Sonderstellung des Kreditgewerbes" darin zum Ausdruck,

- daß Bankbetriebe einer laufenden staatlichen Aufsicht unterliegen (auf der Grundlage des Gesetzes über das Kreditwesen, KWG) und

- daß ihnen im Gesetz gegen Wettbewerbsbeschränkungen (Kartellgesetz) eine Ausnahmeregelung zugestanden wird.

1.2.2.1 Bankenaufsicht nach KWG

Erste Vorschläge für eine generelle staatliche Aufsicht über Bankbetriebe wurden bereits 1874 diskutiert, wenige Jahre nach dem Erlaß der Gewerbeordnung (1869), die den Grundsatz der Gewerbefreiheit aufgestellt hatte. Die Vorschläge wurden jedoch ebensowenig verwirklicht wie spätere Vorstöße gleicher oder ähnlicher Art. Den Anstoß zur gesetzlichen Regelung gab erst eine Bankenkrise größeren Ausmaßes im Jahre 1931.[12] Das KWG von 1934 unterwarf erstmals in Deutschland alle Kreditinstitute der Erlaubnispflicht und einer laufenden Staatsaufsicht. Das Gesetz wurde 1939 novelliert und 1961 mit einer erneuten Novellierung – aufgrund der nach dem zweiten Weltkrieg veränderten staatlichen Gegebenheiten – in die derzeit geltende, seither jedoch immer wieder in Einzelpunkten geänderte Fassung gebracht.

Die Begründung für eine generelle Aufsicht des Kreditgewerbes und die Konzeption des KWG sind prägnant zusammengefaßt im Bericht des Wirtschaftsausschusses des Bundestages über den Gesetzentwurf, der schließlich zum derzeitigen Gesetz führte:[13]

---

[11] Für Einzelheiten vgl. HELLNER, THORWALD: Bankenverband beschließt Ombudsmannsystem, in: Bank, 1991, S. 666–670 (die Verfahrensordnung dazu ist abgedruckt in: Bank, 1992, S. 490–492).

[12] Über Ursachen, Verlauf und Folgen der Krise vgl. BORN, KARL ERICH: Die deutsche Bankenkrise 1931, München 1967.

[13] Abgedruckt bei SCHORK, LUDWIG: Gesetz über das Kreditwesen – Kommentar, Köln/Berlin/Bonn/München 1965, S. 550–581 (hier: S. 551 f.).

„Da alle wesentlichen Zweige der Volkswirtschaft auf das Kreditgewerbe als Kreditgeber und Geldsammelstelle angewiesen sind, greifen Störungen in diesem Wirtschaftszweig leicht auf die gesamte Volkswirtschaft über. Müßten z. B. die Kreditinstitute wegen unvorsichtiger Liquiditätspolitik ihre Kredite in großem Umfange vor-
zeitig zurückrufen, so könnte dies zu erheblichen Funktionsstörungen in der kreditnehmenden Wirtschaft führen. Da die Kreditinstitute vorwiegend mit fremden Geldern arbeiten, treffen Schwierigkeiten bei ihnen auch einen viel größeren Gläubiger-
kreis, als wenn ein anderes Wirtschaftsunternehmen illiquide wird. Darüber hinaus
bleiben solche Schwierigkeiten erfahrungsgemäß nicht auf ein Kreditinstitut beschränkt, vielmehr breitet sich eine durch ein Kreditinstitut verursachte Unruhe leicht
auch auf die Einleger anderer Kreditinstitute aus. So kann in wirtschaftlich labilen
Zeiten der gefürchtete allgemeine Run auf die Bankschalter entstehen, der die gesamte
Kreditwirtschaft in die Gefahr des Zusammenbruchs führen kann und dessen Folgen
die gesamte Volkswirtschaft treffen.
Solchen Entwicklungen muß der Staat im Interesse der Gesamtwirtschaft schon in
ihrer Entstehung entgegenwirken. Er muß dazu durch eine laufende Aufsicht auf die
Geschäftstätigkeit der Kreditinstitute Einfluß nehmen. Die gesamtwirtschaftliche
Zielsetzung des Gesetzes erfordert jedoch nicht, die einzelnen Geschäfte der Kreditinstitute zu überwachen. Es genügt vielmehr, wenn der Staat für die innere Struktur und
die Geschäftstätigkeit der Kreditinstitute – insbesondere für die Zulassung, das Eigenkapital, die Liquiditätspolitik und das Kreditgeschäft – gewisse grundsätzliche Anforderungen stellt."

Daß die genannten Argumente tatsächlich eine „Sonderstellung" des Kreditgewerbes in der Wettbewerbswirtschaft, insbesondere eine generelle staatliche Aufsicht rechtfertigen, blieb zwar nicht unbestritten.[14] Überwiegend
jedoch hielt man und hält man bis heute die Aufsicht für angemessen. Es gibt
keine Anzeichen dafür, daß sie in absehbarer Zeit eingeschränkt oder gar
aufgehoben werden könnte.

Die „gewissen grundsätzlichen Anforderungen", die im KWG und in seinen
Ausführungsbestimmungen enthalten sind, lassen sich in ihrem systematischen Zusammenhang am besten darstellen, wenn man vom konkreten Anstoß zum Gesetz ausgeht. Nach der Erfahrung der Bankenkrise von 1931 soll
mit dem Gesetz Insolvenzen von Kreditinstituten vorgebeugt werden – ohne
allerdings den Instituten damit eine Bestandsgarantie zu geben, was unvereinbar mit der marktwirtschaftlichen Ordnung wäre. Vorschriften, mit denen man Bankinsolvenzen vorbeugen will, setzen zweckmäßigerweise bei
den Ursachen an, die in der Vergangenheit zu Insolvenzen geführt haben.
Letztlich, kann man zunächst feststellen, war Ursache stets Fehlverhalten der
obersten Entscheidungsträger (Geschäftsleiter) – Fehlverhalten, das von
mangelnder fachlicher Eignung bis zu kriminellen Handlungen reichte.
Dementsprechend ist das erste Netz, das der Gesetzgeber vorbeugend
spannt, der Vorsatz, nur fachlich geeignete und zuverlässige Personen an die
Spitze von Kreditinstituten kommen zu lassen.

---

[14] Vgl. beispielsweise: SPIETHOFF, BODO: Bankenaufsicht – zu wessen Nutzen? in:
ZfgK, 1962, S. 72–75; RIEDL, ERICH: Die Bankenaufsicht in der Verkehrswirtschaft,
Diss. Erlangen/Nürnberg 1962.

1. Ansatz: Geschäftsleiter[15]

Ob Personen, die der Aufsichts- oder Verwaltungsrat einer Bank zum Geschäftsleiter bestellen will, für diese Aufgabe hinreichend zuverlässig und fachlich geeignet sind, kann eine Aufsichtsbehörde im voraus nicht sicher feststellen. Um willkürliche Einschätzungen zu vermeiden, verlangt das Gesetz lediglich, daß aus der Vergangenheit keine Tatsachen vorliegen dürfen, aus denen sich ergibt, daß die für die Geschäftsleitung vorgesehenen Personen fachlich ungeeignet oder unzuverlässig sind (§ 33 I KWG). Um für die fachliche Eignung wenigstens ein Orientierungsmaß zu setzen, nennt das Gesetz ergänzend als Voraussetzung im Regelfall eine mindestens dreijährige leitende Tätigkeit in einem Kreditinstitut vergleichbarer Art und Größe (§ 33 II KWG).

Da sich mit dem Ansatz bei den Geschäftsleitern Fehlverhalten der Banken nicht ausschließen läßt, kommt man nicht umhin, ihnen darüber hinaus Verhaltensregeln vorzugeben, mit deren Einhaltung die Institute der Gefahr einer Insolvenz vorbeugen sollen. Die Verhaltensregeln setzen an bei dem Geschäftsbereich, aus dem heraus bei einer Bank am ehesten existenzgefährdende Verluste entstehen können: bei der Vergabe von Krediten. Das Gesetz – dies ist das zweite Netz, das der Gesetzgeber vorbeugend spannt – versucht sicherzustellen, daß Entscheidungen über die Kreditvergabe nur auf der Grundlage sorgfältiger Prüfung der Voraussetzungen getroffen werden.

2. Ansatz: Kreditvergabeentscheidung

Die zentrale Verhaltensregel zur Kreditprüfung schreibt vor, daß sich eine Bank vor der Zusage eines Kredites grundsätzlich die wirtschaftlichen Verhältnisse des Antragstellers offenlegen lassen muß (§ 18 KWG). Hiervon darf sie lediglich dann absehen, wenn der Kreditbetrag DM 100.000 nicht übersteigt („Bagatellgrenze") oder wenn die Offenlegung aufgrund gestellter Sicherheiten offensichtlich unbegründet wäre. Welche Informationen allerdings im einzelnen zu verlangen und wie sie auszuwerten sind, klärt das Gesetz nicht; auch die Frage, wann wirtschaftliche Verhältnisse als offengelegt anzusehen sind, läßt es offen. Dies erscheint bei einer so zentralen Frage unbefriedigend, läßt sich aber im Rahmen einer marktwirtschaftlichen Ordnung kaum anders regeln. Würden der Gesetzgeber oder die Aufsichtsbehörde im einzelnen vorgeben, was und wie eine Bank vor Kreditentscheidungen zu prüfen hat, so würde dies nicht nur die Entscheidungsautonomie der Banken in ihrem zentralen Geschäftsbereich aufheben, sondern es könnte auch eine Schadensersatzpflicht des Staates auslösen, wenn es trotz genauer Beachtung der Vorschriften zu Kreditausfällen kommt.

Über die allgemeine Forderung hinaus, sich vor der Kreditzusage die wirtschaftlichen Verhältnisse offenlegen zu lassen, sind zwei Kreditarten vom Gesetzgeber mit zusätzlichen Auflagen versehen worden:

---

[15] Seit 1993 stellt das KWG außer an die Geschäftsleiter auch an die Anteilseigner bestimmte Anforderungen, sofern sie über mindestens 10% der Stimmrechte verfügen. Das Aufsichtsamt kann solchen Eignern die Ausübung ihrer Stimmrechte untersagen, wenn sie „nicht den im Interesse einer soliden und umsichtigen Führung des Kreditinstituts zu stellenden Ansprüchen genügen" oder wenn sich ihr Einfluß schädlich auswirken kann (§ 2b II KWG).

– Kredite an einen Kreditnehmer, die 15% des Eigenkapitals der Bank übersteigen („Großkredite" gemäß § 13 KWG), und
– Kredite an Personen oder Unternehmen, die der Bank besonders eng verbunden sind („Organkredite" gemäß § 15 KWG).

Großkredite hält man nicht für grundsätzlich risikoreicher als kleinere Kredite, sondern berücksichtigt die Gefahr, daß ihr Ausfall schneller die Existenz der Bank gefährden kann; und bei Organkrediten soll der Gefahr vorgebeugt werden, daß die Voraussetzungen für ihre Vergabe mit weniger als der sonst üblichen Sorgfalt geprüft werden. In beiden Fällen verlangt das Gesetz, daß die Kredite von allen Geschäftsleitern befürwortet und ihre Vergabe unverzüglich dem Aufsichtsamt gemeldet wird. Die Vergabe von Großkrediten ist außerdem im Umfang begrenzt: der einzelne Kredit auf 50% des Eigenkapitals der Bank, alle Großkredite zusammen auf das Achtfache.[16] Damit werden die Banken angehalten, ihr Kreditvolumen auf viele Kunden zu verteilen (Risikostreuung). Die Regelung gilt nicht nur für jedes Einzelinstitut, sondern auch für Kreditinstitutsgruppen (§ 13a KWG).

Die Vorschriften zum Kreditgeschäft sollen größere Verluste der Banken verhindern, sie können sie aber nicht ausschließen. Damit unvermeidliche Verluste nicht den Bestand der Bank gefährden, muß sie über genügend Eigenkapital verfügen, um sie aufzufangen. Damit sind wir beim dritten Netz, das der Gesetzgeber spannt: bei der Forderung nach einem angemessenen Umfang des haftenden Eigenkapitals.

3. Ansatz: Eigenkapital-Umfang

Die Vorschriften zum Eigenkapital der Banken müssen zweierlei klären: 1. was im einzelnen als Eigenkapital anzusehen ist und 2. wieviel eine Bank davon mindestens haben soll oder muß.

Die Eigenkapital-Regelungen im Rahmen der deutschen Bankenaufsicht sind Ende 1992 im Zuge der Rechtsangleichung in den EG-Mitgliedstaaten erheblich geändert worden (4. KWG-Novelle).[17] Insbesondere wurde der Begriff des Eigenkapitals um einige Bestandteile erweitert, die in Deutschland bis dahin ausgeklammert, aber in anderen EG-Staaten einbezogen waren. Das deutsche Aufsichtsrecht legte bis 1992 grundsätzlich einen engen, „harten" Eigenkapitalbegriff zugrunde, indem es nur unbedingt und dauerhaft zur Verfügung stehende Mittel anerkannte, die am laufenden Verlust teilnehmen und im Konkursfall vor dem Fremdkapital haften. Die Erweiterung des Eigenkapitalbegriffs wurde dementsprechend von der deutschen Bankenaufsicht als „Aufweichung" angesehen.

Nach der unterschiedlichen Zuverlässigkeit, mit der Eigenkapital im Bedarfsfall zur Verfügung steht, trennt das Kreditwesengesetz zwei Kategorien (§ 10 II KWG): Kernkapital und Ergänzungskapital, wobei das Kernkapital – zu dem vor allem das eingezahlte Geschäftskapital und die offenen Rückla-

---

[16] Der zulässige Umfang des einzelnen Großkredits lag ursprünglich bei 100% des Eigenkapitals der Bank, wurde dann aber 1976 auf 75% und 1984 auf 50% gesenkt. Im Zuge der EG-Rechtsangleichung wird man die Grenze weiter auf 25% zurücknehmen (allerdings auf der Basis des ab 1993 erweiterten Eigenkapital-Begriffs).
[17] Einen Überblick über die vielfältigen Einzelfragen der Angleichung gibt WIEBKE, HARALD: Internationale Aktivitäten zur Harmonisierung bankaufsichtlicher Eigenkapitalvorschriften, in KuK, 1992, S. 428–455 und 584–604.

gen gehören – mindestens 50% des gesamten Eigenkapitals ausmachen muß. Die wesentlichen Einzelheiten der nunmehr sehr komplizierten Begriffsfassung sind auf der folgenden Seite zusammengestellt.

Was das Kreditwesengesetz im einzelnen dem Eigenkapital zurechnet, ist für die Banken deshalb von großer Bedeutung, weil ja im nächsten Schritt der Umfang des risikotragenden Geschäfts im Verhältnis zu diesem Eigenkapital begrenzt wird. Seine Bestandteile bilden mithin die verschiedenen Ansätze für eine Bank, ihren geschäftspolitischen Spielraum zu erweitern.

Schwieriger noch als die Frage, was im einzelnen als Eigenkapital anzusehen ist, läßt sich rechtlich festlegen, welche risikotragenden Geschäfte in welchem Maße in Relation zum Umfang des Eigenkapitals begrenzt werden sollen. Denn das Gewicht der Risiken ändert sich fortlaufend mit dem wirtschaftlichen Umfeld, in dem eine Bank tätig ist; überdies schaffen immer wieder neue Geschäftsarten auch neue Risiken. Aus diesem Grunde hat der Gesetzgeber diese Frage nicht (wie den Eigenkapitalbegriff) im Gesetz selbst festgelegt, sondern es der Aufsichtsbehörde übertragen, Grundsätze aufzustellen, in denen im einzelnen die Begrenzung des risikotragenden Geschäfts im Verhältnis zum Eigenkapital festgelegt wird – oder anders herum gesagt: der Mindestumfang des Eigenkapitals im Verhältnis zum risikotragenden Geschäft.

Diese **„Grundsätze über das Eigenkapital und die Liquidität der Kreditinstitute"** bilden für den Alltag des Bankgeschäfts in Deutschland einen zentralen Teil staatlicher Rahmenbedingungen. Es gibt vier von ihnen: Die Grundsätze I und Ia betreffen das Verhältnis Eigenkapital/Erfolgsrisiken, die Grundsätze II und III enthalten Anforderungen an die (im Anschluß darzustellenden) Maßnahmen zur Sicherung der Zahlungsfähigkeit der einzelnen Bank.

Als wesentliche Verlustpotentiale, die die Haftungsbasis (das Eigenkapital) der Bank bedrohen und die deshalb begrenzt werden, unterscheiden die ‚Grundsätze': zum einen die Gefahr, daß Schuldner der Bank zahlungsunfähig werden (Adressenausfallrisiko), zum anderen die Gefahr, daß sich Marktpreise ungünstig für die Bank entwickeln (Marktpreisrisiko).

– **Begrenzung des Adressenausfallrisikos** (Grundsatz I):
Die mit einem Ausfallrisiko behafteten Positionen einer Bank („Risikoaktiva") werden auf das 12,5-fache ihres Eigenkapitals begrenzt – oder umgekehrt ausgedrückt: sie sind mit mindestens 8% Eigenkapital zu unterlegen („Solvabilitätskoeffizient"). Die Tatsache, daß nicht alle Schulner ein gleich hohes Risiko darstellen, berücksichtigt der Grundsatz I mit der Bildung von Risikoklassen. So sind auf das Gesamtvolumen beispielsweise alle mit Grundpfandrechten besicherten Kredite nur zu 50%, Forderungen an inländische Banken nur zu 20% und Kredite an die öffentliche Hand überhaupt nicht zu berücksichtigen. Im einzelnen vgl. S. 102.

– **Begrenzung des Marktpreisrisikos** (Grundsatz Ia):
Änderungen der Marktpreise (Devisenkurse, Zinssätze, Aktienkurse, u. ä.) können Vermögenspositionen einer Bank abwerten oder ihre Verpflichtungen erhöhen. Solche Preisrisiken bestehen allerdings nur in dem Maße, in dem Aktiv- und Passivpositionen nicht in gleichem Umfang von einer Marktpreisänderung betroffen sind, also nur für die „offenen Positionen". Aus diesem Grund sind nur sie in ihrem Umfang begrenzt worden: alle zusammen auf 42% des Eigenkapitals der Bank sowie – als Teillimite – die mit einem Devisenkursrisiko behafteten auf 21%, die mit

Haftendes Eigenkapital (gem. § 10 KWG) am Beispiel einer Aktienbank

| Kernkapital (auch: Basiskapital)
– mind. 50% des Eigenkapitals – | eingezahltes Grundkapital
+ **offene Rücklagen**
+ Fonds für allgemeine Bankrisiken (nach § 340g HGB)[a]
+ Reingewinn (soweit Zuweisung zu den offenen Rücklagen bereits beschlossen)
+ Vermögenseinlagen stiller Gesellschafter (sofern sie voll am Verlust beteiligt, für mindestens 5 Jahre überlassen sind und noch mindestens 2 Jahre zur Verfügung stehen)
– eigene Aktien
– Vorzugsaktien mit Nachzahlungsverpflichtung (nur Ergänzungskapital)
– Kredite an Aktionäre, die mehr als 25% des Nominalkapitals bzw. der Stimmrechte, und an stille Gesellschafter, die mehr als 25% des haftenden Eigenkapitals halten, sofern diese Kredite zu nicht marktgemäßen Bedingungen gewährt oder nicht ausreichend besichert sind
– Verluste
– immaterielles Vermögen | Abs. (2)–(4) und (4a), Nr. 2 |
| Ergänzungskapital (auch: Quasi-Eigenkapital) | + Vorzugsaktien mit Nachzahlungsverpflichtung
+ stille Vorsorgereserven (gebildet nach § 340f HGB)
+ nicht realisierte Gewinne **(Neubewertungsreserven)** in Höhe von 45% des Differenzbetrages zwischen Buchwert und Beleihungswert (Grundstücke/Gebäude) bzw. 35% zwischen Buchwert und Kurswert (amtlich notierte Wertpapiere)[b]; als Eigenkapital anrechenbar nur bis zu 1,4% der Risikoaktiva und nur, sofern das Kernkapital mindestens 4,4% der Risikoaktiva gem. Grundsatz I beträgt[c]
+ **Genußrechtskapital** (wenn es voll am Verlust beteiligt ist und im Konkurs erst nach Befriedigung aller nicht nachrangigen Gläubiger zurückgezahlt wird, wenn es mindestens 5 Jahre zur Verfügung gestellt ist und noch mindestens 2 Jahre zur Verfügung steht)
+ **nachrangige Verbindlichkeiten** (wenn sie im Konkurs erst nach Befriedigung aller nicht nachrangigen Gläubiger zurückgezahlt werden und für mindestens 5 Jahre zur Verfügung stehen; falls Rückerstattung in weniger als 2 Jahren: Anrechnung nur noch zu 40%); Anrechnung nur bis zur Höhe von 50% des Kernkapitals
– 3% des Nominalbetrages eigener Emissionen von in Wertpapieren verbrieften Genußrechten und nachrangigen Verbindlichkeiten (als voraussichtliche Bestände zur Kurspflege)
– Beteiligungen von mehr als 10% an anderen Bank- und Finanzinstituten sowie Forderungen an sie aus nachrangigen Verbindlichkeiten, Genußrechten und Vorzugsaktien
– Beteiligungen bis zu 10% an anderen Bank- und Finanzinstituten sowie Forderungen an sie aus nachrangigen Verbindlichkeiten, Genußrechten und Vorzugsaktien, sofern diese Positionen insgesamt 10% des Eigenkapitals der Bank übersteigen. | Abs. (4a), Nr. 1, 3 und 4, sowie Abs. (5), (5a) und (6a) |

a Offene, versteuerte Vorsorgereserven; sie müssen „nach vernünftiger kaufmännischer Beurteilung wegen der besonderen Risiken des Geschäftszweigs der Kreditinstitute notwendig" sein.
b Einzelheiten zur Bewertung in den Abs. (4b) und (4c).
c Zum Begriff der Risikoaktiva vgl. S. 147f.

einem Zinsänderungsrisiko behafteten auf 14% und die mit sonstigen Preisrisiken behafteten offenen Positionen auf 7%.[18]

Die Grundsätze I und Ia sind nicht nur von den einzelnen Instituten, sondern auch von Kreditinstitutsgruppen einzuhalten (§ 10a KWG).

Zu den Verhaltensregeln, die das Kreditwesengesetz den Banken vorgibt, gehört neben der Forderung nach sorgfältiger Prüfung von Kreditanträgen und der Forderung nach einem im Verhältnis zu den Verlustpotentialen angemessenen Umfang des haftenden Eigenkapitals schließlich noch die Forderung, daß die einzelne Bank in ausreichendem Maße für ihre stete Zahlungsfähigkeit sorgt.

4. Ansatz: Zahlungsfähigkeit (Liquidität)

Die Zahlungsfähigkeit von Unternehmen mit Vorschriften sichern zu wollen, ist sehr problematisch. Sie bestimmt sich im konkreten Fall nach dem Umfang und der zeitlichen Struktur der Aus- und Einzahlungsströme; mit Vorschriften kann man jedoch lediglich bei Bilanzpositionen, genauer: bei den Beständen an Forderungen und Verbindlichkeiten ansetzen und für deren Verhältnis bestimmte Grenzwerte vorschreiben. Entsprechende Regelungen erfassen die Liquiditätserfordernisse

- entweder direkt, indem sie liquide Mittel (Liquiditätsreserven) in einem bestimmten, vor allem von der Höhe der Verbindlichkeiten abhängigen Umfang vorschreiben,

- oder indirekt, indem sie die verschiedenen Anlagen (Aktiva) einer Bank auf bestimmte Teile ihrer Finanzierungsmittel (Passiva) begrenzen.

In der Bundesrepublik ist der zunächst gewählte direkte Ansatz später – da die Einhaltung der Vorschrift zu leicht manipulierbar erschien – aufgegeben und durch den indirekten Ansatz ersetzt worden.

(a) Wie im Falle der Eigenkapitalerfordernisse enthält auch zur Liquidität das Kreditwesengesetz nur eine allgemeine Rahmenvorschrift, die im einzelnen durch die „Grundsätze über das Eigenkapital und die Liquidität der Kreditinstitute" erläutert wird. Nach § 11 KWG muß jede Bank „ihre Mittel so anlegen, daß jederzeit eine ausreichende Zahlungsbereitschaft gewährleistet ist". Was das Aufsichtsamt als ausreichend ansieht, hat es in den Grundsätzen II und III dargelegt. Dort sind bestimmte Teile der Passiva als langfristige Finanzierungsmittel (Grundsatz II) und bestimmte Teile als kurz- und mittelfristige Finanzierungsmittel definiert (Grundsatz III), über deren jeweilige Gesamtsumme die langfristigen bzw. die kurz- und mittelfristigen Anlagen der Bank nicht hinausgehen sollen. Der geforderte Umfang der Liquiditätsreserve ergibt sich dabei indirekt: als die Gesamtheit jener Teile der Passiva, die weder in Grundsatz II, noch in Grundsatz III als Finanzierungsmittel erfaßt sind. Von den Spareinlagen beispielsweise werden 60% als langfristige und weitere 20% als kurz- und

---

[18] Bei der Begrenzung des Zinsänderungsrisikos werden allerdings nur die Verlustpotentiale aus innovativen Finanzinstrumenten berücksichtigt (Zinstermingeschäfte und Zinsoptionen), soweit sie offene Festzinspositionen aus dem übrigen Geschäft vergrößern. Eine umfassendere Berücksichtigung des Zinsänderungsrisikos wird voraussichtlich im Zuge der weiteren EG-Rechtsangleichung notwendig werden.

mittelfristige Finanzierungsmittel definiert; daraus folgt, daß der Rest (20%) als Liquiditätsreserve zu halten ist. Bei Sicht- und Termineinlagen sind wegen ihrer geringeren Stabilität die Anteile in anderer Höhe festgelegt: 10% werden als langfristige und weitere 60% als kurz- und mittelfristige Finanzierungsmittel definiert, so daß als Rest (Liquiditätsreserve) 30% verbleiben.

(b) Die zum Eigenkapital genannte Begrenzung der dauernden Anlagen einer Bank auf den Umfang ihrer haftenden Mittel (§ 12 KWG) läßt sich auch als Finanzierungsregel interpretieren, die zur Liquiditätssicherung beitragen soll.

Durchsetzung der Verhaltensregeln

Vorschriften, die ein bestimmtes Verhalten fordern, wären unvollständig, wenn sie sich nicht auch um die Durchsetzung der Verhaltensregeln bemühen, d. h. zwei Fragen klären würden: Wie wird kontrolliert, ob die Vorschriften eingehalten werden; und was geschieht, wenn man feststellt, daß sie nicht eingehalten werden?

Zur **Beobachtung** der Banken, also zur Aufsicht im engeren, buchstäblichen Sinne, nutzt das Aufsichtsamt im wesentlichen drei Informationswege:

– Zum einen sieht das Gesetz an verschiedenen Stellen Anzeigepflichten der Banken vor. So sind der Aufsichtsbehörde beispielsweise – zum Teil über die Bundesbank, die dann die Meldungen kommentiert – die vergebenen Großkredite und Organkredite anzuzeigen; und es sind ihr regelmäßig die Monatsausweise bereits kurz nach Ablauf jeden Monats einzureichen, so daß sie sich aktuell über die Einhaltung z. B. der Eigenkapital- und der Liquiditätsvorschriften informieren kann.
Die Kontrolle setzt insoweit allerdings die Loyalität der beaufsichtigten Banken voraus. Die Erfahrung lehrt aber, daß bei Schwierigkeiten in einer Bank das Aufsichtsamt damit rechnen muß, daß man dort die Meldungen schönt – in der Hoffnung, die Lage bereinigen zu können, ohne daß die Aufsichtsbehörde davon erfährt.

– So erscheint es angebracht, gelegentlich zu überprüfen, ob die Banken ihren Anzeigepflichten genügen. Diese Aufgabe hat der Gesetzgeber den Wirtschaftsprüfern übertragen, die in jährlichen Abständen die Jahresabschlüsse der Banken prüfen (§ 29 KWG). Außer der Einhaltung der Anzeigepflichten sollen sie bei dieser Gelegenheit u. a. auch prüfen, ob die Banken die Offenlegungspflicht nach § 18 KWG beachten. Der Gesetzgeber ist sogar so weit gegangen, von ihnen Bonitätsurteile über die geprüften Banken zu verlangen, indem er sie auffordert, unverzüglich das Aufsichtsamt davon zu informieren, wenn ihnen im Zuge der Jahresabschlußprüfung Tatsachen bekannt werden, die „den Bestand des Kreditinstituts gefährden oder seine Entwicklung wesentlich beeinträchtigen können" (§ 29 II KWG).

– Schließlich hat der Gesetzgeber das Aufsichtsamt auch mit der Befugnis ausgestattet, von der einzelnen Bank alle für erforderlich angesehenen Auskünfte und Unterlagen zu verlangen sowie in jeder Bank Prüfungen auch ohne besonderen Anlaß vorzunehmen (§ 44 KWG).

Obwohl im allgemeinen davon auszugehen ist, daß Banken die Vorschriften beachten und zutreffende Meldungen abgeben, enthält das Gesetz für die Ausnahmefälle von dieser Regel ein differenziertes Instrumentarium von **Zwangsmaßnahmen,** die das Aufsichtsamt nutzen kann.

Zum einen gibt ihm das Gesetz verschiedene **Eingriffsbefugnisse,** die – je nach der zugrunde liegenden Situation – vom zeitweiligen Verbot der Gewinnausschüttung über die Untersagung weiterer Kreditvergaben bis zur Schließung der Bank reichen. Zum anderen enthält das Gesetz eine Reihe von **Strafvorschriften** für den Fall, daß Banken oder ihre Geschäftsleiter gegen KWG-Regelungen verstoßen.

Die Palette dieser Zwangsmaßnahmen nimmt zwar im Gesetz einen breiten Raum ein (§§ 45–48 und 54–60 KWG), sie bestimmt jedoch nicht die Beziehung des Aufsichtsamtes zu den Banken. Vielmehr steht im Vordergrund die informelle Einflußnahme, also das Bemühen des Aufsichtsamtes, bei Problemen in einer Bank zunächst im Gespräch und unter große Diskretion auf eine Bereinigung hinzuwirken. Die Zwangsmaßnahmen kommen dann nur selten zum Zuge.

Das Schaubild auf der folgenden Seite gibt abschließend und zusammenfassend noch einmal einen Überblick über die als Rahmenbedingungen bankbetrieblicher Entscheidungen wesentlichen Vorschriften des Kreditwesengesetzes.

Über das Gesetz insgesamt sowie über weitere Einzelheiten der hier nur kurz angesprochenen Regelungen informieren die Kommentare zum KWG, unter denen besonders die von SZAGUNN/WOHLSCHIESS und von REISCHAUER/KLEINHANS zu nennen sind. Eine systematische Sammlung aller Anordnungen und Schreiben des Aufsichtsamtes zu Einzelfragen enthält die Loseblattsammlung von CONSBRUCH/MÖLLER/BÄHRE/ SCHNEIDER.[19] Eine Broschüre mit kurzer Einführung, dem Gesetzestext und den wichtigsten ergänzenden Vorschriften ist kostenlos bei der Bundesbank erhältlich.[20]

EXKURS: Einlagensicherung

Die staatliche Aufsicht über die Banken verringert zwar die Gefahr von Insolvenzen, kann sie aber nicht in jedem Fall verhindern, weil sie nach marktwirtschaftlichen Grundsätzen konzipiert ist. Damit kann die Aufsicht auch die Gläubiger der Banken nur unvollständig vor Verlusten ihrer Ersparnisse schützen. Dies wird als unbefriedigend empfunden – zum einen aus sozialen Gründen, zum anderen weil die Erfahrung von Verlusten das Vertrauen der Bevölkerung in das Bankwesen gefährden und zu massivem Abzug der bei Banken angelegten Gelder führen könnte. In den meisten Ländern wird deshalb die staatliche Bankenaufsicht ergänzt durch ein Einlagensicherungssystem.

---

[19] SZAGUNN, VOLKHARD/WOHLSCHIESS, KARL: Gesetz über das Kreditwesen – Kommentar, 5. Aufl., Stuttgart/Berlin/Köln 1990; REISCHAUER/KLEINHANS: Kreditwesengesetz (KWG), Losblattkommentar für die Praxis, Berlin 1963 ff.; CONSBRUCH/ MÖLLER/BÄHRE/SCHNEIDER (Hrsg.): Gesetz über das Kreditwesen – mit verwandten Gesetzen und anderen Vorschriften, Textsammlung, München 1963 ff. Weitere Literaturhinweise zur Bankenaufsicht: S. 362–366.

[20] DEUTSCHE BUNDESBANK (Hrsg.): Gesetz über das Kreditwesen (Sonderdrucke der Deutschen Bundesbank, Nr. 2).

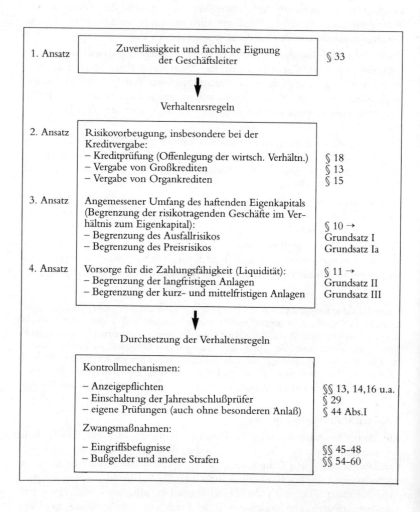

| 1. Ansatz | Zuverlässigkeit und fachliche Eignung der Geschäftsleiter | § 33 |

Verhaltenrsregeln

2. Ansatz	Risikovorbeugung, insbesondere bei der Kreditvergabe: – Kreditprüfung (Offenlegung der wirtsch. Verhältn.) – Vergabe von Großkrediten – Vergabe von Organkrediten	§ 18 § 13 § 15
3. Ansatz	Angemessener Umfang des haftenden Eigenkapitals (Begrenzung der risikotragenden Geschäfte im Verhältnis zum Eigenkapital): – Begrenzung des Ausfallrisikos – Begrenzung des Preisrisikos	§ 10 → Grundsatz I Grundsatz Ia
4. Ansatz	Vorsorge für die Zahlungsfähigkeit (Liquidität): – Begrenzung der langfristigen Anlagen – Begrenzung der kurz- und mittelfristigen Anlagen	§ 11 → Grundsatz II Grundsatz III

Durchsetzung der Verhaltensregeln

Kontrollmechanismen:

– Anzeigepflichten	§§ 13, 14,16 u.a.
– Einschaltung der Jahresabschlußprüfer	§ 29
– eigene Prüfungen (auch ohne besonderen Anlaß)	§ 44 Abs.I

Zwangsmaßnahmen:

| – Eingriffsbefugnisse | §§ 45–48 |
| – Bußgelder und andere Strafen | §§ 54–60 |

Die Ausgestaltung ist von Land zu Land verschieden. Zum Teil besteht eine einheitliche, staatliche Zwangsversicherung, die bei Insolvenz einer Bank deren Einleger bis zu einer bestimmten Höhe entschädigt (so beispielsweise in den USA); zum Teil haben die Banken selbst – wenn auch häufig unter staatlichem Druck – Sicherungssysteme geschaffen, die sie durch regelmäßige Umlagen bei den Mitgliedinstituten finanzieren.

In Deutschland unterhält jede der drei Universalbankgruppen ein eigenes System der Einlagensicherung:[21]

---

[21] Für weitere Details (auch im internationalen Vergleich) vgl.: Die Einlagensicherung in der Bundesrepublik Deutschland, in Mb-Bbk, Juli 1992, S. 30–38.

– Beim Verband der Aktienbanken und Privatbankhäuser (Bundesverband deutscher Banken) besteht ein Einlagensicherungsfonds, der bei Insolvenz eines Mitgliedinstituts dessen Einleger entschädigt. Auch der Bank selbst zu helfen, wird dagegen nicht als Aufgabe des Fonds angesehen – es sei denn, ihre Insolvenz könnte zu erheblichen Nachteilen für die übrigen Banken führen (Vertrauensverlust). Der Fonds schützt die Forderungen jedes Bankgläubigers bis zur Höhe von 30% des Eigenkapitals der jeweiligen Bank. Damit bleiben nur wenige Großeinleger zu einem Teil ungeschützt.

– Das Sicherungssystem im genossenschaftlichen Bankensektor ist darauf abgestellt, Insolvenzen der Mitgliedsinstitute zu verhindern, wodurch indirekt auch deren Einleger geschützt werden. Diesem Zweck dient ein Garantiefonds – der bei Bedarf Zuschüsse gegen Besserungsschein oder als Darlehen gibt – sowie ergänzend ein Garantieverbund aller beteiligten Institute, der Bürgschaften und Garantien gewährt.

– Im Sparkassensektor bestehen miteinander verknüpfte Sicherungseinrichtungen auf mehreren Ebenen: Stützungsfonds bei den regionalen Sparkassenverbänden, einüberregionaler Ausgleich zwischen diesen Fonds, eine sog. Sicherungsreserve der Girozentralen und ein Haftungsverbund zwischen Stützungsfonds und Sicherungsreserve. Das Gesamtsystem soll (wie bei den Kreditgenossenschaften) Insolvenzen der Mitgliedsinstitute verhindern und damit indirekt die Einleger vor Verlusten schützen.
Bei öffentlich-rechtlichen Instituten erscheint eine gesonderte Einlagensicherung eigentlich entbehrlich, weil für ihre Verbindlichkeiten bereits der Staat einsteht (Gewährträgerhaftung). Der Verzicht auf Sicherungsfonds hätte die Institute jedoch im Wettbewerb begünstigt, weil ihnen der Aufwand für die Umlagen erspart geblieben wäre.

Das Kreditwesengesetz berücksichtigt die von den Bankenverbänden übernommene Verantwortung, indem es das Aufsichtsamt verpflichtet, vor der Zulassung einer neuen Bank zum Einlagengeschäft den jeweiligen Verband zu hören (§ 32 III KWG). Außerdem verpflichtet das Gesetz alle Institute, die keinem der freiwilligen Sicherungssysteme angehören, dies ihren Kunden deutlich mitzuteilen (§ 23a KWG).

1.2.2.2 Staatsaufsicht über öffentlich-rechtliche Bankbetriebe

Neben der branchenbezogenen Aufsicht aufgrund des Kreditwesengesetzes (Fachaufsicht) unterliegen öffentlich-rechtliche Kreditinstitute einer weiteren staatlichen Aufsicht aufgrund ihrer Rechtsform (Anstaltsaufsicht). Von den Universalbanken betrifft dies die Sparkassen, einschließlich der wenigen „freien Sparkassen" (in der Rechtsform des Vereins, der AG oder der Stiftung).

Sparkassenrecht ist Landesrecht; oberste Aufsichtsbehörde ist dementsprechend das Wirtschafts-, zum Teil auch das Innen- oder das Finanzministerium des Bundeslandes, in dem die Sparkasse ihren Sitz hat. Die Aufsichtsbehörde hat darüber zu wachen, daß die Institute die jeweiligen Gesetzes- und Satzungsvorschriften einhalten und daß sie die Aufgaben erfüllen, für die sie errichtet worden sind. Rechtliche Grundlage ist das Sparkassengesetz des jeweiligen Bundeslandes, das Grundsätze über die Aufgaben, die Organisation und die Geschäfte der Sparkassen enthält und damit den Rahmen für die Satzung der einzelnen Sparkasse absteckt. Die Aufsichtsbehörde empfiehlt überdies eine Mustersatzung (MuSa), von der die Sparkassen nur mit Zustimmung der Aufsicht abweichen dürfen.[22] Die Vorschriften unterscheiden sich von Bundesland zu Bundesland, lassen jedoch gemeinsame Grundlinien erkennen. Generell stellt das Sparkassenrecht an die geschäftliche Betätigung etwas strengere Anforderungen als das Kreditwesengesetz. Die in den Gesetzen und Satzungen enthaltenen Geschäftsbeschränkungen sollen – im Interesse der Einleger (Sparer) und des für die Sparkasse haftenden Anstaltsträgers (Kommune) – das einzelne Institut von Geschäften mit besonders hohen Risiken fernhalten und bei anderen Geschäften die Risiken begrenzen. So sind einige Geschäfte den Sparkassen grundsätzlich nicht gestattet, vor allem der Erwerb von Aktien und von Beteiligungen (außer solchen im Bereich der Sparkassenorganisation). Für die erlaubten Geschäfte, besonders für die Kreditvergabe, sind verschiedene Begrenzungen vorgesehen. So dürfen beispielsweise die Sparkassen in Nordrhein-Westfalen

- Realkredite nur im Rahmen der von der obersten Aufsichtsbehörde erlassenen Beleihungsgrundsätze vergeben,
- Spareinlagen nur bis zu 50% in Realkrediten anlegen (Hypotheken, Grund- und Rentenschulden),
- ungesicherte Personalkredite sowie Kredite an öffentlich-rechtliche Körperschaften jeweils nur bis zur Höhe von 25% der gesamten Einlagen (einschl. Sparbriefen und -obligationen) vergeben.

Ausnahmen sind möglich, müssen aber jeweils von der obersten Aufsichtsbehörde genehmigt werden. Zu ergänzen ist allerdings, daß die im Sparkassenrecht enthaltenen Geschäftsbeschränkungen im Laufe der Jahre immer stärker gelockert worden sind.

1.2.2.3 Bankbetriebe im Wettbewerbsrecht[23]

Die Besonderheiten des Kreditgewerbes, mit denen man die laufende staatliche Beaufsichtigung der Institute begründet, dienten für lange Zeit auch als Argument dafür, den Wettbewerb im Kreditgewerbe zu beschränken. Seit der Jahrhundertwende waren Kartellvereinbarungen auf privater Basis verbreitet; nach der Bankenkrise von 1931 schränkte man dann den Wettbewerb sogar mit staatlichen Vorschriften ein. Um die Stabilität der Bankbetriebe zu sichern, sah das Kreditwesengesetz von Anfang an auch eine weitgehende Ausschaltung des Preiswettbewerbs sowie enge Grenzen für die Werbung vor. Die Zinssätze für Einlagen und Kredite waren durch eine „Zinsverordnung" begrenzt, die man erst 1967 ersatzlos aufhob, nachdem sich allgemein

---

[22] In neuerer Zeit werden zum Teil in der MuSa nur noch die Rechtsverhältnisse der Sparkasse geregelt, während die materiellen Vorschriften über die Geschäftsführung – die früher ebenfalls in der MuSa enthalten waren – in einer gesonderten Rechtsverordnung zusammengefaßt werden, zum Beispiel in Nordrhein-Westfalen in der „Verordnung über den Betrieb und die Geschäfte der Sparkassen (Sparkassenverordnung)". Im einzelnen vgl. HEINEVETTER, KLAUS: Sparkassengesetz Nordrhein-Westfalen – Kommentar, 2. Aufl., Köln 1977 ff.

[23] Weiterführende Literaturhinweise hierzu: S. 366 f.

die Ansicht durchgesetzt hatte, daß in einer marktwirtschaftlichen Ordnung auch im Kreditgewerbe mehr Wettbewerb möglich und notwendig sei.

Angesichts der jahrzehntelangen (zunächst privaten, später hoheitlichen) Kartellierungen war es von Anfang an umstritten, wie das Kreditgewerbe in das Gesetz gegen Wettbewerbsbeschränkungen (GWB, Kartellgesetz) einzuordnen sei. Die schließlich 1957 in das Kartellgesetz aufgenommene Regelung war ein Kompromiß zwischen den in der Diskussion vertretenen extremen Standpunkten: dem Wunsch nach völliger Freistellung der Banken von der Anwendung des Kartellgesetzes (v. a. mit Hinweis auf die Fachaufsicht, die den Preiswettbewerb zu jener Zeit ohnehin ausgeschaltet hatte und zusätzlich kartellrechtliche Kompetenzen erhalten sollte) und dem Wunsch nach uneingeschränkter Anwendung der GWB-Vorschriften auch auf Banken. Der Kompromiß ist im § 102 GWB formuliert. Danach können Kreditinstitute bei Tätigkeiten, die der Bankenaufsicht unterliegen, vom gesetzlichen Kartellverbot sowie vom Empfehlungsverbot freigestellt werden ((**Bereichsausnahme**). Dieses sog. Bankenprivileg bezieht sich allein auf das Kartell- und das Empfehlungsverbot; alle anderen Vorschriften des Kartellgesetzes gelten uneingeschränkt auch für die Kreditwirtschaft, im besonderen die Regelungen zur Mißbrauchsaufsicht über marktbeherrschende Unternehmen, zur Fusionskontrolle und zum Diskriminierungsverbot (§§ 22, 24 und 26 GWB). Insofern ist es mißverständlich, das Kreditgewerbe generell als „Ausnahmebereich im Kartellgesetz" zu bezeichnen, wie es bisweilen geschieht.

Seit die Zinsverordnung gestrichen worden ist, hat man immer wieder diskutiert, ob es nicht an der Zeit sei, nun auch den § 102 GWB zu streichen. Er hat jedoch bisher alle Novellierungen des Kartellgesetzes überstanden. Allerdings nicht unverändert – in der bisher letzten Novelle wurde er mit einigen zusätzlichen Anforderungen modifiziert, indem man das Regelungsprinzip umkehrte:
– Bis 1989 waren wettbewerbsbeschränkende Abmachungen und Empfehlungen im Kreditgewerbe vom Kartell- und vom Empfehlungsverbot grundsätzlich befreit, mußten jedoch dem Bundeskartellamt gemeldet werden, das – wenn es in ihnen einen Mißbrauch der durch die Freistellung erlangten Stellung im Markt sah – die Abmachungen verbieten oder für unwirksam (Kartelle) bzw. für unzulässig (Empfehlungen) erklären konnte (**Mißbrauchsprinzip**).

– Seit 1990 sind auch dem Kreditgewerbe wettbewerbsbeschränkende Abmachungen und Empfehlungen grundsätzlich untersagt; sie können aber unter bestimmten Voraussetzungen vom Bundeskartellamt legalisiert, d. h. vom gesetzlichen Kartell- bzw. Empfehlungsverbot freigestellt werden (**Verbotsprinzip**).

Mit der Bereichsausnahme erkennt der Gesetzgeber an, daß eine wettbewerbsbeschränkende Zusammenarbeit zwischen Banken vielfach erforderlich ist, um insbesondere moderne Bankleistungen – die zum Teil erst durch das Zusammenwirken mehrerer oder sogar aller Banken ermöglicht werden – überhaupt anbieten zu können. Allerdings hat er die Freistellung solcher Gemeinschaftsmaßnahmen seit 1990 an bestimmte Voraussetzungen geknüpft. Den Wettbewerb beschränkende Verträge oder Empfehlungen einzelner Institute sowie Beschlüsse oder Empfehlungen ihrer Verbände dürfen gemäß § 102 Abs. I GWB unter anderem nur dann freigestellt werden, wenn sie

„geeignet und erforderlich sind, die Leistungsfähigkeit der beteiligten Unternehmen in technischer, betriebswirtschaftlicher oder organisatorischer Beziehung insbesondere durch zwischenbetriebliche Zusammenarbeit oder durch Vereinheitlichung von Vertragsbedingungen zu heben oder zu erhalten und dadurch die Befriedigung des Bedarfs zu verbessern". Dabei muß „der zu erwartende Erfolg ... in einem angemessenen Verhältnis zu der damit verbundenen Wettbewerbsbeschränkung stehen".

Diese Voraussetzungen sind an den Bedingungen für die Erlaubnis von Rationalisierungskartellen orientiert,[24] und sie gelten grundsätzlich

– für auf Dauer angelegte Kooperationen wie die Erarbeitung einheitlicher Allgemeiner Geschäftsbedingungen (AGB) oder Vereinbarungen im Rahmen des institutsübergreifenden Zahlungsverkehrs ebenso wie

– für Kooperationen im Einzelfall (ad hoc-Kooperationen) wie Vereinbarungen im Rahmen von Kredit- oder Emissionskonsortien.

Das Bundeskartellamt prüft jeweils, ob die in § 102 GWB genannten Voraussetzungen gegeben sind. Zu diesem Zweck sind Verträge, Beschlüsse und Empfehlungen im Rahmen jeder auf Dauer angelegten Kooperation anzumelden und die Notwendigkeit der mit ihnen verbundenen Beschränkungen des Wettbewerbs zu begründen. (Ad hoc-Kooperationen sind aufgrund des hohen Zeitdrucks, unter dem sie regelmäßig stehen, a priori ohne Anmeldung vom Kartellverbot befreit). Wenn das Amt innerhalb von drei Monaten nach Eingang der Anmeldung nicht widersprochen hat, sind die angemeldeten Kartellvereinbarungen bzw. Empfehlungen legalisiert. Ein Widerspruch ist dann zu erwarten, wenn sich Absprachen beispielsweise zum bargeldlosen Zahlungsverkehr nicht nur auf die technische Basis, sondern auch auf Teile der Vermarktung und dabei insbesondere auch auf Preisbestandteile beziehen.[25] Legalisierte Vereinbarungen unterliegen der permanenten Mißbrauchsaufsicht durch das Bundeskartellamt, können also zu einem späteren Zeitpunkt – sofern das Amt dann einen Mißbrauch der durch die Freistellung erlangten Stellung der Beteiligten im Markt erkennt – untersagt werden.

Sofern Gemeinschaftsmaßnahmen der Kreditinstitute vom Bankenaufsichtsamt förmlich für erforderlich erklärt werden, sind sie einer Überprüfung durch das Bundeskartellamt entzogen (§ 102 V GWB). Insoweit besteht also weiterhin die Möglichkeit, daß es im Interesse der vom Aufsichtsamt zu verfolgenden Ziele zu Kartellierungen und Empfehlungen kommt. Die Entwicklung in den letzten Jahrzehnten läßt allerdings erkennen, daß es ähnlich weitreichende Eingriffe in den Wettbewerb wie in der Folge der Bankenkrise von 1931 nicht mehr geben wird. Gründe für Wettbewerbsbeschränkungen sucht man heute nicht mehr in der volkswirtschaftlichen Sonderstellung der Banken, sondern in den Erfordernissen bankspezifischer Kooperationen im Zahlungsverkehrs-, Emissions- und Kreditgeschäft. Für diesen Wandel in den Argumenten ist auch kennzeichnend, daß man nicht nur 1967 die Zinsverordnung, sondern 1984 auch die (bis dahin in § 23 KWG enthaltene) Befugnis des Bankenaufsichtsamtes gestrichen hat, eine solche Verordnung überhaupt zu erlassen.

---

[24] § 5 II GWB – allerdings mit dem Unterschied, daß es im Falle von § 102 GWB nicht um innerbetriebliche, sondern um zwischenbetriebliche Rationalisierungen geht.
[25] MALITIUS, SILVIO: Bundeskartellamt und Banken, in: Bkinf, 5/1991, S. 33.

Soweit von den Verbänden der Sparkassen und Genossenschaftsbanken für ihre jeweiligen Mitgliedsinstitute noch bis Mitte der 80er Jahre Zinsempfehlungen in Form reiner Tendenzempfehlungen ausgesprochen und beim Bundeskartellamt zur Freistellung angemeldet worden sind, ist auch diese Praktik mittlerweile aufgegeben worden, so daß es im Zinsbereich zumindest formal keinerlei Regelungsversuche mehr gibt.

2. Intern bestimmte Rahmenbedingungen

2.1 Zielvorstellungen[26]

Bestimmend für die Ausrichtung der gesamten Tätigkeit im Bankbetrieb sind die mit ihr verfolgten Ziele. An ihnen ist letztlich auch der Erfolg der Tätigkeit zu messen.

Mindestens in privaten Kreditinstituten ist die vorrangige Zielvorstellung das **Gewinnstreben**. In einer marktwirtschaftlichen Ordnung ist bereits der Bestand eines Unternehmens davon abhängig, daß es nachhaltig Gewinne erwirtschaftet. Zum einen sind sie erforderlich, um die Rücklagen und damit das Eigenkapital zu erhöhen, dessen Umfang bei einer Bank – wie anhand der von der Bankenaufsicht festgelegten Eigenkapitalerfordernisse gezeigt wurde – die Kreditvergabemöglichkeit begrenzt und dessen Erhöhung daher entscheidend ihr mögliches Wachstum mitbestimmt. Zum anderen sind Gewinne für Außenstehende der wichtigste Anhaltspunkt für die wirtschaftliche Lage eines Unternehmens. Insbesondere dienen sie den Eigen- und den Fremdkapitalgebern als Indiz für die Sicherheit ihrer der Bank überlassenen Mittel, den Eigenkapitalgebern darüber hinaus als Anhaltspunkt für die künftige Rendite. So bestimmt die Gewinnerzielung auch maßgeblich die zukünftigen Möglichkeiten der Außenfinanzierung.

Fraglich ist der Vorrang des Gewinnstrebens lediglich bei öffentlich-rechtlichen und bei genossenschaftlichen Kreditinstituten, da sie aufgrund der für sie geltenden Gesetze besonderen Aufgaben verpflichtet sind.[27]

(a) Öffentlich-rechtliche Kreditinstitute, unter den Universalbanken: die Sparkassen, sind für bestimmte, im öffentlichen Interesse liegende Aufgaben errichtet worden, die man (gegenüber dem Formalziel „Gewinnstreben") als ihre Sach-, Leistungs- oder Auftragsziele bezeichnen kann. In Sparkassengesetzen heißt es dementsprechend, die Tätigkeit einer Sparkasse sei ohne Gewinnstreben auf die Förderung der Spartätigkeit zu konzentrieren sowie auf die Kreditversorgung der örtlichen Wirtschaft, insbesondere der wirtschaftlich schwächeren Bevölkerungskreise.

Der Zusatz „ohne Gewinnstreben" ist allerdings nicht als Verzicht auf jegliche Gewinnerzielung zu verstehen. Bereits in den Sparkassengeset-

---

[26] Weiterführende Literaturhinweise hierzu: S. 368–370.
[27] Die folgende Überlegungen sind orientiert an KRÜMMEL, HANS-JACOB: Bankzinsen, Köln/Berlin/Bonn/München 1964, S. 184–192.

zen werden „Überschüsse" erwähnt: Sie sollen mindestens zu einem Teil den Rücklagen der Sparkasse zugeführt, im übrigen an den Eigentümer, d. h. die Kommune, zur Finanzierung öffentlicher Aufgaben ausgeschüttet werden. Da Sparkassen von den Kommunen kein Dotationskapital erhalten, besteht ihr Eigenkapital – sieht man einmal von der Aufnahme von Genußrechtskapital ab – ausschließlich aus den Rücklagen. Die Gewinnerzielung ist mithin fast der einzige Weg, das Eigenkapital zu erhöhen, und ein „angemessener Gewinn" ist für eine Sparkasse unerläßlich, will sie weiter wachsen und im Wettbewerb bestehen. Dies wiederum wird man als Voraussetzung dafür ansehen, die ihr übertragenen Aufgaben angemessen zu erfüllen.

Einiges spricht dafür, daß das Gewinnstreben im Einzelfall über das Maß hinausgehen kann, das zur Sicherung der Wettbewerbsfähigkeit erforderlich ist. So liegt es nahe, daß der Eigentümer besonders in den erzielten Gewinnen einen Maßstab für die Leistung des Vorstandes der Sparkasse sieht. Außerdem dürfte die Kommune an einer regelmäßigen, möglichst hohen Zuführung von Erträgen ihrer Sparkasse interessiert sein, was auch – da die Erträge gemeinnützigen Zwecken zugeführt werden müssen – dem Auftrag der Sparkasse nicht unbedingt widerspricht.

(b) **Kreditgenossenschaften** (Volksbanken und Raiffeisenbanken) sind wie alle Genossenschaften ihrem Ursprung nach Selbsthilfeeinrichtungen, „welche die Förderung des Erwerbes oder der Wirtschaft ihrer Mitglieder mittels gemeinschaftlichen Geschäftsbetriebes bezwecken" (§ 1 GenG). Eine Kreditgenossenschaft kann diese recht allgemein formulierte Aufgabe konkretisieren, indem sie

- entweder den Mitgliedern (Genossen) Bankleistungen anbietet, die diese in gleicher Art bei anderen Banken nicht erhalten würden,
- oder ihnen die üblichen Bankleistungen zu besonders günstigen Preisen anbietet,
- oder die üblichen Bankleistungen zwar zu Marktpreisen anbietet, aber die erzielten Gewinne an die Mitglieder (Genossen) ausschüttet.

Die Erfahrung zeigt, daß die beiden ersten Möglichkeiten in der Praxis offenbar kaum eine Rolle spielen. Die Leistungsangebote von Kreditbanken, Sparkassen und Kreditgenossenschaften haben sich weitgehend angeglichen und lassen sich allenfalls noch nach den Schwerpunkten unterscheiden. Auch durch für den Kunden günstigere Preise heben sich Kreditgenossenschaften nicht von anderen Banken ab. Diese Art der „Vorab-Gewinnverteilung" würde auch dazu führen, die Genossen nicht gleichmäßig, sondern jeweils in dem Umfang zu fördern, in dem sie Bankleistungen beanspruchen.

Im übrigen müssen auch Kreditgenossenschaften nachhaltig mindestens „angemessene Gewinne" erwirtschaften, wollen sie ihren Bestand sowie ein aus Wettbewerbsgründen für erforderlich gehaltenes Wachstum sichern.

Öffentlicher Auftrag für Sparkassen und Förderungsauftrag für Kreditgenossenschaften sind in den Gesetzen nur sehr allgemein formuliert und damit vom einzelnen Institut interpretationsfähig. Dabei kann man aus den genannten Gründen vermuten, daß das Gewinnstreben im Einzelfall über das zur Bestandssicherung erforderliche („angemessene") Maß hinausgeht und mitunter in ähnlicher Weise wie bei privaten Kreditinstituten in den Vordergrund rückt.

Neben dem vorrangigen Gewinnstreben werden von Geschäftsleitungen der Bankbetriebe **weitere Zielvorstellungen** genannt, die man bei der Tätigkeit zu verwirklichen sucht. Für eine Großbank beispielsweise gehören dazu:

„– ein bestimmtes Wachstum des Geschäftsvolumens und des Dienstleistungsgeschäfts mit Blick auf eine Ausweitung der Marktanteile;
– Aufrechterhaltung des Universalbankcharakters der Bank;
– eine möglichst vollständige räumliche Repräsentanz der Bank in nationaler Sicht und die Vertretung des Instituts an den wichtigsten internationalen Plätzen;
– Erhaltung und Ausbau der Stellung unter den deutschen Banken."[28]

Hinzu treten Sicherheitsanforderungen, vor allem in Form der Vorsorge gegen allgemeine Verlust- und Liquiditätsgefahren, um die Erreichung der genannten Ziele nicht zu gefährden.

Aufgrund veränderter Umweltbedingungen, insbesondere der Konkurrenzsituation, können zeitweise dem Gewinnstreben eines oder mehrere der anderen Ziele voranstehen, oder es können auch zeitweise die Sicherheitsanforderungen in den Vordergrund rücken. Auch in diesen Fällen bleibt aber gewöhnlich das Gewinnstreben die langfristige Leitvorstellung.

In der Bankbetriebslehre hat man die Zielsetzungen eines Bankbetriebes im Laufe der Zeit in sehr unterschiedlicher Weise erfaßt. Wie in der Allgemeinen Betriebswirtschaftslehre lassen sich drei Entwicklungsschritte trennen: 1. die verbale, meist nur unscharfe Erfassung der Zielvorstellungen; 2. die exakte Erfassung in Form der Gewinnmaximierungs-Hypothese; 3. die aus der Kritik an dieser Hypothese entwickelten Konsequenzen.
1. Die traditionelle Art, bankbetriebliche Ziele zu erfassen, ist der Bezug auf das „magische Dreieck" aus Rentabilität, Liquidität und Sicherheit, in deren Abstimmung man „die höchste Kunst des Bankleiters" sieht. Außer als Ziele werden Rentabilität, Liquidität und Sicherheit auch als Prinzipien, Grundsätze oder Grundpfeiler der Banktätigkeit bezeichnet. Zumeist werden sie nicht sehr konsequent interpretiert; zum Teil bezieht man sie auf das einzelne Geschäft oder sogar nur auf die einzelne Kreditvergabe, zum Teil aber auch auf die gesamte Banktätigkeit, und zum Teil vermengt man beide Sichtweisen. Außerdem werden die drei Ziele vielfach als gleichrangig nebeneinander dargestellt. Erst in neuerer Zeit ordnet man das Liquiditäts- dem Sicherheitsstreben zu und sieht in beidem keine gleichrangigen Ziele mehr, sondern die unabdingbare Voraussetzung für das Gewinnstreben. Als Ziel wird dann beispielsweise genannt: „Gewinnerzielung ohne Gefährdung der Substanz".
Selbst wenn die traditionelle Sichtweise so weit vorangetrieben wird, verbleibt ein wesentlicher Mangel: Gewinnstreben und Sicherheitsstreben werden jeweils nur isoliert voneinander erörtert und allenfalls in Form vager Redensarten miteinander verknüpft (etwa: „der Siedepunkt der Rentabilität ist oft der Gefrierpunkt der Sicherheit").

---

[28] HERRHAUSEN, ALFRED: Zielvorstellungen und Gestaltungsmöglichkeiten einer Langfristplanung in Kreditinstituten, in: Bk-B, 1971, S. 355.

Diese verbale und meist unscharfe Art, bankbetriebliche Zielvorstellungen zu erfassen, kann man bis in die neueste Zeit in der Fachliteratur antreffen.

2. Daneben gibt es – wie in der Allgemeinen Betriebswirtschaftslehre – seit den fünziger Jahren Arbeiten, in denen die Zielvorstellungen einer Bank auf die Hypothese der Gewinnmaximierung verkürzt werden, insbesondere im Rahmen mathematisch formulierter Entscheidungsmodelle. Die Maximierung des Periodengewinns wird dabei als oberstes Ziel behandelt (Zielfunktion), Liquidität und Sicherheit als Nebenbedingungen (Restriktionen), die bei der Verfolgung des obersten Zieles einzuhalten sind. Mit Hilfe der Gewinnmaximierungs-Hypothese und bestimmter Annahmen über die mit den verschiedenen Leistungsarten verbundenen Aufwendungen und Erträge gelangt man zu eindeutigen rechnerischen Lösungen, die die jeweils „optimale Entscheidung" aufzeigen – allerdings nur im Rahmen der getroffenen Annahmen.

Diese Art, die Zielvorstellungen zu erfassen, ist in der Betriebswirtschaftslehre zunehmend als zu starke Abstraktion von der Wirklichkeit kritisiert worden. Die Kritik setzte besonders bei den wesentlichen Voraussetzungen der Gewinnmaximierungs-Hypothese an:

• Sie unterstelle vollständige Voraussicht in die Zukunft (sichere Erwartungen), in praxi müsse man jedoch anhand unvollkommener Informationen entscheiden.

• Sie unterstelle die Gewinnerzielung als alleiniges Motiv des Handelns, in praxi werde jedoch erfahrungsgemäß die Erreichung einer Mehrheit von Zielen verfolgt.

• Sie unterstelle, daß die Maximierung des Gewinns angestrebt werde, in praxi strebe man jedoch erfahrungsgemäß nur nach einer bestimmten, für erreichbar eingeschätzten Gewinnhöhe.

3. Aus der Kritik an der Gewinnmaximierungs-Hypothese werden Konsequenzen in zwei unterschiedlichen Richtungen gezogen.

Zum Teil versucht man, die Einwände zu berücksichtigen, indem man die Maximierungsmodelle abwandelt. So werden weitere Ziele (bei unveränderter Annahme, Gewinnmaximierung sei das Hauptziel) mit einem bestimmten angestrebten Zielerreichungsgrad in die Nebenbedingungen eingereiht. Und es wird zumindest gefordert, die in den Modellen unterstellten sicheren Erwartungen seien durch Wahrscheinlichkeiten zu ersetzen, d. h. die zunächst deterministischen Modelle zu stochastischen Modellen zu entwickeln.

Zum Teil aber läßt man auch die Gewinnmaximierungs-Hypothese ganz fallen und beginnt gleichsam von vorne: mit verbal formulierten Zielvorstellungen, für die man dann ein als erreichbar und befriedigend eingeschätztes Anspruchsniveau festzulegen versucht. Ansätze dieser Art werden offenbar auch in der Bankpraxis gewählt, wo der Wettbewerbsdruck die Institute zu einer systematischen Planung ihrer Aktivitäten drängt, an deren Anfang konkrete Vorstellungen über die angestrebten Ziele stehen müssen.

In welcher Weise Zielvorstellungen in die **Planung** eingehen (operationalisiert werden), ist hier nur in Ansätzen zu skizzieren, die dann im Zusammenhang der Erstellung und des Absatzes bankbetrieblicher Leistungen wieder aufgegriffen werden. Ausgangspunkt sind verbal und meist sehr allgemein formulierte Vorstellungen über das angestrebte Wachstum, den angestrebten Gewinn, die Stellung im Verhältnis zur Konkurrenz sowie über die als erforderlich angesehene Vorsorge gegen Verlust- und Liquiditätsgefahren. Um hieraus für Teilbereiche der Bank Planungsgrößen (Sollgrößen) zu entwickeln und als Ziele vorgeben zu können, sind die Vorstellungen zu konkretisieren (quantifizieren), was zum Teil nur mit Hilfsgrößen möglich ist. Konkretisierte Zielvorstellungen wären dann beispielsweise

- zum Gewinnstreben: eine bestimmte Gewinnhöhe für die Planungsperiode (absolut und relativ) bzw. eine bestimmte Höhe der wichtigsten Aufwendungen und Erträge, den Bestimmungsgrößen des Gewinns;
- zur Marktstellung: bestimmte Marktanteile für die verschiedenen Leistungsarten;
- zu den Sicherheitsanforderungen: eine bestimmte Aufbaustruktur für jede der beiden Bilanzseiten (darunter: ein bestimmter Eigenkapital-Anteil) sowie bestimmte Deckungsstrukturen zwischen einzelnen oder zusammengefaßten Bilanzpositionen der Aktiv- und der Passivseite; Mindesterfordernisse setzen hier die KWG-Vorschriften, vor allem die „Grundsätze über das Eigenkapital und die Liquidität".

Überwiegend sind es also Größen des herkömmlichen Rechnungswesens, die für einen zukünftigen Zeitraum in bestimmter Höhe als Ziel festgelegt werden. Um zu überprüfen, ob die verschiedenen Teilziele miteinander verträglich sind (Kompatibilitätsprüfung), bieten sich Gesamtplanungsmodelle an, die auch den Planungsengpaß erkennen lassen, der bei Fortschreibung und Vollzug der Planung besonders zu beachten ist.

Die Festlegung der Zielvorgaben ist in zweifacher Hinsicht flexibel.[29] Zum einen resultieren sie aus einem interdependenten „Prozeß, der horizontal und vertikal durch alle Instanzen verläuft, die Entscheidungen treffen müssen". Die jeweils nachgeordneten Stellen müssen prüfen, ob die Vorstellungen realistisch sind; die gleichrangigen Stellen müssen zum Teil erst durch Kompromisse auf einheitliche Zielvorstellungen verpflichtet werden, weil sie unterschiedliche Interessen haben. Zum anderen sind vorgegebene Größen – die Mitarbeiter zu Anstrengungen motivieren sollen, erfolgserhöhende Maßnahmen zu finden – dann als unrealistisch zu erkennen und nach unten zu korrigieren, wenn die Suche nicht den angestrebten Erfolg hat.

2.2 Betriebsstruktur

Zu den Rahmenbedingungen bankbetrieblicher Leistungsprozesse, die durch innerbetriebliche Entscheidungen auf längere Sicht festgelegt werden, gehört auch die Strukturierung der personellen und sachlichen Einsatzfaktoren. Das „Betriebsgehäuse" ist zum einen räumlich zu strukturieren (Standortfragen); zum anderen ist generell zu regeln, in welcher Weise die Einsatzfaktoren bei Erstellung und Absatz der Leistungen zusammenwirken sollen (organisatorische Fragen).

2.2.1 Standort und Standortspaltung[30]

Wie in Betrieben anderer Wirtschaftszweige wird über die Standortwahl auch im Bankbetrieb aufgrund mehrerer Faktoren entschieden, die allerdings

---

[29] HERRHAUSEN, ALFRED: Zielvorstellungen und Gestaltungsmöglichkeiten einer Langfristplanung in Kreditinstituten, a. a. O., S. 355.
[30] Weiterführende Literaturhinweise hierzu: S. 370.

unterschiedliches Gewicht für die Entscheidung haben. Die ökonomischen, genauer: die am Gewinnstreben orientierten Bestimmungsfaktoren der Standortwahl kann man für den Bankbetrieb nach ihrem Gewicht gruppieren in

- geschäftsstrukturelle Faktoren, die so gewichtig sind, daß sie durch die übrigen Faktoren allenfalls abgeschwächt oder verstärkt, nicht aber überkompensiert werden können (standortbestimmende Faktoren);
- institutionelle Faktoren, deren Einfluß auf die Entscheidung erheblich geringer ist (standortempfehlende Faktoren);
- produktionswirksame Faktoren, von denen der geringste Einfluß auf die Entscheidung ausgeht (standortbeeinflussende Faktoren).[31]

Die Wortwahl läßt den Kern der Gewichtung erkennen. Im Vordergrund stehen die Absatzmöglichkeiten für die eigenen Leistungen („Geschäftsstruktur"), während den Möglichkeiten ihrer technisch-organisatorischen Erstellung („Produktion") der geringste Einfluß auf die Standortwahl zukommt.

Standortbestimmende Faktoren: Zum Absatzpotential, dem entscheidenden Bestimmungsfaktor, ist zweckmäßigerweise zu trennen in die Nachfrage nach Geldanlagemöglichkeiten (in betriebsbezogener Sicht: die Beschaffung von Finanzierungsmitteln) und die Nachfrage nach Finanzierungsmöglichkeiten.

Geldanleger sind vor allem die Privaten Haushalte, so daß der Umfang der Nachfrage nach Geldanlagemöglichkeiten in einem geographischen Bereich vorrangig von der Dichte und der (an Einkommens- und Vermögensverhältnissen orientierten) Struktur der Bevölkerung abhängt. Finanzierungsmöglichkeiten dagegen fragen vorwiegend Unternehmen nach; bestimmend für die Standortwahl unter diesem Gesichtspunkt sind mithin vor allem die Dichte und die Struktur des Gewerbes. Als ergänzender Faktor ist in beiden Fällen zu berücksichtigen, inwieweit die Absatzmöglichkeiten im jeweiligen Bereich bereits durch Konkurrenzinstitute ausgeschöpft sind.

Die Wahl des Standortes für einen Bankbetrieb scheint auf den ersten Blick dadurch erschwert zu sein, daß das Geschäft mit Privaten Haushalten und das mit Unternehmen unterschiedliche Standorte nahelegt und daß zudem beide Gruppen, besonders aber die Privaten Haushalte, breit über den Raum verstreut ansässig sind. Dieser Schwierigkeit begegnen Bankbetriebe, indem sie zumeist nicht nur von einem Standort, sondern von mehreren Standorten aus tätig sind (Standortspaltung). Neben der Hauptverwaltung (Zentrale) errichten sie Geschäftsstellen, mit denen sie einen lokalen Bereich, eine ganze Region oder sogar das ganze Land überziehen (Filialnetze). Da an fast jedem Standort eine der beiden Seiten – die Nachfrage nach Geldanlage- oder die nach Finanzierungsmöglichkeiten – ein Übergewicht hat, läßt sich mit der Wahl des Standortes neu zu eröffnender Geschäftsstellen die Struktur des Gesamtgeschäftes der Bank gezielt beeinflussen.

Die Spaltung des Standortes ist typisch für Bankbetriebe, besonders für Universalbanken. Sie liegt nahe, weil eine Bank immaterielle Leistungen

---

[31] In Anlehnung an die grundlegende Arbeit von SIEPMANN, JÜRGEN DIETRICH: Die Standortfrage bei Kreditinstituten, Berlin 1968, S. 22–65.

anbietet, bei denen der indirekte Absatzweg – über spezialisierte Absatzmittler (Groß- und Einzelhandel) – praktisch nicht möglich ist. Und sie ist in größerem Umfang als in anderen Wirtschaftszweigen möglich, weil die Erstellung bankbetrieblicher Leistungen ein weitaus geringeres Sachanlagevermögen erfordert als etwa die industrielle Fertigung, zusätzliche Standorte also mit vergleichsweise geringeren Sachinvestitionen verbunden sind. Besonders starke Anstöße zur Standortspaltung gehen vom Geschäft mit den Privaten Haushalten aus. Vor allem aufgrund des Umfanges der Leistungsabnahme sind „die räumlichen Präferenzen ... von Unternehmungen, der öffentlichen Hand und konkurrierender Kreditinstitute viel weniger ausgeprägt ... als die von privaten Benutzerkreisen, die sich bei der Wahl ihrer Bankverbindung weitgehend von Bequemlichkeitserwägungen leiten lassen und i. d. R. zugunsten der ihrem Wohnsitz nächstgelegenen Zweigstelle votieren".[32] Daran haben bisher auch die verbesserten technischen Kommunikationsmöglichkeiten wenig geändert, durch die den Privatkunden die Inanspruchnahme fast aller Bankleistungen sogar von ihrem Wohnzimmer aus möglich geworden ist (Bildschirmtext). Im Verhältnis zum Umfang ihrer Leistungsabnahme sind aber für sie die Kosten bisher offenbar noch höher als der Zuwachs an Bequemlichkeit.

Geschäftsstellennetze – Ausdruck der Standortspaltung[a]

Stand: Ende 1991	Zahl der Institute	Zahl ihrer Geschäftsstellen insgesamt	durchschnittl. je Institut
Kreditbanken	342	6.675	20
– darunter: Großbanken	3	3.423	1.141
Sparkassen	734	19.486	27
– darunter: Großstadtsparkassen	39	1.772	45
Stadt- und Kreissparkassen .	263	6.605	25
Kreditgenossenschaften	3.147	18.050	6

a) Nur inländische Geschäftsstellen. – Quellen: Mb-Bbk, August 1992, S. 45*; DSGV, Jahresbericht 1991, S. 89.

Standortempfehlende Faktoren: Die dominierenden Standortfaktoren „Bevölkerung" und „Gewerbe" (als Ausdruck des Geschäftspotentials) können durch zusätzliche Faktoren verstärkt oder abgeschwächt werden. Zu ihnen gehören vor allem die institutionellen Faktoren, die einen bestimmten Standort empfehlen, wenn auch allein keine Standortentscheidung begründen können. Mit institutionellen Faktoren sind Maßnahmen staatlicher Wirtschaftspolitik gemeint, die an verschiedenen möglichen Standorten unterschiedlich wirksam sind:

● Gemeindesteuern (Gewerbe- und Grundsteuer) können bei unterschiedlicher Höhe von Gemeinde zu Gemeinde kalkulatorische Anreize für bestimmte Standorte bilden,

---

[32] SIEPMANN, JÜRGEN DIETRICH: Die Standortfrage bei Kreditinstituten, a. a. O., S. 66.

- durch die Verkehrspolitik, die Umfang und Richtung des Personenverkehrs beeinflußt, können Standorte aufgewertet oder entwertet werden, beispielsweise indem bisher isolierte, ballungsfernere Räume in Ballungsgebiete und damit in den Einzugsbereich der dort ansässigen Banken integriert werden.

Standortbeeinflussende Faktoren: Der geringste Einfluß auf die Standortwahl eines Bankbetriebes geht normalerweise von den Einsatzfaktoren aus, also von den jeweiligen technisch-organisatorischen Voraussetzungen für die Leistungserstellung.

Obwohl Kaufpreise und Mieten für Grundstücke, Gebäude und Geschäftsräume an verschiedenen Standorten zum Teil erheblich voneinander abweichen, werden diese Unterschiede gewöhnlich überdeckt durch die an alternativen Standorten gegebenen Absatzmöglichkeiten. Nur in Grenzfällen – bei besonders schwer überschaubaren oder nur knapp als tragfähig (an der Rentabilitätsschwelle) eingeschätztem Absatzpotential – erhalten die Raum- oder Grundstückspreise Gewicht. Bedeutsamer als ihr Preis ist dagegen die Verkehrslage alternativer Geschäftsräume, da sie unmittelbar das Geschäftspotential beeinflussen kann.

Angesichts der trotz aller Rationalisierung noch immer sehr hohen Personalintensität bankbetrieblicher Leistungserstellung könnte man vermuten, daß zumindest die Beschaffung von Arbeitskräften Einfluß auf die Standortwahl hat. Dies ist jedoch normalerweise weder unter dem Gesichtspunkt der Verfügbarkeit, noch unter Kostengesichtspunkten der Fall:

a) Bei dem allgemein wachsenden Interesse an kaufmännischer Tätigkeit bestehen gewöhnlich – außer in Zeiten der Hochkonjunktur – bei der Beschaffung ungelernter Mitarbeiter (für Routinearbeiten) keine Probleme. Etwas schwieriger ist es im Falle qualifizierter Mitarbeiter; doch ist auch im Bankbetrieb die Bereitschaft qualifizierter Mitarbeiter, im Interesse ihres beruflichen Aufstiegs gelegentlich den Wohnort zu wechseln, zumeist hinreichend groß.

b) Tarifabschlüsse werden im Bankbereich einheitlich für das gesamte Bundesgebiet getroffen, so daß von ihnen keine standortbeeinflussenden Unterschiede ausgehen. Dagegen sind außertarifliche Vereinbarungen und freiwillige Sozialleistungen regional verschieden, doch im ganzen gesehen in einem Maße, das keinen spürbaren Einfluß auf die Standortwahl hat.

2.2.2 Grundfragen der Aufbauorganisation[33]

Das leistungsbezogene Zusammenwirken der personellen und sachlichen Einsatzfaktoren ist durch generelle Regelungen zu strukturieren. Dabei trennt man zweckmäßigerweise zwei Stufen:

- Den ersten Schritt bildet die aufgabenbezogene Strukturierung des Gesamtbetriebes, d. h. die Gliederung der Gesamtaufgabe in betriebliche Teilaufgaben, die sich institutional in einem bestimmten Betriebsaufbau niederschlagen (Stellen, Abteilungen, Ressorts). Dies ergibt die betriebliche **Aufbauorganisation** (Gebildestrukturierung). Sie führt praktisch zu einer Grobstruktur der Leistungsprozesse.
- Davon gedanklich trennen läßt sich die räumliche und zeitliche Strukturierung der Arbeitsgänge, durch welche die Teilaufgaben erfüllt werden. Hier handelt es sich um die betriebliche **Ablauforganisation** (Prozeßstrukturierung).

---

[33] Weiterführende Literatur hierzu: S. 370–372.

Als intern bestimmte Rahmenbedingung bankbetrieblicher Leistungsprozesse ist hier zunächst nur die Aufbauorganisation einer Bank in ihren wesentlichen Bestimmungsfaktoren zu kennzeichnen. Die Strukturierung der Prozesse wird zweckmäßigerweise erst im Zusammenhang von Leistungserstellung und Leistungsabsatz erörtert.

Die Gliederung des Bankbetriebes in organisatorische Teileinheiten (Aufbauorganisation) kann sich vorrangig an der Leistungserstellung oder vorrangig am Leistungsabsatz orientieren. In diesem Sinne unterscheidet man zwischen einer primär produktionsorientierten Organisation und einer primär marktorientierten Organisation.

Bei **primär produktionsorientierter Aufbauorganisation** ist der Bankbetrieb nach innerbetrieblichen Arbeitsgängen (Verrichtungsfolgen) gegliedert. Die weitgehende Standardisierung bankbetrieblicher Marktleistungen führt bei der Erstellung der Einzelleistungen innerhalb einer Leistungsart zu gleichartigen Arbeitsgängen. Das wiederum ermöglicht es, die Erstellung in einheitliche, weitgehend schematische Teilverrichtungen zu zerlegen, die jeweils in großer Zahl anfallen – eine wesentliche Voraussetzung kostengünstiger Leistungserstellung. Insgesamt gesehen entsteht aus diesem Ansatz heraus eine Gliederung des Betriebes nach Leistungsarten, bei der jede organisatorische Einheit durch bestimmte Teilverrichtungen gekennzeichnet ist („Spartenorganisation"). Da man die unterschiedlichen Verrichtungen oder Verrichtungsfolgen auch als betriebliche Funktionen verstehen kann, wird die entsprechende Aufbauorganisation zum Teil auch als funktionsorientierte Organisation oder Funktionsgliederung bezeichnet.

Die primär produktionstechnisch orientierte Aufbauorganisation ist die traditionelle Grobgliederung einer Bank. Im einzelnen war zwar die Konzeption von Institut zu Institut verschieden, vor allem aufgrund der unterschiedlichen Betriebsgröße und dem mit ihr verbundenen Grad innerbetrieblicher Arbeitsteilung. Zumeist zeigte sich jedoch das gleiche Grundmuster: als Kernstück der Organisation die nach den wesentlichen Leistungsarten gebildeten und direkt mit den Kunden in Verbindung stehenden Leistungsabteilungen; daneben innerbetriebliche Verwaltungsaufgaben in Stabsabteilungen zentralisiert, die direkt die oberste Geschäftsleitung unterstützen; und die technische Abwicklung zum Teil auf Hilfsabteilungen ausgegliedert und konzentriert.

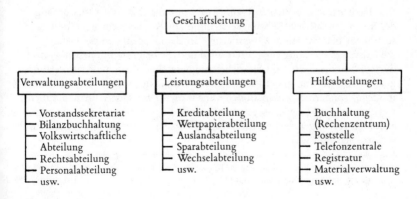

Der traditionelle, vorrangig an der innerbetrieblichen Bearbeitung orientierte Betriebsaufbau wird seit Ende der sechziger Jahre in der Fachliteratur zunehmend in Frage gestellt und in der Praxis umgestaltet. Kritik und Änderungen sind die Folge einer verstärkten Marktorientierung der Banken, die wesentliche Mängel der traditionellen Organisation ins Blickfeld brachte:

• Der Kontakt zwischen Bank und Kunde wird zersplittert; für komplexere, mehrere Leistungsarten berührende Probleme hat der Kunde keinen direkten Ansprechpartner.

• Die Leistungsabteilungen sind unterschiedslos für alle Kundentypen zuständig („vom kleinsten bis zum größten Kunden"), so daß man der jeweiligen Ausprägung der Kundenbedürfnisse kaum gerecht werden kann.

• Die Leistungsabteilungen sind neben der Kundenbetreuung auch für die Abwicklung der Geschäfte zuständig, so daß sich die Mitarbeiter nicht genügend auf den einzelnen Kunden und seine Wünsche konzentrieren können.

Diese Mängel haben zu Bemühungen geführt, den Betriebsaufbau stärker auf den Kontakt mit bestimmten Kundengruppen abzustellen, also aus der produktionsorientierten eine stärker marktorientierte Aufbauorganisation zu entwickeln.

Die **primär marktorientierte Aufbauorganisation** geht von der Erkenntnis aus, daß die verschiedenen Kunden unterschiedlich ausgeprägte Finanzbedürfnisse und auch unterschiedliche Verhaltensweisen gegenüber der Bank aufweisen, auf die sich die Bank durch Segmentierung des Gesamtmarktes und eine nach Marktsegmenten (Kundengruppen) differenzierte Ausrichtung ihres Verhaltens einstellen sollte. Änderungen der Aufbauorganisation beziehen sich dementsprechend vorrangig auf die Umgestaltung der traditionellen Leistungsabteilungen, während man meist die Zentralisierung von Verwaltungs- und Hilfsaufgaben als unverändert sinnvoll ansieht, da es sich hier um Bereiche ohne direkten Kundenkontakt handelt (Innenbetrieb).

Die Vorschläge für eine stärker marktorientierte Aufbauorganisation gehen unterschiedlich weit. Sie reichen bis zu der Vorstellung, man müsse „mehrere Banken innerhalb der Bank" schaffen, Geschäfte mit bestimmten Kundengruppen also organisatorisch vollständig verselbständigen. In ein solches Konzept wird häufig auch die erfolgsrechnerische Verselbständigung einbezogen, so daß man die „Teilbanken" letztlich als quasi-selbständige Unternehmen mit eigener Gewinnverantwortung sieht (profit center).[34]

War bei der traditionellen Aufbauorganisation die einseitige Orientierung an der innerbetrieblichen Leistungserstellung aus Kundensicht unbefriedigend, so besteht bei einseitiger Orientierung an Kundengruppen die Gefahr, daß die Leistungserstellung zersplittert wird und die beim traditionellen Konzept durch Zentralisierung und Spezialisierung erzielten Kostenvorteile verlorengehen. Deshalb sind in der Praxis gewöhnlich keine „reinen" Organisationsmodelle, sondern Kombinationen verwirklicht, mit denen man möglichst weitgehend die Vorteile der produktions- und der marktorientierten Organisation zu vereinigen sucht. Mischformen bestehen dabei in horizontaler und in vertikaler Hinsicht:

---

[34] Als Beispiel vgl. PENZKOFER, PETER/TÄUBE, KLAUS: Profit Centers im Bankbetrieb, in: Bk-B, 1972, S. 50–55 und 109–113.

- Neben auf Kundengruppen bezogenen Organisationseinheiten, die für das Standardangebot der Bank zuständig sind, bestehen spartenbezogene Einheiten für Leistungsarten, die sehr spezielles Wissen erfordern (z. B. Außenhandelsfinanzierung, Emissionsgeschäft).

- In den Geschäftsstellen, dem Bereich des unmittelbaren Kundenkontakts und des Vertriebs, wird nach Kundengruppen gegliedert, während die Zentrale der Bank stärker nach Sparten („Produktgruppen") organisiert ist.

Mischformen erfordern eine besonders klare Regelung der Kompetenzen, da es sonst zu für die Gesamtbank schädlichen Konflikten kommen kann. Die Lösungen sind von Institut zu Institut verschieden, abhängig vor allem von der Größe und dem Ausmaß der Standortspaltung[35]

---

[35] Zu den Möglichkeiten und Problemen unterschiedlicher Mischformen vgl. LIEBAU, GERHARD: Marktorientierte Organisation in Kreditinstituten, Göttingen 1982.

Vierter Abschnitt
Erstellung bankbetrieblicher Leistungen

Bankbetriebliche Leistungen sind (wie alle Dienstleistungen) nicht lagerfähig. Ihre Erstellung und ihr Absatz erfolgen aus diesem Grunde in einem Zuge („uno actu"), sind also nicht voneinander zu trennen. Das schließt jedoch nicht aus, daß man für eine genauere Analyse der wesentlichen Entscheidungsprobleme die innerbetrieblichen Fragen, bei denen das Kosten- und Sicherheitsdenken im Vordergrund steht, getrennt von den marktbezogenen Problemen behandelt, bei denen die Beziehung zum Abnehmer der Leistungen (Kunden) im Mittelpunkt steht. In diesem Sinne werden die Überlegungen im 4. und 5. Abschnitt voneinander abgegrenzt.

1. Grundlagen

1.1 Einsatzfaktoren und Dispositionsbereiche[1]

Jede betriebliche Leistungserstellung läßt sich als Zusammenwirken (Kombination) von **Elementar- oder Einsatzfaktoren** interpretieren. Auf ERICH GUTENBERG geht die gebräuchliche Unterscheidung von drei Elementarfaktoren zurück:

- objektbezogene (d. h. nicht-dispositiv-anordnende) menschliche Arbeit;
- Betriebsmittel (als die Gesamtheit der Einrichtungen und Anlagen zur Leistungserstellung: vor allem maschinelle Apparaturen, aber auch Grundstücke, Gebäude und das Büroinventar);
- Werkstoffe (als Inbegriff der Ausgangs- und Grundstoffe für die Herstellung der Erzeugnisse).

Da sich die Kombination der Elementarfaktoren nicht mechanisch vollzieht, sondern durch bewußtes menschliches Handeln, gliedert GUTENBERG aus dem Elementarfaktor menschliche Arbeit die Träger dispositiver Arbeit als vierten Faktor aus, den er Geschäfts- und Betriebsleitung nennt und dem er auch die Planung und die Betriebsorganisation zuordnet. Besondere Aufmerksamkeit widmet GUTENBERG dem quantitativen Verhältnis zwischen

---

[1] Die maßgeblichen Arbeiten zur wissenschaftlichen Analyse bankbetrieblicher Leistungserstellung stammen von HANS-DIETER DEPPE, auf den sich deshalb die folgenden Ausführungen wesentlich stützen. Zu Ansätzen und Grundbegriffen vgl.: DEPPE, HANS-DIETER: Bankbetriebliches Wachstum, Stuttgart 1969, S. 5–36; DEPPE, HANS-DIETER: Eine Konzeption wissenschaftlicher Bankbetriebslehre in drei Doppelstunden, in: Bankbetriebliches Lesebuch, hrsgg. von H.-D. DEPPE, Stuttgart 1978, S. 31–85.

den Produktionsergebnissen (output) und den jeweiligen Faktoreinsätzen (input), das er in Produktivitätsbeziehungen zu erfassen sucht.[2]

Die Leistungserstellung von den Elementarfaktoren und ihrer Kombination her zu erklären, ist ein angreifbares Konzept. So ist die Trennung in dispositive und objektbezogene Arbeit sehr fragwürdig; Leistungsabgaben des Faktors menschliche Arbeit sind praktisch kaum zu messen; und der Ansatz ist kaum verwendbar in Bereichen mit überwiegend dispositiver Arbeit (statt stark technisch bestimmtem Faktorverbrauch), also außerhalb des eigentlichen Produktionsbereiches.

Die Kritik konzentriert sich vor allem auf die Vorstellung, man könne auf diese Weise quantitative Produktivitätsbeziehungen ermitteln. Wählt man keinen so hohen Anspruch, sondern benutzt den Ansatz lediglich dazu, die für Entscheidungen über den Ablauf der Leistungsprozesse wesentlichen Zusammenhänge aufzuzeigen, so erscheint er durchaus nützlich. Die Überlegungen gehen insoweit nur davon aus, daß bestimmte Einsatzfaktoren im Rahmen der Leistungserstellung kombiniert und dabei (im weitesten Sinne) verbraucht werden. Daraus folgt, daß die vorhandenen Faktoren und die Art ihres Zusammenwirkens das Leistungsvermögen der Bank bestimmen (ihre Kapazität) und daß ihr Verbrauch das Mengengerüst für die mit der Leistungserstellung verbundenen Kosten bildet.

Das von GUTENBERG entwickelte Faktorsystem läßt sich allerdings nicht unverändert auf den Bankbetrieb anwenden, da es die Erstellung von Sachleistungen, d. h. einen Industriebetrieb zugrunde legt. Einerseits ist es zu verkürzen, denn in einer Bank werden (wie in allen Dienstleistungsbetrieben) keine konkreten Werkstoffe verarbeitet. Andererseits ist es um den monetären Faktor zu erweitern. Kann man schon, abweichend von GUTENBERG, der Ansicht sein, im Industriebetrieb seien auch Finanzierungsmittel für die Leistungserstellung unabdingbar und deshalb zu den Einsatzfaktoren zu zählen, so wird dies für Bankbetriebe unerläßlich. Die beschafften Finanzierungsmittel dienen in einer Bank nicht (wie im Industriebetrieb) primär der Beschaffung der eigentlichen Einsatzfaktoren, sondern sie werden unmittelbar bei der Erstellung der Leistungen beansprucht, insbesondere im Rahmen der unmittelbaren Finanzierungen der Bank.

In der Fachliteratur ist wiederholt versucht worden, den monetären Faktor über Analogien in das von GUTENBERG entwickelte Faktorsystem einzufügen. Doch läßt er sich weder als „eine Art Werkstoff" kennzeichnen, da er nicht in gleicher Weise wie ein konkreter Werkstoff Bestandteil der Marktleistungen wird, noch kann man ihn als „eine Art Betriebsmittel" interpretieren, weil dann die Grenzen zwischen dem güterwirtschaftlichen Bereich (Betriebsmittel verstanden als „technische Apparaturen") und dem monetären Bereich verwischt würden. Der einzig zweckmäßige Weg ist es daher, den monetären Faktor als eigenständigen Einsatzfaktor neben die materiellen Faktoren menschliche Arbeitskraft und Betriebsmittel zu stellen.

In der neueren Betriebswirtschaftslehre sieht man auch in Informationen – verstanden als „zweckorientiertes Wissen" – einen Einsatzfaktor betrieblicher Leistungserstellung, da Wissen über die Bedingungen und Alternativen

---

[2] GUTENBERG, ERICH: Grundlagen der Betriebswirtschaftslehre, 1. Band: Die Produktion, 18. Auflage, Berlin/Heidelberg/New York 1972, S. 1–8. Zur Kritik des Ansatzes vgl. KÖHLER, RICHARD: Theoretische Systeme der Betriebswirtschaftslehre im Lichte der neueren Wissenschaftslogik, Stuttgart 1966, S. 148–160.

der Leistungsprozesse für eine erfolgreiche Tätigkeit ebenso erforderlich sei wie der Einsatz von menschlicher Arbeitskraft und von Betriebsmitteln. Informationen werden nicht nur von außen bezogen, sondern auch laufend im Rahmen der Leistungsprozesse „produziert". Die vom Betrieb selbst produzierten Informationen dienen überwiegend der Steuerung der Leistungsprozesse (innerbetriebliche Leistungen); zum Teil werden sie aber auch als Marktleistungen abgegeben, vom Bankbetrieb im Rahmen der Kundenberatung im weitesten Sinne.

An die Unterscheidung verschiedener Elementar- oder Einsatzfaktoren der Leistungserstellung knüpft man – in der Bankbetriebslehre wie auch in der Bankpraxis – die Trennung in zwei **Dispositionsbereiche,** mit der insbesondere die systematische Ordnung bankbetrieblicher Entscheidungsprobleme bezweckt wird. Die beiden Bereiche werden zwar unterschiedlich benannt, doch überwiegend verstanden als

1. Bereich der Nutzung des Monetären Faktors (liquiditätsmäßig-finanzieller Bereich, LFB; auch: Finanz-, Wert- oder Geschäftsbereich);

2. Bereich der Nutzung der Faktoren menschliche Arbeitskraft, Betriebsmittel und Informationen (technisch-organisatorischer Bereich, TOB; auch: Betriebs-, Arbeits- oder Stückbereich).

Insgesamt ergibt sich damit folgender Zusammenhang:

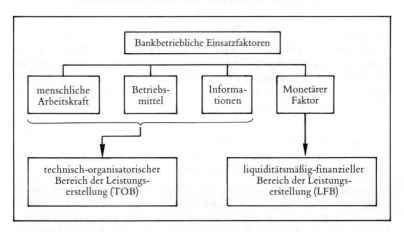

Der LFB ist ein abstrakter (nur gedanklich abgehobener) Bereich, der die Gesamtheit der Entscheidungsprobleme und der ihnen zugrunde liegenden Faktoren und Zusammenhänge umfaßt, die sich aus der Beschaffung und Verwendung von Finanzierungsmitteln durch den Bankbetrieb ergeben. Gegenstand der Entscheidungen sind die geldlichen Bestandsgrößen, vor allem Forderungen und Verbindlichkeiten der Bank, sowie die sie verändernden Geldbewegungen (Zahlungsströme).

Der TOB ist der konkrete Bereich der Bank („das sichtbare Gehäuse"), der die Gesamtheit der Entscheidungsprobleme und der ihnen zugrunde liegenden Faktoren und Zusammenhänge umfaßt, die sich auf den Einsatz der im Bankbetrieb tätigen Menschen und der Betriebsmittel beziehen. Hier geht es im wesentlichen um organisatorische, zwischenmenschliche und technische Fragen.

Die Trennung in die beiden Dispositionsbereiche ist keine bankbetriebliche Eigenart, wie man das lange in der Bankbetriebslehre unterstellt hat. Auch für den Industriebetrieb läßt sich der abstrakte Finanzbereich vom materiellen Produktionsbereich abheben. Bankspezifisch ist lediglich das besondere Gewicht, das dem Finanzbereich (LFB) zukommt. Während für den Industriebetrieb der Finanzbereich im Verhältnis zur materiellen Leistungserstellung als Hilfsbereich zu kennzeichnen ist, besteht im Bankbetrieb die umgekehrte Beziehung. Im Vordergrund stehen die liquiditätsmäßig-finanziellen Probleme, hinter denen die Fragen der technisch-organisatorischen Abwicklung der Geschäfte zurücktreten. Im Rahmen der Planung bankbetrieblicher Leistungserstellung ist der TOB der abgeleitete (derivative) Planungsbereich: Ansatz und Mittelpunkt der Planung bildet die weitere Entwicklung der Verbindlichkeiten, der Forderungen und der Liquiditätslage; erst aus den hierbei prognostizierten oder geplanten Veränderungen werden (im zweiten Schritt) die Konsequenzen für Bestand und Einsatz des Personals und der Betriebsmittel bedacht.

1.2 Kapazität und ihre Bestimmungsfaktoren[3]

Der Monetäre Faktor auf der einen und die materiellen Faktoren menschliche Arbeitskraft und Betriebsmittel auf der anderen Seite unterscheiden sich in ihrem Wesen und in den Bedingungen ihrer Nutzung so grundsätzlich, daß sie nicht nur die Trennung in zwei Dispositionsbereiche nahelegen, sondern auch zu einer zweifachen Bestimmung des Leistungsvermögens einer Bank führen. Es sind zu unterscheiden:

1. die finanzielle Kapazität als der maximale Umfang, bis zu dem Geldnutzungen abgegeben werden können (Kreditkapazität im weiten Sinne);
2. die technisch-organisatorische Kapazität als der maximale Umfang, bis zu dem Geschäftsvorfälle bearbeitet werden können.

Bestimmt man die Kapazität von den Einsatzfaktoren her, also mit inputorientierten Maßstäben, so sind generell zwei Aspekte zu trennen: die vorhandenen Faktorbestände und der für geplante Marktleistungen erforderliche Faktorverbrauch. Damit sind auch die beiden generellen Möglichkeiten der Kapazitätserweiterung aufgezeigt: Wachstum ist möglich durch vergrößerte Faktorbestände und/oder durch verringerten Faktorverbrauch.

1.2.1 Finanzielle Kapazität

Die Erläuterung der Komponenten, die das Finanzierungsvolumen einer Bank begrenzen, wird nun auch genauer zeigen, in welcher Weise der bisher nur etwas vage umschriebene „Monetäre Faktor" in die Leistungserstellung des Bankbetriebes eingeht. Die den Finanzierungsspielraum begrenzenden

---

[3] Weiterführende Literaturhinweise hierzu: S. 372 f.

Komponenten sind als Niederschlag von Sicherheitserfordernissen zu interpretieren, die man vereinfacht in dem Grundsatz zusammenfassen kann: Eine Bank darf ihr Finanzierungsvolumen ausweiten, solange durch die Finanzierung nicht ihre Zahlungsfähigkeit gefährdet wird und solange die im Rahmen der Finanzierung entstehenden Verluste nicht ihre Gläubiger gefährden. Denn Zahlungsunfähigkeit und Überschuldung sind (wie für alle Unternehmen) auch für die Bank Konkursgründe.

Nach dem gegenwärtigen Stand der Forschung trennt man drei Komponenten des Monetären Faktors,[4] von denen sich die beiden ersten auf die Sicherung der Zahlungsfähigkeit beziehen, die dritte auf den Schutz der Gläubiger:

1. Überschußreserven,
2. Finanzierungsmittelstruktur,
3. Eigenkapital (finanzielles Haftungspotential).

Für genauere Überlegungen ist zu entscheiden, ob man die Gesamtkapazität der Bank meint oder nur – ausgehend von einem bestimmten Geschäftsumfang – die Ausweitungsmöglichkeiten. Beides wird in der Fachliteratur oft vermengt, was schon die gebräuchliche Wortwahl andeutet: „Überschußreserve" stellt auf die durch das bisherige Geschäftsvolumen noch nicht gebundene Liquiditätsreserve ab, während „Eigenkapital" auf das gesamte (schon vorhandene und noch zusätzlich mögliche) Finanzierungsvolumen abstellt.

Im folgenden wird vom realistischen Fall einer tätigen Bank ausgegangen, so daß die genauer gefaßte Frage lautet: Welche Faktoren bestimmen in welcher Weise, wie weit das Finanzierungsvolumen einer Bank über den erreichten Stand hinaus ausgeweitet werden kann.

Der Spielraum, das Finanzierungsvolumen auszuweiten, bestimmt sich vor allem nach der Höhe der **Überschußreserve:** dem Umfang der nicht durch das bereits bestehende Geschäftsvolumen gebundenen Liquiditätsreserve. Formal ist sie einfach zu ermitteln, indem man vom Umfang der gesamten (vorhandenen) Liquiditätsreserve den der erforderlichen (gebundenen) Reserve abzieht. Doch läßt sich weder die vorhandene, noch die erforderliche Reserve ohne Willkür ermitteln.

Die Liquiditätsreserve einer Bank umfaßt ihre Bestände an Bar- und Buchgeld (Primärreserve), ihre kurzfristig mobilisierbaren Anlagen wie Schatzwechsel und kurzfristige Interbankkredite (Sekundärreserve) sowie den Spielraum, bis zu dem sie sich Mittel durch Kreditaufnahme bei anderen Geschäftsbanken und bei der Zentralbank beschaffen kann (Kreditreserve). Die genaue Ermittlung des Gesamtumfanges ist problematisch wegen der fließenden Grenze zwischen Sekundärreserve und Effektenanlage und weil die Kreditreserve letztlich durch das Ermessen zahlreicher potentieller Kreditgeber bestimmt wird.

Welcher Teil der Liquiditätsreserve durch das vorhandene Geschäftsvolumen bereits gebunden ist, für Erweiterungen also nicht mehr zugrunde gelegt werden darf, ist noch schwieriger als der Gesamtbestand zu bestimmen. Wesentlicher Bestimmungsfaktor sind Volumen und Struktur der Verbind-

---

[4] Vgl. insbesondere SÜCHTING, JOACHIM: Bestimmungsfaktoren des Kreditangebots, in: BfG, 1968, S. 441–446.

lichkeiten (als Auszahlungsverpflichtungen), vor allem der Einlagen, die die Kunden bei der Bank unterhalten. Die verschiedenen Einlagenarten erfordern nicht nur unterschiedlich hohe Mindestreserven bei der Zentralbank, sondern erfahrungsgemäß auch eine unterschiedliche Liquiditätsvorsorge. Die Vorsorgebedürftigkeit hängt ab

- von der Häufigkeit, der Termingebundenheit und der Größenordnung der einzelnen mit einer Einlagenart verbundenen Zahlungsvorgänge,
- von der Wahrscheinlichkeit, mit der Auszahlungen durch vorherige Einzahlungen anderer Kunden substituiert werden,
- von dem Umfang, in dem Verfügungen durch bloße Übertragung auf ein anderes Konto in derselben Bank erledigt werden können, da die liquiden Mittel der Bank davon unberührt bleiben (interne Verrechnung).

Spareinlagen beispielsweise erfordern, im ganzen gesehen, aus diesen Gründen eine geringere Liquiditätsvorsorge als Sicht- und Termineinlagen. In welcher Höhe jedoch für die einzelnen Einlagenarten Liquiditätsreserven erforderlich sind, ist theoretisch überhaupt nicht und praktisch nur näherungsweise mit Hilfe statistischer Analysen von Vergangenheitswerten zu bestimmen. Im Zusammenhang der Liquiditätsplanung wird im nächsten Abschnitt noch genauer hierauf einzugehen sein.

Die Höhe der Überschußreserve stellt erst den Faktorbestand dar, der für sich genommen noch keine Aussage über die mögliche Ausweitung des Finanzierungsvolumens erlaubt. Der Faktorbestand (Überschußreserve) kann bei verschiedenen Verwendungen (Marktleistungen) in unterschiedlichem Maße verbraucht werden; die Kapazität wird also auch durch den Verbrauchskoeffizienten bestimmt. Im ganzen ergibt sich damit folgender Zusammenhang:

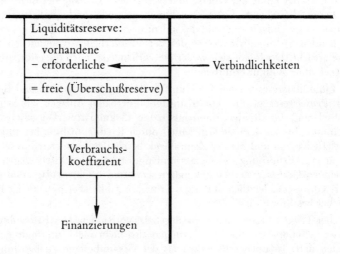

Ausgangsgröße für die Ermittlung des Verbrauchskoeffizienten ist der Umfang der Kreditzusagen (Kreditlinien, Limite). Zusagen werden von den Kunden in unterschiedlichem Umfang, selten jedoch während der gesamten Laufzeit in voller Höhe in Anspruch genommen. Inanspruchnahmen führen nicht in voller Höhe zum Abzug liquider Mittel, sondern zum Teil nur zu Gutschriften auf Konten anderer Kunden bei derselben Bank (interne Verrechnung). So läßt sich zusammenfassen: Je größer der nicht beanspruchte Teil der Kreditzusagen und je größer der Anteil interner Verrechnungen an den gesamten Verfügungen, umso größer ist das Finanzierungsvolumen, das die Bank auf einer gegebenen Überschußreserve aufbauen kann.

Die **Finanzierungsmittelstruktur** (im wesentlichen: Zusammensetzung der Einlagen) ist mittelbar bereits berücksichtigt worden: bei der Ermittlung der erforderlichen (gebundenen) Liquiditätsreserve. Darüber hinaus ist sie aber auch direkt, als zweite eigenständige Komponente des Monetären Faktors zu berücksichtigen. Zur Liquiditätsvorsorge auf längere Sicht werden in der Bankpraxis horizontale Finanzierungsregeln beachtet, deren Einhaltung im übrigen auch von der Bankenaufsicht vorgeschrieben ist. Grundsatz II der „Grundsätze über das Eigenkapital und die Liquidität" begrenzt den Umfang langfristiger Finanzierungen auf die Gesamtsumme der als langfristig definierten Finanzierungsmittel, und Grundsatz III enthält eine entsprechende Begrenzung für die kurz- und mittelfristigen Anlagen einer Bank. Damit bestimmt die Struktur der Finanzierungsmittel den maximalen Umfang bestimmter Arten der Finanzierung, ist also Bestimmungsfaktor für finanzielle Teilkapazitäten.

Das **Eigenkapital** bestimmt die finanzielle Kapazität einer Bank zum einen in seiner Funktion als Finanzierungsmittel: Es erfordert keine Liquiditätsreserven, und es geht in vollem Umfang in die langfristigen Finanzierungsmittel ein, die das langfristige Kreditvolumen begrenzen. Daneben kommt dem Eigenkapital aber auch eine Haftungsfunktion zu. Aufgrund der Verlustgefahren, die einem Bankbetrieb insbesondere im Rahmen der unmittelbaren Finanzierung (Kreditvergabe) drohen, bestehen auch im Kreditgewerbe bestimmte Vorstellungen darüber, wie hoch der Anteil des Eigenkapitals an den Finanzierungsmitteln sein sollte, um mögliche Verluste der Bank aufzufangen und so die Gläubiger, vor allem die Einleger, vor Verlusten zu schützen (Voraushaftungsfunktion des Eigenkapitals). Derzeit wird offenbar ein Anteil von etwa 5–7% an den gesamten Finanzierungsmitteln (Passiva) als angemessen betrachtet. Auch die Vorschriften der Bankenaufsicht verlangen Eigenkapital in ähnlicher Größenordnung, indem sie die Risikoaktiva einer Bank auf das 12,5fache ihres haftenden Eigenkapitals begrenzen (Grundsatz I). Der Umfang des Eigenkapitals ist also ein weiterer kapazitätsbestimmender Faktor.

Auch beim Eigenkapital bestimmt nicht allein das Volumen (Faktorbestand) die Kapazität, sondern auch der Umfang, in dem es für die Erstellung von Marktleistungen „verbraucht" wird (Verbrauchskoeffizient). Beim Eigenkapital sind maßgeblich für den „Verbrauch" die Unterschiede im Risiko der Finanzierungen. Beispielsweise werden von der Bankenaufsicht Kredite an den Staat, als offenbar risikolos, im Grundsatz I nicht mitberücksichtigt; ihre Gewährung „verbraucht" mithin kein Eigenkapital.

1.2.2 Technisch-organisatorische Kapazität

Hier geht es um die Bestimmungsfaktoren des maximalen Umfangs an Geschäftsvorfällen (Kundenaufträgen), die in einem bestimmten Zeitraum abschließend bearbeitet werden können. Maßstab ist die Zahl der zu erstellenden Marktleistungen; die Beträge, über die sie jeweils lauten, sind fast durchweg für den mit der Abwicklung verbundenen Arbeitsaufwand unerheblich.

Eine Ausnahme bildet nur das Kreditgeschäft: größere Beträge verlangen hier auch größere Sorgfalt bei der Prüfung der Kreditanträge, weil mögliche Verluste die Bank empfindlicher treffen können.

Grundlage ist die normale zeitliche Beanspruchung (Zeitverbrauch) für die Abwicklung eines einzelnen Geschäftsvorfalles. Die Kapazität ergibt sich dann, indem man die in einem Zeitabschnitt zur Verfügung stehende Gesamtarbeitszeit durch den Zeitverbrauch je Geschäftsvorfall dividiert. Für Zwecke der Planung läßt sich dementsprechend aus der erwarteten Zahl von Geschäftsvorfällen und dem Zeitverbrauch je Geschäftsvorfall die Gesamtarbeitszeit und damit die erforderliche Dimensionierung des technisch-organisatorischen Bereiches ermitteln. Diese grundlegenden, sehr einfachen Überlegungen lassen sich allerdings nur schwer verwirklichen.

Bestimmungsfaktoren für die technisch-organisatorische Kapazität sind die vorhandenen Einsatzfaktoren – Personal und Betriebsmittel – sowie der Umfang, in dem sie (d. h. hier: ihr Leistungspotential) für die Erstellung „verbraucht" werden. Maßgeblich für die Höhe des Verbrauchskoeffizienten sind die Zweckmäßigkeit der Ablauforganisation und der Mechanisierungsgrad der Leistungserstellung.

Das **Personal** war in früherer Zeit nahezu ausschließlicher Bestimmungsfaktor der technisch-organisatorischen Kapazität einer Bank. Dann hat jedoch der Einsatz zunächst von Schreib- und Rechenmaschinen, später von Buchungsautomaten und schließlich von elektronischen Datenverarbeitungsanlagen dazu geführt, daß immer größere Teile der Leistungserstellung mit maschineller Hilfe erfolgten und eine Orientierung allein am Personalbestand immer fragwürdiger wurde. Allerdings ist im ganzen gesehen der Anteil menschlicher Arbeit an der Leistungserstellung des Bankbetriebes auch heute noch sehr hoch. So kann man den Jahresabschlüssen deutscher Universalbanken entnehmen, daß bei ihnen die Aufwendungen für das Personal etwa doppelt so hoch wie die Sachaufwendungen sind. Aufgrund dieser noch immer beträchtlichen Personalintensität legt man in Fachliteratur und Praxis zum Teil auch heute noch die Angestelltenzahl einer Bank als alleinigen Maßstab ihrer technisch-organisatorischen Kapazität zugrunde. Damit erhält man jedoch ein nur sehr ungenaues Ergebnis:

• Zum einen bleibt eben der heute doch erhebliche Einsatz maschineller Hilfsmittel unberücksichtigt, womit der Maßstab besonders bei solchen Leistungsarten von geringem Aussagewert ist, die in hohem Maße mechanisiert erstellt werden (beispielsweise die Abwicklung des bargeldlosen Zahlungsverkehrs).

• Zum anderen läßt die Orientierung lediglich an der Zahl der Angestellten Unterschiede in ihrer Qualifikation und in ihrer Arbeitsintensität unberücksichtigt. Auch aus diesem Grunde müßte man mindestens auf die Unterschiede bei der Erstellung der verschiedenen Leistungsarten abstellen. Selbst dann würden noch immer jene Leistungsarten große Schwierigkeiten aufwerfen, bei denen sich die Einzelleistungen stark unterscheiden, im Grunde individuell sind (beispielsweise die Bearbeitung von Unternehmenskrediten). Für den Zeitverbrauch lassen sich hier allenfalls durchschnittliche Erfahrungswerte zugrunde legen; Unterschiede in der Arbeitsintensität sind praktisch nicht zu erfassen.

Die **Betriebsmittel,** der zweite Bestimmungsfaktor der technisch-organisatorischen Kapazität, tragen ebenfalls beträchtliche Erfassungsprobleme in die Kapazitätsbestimmung hinein. Zwar sind sie leichter nach qualitativen Unterschieden zu differenzieren, und auch Schwankungen des Leistungsgrades sind überschaubarer als beim Einsatz menschlicher Arbeitskraft. Doch läßt sich die Maschinenkapazität auch nur für einzelne sowie für Gruppen gleichartiger Maschinen messen. Die Kapazitäten ungleichartiger Maschinen sind schon nicht mehr zu summieren. Darüber hinaus ist der Einsatz technischer Hilfsmittel in den verschiedenen Leistungsbereichen einer Bank unterschiedlich, was generelle Aussagen über die Bedeutung der Betriebsmittel für die Kapazität der Gesamtbank kaum erlaubt.

Die bisherigen Überlegungen deuten schon auf den allein sinnvollen Ansatz hin, zu genaueren Aussagen zu gelangen. Da eine Bank ein Mehrproduktunternehmen ist, bei dem für die Erstellung der verschiedenen Produkte (Leistungsarten) menschliche Arbeitskraft und Betriebsmittel in sehr unterschiedlichen Anteilen zusammenwirken, ist bei den **Teilkapazitäten** (für die Erstellung verschiedener Leistungsarten) anzusetzen. Kriterium für die Abgrenzung eines Teilbereichs ist die Erstellung von arbeitsmäßig gleichartigen oder wenigstens rechnerisch – z. B. mit Äquivalenzziffern, die auf den Unterschieden der Bearbeitungszeit basieren – gleichartig zu machenden Leistungen. Zerlegt man dann den Erstellungsprozeß im einzelnen Teilbereich in Teilakte, beispielsweise in die erforderlichen Sortier-, Prüf- und Buchungsarbeiten, so läßt sich die Kapazität für die Erstellung der einzelnen Leistungsarten anhand des Engpasses im Erstellungsprozeß ermitteln.

2. Liquiditätsmäßig-finanzieller Bereich (LFB)

Als liquiditätsmäßig-finanzieller Bereich werden die finanziellen Bestände (Forderungen/Verbindlichkeiten/Eigenkapital) und die Geldströme aus dem Gesamtgeschehen im Bankbetrieb gedanklich herausgehoben. Die Probleme der Leistungserstellung konzentrieren sich dabei auf die „Produktion" unmittelbarer Finanzierungen, bei denen die Bank den Kunden Zahlungsmittel befristet überläßt und damit ihr Gläubiger wird. Die Hereinnahme von Zahlungsmitteln, vor allem von Einlagen, ist dagegen aus betriebsbezogener Sicht als Beschaffungsvorgang, also nur als Voraussetzung der Leistungserstellung zu sehen, obwohl aus Kundensicht dabei eigenständige Marktleistungen abgesetzt werden (unmittelbare Geldanlagemöglichkeiten oder Geldverwahrung).[5] Die Abwicklung des Zahlungsverkehrs ist zwar eine nur technisch-organisatorische Leistung der Bank, die aber auch den liquiditäts-

---

[5] Die Unterschiede zwischen der betriebsbezogenen und der kundenbezogenen Sicht sind eingehend im Abschnitt über die bankbetrieblichen Marktleistungen erläutert worden (S. 22–26).

mäßig-finanziellen Bereich berührt, da die Zahlungsvorgänge die Bestände an Forderungen und Verbindlichkeiten verändern. Darüber hinaus bilden die für Kunden abgewickelten Zahlungsvorgänge den entscheidenden Bestimmungsfaktor für das Liquiditätsproblem einer Bank und sind daher der wesentliche Ansatz für Maßnahmen der Liquiditätspolitik.

Die Entscheidungsprobleme bei der „Produktion" unmittelbarer Finanzierungen liegen auf zwei Ebenen: Zum einen betreffen sie die Struktur der gesamten Anlagen des Bankbetriebes, wobei auch die Eigenanlagen einbezogen werden, zum anderen die einzelne Anlageentscheidung, im besonderen die einzelne Kreditvergabeentscheidung. Von den Strukturierungsfragen ist auszugehen, da sie den Rahmen für die Einzelentscheidungen bilden.

2.1 Strukturierungsfragen

Entsprechend der primären Zielsetzung ist Leitlinie der Strukturierungsentscheidungen das Gewinnstreben. Da aber auch im Bankbetrieb die unternehmerischen Entscheidungen unter Unsicherheit getroffen werden müssen, sind sie mit Risiken verbunden. Im liquiditätsmäßig-finanziellen Bereich ergibt sich ein wesentlicher Teil der Risiken aus den Entscheidungen über die Zusammensetzung des Gesamtgeschäfts (strukturbedingte Risiken). Diese Risiken müssen bei der Strukturierung auf das für den Bankbetrieb tragbare Maß begrenzt werden. Wieviel er tragen kann, bestimmt sich nach seinem jeweiligen

* liquiditätsmäßigen Potential (der Fähigkeit, berechtigten Zahlungsverpflichtungen nachzukommen) und seinem jeweiligen
* finanziellen Haftungspotential (der Fähigkeit, Verluste ohne Gefährdung der Gläubiger aufzufangen; bilanzieller Ausdruck hierfür ist das haftende Eigenkapital der Bank).

Zentrale Aufgabe der Strukturierung ist es dementsprechend, die aus ihr resultierenden Risiken zu erkennen, zu quantifizieren und sie im Verhältnis zu den vorhandenen Tragfähigkeitspotentialen zu begrenzen.

Außer den Risiken, die direkt aus den Strukturentscheidungen entstehen, sind dabei auch die aus der Entscheidung über Einzelgeschäfte resultierenden Risiken einzubeziehen. Trotz sorgfältiger Einzelfallprüfung ist es insbesondere bei der Kreditvergabe nicht zu vermeiden, daß es zu Ausfällen kommt. Deshalb müssen auch die im Kreditvolumen kumulierten Einzelfallrisiken im Rahmen der Strukturentscheidungen begrenzt werden.

Da sich die Kernbereiche des Geschäfts einer Bank in ihrer Bilanz niederschlagen, konzentriert sich die Abstimmung der gewinn- und risikoorientierten Entscheidungen auf die Bilanzstruktur (**Bilanzstruktur-Management**). Die entsprechende Abstimmung für das bilanzunwirksame Geschäft (off-the-balance-sheet activities) ist ergänzend damit zu verknüpfen.[6]

---

[6] Literaturhinweise allgemein zum Risikomanagement in Banken und speziell zum Bilanzstruktur-Management auf S. 373 f. und 376 f.

Entsprechend der beiden zentralen Gefährdungen einer Bank im liquiditäts-mäßig-finanziellen Bereich ist es angebracht, getrennt zu erörtern, wie bei der Strukturierung der Bilanz

(1) die Gefahren für das liquiditätsmäßige Potential (Liquiditätsrisiko) und

(2) die Gefahren für das finanzielle Haftungspotential (Eigenkapitalverlust-, auch: Erfolgsrisiko)

zu berücksichtigen sind.[7]

Da der Bestand eines Bankbetriebes, der sich vorrangig durch Einlagen finanziert, entscheidend vom Vertrauen der Einleger abhängt, daß sie bei berechtigtem Verlangen unbeschränkt über ihre der Bank überlassenen Zahlungsmittel verfügen können, richtet sich der Blick zunächst auf die Sicherung der Zahlungsfähigkeit (Liquidität) der Bank. Sie bildet die Voraussetzung, unter der die eigentlichen Ziele, insbesondere die Gewinnerzielung, verfolgt werden können.

2.1.1 Liquiditätsrisiko und Liquiditätspolitik

2.1.1.1 Liquiditätsrisiko

Alle Wirtschaftsunternehmen stehen vor einem Liquiditätsproblem: Wenn sie ihren Zahlungsverpflichtungen nicht nachkommen, droht ihnen der Konkurs. Für eine Bank ist das Liquiditätsproblem aber von wesentlich größerer Bedeutung als für andere Unternehmen. Zahlungsvorgänge sind im Bankbetrieb nur zu einem sehr geringen Teil solche „in eigener Sache" (Abgänge für Faktorentgelte und Zugänge aus Verkaufserlösen); weit überwiegend handelt es sich um Zahlungen, die die Bank – als eine ihrer Marktleistungen – für die Kunden ausführt oder für sie erhält. Sieht man einmal vom bloßen Geldwechseln ab, so berühren alle diese Zahlungsvorgänge mindestens ein Konto (bei baren Ein- und Auszahlungen), zumeist aber zwei Konten (bei bargeldlosen Zahlungen). Die Zahlungsvorgänge hängen also unmittelbar mit den hereingenommenen Einlagen und den vergebenen Krediten zusammen: Durch Zahlungseingänge werden Einlagen aufgestockt oder Kredite zurückgeführt, durch Zahlungsausgänge werden Einlagen reduziert oder Kredite beansprucht.

Daß es sich weit überwiegend um **fremddeterminierte Zahlungsvorgänge** handelt, macht die jederzeitige Erhaltung der Zahlungsfähigkeit bei einer Bank schwieriger als bei anderen Betrieben. Im Industriebetrieb beispielsweise lassen sich die aus den Forderungen und Verbindlichkeiten resultierenden Geldeingänge und Geldausgänge ziemlich genau vorhersehen. Im Bankbetrieb dagegen legen die üblichen Terminierungen der Einlagen lediglich die Möglichkeit der Einleger fest, über ihre Gelder zu verfügen:

- täglich in voller Höhe über Sichteinlagen (als „täglich fällige Gelder"),
- zu den vereinbarten Fälligkeitsterminen über Festgelder,

---

[7] Unberücksichtigt bleibt der Einfluß steuerlicher Vorschriften auf die Strukturierung der Anlagen. Einen Überblick hierzu gibt Oberkönig, Peter: Steuerbelastung und Steuerpolitik von Universalbanken, Köln 1979, S. 192–395.

- bei Kündigung nach Ablauf der vereinbarten Kündigungsfrist über Kündigungsgelder und Spareinlagen mit vereinbarter Kündigungsfrist,
- innerhalb eines Kalendermonat bis zu DM 3.000 und darüber hinaus mit einer Kündigungsfrist von drei Monaten über normale Spareinlagen.

Wann und in welchem Umfang die einzelnen Einleger tatsächlich verfügen, oder ob sie im Gegenteil ihre Einlagen noch aufstocken, ist der Bank gewöhnlich im voraus nicht bekannt. (Sie muß sogar damit rechnen, daß Auszahlungswünsche vorfristig auf sie zukommen, denen sie aus Kulanzgründen entsprechen muß.) Ebenso ist der Bank bei zugesagten Krediten meist nicht genau bekannt, in welchen Teilbeträgen und zu welchen Zeitpunkten der Kreditnehmer tatsächlich über den Kredit verfügt bzw. ihn zurückführt. Die Entscheidungsfreiheit des Kunden (und damit die Ungewißheit für die Bank) ist am größten bei zugesagten Kontokorrentkrediten und bei Sichteinlagen.

Die Ungewißheit über die künftigen Zahlungsvorgänge wiegt besonders schwer, weil ein Bankbetrieb praktisch **keine Stundungsmöglichkeit** hat. Während ein Industrie- oder ein Handelsbetrieb fällige Zahlungen für einige Zeit hinausschieben kann, indem eine Stundung vereinbart wird oder man einfach Mahnungen in Kauf nimmt, ist bei einem Bankbetrieb sofort die Existenz gefährdet, wenn er auch nur für kurze Zeit seinen Zahlungsverpflichtungen nicht nachkommen kann. Schon ein entsprechendes Gerücht kann die Bank gefährden, wenn es dazu führt, daß eine größere Zahl von Einlegern oder große Einzeleinleger unsicher werden und ihre Gelder vorsorglich abziehen.

Um die **Ansatzpunkte der Liquiditätssicherung** genauer zu erkennen, sind die Einzahlungs- und Auszahlungsströme nicht mehr getrennt nach verschiedenen Ursprüngen (Einlagen/Kredite), sondern insgesamt zu sehen; außerdem ist zu berücksichtigen, daß die Zahlungsfähigkeit mehrere Geldformen erfordert (Bargeld/Buchgeld), also an verschiedenen Stellen gesichert werden muß.

(a) Zunächst ist hervorzuheben, daß die Liquidität des Bankbetriebes nur von solchen Zahlungsströmen berührt wird, die in das Institut herein- und aus ihm hinausführen, d. h. von Bareinzahlungen und -auszahlungen sowie von Zahlungen zu Lasten der Konten eigener Kunden auf Konten bei anderen Instituten und Zahlungseingängen zugunsten eigener Kunden von Konten bei anderen Instituten. Zahlungsvorgänge nur zwischen Konten des eigenen Instituts (interne Verrechnung) können unberücksichtigt bleiben, da sie die Liquiditätssituation der Bank unverändert lassen.

Von den Zahlungsströmen, die aus dem Institut hinaus- und in das Institut hereinführen, gleicht sich ein großer Teil aus: Geldausgänge können mit zuvor erfolgten oder gleichzeitigen Geldeingängen beglichen werden. Der entscheidende Ansatz für die Liquiditätsvorsorge ist mithin die Differenz zwischen Ausgängen und Eingängen. Für den die Zahlungsfähigkeit gefährdenden Fall, daß die Ausgänge die Eingänge übersteigen, muß die Bank Bestände an Zahlungsmitteln bereithalten oder Zahlungsmittel sehr kurzfristig beschaffen können.

(b) Zahlungen nach außen und von außen leistet bzw. empfängt die Bank in unterschiedlichen Geldformen: zum Teil in Bargeld, überwiegend aber in Buchgeld, d. h. bargeldlos durch Verrechnung mit anderen Institutionen:

- Zahlungen zwischen den Banken am Platz werden meist im Rahmen der täglichen Abrechnung (Clearing) miteinander aufgerechnet und die Salden über die Zentralbankkonten der beteiligten Banken ausgeglichen;
- im übrigen werden Zahlungen zwischen Banken über Konten abgewickelt, die jeweils eine der Banken bei der anderen unterhält, in der Regel die kleinere bei der größeren;
- da die Postgiroämter prinzipiell keine Konten bei einer Bank unterhalten, werden Zahlungen zwischen ihnen und den Banken ausschließlich über die Postgirokonten der einzelnen Banken abgewickelt.

Die Liquiditätsvorsorge muß sich also nicht nur auf die Kasse, sondern auch auf die verschiedenen Verrechnungskonten erstrecken. Denn selbst bei einem Ausgleich aller Geldeingänge und Geldausgänge (Gesamtgleichgewicht) können partielle Ungleichgewichte auftreten, beispielsweise ein Auszahlungsüberhang auf dem Postgirokonto der Bank. Partielle Ungleichgewichte lassen sich meist durch einfache Übertragung von Zahlungsmitteln beseitigen, etwa durch Übertragung vom Zentralbank- auf das Postgirokonto der Bank. Erleichternd ist dabei, daß partielle Ungleichgewichte nicht in allen Fällen sofort auszugleichen sind. Während für die von Kunden gewünschten Barauszahlungen in jedem Augenblick genügend Bargeld vorhanden sein muß, ist der Ausgleich von Verrechnungskonten gewöhnlich nur einmal am Tag notwendig. Bis zu diesem Zeitpunkt können die laufenden Ausgänge zeitweilig durchaus die laufenden Eingänge übersteigen.

2.1.1.2 Bilanzstruktur und Liquiditätsrisiko[8]

Die nur sehr beschränkt vorhersehbaren Geldausgänge und Geldeingänge erfordern eine systematische Planung der Liquiditätssicherung. Diese Planung kann sich – darüber besteht Einigkeit in Theorie und Praxis – nicht allein auf die nur kurzfristig mögliche Prognose der Zahlungsströme und auf das Bereithalten gewisser, aufgrund von Erfahrungen bemessener Zahlungsmittelbestände beschränken. Vielmehr ist das gesamte Leistungsprogramm des Bankbetriebes so zu gestalten, daß es zu Gefährdungen der Zahlungsfähigkeit kaum kommen kann. Diesem Zweck dienen die verschiedenen **„Dispositionsregeln"**, die seit langem fester Bestandteil der Bankbetriebslehre sind. Sie befassen sich mit der „strukturellen Liquidität" einer Bank, d. h. mit der im Hinblick auf die Sicherung der Zahlungsfähigkeit zweckmäßigen Bilanzstruktur. Für die kurzfristigen Anpassungsmaßnahmen (Gelddisposition) sollen die Regeln einen auf längere Sicht festgelegten Rahmen bilden.

Die Dispositionsregeln lassen sich zunächst danach unterscheiden, ob sie lediglich auf die (meist nicht näher definierte) normale Liquiditätsbeanspruchung abstellen, oder ob sie auch eine extreme, maximal mögliche Belastung einbeziehen. Überwiegend werden den Regeln „normale Zeiten" zugrunde gelegt, d. h. man geht nicht davon aus, daß es auch Aufgabe der einzelnen

---

[8] Weiterführende Literaturhinweise hierzu: S. 375.

Bank sei, sich auf einen „run" einzustellen. Im Falle eines „runs" hält man statt dessen Liquiditätshilfen der Zentralbank oder (aus Gründen der Solidarität) Hilfen anderer Geschäftsbanken für angemessen bzw. für praktisch wahrscheinlich.[9]

Vorsorge nur für eine Normalbelastung

Die für normale Liquiditätsbeanspruchungen entwickelten Regeln lassen sich auf drei Grundgedanken zurückführen, die zum Teil alleine, zum Teil auch kombiniert in die Regeln eingegangen sind:

1. Die Vorstellung, zur Sicherung der Liquidität müsse die Bank die Fristen ihrer Anlagen den Fristen ihrer Finanzierungsmittel anpassen (Forderung nach Fristenkongruenz von Aktiv- und Passivgeschäft). Dies ist der Grundgedanke der in vielfältigen Varianten vertretenen **Goldenen Bankregel.**

2. Die Vorstellung, im ganzen gesehen würden die Einlagen trotz des Zahlungsverkehrs einen bestimmten Umfang nicht unterschreiten **(Bodensatz),** weil sie zum Teil länger als rechtlich vereinbart bei der Bank verblieben (Prolongation) und weil Geldabzüge von einem Teil der Einleger durch Geldeingänge zugunsten anderer Einleger ausgeglichen würden (Substitution). Die Bank habe daher einen Bestand an Zahlungsmitteln lediglich in Höhe des Nicht-Bodensatzes bereitzuhalten, genauer: in Höhe des geschätzten maximal möglichen Auszahlungsüberschusses aus den Gesamteinlagen.

3. Die Vorstellung, im Falle von Auszahlungsüberschüssen (über Zahlungsmittelbestand und Einzahlungen hinaus) käme es vorrangig darauf an, daß die Bank entsprechende Teile ihrer Anlagen liquidieren, also gebundene Aktiva in Geld zurückführen könne **(„shiftability"** der Aktiva).[10]

Die drei Ansätze werden in der bankbetrieblichen Literatur mitunter zu historischen „Entwicklungsstufen der bankbetrieblichen Liquiditätstheorie" zusammengefügt. Ausgehend von der in konsequenter Form von OTTO HÜBNER (1854) vertretenen Goldenen Bankregel, der bei den Finanzierungsmitteln wie bei den Anlagen auf die vereinbarten Fristen abstellte, wird das Bodensatzkonzept als von ADOLPH WAGNER (1857) eingefügte Modifikation auf der Passivseite und die Hervorhebung der Liquidierbarkeit als von CARL KNIES (1879) eingefügte Modifikation auf der Aktivseite interpretiert.

Das ist zwar eine plausible Verknüpfung der drei Grundgedanken. Doch die Arbeiten der „Klassiker der Bankbetriebslehre" auf eine so bewußte und gradlinige Weiterentwicklung eines Ansatzes zu reduzieren, erscheint recht willkürlich. Die Interpretation geht auf eine Arbeit von RUDOLF STUCKEN aus den dreißiger Jahren zurück, der bei

---

[9] Die Bereitschaft zur Solidarität zeigt sich u. a. in der 1974 von den Universalbanken gegründeten Liquiditäts-Konsortialbank, die solchen Banken Liquiditätshilfe gewähren soll, die durch plötzliche Einlagenabzüge gefährdet werden, obwohl sie wirtschaftlich gesund sind. Im einzelnen dazu FISCHER, O.: Funktion und Wirkungsweise der Liquiditäts-Konsortialbank GmbH, in: Öst.Bk-A, 1975, S. 2–8.

[10] Da es zeitweise schwierig sein kann, Aktiva an andere Geschäftsbanken abzutreten, kommt besondere Bedeutung jenen Aktiven zu, die die Zentralbank akzeptiert („highly shiftable"). Deshalb hebt man im angelsächsischen Schrifttum die Abtretbarkeit an die Zentralbank als „eligibility" von Anlagen hervor.

dieser Gelegenheit die lange Zeit vergessenen Werke von HÜBNER und KNIES mit den Arbeiten von WAGNER in Beziehung brachte.[11] Seine Darstellung wird bis in die neueste Zeit unbesehen, zum Teil vergröbert fortgeschrieben, überwiegend nur unter Bezug auf wenige Kernsätze aus den Werken der drei Autoren. Daß sie wesentlich differenzierter und in vielem auch moderner argumentiert haben, als man es heute meist unterstellt, ist anschaulich von HOFFMANN herausgearbeitet worden.[12]

Die in der bankbetrieblichen Fachliteratur (zum Teil auch aus der Bankpraxis heraus) vorgetragenen Dispositionsregeln für normale Zeiten setzen überwiegend nicht – wie man das aus dem häufigen Bezug auf die „Goldene Bankregel" vermuten könnte – bei der Fristenkongruenz an, sondern stellen meist das Bodensatzkonzept in den Mittelpunkt. Aufgrund der erfahrungsgemäßen Schwankungen der verschiedenen Arten von Einlagen gelangt man zu Aussagen über die erforderliche Höhe der Liquiditätsreserve. Als Restgröße ergibt sich daraus, in welchem Umfang die Bank Anlagen zur Ertragserzielung tätigen kann: bis zur Höhe des Bodensatzes, also in dem Rahmen, den die Liquiditätsvorsorge beläßt. Daraus ergibt sich im ersten Schritt folgende Grobstruktur der Bilanz:

Liquiditätsreserve	schwankender Teil der Einlagen (Nicht-Bodensatz)
„earning assets"	stabiler Teil der Einlagen (Bodensatz)

Über die Struktur der Liquiditätsreserve und die der „earning assets" ist insoweit noch nichts gesagt. Auch für ihre Strukturierung werden gewöhnlich – im nächsten Schritt – Liquiditätsgesichtspunkte einbezogen:

(a) Ein Teil der Liquiditätsreserve muß in Form von Geld, also ertraglos unterhalten werden – entweder aufgrund rechtlicher Bestimmungen (z. B. Mindestreserve) oder aufgrund praktischer Erfordernisse (z. B. Kassenbestand). Der ertraglose Teil wird meist als **Primärreserve** bezeichnet.

Im übrigen kann die Bank ihre Liquiditätsreserve ertragbringend anlegen, sofern nur gewährleistet ist, daß sie im Bedarfsfall sehr kurzfristig und ohne größeren Kursverlust monetisierbar ist. Der ertragbringende Teil der Reserve wird meist als **Sekundärreserve** bezeichnet. Ihre Bildung ist erkennbar vom „shiftability"-Gedanken bestimmt.

(b) Auch bei der Strukturierung der „earning assets", bei denen im Vordergrund die Ertragserzielung steht, hält man überwiegend die Berücksichtigung von Liquiditätsgesichtspunkten für erforderlich.[13] Man versucht

---

[11] STUCKEN, RUDOLF: Lehrgeschichtliches zur Frage der Bankenliquidität, in: Bank-Archiv, 1937/38, S. 713–719.

[12] HOFFMANN, HORST: Dispositionsregeln zur Solvenzsicherung von Depositenbanken, Diss. Saarbrücken 1967, insbesondere S. 13–116.

[13] Eine gegenteilige Ansicht vertritt MÜNKER, DIETER: Das langfristige Kreditgeschäft der Großbanken, Stuttgart 1967.

zu diesem Zweck, den Bodensatz in einen längerfristig stabilen und einen nur kurzfristig stabilen Teil zu zerlegen, und leitet daraus die Forderung nach einer entsprechenden Grobstruktur der „earning assets" ab. Hinter diesem Konzept steht deutlich der Grundgedanke der „Goldenen Bankregel".

Berücksichtigt man die beiden Ergänzungen, so ergibt sich als etwas differenzierteres Bild folgende Grobstruktur der Bilanz:

Primärreserven Sekundärreserven	schwankender Teil der Einlagen (Nicht-Bodensatz)
längerfristige „earning assets"	auf längere Sicht stabiler Teil der Einlagen (langfristiger Bodensatz)
kurzfristige „earning assets"	auf kürzere Sicht stabiler Teil der Einlagen (kurzfristiger Bodensatz)

Diese Grobstruktur wird von den deutschen Kreditinstituten schon deshalb beachtet, weil sie die Bankenaufsicht praktisch vorschreibt. Die bereits mehrfach erwähnten **„Grundsätze über das Eigenkapital und die Liquidität"**, nach denen das Aufsichtsamt beurteilt, ob das Eigenkapital der einzelnen Bank „angemessen" und ihre Liquidität „ausreichend" ist, begrenzen den Umfang längerfristiger Anlagen auf den Umfang der als langfristig definierten Finanzierungsmittel (Grundsatz II) und den Umfang der restlichen ertragbringenden Anlagen auf den Umfang der als kurzfristig definierten Finanzierungsmittel (Grundsatz III). Die Liquiditätsreserve, das folgt indirekt hieraus, muß dem Umfang der weder als langfristige noch als kurzfristige Finanzierungsmittel erfaßten Teile der Passiva entsprechen. Den Banken überlassen bleibt danach lediglich die Verteilung auf Primär- und Sekundärreserve.

In welcher Weise die Grundsätze II und III die verschiedenen Finanzierungsmittel der Bank (im wesentlichen: ihre Verbindlichkeiten) jeweils in einen schwankenden sowie einen längerfristig stabilen und einen kurzfristig stabilen Teil zerlegen, zeigt die Übersicht auf der folgenden Seite.[14]

Über das Zustandekommen der Zahlen ist nicht mehr als der allgemeine Bezug auf „Erfahrungswerte der Praxis" zu finden. Relativ grob müssen die Zahlen schon deshalb sein, weil sie einheitlich auf Banken unterschiedlicher Geschäftsstruktur und unterschiedlicher Größe bezogen werden. Daß dabei der Nicht-Bodensatz reichlich bemessen ist, läßt sich aus den Anlagen erkennen, die ihm gegenübergestellt werden: Die in den Grundsätzen II und III nicht erfaßten Aktiva („Liquiditätsreserve") umfassen u. a. den Gesamtbestand an festverzinslichen Wertpapieren und sämtliche Forderungen an andere Kreditinstitute mit Laufzeiten von bis zu 4 Jahren.

---

[14] Auszüge aus den Grundsätzen II und III, soweit sie im vorliegenden Zusammenhang der Veranschaulichung dienen. Vollständig nachzulesen sind die Grundsätze u. a. im jährlichen Geschäftsbericht der DEUTSCHEN BUNDESBANK, in dem man auch Zahlen darüber findet, in welchem Maße die Banken die mit den Grundsätzen vorgegebenen Spielräume ausschöpfen.

	stabiler Teil (Bodensatz)		schwankender Teil (Nicht-Bodensatz; weder in Gr. II noch in Gr. III berücksichtigter Anteil)
	längerfristig stabil (Anteil gem. Gr. II)	kurzfristig stabil (Anteil gem. Gr. III)	
Verbindlichkeiten gegenüber Nichtbanken:			
• Sicht- und Termineinlagen (bis 4 Jahre)	10%	60%	30%
• Termineinlagen (über 4 Jahre)	100%	–	–
• Spareinlagen	60%	20%	20%
Verbindlichkeiten gegenüber Banken:			
• bis 3 Monate	–	10%	90%
• 3 Monate bis 4 Jahre	–	50%	50%
• über 4 Jahre	100%	–	–

Das Bodensatzkonzept als Grundlage der Liquiditätspolitik wird häufig als „nur statischer Ansatz" kritisiert, da man von den Bilanzbeständen ausgehe; sinnvoll sei jedoch allein der „dynamische Ansatz" bei den Geldbewegungen, bei dem im Mittelpunkt der Spitzenausgleich zwischen den fremddeterminierten Einzahlungs- und Auszahlungsströmen stehe.

Mit einer solchen Kritik wird das Bodensatzkonzept verkannt. Zwar ist es äußerlich (buchhalterisch) als Deckungsverhältnis zwischen aktiven und passiven Beständen formuliert (Liquiditätsreserve/Verbindlichkeiten); doch liegt dem sehr wohl eine „dynamische" Blickrichtung zugrunde. Aus den voraussichtlichen Schwankungen des Bestandes an Verbindlichkeiten (v. a. Einlagen) versucht man, auf das Verhältnis von Einzahlungen und Auszahlungen zu schließen, soweit es aus den Verbindlichkeiten resultiert, und dementsprechend den Bestand der Liquiditätsreserve zu dimensionieren. Damit wird deutlich, daß der „dynamische Ansatz" – verstanden als der alleinige Blick auf die wahrscheinlichen künftigen Zahlungsströme und den wahrscheinlichen Spitzenbetrag – eine verkürzte Betrachtungsweise ist. Mit dem angeblich „nur statischen Ansatz" versucht man, darüber hinausgehend, auch die Vorsorge für mögliche Auszahlungsüberschüsse einzubeziehen, indem die Struktur der Anlagen entsprechend gestaltet wird.

Den bisherigen Überlegungen ist gemeinsam, daß sie ruhige, normale Zeiten zugrunde legen und daß sie als Leitlinie der Liquiditätspolitik prinzipiell die Struktur der Finanzierungsmittel, insbesondere der Einlagen ansehen. Beide Grundannahmen sind jedoch nicht unbestritten.

Vorsorge auch für eine Maximalbelastung[15]

Am Bodensatzkonzept hat vor allem WOLFGANG STÜTZEL kritisiert, daß es nur die normale, nicht aber auch die maximal mögliche Liquiditätsbeanspru-

---

[15] Vgl. im einzelnen hierzu STÜTZEL, WOLFGANG: Ist die Goldene Bankregel eine geeignete Richtschnur für die Geschäftspolitik der Kreditinstitute? In: Vorträge für Sparkassenprüfer (Kiel 1959), Stuttgart 1960, S. 34–51. (Auch abgedruckt in: Texte zur wissenschaftlichen Bankbetriebslehre II, hrsgg. von H.-D. DEPPE, Göttingen 1981, S. 765–782.)

chung berücksichtige. Er hält es mit der (sich aus dem Gebot der Vertragstreue ergebenden) Sorgfaltspflicht gegenüber den Einlegern nicht vereinbar, wenn die einzelne Bank sich von vornherein darauf einrichte, daß sie ihren Zahlungsverpflichtungen (aus entgegengenommenen Einlagen) nicht im vollen, vertraglich maximal möglichen Umfang nachkommen muß. Davon aber gehe das Bodensatzkonzept aus, das folglich für den Fall des „runs" versage. Denn es unterstelle – entsprechend seiner wahrscheinlichkeitstheoretischen Grundlage – eine große Zahl voneinander unabhängiger Einzelentscheidungen der Einleger, was bei Einlagenabzügen aufgrund tatsächlicher oder vermuteter Zahlungsschwierigkeiten einer Bank nicht gegeben sei. In einer solchen Situation tendiere der Bodensatz gegen Null.

Die statt dessen von Stützel entwickelte **Maximalbelastungsregel** läßt sich als konsequente Ausdehnung des „shiftability"-Konzepts über die Sekundärreserve hinaus auf die gesamte Aktivseite der Bilanz kennzeichnen. Sie geht davon aus, daß bei Liquiditätsbedarf letztlich alle Anlagen einer Bank monetisierbar (teils abtretbar, teils beleihbar) sind, jedoch mit unterschiedlich hohen Wertverlusten. Um gegenüber den Einlegern zu jeder Zeit zahlungsfähig zu bleiben, müsse daher eine Bank – so lautet, allgemein formuliert, die Verhaltensregel – darauf achten, daß die Summe der Verluste (des Disagios) aus der Monetisierung ihrer Anlagen niemals größer wäre als ihr Eigenkapital, oder anders formuliert: daß stets der Liquidationserlös mindestens dem Umfang der fälligen Verbindlichkeiten entspräche.

Anders als bei den zuvor genannten Konzepten geht diese Regel also von den Aktivrisiken (statt von den Passivrisiken) aus und setzt sie ins Verhältnis zum Haftungskapital bzw. zur Kapitalstruktur (statt zur Liquiditätsreserve bzw. zur Struktur der Anlagen). Die Aktivrisiken bestimmen sich im wesentlichen nach der Bonität (Ausfallrisiko) und dem Zinsertrag der Anlagen (Zinsänderungsrisiko). Von ihnen hängt die Höhe des Liquidationserlöses bzw. des Disagios ab.

Zur praktischen Handhabung schlägt Stützel vor, in der Bank regelmäßig aus der Handelsbilanz durch spezifische Bewertungen und Ergänzungen (v. a. Abschreibungen) eine **Einlegerschutzbilanz** zu entwickeln, in der unter der Annahme, daß alle Einleger zu den vereinbarten Fälligkeiten tatsächlich ihr Geld zurückverlangen, den Einlagen die Liquidationswerte der Anlagen gegenüberstehen, die in diesem Falle realisiert werden könnten.

Die Regel berücksichtigt insoweit die Möglichkeit des „runs" auf eine einzelne Bank; sie sichert jedoch die Einleger nicht unbedingt für den Fall eines allgemeinen „runs" auf die Banken, weil sich dann die Anlagen nur schwer, wenn überhaupt, an andere Institute abtreten oder bei ihnen beleihen lassen. Für diesen Fall helfen umfassende Dispositionsregeln nicht mehr; hier bleibt nur die Geldbeschaffung bei der Zentralbank oder im Ausland. Daraus kann man als Ergänzung der Maximalbelastungsregel ableiten, daß die einzelne Bank wenigstens im Umfang der kurzfristigen Einlagen Aktiva unterhalten sollte, die bei der Zentralbank oder im Ausland monetisierbar sind. Mit diesem Zusatz wäre sie sogar für den Grenzfall einer allgemeinen Bankenkrise gerüstet.

Die Maximalbelastungsregel hat in der deutschen Bankpraxis bisher keine Bedeutung erlangt. Offenbar herrscht dort unverändert die Meinung vor,

bei einem „run" müsse in jedem Fall die Zentralbank helfen, um den Kredit-
apparat funktionsfähig zu erhalten.

2.1.1.3 Gelddisposition[16]

Mit der Beachtung bestimmter Bilanzrelationen kann man auf längere Sicht
eine gewisse Liquiditätsvorsorge treffen, aber nicht die Zahlungsfähigkeit
von Tag zu Tag sicherstellen. Mit Hilfe der gebräuchlichen Dispositionsregeln lassen sich lediglich die Rahmenbedingungen festlegen (v. a. der Umfang der Liquiditätsreserve), unter denen sich die tägliche „**Feinsteuerung**"
der Liquidität vollzieht: die Gelddisposition als kurzfristige, überwiegend
sehr kurzfristige Finanzplanung des Bankbetriebes. Die Gelddisposition
übernimmt gewöhnlich ein besonderer Mitarbeiter der Bank (der Gelddisponent), in größeren Banken eine besondere Abteilung (die Geldstelle). Beide
stehen wegen der großen Bedeutung der Zahlungsfähigkeit in engem Kontakt mit der Geschäftsleitung.

Die Ansatzpunkte der Gelddisposition wurden bereits genannt. Der weitaus
größte Teil der Geldeingänge und Geldausgänge ist fremddeterminiert und
daher von der Bank nach Zeitpunkt und Höhe grundsätzlich nicht beeinflußbar sowie auch nur sehr begrenzt vorhersehbar. Die sich aus dem allgemeinen, für die Kunden abgewickelten Zahlungsverkehr ergebenden Salden verändern laufend die Zahlungsmittelbestände der Bank (Primärreserve). Die
Gelddisposition hat in erster Linie dafür zu sorgen, daß die Bestände stets
ausreichen, um allen berechtigten Auszahlungswünschen nachzukommen,
zum anderen aber auch dafür, daß die Bestände nicht höher als erforderlich
sind, da sie keine Zinserträge erbringen. Diese Aufgabe bezieht sich nicht
nur insgesamt auf die liquiden Mittel der Bank, sondern auch auf Teilbereiche: auf den Kassenbestand, das Postgiroguthaben, die Zahlungsverkehrsguthaben bei anderen Banken (working balances) sowie bei der Zentralbank.

Unter den verschiedenen Zahlungsmittelbeständen hat das Guthaben auf
dem Zentralbankkonto besondere Bedeutung, weil es nicht nur als Reserve
für den Ausgleich von Salden im Verrechnungsverkehr mit anderen Banken
dient, sondern weil die Bank mit dem Zentralbankguthaben auch ihre Mindestreservepflicht erfüllt („Funktionsdualität"). Aus diesem Grunde werden
die Sichtguthaben der Bank bei anderen Kreditinstituten über ihr Zentralbankguthaben reguliert. Die Bestände an Bargeld dagegen, die früher ebenfalls über das Zentralbankkonto reguliert wurden, erkennt die Bundesbank
seit 1978 faktisch als Erfüllung der Mindestreservepflicht an, so daß seither
kostspielige und risikoreiche Bargeldtransporte zwischen Bank und Zentralbank nicht mehr so häufig erforderlich sind.[17]

Sieht man vom internen Ausgleich zwischen den verschiedenen Geldkonten
ab, so konzentriert sich die Gelddisposition auf das Zentralbankguthaben der

---

[16] Weiterführende Literaturhinweise hierzu: S. 375 f.

[17] Da nach dem Bundesbankgesetz die Mindestreserven ausschließlich „auf Girokonto" bei der Bundesbank zu unterhalten sind (§ 16 I BbkG), erfolgt die Anrechnung
der Kassenbestände indirekt: Die einzelne Bank kann sie von dem aufgrund der
Einlagenstruktur errechneten Reserve-Soll absetzen, braucht also nur eine entsprechend geringere Mindestreserve „auf Girokonto" zu unterhalten.

Bank. Sofern die Mindestreservepflicht ein höheres Zentralbankguthaben verlangt, als es die einzelne Bank zur Sicherung ihrer Zahlungsfähigkeit unterhalten würde, bestimmt sich der erforderliche Umfang des Guthabens nicht primär nach dem Transaktionsbedarf, sondern nach dem von der Zentralbank vorgeschriebenen Reserve-Soll.

Damit ist die Grundstruktur des Problems umrissen. Geldeingänge und Geldausgänge im allgemeinen Zahlungsverkehr verändern laufend und weitgehend unvorhersehbar – zum Teil direkt, zum Teil indirekt über andere Zahlungsmittelbestände – die Höhe des Zentralbankguthabens der Bank, das sie mit Hilfe eigendeterminierter Zahlungen in Richtung auf die gemäß Mindestreserve-Soll erforderliche Höhe regulieren muß:

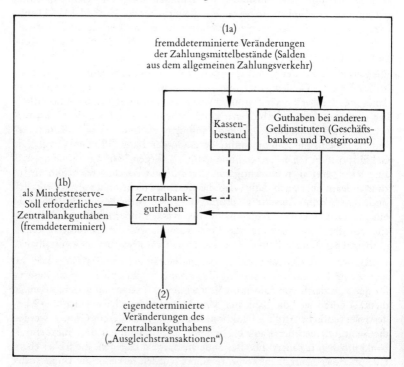

Danach lassen sich drei Teilfragen der Gelddisposition unterscheiden:

- die Prognose der künftigen Geldeingänge und Geldausgänge aufgrund des allgemeinen Zahlungsverkehrs;
- die Erfüllung des Mindestreserve-Solls, insbesondere die Nutzung des hierbei bestehenden Entscheidungsspielraums;
- die Ausgleichstransaktionen, mit denen die Bank das (gegenüber dem anzustrebenden Soll-Bestand) fehlende Zentralbankgeld beschafft oder überschüssiges Zentralbankgeld anlegt.

(a) Eine einigermaßen verläßliche **Prognose der Geldbewegungen** an den einzelnen Tagen ist gewöhnlich nur für einen sehr kurzen Zeitraum möglich. Häufig fertigt der Gelddisponent erst am Nachmittag des Vortages eine genauere Dispositionsvorschau an, in der er – ausgehend von den Zahlungsmittelbeständen – die bereits absehbaren Geldbewegungen des folgenden Tages zusammenstellt. Zahlungen sind absehbar entweder allgemein aufgrund der Erfahrung (z. B. übliche Bewegungen an bestimmten Wochentagen), zum Teil aber auch genauer aufgrund von Mitteilungen der Kunden oder anderer Banken, wenn diese den Eingang oder Abzug größerer Einzelbeträge absehen können, und schließlich auch aufgrund eingeleiteter oder auslaufender Geschäfte der Bank selbst. Entscheidend ist dann die schnelle Information und Reaktion am Zahlungstage. Der Disponent entwickelt aus der Vorschau die Tagesdisposition, indem er laufend die Ergebnisse der verschiedenen Zahlungsverkehrs-Bereiche verfolgt und die am Vortag nur geschätzten Veränderungen präzisiert. Gleichzeitig bringt er durch Ausgleichstransaktionen nach und nach das Guthaben bei der Zentralbank auf den für diesen Tag vorgesehenen Stand.

Besonders zu beachten sind „Termine": Tage, an denen erfahrungsgemäß sehr starke Veränderungen der Geldbestände auftreten. Beispiele sind der Jahresultimo, meist aber auch jeder Monatsultimo, sowie die vier großen Steuertermine im Jahr. Zu diesen Terminen treten Geldausgänge in einer Größenordnung auf, die sich im Rahmen der Disposition von Tag zu Tag kaum regulieren lassen. Auf sie muß sich der Disponent daher vorbereiten (Termindisposition). Aufgrund von Erfahrungen bemüht er sich, den Umfang der Abflüsse zu prognostizieren und tätigt dann in ungefähr dieser Höhe kurzfristige Anlagen, die an den entsprechenden Terminen fällig werden und so das Zentralbankgeld im richtigen Augenblick zurückfließen lassen.

(b) Das **Mindestreserve-Soll** bestimmt sich nach den jeweiligen Reservesätzen und nach der Einlagenstruktur bei der einzelnen Bank.[18] Das Reserve-Soll kann als arithmetisches Mittel aus den täglichen Einlagenbeständen oder aus den Beständen lediglich an vier Stichtagen ermittelt werden; die Banken wählen überwiegend den zweiten Weg. Das Soll für einen Kalendermonat wird dann aus dem Einlagenbestand am 23. und Ultimo des Vormonats sowie am 7. und 15. des laufenden Monats errechnet. Die Höhe des im jeweiligen Monat zu unterhaltenden Zentralbankguthabens steht genau also erst in der Mitte des Monats fest; allerdings ist es anhand der Entwicklungstendenz der Einlagen bereits vorher absehbar.[19]

Das Mindestreserve-Soll ist nicht täglich, d. h. in stets gleichbleibender Höhe zu erfüllen, sondern nur im Monatsdurchschnitt. Dadurch kann die einzelne Bank ihr Zentralbankguthaben zum Ausgleich der schwankenden Salden des allgemeinen Zahlungsverkehrs einsetzen, indem sie sich beispielsweise durch Übererfüllung des Reserve-Solls in den (häufig ruhigeren) ersten Wochen des Monats die Möglichkeit schafft, zum Monatsende hin (wenn eher die Geldausgänge überwiegen) mit ihren täglichen Zentralbankguthaben unter dem Reserve-Soll zu bleiben. Zu beach-

---

[18] Zur Differenzierung der Reservesätze vgl. S. 89.
[19] In gewissem Umfang kann eine Bank auch die Höhe des Reserve-Solls beeinflussen. Beispiele dafür zeigt WITTSTOCK, JAN: Eine Theorie der Geldpolitik von Kreditinstituten, Berlin 1971, S. 69–84.

ten ist lediglich, daß die Summe der täglichen Zentralbankguthaben in einem Monat nicht geringer ist als der gesamte Soll-Betrag (Tages-Soll mal Zahl der Tage).

Das folgende Schaubild veranschaulicht zusammenfassend das Verhältnis von Ermittlung und Erfüllung des Mindestreserve-Solls:

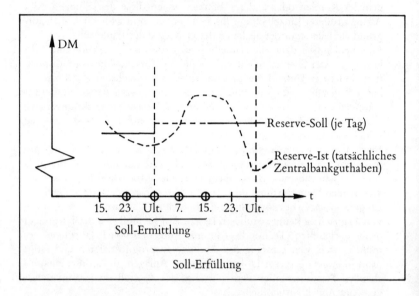

(c) Das Bemühen des Gelddisponenten, das aufgrund des allgemeinen Zahlungsverkehrs schwankende Zentralbankguthaben auf die Höhe des Reserve-Solls zu bringen, wird zwar dadurch erleichtert, daß die Bank das Soll nur im Monatsdurchschnitt erfüllen muß; doch lassen sich die Schwankungen auf diese Weise nur zum Teil auffangen. Stets sind auch **Ausgleichstransaktionen** der Bank erforderlich: Geschäfte, die vorrangig oder ausschließlich den Zweck haben, eine bestimmte Veränderung des Zentralbankguthabens herbeizuführen, also Zentralbankgeld entweder vorübergehend verzinslich anzulegen oder Zentralbankgeld vorübergehend zu beschaffen. Derartige Geschäfte nennt man Geldmarkt- oder Geldgeschäfte.

Geldgeschäfte werden überwiegend mit anderen Geschäftsbanken, zum Teil mit der Zentralbank und gelegentlich auch mit Nichtbank-Unternehmen getätigt. Weshalb es überwiegend Interbank-Geschäfte sind, liegt auf der Hand. Zentralbankguthaben, die eine Bank aufgrund des allgemeinen Zahlungsverkehrs verliert, fließen zum weitaus größten Teil anderen Geschäftsbanken zu: Die durch eigene Kunden veranlaßten Geldausgänge zugunsten Kunden anderer Banken sind höher als die durch Kunden anderer Banken veranlaßten Geldeingänge zugunsten eigener Kunden. Überwiegen die Geldeingänge, so erhöht sich das Zentralbankguthaben überwiegend zu Lasten der Zentralbankguthaben anderer Geschäftsbanken. Da sich bei normalem Geschäftsverlauf für die einzelne Bank zeitweilig positive, zeitweilig negative Salden ergeben, hat

sich zwischen den Geschäftsbanken ein Markt für Zentralbankguthaben herausgebildet, über den die Divergenzen aufgrund des allgemeinen Zahlungsverkehrs wieder ausgeglichen werden. Man nennt ihn den Geldmarkt, zum Teil auch den Bankengeldmarkt oder den Geldmarkt im engeren Sinne (wobei dann unter Geldmarkt im weiteren Sinne die gedachte Einheit aller marktmäßigen Kreditvorgänge über kurze Fristen verstanden wird).[20]
Die Möglichkeiten, Zentralbankguthaben anzulegen oder zu beschaffen, sind vielfältig. Bezieht man auch den intertemporären Liquiditätsausgleich über die Mindestreserve ein, so ergeben sich bei einem zu niedrigen Zentralbankguthaben folgende Möglichkeiten:

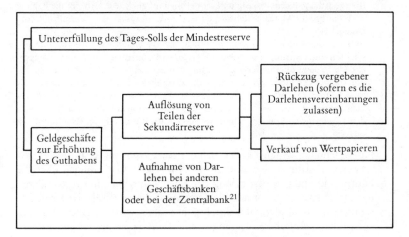

Bei einem zu hohen Zentralbankguthaben besteht jeweils die entgegengesetzte Möglichkeit.
Da der Sekundärreserve eine zentrale Funktion bei der Liquiditätssicherung des Bankbetriebes zukommt, muß die Bonität der Geldmarktpartner und der Emittenten erworbener Wertpapiere außer jedem Zweifel stehen; und die Anlagen müssen sich (angesichts der unvollkommenen Information über die künftige Entwicklung des allgemeinen Zahlungsverkehrs) sehr kurzfristig in Zentralbankguthaben zurückführen lassen. Aufgrund dieser Anforderungen haben sich für Geldgeschäfte fest umrissene Geschäftsformen herausgebildet:

- **Geldmarktdarlehen** werden nur an „erste Adressen" gewährt (ohne Stellung besonderer Sicherheiten) und auch nur im Rahmen eines für jeden Geschäftspartner intern festgelegten Limits, das man an dessen haftendem Eigenkapital orientiert.
  Die meisten Abschlüsse erfolgen über sehr kurze Laufzeiten. Übliche Vereinbarungen sind: Tagesgeld bis auf weiteres (unbefristet, am Tage der Rückforde-

---

[20] Für Einzelheiten zum Bankengeldmarkt vgl. Mainert, Alf: Geldmarkt, in: Obst/Hintner, Geld-, Bank- und Börsenwesen, 39. Aufl., hrsg. von J. H. v. Stein/N. Kloten, Stuttgart 1993, S. 1189–1206.
[21] Über die Möglichkeiten der Kreditaufnahme bei der Zentralbank vgl. S. 90–92.

rung kündbar), Tagesgeld (befristet auf einen Tag), tägliches Geld (unbefristet, Kündigungsfrist ein Tag). Zum Teil werden aber auch Fristen von einem Monat und darüber vereinbart (Termingeld); häufige Abschlüsse sind dabei: Monats-, Dreimonats-, Halbjahresgeld. Da Geldabflüsse aufgrund des allgemeinen Zahlungsverkehrs besonders umfangreich zum Monats- und vor allem zum Jahresultimo sind, haben Darlehen über diese Termine hinweg besondere Bedeutung (Ultimogeld). Die Abschlüsse werden über Telefon, z. T. auch über Fernschreiber getätigt, was eine schnelle Anpassung an Veränderungen der Liquiditätslage ermöglicht.

• Als **Wertpapiere** kommen nur kurzfristige Papiere in Betracht, weil sich bei ihnen der Kurswert nicht allzu weit vom Nennwert entfernen kann, mögliche Verluste bei vorfristigem Verkauf mithin gering bleiben. Zudem muß die vorfristige Rückgabe zuverlässig und sehr schnell möglich sein, d. h. für die Papiere muß ein breiter Markt bestehen oder eine Ankaufszusage der Zentralbank vorliegen.

In der Bundesrepublik ist es nicht üblich, daß die Geschäftsbanken bei Geldgeschäften untereinander kurzfristige Wertpapiere kaufen und verkaufen. Entsprechende Papiere übernehmen sie fast nur von der Zentralbank und geben sie bei vorfristigem Geldbedarf auch nur an die Zentralbank zurück. Vor allem handelt es sich um Schatzwechsel (Laufzeit 30–90 Tage) und unverzinsliche Schatzanweisungen ("U-Schätze"; Laufzeit 6, 12, 18, 24 Monate), die vom Bund, von den Ländern und von den Sondervermögen des Bundes (Post, Bahn) emittiert werden.

Für welche der Möglichkeiten sich der Gelddisponent im Einzelfall entscheidet, bestimmt sich zum einen nach seinen Erwartungen über die künftige Liquiditätsentwicklung des eigenen Instituts und zum anderen nach der erwarteten Zinsentwicklung am Geldmarkt, die ihrerseits wesentlich durch die Zentralbankpolitik beeinflußt wird. Ergänzend spielen auch bilanzpolitische Erwägungen eine Rolle (z. B. der als angemessen erachtete Umfang bestimmter Geschäftsarten) sowie liquiditätspolitische Grundsatzentscheidungen (z. B.: möglichst geringe Kreditaufnahme bei der Zentralbank, um diese Möglichkeit für äußerste Notfälle offenzuhalten).[22]

2.1.2 Erfolgsrisiken und Risikopolitik[23]

Da die Gefahr, zahlungsunfähig zu werden, die Existenz einer Bank unmittelbar bedroht, ist die Sicherung der Zahlungsfähigkeit eine wesentliche Voraussetzung für das Verfolgen ihrer eigentlichen Ziele, insbesondere also des Gewinnstrebens. Deshalb ging es hier bei den Überlegungen zur Bilanzstruktur zunächst um die Erfordernisse der Liquiditätssicherung.

Gewinnorientierte Entscheidungen sind auch in einer Bank Entscheidungen unter Unsicherheit, unterliegen also eigenständigen Risiken, die den

---

[22] Über die möglichen Entscheidungskriterien und Strategien bankbetrieblicher Geldpolitik informieren ausführlich: WITTGEN, ROBERT: Die Geldpolitik der Geschäftsbanken, Frankfurt a. M. 1965, S. 75–102; WITTSTOCK, JAN: Eine Theorie der Geldpolitik von Kreditinstituten, Berlin 1971, S. 172–206.

[23] Die Darstellung ist in den wesentlichen Teilen orientiert an SCHIERENBECK, HENNER: Ertragsorientiertes Bankmanagement, 3. Aufl., Wiesbaden 1991, S. 514–723 (Management des Preis- und des Ausfallrisikos).

angestrebten Gewinn mindern oder sogar zu einem Verlust führen können (**Erfolgsrisiken**). Diese Gefahr droht aus jedem einzelnen Geschäftsabschluß, darüber hinaus aber auch aus der Struktur des Gesamtgeschäfts. Da sich die Geschäfte einer Bank überwiegend in ihrer Bilanz niederschlagen, erfolgt die **Steuerung** der Erfolgsrisiken vorrangig über die Gestaltung der Bilanzstruktur. Dabei geht es sowohl um die Risiken, die sich aus der Bilanzstruktur selbst ergeben, als auch um jene, die aus einzelnen Geschäftsabschlüssen entstehen und die man – aggregiert nach Geschäftsarten – über die Strukturierung der Bilanz zu begrenzen sucht.

Da es nicht möglich ist, die Verlustgefahren vollständig auszuschließen, verbleibt der Bank stets ein Restrisiko, das sich aus den verschiedenen Risikoarten kumuliert. Dies verbleibende Gesamt-Verlustpotential der Bank bestimmt den erforderlichen Umfang ihres Haftungspotentials, konkret: ihres haftenden Eigenkapitals, mit dem das Geschäft unterlegt sein muß. Anders herum ausgedrückt: Das vorhandene Haftungspotential (Eigenkapital) bestimmt den maximalen Umfang des tragbaren Gesamt-Verlustpotentials. (Die Kosten der erforderlichen Eigenkapital-Unterlegung sind bei der Kalkulation der verschiedenen Geschäftsarten zu berücksichtigen.)

Die der Bilanzstrukturierung vorgelagerte Aufgabe besteht zunächst darin, für die verschiedenen Arten von Erfolgsrisiken geeignete Meßverfahren zu finden, mit deren Hilfe es möglich wird, sie zu quantifizieren. Dementsprechend sind im weiteren die wichtigsten Risikoarten jeweils erst einmal genauer zu analysieren, ehe wir uns den Möglichkeiten zuwenden, sie über die Bilanzstrukturierung zu begrenzen.

2.1.2.1 Bilanzstruktur und Erfolgsrisiken

Gewinnmindernde Risiken, letztlich also Eigenkapitalverlust-Gefahren, können unterschiedliche Ursachen haben. Im wesentlichen lassen sich danach zwei Risikoarten unterscheiden:

(a) Verlustgefahren aufgrund der möglichen Zahlungsunfähigkeit von Geschäftspartnern der Bank (Adressenausfall- oder kurz **Ausfallrisiko**) und
(b) Verlustgefahren aufgrund sich für die Bank ungünstig entwickelnder Marktpreise, insbesondere Zinssätze und Devisenkurse (Marktpreis- oder kurz **Preisrisiko**).

(a) Ausfallrisiko

Das Ausfallrisiko besteht generell in der Möglichkeit, daß Geschäftspartner (v. a. Kunden) ihre Zahlungsverpflichtungen gegenüber der Bank nicht erfüllen. Die Verpflichtungen können sich ergeben
1. aus Verträgen, aufgrund derer die Bank Zahlungsmittel bereits investiert hat (v. a. als Kreditvergaben) oder verpflichtet ist, dies im Bedarfsfalle zu tun (unwiderrufliche Kredit- oder Haftungszusagen);
2. aus Verträgen, in denen Bank und Geschäftspartner vereinbart haben, daß die Bank zu einem bestimmten künftigen Zeitpunkt bestimmte Finanztitel zu einem vorab vereinbarten Preis kaufen oder verkaufen wird (Termingeschäfte) bzw. kann (Optionen), sowie aus Verträgen, mit denen beide Seiten vereinbart haben, für einen bestimmten künftigen Zeitraum

die Zins- oder Währungsseite von Anlagen oder Krediten gleichen Umfangs zu tauschen (Swapgeschäfte).

Im 1. Fall sind die durch eine mögliche Zahlungsunfähigkeit des Geschäftspartners bedrohten Beträge aus der Bilanz ersichtlich. Sofern bereits Zahlungsmittel investiert wurden, müssen sie als Aktiva bilanziert werden; soweit Zusagen noch nicht beansprucht wurden, erscheinen die Beträge auf der Passivseite als Eventual- oder ähnliche Verbindlichkeiten – ergänzend zur Bilanzsumme unter dem Strich.

Im 2. Fall handelt es sich um nicht bilanzwirksame (außerbilanzielle) Positionen, die lediglich der Art nach aus dem die Bilanz ergänzenden Anhang ersichtlich sind.

Obwohl sich mithin die vom Ausfallrisiko bedrohten Positionen nur zum Teil auf der Aktivseite der Bilanz niederschlagen, ist es in der Praxis üblich, sie insgesamt als „Risikoaktiva" zu bezeichnen. In diesem Sinne wird der Begriff auch im Grundsatz I (gem. § 10 KWG) verwendet, der von jeder Bank verlangt, ihre Risikoaktiva zu mindestens 8% mit haftendem Eigenkapital zu unterlegen.

Zu 1.:

Die mit Abstand wichtigste Form des Ausfallrisikos ist in einer Bank die Gefahr, daß Kreditnehmer die ihnen überlassenen Beträge zu einem Teil oder in voller Höhe nicht zurückzahlen (**Kreditausfallrisiko**). Dieser Gefahr vorzubeugen, dient vor allem die sorgfältige Prüfung jedes einzelnen Kreditantrages (**Kreditprüfung**). Sie zielt auf ein fundiertes Urteil über die Rückzahlungswahrscheinlichkeit ab, aus deren Einschätzung man dann die Bedingungen der Kreditvergabe ableitet. Über die Kreditprüfung und ihren Einfluß auf die Gestaltung des Kreditvertrages wird im weiteren noch ausführlich zu sprechen sein.[24]

Die Kreditprüfung und die Gefahren vorbeugenden Bedingungen der einzelnen Kreditvergabe können allerdings nicht verhindern, daß es später dennoch zu Kreditausfällen kommt. Damit die Gesamtheit dieser unvermeidlichen Verluste für die Bank nicht existenzgefährdend wird, muß ihr möglicher Umfang auf der Ebene der Gesamtbank aufgefangen, d. h. vor allem zunächst im Rahmen der Bilanzstrukturierung begrenzt werden. Der dann noch verbleibende Rest muß tragbar im Verhältnis zum Haftungspotential (Eigenkapital) der Bank sein.

Die Abschwächung des Verlustpotentials, das trotz der auf den Einzelkredit bezogenen risikopolitischen Maßnahmen verbleibt, erfolgt im wesentlichen in der Weise, daß das Kreditvolumen (Kreditportefeuille) nach unterschiedlichen Gesichtspunkten in Teilvolumina gegliedert wird, für deren jeweiligen Umfang man Obergrenzen festlegt. Daraus ergibt sich eine **Risikostreuung** vor allem in zweierlei Hinsicht:

- Zum einen ursachenbezogen:
  Wirtschaftliche Schwierigkeiten, die zur Zahlungsunfähigkeit einzelner Kreditnehmer führen können, treffen die verschiedenen Wirtschaftszweige meist zu unterschiedlichen Zeitpunkten und mit unterschiedlicher Intensität, weil sie auf voneinander weitgehend unabhängigen Ursachen beruhen. Die Wahrscheinlichkeit von Kreditausfällen wird daher für Bank insgesamt verringert, wenn sie ihr Kreditvolumen auf zahlreiche Wirtschaftszweige verteilt (**Branchenstreuung**). Da sich die Unterneh-

---

[24] Vgl. den Abschnitt „Die einzelne Kreditvergabeentscheidung" (S. 171–191).

men mancher Branchen an bestimmten Standorten konzentrieren (Agglomeration), läßt sich eine angemessene Branchenstreuung oft erst über eine **regionale Streuung** des Kreditvolumens erreichen.

• Zum anderen wirkungsbezogen:
Unter der Annahme, daß die Ursachen der Zahlungsunfähigkeit einzelner Kreditnehmer in hohem Maße voneinander unabhängig sind, erreicht man eine Verringerung der Kreditausfälle insgesamt auch dadurch, daß man das Kreditvolumen auf viele Kreditnehmer verteilt, insbesondere indem man nicht an einzelne von ihnen zu hohe Kredite vergibt (**Größenstreuung**).

Eine solche Begrenzung schreibt auch das Kreditwesengesetz vor, in dem der einzelne Großkredit auf 50% und alle Großkredite zusammen auf das Achtfache des haftenden Eigenkapitals der Bank begrenzt werden (§ 13 KWG; als Großkredit gelten danach Kredite an einen Kreditnehmer, die 15% des Eigenkapitals der Bank übersteigen).

Zu 2.:
Auf Termin-, Options- und Swapverträge hat die Gefahr, daß der Geschäftspartner seine Verpflichtungen gegenüber der Bank nicht erfüllt, geringere Auswirkungen als im Falle vergebener Kredite, bei denen ja der gesamte Kapitalbetrag verlorengehen kann. Dies wird deutlich, wenn man den Inhalt dieser Geschäftsabschlüsse betrachtet:

• Bei einem börsenmäßigen **Termingeschäft** verpflichtet sich die Bank, zu einem bestimmten späteren Termin eine bestimmte Menge von Aktien, Devisen oder anderen Finanztiteln zu einem bestimmten Preis zu kaufen oder zu verkaufen.

• Erwirbt die Bank ein **Optionsrecht,** so berechtigt sie dies zu einem entsprechenden Kauf oder Verkauf, ohne sie zu verpflichten.

• Bei einem **Swapgeschäft** schließlich tauscht sie mit ihrem Geschäftspartner für einen bestimmten Betrag aufgenommener Mittel entweder die Zinsverpflichtungen (Festsatz- gegen variable Verzinsung) oder die Währung (Währung A mit Inlandszins A gegen Währung B mit Inlandszins B) oder gleichzeitig Zinsverpflichtung und Währung (Festsatzverzinsung einer Mittelaufnahme in Währung A gegen variable Verzinsung einer Mittelaufnahme in Währung B).

Wenn bei einem Abschluß dieser Art der Geschäftspartner der Bank zahlungsunfähig wird, braucht die Bank ihre Gegenleistung ebenfalls nicht zu erbringen, so daß insoweit kein Verlust entsteht. Die Banken tätigen jedoch derartige Geschäfte überwiegend zu dem Zweck, „offene Positionen" aus dem Kundengeschäft zu schließen. Mit dem Ausfall des Geschäftspartners öffnen sich derartige Positionen wieder, so daß die Bank – um sie erneut zu schließen – Ersatzgeschäfte tätigen muß, was durch zwischenzeitliche Marktpreisänderungen nur zu für die Bank schlechteren Bedingungen möglich sein kann (**Eindeckungsrisiko**). Ein einfaches Beispiel soll dies verdeutlichen.

Kauft die Bank von einem Exporteur per Termin einen bestimmten Dollar-Betrag (seinen dann eingehenden Exporterlös), so entsteht bei ihr eine „offene Position", die dem Devisenkursrisiko ausgesetzt ist: Der beim Terminkauf vereinbarte Kurs kann sich am Erfüllungstag im Verhältnis zum Tageskurs als zu hoch erweisen. Will die Bank diese offene Position schließen, so verkauft sie den per Termin erworbenen

Dollar-Betrag zum selben Termin weiter. Wird nun der Käufer vor dem Erfüllungstermin zahlungsunfähig, so muß sie – um die Deckung des Kundengeschäftes aufrechtzuerhalten – den Dollar-Betrag erneut, an einen anderen Kontrahenten verkaufen. Ist dieser Verkauf nur noch zu einem niedrigeren als dem im ursprünglichen, nicht erfüllten Geschäft vereinbarten Kurs möglich, so ergibt sich für die Bank eine Gewinnminderung bzw. ein Verlust.

Entsprechendes gilt für erworbene Optionsrechte und bei Swapgeschäften, wenn der Geschäftspartner ausfällt. Ein neuer Abschluß wird im allgemeinen möglich sein, aber möglicherweise zu für die Bank schlechteren Bedingungen.

Die Verlustgefahr besteht hier also aus einer Mischung von Ausfall- und Preisrisiko. Auslösend ist die Zahlungsunfähigkeit des Geschäftspartners; der Verlust jedoch entsteht durch die Veränderung des Marktpreises (**Eindeckungsverlust**).

Es ist offensichtlich, daß das Ausfallrisiko nur einen geringen Teil des jeweiligen Abschlußbetrages bedroht. Sein Umfang hängt von der Schwankungsbreite (Volatilität) des jeweiligen Marktpreises und vom Zeitraum bis zur vorgesehenen Erfüllung des Geschäftes ab; mit beiden wächst das Risiko. Bemühungen, es zu quantifizieren,

* gehen entweder vereinfachend nur von der Laufzeit aus (Laufzeitmethode) und sehen z. B. im Rahmen der Bankenaufsicht 0,5% des Abschlußbetrages für das erste und 1% für jedes weitere Jahr vor, wenn der Eindeckungsaufwand ausschließlich von Zinssatzänderungen abhängt, bzw. 2% für das erste und 3% für jedes weitere Jahr, wenn der Eindeckungsaufwand von Devisenkursen, Aktienkursen, Indexwerten oder ähnlichen Marktpreisen abhängt;
* oder sie legen den Verlust zugrunde, der am Bewertungsstichtag aufgrund der dann aktuellen Preise für das Ersatzgeschäft eintreten würde, ergänzt um einen von der Restlaufzeit abhängigen Zuschlag (Marktbewertungsmethode).[25]

Die auf diese Weise ermittelten, von der Zahlungsunfähigkeit des Geschäftspartners bedrohten Beträge sind den in Krediten investierten Beträgen vergleichbar, weshalb man sie als „Kreditäquivalenzbeträge" in die Risikoaktiva einordnet.

(b) Zinsänderungsrisiko

Neben der Gefahr, daß Geschäftspartner der Bank zahlungsunfähig werden (Ausfallrisiko), ergibt sich ein weiteres Erfolgsrisiko daraus, daß sich Marktpreise ungünstig für die Bank entwickeln können, insbesondere Zinssätze und Devisenkurse (Marktpreis- oder kurz: **Preisrisiko**). Diese Gefahr und ihr Einfluß auf die Bilanzstrukturierung werden im folgenden am Beispiel des Zinsänderungsrisikos erläutert. Das Devisenkursrisiko läßt sich besser im Zusammenhang des internationalen Bankgeschäfts behandeln.

---

[25] Angesichts der großen Vielfalt tatsächlicher Termin-, Options- und Swapvereinbarungen – v. a. auch im internationalen Geschäft – sind dies nur stark vereinfachte Versuche, ihr jeweiliges Risiko zu quantifizieren. Für weitere Einzelheiten zu diesen Ansätzen vgl. SCHIERENBECK, HENNER: Ertragsorientiertes Bankmanagement, 3. Aufl., Wiesbaden 1991, S. 693–706; Die neuen Grundsätze I und Ia über das Eigenkapital der Kreditinstitute, in: Mb-Bbk, August 1990, S. 39–46.

Daß einer Bank aus schwankenden Marktzinsen erhebliche Ertragseinbußen drohen, ist deutschen Kreditinstituten lange Zeit kaum bewußt gewesen, weil bis 1967 die Zinssätze im Einlagen- und Kreditgeschäft vom Bankenaufsichtsamt reglementiert wurden (Zinsverordnung). Nach ihrer Freigabe zeigten sich dann die Probleme sehr schnell. Stark steigende Marktzinsen bei zeitweilig inverser Zinsstruktur führten gegen Mitte der siebziger Jahre und vor allem 1979–81 bei einer Reihe von Banken zu hohen Ertragseinbußen.

Hatte man die Gefahren der banküblichen **Fristentransformation** bis dahin nur im **Liquiditätsrisiko** gesehen, so zeigte sich nun, daß sie auch mit einem erheblichen **Erfolgsrisiko** verbunden ist. Der durchschnittliche Zinssatz der (kürzerfristigen) Mittelbeschaffung, vor allem für Termineinlagen, folgte in den genannten Jahren den steigenden Marktzinsen schneller als der durchschnittliche Zinssatz für die (längerfristigen) Kredite, was die Zinsspanne – den wichtigsten Bestimmungsfaktor des Gewinns einer Bank – zum Teil empfindlich schrumpfen ließ. Das Verlustpotential aus Marktzinsänderungen verglich man schon bald mit der Größenordnung möglicher Kreditausfälle.

Die Steuerung des Zinsänderungsrisikos ist seither fester Bestandteil der erfolgsorientierten Bankplanung. Außerhalb der Banken hatten die Erfahrungen in den siebziger Jahren zweierlei zur Folge:

● Zum einen forderte das Bankenaufsichtsamt die Institute in mehreren Schreiben nachdrücklich auf, das Zinsänderungsrisiko im Blick zu behalten, und formulierte Mindesterfordernisse der Risikoerfassung. Von einer Reglementierung sah man allerdings ab. Einen groben Rahmen bilden lediglich die Liquiditäts-Grundsätze II und III, die das Ausmaß der Fristentransformation und damit auch das mit ihr verbundene Zinsänderungsrisiko begrenzen.

● Zum anderen begann eine breite und anhaltende Diskussion in der Fachliteratur darüber, wie eine Bank das Zinsänderungsrisiko in ihrem Geschäft erfassen und steuern sollte.[26]

Um den Einfluß von Schwankungen des Marktzinses auf die Ertragslage einer Bank genauer darzustellen, sind zunächst die Auswirkungen auf das Einlagen- und Kreditgeschäft zu trennen von den Auswirkungen auf den Effektenbestand der Bank:

a. Im Einlagen- und Kreditgeschäft besteht die Gefahr darin, daß **bei steigendem Zinsniveau** Zinssätze für die Mittelbeschaffung schneller steigen als Zinssätze für die Mittelanlage und **bei sinkendem Zinsniveau** Zinssätze für die Mittelanlage schneller sinken als Zinssätze für die Mittelbeschaffung. Diese auf Aktiv- und Passivseite unterschiedliche Anpassungsfähigkeit der Zinssätze an ein verändertes Marktzinsniveau (Elastizitätsungleichgewicht) führt in beiden Fällen zu einer schrumpfenden Zinsspanne (**Zinsspannenrisiko**).

Änderungen des Zinsniveaus können allerdings auch – wenn sich die Zinssätze auf Aktiv- und Passivseite umgekehrt als geschildert verhalten – zu einer erweiterten Zinsspanne führen. Dem Zinsänderungsrisiko steht also, wie bei allen Preisrisiken, eine Zinsänderungschance gegenüber (Gewinnpotential). Darin unterscheidet es sich vom Ausfallrisiko, das ausschließlich ein Verlustpotential darstellt.

---

[26] Vgl. insbesondere: KUGLER, ALBERT: Konzeptionelle Ansätze zur Analyse und Gestaltung von Zinsänderungsrisiken in Kreditinstituten, Frankfurt a. M./Bern/New York 1985; ROLFES, BERND: Die Steuerung von Zinsänderungsrisiken in Kreditinstituten, Frankfurt a. M. 1985; BANGERT, MICHAEL: Zinsrisiko-Management in Banken, Wiesbaden 1987. – Weitere Literaturhinweise auf S. 377–379.

b. **Steigende Marktzinsen** aktivieren darüber hinaus auch ein Verlustpotential im Effektenbestand der Bank. Der Zinsanstieg führt bei den bereits umlaufenden Wertpapieren – deren Nominalzins nun unter dem Marktniveau liegt – zu einem Rückgang der Marktpreise (Börsenkurse) und entwertet damit die Bestände entsprechender Papiere bei den Banken. Nach den Vorschriften zur Rechnungslegung sind in Deutschland derartige Verluste, obwohl noch nicht realisiert, gewinnmindernd abzuschreiben (**Abschreibungsrisiko**).

Den buchmäßigen Verlust gleicht allerdings der außerordentliche Ertrag wieder aus, der entsteht, wenn die Papiere bei Fälligkeit zum Nennwert eingelöst werden. Nur wenn die Bank sie vorher verkauft, realisiert sie den Verlust.

Auch hier steht dem Verlust- ein Gewinnpotential gegenüber. Sinkende Marktzinsen führen zu einem Kursanstieg bei den bereits umlaufenden Papieren und werten entsprechende Bestände bei den Banken auf. Die Rechnungslegungsvorschriften erlauben jedoch erst dann, dies als Gewinnbeitrag zu berücksichtigen, wenn die Wertsteigerungen realisiert, d. h. die Papiere zu den höheren Kursen verkauft werden.

Da der Bestand an festverzinslichen Wertpapieren bei einer Bank gewöhnlich viel kleiner ist als ihr Kreditvolumen, beschränkt sich die weitere Darstellung auf den gewichtigeren Fall des Zinsspannenrisikos.

Zum genaueren Verständnis des Zinsspannenrisikos muß man bei den **Ursachen** von Elastizitätsungleichgewichten ansetzen, also bei der Frage: Wodurch kommt es dazu, daß sich bei einer Bank im Anschluß an veränderte Marktzinsen die durchschnittliche Verzinsung der Aktiva schneller oder langsamer verändert als die der Passiva? Zwei Bestimmungsgründe lassen sich unterscheiden:[27]

(1) Der wichtigste Grund liegt darin, daß eine Bank für Mittelbeschaffung und Mittelverwendung unterschiedlich lange Fristen **vereinbart,** im Normalfall bei der Mittelverwendung längere als bei der Mittelbeschaffung (Fristentransformation). Als ,Frist' sind dabei zwei Aspekte auseinanderzuhalten:

- die Dauer der **Kapitalüberlassung** (die für das Liquiditätsrisiko relevant ist) und
- die Dauer der **Zinsbindung** (Zinsbindungsfrist), d. h. der Zeitraum, für den der Zinssatz im voraus festgelegt ist, also auch bei Marktzinsänderungen nicht verändert werden kann;
  die Zinsbindungsfrist kann der Kapitalbindungsfrist entsprechen, sie kann aber auch kürzer als diese sein. Ein Beispiel dafür, wie weit die Fristen von Kapital- und Zinsbindung voneinander abweichen können, sind die am Euromarkt gebräuchlichen „roll over"-Kredite, die mit Laufzeiten von bis zu 10–15 Jahren vergeben werden, aber mit der

---

[27] Im gleichen Sinne unterscheidet HÖLSCHER zwischen transformations- und marktbedingten Determinanten von Elastizitätsungleichgewichten (HÖLSCHER, REINHOLD: Risikokosten-Management in Kreditinstituten, Frankfurt a. M. 1987, S. 18–22).

Vereinbarung, den Zinssatz alle drei oder sechs Monate an das Marktniveau anzupassen.
Für das Zinsänderungsrisiko ist allein die Dauer der Zinsbindung relevant, nicht die der Kapitalbindung.

(2) Während es bei (1) aus rechtlichen Gründen nicht gelingt, die Zinsen auf Aktiv- und Passivseite gleichmäßig an das veränderte Marktniveau anzupassen, kann eine gleichmäßige Anpassung aber auch dann mißlingen, wenn die vertraglichen Vereinbarungen sie an sich zulassen würden. Es kann sich nämlich erweisen, daß veränderte Zinssätze auf Aktiv- und Passivseite in unterschiedlichem Maße **durchsetzbar** sind, weil das Gewicht von Kunden mit starker Verhandlungsmacht und hoher Preiselastizität auf der Aktivseite größer oder kleiner als auf der Passivseite ist. Diese marktbedingten Ursachen unterschiedlicher Anpassungsfähigkeit auf Aktiv- und Passivseite können die transformationsbedingten Unterschiede verstärken oder abschwächen.

Bei der Erfassung des aus dem Ungleichgewicht resultierenden Risikos konzentriert sich der Blick auf den Übergang der einen über die andere Seite (Inkongruenz). Er wird zumeist definiert als Differenz aller Aktiva und aller Passiva, deren Zinssätze innerhalb einer bestimmten künftigen Periode nicht geändert werden können **(Festzinsüberhang)**. Man kann ihn auch danach bestimmen, welche Seite auf Änderungen der Marktzinsen stärker reagiert **(Zinselastizitätsüberhang)**. Einem aktiven Festzinsüberhang entspricht dann grundsätzlich ein passiver Elastizitätsüberhang – und umgekehrt. Das folgende Schaubild faßt Risiken und Chancen bei unterschiedlicher Entwicklung der Marktzinsen zusammen.

	bei steigendem Zinsniveau	bei sinkendem Zinsniveau
akiver Festzinsüberhang (passiver Zinselastizitätsüberhang)	Risiko	Chance
passiver Festzinsüberhang (aktiver Zinselastizitätsüberhang)	Chance	Risiko

Da die Fristen der Zinsbindung normalerweise stark von denen der Kapitalbindung bestimmt werden, ist bei der banküblichen Fristentransformation ein aktiver Festzinsüberhang der Regelfall. Dementsprechend wird in der Praxis das Zinsänderungsrisiko akut bei steigendem Zinsniveau und/oder inverser Zinsstruktur; bei sinkendem Zinsniveau und normaler Zinsstruktur gerät es dagegen leicht in Vergessenheit.

Steuerung des Zinsänderungsrisikos bedeutet, die Struktur der Zinsbindungsfristen bei Mittelbeschaffung und Mittelverwendung aufeinander abzustimmen, insbesondere die Überhänge zu ermitteln und zu begrenzen.

Diese Aufgabe wird in der Bankpraxis zum Teil mit Begriffen bezeichnet, die mißverständlich, weil nicht eindeutig bestimmt sind.

So faßt man häufig alle Maßnahmen der erfolgsorientierten Steuerung des Zinsänderungsrisikos als **Aktiv/Passiv-Management** (asset and liability management) zusammen. Man verwendet diesen Begriff aber auch in erweiterten Fassungen, indem man beispielsweise auch die Steuerung der KWG-Grundsätze einbezieht oder den Begriff sogar – wie es die Wortbildung nahelegt – auf alle bei der Abstimmung von Mittelbeschaffung und Mittelverwendung zu berücksichtigenden Aspekte ausdehnt (Beträge, Fristen, Zinselastizitäten, usw.).

Ähnlich vielfältig wird der Begriff Treasury verwendet. Während man anfänglich darunter zumeist eine um Devisen- und Wertpapiereigengeschäfte erweiterte Gelddisposition verstand, sind als begriffsbestimmend immer stärker die mit diesen Geschäften verbundenen Kurs- und Marktzinsrisiken in den Vordergrund gerückt. Mitunter versteht man unter **Treasury Management** nur noch die Steuerung der Marktpreisrisiken, insbesondere des Devisenkurs- und des Zinsänderungsrisikos.

Angesichts der sehr uneinheitlichen Verwendung beider Begriffe wird im weiteren ganz auf sie verzichtet, um Mißverständnisse zu vermeiden.

Das Zinsänderungsrisiko zu steuern, setzt voraus, daß man es in angemessener Weise erfassen und messen kann. Hierfür sind in Wissenschaft und Praxis unterschiedliche Konzepte entwickelt worden.

Der in der Bankpraxis am häufigsten verwendete Ansatz ist die **Zinsbindungsbilanz** (auch: Zinsänderungs-, Zinsablauf-, Festzinsbilanz). Sie wird auf WALTER SCHOLZ zurückgeführt und unter anderem auch vom Bankenaufsichtsamt zur Anwendung empfohlen.[28]

Mit der Zinsbindungsbilanz versucht man, das Ausmaß des Zinsänderungsrisikos im Zeitablauf sichtbar zu machen, indem man für eine Folge künftiger Teilperioden die Festzinsüberhänge ermittelt („offene Festzinspositionen"). Dazu wird für jede Teilperiode das durchschnittliche Volumen der Festzinsaktiva dem der Festzinspassiva gegenübergestellt, wobei man möglichst vollständig auch die nicht in der Bilanz erfaßten Positionen berücksichtigt. Von welcher Bindungsfrist ab man eine Position als ‚Festzinsposition' ansieht, ist vorab zu definieren; das Aufsichtsamt beispielsweise empfiehlt, Geschäfte mit einer Zinsbindung von mindestens sechs Monaten einzubeziehen. Geschäftsabschlüsse mit kürzerer Zinsbindungsfrist gelten dann als ‚variabel verzinslich'. Das folgende Beispiel veranschaulicht in stark vereinfachter Form den Inhalt einer solchen Zinsbindungsbilanz.

Berechnungsperiode (z. B. Monate)	1	2	3	4	5	6	7	8
Volumen (z. B. in Mio. DM):								
• Festzinsaktiva	50	50	40	30	20	20	10	10
• Festzinspassiva	30	30	30	25	25	20	15	15
Geschlossene Festzinsposition	30	30	30	25	20	20	10	10
Offene Festzinsposition:								
• Aktiv-Überhang	20	20	10	5	–	–	–	–
• Passiv-Übergang	–	–	–	–	5	–	5	5

---

[28] SCHOLZ, WALTER: Zinsänderungsrisiken im Jahresabschluß der Kreditinstitute, in: KuK, 1979, S. 517–544; SCHOLZ, WALTER: Die Steuerung von Zinsänderungsrisiken und ihre Berücksichtigung im Jahresabschluß der Kreditinstitute, in: Bilanzstruk-

Im Umfang der geschlossenen Festzinsposition würden beide Seiten in der jeweiligen Teilperiode von möglichen Änderungen des Zinsniveaus unberührt bleiben; ein Zinsänderungsrisiko besteht insoweit nicht. Jede offene Position dagegen ist mit einem Zinsänderungsrisiko behaftet: Der jeweiligen Festzinsposition stehen Passiva (bei einem Aktiv-Überhang) bzw. Aktiva (bei einem Passiv-Überhang) gegenüber, deren Verzinsung mit Änderungen des Zinsniveaus schwankt, was dann die Zinsspanne vergrößern (Chance) oder verringern kann (Risiko). Um das Ausmaß des Risikos zu ermitteln, muß man das künftige Zinsniveau einigermaßen zuverlässig prognostizieren. Mindestens läßt sich ermitteln, welche Auswirkungen unterschiedlich hohe Änderungen der Marktzinsen auf die Zinsspanne haben würden.

Das Konzept der Zinsbindungsbilanz ist, obwohl am weitesten verbreitet, nicht ohne Schwächen.

• Ausschließlich die Festzinspositionen zugrunde zu legen, unterstellt, daß bei den variabel verzinslichen Positionen eine auf Aktiv- und Passivseite gleichmäßige Anpassung an Marktzinsänderungen erfolgt und deshalb ein Zinsänderungsrisiko hier nicht besteht. Die rechtlich (vertraglich) gleiche Möglichkeit, Zinssätze an das Marktzinsniveau anzupassen, kann faktisch aber nur in unterschiedlichem Maße gegeben sein; verhandlungsstarke Kunden können sich der Anpassung auf der einen Seite in stärkerem Maße widersetzen als auf der anderen Seite. Auch das variabel verzinsliche Geschäft ist also nicht ohne Zinsänderungsrisiko.

• Des weiteren erfaßt die Zinsbindungsbilanz von den Festzinspositionen allein das zum Zeitpunkt ihrer Aufstellung bestehende Geschäft (Altgeschäft), nicht dagegen die im Betrachtungszeitraum neu abgeschlossenen Geschäfte. Da im Zeitablauf Alt-Festzinspositionen nach und nach auslaufen, wird – wie es auch das Beispiel zeigt – ein immer kleinerer Teil des Gesamtgeschäfts der Bank berücksichtigt. Dieser Mangel läßt sich aber dadurch abschwächen, daß man in kurzen Abständen neue Zinsbindungsbilanzen nach dem jeweils aktuellen Stande erstellt. Dann lassen sich daraus auch bessere Hinweise für die risikoorientierte Gestaltung des Neugeschäfts ableiten.

Ein umfassenderes, vorrangig auf die Risiken aus dem variabel verzinslichen Geschäft abgestelltes Konzept ist die von BERND ROLFES entwickelte **Zinselastizitätsbilanz**.[29] Hier wird den Bilanzpositionen jeweils eine Zinsanpassungselastizität zugeordnet, die ausdrückt, um wieviel sich der Zinssatz dieser Position bei einer Marktzinsänderung um einen Prozentpunkt verändert. Außer der Entwicklung des Zinsniveaus sind hier zur Ermittlung des Risikos

---

turmanagement in Kreditinstituten, hrsgg. von H. SCHIERENBECK/H. WIELENS, Frankfurt a. M. 1984, S. 119–136. – CONSBRUCH/MÖLLER/BÄHRE/SCHNEIDER (Hrsg.): Gesetz über das Kreditwesen – mit verwandten Gesetzen und anderen Vorschriften, Textsammlung, München 1963 ff. (Ziffer 11.28: Zinsänderungsrisiko).

[29] ROLFES, BERND: Risikosteuerung mit Zinselastizitäten, in: ZfgK, 1989, S. 196–201. – Ähnlich ist der Vorschlag von HERZOG, die Zinsbindungsbilanz um „Zinsvotalitäten" zu erweitern (HERZOG, WALTER: Zinsänderungsrisiken in Kreditinstituten, Wiesbaden 1990, S. 98–106).

also auch die Zinsanpassungselastizitäten der verschiedenen Aktiva und Passiva zu prognostizieren, wofür man aus den Bilanzpositionen Teilmassen mit möglichst gleicher Reagibilität gegenüber Marktzinsänderungen zu bilden versucht (Zinselastizitätsklassen).[30] Festzinspositionen bilden in der Elastizitätsbilanz die Extremfälle mit einer Elastizität von Null.

Neben den bisher skizzierten Versuchen, das Zinsänderungsrisiko von der Bilanz her zu erfassen und zu bewerten, gibt es auch zahlungsstromorientierte Ansätze (Barwertkonzeptionen). Sie sind zur Beurteilung von Zinsänderungsrisiken bei festverzinslichen Wertpapieren entwickelt worden, und man versucht nun, sie auf das Gesamtgeschäft einer Bank zu übertragen. Die im einzelnen recht vielfältigen Bemühungen werden gewöhnlich unter dem Sammelbegriff **Duration** behandelt.

Die bisherige Diskussion hat gezeigt, daß diese Ansätze für eine Übertragung auf das gesamte Bankgeschäft in ihren einfachen Varianten von zu realitätsfernen Annahmen ausgehen und in ihren Verfeinerungen – insbesondere bei Einbeziehung von Zinsschwankungen nicht nur am Markt, sondern auch im Kundengeschäft – sehr komplex und dadurch wohl zu aufwendig werden.[31] Sie werden deshalb hier nicht näher behandelt.

Ist der Umfang des Festzins- bzw. Elastizitätsüberhanges ermittelt, muß er bewertet werden, d. h. man muß das Ausmaß der möglichen Erfolgsminderung ermitteln. Das Ausmaß ist abhängig vom Volumen des Überhanges, von Richtung und Stärke der Marktzinsänderung und von den Anpassungselastizitäten der verschiedenen bankindividuellen Zinssätze. Trifft man über künftige Marktzinsen und über Elastizitäten bestimmte Annahmen, so läßt sich bei gegebenem Überhang die maximal mögliche Erfolgsminderung ermitteln.

Da die Fristentransformation wesentliche Basis der Ertragserzielung ist und dem Zinsänderungsrisiko auch -chancen gegenüberstehen, ist es Ziel der Risikopolitik, nicht das Risiko ganz zu eliminieren, sondern es auf ein tragbares Maß zu begrenzen. Anhaltspunkte dafür, wieviel man als tragbar ansieht, bieten vor allem Teile des Eigenkapitals, die mögliche Ertragseinbußen aus dem Zinsänderungsrisiko ausgleichen würden. So orientiert man sich in der Praxis vorzugsweise am Umfang des erwarteten Jahresüberschusses oder an dem der stillen Reserven. Eine Orientierung an den stillen Reserven bedeutet, daß man im schlimmsten Falle in der Lage wäre, die Verluste aufzufangen, ohne daß Außenstehende davon erfahren.

Zeichnet sich ein das tragbare Maß übersteigendes Risiko ab, so werden Maßnahmen erforderlich, die die offene Festzinsposition zurückführen. Dies läßt sich zum einen mit bilanzwirksamen Transaktionen im Kunden- und/ oder im Interbankengeschäft erreichen, zum anderen mit Hilfe spezieller Finanzinstrumente, die Bilanzvolumen und -struktur unverändert lassen.[32] Auf diese Weise können Gesamtpositionen wie z. B. ein aktiver Festzins-

---

[30] Vgl. dazu HÖLSCHER, REINHOLD: Risikokosten-Management in Kreditinstituten, Frankfurt a. M. 1987, S. 196–200.

[31] Im einzelnen vgl. BÜHLER, WOLFGANG/HERZOG, Walter: Die Duration – eine geeignete Kennzahl für die Steuerung von Zinsänderungsrisiken in Kreditinstituten? In: KuK, 1989, S. 403–426 und 524–562.

[32] Einen detaillierten Überblick über die Möglichkeiten gibt BANGERT, MICHAEL: Zinsrisiko-Management in Banken, Wiesbaden 1987, S. 214–459.

überhang gesichert werden („macro hedging"), aber auch einzelne Geschäfte („micro hedging").

(a) Als Maßnahmen im **Kundengeschäft** kämen zur Reduzierung eines aktiven Festzinsüberhanges in Betracht, die weitere Ausweitung der Festzinsaktiva, vor allem der langfristigen Festzinskredite, zu bremsen und/oder den Umfang der Festzinspassiva zu erhöhen, beispielsweise durch verstärkten Verkauf eigener Wertpapiere (Sparbriefe u. ä.). Da die Erhöhung der Festzinspassiva von der Bereitschaft der Kunden abhängt, Mittel mit längerer Zinsbindung anzulegen, ist der Erfolg der Bemühungen ungewiß. Zumal die Kunden bei erwartetem Anstieg der Marktzinsen – der die Bank zu ihren Angeboten veranlaßt – längere Zinsbindungen eher meiden werden. Jedenfalls lassen sich Anpassungen über das Kundengeschäft nicht zielgenau und gewöhnlich auch nicht allzu schnell realisieren.

(b) Eine andere Möglichkeit ist der Ausgleich als nicht tragbar angesehener Überhänge mit Hilfe bestimmter **Finanzinstrumente** (Hedging-Instrumente). Durch Zinsswap-, Zinstermin- oder Zinsoptionsgeschäfte lassen sich Festzinsüberhänge reduzieren oder schließen, indem man Gegenpositionen schafft, ohne dabei die Bilanz zu verändern.[33]

• Durch Abschluß eines Swapgeschäftes **(Zinswap)** kann die Bank beispielsweise mit einem anderen Institut ihre Zinsverpflichtungen aus einem bestimmten Betrag an variabel verzinslichen Verbindlichkeiten für einen bestimmten Zeitraum (Vertragslaufzeit) gegen Zinsverpflichtungen aus einer Festzins-Vereinbarung austauschen. Damit wächst für die Dauer der Vertragslaufzeit faktisch der Umfang ihrer Festzinspassiva.

Erfüllt wird das Geschäft durch Ausgleichszahlungen; bei steigendem Marktzins steigt zwar im zugrunde gelegten Beispiel der Zinsaufwand der Bank, sie erhält aber von ihrem Vertragspartner den Differenzbetrag zwischen vereinbartem Festzins und gestiegenem Marktzins, der als Ertrag ihren höheren Zinsaufwand ausgleicht.

• Mit einem **Zinstermingeschäft** kann die Bank beispielsweise für einen bestimmten Umfang ihrer variabel verzinslichen Passiva den Zinsaufwand dadurch gegen mögliche Zinssteigerungen sichern, daß sie für eine in der Zukunft liegende Periode zu einem bestimmten Zinssatz eine fiktive Einlage bestimmter Höhe hereinnimmt. Steigt der Marktzins, dann zahlt der Abschlußpartner der Bank den Unterschiedsbetrag zwischen dem vereinbarten und dem Marktzins. Fällt der Marktzins entgegen den Erwartungen, dann muß zwar die Bank den Differenzbetrag zahlen; aber es ist dann auch ihr Zinsaufwand für die variabel verzinslichen Passiva geringer geworden.

Neben einem solchen nach individuellen Bedürfnissen vereinbarten Zinstermingeschäft (Forward Rate Agreement) können Zinstermingeschäfte auch über eine Terminbörse getätigt werden (Zinsterminkontrakte, Interest Rate Futures). Bei ihnen sind Beträge und Fälligkeitstermine standardisiert, was ihren Einsatz zur Sicherung gegen bankindividuell ausgeformte Zinsänderungsrisiken erschwert. – Will eine Bank beispielsweise einen Überhang der Festzinsaktiva gegen steigende Zinsen absichern, so verkauft sie Zinsterminkontrakte („short hedging"), um sich später billiger eindecken zu können. Im Idealfall wird die Einbuße durch den steigenden Zinsaufwand im Kundengeschäft ausgeglichen durch den Gewinn am Terminkontraktmarkt. Wie genau dieser Ausgleich gelingt, hängt davon ab, inwieweit der Zinssatz der Terminkontrakte und der

---

[33] Literaturhinweise zu Zinsswap-, Zinstermin- und Zinsoptionsgeschäften auf S. 379 f.

Zinssatz der abzusichernden Passiva der Bank von denselben Einflußgrößen bestimmt werden und sich daher gleichläufig entwickeln. Auf jeden Fall muß vorab auszuschließen sein, daß sich beide Sätze in entgegengesetzter Richtung entwickeln.

- Schließlich lassen sich auch **Optionen** auf festverzinsliche Wertpapiere oder auf Zinsterminkontrakte einsetzen. Im Unterschied zum Erwerb eines Kontraktes erwirbt die Bank als Käufer einer Option das Recht, aber nicht die Verpflichtung, bestimmte Finanztitel zu vorab festgelegten Preisen zu kaufen (Call) oder zu verkaufen (Put). Dem Verkäufer der Option (Stillhalter) zahlt sie für diese Möglichkeit eine Optionsprämie. Mit einer Option kann die Bank die Risiken einer Marktzinsänderung ausschließen, sich die Chancen aus sich entgegengesetzt als erwartet verändernden Marktzinsen aber offenhalten (da sie auf die Wahrnehmung des Optionsrechts auch verzichten kann).

Die verschiedenen Möglichkeiten setzen für ihr Zustandekommen voraus, daß die Abschlußpartner bzw. der Markt nicht die gleichen Zinserwartungen wie die Bank haben. Eine Sicherung ist deshalb im allgemeinen nur gegen unerwartete Marktzinsänderungen möglich.

2.1.2.2. Bilanzstruktur und Eigenkapitalbedarf[34]

Die Erfolgsrisiken gefährden Wachstum und Bestand des Eigenkapitals der Bank. Das Eigenkapital ist bilanzieller Ausdruck ihres finanziellen Haftungspotentials; es soll verhindern, daß Verluste auf die Gläubiger durchschlagen, und auf diese Weise den Fortbestand der Bank gewährleisten. Dementsprechend ist der Umfang des Eigenkapitals am Ausmaß der Erfolgsrisiken der Gesamtbank auszurichten; oder anders herum gesagt: das Verlustpotential der Gesamtbank ist auf den Umfang des Eigenkapitals zu begrenzen. Die Gegenüberstellung von Verlustpotential und Eigenkapital bezeichnet man auch als **Risikoposition**.

Aus der Risikoposition ergibt sich nicht notwendig eine bestimmte Struktur des risikotragenden Gesamtgeschäfts. Das Eigenkapital stellt vielmehr ein allgemeines Haftungspotential dar, das die Bank nach eigener Wahl für beliebige Kombinationen unterschiedlich risikoreicher Geschäftsarten einsetzen, also „verbrauchen" kann. Ermittlung und Beobachtung der Risikoposition setzen voraus, daß man die verschiedenen Arten von Erfolgsrisiken in einer Weise quantifiziert, die es gestattet, sie addiert dem Eigenkapital gegenüberzustellen. Für eine solche, alle Risikoarten umfassende Risikoposition sind konzeptionelle Vorschläge entwickelt worden;[35] ihre Realisierung wirft jedoch Probleme auf. Einige Schwierigkeiten lassen sich am Beispiel der Eigenkapital-Regelungen im Rahmen der Bankenaufsicht zeigen.

Grundlage ist dort die allgemeine Forderung, jedes Kreditinstitut müsse „ein angemessenes haftendes Eigenkapital" haben (§ 10 KWG). Ob der Umfang im Einzelfall angemessen ist, beurteilt das Aufsichtsamt anhand der „Grundsätze über das Eigenkapital und die Liquidität der Kreditinstitute". In ihnen

---

[34] Literaturhinweise zu Eigenkapitalbedarf und -beschaffung einer Bank auf S. 380–382.

[35] Kurzgefaßt bei Süchting, Joachim: Bankmanagement, 3. Aufl., Stuttgart 1992, S. 376–381; detailliert bei Keine, Friedrich-Michael: Die Risikoposition eines Kreditinstituts, Wiesbaden 1986.

werden die verschiedenen Arten von Erfolgsrisiken nicht gemeinsam, sondern getrennt nach Ausfallrisiko und Preisrisiko mit dem Eigenkapital in Beziehung gesetzt.

(a) Grundsatz I begrenzt die Gesamtheit vom Ausfallrisiko bedrohter Vermögenspositionen einer Bank auf das 12,5fache ihres haftenden Eigenkapitals; anders herum formuliert: der Grundsatz beziffert das Verlustpotential aufgrund des Ausfallrisikos im Normalfall auf 8% und verlangt deshalb, daß in mindestens dieser Höhe Eigenkapital vorhanden ist.

Daß bei einer Reihe von Schuldnern der Ausfall der Forderungen weniger wahrscheinlich ist als im zunächst zugrunde gelegten Normalfall, wird ergänzend berücksichtigt, indem man bei ihnen eine nur anteilige Anrechnung des Forderungsvolumens vorsieht, was den „Verbrauch" an Eigenkapital entsprechend senkt. Indem man Vermögenspositionen zusammenfaßt, deren Ausfallwahrscheinlichkeit man als etwa gleich hoch einschätzt, erhält man verschiedene **Risikoklassen**. Die Übersicht auf S. 160 veranschaulicht das Konzept anhand der ab 1993 gültigen Fassung von Grundsatz I.

Aus der Übersicht wird auch deutlich, daß der Ansatz insoweit dem eingangs skizzierten Grundgedanken entspricht: Die verschiedenen Vermögenspositionen, vor allem Kreditarten, konkurrieren um das finanzielle Haftungspotential der Bank; auf einem gegebenen Volumen an Eigenkapital lassen sich unterschiedliche Geschäftsvolumina und -strukturen aufbauen – höhere Volumina mit geringerem Risikogehalt oder geringere Volumina mit höherem Risikogehalt.

Ein wesentlicher Aspekt, der die Höhe des Ausfallrisikos aus dem Gesamtgeschäft beeinflußt, bleibt in Grundsatz I allerdings unberücksichtigt: die Risikostreuung (Diversifizierung). Daß durch die Verteilung des Kreditvolumens auf viele Kreditnehmer und viele Wirtschaftszweige das Verlustpotential insgesamt sinkt, wurde bereits erwähnt (S. 148f.). Es ist aber offenbar schwer, dies in eine allgemeine Risikonorm einzufügen. Lediglich in einer gesonderten Regelung wird den Banken indirekt vorgeschrieben, ihr Kreditvolumen auf viele Kreditnehmer zu verteilen, indem man die Gesamtheit der Großkredite einer Bank (im Einzelfall größer als 15% ihres Eigenkapitals) auf das 8fache und den einzelnen Großkredit auf 50% ihres Eigenkapitals begrenzt (§ 13 KWG).

(b) Grundsatz Ia schreibt Grenzen für das Preisrisiko aus „offenen Positionen" vor – sowohl insgesamt (42% des Eigenkapitals der Bank) als auch getrennt nach Geschäftsarten:
- für das Devisenkurs- und das Edelmetallpreis-Risiko 21% des Eigenkapitals;
- für das Zinsänderungsrisiko aus Zinstermin- und Zinsoptionsgeschäften, soweit sie eine offene Position aus dem bilanzwirksamen Geschäft vergrößern, 14% des Eigenkapitals;
- für Preisrisiken aus anderen Termin- und Optionsgeschäften, vor allem Aktien- und Indexkontrakten, 7% des Eigenkapitals.

Das Zinsänderungsrisiko aus dem bilanzwirksamen Geschäft (im wesentlichen aufgrund der Fristentransformation) bleibt dagegen unberücksichtigt, vorerst jedenfalls.

Die getrennte Begrenzung von Ausfallrisiko (in Gr. I) und Preisrisiko (in Gr. Ia) führt nicht nur zu einer Doppelbelegung des Eigenkapitals.[36] Sie engt auch die Entscheidungsfreiheit der einzelnen Bank stärker ein als es eine die Gesamtheit der Erfolgsrisiken umfassende Norm täte. So ist es einer Bank nicht möglich, höhere Preisrisiken zu übernehmen und statt dessen das Ausfallrisiko zu reduzieren oder sich mit dem Eingehen geringerer Preisrisiken Spielraum für die erweiterte Übernahme von Ausfallrisiken zu schaffen.

Nach Risikoklassen differenziertes Ausfallrisiko
gem. Grundsatz I (i. d. ab 1993 gültigen Fassung)

Risiko-klasse (Anrech-nung des Volumens zu ...)	ge-mäß Abs. ...	Vom Ausfallrisiko bedrohte Vermögensposi-tionen (Risikoaktiva)[a] – Auswahl –	erforderli-che Eigen-kapital-Un-terlegung (Eigenkapi-tal-„Ver-brauch")
0%	(12)	• Forderungen an bzw. garantiert durch • Bund, Länder, Gemeinden, Sonderver-mögen des Bundes, • Zentralregierung oder Zentralbank eines OECD-Mitgliedstaates, • Zentralregierung oder Zentralbank ande-rer Staaten, sofern Forderung in Wäh-rung des Schuldners und in ihr finanziert, • regionale und lokale Gebietskörperschaf-ten eines anderen EG-Mitgliedstaates, • Forderungen an die Europ. Gemeinschaf-ten, • Forderungen, die mit Wertpapieren der Zentralregierung oder Zentralbank eines OECD-Mitgliedstaates gesichert sind,	0%
20%	(10)	• Forderungen an bzw. garantiert durch • inländische juristische Personen des öff. Rechts, die von Bund, Land oder Ge-meinde getragen werden, • regionale oder lokale Gebietskörper-schaften eines OECD-Mitgliedstaates, • die Europäische Investitionsbank, • inländische Banken sowie Banken aus OECD-Mitgliedstaaten, • Banken aus anderen Staaten, sofern Ur-sprungslaufzeit unter einem Jahr,	1,6%

[36] Diese Doppelbelegung hält die Bundesbank für vertretbar, weil das Limit im Grundsatz Ia erheblich unter dem Volumen des Eigenkapitals liege und die Kredit-institute den Spielraum des Grundsatzes I erfahrungsgemäß nicht annähernd aus-schöpfen (Mb-Bbk, August 1990, S. 40).

		• Forderungen, die mit Wertpapieren einer regionalen oder lokalen Gebietskörperschaft eines OECD-Mitgliedstaates gesichert sind,	
50%	(9)	• Forderungen aus Finanzswap-, Finanztermin- und Optionsgeschäften,[b]	4%
70%	(8)	• Darlehen der Bausparkassen an Bausparer (Zuteilungen sowie Vor- und Zwischenfinanzierungen),	5,6%
100%	(3) (4)	• Forderungen an Nichtbanken, v. a. Kredite, • 50% der nicht beanspruchten Kreditzusagen mit Ursprungslaufzeiten v. über einem Jahr, • Indossamentsverbindlichkeiten aus weitergegebenen Wechseln, • Aktien und festverzinsliche Wertpapiere, • Beteiligungen (jeweils: sofern nicht nach Abs. 8–12 niedriger anzusetzen)	8%

a) Da auch einige bilanzunwirksame Postionen einbezogen werden (Swap-, Termin- und Optionsgeschäfte), ist der gebräuchliche Begriff ‚Risiko**aktiva**' in diesem über die Aktivseite der Bilanz hinausgehenden Sinne zu verstehen.

b) Zugrunde gelegt werden dabei jeweils nicht die Kapital-, sondern die Kreditäquivalenzbeträge (vgl. dazu S. 150).

Von der bisher zugrunde gelegten längerfristig orientierten Sicht der Risikoposition – an der sich auch die Bankenaufsicht orientiert – ist zu unterscheiden die kurzfristige, im allgemeinen auf ein Geschäftsjahr bezogene Sicht, die für das Management im Vordergrund steht.

Bezogen auf ein Geschäftsjahr ist das Verlustpotential im Zusammenhang des laufenden Ergebnisses zu sehen. Im Normalfall soll das Ergebnis mindestens die als notwendig erachtete Gewinnausschüttung an die Eigner und die als notwendig erachtete Aufstockung der offenen Rücklagen ermöglichen (Mindestreingewinn).[37] Mit dem darüber hinausgehenden Überschuß lassen sich Verluste aus dem Ausfall- und/oder dem Preisrisiko decken. Reicht hierfür der „freie" Überschuß nicht aus, läßt sich das Ausgleichspotential durch Auflösung stiller Reserven erweitern, d. h. um „freie" Überschüsse vorangegangener Jahre.

Die bisher genannten Möglichkeiten werden vorgezogen, weil durch sie der Verlustausgleich „geräuschlos" möglich ist und man damit einem Vertrauensverlust im Umfeld vorzubeugen hofft. Erst wenn diese Möglichkeiten nicht ausreichen, die Verluste auszugleichen, kommt – als sekundäres Haftungspotential – die Reduzierung der

---

[37] Zur genaueren Begründung vgl. SCHIERENBECK, HENNER/ROLFES, BERND: Der strukturelle Gewinnbedarf als Existenzgrundlage von Sparkassen, in: Bw.Blätter, 1984, S. 483–490.

Rücklagenaufstockung und/oder der Gewinnausschüttung in Betracht. Die Verluste bleiben nun vor der Öffentlichkeit nicht mehr verborgen. Übersteigen sie sogar noch den eigentlich erforderlichen Mindestreingewinn, wird zum Ausgleich der Zugriff auf die nächste Ebene (tertiäres Haftungspotential) notwendig: auf die offenen Bestände an Eigenkapital, d. h. die offenen Rücklagen und letztlich auch das gezeichnete Kapital. Der mit diesem Schritt verbundene Vertrauensverlust gefährdet allerdings in hohem Maße den Fortbestand der Bank.

Das folgende Schaubild veranschaulicht in vereinfachter Form noch einmal die verschiedenen, nacheinander herangezogenen Haftungspotentiale.[38]

Internes Risikodeckungspotential (am Beispiel einer AG)				
Bestandsgrößen			ordentl. Jahresergebnis	
gezeichnetes Kapital; Genußrechtskapital; nachrangige Verbindl.	Reserven		risiko-dispositiver Überschuß	Mindest-rein-gewinn
	offene Rücklagen	stille Reserven		
tertiäres Haftungspotential	primäres Haftungspotential			sekundäres Haftungspotential

2.1.3 Struktur der „earning assets"[39]

Die an der Bilanz orientierte Strukturierung des Gesamtgeschäfts ist im wesentlichen eine Strukturierung der Anlagen (Aktiva), denn bei einer sich primär über die Hereinnahme von Einlagen finanzierenden Bank sind Umfang und Struktur der Mittelbeschaffung (Passiva) in hohem Maße als gegeben anzusehen, bestimmt durch Entscheidungen der Kunden. Deren Entscheidungen kann die Bank zwar mit ihrem absatzpolitischen Instrumentarium zu beeinflussen versuchen, aber nur auf längere Sicht und auch nicht zielgenau.

Dabei wird nicht verkannt, daß es der Bank auch möglich ist, Mittel gezielt hereinzunehmen, vor allem von anderen Banken und von institutionellen Anlegern. Diese Möglichkeit, Umfang und Struktur der Mittelbeschaffung auch aktiv zu gestalten (Passivmanagement), ist im Normalfall aber immer nur eine Ergänzung des weit überwiegend fremdbestimmten Mittelzuflusses. Aus diesem Grunde wird sie im weiteren vereinfachend außer acht gelassen. Die Strukturierung des Gesamtgeschäfts konzentriert sich damit auf die

---

[38] Schaubild in Anlehnung an HÖLSCHER, REINHOLD: Risikokosten-Management in Kreditinstituten, Frankfurt a. M. 1987, S. 243.
[39] Weiterführende Literaturhinweise hierzu: S. 383–386.

Struktur der Anlagen, ausgehend von einer im wesentlichen gegebenen Struktur der Passiva.

Leitgedanke dabei ist – entsprechend der primären Zielsetzung der Bank – das **Gewinnstreben;** die Aktiva sind also in erster Linie „earning assets". Allerdings müssen Entscheidungen über sie unter Unsicherheit getroffen werden und sind daher mit **Risiken** verbunden. Die beiden wichtigsten Risikoarten haben wir getrennt voneinander etwas näher betrachtet:

* die Gefahr für das liquiditätsmäßige Potential der Bank (das Liquiditätsrisiko) und
* die Gefahr für das finanzielle Haftungspotential der Bank (das Eigenkapitalverlust- oder Erfolgsrisiko).

Beide können den Fortbestand der Bank gefährden; beiden ist dementsprechend vorbeugend zu begegnen. Die in ihrem Ansatz gewinnorientierte Gestaltung des Gesamtgeschäfts muß daher vor allem auch die Begrenzung der Spielräume durch die Risiken einbeziehen, soll die Gewinnerzielung langfristig möglich bleiben.

Als dritter Aspekt sind bei der Strukturierung die Erfordernisse der **Kundenorientierung** zu berücksichtigen. Vor allem schränkt der Wunsch, die eigenen Kunden dauerhaft und umfassend mit Bankleistungen zu versorgen, die Entscheidungsspielräume ein.

In der Praxis sind die verschiedenen Aspekte so eng miteinander verzahnt, daß man die Strukturierung auch als ein einziges, dann allerdings überaus komplexes Entscheidungsproblem ansehen kann (**Programmentscheidung**). Seit in der Betriebswirtschaftslehre das Arbeiten mit mathematisch formulierten Entscheidungsmodellen gebräuchlich geworden ist, hat man wiederholt versucht, in dieser Weise auch die Strukturierung der Anlagen einer Bank – unter Berücksichtigung der vorhandenen und der beschaffbaren Mittel – als umfassende Gesamtentscheidung in den Griff zu bekommen.

In mathematischen Modellen versucht man, typische Problemstrukturen in ihren quantifizierbaren Zusammenhängen abzubilden. Ist ein Modell als Entscheidungshilfe für die Praxis gedacht, so muß es dem entsprechenden Sachproblem gerecht werden, also alle hierbei wesentlichen Faktoren und ihre Zusammenhänge (Interdependenzen) zutreffend erfassen. Soll das Modell die Problemstruktur nicht nur abbilden, sondern auch die Ermittlung der optimalen Handlungsalternative ermöglichen (Entscheidungsmodell), so muß darüber hinaus zur Bewertung der alternativen Entscheidungsmöglichkeiten ein Zielkriterium benannt werden. Je weitreichender die Vereinfachungen gegenüber der Realität sind, d. h. je höher der Abstraktionsgrad eines Modells ist, desto weniger wird es bei der Lösung konkreter Probleme dienlich sein können.

Außer Realitätsnähe ist bei der Formulierung eines Entscheidungsmodells aber auch zu beachten, daß zur Ermittlung der optimalen Entscheidung ein Lösungsverfahren (Algorithmus) besteht. Häufig ist augenscheinlich dieser Gesichtspunkt vorrangig. Die Mehrzahl der für den Finanzbereich einer Bank entwickelten Entscheidungsmodelle kann man als Bemühungen kennzeichnen, für ähnliche Probleme entworfene und mit fertigen Lösungsverfahren versehene Modelle mehr oder weniger modifiziert auf die Bank zu übertragen, wobei dann das Problem der optimalen Strukturierung ihrer Anlagen unterschiedlich „gedeutet", mitunter auch verfälscht wird.

Aus diesem Grunde wird hier darauf verzichtet, die vielfältigen und immer neuen Ansätze im einzelnen auszubreiten. Hieran Interessierte finden entsprechende Überblicke in der Fachliteratur.[40]

Im folgenden wird die Strukturierung der Anlagen anhand einer vereinfachten Stufenfolge von Entscheidungen erörtert.

Ist im ersten Schritt Vorsorge für die Zahlungsfähigkeit getroffen worden, indem man einen bestimmten Teil der zur Verfügung stehenden Mittel als Liquiditätsreserve zurückhält, so kann – hinter diesem „Schutzschild" – im nächsten Schritt die Struktur jener Anlagen behandelt werden, die die Bank vorrangig zur Ertragserzielung erwirbt. Auch sie haben einen Bezug zur Liquidität, aber erst in zweiter Linie.

Die Strukturierung der „earning assets" läßt sich dann vereinfachend als gestufte Folge von drei Entscheidungen gliedern: im ersten Teilschritt als Entscheidung über das Verhältnis von Kreditvolumen und Effektenbestand, im zweiten und dritten Teilschritt als Entscheidungen über die Struktur des Kreditvolumens und die des Effektenbestandes. Wenn auch in der Realität diese Entscheidungen nicht in so klarer Schrittfolge getroffen werden, so bestehen doch über die anzustrebenden bzw. akzeptierten Größenordnungen bestimmte Vorstellungen (Prioritäten). Sie gilt es herauszuarbeiten.

Den weiteren Gedankengang veranschaulicht noch einmal die folgende Übersicht:

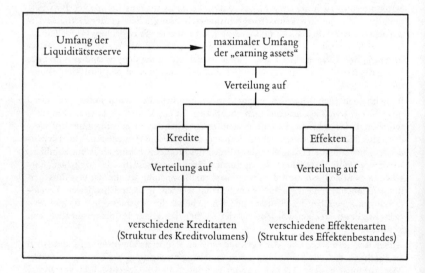

---

[40] Vgl. z. B.: HEIN, MANFRED: Einführung in die Bankbetriebslehre, München 1981, S. 144–151; SCHMIDT, REINHART: Neuere Entwicklungen der modellgestützten Gesamtplanung von Banken, in: ZfB, 1983, S. 304–317; GROSCH, ULRICH F.: Modelle der Bankunternehmung, Tübingen 1989. – Weitere Literaturhinweise auf S. 384–386.

2.1.3.1 Die Alternative Kreditvergabe/Effektenanlage

Wichtigste Geschäftsart jeder Bank ist die Vergabe direkter, individueller Kredite. Bestände an Effekten – als Niederschlag indirekter, vermarkteter Kredite – unterhalten Bankbetriebe zwar in unterschiedlichem, im ganzen aber in deutlich geringerem Umfang, wie ein Blick in die Bankenstatistik zeigt:

Kredite und Wertpapieranlagen[a]

Stand: Ende 1992	Geschäfts-volumen (Mrd. DM)	Kredite[b] Mrd. DM	%	Effekten[c] Mrd. DM	%	Verhältnis Kredite: Effekten
Kreditbanken	1.518,4	904,9	60	147,5	10	6,1 : 1
darunter:						
Großbanken	554,6	335,3	60	51,9	9	6,5 : 1
Privatbankiers	69,2	35,6	51	7,2	10	4,9 : 1
Sparkassen	1.210,2	711,1	59	257,4	21	2,8 : 1
Kreditgenossenschaften	693,7	403,8	58	122,2	18	3,3 : 1

a) Quelle: Bbk-Bankenstatistik, Februar 1993, S. 8–17.
b) Nur Kredite an Nichtbanken; ohne durchlaufende Kredite, Wertpapiere, Schatzwechselkredite und Ausgleichsforderungen.
c) Einschl. Bankschuldverschreibungen; ohne Beteiligungen.

Über die Kriterien, nach denen eine Bank verfügbare Mittel – d. h. nach Festlegung der als ausreichend angesehenen Liquiditätsreserve – auf Kredite und Effekten verteilt, werden in der Bankbetriebslehre unterschiedliche Annahmen getroffen. Als „reine" Lösungen des Entscheidungsproblems werden vor allem zwei Hypothesen angeboten:

1. die Annahme, eine Bank befriedige zunächst alle Kreditwünsche (sofern sie ein bestimmtes Bonitätsniveau nicht unterschreiten) und erwerbe Effekten nur, wenn und soweit ihre Finanzierungsmöglichkeiten die Kreditnachfrage übersteigen (Effektenkäufe als Lückenfüller);[41]

2. die Annahme, eine Bank entscheide zwischen Kreditvergaben und Effektenkäufen ausschließlich unter Ertrags- und Risikogesichtspunkten (Portfolio Selection-Konzept).[42]

Beide Annahmen sind nicht unzutreffend, aber sie vereinfachen zu stark. Zwar trifft es offenkundig zu, daß Bankbetriebe es als ihre vorrangige Aufgabe ansehen, direkte Kredite zu vergeben. Doch gibt es eine ganze Reihe eigenständiger Gründe für den Erwerb von Effekten, so daß man sie nicht ausschließlich als Lückenfüller für den Fall unzureichender Kreditnachfrage sehen darf. So kann es zu Effektenbeständen auch kommen, wenn die Bank

---

[41] So beispielsweise THOMAS, KARL: Ausleihungen, Diskontierungen und Wertpapieranlagen der Kreditbanken, Berlin 1956, S. 39–58.
[42] So beispielsweise FUHRMANN, WILFRIED: Die Aktivastruktur deutscher Banken, Berlin 1978.

- als Mitglied eines Emissionskonsortiums ihre fest übernommene Quote nicht in voller Höhe abzusetzen vermag;
- Effekten zur Ablösung „eingefrorener" Kredite übernimmt;
- Aktien als Mittler im Pakethandel übernimmt;
- Effekten aus Gründen der Kurspflege aus dem Markt nimmt;
- einer Verpflichtung oder Quasiverpflichtung unterliegt, in bestimmtem Umfang Staatspapiere oder Papiere ihnen verbundener Institute zu übernehmen (beispielsweise Sparkassen Emissionen der Girozentralen).

Am Portfolio Selection-Konzept, der zweiten „reinen" Hypothese, ist einsichtig, daß eine Bank, deren Zielvorstellungen man vereinfacht als Gewinnstreben unter möglichst weitgehender Beschränkung des Risikos umschreiben kann, nach diesen Kriterien auch im Einzelfall entscheidet. Doch bereits die eben genannten Beispiele des mehr oder weniger unfreiwilligen Effektenerwerbs schränken die allgemeine Gültigkeit der Hypothese ein. Hinzu kommt als gewichtigerer Einwand, daß sich das für die optimale Zusammensetzung eines Effektenbestandes entwickelte Konzept nicht auf die Strukturierung des Kreditvolumens übertragen läßt. Um das zu erkennen, ist das Konzept vorab kurz zu erläutern:

Für jedes in Betracht kommende Wertpapier werden folgende Größen ermittelt:
- aus dem erwarteten Zins- oder Dividendenertrag und der erwarteten Differenz zwischen Kauf- und Verkaufskurs ein Erwartungsgewinn (Rendite des eingesetzten Kapitalbetrages);
- das mit der Schätzung des Erwartungsgewinns verbundene Risiko, wobei als Maßstab die Varianz oder die Standardabweichung gewählt wird;
- die Abhängigkeit der Kursentwicklung des Papiers von der Kursentwicklung der anderen Papiere des Bestandes, wobei als Maßstab die Kovarianz oder der Korrelationskoeffizient gewählt wird.

Aus der Vielzahl der möglichen Kombinationen (Effektenportefeuilles) werden dann zunächst als „effiziente Portefeuilles" jene Wertpapiermischungen ermittelt, die bei einem bestimmten Gewinn kein geringeres Risiko oder bei einem gegebenen Risiko keinen höheren Gewinn mehr zulassen. Um aus ihrem Kreis schließlich das „optimale Portefeuille" zu bestimmen, muß sich der Anleger für eine der effizienten Kombinationen entscheiden – entsprechend seiner individuellen Präferenzen.

Gegen die Übertragung dieses Konzeptes auf das Kreditgeschäft einer Bank sprechen verschiedene praktische Gründe.[43] Angesichts der vielfältigen Variationsmöglichkeiten bei der Gestaltung der einzelnen Kredite (hinsichtlich Betrag, Laufzeit, Zins, Besicherung, Form der Vergabe), der engen Verflochtenheit der Kreditvergabe mit anderen Leistungen der Bank sowie der großen Zahl von Einzelkrediten erscheint es schon fraglich, ob das Konzept nicht unerfüllbare Informationsanforderungen stellt. Hinzu kommt, daß über die zahlreichen und vielfältigen Kreditanträge innerhalb kurzer Zeit entschieden werden muß und immer nur über die jeweils vorliegenden Anträge entschieden werden kann. Lediglich in diesen eng gesteckten Grenzen ließen sich überhaupt die Kreditvergaben einer Bank im Zusammenhang planen. Doch selbst dieser enge Rahmen wird praktisch weiter eingeschränkt, wenn – was aufgrund der weitreichenden Standortspaltung bei der

---

[43] RUDOLPH, BERND: Die Kreditvergabeentscheidung der Banken, Opladen 1974, S. 20–23.

Mehrzahl der Kreditanträge der Fall ist – die einzelnen Entscheidungen dezentral zu treffen sind. Das erfordert generelle Kompetenzregelungen für die Vielzahl der Entscheidungsträger, innerhalb derer sie aufgrund ihrer Risikoeinschätzung den einzelnen Antrag bewilligen oder ablehnen, ohne dabei zwischen sich ausschließenden Alternativen entscheiden zu müssen.

Aus den genannten Gründen haben Kreditvergabeentscheidungen in der Bankpraxis nur in Ausnahmefällen den Charakter von Portefeuilleentscheidungen. Damit ist der Ansatz auch nicht dafür geeignet, die Verteilung verfügbarer Mittel auf Kredite und Effektenanlagen zu erklären.

Die Einwände gegen die beiden „reinen" Lösungen des Entscheidungsproblems legen eine **„gemischte" Lösung** nahe. Die häufigen Hinweise aus der Bankpraxis, man bediene bei Liquiditätsengpässen bevorzugt die Stammkunden, weist auf den offenbar realitätsnäheren Ansatz: auf die Trennung in das „gewachsene" und das „gemachte" Geschäft. Bei den Kreditvergaben umfaßt das gewachsene Geschäft – als Grundstock der gesamten Anlagen der Bank – vor allem die notwendigen Betriebsmittelkredite an die Stammkundschaft aus Industrie, Handwerk und Handel sowie weitgehend auch die Konsumentenkredite. Diese Kunden unabhängig von der eigenen Situation stets wunschgemäß zu bedienen, ist wesentliche Grundlage für eine auf Dauer erfolgreiche Tätigkeit der Bank. Ihren Ertrag erzielt sie vorrangig aus langfristig angelegten Geschäftsbeziehungen. Das gewachsene Kreditgeschäft weist insgesamt eine bestimmte Kundenstruktur sowie eine bestimmte, als angemessen betrachtete Risikostreuung und Rentabilität auf. Schwankungen des Geschäftsvolumens ergeben sich hier allein aus veränderter Kreditnachfrage der Kunden, letztlich also aus der konjunkturellen Entwicklung.

Die Parallele zum gewachsenen Kreditgeschäft sind bei den Effektenbeständen die bereits genannten unfreiwilligen, d. h. von Veränderungen der Liquiditätslage und des Zinsniveaus weitgehend unabhängigen Bestände.

Übersteigen die Finanzierungsmöglichkeiten den Umfang des gewachsenen Geschäfts, so bemüht sich die Bank, zusätzliches Geschäft „zu machen". Dabei besteht offenbar eine Priorität für die Kreditvergabe, bei der man jetzt (gegenüber dem gewachsenen Geschäft) Abstriche hinsichtlich der Rentabilität, eventuell auch hinsichtlich der zusätzlichen Besicherung oder gar der ursprünglichen Sicherheit hinzunehmen bereit ist. Erst wenn im Kreditgeschäft die als akzeptabel angesehenen Möglichkeiten erschöpft erscheinen, werden Effekten gekauft, insbesondere festverzinsliche Papiere, um die verbleibende Lücke zu füllen. In einer Zeit niedrigen Zinsniveaus steht dem allerdings das dann erhebliche Kursrisiko festverzinslicher Papiere gegenüber, so daß in einer solchen Situation eher die Erhöhung der Sekundärreserve als Lückenfüller dient (Schatzwechsel, Interbankenkredite) oder man die Refinanzierung einschränkt (z. B. Wechseldiskont).

2.1.3.2 Struktur des Kreditvolumens

Das Kreditvolumen einer Bank läßt sich nach zahlreichen Merkmalen gliedern (z. B. Laufzeit, Verwendungszweck, Besicherung), von denen aber nicht alle für Strukturierungsentscheidungen bedeutsam sind. Welche Merkmale im Vordergrund stehen, bestimmt sich nach den wesentlichen Entscheidungskriterien, letztlich also nach den Zielen des Bankbetriebes. Dementsprechend sind Rentabilitäts- und Risikogesichtspunkte zu unterscheiden. Die Strukturierung des Kreditvolumens **nach Rentabilitätsgesichtspunkten** ist kein direktes Entscheidungsproblem.

Unterstellt man Gewinnstreben als vorrangiges Unternehmensziel, so wäre das eigentliche Entscheidungsproblem in der Wahl der rentabilitätsmäßig vorteilhaftesten Kreditvergaben zu sehen sowie in der Festlegung einer Ertragsschwelle. Als Lösungsansatz in diesem Sinne ist beispielsweise die Verwendung der Marginalanalyse vorgeschlagen worden, bei der für jeden beantragten Kredit Grenzerlös und Grenzkosten gegenübergestellt und keine Kredite vergeben werden, bei denen die Grenzkosten höher als die Grenzerlöse sind.[44] Abgesehen von den praktischen Schwierigkeiten, Grenzkosten und Grenzerlöse jeweils zu ermitteln, ist unter Rentabilitätsgesichtspunkten der Blick allein auf die Kreditvergabe problematisch, weil nach der vorherrschenden preispolitischen Konzeption die Bank gewöhnlich mehr auf den Erfolgsbeitrag der gesamten Geschäftsverbindung mit einem Kunden als auf den Beitrag einzelner Leistungen sieht und auch dementsprechende Preispolitik betreibt (Kompensationskalkulation).[45]

Trotz ihrer Einbettung in die Gesamtheit der vom jeweiligen Kunden abgenommenen Leistungen ist die Preisgestaltung bei der Kreditvergabe allerdings nicht völlig losgelöst von der Rentabilität des Gesamtkreditgeschäfts. Um sie differenziert zu beobachten, werden regelmäßig den Zinserlösen aus bestimmten Teilen des Kreditvolumens die Zinskosten ihnen jeweils zugeordneter Finanzierungsmittel gegenübergestellt, woraus sich Teilzinsspannen ergeben – beispielsweise für das kurzfristige und für das langfristige Kreditgeschäft, sofern Kredite und Finanzierungsmittel einander aufgrund gleicher Fristen zugeordnet wurden. Aus den Teilzinsspannen werden Folgerungen für die Preisgestaltung in den Teilbereichen abgeleitet, mit dem Ziel, jeweils einen als angemessen angesehenen Zinsüberschuß zu erreichen. Die Struktur des Kreditvolumens ist mithin wesentlich im Zusammenhang mit der Struktur der Finanzierungsmittel zu sehen.

Anders als unter Rentabilitätsgesichtspunkten bildet die Strukturierung des Kreditvolumens **unter Risikogesichtspunkten** ein direktes Entscheidungsproblem. Die Strukturierung im Hinblick auf die Stabilität der Bank soll zum einen die Liquiditätserfordernisse berücksichtigen, zum anderen die Auswirkungen des Ausfall- und des Zinsänderungsrisikos begrenzen. In beiden Fällen bestehen Vorschriften der Bankenaufsicht, die als Rahmen bereits eine Grobstruktur abstecken.

Der Sicherung der Zahlungsfähigkeit dient vor allem die Strukturierung nach der Laufzeit der Kredite, die man – im Sinne horizontaler Finanzierungsregeln – an den Fristen der dem Bankbetrieb zur Verfügung stehenden Finanzierungsmittel (Passiva) orientiert. Dabei bilden die bereits mehrfach erwähnten „Grundsätze über das Eigenkapital und die Liquidität" den Rahmen für das Volumen der längerfristigen und das der kürzerfristigen Kredite.

---

[44] MÜLHAUPT, LUDWIG: Umsatz-, Kosten- und Gewinnplanung einer Kreditbank, in: ZfhF, 1956, S. 7–74.

[45] Ausführlicher hierzu: Abschnitt „Preispolitik" (S. 239–248).

Ergänzend werden vielfach auch selbstgesetzte Grenzwerte beachtet, die gewöhnlich in Form von Kennnziffern formuliert sind – beispielsweise: Begrenzung der langfristigen Kredite auf einen bestimmten Prozentsatz des Kreditvolumens oder der Spareinlagen.

Um die Auswirkungen möglicher Kreditausfälle zu begrenzen, achtet die Bank auf eine ausreichende Streuung der Risiken, vor allem darauf, daß sie ihr Kreditvolumen nicht zu stark auf einzelne Kreditnehmer und auf einzelne Wirtschaftszweige konzentriert. Im ersten Fall bilden gesetzliche Bestimmungen den Rahmen, in denen besonders große Kredite im Einzelfall wie auch insgesamt bestimmte Obergrenzen nicht übersteigen dürfen.[46] Welche große Bedeutung die Banken der Risikostreuung beimessen, ist aus den ausführlichen Hinweisen auf die Zahl der Kreditnehmer und die Vielfalt der finanzierten Wirtschaftszweige zu ersehen, die in keinem Geschäftsbericht einer Bank fehlen und die der Öffentlichkeit zeigen sollen, daß man weder mit einzelnen Kreditnehmern noch mit einzelnen Branchen zu eng verbunden ist.

Eine gewisse Rolle spielt bei der Strukturierung im Hinblick auf das Kreditausfallrisiko noch der Anteil der als besonders sicher geltenden Kredite, wozu man gewöhnlich Kredite an öffentliche Stellen und mit Grundpfandrechten gesicherte Kredite zählt. Gesetzliche Regelungen bestehen hierzu nicht; Banken geben sich zum Teil aber selbst Grenzwerte oder als optimal betrachtete Relationen vor – beispielsweise bei einer Sparkasse: je ⅓ Real-, Kommunal- und Personalkredite als „ausgewogene Kreditstruktur".

Neben der Begrenzung des Ausfallrisikos ist mitbestimmend bei der Strukturierung des Kreditvolumens auch die Begrenzung des Zinsänderungsrisikos, indem die Fristen der Zinsbindung bei der Kreditvergabe an denen der Mittelbeschaffung orientiert werden und man vor allem die offene Festzinsposition auf das als tragbar angesehene Maß begrenzt. (Da die Bilanz nur die Fristen der Kapital-, nicht die der Zinsbindung berücksichtigt, ist die Strukturierung im Hinblick auf das Zinsänderungsrisiko allerdings von außen nicht ersichtlich.)

Rentabilitäts- und Risikogesichtspunkte können bei der Strukturierung des Kreditvolumens nur in dem Maße zum Zuge kommen, in dem für die Bank tatsächlich Wahlmöglichkeiten bestehen. Den Spielraum bestimmt die **Struktur der Kreditnachfrage,** die im wesentlichen das „gewachsene Geschäft" vorzeichnet. Die Struktur der Kreditnachfrage hängt vor allem vom Standort der Bank ab, aber auch von ihrer Größe. Nachhaltig zu beeinflussen ist sie daher durch Standortspaltung, also durch den Aufbau oder gezielten Ausbau des Geschäftsstellennetzes.

2.1.3.3 Struktur des Effektenbestandes[47]

Bei den Überlegungen zur Alternative Kreditvergabe/Effektenkauf ist bereits eine grundsätzliche Frage zur Struktur des Effektenbestandes angesprochen worden: Nur ein Teil der Effektenanlagen ist als Niederschlag freier,

---

[46] § 13 KWG; im einzelnen hierzu S. 99 f.

[47] Einen systematischen Überblick über Arten und Bestimmungsgründe der Wertpapieranlagen eines Bankbetriebes gibt DEPPE, HANS-DIETER: Die Rolle des Wertpa-

zielgerichteter Strukturierung anzusehen, da es aus verschiedenen Gründen zu mehr oder weniger unfreiwilligen Anlagen kommt. Die folgenden Überlegungen beziehen sich nur auf die freien (freiwilligen) Anlagen.

Bei der Entscheidung über Umfang und Struktur des Effektenbestandes steht zum einen das Ertragsdenken im Vordergrund; Effekten sind ja ein die direkte Kreditvergabe ergänzender Teil der „earning assets". Gleichzeitig aber spielt auch die Liquidierbarkeit der Bestände eine große Rolle. Mindestens die Bestände an festverzinslichen Effekten (Schuldverschreibungen) bilden hinter der sekundären Liquiditätsreserve eine zweite Linie liquider Anlagen, die bei rückläufiger Einlagenentwicklung oder steigender Kreditnachfrage herangezogen werden können, um benötigtes Zentralbankgeld zu beschaffen. Die Grenze zwischen Effektenbestand und Sekundärreserve ist fließend; wesentliches Unterscheidungsmerkmal ist das Kursrisiko, das bei Effekten besteht, bei Papieren der Sekundärreserve (z. B. Schatzwechseln) dagegen fast völlig fehlt. Die Liquiditätsanforderungen an den Effektenbestand sind vom Stabilitätsgrad der Einlagen und dem der Kreditnachfrage abhängig, also von Bank zu Bank verschieden.

Unter Liquiditätsgesichtspunkten ist dreierlei zu berücksichtigen: die planmäßige Rückzahlung der Papiere, die Möglichkeit ihres vorzeitigen Verkaufs und die Möglichkeit ihrer Beleihung.

a) Soweit Papiere rückzahlbar sind (Schuldverschreibungen im weitesten Sinne), ist die Staffelung nach unterschiedlichen Restlaufzeiten naheliegend. Dabei kann man sich entweder an einer starren „Idealverteilung" orientieren, oder man berücksichtigt – flexibler – die Erwartungen hinsichtlich der Entwicklung von Einlagen und Kreditnachfrage.

b) Für die Möglichkeit des vorfristigen Verkaufs ist vorrangig die Breite des Marktes der einzelnen Papiere zu beachten. In jedem Fall aber, auch bei einem breiten Markt, verbleibt das Kurs(änderungs)risiko: die Gefahr, daß bei einem für erforderlich gehaltenen vorfristigen Verkauf (Notverkauf) durch einen im Verhältnis zum Kaufkurs niedrigeren Verkaufskurs ein Vermögensverlust realisiert wird.

c) Für die Möglichkeit, bei Liquiditätsbedarf mit Hilfe von Effekten Kredit aufzunehmen, sind die entsprechenden Bedingungen der möglichen Kreditgeber entscheidend, vor allem die Lombardvorschriften der Zentralbank. Der Mindestbestand an Effekten wird durch die Möglichkeit bestimmt, sich mit ihrer Hilfe zu refinanzieren.

Für die Strukturierung des Effektenbestandes **nach Rentabilitätsgesichtspunkten** ist im Auge zu behalten, daß sich der Ertrag verschiedener Papiere nicht ohne weiteres miteinander vergleichen läßt, weil er sich aus mehreren, nicht bei allen Papieren gleichen Komponenten zusammensetzt. Neben dem direkten Ertrag (Bruttoertrag) in Form von Zinsen oder Dividenden sind zu berücksichtigen:

• die Chance zusätzlicher Erträge durch Kursgewinne und das Risiko einer Minderung des direkten Ertrages durch Kursverluste;

---

piererwerbs bei Anlagedispositionen eines Kreditinstituts, in: WiSt, 1976, S. 441–449. Weitere Literaturhinweise: S. 384.

- zusätzliche Erträge aufgrund steuerlicher Vergünstigungen bestimmter Papiere (steuerbegünstigte oder sogar steuerfreie Zinserträge einzelner Rentenwerte; Schachtelprivileg bei Dividendenwerten);
- der betriebliche Aufwand sowie die Spesen durch Kauf und Verkauf der Papiere.

Während bei festverzinslichen Papieren der direkte Zinsertrag im Vordergrund steht, bekommen bei Aktien – da die Dividende meist eine relativ geringe Kapitalverzinsung ergibt – die anderen Komponenten mehr Gewicht, vor allem die Möglichkeit, Kursgewinne zu erzielen. Um sie zu realisieren, sind allerdings häufigere Umsätze erforderlich, womit auch Betriebsaufwand und Spesen ansteigen.

Zur optimalen Strukturierung des Effektenbestandes bietet sich das Portfolio Selection-Konzept an, in dem Ertrags- und Risikogesichtspunkte in theoretisch einwandfreier Weise miteinander verknüpft sind.[48] Die Anwendung des Konzeptes auf den Effektenbestand einer Bank wirft jedoch erhebliche praktische Probleme auf. Vor allem kommt es bei einer Bank nicht darauf an, einmalig einen Bestand optimal zusammenzustellen, sondern es geht um die laufende Anpassung des Bestandes an die veränderte Liquiditätslage der Bank, wobei laufend auch die Veränderung der Erwartungswerte aufgrund des Wandels der Kapitalmarktlage zu berücksichtigen ist. Es müßten folglich alle Werte ständig überprüft und gegebenenfalls korrigiert werden, was mit sehr hohem Aufwand verbunden wäre. Hinzu kommt, daß das Konzept nur Ertrags- und Risikogesichtspunkte, nicht aber den Liquiditätsaspekt der Effektenanlage berücksichtigt, also die Staffelung der Laufzeiten, die Lombardierbarkeit usw.; ganz abgesehen von den verschiedenen Gründen, die zu mehr oder weniger unfreiwilligen Effektenanlagen führen.

So dürfte sich der Anwendungsbereich des Portfolio Selection-Konzepts auf Teilprobleme beschränken, bei denen tatsächlich nur Ertrag und Risiko entscheiden und allzu häufige Anpassungen nicht erforderlich sind. Im ganzen gesehen jedoch ist das Konzept nicht geeignet, das Entscheidungsverhalten der Bank zu erklären. Eher als bei ihren Eigenbeständen erscheint der Ansatz im Rahmen der Vermögensanlage für Kunden anwendbar (Planung von Kundendepots als Dienstleistungsangebot).

2.2 Die einzelne Kreditvergabeentscheidung[49]

Die Entscheidung über den einzelnen Kreditantrag ist – wie im vorangehenden Kapitel dargelegt wurde – nicht als Teil einer umfassenden Programmentscheidung zu sehen (Kreditportefeuille-Entscheidung), sondern als Einzelentscheidung auf der Grundlage bestimmter Bonitätsanforderungen. Die folgenden Überlegungen konzentrieren sich demgemäß auf die Ermittlung des Risikos des einzelnen beantragten Kredites und auf die von der Bank verwendeten Beurteilungsmaßstäbe (Zulässigkeitskriterien).

---

[48] Vgl. die kurze Charakteristik des Ansatzes auf S. 170 f. sowie im einzelnen dazu besonders HIELSCHER, UDO: Das optimale Aktienportefeuille, Frankfurt a. M. 1969.
[49] Ausführliche Literaturhinweise hierzu: S. 386–395.

2.2.1 Das Kreditrisiko

Die Kreditvergabeentscheidung erfolgt unter Unsicherheit: Die Bank soll dem Kunden die entgeltliche Überlassung eines bestimmten Geldbetrages zusagen, ohne mit Gewißheit ermitteln zu können, ob er ihn vereinbarungsgemäß zurückzahlen wird. Aus der Ungewißheit des künftigen Geschehens ergibt sich das mit der Kreditvergabe verbundene Risiko (Kreditrisiko) – allgemein formuliert als die Gefahr einer negativen Abweichung von der vertraglich vereinbarten Leistung.

Als Ansatz für Versuche, das Risiko zu messen, ist es wichtig festzulegen, auf welche Basis sich die „negative Abweichung" beziehen soll. In der Bankpraxis geht man gewöhnlich vom maximal möglichen Ergebnis aus, also von der vollständigen Rückzahlung einschließlich der Zinsen zum vereinbarten Zeitpunkt. Von dieser Wertbasis her sind dann nur negative Abweichungen (Risiko), nicht aber positive Abweichungen (Chance) möglich. Würde man dagegen – was beispielsweise WÄCHTERSHÄUSER für realistischer hält – als Wertbasis eine bestimmte Ausfallwahrscheinlichkeit zugrunde legen, so wäre die Kreditvergabe mit einem Risiko, aber auch mit einer Chance verbunden. [50]

Die mögliche „negative Abweichung" kann lediglich eine zeitliche Abweichung sein: die Rückzahlung erfolgt später als vereinbart (Terminrisiko); sie kann aber auch – was viel schwerwiegender ist – eine Abweichung in der Höhe sein: die Bank erhält nur einen Teil des Betrages, im Extremfall überhaupt nichts zurück (Ausfallrisiko).

Die Ursachen für das Termin- und vor allem für das Ausfallrisiko liegen im wesentlichen beim einzelnen Kreditnehmer, begründet in seinem wirtschaftlichen Erfolg und im Verhalten der beteiligten Menschen. Hierauf ist im folgenden ausführlich einzugehen. Nicht näher erörtert werden dagegen weitere Risiken, die mit der Kreditvergabeentscheidung verbunden sind, deren Ursache aber nicht beim einzelnen Kreditnehmer liegt:

- Das Zinsänderungsrisiko, d. h. die Gefahr, daß zwischen Kreditvergabe und Rückzahlung der Marktzins für Kredite dieser Art über den vereinbarten Zinssatz steigt, so daß bei einer Bewertung der Kreditforderung mit dem Kurswert dieser dann unter dem Nominalwert liegt. Zum Teil gelingt es, dieses Risiko mit Gleitklauseln auf den Kreditnehmer abzuwälzen; im übrigen läßt sich das Risiko durch Gegengeschäfte mit gleicher Zinsbindungsfrist oder mit Hedging-Instrumenten kompensieren.

- Das Valuta- oder Währungsrisiko, d. h. die Gefahr, daß – sofern der Kredit in einer fremden Währung ausgezahlt und/oder zurückgezahlt wird – bei Rückzahlung durch einen Kursrückgang der fremden Währung weniger als ursprünglich erwartet zurückfließt. Dieses Risiko läßt sich mit Gegengeschäften kompensieren.

- Das Länderrisiko, d. h. die Gefahr, daß bei Krediten an ausländische Personen oder Unternehmen diese zwar rückzahlungsfähig und -willig sind, politische oder devisenrechtliche Bedingungen im betreffenden Land jedoch die Rückführung der Gelder verhindern.

- Das Inflations- oder Geldwertrisiko, d. h. die Gefahr, daß die Bank durch eine Geldentwertung zwar den erwarteten Nominalbetrag, aber weniger Kaufkraft zu-

---

[50] Im einzelnen hierzu vgl. WÄCHTERSHÄUSER, MANFRED: Kreditrisiko und Kreditentscheidung im Bankbetrieb, Wiesbaden 1971, S. 65–69.

rückerhält. Da in einer Bank den Geldforderungen in etwa gleicher Höhe Geldverbindlichkeiten gegenüberstehen, gleichen sich jedoch Risiko und Chance der Geldentwertung annähernd aus.

Für den genaueren Einblick in die beim potentiellen Kreditnehmer liegenden Ursachen des Kreditrisikos setzt man zweckmäßigerweise bei den Quellen an, aus denen der Kredit zurückgezahlt werden soll. Hierbei ist die erwartete Rückzahlung im Normalfall (first way out) zu unterscheiden von der Rückzahlung im Notfall, d. h. falls sich die planmäßige Abwicklung als nicht möglich erweisen sollte (second way out).

Im Normalfall soll der Kredit aus den künftigen Einnahmen des potentiellen Kreditnehmers zurückgezahlt werden, die – um die Tilgung zu ermöglichen – seine künftigen Ausgaben mindestens um den Rückzahlungsbetrag übersteigen müssen. Bei Unternehmen sind die künftigen Einnahmen im wesentlichen die Verkaufserlöse, bei Privatpersonen sind es die regelmäßigen Einkommen aus unselbständiger Arbeit (Lohn/Gehalt), aus freiberuflicher Tätigkeit, aus Versorgungsbezügen, aus Vermögen (Zinsen/Mieten/Pacht).[51] Die Risiken der Kreditvergabe lassen sich mithin vor allem zurückführen auf negative Abweichungen von der erwarteten Höhe der Absatzerlöse bzw. der erwarteten Höhe der Arbeits- und anderen Einkommen. In beiden Fällen ist außer der Fähigkeit zur Rückzahlung noch die Gefahr zu berücksichtigen, daß der künftige Überschuß der Einnahmen über die Ausgaben zwar die Rückzahlung gestatten würde, den beteiligten Personen aber der Wille zur Rückzahlung fehlt. Das zukünftige Können und Wollen des potentiellen Kreditnehmers sind die wesentlichen Ansatzpunkte für den Informationsbedarf der Bank vor ihrer Entscheidung.

Insoweit wurde (als Normalfall) die Rückzahlung aus den Absatzerlösen bzw. dem Arbeits- oder ähnlichen Einkommen unterstellt, der Kredit also als Bevorschussung künftiger Einnahmen des potentiellen Kreditnehmers gesehen. Da es jedoch letztlich ungewiß bleibt, inwieweit die Rückzahlung aus diesen Quellen tatsächlich möglich sein wird, bemühen sich die Banken meist zusätzlich darum, bevorrechtigte Ansprüche auf Vermögensteile des Kunden oder Dritter zu erlangen, deren Verwertung die Kredittilgung für den Fall sicherstellen soll, daß die planmäßige Abwicklung nicht möglich sein sollte (bankmäßige Sicherheiten oder Sicherungsgüter). Versteht man Absatzerlöse und Arbeitseinkommen als die „ursprüngliche oder primäre Sicherheit" eines Kredites, so sind die Sicherungsgüter „zusätzliche oder sekundäre Sicherheiten". Nur im seltenen Fall des reinen Beleihungskredits stehen sie im Vordergrund.

Der mit einer Kreditvergabeentscheidung verbundene Informationsbedarf der Bank bezieht sich auf beides: auf die Rückzahlungsfähigkeit und -bereitschaft des potentiellen Kreditnehmers (Ermittlung des Bonitätsrisikos) und auf den Notfall des Verkaufs von Sicherungsgütern bzw. die zwangsweise Liquidation des gesamten Unternehmens des Kreditnehmers (Ermittlung des Besicherungsrisikos).

---

[51] Kredite an den Staat (öffentliche Haushalte) bleiben hier und im weiteren unberücksichtigt, um den Gedankengang übersichtlich zu halten.

Da sich während der Kreditlaufzeit die wirtschaftliche Lage des Kreditnehmers entgegen den Erwartungen verschlechtern und der Wert der Sicherungsgüter mindern können, besteht der Informationsbedarf nicht nur vor der Entscheidung über die Kreditvergabe (Kreditprüfung), sondern auch während der gesamten Kreditlaufzeit (Kreditüberwachung).

2.2.2 Offenlegung des Risikos (Kreditprüfung)

Mit Hilfe der Kreditprüfung soll der sichere Blick in die Zukunft, der nicht möglich ist, ersetzt werden durch eine gut fundierte **Prognose der Rückzahlungswahrscheinlichkeit.** Die hiermit zusammenhängenden Probleme erörtert man zweckmäßig in drei Schritten. Zunächst ist darzulegen, welche Informationen überhaupt für die Prognose des künftigen Kreditverlaufs relevant sind oder in der Bankpraxis als relevant angesehen werden; dann ist auf die Beschaffung dieser Informationen und ihre Verarbeitung einzugehen; und im dritten Schritt ist zu fragen, wie sich die Vielzahl der recht verschiedenartigen Informationen zu einer abschließenden Beurteilung des Kreditantrages integrieren läßt.

Als Kreditprüfung wird hier zusammenfassend die einer Kreditvergabeentscheidung zugrunde liegende Beschaffung, Verarbeitung und Bewertung relevanter Informationen bezeichnet. In Fachliteratur und Bankpraxis verwendet man in diesem Zusammenhang häufig die Begriffe Kreditwürdigkeitsprüfung und Kreditfähigkeitsprüfung, leider jedoch nicht immer in gleichem Sinne. So trennt man zum Teil damit die rechtliche Fähigkeit, sich zu verschulden (als Kreditfähigkeit) von der Bonität des Kreditnehmers (als Kreditwürdigkeit), zum Teil aber auch die persönlichen Eigenschaften des Kreditnehmers (als Kreditwürdigkeit) von den wirtschaftlichen Tatbeständen, die die Kreditrückzahlung ermöglichen sollen (als Kreditfähigkeit).
Um Mißverständnissen vorzubeugen, werden im folgenden beide Begriffe gemieden.

2.2.2.1 Überblick über den Informationsbedarf

Entsprechend den unterschiedlichen Quellen der Kreditrückzahlung erfordern die Vergabe von Unternehmenskrediten und die Vergabe von Krediten an Privatpersonen unterschiedliche Informationen. Daher ist es zweckmäßig, beide getrennt voneinander zu erörtern.

Welche Sachverhalte (Kreditdaten) bei einem **Unternehmenskredit** die Prognose des Kreditverlaufs ermöglichen und deshalb vor einer Kreditvergabeentscheidung genauer zu untersuchen sind, läßt sich allgemeingültig nicht festlegen. In der Praxis haben sich im Laufe der Zeit, besonders aus den Erfahrungen mit nicht vereinbarungsgemäß abgewickelten Krediten heraus, bestimmte Beurteilungspraktiken entwickelt, in denen man die verschiedensten Kriterien heranzieht, jeweils abgestellt auf den Einzelfall. Da die Beschaffung und Verarbeitung von Informationen Kosten verursacht, der Wissensbeitrag der verschiedenen Informationen aber im voraus nicht genau bekannt ist, orientiert man sich über den Nutzen der verwendeten Kriterien und Verfahren anhand ihrer pauschalen „Bewährung", nämlich anhand der mit ihnen erreichten Kreditausfallquote. In der wissenschaftlichen Fachliteratur kritisiert man zwar manche der in der Praxis gebräuchlichen Kriterien und Verfahren, weil man herangezogene Informationen für nicht zweckentsprechend hält. Aus der Kritik folgen jedoch sehr unterschiedliche Verbesserungsvorschläge. Das liegt vor allem daran, daß ein Teil der Kritiker von vornherein die nur beschränkt mögliche Informationsbeschaffung der Bank berücksichtigt und nur für diesen eingeengten Bereich verbesserte Analysen vorschlägt, während andere Kritiker ihre Vorstellungen so entwickeln, als sei für eine Bank jede Information erlangbar, die sie für zweckmäßig hält. In beiden Richtungen sind derzeit abschließende, allgemeingültige Erkenntnisse noch nicht auszumachen.

Da Unternehmenskredite im Normalfall aus den Verkaufserlösen zurückgezahlt werden sollen, sind vor allem Informationen darüber erforderlich, inwieweit der Absatz in vorgesehenem Umfang und zu den vorgesehenen Preisen auch gelingen wird. Der Erfolg eines Unternehmens bestimmt sich zum einen nach den Bedingungen des betreffenden Marktes, d. h. den generellen Absatzchancen der Produkte sowie der Marktstruktur, zum anderen danach, wie gut das Unternehmen geführt wird. Daraus ergibt sich ein Informationsbedarf in zwei Richtungen. Es sind nicht allein Informationen über das Unternehmen erforderlich (**Konstitutionsinformationen**), sondern auch Informationen über die Marktlage (**Konstellationsinformationen**). Als umfassender Rahmen ist bei den Konstellationsinformationen die konjukturelle Gesamtentwicklung im Inland zu prognostizieren, bei Unternehmen mit hohem Exportanteil auch die der wichtigsten Exportzielländer. Ebenso wichtig aber sind Informationen über die weitere Entwicklung des Wirtschaftszweiges, zu dem das Unternehmen gehört, da sie durchaus von der allgemeinen Entwicklung abweichen kann (Branchenkonjunktur). Veränderungen auf den branchenspezifischen Absatz- und Beschaffungsmärkten können Probleme ankündigen, noch ehe sie beim einzelnen Kreditnehmer erkennbar werden. Neben konjunkturellen Veränderungen ist vor allem auch der Wandel der technischen und ökologischen Erfordernisse in der Branche zu beobachten.

Konstitutionsinformationen beziehen sich zum einen auf Liquidität, Ertrag und Vermögen des Unternehmens (sachliche Faktoren), zum anderen auf die charakterliche und die fachliche Eignung der für die Kreditrückzahlung verantwortlichen Personen (persönliche Faktoren). **Die verantwortlichen Personen** in die Prüfung einzubeziehen, legen Erfahrungen mit Unternehmenszusammenbrüchen nahe, die als eine der wesentlichen Ursachen unternehmerische und charakterliche Mängel der Führungskräfte erkennen lassen. Der Blick auf die charakterlichen Eigenschaften der Verantwortlichen soll Anhaltspunkte für die Gefahr liefern, daß sich ihr Rückzahlungswille während des Kreditverlaufs abschwächt oder vielleicht sogar schon zum Zeitpunkt der Kreditaufnahme nur bedingt besteht. Bei personenbezogenen Unternehmen sind auch Informationen über den Lebensstil erforderlich, da er die Höhe der Privatentnahmen bestimmt. Die fachliche Eignung der Verantwortlichen schlägt sich in ihren Entscheidungen für das Unternehmen nieder und damit in dessen wirtschaftlicher Entwicklung. Insofern ist die Trennung in persönliche und sachliche Faktoren etwas künstlich, zumal man in der Praxis die fachliche Eignung wegen der schwierigen direkten Ermittlung meist im Umkehrschluß nach der wirtschaftlichen Lage des Unternehmens beurteilt.

Umfangreicher und detaillierter sind Konstitutionsinformationen, die über **die künftige Entwicklung des Unternehmens** benötigt werden. Welche Informationen dabei zweckentsprechend sind, wird nicht ganz einheitlich beurteilt. Da unmittelbare Ursache des Kreditrisikos die Zahlungsunfähigkeit des Schuldner-Unternehmens ist, beziehen sich alle benötigten Informationen zwar letztlich auf die zukünftige Zahlungsfähigkeit. Doch bestehen unterschiedliche Vorstellungen darüber, ob man sie in erster Linie direkt oder indirekt beurteilen sollte:

● In der mehr theoretisch orientierten Fachliteratur sieht man den einzig zweckentsprechenden Ansatz in Informationen über die Gesamtheit künftiger Einnahmen und Ausgaben des Unternehmens, also bei seiner Finanzplanung, die es vorrangig zu überprüfen gelte.[52]

● In der mehr praktisch orientierten Fachliteratur und in der Bankpraxis selbst steht dagegen der indirekte Weg im Vordergrund: die Analyse der Vermögens- und Ertragslage anhand der Jahresabschlüsse vergangener Jahre. Der begründende Gedankengang ist dabei: Man setze an bei der Ermittlung der „Vermögens- und Kapitalstruktur sowie des Reinvermögens, weil man mit Recht annehmen kann, daß das Reinvermögen in gewissen Grenzen die dem Unternehmen innewohnende Kraft nachhaltiger Erfolgserzielung repräsentiert und auf lange Sicht allein der Unternehmenserfolg über die Zahlungsfähigkeit eines Unternehmens entscheidet".[53] Unternehmenserfolg (im Sinne nachhaltiger Gewinnerzielung) bedeutet ja, daß die Zahlungseingänge durch den Absatz der Leistungen die Zahlungsausgänge für deren Beschaffung und/oder Produktion übersteigen.

Informationen sind außer zur Offenlegung des Bonitätsrisikos auch zur **Ermittlung des Besicherungsrisikos** erforderlich. Sie beziehen sich auf Vermögensteile, auf die die Bank bevorrechtigte Ansprüche erhalten könnte: zum einen auf ihren tatsächlichen Bestand und die uneingeschränkte Verfügungsberechtigung des potentiellen Kreditnehmers, zum anderen und vor allem auf ihren Wert. Wie über die zu erwartenden geschäftsnormalen Verkaufserlöse sind zum Zeitpunkt der Kreditvergabe auch über die im Liquidierungsfall zu erwartenden Erlöse aus der Veräußerung von Sicherungsgütern keine sicheren Aussagen möglich. Aus diesem Grunde wird vorsorglich der Wert der Sicherungsgüter zum Zeitpunkt der Kreditvergabe (Beleihungswert) – selbst er muß bei Gütern ohne Marktpreis bereits geschätzt werden – nur anteilig als „zusätzliche Sicherheit" akzepiert, d. h. nur bis zu einer bestimmten Obergrenze (Beleihungsgrenze oder -satz). Um diese Obergrenze festzulegen, richtet sich der Informationsbedarf entweder auf die im Einzelfall zu erwartenden Wertänderungen des Sicherungsgutes oder – was angreifbar, aber einfacher ist – auf die bisherigen Erfahrungen der Bank bei der Liquidierung der verschiedenen Arten von Sicherungsgütern, die in normierten Abschlägen vom Beleihungswert konkretisiert sind.

Erwirbt die Bank keine bevorrechtigten Ansprüche auf einzelne Vermögensteile, oder erscheint die volle Tilgung aus ihrer Verwertung zu ungewiß, so

---

[52] So beispielsweise KRÜMMEL, HANS-JACOB: Zur Bewertung im Kreditstatus, in: ZfhF, 1962, S. 140. Im Mittelpunkt steht dieser Ansatz auch bei KREIM, ERWIN: Finanzplanung und Kreditentscheidung, Wiesbaden 1977.

[53] WÄCHTERSHÄUSER, MANFRED: Kreditrisiko und Kreditentscheidung im Bankbetrieb, Wiesbaden 1971, S. 130.

werden Informationen über die Lage bei einer möglichen Liquidation des ganzen Unternehmens benötigt. Zum einen ist der voraussichtliche Liquidationserlös abzuschätzen, zum anderen ist – da gewöhnlich weitere Gläubiger vorhanden sein werden – zu prüfen, welcher Anteil am Erlös der Bank zur Tilgung ihres Kredits zur Verfügung stehen würde.

Kredite an Privatpersonen sollen (wie grundsätzlich auch Unternehmenskredite) aus dem Überschuß der künftigen Einnahmen des Kreditnehmers über seine Ausgaben zurückgezahlt werden. Auf ihn beziehen sich daher auch hier die für eine Kreditvergabeentscheidung erforderlichen Informationen. Zum einen ist die Höhe des künftigen Einkommens zu ermitteln (Lohn, Gehalt, Rente, Vermögenseinkünfte) sowie die Wahrscheinlichkeit, daß es der Antragsteller auch während der gesamten Kreditlaufzeit erzielen wird (vor allem: Gefahr der Kündigung seines gegenwärtigen Arbeitsverhältnisses). Zum anderen muß sich die Bank eine Vorstellung von den künftigen finanziellen Belastungen des Antragstellers verschaffen, deren Höhe – über die lebensnotwendigen Ausgaben hinaus – wesentlich durch seinen Lebensstil bestimmt wird. Ergänzend werden auch Informationen über seine persönlichen Eigenschaften erforderlich: über seinen Umgang mit Geld, seine Zahlungsmoral, seine Zuverlässigkeit.

2.2.2.2 Beschaffung und Verarbeitung der Informationen

(a) Unternehmenskredite

Die Beschaffung der benötigten Informationen, die in der Praxis zum Teil erhebliche Schwierigkeiten bereitet, wird in der wissenschaftlichen Literatur meist übergangen, indem man die Grunddaten einfach als vorhanden voraussetzt und sich gleich auf die Verbesserung der Analyse- und Entscheidungstechniken konzentriert. Bankspezifische Probleme bestehen vor allem bei der Beschaffung von Informationen über das einzelne Unternehmen und die einzelnen Personen, also bei den Konstitutionsinformationen, während die Bank bei der Beschaffung der Konstellationsinformationen – für die vor allem die bankeigene Volkswirtschaftliche Abteilung zuständig ist – mit den allgemeinen Problemen jeder Prognose wirtschaftlicher Entwicklung konfrontiert ist. Sie werden daher im weiteren nicht näher erörtert.

Die allgemeinen gesetzlichen Regelungen können die Informationsbeschaffung nur begrenzt gewährleisten, da der Gesetzgeber das Bedürfnis nach Informationen abzuwägen hatte gegen den Schutz der Privatsphäre. Soweit er ein allgemeines Informationsbedürfnis anerkannt hat, kann auch die Bank die veröffentlichten oder auf andere Weise allgemein zugänglichen Informationen heranziehen. Dazu gehören insbesondere die gesetzlich vorgeschriebene Publizität der Kapitalgesellschaften (gemäß HGB) und der Großunternehmen anderer Rechtsformen (gemäß PublG) sowie öffentlich geführte Register wie das Handelsregister und das Grundbuch. Darüber hinaus ist die Bank auf freiwillige Selbstauskünfte des potentiellen Kreditnehmers und auf freiwillige Auskünfte Dritter angewiesen (Geschäftspartner, andere Banken, Auskunfteien), ergänzt gegebenenfalls um eigene Erfahrungen mit dem Antragsteller. Daß Dritte im Falle negativer Auskünfte unter Umständen zivil- und sogar strafrechtlich belangt werden können, macht sie gewöhnlich zurückhaltend und schränkt den Informationsgehalt derartiger Auskünfte erheblich ein.

Im Falle von Selbstauskünften entscheidet die Verhandlungsmacht der Bank darüber, inwieweit sie ihre Informationswünsche beim potentiellen Kreditnehmer durchsetzen kann. Allerdings stärkt ihr auch eine Vorschrift des Kreditwesengesetzes den Rücken, in der gefordert wird:

„Von Kreditnehmern, denen Kredite von insgesamt mehr als einhunderttausend Deutsche Mark gewährt werden, hat sich das Kreditinstitut die wirtschaftlichen Verhältnisse, insbesondere durch Vorlage der Jahresabschlüsse, offenlegen zu lassen. Das Kreditinstitut kann hiervon absehen, wenn das Verlangen nach Offenlegung im Hinblick auf die gestellten Sicherheiten oder auf die Mitverpflichteten offensichtlich unbegründet wäre. . .“ (§ 18 KWG).

Diese gesetzliche Verpflichtung des einzelnen Kreditinstituts soll im Interesse der Funktionsfähigkeit des Kreditgewerbes und des Einlegerschutzes verhindern, daß der Umfang der Kreditprüfung Gegenstand des Wettbewerbs unter den Banken wird. Da allerdings nicht genau umrissen ist, wann die wirtschaftlichen Verhältnisse als offengelegt anzusehen sind, und da angesichts der großen Zahl einzelner Kreditvergaben auch die Kontroll- und Sanktionsmöglichkeiten der Bankenaufsicht begrenzt sind, erscheint die Durchsetzung der Forderung gegenüber verhandlungsstarken Kunden ungewiß.[54]

Unter den benötigten **Konstitutionsinformationen** stößt die Beschaffung von Daten **über die verantwortlichen Personen** auf besonders eng gezogene Grenzen. Problemlos ist lediglich die Prüfung der rechtlichen Verhältnisse (Gesellschafterbeziehungen, Vertretungsbefugnis, u. ä.), die sich aus dem Handels- oder Genossenschaftsregister ersehen lassen. Auf die charakterliche und die fachliche Eignung kann man nur indirekt, aus Tatbeständen der Vergangenheit schließen: im ersten Fall aus dem Fehlen belegter Verfehlungen (Vorstrafen, Offenbarungseide, u. ä.), im zweiten Fall aus der erfolgreichen Entwicklung des Unternehmens, wobei freilich der Bezug zur persönlichen Leistung der Führungskräfte nicht ohne weiteres herzustellen ist. Zweckentsprechender erscheint es, statt dessen bei der Fundierung der geschäftspolitischen Entscheidungen anzusetzen, indem man die Unternehmensplanung des potentiellen Kreditnehmers einsieht und daraus das Planungs- und Anpassungsvermögen der Geschäftsleitung zu beurteilen sucht. Ähnliche Anhaltspunkte bieten (im Rahmen einer Betriebsbegehung) Einblicke in die Zweckmäßigkeit der Organisation und des Rechnungswesens. Es gibt aber auch Vorschläge, Informationen über die verantwortlichen Personen durch direkte Prüfung zu beschaffen, indem man die Unternehmerqualifikation in verschiedene, quantitativ gewichtete Anforderungsarten zer-

---

[54] Zur Kontrolle der Einhaltung von § 18 KWG sind die Wirtschaftsprüfer verpflichtet worden (§ 29 I KWG); die Nichteinhaltung kann als Ordnungswidrigkeit mit Geldbußen belegt werden (§ 56 I KWG). – Als detaillierte Interpretation der Vorschrift mit zahlreichen praktischen Beispielen vgl. STRÖTGEN, Harald/KERL, Jürgen/u. a.: Offenlegung der wirtschaftlichen Verhältnisse der Kreditnehmer nach § 18 KWG, 3. Aufl., Frankfurt a. M. 1992.

legt und die jeweiligen Personen dann danach bewertet.[55] Da es sich um die Bewertung dispositiver Tätigkeit handelt, ist ein solches Verfahren allerdings schwierig und fragwürdig, zumal von den primär für betriebsinterne Beurteilungen entwickelten Instrumenten nur die Beobachtung und – mit großer Behutsamkeit – die Befragung eingesetzt werden können.

Für die Beschaffung von Informationen **über das Unternehmen** bestehen zwar bessere Voraussetzungen als bei der Ermittlung personenbezogener Daten, da vieles im Rechnungswesen erfaßt ist und zum Teil sogar veröffentlicht werden muß. Doch ist es offenbar schwierig zu entscheiden, welches die zweckentsprechenden Informationen sind, und diese dann vom potentiellen Kreditnehmer auch tatsächlich zu erhalten.

In der Bankpraxis steht im Mittelpunkt der Kreditprüfung die indirekte Beurteilung der Zahlungsfähigkeit mit Hilfe der Jahresabschlüsse des potentiellen Kreditnehmers, deren Vorlage auch der Gesetzgeber als Mindesterfordernis ausdrücklich verlangt (vgl. den oben zitierten Text des § 18 KWG). Daher erscheint es angebracht, im weiteren von den Jahresabschlüssen auszugehen und die Möglichkeiten ergänzender oder alternativer Informationsquellen anschließend zu erörtern.

Daß in der Praxis die **Analyse der Jahresabschlüsse** im Vordergrund steht, bedeutet keineswegs, daß die Bank die Abschlüsse stets in gewünschter Form und Aktualität erhält. Zwar veröffentlicht ein Teil der Unternehmen die Abschlüsse (zusammen mit einem erläuternden Anhang), aber eben nur ein Teil, und selbst in diesen Fällen sind die Abschlüsse bei der Veröffentlichung bereits mehrere Monate alt, so daß die Bank auch hier betriebsinterne Daten benötigt, die einen aktuelleren Einblick ermöglichen (Zwischenabschlüsse). Empirische Untersuchungen deuten darauf hin, daß dieser Wunsch gerade bei den großen, publizierenden Unternehmen auf erhebliche Schwierigkeiten stößt. Steuerbilanzen, an denen die Bank besonders bei mittleren und kleinen Unternehmen gelegen ist, müssen zwar den Finanzbehörden grundsätzlich bis Ende Mai des Folgejahres vorliegen, werden aber (nach Fristverlängerungsanträgen) im Durchschnitt erst etwa ein Jahr nach dem Bilanzstichtag eingereicht. Früher dürfte sie meist auch die Bank nicht erhalten können.

Liegen angemessen aktuelle Abschlüsse vor, so besteht die nächste Schwierigkeit darin, die Zahlen auf ihre Glaubwürdigkeit zu prüfen. Sieht man einmal von der Gefahr bewußt verfälschter Angaben ab (vor der das Verlangen nach geprüften Abschlüssen einigermaßen schützt), so richtet sich der Blick besonders auf alle im Jahresabschluß nur geschätzten Daten, insbesondere auf eine eventuell zu optimistische Bewertung von Vermögensteilen, da sie die bisherige Ertragslage zu günstig erscheinen läßt und die künftige Ertragslage (durch hohe Abschreibungserfordernisse) stark belasten kann.

Nach der Erhältlichkeit und der Glaubwürdigkeit der Zahlen ist das dritte und schwierigste Problem die Verarbeitung der Informationen zu Entschei-

---

[55] Vgl. dazu die Vorschläge von HEIGL, ANTON: Die direkte Prüfung der persönlichen Kreditwürdigkeit, in: Dienstleistungen in Theorie und Praxis, Festschrift für O. HINTNER, hrsg. von H. LINHARDT/P. PENZKOFER/P. SCHERPF, Stuttgart 1970, S. 60–80.

dungshilfen für die Kreditvergabe. Hierzu lassen sich zwei Vorgehensweisen unterscheiden:

1. Die breit angelegte Auswertung der vergangenheitsbezogenen Daten des einzelnen Antragstellers in Form mannigfacher Zeitreihen und Verhältniszahlen, aus deren Gesamtheit ein Urteil über die bisherige Entwicklung und den gegenwärtigen Stand abgeleitet wird, das man dann auf die zukünftige Entwicklung überträgt. Diese Vorgehensweise herrscht offenbar in der Praxis vor.

2. Das Bemühen, aus den vergangenheitsbezogenen Daten Prognosemodelle zu entwickeln, indem man mit statistischen Verfahren aus den abgewickelten Kreditfällen zu ermitteln sucht, welche Indikatoren eine günstige und welche eine ungünstige Unternehmensentwicklung ankündigen, und dann mit ihrer Hilfe den Einzelfall beurteilt. Diese Vorgehensweise wird intensiv in der Fachliteratur diskutiert.

Zu 1.: Die Analyse der Jahresabschlüsse zielt im wesentlichen darauf ab, Erkenntnisse über die Zahlungsfähigkeit (Liquidität) sowie – aus der Überlegung heraus, daß auf längere Sicht allein der Unternehmenserfolg über die Zahlungsfähigkeit entscheidet – über die Erfolgsentwicklung zu gewinnen.

Die **Beurteilung der Liquidität** erfolgt anhand von Kennzahlen, in denen man bestimmte Kapitalpositionen (Passiva) – gesehen als Grundlage künftiger Auszahlungen – mit bestimmten Vermögenspositionen (Aktiva) – gesehen als Ausweis flüssiger Mittel und als Grundlage künftiger Einzahlungen – in Beziehung setzt. Die Kennzahlen werden anhand bestimmter Angemessenheitsvorstellungen („Regeln") beurteilt, wobei als Maßstab insbesondere branchenübliche (durchschnittliche) Werte dienen. Angesichts der unterschiedlichen Fälligkeit der Forderungen und Verbindlichkeiten beziehen sich die Regeln auf unterschiedliche Zeiträume:

(a) Der Beurteilung der Zahlungsfähigkeit auf kürzere Sicht dienen sogenannte Liquiditätskennzahlen, in denen man die kurzfristigen Verbindlichkeiten mit den liquiden Mitteln und kurzfristigen Forderungen vergleicht, zum Teil in mehreren Stufen (Liquidität ersten Grades, zweiten Grades, usw.).

(b) Der Beurteilung der Zahlungsfähigkeit auf längere Sicht („strukturelle Liquidität") dienen horizontale Finanzierungsregeln, in denen man insbesondere das Anlagevermögen mit dem Eigenkapital und dem langfristigen Fremdkapital vergleicht.

Allen Regeln liegt die Vorstellung einer „Deckung" von Auszahlungsverpflichtungen durch liquide Mittel und Einzahlungserwartungen gleicher Fälligkeit zugrunde. Formal lassen sich die Relationen als Quotienten oder als Differenzen darstellen, die jeweils eine Über- oder Unterdeckung anzeigen (Deckungsgrade).

Die Grenzen des Aussagewertes liegen auf der Hand. Künftige Auszahlungen und Einzahlungen werden nur insoweit erfaßt, als sie aus den zum Bilanzierungsstichtag erfaßten Vermögens- und Kapitalteilen resultieren, nicht dagegen, soweit sie sich aus vertraglichen Vereinbarungen (z. B. Mieten, Gehälter), gesetzlichen Verpflichtungen (z. B. Steuern) und aus nach dem Bilanzstichtag getroffenen Unternehmensentscheidungen ergeben. Überdies sind sie nur sehr grob terminiert. Aus beiden Gründen können trotz als angemessen betrachteter Deckungsgrade in der Zukunft finanzielle Deckungslücken entstehen.

Neben den Aktiv- und Passivpositionen verbindenden Kennzahlen werden auch nur die Vermögensseite oder nur die Kapitalseite betreffende Relationen gebildet. Im ersten Fall interessiert besonders der Anteil nicht betriebsnotwendiger Vermögensteile, die beim Auftreten finanzieller Deckungslücken liquidiert werden könnten (Liquiditätsreserve); im zweiten Fall geht es vor allem um den relativen Umfang des Eigenkapitals, da er die Verteilung der Unternehmensrisiken auf Eigentümer und Gläubiger ausdrückt.

Zur **Beurteilung der Ertragslage** (der „nachhaltigen Ertragskraft", wie man es in der Bankpraxis nennt) werden die in den Jahresabschlüssen ausgewiesenen Gewinne zunächst um außerordentliche und um betriebsfremde Anteile bereinigt, ehe man ihre relative Entwicklung (v. a. die bisherige Umsatzrentabilität), ihre wesentlichen Bestimmungfaktoren (v. a. die bisherige Kostenentwicklung) sowie ihre Verwendung genauer untersucht (v. a. den bisherigen Umfang der Selbstfinanzierung). Hilfreiche Maßstäbe der Beurteilung sind auch hier Durchschnittswerte von Unternehmen derselben Branche. Aus der bisherigen Entwicklung kann man dann Erwartungen über den künftigen Unternehmenserfolg ableiten – entweder direkt durch einfache Extrapolation des Trends bisheriger Erfolge oder indirekt aus der geschätzten zukünftigen Höhe der verschiedenen Erträge und Aufwendungen. Dabei sind die Entwicklungstendenzen in der Branche und in der Gesamtwirtschaft zu berücksichtigen.

Eine direktere Beziehung des Gewinns zur Zahlungsfähigkeit entsteht, wenn man ihn zum „cash flow" erweitert, d. h. auch die anderen nicht sofort wieder zu Zahlungsausgängen führenden Eingänge einbezieht (Gegenwert der Abschreibungen auf das Anlagevermögen und der Zuweisungen zu den längerfristigen Rückstellungen). Der „cash flow" zeigt den bisherigen Umfang des aus dem Umsatzprozeß erwirtschafteten Überschusses und gibt daher auch wesentliche Anhaltspunkte für die Fähigkeit des Unternehmens zu Kredittilgungen. Anhand des Quotienten „cash flow"/Verbindlichkeiten werden häufig Verschuldungsgrenzen für Unternehmen bestimmter Branchen und Größenklassen formuliert.

An diesen Verfahren, die Zahlungsfähigkeit und die Erfolgsentwicklung zu beurteilen, wird in der neueren Bankbetriebslehre immer wieder Kritik geäußert, weil sie zu stark an der Vergangenheit orientiert seien, obwohl es gelte, die zukünftige Zahlungsfähigkeit zu beurteilen. Gefordert wird die stärkere Prognoseorientierung der Kreditprüfung. Den Weg dahin sieht man zum Teil in einer verbesserten Analyse der Jahresabschlüsse, zum Teil aber auch in ihrer Ergänzung durch von vornherein zukunftsbezogene Informationsquellen (statt der vergangenheitsbezogenen Jahresabschlüsse).

Zu 2.: Im Bemühen um verbesserte Analysen der Jahresabschlüsse überprüft man vor allem, welche Aussagekraft die sehr zahlreichen und verschiedenartigen Verhältniszahlen für die Prognose der zukünftigen Unternehmensentwicklung und damit auch des Kreditverlaufs haben, um das Instrumentarium auf die besonders aussagefähigen Zahlen zu beschränken. Dies würde, wenn es gelänge, auch eine stärker schematisierte und damit wirtschaftlichere Kreditprüfung ermöglichen. Die Vorschläge gehen also weiterhin von Vergangenheitswerten aus, wollen aus ihnen aber besser fundierte Prognosen der zukünftigen Entwicklung ableiten.

Den Ansatz für die Entwicklung effizienter **Prognosemodelle** bildet die mit Hilfe statistischer Verfahren durchgeführte systematische Gegenüberstellung erfolgreicher (solventer) und erfolgloser (insolventer) Unternehmen, mit der man vor allem herauszufinden sucht, anhand welcher Kennzahlen eine Insolvenz prognostizierbar wäre. Die bisher bekannt gewordenen Untersuchungen zeigen zum Teil sehr bemerkenswerte Ergebnisse.[56] Allerdings ist die Auswahl und die Gewichtung der herausgearbeiteten Kennzahlen von Untersuchung zu Untersuchung verschieden, woraus man folgern muß, „daß alle aus den bisherigen Testergebnissen anfallenden Erkenntnisse . . . strenggenommen auf die untersuchten Muster und die dazugehörenden Unternehmungen beschränkt bleiben und allfällige Verallgemeinerungsversuche als spekulativ bezeichnet werden müssen".[57]

Dieses Fazit legt es nahe, daß die einzelne Bank anhand nur ihres Kundenkreises systematisch nach Kennzahlen sucht, anhand derer sie ihre erfahrungsgemäß guten und ihre erfahrungsgemäß schlechten Kreditnehmer zu unterscheiden vermag. Grundlage dafür wären relativ homogene Unternehmensklassen (v. a. nach Branche und Größe), innerhalb derer für die anzuwendenden statistischen Verfahren hinreichend große Grundgesamtheiten („große Zahlen") vorhanden sein müßten. Der Ansatz erscheint daher nur im Bereich der kleinen, allenfalls der kleinen und mittelgroßen Unternehmen erfolgversprechend.

Sofern man mit den ausgewählten Kennzahlen auf die Entwicklung operativer Modelle der Kreditvergabeentscheidung abzielt, ist daran zu erinnern, daß mit ihnen die in der Praxis als notwendig erachteten Informationsgrundlagen nur zum Teil erfaßt werden. Insbesondere bleiben die persönlichen Faktoren völlig unberücksichtigt. Umfassende Modelle der Kreditvergabeentscheidung bedürfen eines interdisziplinären Ansatzes.

Nach dem kurzen Überblick über die traditionellen Beurteilungspraktiken sowie über die Ansätze zu einer anhand von Insolvenzindikatoren verbesserten Analyse der Jahresabschlüsse kommen wir auf die Ausgangsfrage zurück, ob nicht die **Finanzpläne** des kreditbegehrenden Unternehmens als Informationsquelle den Jahresabschlüssen vorzuziehen sind. Da ihr direkterer Bezug zur künftigen Zahlungsfähigkeit offenkundig ist, muß man fragen, weshalb die Banken dennoch die indirekte Beurteilung anhand der Jahresabschlüsse vorziehen.

Die Gründe liegen zum einen in den Schwierigkeiten der Informationsbeschaffung. Offenbar ist es trotz § 18 KWG vielfach bereits mühsam, von kreditbegehrenden Unternehmen die Jahresabschlüsse vollständig und nicht gar zu spät zu erhalten. Darüber hinausgehende Informationswünsche sind gegenüber den durch ihre Bonität verhandlungsstarken Kreditnehmern noch schwerer durchzusetzen, besonders bei größeren Unternehmen, die aufgrund der Vielzahl ihrer Bankverbindungen die Kreditnachfrage leichter auf andere Kreditinstitute verlagern und die Institute gegeneinander ausspielen

---

[56] Vgl. vor allem: WEIBEL, PETER F.: Die Aussagefähigkeit von Kriterien zur Bonitätsbeurteilung im Kreditgeschäft der Banken, Bern/Stuttgart 1973; WEINRICH, GÜNTER: Kreditwürdigkeitsprognosen, Wiesbaden 1978.
[57] WEIBEL, PETER F.: a. a. O., S. 122.

können.[58] Bei kleineren, verhandlungsschwächeren Unternehmen zeigt sich dagegen, daß sie häufig über gar keine oder nur über eine unzulängliche Finanzplanung verfügen. Ist sie aber tatsächlich vorhanden, und ist der potentielle Kreditnehmer auch bereit, sie offenzulegen, so ergibt sich angesichts einer fehlenden einheitlichen Regelung oder auch nur allgemein beachteter Grundsätze der Finanzplanung als weiteres Problem die Überprüfung der vorgelegten Pläne. Sie lassen sich leichter als Jahresabschlüsse manipulieren und sind auch von Unternehmen zu Unternehmen kaum vergleichbar. So ist es schon begreiflich, wenn man in den Jahresabschlüssen wegen der weitgehend einheitlichen Regeln ihres Zustandekommens (Gesetze, GoB), deren Einhaltung zudem bei einem Teil der Unternehmen vom Abschlußprüfer testiert ist, eine verläßlichere Beurteilungsgrundlage als in den Finanzplänen sieht. Zumal die Jahresabschlüsse durch ihren einheitlichen Aufbau und Inhalt stark schematisierte Analysen erlauben, die mit Hilfe der EDV-Anlage schnell und kostengünstig durchführbar sind.

Wenn auch die vorrangige Orientierung an den Jahresabschlüssen aus praktischen Gegebenheiten heraus verständlich sein mag, so ändert dies nichts an den grundsätzlichen Einwänden. Inzwischen liegen auch recht konkrete Anregungen vor, auf welche Weise man den Finanzplänen im Rahmen der Kreditprüfung mehr Gewicht verschaffen könnte.[59] Solange allerdings die Banken mit den herkömmlichen Verfahren befriedigende Ergebnisse erzielen (gemessen am Umfang der tatsächlichen Kreditverluste), besteht für sie kein Zwang zur Neuorientierung. Ihre „Theorie der Kreditprüfung" wird ja in diesem Sinne, anders als die Lehrbuch-Theorien, immer wieder an der Wirklichkeit geprüft.

Hinter den Bemühungen, das Bonitätsrisiko offenzulegen, tritt die Beschaffung von **Informationen über das Besicherungsrisiko** zurück, wenngleich auch sie keineswegs problemlos ist. Beschränkt sich die Prüfung auf einzelne vom potentiellen Kreditnehmer angebotene Sicherungsgüter, so sind Informationen über seine Verfügungsberechtigung und mögliche Ansprüche Dritter ohne Schwierigkeit nur bei Immobilien zu beschaffen (Grundbuchauszüge). Bei Rechten und bei beweglichen Sachen ist die Bank dagegen auf Selbstauskünfte des Kunden und, sofern sie dazu Gelegenheit erhält, auf den Augenschein angewiesen. Verschweigt der Kunde bereits bestehende Vorrechte Dritter wie Sicherungsübereignungen oder Eigentumsvorbehalte, dann kann die Bank rechtswirksam Vorrechte nicht erwerben.

Der schwierigere Teil ist aber die Ermittlung des Wertes der Sicherungsgüter, weil auf den in der Zukunft liegenden Liquidationsfall abzustellen ist. Die Praxis liefert immer wieder anschauliche Beispiele dafür, in welchem Ausmaß es selbst bei größeren Kreditinstituten zu Fehleinschätzungen kom-

---

[58] Beispielsweise gehörte es nach Auskunft eines Vorstandsmitgliedes „zu den Geschäftsprinzipien von KLÖCKNER-HUMBOLDT-DEUTZ, Kreditgebern nicht mehr Informationen zur Verfügung zu stellen als den Aktionären". Vgl.: INSTITUT FÜR KREDIT- UND FINANZWIRTSCHAFT, Ruhr-Universität Bochum, Semesterbericht Nr. 6 (Sommer 1977), S. 29.

[59] Vgl. KREIM, ERWIN: Finanzplanung und Kreditentscheidung, Wiesbaden 1977, S. 201–245.

men kann. Die Schwierigkeiten werden noch größer, wenn sich die Bewertung statt auf einzelne Sicherungsgüter auf die Gesamtheit des Vermögens, also auf die Möglichkeit der Liquidation des Unternehmens erstreckt. Den Liquidationszeitpunkt, das dann vorhandene Liquidationsvermögen, die daraus erzielbaren Liquidationserlöse und die darauf (mit unterschiedlichem Rechtsrang) bestehenden Ansprüche zu ermitteln, wirft kaum lösbare Probleme auf. In der Praxis spielt dieser Weg der Beurteilung von Besicherungsrisiken offenbar kaum eine Rolle; in der Bankbetriebslehre gibt es nur wenige Ansätze dazu, wobei man gewöhnlich einen Kreditstatus mit Liquidationswerten heranzieht.[60] (Zur Vermeidung von Mißverständnissen ist zu beachten, daß in Praxis und praxisorientierter Fachliteratur ein Kreditstatus auch zur Ermittlung des Reinvermögens verwendet wird, wobei man aber Vermögen und Verbindlichkeiten zu Tageswerten ansetzt.)

(b) Kredite an Privatpersonen

Anders als Unternehmen sind Privatpersonen weder zur Führung von Büchern über ihre wirtschaftlichen Verhältnisse, noch gar zu entsprechenden Veröffentlichungen verpflichtet, aus denen die Bank die für eine Kreditvergabe erforderlichen Informationen ziehen könnte. Doch haben sich die Kreditinstitute schon vor längerer Zeit (1927) zusammen mit der kreditgebenden Wirtschaft eine Gemeinschaftseinrichtung geschaffen, die wesentliche Informationen für die Risikobeurteilung von Krediten an Privatpersonen sammelt: die SCHUTZGEMEINSCHAFT FÜR ALLGEMEINE KREDITSICHERUNG (SCHUFA). Sie stellt auf Anfrage, die von den Kreditinstituten routinemäßig erfolgt, Tatsachenmaterial über potentielle Kreditnehmer zusammen, das sie aus zwei Quellen schöpft:

• aus Meldungen der Anschlußfirmen über alle Kreditvergaben von im Einzelfall bis zu DM 100.000 (Betrag, Laufzeit, Ordnungsmäßigkeit der Abwicklung);

• aus Verzeichnissen, Registern und ähnlichen Unterlagen (Wechsel- und Scheckproteste, Zahlungsbefehle, Lohn- und Gehaltspfändungen, Eigentumsdelikte, Entmündigungen).[61]

Die künftigen Einnahmen und Ausgaben des potentiellen Kreditnehmers und damit die Möglichkeit der Kreditrückzahlung zu ermitteln, ist hier einfacher als bei Unternehmenskrediten. Die Einnahmen aus unselbständiger Arbeit, Rentenanspruch oder Vermögen fallen im Normalfall regelmäßig in bestimmter Höhe an, unterliegen also nicht den Unsicherheiten des Marktes wie die Einnahmen eines Unternehmens. Für die Vergangenheit lassen sie sich ohne Schwierigkeiten nachweisen (Verdienstbescheinigung des Arbeit-

---

[60] Vgl. besonders den grundlegenden Aufsatz von KRÜMMEL, HANS-JACOB: Zur Bewertung im Kreditstatus, in: ZfhF, 1962, S. 137–151.

[61] Die SCHUFA arbeitet auf regionaler Ebene. Ende 1991 bestanden 11 rechtlich selbständige, locker zur BUNDES-SCHUFA zusammengeschlossene Gesellschaften, die im gleichen Jahr 35 Millionen Auskünfte erteilten (bei einem Bestand von Daten über rund 42 Mio. Personen). Erhebliche Bedeutung hat die SCHUFA auch als „Suchdienst", indem sie Personen aufspürt, die unter Hinterlassung von Schulden „unbekannt verzogen" sind (1982–91: 330.000 Fälle; unerledigte Suchaufträge Ende 1991: 256.000). – Quelle: BUNDES-SCHUFA, Geschäftsbericht 1991, S. 8f., 17 und 24.

gebers, Rentenbescheid, Vermietungsvertrag). Besonders bei Einkommen aus unselbständiger Arbeit, dem häufigsten Fall, bietet das allerdings noch keine Gewähr für die Zukunft. Die Gefahr, daß der potentielle Kreditnehmer während der Kreditlaufzeit seinen Arbeitsplatz verliert oder aufgibt, kann man nur näherungsweise aus der Entwicklung der Branche, in der er tätig ist, sowie daraus schließen, wie häufig er in der Vergangenheit seinen Arbeitsplatz gewechselt hat.

Zu den künftigen finanziellen Belastungen kann sich die Bank zwar eine Vorstellung über den Grundstock der lebensnotwendigen Ausgaben verschaffen (Lebensmittel, Wohnung, Kleidung). Im übrigen aber sind für die Ausgaben der Lebensstil sowie Verantwortungsgefühl und Dispositionsfähigkeit des Antragstellers ausschlaggebend. Hierzu muß man vor allem aus dem Gespräch mit ihm einen Eindruck zu gewinnen suchen. Ergänzend und gleichzeitig die Selbstauskünfte des Antragstellers kontrollierend läßt sich die SCHUFA-Auskunft heranziehen. Auch diese Informationen sagen freilich nur etwas über die Vergangenheit.

Während bei Unternehmenskrediten die fachliche und charakterliche Eignung der für die Rückzahlung verantwortlichen Personen zwar auch geprüft wird, man sich aber angesichts der Schwierigkeiten einer solchen Prüfung mehr auf „das Unternehmen an sich" konzentriert, ist bei Krediten an Privatpersonen die Rückzahlung so eng an die jeweilige Person gebunden, daß sie im Vordergrund der Prüfung stehen muß. Dabei ist es angesichts der großen Zahl derartiger Kredite erforderlich, die Prüfung stark zu vereinfachen und zu vereinheitlichen, um sie im Verhältnis zu dem im Einzelfall geringen Kreditbetrag wirtschaftlich bewältigen zu können.

In der Bankpraxis sind als Grundlage einer schematisierten Kreditprüfung einheitliche Fragebögen gebräuchlich, in denen die verschiedensten Merkmale aus dem persönlichen Bereich des Antragstellers zusammengestellt sind: Alter, Familienstand, Kinderzahl, Haus- oder Wohnungseigentum, Telefonanschluß, Zahl der Wohnungswechsel in den letzten Jahren usw. Die Auswahl der Merkmale und ihr Gewicht bei der Beurteilung des Kreditantrages bestimmen sich allgemein nach den Erfahrungen mit in der Vergangenheit vergebenen Krediten. Der Bezug zwischen Merkmal und Kreditrisiko ist nicht immer einsichtig, was auf ein mehr intuitives Zustandekommen mancher Fragebögen schließen läßt.

In der Bankbetriebslehre bemüht man sich seit den sechziger Jahren verstärkt darum, die Zusammenhänge zwischen den verschiedenen Merkmalen und dem Kreditverlauf mit Hilfe statistischer Methoden zu analysieren, insbesondere den Zusammenhang zwischen der Ausprägung bestimmter Merkmale und einem ungünstigen Kreditverlauf nachzuweisen. Sie entsprechen den Bemühungen, für Unternehmen Kennzahlen herauszufiltern, anhand derer eine Früherkennung von Insolvenzen möglich ist. Sie sollen in gleicher Weise eine besser gezielte Erfassung und eine möglichst wirtschaftliche Verarbeitung der Informationen zur Bonitätsbeurteilung ermöglichen. Die zahlreichen Bemühungen dieser Art haben zwar noch zu keinem allgemein gültigen Merkmalskatalog geführt; sie legen eher bankindividuelle Analysen nahe, weil selbst bei in demselben Wirtschaftsraum tätigen Banken die Bonitätsstruktur der Kreditnehmer von Institut zu Institut sehr verschieden sein kann. Doch sind die Verfahren für derartige Analysen sowie die Grenzen des Aussagewertes der mit ihnen erzielbaren Ergebnisse inzwischen in überzeugender Weise erarbeitet worden.[62]

Will man die Prognosefähigkeit verschiedener Merkmale des Kreditnehmers („Kreditbewertungsfaktoren") im Hinblick auf den voraussichtlichen Kreditverlauf prüfen, so ist zunächst eine Auswahl von Kreditfällen aus der Vergangenheit in „gute" (vertragsgemäß abgewickelte) und „schlechte" (notleidend gewordene) Fälle zu gruppieren. Die Auswahl muß für die Anwendung statistischer Verfahren mehrere Voraussetzungen erfüllen:

- zum einen qualitativ: alle Kreditfälle sollen bis auf die zu untersuchende Merkmalsausprägung gleichartig sein, sie sollen unabhängig voneinander verlaufen sein, und sie sollen einheitlichen Einflußfaktoren unterlegen haben (wirtschaftliche Umwelt);
- zum anderen quantitativ: derartige Kreditfälle sollen in hinreichend großer Zahl vorliegen.

An die qualitativen Voraussetzungen sind dabei gewisse Abstriche auch im Fall von Krediten an Privatpersonen unerläßlich, obwohl sie sich viel eher gleichen als die einzelnen Unternehmenskredite. Würde man strenge Anforderungen an die Homogenität stellen, wäre kein Kreditfall wie der andere.

Das gebräuchliche Verfahren, mit dem man dann die Fähigkeit der verschiedenen Merkmale überprüft, „gute" und „schlechte" Kreditfälle zu trennen, ist die lineare Diskriminanzanalyse. Da keine Merkmalsausprägung – beispielsweise: verheiratet, drei Kinder, Hauseigentümer – nur bei „guten" oder nur bei „schlechten" Kreditfällen auftreten wird, geht es darum herauszufinden, welche Ausprägungen der herangezogenen Merkmale besonders häufig und welche weniger häufig bei „guten" und bei „schlechten" Krediten anzutreffen sind. Daraus ergibt sich nicht nur die Beschränkung auf die am ehesten zur Trennung geeigneten Merkmale, sondern auch das unterschiedliche Gewicht, mit dem sie in die Gesamtbeurteilung eingehen. Ein Merkmal wird umso stärker gewichtet, je weniger es gleichermaßen bei „guten" und bei „schlechten" Kreditfällen auftritt.

Auf der Grundlage einer solchen Analyse läßt sich die Kreditprüfung auf eine geringe Zahl als aussagekräftig herausgefundener Merkmale beschränken, für die jeweils eine bestimmte Ausprägung – die sich als häufiger bei „guten" als bei „schlechten" Kreditfällen erwiesen hat – mit einer bestimmten Punktzahl versehen wird („scores"). Die Punktzahl drückt die Aussagefähigkeit des betreffenden Merkmals im Hinblick auf einen einwandfreien Kreditverlauf aus. Summiert man die Punkte für alle verwendeten Merkmale, so erhält man das Ergebnis der Kreditprüfung, ausgedrückt in einer einzigen Zahl. Das ganze Verfahren bezeichnet man daher auch als **Punktbewertungssystem („credit scoring").**

So einsichtig das Verfahren ist, so darf man doch nicht übersehen, daß es auf Vergangenheitswerten aufbaut, die zudem nicht einmal repräsentativ für die Gesamtheit potentieller Kreditnehmer sein müssen, da die abgelehnten Kreditanträge nicht einbezogen werden. Die aus der Vergangenheit gewonnenen Analyseergebnisse werden auf die Zukunft übertragen; das macht es erforderlich, die Zusammensetzung und vor allem die Gewichtung der Merkmale regelmäßig zu überprüfen. Außerdem ist einzuschränken, daß mit Hilfe der Diskriminanzanalyse keine scharfe Trennung zwischen voraussichtlich „guten" und voraussichtlich „schlechten" Kreditanträgen möglich ist.

---

[62] Unter den deutschsprachigen Veröffentlichungen vgl. besonders WEIBEL, PETER F.: Die Aussagefähigkeit von Kriterien zur Bonitätsbeurteilung im Kreditgeschäft der Banken, Bern/Stuttgart 1973, S. 17–74. Einen klaren und knappen Überblick gibt auch INGERLING, RICHARD: Das Credit-Scoring-System im Konsumentenkreditgeschäft, Berlin 1980.

Es verbleibt stets ein Grenzbereich, in dem bestimmte Merkmalsausprägungen noch ein „gutes" oder schon ein „schlechtes" Kreditengagement anzeigen können. Deshalb ist es besonders wichtig, die Gesamtpunktzahl festzulegen, unterhalb der Kreditanträge abgelehnt werden. Setzt man diesen „Ausscheidungsfaktor" (als Ausdruck der Bonitätsanforderungen) relativ hoch an, so weist man zwar viele voraussichtlich „schlechte" Kreditfälle ab, aber auch eine erhebliche Zahl „guter", gewinnbringender Kreditfälle. Umgekehrt ist es bei einem relativ niedrigen Ausscheidungsfaktor. Nur theoretisch, anhand der Gewinnmaximierungshypothese, ist der Ausscheidungsfaktor eindeutig als jene Gesamtpunktzahl zu bestimmen, bei der die Differenz zwischen erwarteten Gewinnen aus „guten" Kreditfällen und erwarteten Verlusten aus „schlechten" Kreditfällen am größten ist.

2.2.2.3 Zusammenfassende Bewertung des Kreditantrages

Am Ende der Kreditprüfung soll eine Aussage über die Höhe des Kreditrisikos stehen. Da vollkommene Voraussicht nicht möglich ist und vollkommene Information aus Wirtschaftlichkeitsgründen nicht angestrebt wird, sind Aussagen über die Risikohöhe stets nur Wahrscheinlichkeitsüberlegungen. Es geht darum, aufgrund der zahlreichen und recht verschiedenartigen Einzelinformationen zusammenfassend die Rückzahlungs- oder (als Komplementärgröße) die Ausfallwahrscheinlichkeit abzuschätzen. Die bisherigen Überlegungen haben schon verdeutlicht, daß es sich dabei nur in Ausnahmefällen um eine objektiv definierte Wahrscheinlichkeit handeln kann: nur dann nämlich, wenn es gelingt, eine Bewertung anhand statistischer Wahrscheinlichkeiten durchzuführen. Überwiegend scheitern derartige Bemühungen an den Voraussetzungen für die Anwendung statistischer Verfahren: Es fehlt gewöhnlich an hinreichend großen Zahlen gleichartiger Kreditfälle. Das in seinen Grundzügen dargestellte Punktbewertungssystem ist – hat man das gesamte Kreditgeschäft der Bank im Blick – als Ausnahme zu sehen, beschränkt auf Kredite an Privatpersonen (Konsumentenkredite), bei denen man am ehesten statistische Verfahren mit vertretbaren Abstrichen an ihre Voraussetzungen anwenden kann.

Für den weitaus größeren Bereich der Unternehmenskredite ist nicht zu erkennen, inwieweit man in absehbarer Zeit über subjektive, also an die beurteilende Person gebundene Wahrscheinlichkeiten hinausgelangt. Da die Bildung subjektiver Wahrscheinlichkeiten maßgeblich von der Urteilsfähigkeit der den einzelnen Kreditantrag beurteilenden Person abhängt, können verschiedene Personen selbst bei völlig gleichem Informationsstand durchaus zu erheblich voneinander abweichenden Bewertungen gelangen.

Die Bildung subjektiver Wahrscheinlichkeiten beruht auf der Erfahrung des Fachmannes, aufgrund der er aus dem Vergleich der Merkmale gleichartiger oder ähnlicher Kreditfälle in der Vergangenheit mit den Merkmalen des ihm vorliegenden Antrages einen Analogieschluß auf diesen zieht. Derartige Analogieschlüsse muß man zwar im Grunde als intuitiv bezeichnen, doch gehen auch sie (wenngleich meist nicht systematisch und auch nicht immer voll bewußt) von zuvor erfahrenen Regelmäßigkeiten zwischen bestimmten Kreditdaten und dem Kreditverlauf aus. Nur sind diese Zusammenhänge nicht so genau ermittelt wie im Falle eines statistischen Wahrscheinlichkeitsurteils. Da die Prognosefähigkeit der einzelnen Kreditdaten nicht genau bestimmt ist, kann auch ihre Integration zur Gesamtbewertung des Kreditantrages nicht mit exakten Verfahren (wie etwa der Diskriminanzanalyse) erfolgen.

Im Interesse einheitlicher Entscheidungsstandards und geringer Kosten bei den Kreditprüfungen bemüht man sich aber in der Praxis weiterhin darum, mit Hilfe statistischer Analysen in verschiedene Richtungen (Bilanzen, Finanzpläne, Kontoentwicklung, Branchenperspektive) risikorelevante Kennzahlen zu finden und sie letztlich zu einem prognosefähigen Kennzahlensystem zusammenzufügen, das die Bewertung von Kreditanträgen zumindest nach Risikoklassen ermöglicht (**Kredit-Rating**).[63] Ob derartige Bemühungen zu so befriedigenden Ergebnissen führen, daß sie die subjektiven, in direktem Kundenkontakt gewonnenen Einschätzungen nachhaltig zurückdrängen, ist abzuwarten. Vorerst herrscht in der Praxis offenbar die zusammenfassende Bewertung als einfache Klassifikation vor, etwa die Einstufung der einzelnen Kreditanträge als

• vertretbar (wenig risikoreich) oder
• nur unter bestimmten Bedingungen vertretbar (risikoreich) oder
• nicht vertretbar (äußerst risikoreich).

Die mittlere Bonitätsklasse verdeutlicht, daß aus dem Ergebnis der Kreditprüfung nicht ohne weiteres die Kreditvergabeentscheidung folgt. Ob einem Kreditantrag entsprochen wird oder nicht, bestimmt sich außer in ganz eindeutigen Fällen auch nach den Bedingungen der Kreditvergabe. Nur wenn sie vorab bereits vollständig festgelegt sein sollten, hat die Kreditprüfung eine „geschlossene Fragestellung": Wird der potentielle Kreditnehmer mit ausreichender Wahrscheinlichkeit in der Lage sein, den Kredit zu den gegebenen Konditionen zurückzuzahlen? Ist dagegen über die Konditionen zunächst noch gar nichts vereinbart worden, so hat die Kreditprüfung eine „offene Fragestellung": Welche Konditionen sind bei dem gegebenen Risiko vertretbar? In der bankbetrieblichen Realität dürfte meist ein Teil der Konditionen noch disponibel sein, so daß halboffene Fragestellungen überwiegen.

2.2.3 Kreditrisiko und Bedingungen der Kreditvergabe

Sofern das in der Kreditprüfung ermittelte Bonitätsrisiko den Zulässigkeitsvorstellungen der Bank nicht ganz genügt, ist es grundsätzlich möglich, diesen Mangel durch die Gestaltung der Vergabebedingungen auszugleichen und damit doch noch zu einer positiven Entscheidung zu kommen. Hierfür bestehen unterschiedliche Formen, die alternativ oder in Verbindung miteinander vereinbart werden können. Vereinfachend werden sie am Beispiel des Unternehmenskredits skizziert.

(a) Die Bedingungen können zum einen die **Höhe des Bonitätsrisikos** zum Zeitpunkt der Kreditvergabe und/oder während der Kreditlaufzeit betreffen. Die Kreditvergabe kann mit Richtlinien (Auflagen) für die Unternehmenspolitik des Kreditnehmers verbunden werden – beispielsweise bezüglich der

---

[63] Vgl. dazu: WEINRICH, GÜNTER: Kreditwürdigkeitsprognosen – Steuerung des Kreditgeschäfts durch Risikoklassen, Wiesbaden 1978; REUTER, ARNOLD: Grundsätzliche Überlegungen zum Kredit-Rating und zur Kreditrisiko-Analyse, in: Bw.Blätter, 1991, S. 280–285.

Sortimentsgestaltung, weiterer Investitionen oder Änderungen im Management. Man kann sich derartige Mitsprache- oder Mitentscheidungsrechte (neben weitreichenden Informationsrechten) auch für die Zeit zwischen Kreditvergabe und Rückzahlung ausbedingen. Allerdings wird sich das Interesse einer Bank gewöhnlich nicht darauf richten, sich grundsätzlich an der Geschäftsführung anderer (aus ihrer Sicht zudem branchenfremder) Unternehmen zu beteiligen oder sie gar zu übernehmen. Dazu kommt es allenfalls während des Kreditverlaufs, wenn es eine drohende Insolvenz zu verhindern gilt.

(b) Die Bedingungen der Kreditvergabe können des weiteren die **Beteiligung der Bank am Bonitätrisiko** betreffen. Da das leistungswirtschaftliche Risiko des kreditnehmenden Unternehmens vorrangig die Eigentümer (Eigenkapitalgeber) und in zweiter Linie die verschiedenen Gläubiger (Fremdkapitalgeber) tragen, deren Ansprüche sich grundsätzlich nach ihrem Kapitalanteil richten, vermindert sich die Beteiligung der Bank an diesem Risiko,

• wenn die Eigenmittel erhöht werden (durch erhöhte Einlagen der bisherigen oder durch zusätzliche Gesellschafter),

• wenn die Bank eine Umverteilung der Gläubigerrisiken zu ihren Gunsten erreichen kann.

An eine oder beide der Möglichkeiten kann die Kreditvergabe gebunden werden. Um die Risikoverteilung zwischen den Gläubigern zu verändern, bestehen vielfältige rechtliche Möglichkeiten.[64] Mit ihnen werden entweder bevorrechtigte Ansprüche auf das Unternehmensvermögen geschaffen (Absonderungsrechte im Konkursfall) oder – durch Haftungszusagen Dritter – Ansprüche auf gleichsam potentielles Unternehmensvermögen.

Der Erlangung bevorrechtigter Ansprüche auf das Unternehmensvermögen dienen die Sicherungsübereignung, die Verpfändung von beweglichen Sachen und von Immobilien, die Abtretung von Forderungen – kurzum: die Bereitstellung von Sicherungsgütern, wie sie im Zusammenhang der Kreditprüfung bereits erwähnt worden sind. Nunmehr, im Rahmen der Kreditbedingungen, wird ihre Wirkung und der Zweck ihrer Variation deutlich: Die Forderung der Bank nach „zusätzlichen Sicherheiten" ist Ausdruck ihres Wunsches nach einer anderen als in der Konkursordnung vorgesehenen Verteilung der Gläubigerrisiken.[65]

Statt auf bevorrechtigte eigene Ansprüche zu dringen, was ihren Anteil an den Gläubigerrisiken verringern würde, kann sich die Bank auch mit der Verpflichtung des Kunden begnügen, daß er während der Kreditlaufzeit keinerlei zusätzliche Sicherheiten zugunsten anderer Gläubiger stellt, so daß sich wenigstens ihr eigener Anteil an den Gläubigerrisiken nicht erhöht (Negativklausel).

Außer durch bevorrechtigte Ansprüche auf das Unternehmensvermögen kann die Position der Bank auch durch Haftungszusagen Dritter (Personen

---

[64] Die Überlegungen hierzu folgen im wesentlichen der Darstellung bei RUDOLPH, BERND: Die Kreditvergabeentscheidung der Banken, Opladen 1974, S. 67–83.

[65] Zur Diskussion um die Kreditsicherheiten im Rahmen der seit langem geplanten Insolvenzrechtsreform vgl. v. a. DRUKARCZYK, JOCHEN: Unternehmen und Insolvenz, Wiesbaden 1987, S. 111–237.

oder Institutionen) verbessert werden, d. h. durch deren rechtsverbindliche Zusage, bei drohender oder bereits eingetretener Zahlungsunfähigkeit des Kreditnehmers mindestens zum Teil für dessen Verbindlichkeiten gegenüber der Bank einzustehen. Je nachdem, ob die Bank oder der potentielle Kreditnehmer einen solchen Vertrag abschließt, unterscheidet man

1. Die Kreditversicherung, bei der der Kreditgeber, also die Bank, sich gegen das Ausfallrisiko versichert („Debitorenversicherung"). Dies kommt jedoch bei Banken nur selten vor, weil sie aufgrund ihrer viel intimeren Kenntnis der wirtschaftlichen Verhältnisse ihrer Kreditnehmer dem Versicherer nur eine Auswahl der allerschlechtesten Anträge anbieten würden, und weil sie es zudem als ihre Aufgabe ansehen, tragbare Kreditrisiken selbst zu übernehmen.

2. Die Kautionsversicherung, bei der der Kreditnehmer eine Bürgschaft oder Garantie zugunsten der Bank beibringt.

(c) Die Bedingungen der Kreditvergabe können schließlich auch die **Abgeltung des Bonitätsrisikos** durch einen um eine Risikoprämie erhöhten Zins vorsehen. Zur Frage, ob sich das Bonitätsrisiko überhaupt durch höhere Zinssätze überwinden läßt, finden sich allerdings in der wissenschaftlichen Fachliteratur sehr widersprüchliche Thesen.[66] Differenzierte Zinssätze in der Bankpraxis scheinen die unterschiedlich hohe Einbeziehung von Risikoprämien anzuzeigen, sind aber – soweit sich das generell beurteilen läßt – eher ein Niederschlag unterschiedlicher Verhandlungsmacht der Kreditnehmer. Die Verhandlungsmacht beruht zwar außer auf der unterschiedlich hohen Gesamtleistungsabnahme der einzelnen Kunden wesentlich auch auf ihrer Bonität. Doch wird die Bonität gewöhnlich in der Weise berücksichtigt, daß man, ausgehend vom marktüblichen Zinssatz, bonitätsmäßig als gut eingeschätzten Kunden Zinszugeständnisse macht, nicht aber bonitätsmäßig schwächer beurteilten Kunden eine Risikoprämie aufschlägt.[67]

2.2.4 Kreditüberwachung

Ein positives Ergebnis der Kreditprüfung und die Stellung zusätzlicher Sicherheiten gewährleistet noch nicht die vereinbarungsgemäße Rückzahlung eines Kredites. Die der Kreditvergabeentscheidung zugrunde gelegten Daten können sich während der Kreditlaufzeit ungünstiger entwickeln, als es die Bank erwartet hat, und der Wert von Sicherungsgütern – vor allem von Wertpapieren und Warenlagern, aber auch von Immobilien – kann während der Kreditlaufzeit sinken. Die Wahrscheinlichkeit eines nachträglich wachsenden Kreditrisikos ist bei längerfristigen Krediten größer als bei kurzfristigen, bei unstabiler gesamtwirtschaftlicher Lage größer als bei stabiler. So ist es unerläßlich, die Kreditvergabeentscheidung während des Kreditverlaufs zu überprüfen, um heraufkommende Gefahren rechtzeitig zu erkennen und Konsequenzen daraus ziehen zu können.

---

[66] Eine Zitatauswahl zu den verschiedenen Ansichten gibt RUDOLPH, BERND: Die Kreditvergabeentscheidung der Banken, Opladen 1974, S. 38–41.

[67] Vgl. auch die theoretische Diskussion möglicher Grenzen der Substitution von Risiken durch Zinszuschläge bei RUDOLPH, BERND: ebenda, S. 41–63. Er kommt zu dem Ergebnis, daß die „Risikokompensation bis zu einem gewissen geringen Grade gelingt" (S. 65).

In welchem Umfang man Kredite überwachen soll, läßt sich nicht generell festlegen, sondern muß von Fall zu Fall entschieden werden. Aus Wirtschaftlichkeitsgründen wird der Umfang von der Höhe des maximalen Ausfalls abhängen, also mit größeren Kreditbeträgen zunehmen. Während es bei kleinen Beträgen genügt, den vereinbarungsgemäßen Eingang der Zins- und Tilgungsleistungen zu überwachen, ist es bei größeren Beträgen gewöhnlich zu spät, dem Engangement Aufmerksamkeit erst bei Vertragsverletzungen zuzuwenden. Hier sind die wesentlichen ursprünglichen Entscheidungshilfen durch regelmäßige Überprüfung zu aktualisieren und mit den Erwartungen zu vergleichen. Das gilt sowohl für die Entwicklungen auf den Absatz – und Beschaffungsmärkten des Kunden sowie für die Veränderungen der technischen und ökologischen Erfordernisse in seiner Branche, als auch für die Jahresabschlüsse bzw. halb- oder vierteljährliche Zwischenbilanzen, Finanzpläne, Rechtsverhältnisse, personelle Veränderungen in der Unternehmensleitung, Bestand und Wert von Sicherungsgütern.

Stellt sich heraus, daß das Kreditrisiko zugenommen hat, sind Maßnahmen mit dem Ziel zu ergreifen, Verluste für die Bank zu verhindern. Was zu tun ist, hängt auch hier von der Lage des Einzelfalls ab. Die Möglichkeiten liegen zwischen der Forderung nach zusätzlichen Sicherungsgütern, nach beschleunigter Rückzahlung oder gar der Kündigung des Kredites auf der einen und der Bereitstellung zusätzlicher Mittel, die dem Kreditnehmer eine Krise überbrücken helfen, auf der anderen Seite.

3. Technisch-organisatorischer Bereich (TOB)[68]

Bisher haben wir aus der bankbetrieblichen Leistungserstellung allein jene Entscheidungsprobleme gedanklich herausgehoben, die sich auf Geldbestände und Geldbewegungen beziehen und die man als Probleme des liquiditätsmäßig-finanziellen Bereichs (LFB) zusammenfaßt. Unberücksichtigt blieb bisher die Tatsache, daß für die Erstellung der Marktleistungen auch menschliche Arbeitskraft, technische Hilfsmittel, Räumlichkeiten und Informationen erforderlich sind. Die Beschaffung und den kombinierten Einsatz dieser Faktoren faßt man gedanklich als Probleme des technisch-organisatorischen Bereichs zusammen.

In der einführenden Erläuterung der Grundlagen bankbetrieblicher Leistungserstellung wurde bereits begründet, weshalb der technisch-organisatorische Bereich als **Hilfsbereich** zu kennzeichnen ist (S. 125 f.). Im Gegensatz zum Industriebetrieb, in dem die materielle Leistungserstellung im Vordergrund steht und die finanziellen Probleme als von ihr abgeleitet zu sehen sind, stehen bei einer Bank im Vordergrund die liquiditätsmäßig-finanziellen Fragen, während der Einsatz von menschlicher Arbeitskraft, Betriebsmitteln und Informationen gleichsam nur das unerläßliche Vehikel bildet, die finanziellen Vorgänge auch zu bearbeiten und abzuwickeln.

Angesichts dieser Einordnung der technisch-organisatorischen Seite bankbetrieblicher Leistungserstellung kann es kaum überraschen, daß man bisher

---

[68] Detaillierte Literaturhinweise hierzu auf S. 395–402.

ihre umfassende Erforschung in der Bankbetriebslehre weitgehend vernachlässigt hat. Zwar liegen zahlreiche Beiträge über Einzelaspekte vor, insbesondere zu Personalfragen und den Einsatzmöglichkeiten der EDV-Technik; bis in die jüngste Zeit hinein findet man aber fast keinen detaillierteren Ansatz zur Analyse des technisch-organisatorischen Bereichs insgesamt (ganzheitliche Betrachtung).

Den Anstoß für eine gewisse Aufwertung des technisch-organisatorischen Bereichs bildet in neuerer Zeit die starke Zunahme des „Provisionsgeschäfts" der Banken. Unter dieser Bezeichnung faßt man die Übernahme einer wachsenden Vielfalt sog. Dienstleistungsgeschäfte zusammen, bei denen die Banken menschliche Arbeitskraft, Betriebsmittel und Informationen einsetzen, jedoch unmittelbar keine liquiden Mittel. Die Erträge hieraus sind dementsprechend nicht Zinsen, sondern Provisionen.

Die Ausweitung des Provisionsgeschäftes ist eine Reaktion auf die tendenziellen Einbußen bei der Zinsspanne, die zwar weiterhin den wichtigsten Bestimmungsfaktor des Bankerfolges bildet, aber durch den verschärften Wettbewerb – vor allem auch durch Substitutionskonkurrenten – in stärkerem Maße als in früheren Jahren gefährdet ist. Auf das Verhältnis von Zins- und Provisionsüberschuß wird bei der Erläuterung der Gewinn- und Verlustrechnung einer Bank noch näher einzugehen sein.

3.1 Ansatz und Probleme umfassender Analysen

Den technisch-organisatorischen Bereich umfassend zu analysieren, ist wohl nicht allein deswegen so lange vernachlässigt worden, weil man ihn lediglich als „Hilfsbereich" sah, sondern auch wegen der wesentlich größeren Probleme, denen sich eine Analyse bereits im Ansatz gegenübersieht. Sie werden deutlich, wenn man das einzige überzeugende Konzept näher betrachtet, das bisher entwickelt worden ist. Es stammt von HANS-DIETER DEPPE, der im Zuge seiner langjährigen Bemühungen, systematisch die Funktionszusammenhänge in einer Bank zu analysieren, sich zunehmend auch dem technisch-organisatorischen Bereich gewidmet hat.[69] Auf seine und diese Ansätze weiterentwickelnden Arbeiten seiner Schüler[70] stützt sich die folgende Einführung in die Problematik.

Den Ansatz bildet das System produktiver Faktoren, mit deren Kombination Marktleistungen erstellt werden. Von den Faktoren geht bereits die Trennung in zwei Analysebereiche aus: den LFB als Einsatzbereich der Nutzungspotentiale des Monetären Faktors und den TOB als Einsatzbereich der Nutzungspotentiale von menschlicher Arbeitskraft, Betriebsmitteln und Informationen. Bei allen zielgerichteten Entscheidungen sind – im LFB wie im TOB – Nebenbedingungen zu beachten, von denen einige besonderes Gewicht haben, weil nachhaltige Verstöße gegen sie die Existenz der Bank gefährden (**Existenzbedingungen**). Da die Steuerung der Leistungserstellung wesentlich auch die Einhaltung der Existenzbedingungen berücksichti-

---

[69] DEPPE, HANS-DIETER: Eine Konzeption wissenschaftlicher Bankbetriebslehre in drei Doppelstunden, in: Bankbetriebliches Lesebuch, hrsgg. von H.-D. Deppe, Stuttgart 1978, S. 43–51 und 67–81; DEPPE, HANS-DIETER (Hrsg.): Texte zur wissenschaftlichen Bankbetriebslehre I, Göttingen 1980, S. IX–XLVII (Einführung des Herausgebers).

[70] Vgl. insbesondere GEBAUER, HENNING: Technisch-organisatorische Existenzbedingungen und bankbetriebliche Geschäftspolitik, Göttingen 1991.

gen muß, ist es konsequent, das Entscheidungsfeld so zu systematisieren, daß die Zusammenhänge als Basis existenzsichernden Verhaltens erkennbar werden.

Für den liquiditätsmäßig-finanziellen Bereich war es vergleichsweise leicht zu erkennen, welches die Existenzbedingungen sind, zumal sie als solche auch gesetzlich fixiert sind. Die Bank muß in der Lage bleiben, ihre Zahlungsverpflichtungen zu erfüllen und ihre Gläubiger vor Verlusten zu schützen, denn Zahlungsunfähigkeit und Überschuldung sind Konkursgründe. Dementsprechend waren die bei der Analyse des LFB zu präzisierenden Existenzbedingungen die jederzeitige Zahlungs- und Schuldendeckungsfähigkeit. Beides ist in den Abschnitten zum Liquiditäts- und zum Erfolgsrisiko erörtert worden (S. 132f.). Schwerer ist dagegen die Frage zu beantworten, welches die technisch-organisatorischen Existenzbedingungen sind und wie sie sich im einzelnen abbilden lassen.

Ausgehend von den produktiven Faktoren geht es zunächst darum, die Zusammenhänge zwischen ihrem Einsatz und den erstellten Marktleistungen systematisch zu beschreiben, Zusammenhänge im Sinne gegebener „Abhängigkeiten funktionaler und lockerer Art" (sog. ökonomische **Mechanismen**).[71] Da mit dem Einsatz von menschlicher Arbeitskraft, Betriebsmitteln und Informationen jeweils ganz spezifische betriebswirtschaftliche Probleme verbunden sind, ist es angebracht, den technisch-organisatorischen Bereich gedanklich in drei Teilbereiche zu gliedern (Deppe spricht von Sphären), um zunächst jeden Teilbereich für sich und erst dann ihr Zusammenwirken zu untersuchen:

- die **soziale Sphäre** als gedankliche Zusammenfassung aller für die Leistungserstellung relevanter Aspekte der Beschaffung und des Einsatzes menschlicher Arbeitskraft,[72]

- die **reale Sphäre** als gedankliche Zusammenfassung aller für die Leistungserstellung relevanter Aspekte der Beschaffung und des Einsatzes von Maschinen, Gebäuden und anderen Betriebsmitteln,

- die **Informations- und Kommunikationssphäre** als gedankliche Zusammenfassung von Beschaffung, Übertragung und Einsatz aller für die Leistungserstellung relevanter Informationen.

Für alle drei Sphären gilt, daß die Einsatzfaktoren im Zuge des Leistungsprozesses eingesetzt und ihr Nutzungspotential dadurch „belegt" oder „verbraucht" wird. Daraus folgt als Nebenbedingung geschäftspolitischer Entscheidungen, daß – bezogen auf die zu erstellenden Marktleistungen – in jeder der drei Sphären Nutzungspotentiale des entsprechenden Faktors in ausreichender Qualität und Menge zur Verfügung stehen müssen. Versucht man, diese allgemein formulierte Bedingung zu präzisieren, so ergeben sich erhebliche Schwierigkeiten. Die Potentiale sowie das Ausmaß ihres „Verbrauchs" im Prozeß der Leistungserstellung (Verbrauchskoeffizienten) lassen

---

[71] Deppe, Hans-Dieter (Hrsg.): Texte zur wissenschaftlichen Bankbetriebslehre I, Göttingen 1980, S. XX.
[72] Die Grundtatbestände werden übersichtlich ausgebreitet bei Burgard, Horst: Personalwesen, in: Obst/Hintner, Geld-, Bank- und Börsenwesen, 39. Aufl., hrsgg. von N. Kloten/J. H. v. Stein, Stuttgart 1993, S. 956–991.

sich kaum quantifizieren. Für die soziale Sphäre, den wichtigsten Teilbereich, bedarf es keiner detaillierten Prüfung, um zu erkennen, daß sich aufgrund der hohen Flexibilität menschlicher Arbeitskraft „keine streng funktionalen Abhängigkeiten zwischen dem geplanten bzw. erstellten Marktleistungsvolumen ... und dem Einsatz menschlicher Arbeitskraft in diesem Prozeß formulieren lassen".[73] Für den Einsatz der Betriebsmittel und den Einsatz der Informationen ist es kaum anders.

Ist es bereits isoliert für die einzelnen Sphären kaum möglich, die Bedingung ausreichender Verfügbarkeit der Faktoren menschliche Arbeitskraft, Betriebsmittel und Informationen genauer zu bestimmen, so erscheint es angesichts ihrer Verschiedenartigkeit unmöglich, für die Bemessung ihrer Potentiale eine einheitliche Maßeinheit zu finden, um ihr Zusammenwirken, d. h. ihre wechselseitigen Beziehungen und die Substitutionsmöglichkeiten zwischen ihnen exakt zu beschreiben.

Da die Zusammenhänge mithin direkt nicht quantifizierbar sind, versucht man, mit Hilfe von „Indikatoren" (als Ersatzmeßgrößen) wenigstens Anhaltspunkte dafür zu gewinnen, ob die Nebenbedingungen eingehalten werden, ob also jeweils die ausreichende Verfügbarkeit geeigneter Nutzungspotentiale noch gegeben ist.[74] Solche Indikatoren können beispielsweise sein: in der sozialen Sphäre die Zahl der Überstunden außerhalb der gewöhnlichen Spitzenbelastungszeiten, in der realen Sphäre die Zahl der Systemzusammenbrüche, in der Informations- und Kommunikationssphäre die Häufigkeit von Terminüberschreitungen im Rahmen des Melde- und Berichtswesens. Störungen in einer der Sphären, die die Indikatoren anzeigen, können zu Verzögerungen, zu Verärgerungen von Kunden u. ä. führen; sie gefährden aber im allgemeinen nicht gleich die Existenz der Bank, zumal rechtliche Sanktionen – analog zu den Konkursgründen beim LFB – hier fast vollständig fehlen.

Nur für einen engen Teilbereich der sozialen Sphäre schreiben gesetzliche Regelungen eine qualitativ und quantitativ bestimmte Verfügbarkeit von Nutzungspotentialen als unerläßlich vor. Das Kreditwesengesetz verlangt, daß an der Spitze einer Bank mindestens zwei Geschäftsleiter stehen, die zuverlässig und für diese Aufgabe fachlich geeignet sind (§ 33 I KWG).

Ob die an gleicher Stelle formulierte Forderung, daß daneben „die zum Geschäftsbetrieb erforderlichen Mittel" zur Verfügung stehen müssen, sich über das beispielhaft genannte Eigenkapital hinaus auch auf geeignetes Personal, hinreichende Räumlichkeiten u. ä. bezieht, ist umstritten, wird aber meist verneint.[75]

Im übrigen sind im Rahmen jeder der drei Sphären zwar zahlreiche Vorschriften zu beachten; doch wird bei Verstößen gegen sie nur in extremen Fällen die Existenz der Bank gefährdet (Arbeitsschutz-, Unfallverhütungs-, Berichtspflichten usw.).

---

[73] GEBAUER, HENNING: Technisch-organisatorische Existenzbedingungen und bankbetriebliche Geschäftspolitik, Göttingen 1991, S. 124.

[74] Zu möglichen Indikatoren vgl. ebenda S. 139–200.

[75] Zumindest für wünschenswert gehalten wird die Einbeziehung auch der technisch-organisatorischen Voraussetzungen z. B. bei SZAGUNN, VOLKHARD/WOHLSCHIESS, KARL: Gesetz über das Kreditwesen – Kommentar, 5. Aufl., Stuttgart/Berlin/Köln 1990, S. 457.

Da Rechtsnormen allgemein formulierte Existenzbedingungen – wie sie als Verpflichtung zur Zahlungs- und zur Schuldendeckungsfähigkeit für den LFB bestimmend sind – zum technisch-organisatorischen Bereich kaum vorsehen, versucht man, sie betriebswirtschaftlich zu begründen. Nach dem derzeitigen Stand der Diskussion werden als sphärenübergreifende Existenzbedingungen betrachtet:[76]

(1) **Arbeitgeberfähigkeit.**

Angesichts der herausragenden Stellung des Faktors „menschliche Arbeitskraft" im Rahmen bankbetrieblicher Leistungserstellung und des großen Gewichts, das dabei die Leistungsbereitschaft der Mitarbeiter hat, ist es unerläßlich, die Arbeitsbedingungen so zu gestalten, daß sie als menschenwürdig empfunden werden. Nur wenn dies nachhaltig gelingt, wird die Bank als Arbeitgeber akzeptiert werden und somit langfristig in der Lage sein, leistungsbereite Menschen als Mitarbeiter zu gewinnen und zu halten. Gelingt es nicht in ausreichendem Maße, so kann die Existenz der Bank in Gefahr geraten.

Indikatoren einer sich verringernden Arbeitgeberfähigkeit sind beispielsweise steigende Fluktuationsraten oder Äußerungen breiter Unzufriedenheit in der Belegschaft, etwa die Häufung von Beschwerden oder Arbeitsniederlegungen (Warnstreiks).

Die Leistungsbereitschaft der Mitarbeiter ist zwar vorrangig ein Problem der sozialen Sphäre, wird aber wesentlich auch durch die Gestaltung der beiden anderen Sphären mitbestimmt, z. B. durch die technische Ausstattung der Arbeitsplätze.

(2) **Wirtschaftlichkeit.**

Daß die Leistungserstellung nach dem Wirtschaftlichkeitsprinzip auszurichten ist, folgt aus dem vorrangigen Gewinnstreben als Zielkonzeption. Gelingt es nicht, die geplanten Marktleistungen mit minimalen Kosten zu erstellen, so besteht die Gefahr, daß sie die Bank langfristig nicht zu konkurrenzfähigen Preisen anbieten kann und dadurch ihre Existenz in Gefahr gerät. Während das Wirtschaftlichkeitsprinzip in der realen und der Informations- und Kommunikationssphäre den Faktoreinsatz dominiert, ist es für die soziale Sphäre mit den Erfordernissen in Einklang zu bringen, die die Arbeitgeberfähigkeit sichern sollen.

Indikatoren für einen zu geringen Wirtschaftlichkeitsgrad der Leistungserstellung lassen sich aus Soll-Ist- und aus Betriebsvergleichen gewinnen.

(3) **Flexibilität.**

Die in neuerer Zeit immer schnellere Folge von Datenänderungen hat die Fähigkeit zur Anpassung an unerwartete Änderungen der Rahmenbedingungen zu einer weiteren wesentlichen Bedingung technisch-organisatorischer Leistungserstellung gemacht. Flexibilität meint kurzfristig die Anpassung an den schwankenden Umfang nachgefragter Marktleistun-

---

[76] Deppe, Hans-Dieter (Hrsg.): Texte zur wissenschaftlichen Bankbetriebslehre I, Göttingen 1980, S. XXII f.; Gebauer, Henning: Technisch-organisatorische Existenzbedingungen und bankbetriebliche Geschäftspolitik, Göttingen 1991, S. 165–200.

gen,[77] auf längere Sicht darüber hinaus auch die Anpassung an qualitativ veränderte Kundenbedürfnisse.

Indikatoren für ungenügende Flexibilität sind kurzfristig Verzögerungen bei der Leistungserstellung (Wartezeiten für die Kunden), auf längere Sicht die im Vergleich zu Wettbewerbern langsamere Umstellung auf neue Verfahren oder der längere Vorlauf bei der Einführung neuer Marktleistungen.

Die kurze Charakteristik macht bereits deutlich, daß diese Existenzbedingungen nicht nur für Bankbetriebe gelten. Aus diesem Grunde sollen die Überlegungen hier nicht weiter vertieft werden. Um das Zusammenwirken im besonderen von sozialer und realer Sphäre in einer Bank noch etwas anschaulicher zu machen, wird im folgenden die Erstellung einiger Marktleistungs-Arten skizziert.

3.2 Zur Erstellung ausgewählter Leistungsarten

Etwas genauer betrachtet werden sollen jene Leistungsarten, die durch massenhaft anfallende Routinetätigkeiten gekennzeichnet sind und deren Erstellung die Bankbetriebe wegen der großen Stückzahlen vor besonders schwierige Aufgaben stellt. Im Vordergrund steht dabei die Abwicklung des Zahlungsverkehrs.

Jede Leistungsart erfordert eine bestimmte logische Folge von Arbeitsgängen, deren zeitliche Abfolge und räumliche Anordnung mithilfe der Ablauforganisation festgelegt wird. Den Rahmen bildet dabei die Aufbauorganisation der Bank, die in großen Zügen die innerbetriebliche Arbeitsteilung festlegt. Wenn in neuerer Zeit die Aufbauorganisation verstärkt marktorientiert gestaltet worden ist (vgl. S. 120 f.), so ergab sich als Konsequenz daraus für die Organisation der Arbeitsabläufe, daß im Bereich des Kundenkontaktes stärker als früher der „Verkauf" der Leistungen (Beratung und Verhandlung) von ihrer „Produktion" getrennt wird, was neben der vorrangig angestrebten besseren Kundenbetreuung auch die Möglichkeiten technischer Rationalisierung der Routinearbeiten verbessert.

Soweit EDV-Anlagen eingesetzt werden, ändert sich grundsätzlich nichts an der Folge der erforderlichen Arbeitsgänge; sie werden meist nur außerordentlich beschleunigt. Organisatorische Änderungen ergeben sich vielmehr dadurch, daß im Regelfall bei EDV-Einsatz die Verarbeitung zentralisiert wird, so daß „vor Ort" nur noch die Datenerfassung und der Rücklauf der Verarbeitungsergebnisse verbleiben.

Ausgangspunkt der Leistungserstellung ist bei allen Leistungsarten der Kundenauftrag oder (bei der Kreditvergabe) der Kundenantrag, der überwiegend persönlich oder postalisch erteilt/gestellt wird. Zumeist füllt der Kunde dabei ein von der Bank gestaltetes Formular aus, auf dem alle für die Durchführung des Auftrages notwendigen Informationen (und nur sie) in einheitlicher

---

[77] Über die Anpassungsmöglichkeiten im einzelnen vgl. FÖRDERREUTHER, RAINER: Beschäftigungspolitik im Bankbetrieb, Berlin 1977.

Anordnung enthalten sind. Das ausgefüllte Formular dient dann überwiegend auch als Hilfsmittel bei der Leistungserstellung.

Die Bearbeitung der Kundenaufträge oder -anträge erfolgt zu einem hohen Anteil maschinell, d. h. mit Hilfe der elektronischen Datenverarbeitung. Den Engpaß dabei bildet die Eingabe der Daten, sofern sie – wie beschrieben – zunächst auf dem Datenträger Papier (Formular) erfaßt werden, da dies einen gesonderten Arbeitsgang erfordert, um die Daten in die Maschine einzugeben oder sie in eine von der Maschine lesbare Form zu bringen. Wesentlich beschleunigt und kostengünstiger wird die Dateneingabe, wenn der den Antrag oder Auftrag entgegennehmende Mitarbeiter der Bank die Daten über ein Eingabegerät (Terminal) direkt eingibt, Papier als Datenzwischenträger also nicht mehr verwendet wird. Voraussetzung hierfür ist die Ausstattung der Arbeitsplätze mit solchen Terminals, wie sie heute bereits in einem hohen Grade gegeben ist. Noch günstiger für die Bank wird es, wenn der Kunde selbst die Daten über ein Terminal eingibt (Selbstbedienung) oder wenn er der Bank die Daten bereits in einer maschinell lesbaren Form anliefert, beispielsweise auf Magnetbändern. In beiden Fällen kann die maschinelle Verarbeitung in der Bank sofort beginnen.

3.2.1 Abwicklung des Zahlungsverkehrs[78]

Zahlungsausgängen liegen entweder Guthaben der Kunden oder ihnen von der Bank eingeräumte Kreditlinien zugrunde, während Zahlungseingänge entweder Guthaben der Kunden erhöhen oder von ihnen in Anspruch genommene Kredite zurückführen. Mit der Abwicklung des Zahlungsverkehrs wird daher gleichzeitig ein wesentlicher Teil der technisch-organisatorischen Bewältigung des Einlagen- und des Kreditgeschäfts behandelt.

3.2.1.1 Halbbarer Zahlungsverkehr

Einzahlungen von Bargeld zur Gutschrift auf Konten und Auszahlungen von Bargeld zu Lasten von Konten werfen vor allem zwei organisatorische Probleme auf: das Problem der Beschäftigungsschwankungen, insbesondere die Bewältigung der Spitzenbelastungen (Warteschlangen), und Sicherheitsprobleme im Zusammenhang mit den hohen Beständen an Bargeld, die angesichts der ungewissen Höhe der Auszahlungswünsche zur jederzeitigen Aufrechterhaltung der Zahlungsfähigkeit unterhalten werden müssen.

Auszahlungen von Bargeld erfordern mehr Arbeitsgänge als Einzahlungen, weil ihre Zulässigkeit geprüft werden muß:

• Es ist zu prüfen, ob die Person, die eine Auszahlung wünscht, überhaupt zur Verfügung über ein Guthaben oder eine Kreditzusage legitimiert ist. Dies geschieht bei traditionellem Ablauf durch einen Vergleich der Unterschrift auf dem Auszahlungsformular (Auszahlungsquittung oder Barscheck) mit der bei der Bank hinterlegten Unterschriftsprobe des Kontoinhabers oder anderer der Bank als verfügungsberechtigt benannter Personen. Bei Sparkonten genügt die Vorlage des Sparbuches und einer besonderen Sicherungskarte, zum Teil auch nur des Sparbuches.

---

[78] Weiterführende Literaturhinweise hierzu: S. 399 f.

● Es ist zu prüfen, ob nicht Sperren (verlorengegangene Schecks, gestohlene Sparbücher) oder Verfügungsbeschränkungen bestehen.

● Es ist zu prüfen, ob der Auszahlungsbetrag nicht über das vorhandene Guthaben bzw. die noch offene Kreditlinie hinausgeht („Disposition").

Bei traditioneller Ablauforganisation wurden diese Prüfungen in der Giro- oder der Sparabteilung anhand von Unterschrifts- und Kontokarten vorgenommen, während die Kasse – nachdem ihr die Zulässigkeit auf dem Beleg bestätigt worden war – ausschließlich für die Auszahlung zuständig ist. Außerdem mußte in der Kasse die Gesamtheit der Auszahlungen (wie auch der Einzahlungen) registriert werden – zum einen zur Abstimmung mit den Geldbeständen, zum anderen als Grundlage der Verbuchung.

Durch den Einsatz der Technik kann dieser Ablauf in unterschiedlicher Weise vereinfacht und beschleunigt werden. Abgesehen von punktueller Rationalisierung – beispielsweise der Wiedergabe abgefragter Unterschriftsproben auf einem Bildschirm – bestehen zwei Möglichkeiten einer umfassenden Neuorganisation:

(1) Das Sofortkassensystem

Hier werden sämtliche Arbeitsgänge in der Kasse zusammengefaßt, was die Bearbeitungs- und damit auch die Wartezeiten der Kunden verkürzt. Der Kassierer benötigt gegenüber der traditionellen Organisation jedoch zusätzliche Informationsmöglichkeiten und Kompetenzen.

a) Wird das Sofortkassensystem „off line" betrieben,[79] so setzt dies eine Auszahlungsfreigrenze voraus, bis zu der im Einzelfall ohne Prüfung des Kontostandes ausgezahlt werden darf (z. B. DM 1.000). Für höhere Beträge ist ebenso wie für alle in einer „Negativliste" erfaßten Konten, die mit Verfügungsbeschränkungen oder Vorbehalten (z. B. neuer Kunde) belegt sind, die Prüfung in der herkömmlichen Weise erforderlich. Um das Betrugsrisiko zu verringern, hält man überdies die Barauszahlung nur gegen Schecks für zweckmäßig. Auf die Prüfung der Unterschrift kann man im Rahmen der Auszahlungsfreigrenze ganz verzichten oder die Vorlage einer Identitätskarte mit Unterschriftsprobe verlangen (z. B. Scheckkarte). Für Auszahlungen von Sparkonten ist das „off line"-Verfahren allerdings nicht geeignet, da bei ihnen wegen der Unzulässigkeit von Kontoüberziehungen die Prüfung des Kontostandes unerläßlich ist.

b) Wird das Sofortkassensystem „on line" betrieben, so ergeben sich weitere Vereinfachungen. Für jedes Konto lassen sich neben dem gespeicherten Kontostand auch ein Überziehungslimit und mögliche Sperren programmieren, so daß die Zulässigkeit gewünschter Auszahlungen mit Hilfe von Kassenterminals abgefragt werden kann. Auszahlungsfreibetrag und Negativliste erübrigen sich; und auch Sparkonten können nun in das Sofortkassensystem einbezogen werden.

(2) Geldausgabeautomaten

Der den Kunden bedienende Mensch wird hier durch eine Maschine ersetzt. Geldausgabeautomaten gibt es in vielfältigen technischen Varianten, doch sind die Grundfunktionen stets gleich. Damit der Automat die Zulässigkeit einer gewünschten Auszah-

---

[79] Bei „off line"-Verarbeitung sind zwei Arbeitsgänge erforderlich: Die Daten werden zunächst auf Datenzwischenträgern (v. a. Magnetbändern) gesammelt und dann schubweise zur Verarbeitung in die EDV-Zentraleinheit eingegeben. Bei „online"-Verarbeitung dagegen wird jeder Geschäftsvorfall sofort, d. h. ohne Zwischenspeicherung, in die Zentraleinheit eingegeben und dort vollständig bearbeitet.

lung prüfen kann, benötigt der Kunde eine Identitätskarte, auf der in maschinell lesbarer Form (auf einem Magnetstreifen) die notwendigen Informationen gespeichert sind – vor allem die Kontonummer und eventuelle Verfügungsbeschränkungen. Automaten im „off line"-Betrieb erfordern analog zur Auszahlungsfreigrenze beim Sofortkassensystem eine Obergrenze der Abhebung; im „on line"-Betrieb entfällt die Obergrenze, da der Automat den Kontostand vor der Auszahlung selbst prüfen kann.

Nachdem der Automat die Informationen von der eingeführten Identitätskarte abgelesen hat, öffnet sich der Zugang zu einer Tastatur, mit der der Kunde den gewünschten Betrag und eine persönliche Identifikationsnummer (PIN) eingibt. Wird mehrfach eine falsche Nummer eingegeben, dann zieht der Automat die Karte ein. Ebenso, wenn das Konto oder die Karte gesperrt sind, wenn der Höchstbetrag überschritten wird oder wenn der Vorgang ein vorgegebenes Zeitlimit übersteigt.

Die Geldausgabeautomaten führen zwar zu Personaleinsparungen, sind aber (noch) mit hohen Anschaffungs- und Wartungskosten verbunden. Der Rationalisierungseffekt wird besonders dann gering sein, wenn die Automaten von den Kunden abgelehnt und wenig genutzt werden. Um Fehlinvestitionen der Einzelinstitute zu vermeiden, haben die Spitzenverbände der Universalbanken und die Deutsche Bundespost 1979 eine „Vereinbarung über das institutsübergreifende Geldausgabeautomatensystem" getroffen. Im Kern sieht sie vor, daß die Banken Automaten außerhalb ihrer Geschäftsräume weitgehend gemeinsam installieren und unterhalten (Automatenpool), so daß die Automaten – da sie von den Kunden aller angeschlossenen Banken genutzt werden – wirtschaftlich betrieben werden können.[80]

Dem Geldausgabeautomaten ähnlich ist der „automatische Kassentresor" (AKT), nur daß er nicht vom Kunden, sondern – entsprechend den Wünschen des Kunden – von einem Mitarbeiter der Bank bedient wird (Kassierer; Kundenberater).

Zusammenfassend lassen sich die wesentlichen organisatorischen Varianten der Barauszahlung wie folgt gegenüberstellen:

	Kontaktstellen	Legitimation	Disposition	Sperren, Beschränkungen, Vorbehalte
traditionelle Organisation	1. Mitarbeiter der Giro- oder Sparabteilung 2. Kassierer	1. Unterschrift oder Sparbuch (mit Marke) 2. Kontrollmarke	1. Prüfung des Kontos 2.	 –	 –
Sofortkasse	Kassierer	Unterschrift; eventuell Scheckkarte	Freigrenze („off line") oder Prüfung des Kontos („on line")	Negativliste (→ Prüfung des Kontos)
Geldausgabeautomat	Maschine	Identitätskarte und Geheimcode		zum Teil auf der Identitätskarte, zum Teil programmiert

[80] Ende 1991 waren von den insgesamt 13.750 Geldausgabeautomaten 93% Geräte im ec-Pool (Auskunft der DEUTSCHEN BUNDESBANK).

3.2.1.2 Bargeldloser Zahlungsverkehr

Die Aufgabe der Bank besteht hier in der Bewegung von Buchgeld zwischen dem Konto des Zahlenden und dem Konto des Zahlungsempfängers. Je nach dem zur Bewegung verwendeten Instrument beginnt der Vorgang auf der einen oder der anderen Seite, ist also eine Übertragung oder eine Einzug (Inkasso) von Buchgeld:

Zur Bewegung des Buchgeldes genügt nur dann eine einfache Umbuchung, wenn sich beide Konten innerhalb eines Bereiches befinden, für den die Buchhaltung zentralisiert ist (je nach Größe und regionaler Ausbreitung: Filiale, Niederlassung oder Gesamtinstitut). In allen anderen Fällen ist eine Übertragung von Buchgeld auch zwischen den beiden Teileinheiten oder Instituten erforderlich. Sie erfolgt zum Teil durch Verrechnung über zentrale oder gegenseitige Konten, meist jedoch über zentrale Clearingstellen. Zwischen den rechtlich selbständigen Instituten sind in Deutschland gruppenbezogene und gruppenübergreifende Clearingstellen eingeschaltet:

• die Girozentralen innerhalb des Sparkassensektors und die Genossenschaftlichen Zentralbanken innerhalb des Sektors der Kreditgenossenschaften;

• die DEUTSCHE BUNDESBANK in erster Linie zwischen Instituten verschiedener Gruppen: als Träger lokaler Abrechnungsstellen, aber auch im überlokalen Zahlungsverkehr.[81]

Die traditionelle Abwicklung des bargeldlosen Zahlungsverkehrs erfolgt anhand papierner Belege als Datenträger, auf denen jeweils alle notwendigen Informationen enthalten sind: Bank und Konto des Zahlenden, Betrag, Bank und Konto des Zahlungsempfängers. Belege sind gewöhnlich die von den Kunden ausgefüllt eingereichten Formulare, sofern die Bank sie nicht selbst erstellt. Die Belege dienen der Verbuchung auf den Ausgangskonten und werden dann über alle institutionellen Zwischenstufen, auf denen sie jeweils der Verrechnung zugrunde liegen, weitergereicht. Die erforderlichen Arbeitsgänge bestehen im wesentlichen aus Sortieren, Transportieren und Verbuchen.

Angesichts der sehr großen und noch immer stark steigenden Zahl bargeldloser Zahlungen ist der umfangreiche Einsatz technischer Hilfsmittel unerläßlich. Da es sich um einfache Routinetätigkeiten handelt, zielen die Bemühungen letztlich auf eine vollautomatische Bewältigung mit Hilfe der elek-

---

[81] Gesetzliche Grundlage der Aktivität ist § 3 BbkG, in dem von der Bundesbank neben den geldpolitischen Aufgaben auch gefordert wird, „für die bankmäßige Abwicklung des Zahlungsverkehrs im Inland und mit dem Ausland" zu sorgen.

tronischen Datenverarbeitung ab. Das entscheidende Problem (der Engpaß) ist dabei die **Dateneingabe:** Die zur Verarbeitung benötigten Daten müssen in eine maschinell lesbare Form gebracht werden. Geht man von den herkömmlichen Belegen aus, so ergeben sich dafür vier grundsätzliche Möglichkeiten:

(1) Die Maschinen lesen direkt die mit normaler Schrift (Handschrift oder Schreibmaschine) auf den Belegen enthaltenen Daten ab.

(2) Die Daten werden vor der Verarbeitung von den Belegen auf Datenzwischenträger übernommen.

(3) Die Daten werden auf den Belegen außer in normaler Schrift auch in einer maschinell lesbaren Schrift angebracht (die Belege werden „codiert").

(4) Man verzichtet auf die unter (1)–(3) genannten Möglichkeiten der „Belegautomation" auf der Basis des Datenträgers Papier und geht zum „elektronischen Zahlungsverkehr" über, bei dem an die Stelle der Belege Datensätze treten, die der Bank entweder auf maschinell lesbaren Datenträgern (Magnetbänder, Disketten) oder direkt über Leitungen zugehen.

Die Möglichkeit (1) ist zwar realisierbar, aber teuer und auch nicht zuverlässig genug. Die Möglichkeit (2) ist für den Zahlungsverkehr kaum geeignet, weil ein großer Teil der Vorgänge über das einzelne Institut hinausgeht und in diesen Fällen die Übernahme auf Datenzwischenträger bei jedem Teilschritt erneut erfolgen müßte. Deshalb konzentrieren sich die Bemühungen auf durchgängig maschinell lesbare Datenträger, also auf die Möglichkeiten (3) und (4). Um die Durchgängigkeit in vollem Ausmaß zu gewährleisten, sind allerdings ins einzelne gehende Absprachen zwischen den am bargeldlosen Zahlungsverkehr beteiligten Instituten erforderlich. Der einzelne Bankbetrieb ist in diesem Bereich also in umfassende kooperative Lösungen eingebunden.

In Deutschland sind seit Beginn der siebziger Jahre durch **zentrale Vereinbarungen** die Weichen für die weitere Entwicklung gestellt worden.[82]

Bereits 1970 wurden zwischen den Spitzenverbänden der Kreditwirtschaft für den **beleggebundenen Datenträgeraustausch** Richtlinien über einheitliche, automationsgerechte Formulare für Schecks, Überweisungen und Lastschriften vereinbart. Man einigte sich unter anderem auf eine einheitliche Papierqualität und Datenanordnung, auf eine ausschließlich zu verwendende maschinell lesbare Schrift (OCR-A 1) sowie auf eine Codierzeile am unteren Rand der Formulare, in der in einheitlicher Reihenfolge alle notwendigen Daten codiert werden.

Der parallel zur Verwendung codierter Belege vorangetriebene **beleglose Datenträgeraustausch** war zunächst ein Service einzelner Banken für Großkunden, die für ihre massenhaft anfallenden Zahlungen – vor allem für Gehaltszahlungen – statt zahlreicher Belege nur noch ein Magnetband übergaben, dessen Daten sich direkt in die EDV-Anlage der Bank einlesen ließen. Später folgten zweiseitige Austauschvereinbarungen zwischen Kreditinstituten, dann Vereinbarungen innerhalb der Institutsgruppen und schließlich 1975 eine Absprache der Spitzenverbände über gemeinsame Richtlinien für den beleglosen Datenträgeraustausch (Magnetband-Clearing-Verfahren). Sie bezogen sich vor allem auf einheitliche Datensätze, d. h. auf den Inhalt und die Reihenfolge der für den einzelnen Vorgang auf den Magnetbändern enthaltenen Daten.

---

[82] Im einzelnen hierzu vgl. HENNIG, CHRISTIAN: Zahlungsverkehrsabkommen der Spitzenverbände in der Kreditwirtschaft, Frankfurt a. M./Bern/u. a. 1991.

Die vorläufige Abrundung bilden drei Abkommen, in denen vereinbart worden ist, in welcher Weise beleggebunden, d. h. vom Kunden auf ausgefüllten Formularen eingereichte Aufträge von der erstbeauftragten Bank in Datensätze umgewandelt und dann im weiteren beleglos transportiert und bearbeitet werden:

- Abkommen über die Umwandlung beleghaft erteilter Überweisungsaufträge in Datensätze und deren Bearbeitung (EZÜ-Abkommen, 1984);
- Abkommen über das beleglose Scheckeinzugsverfahren (BSE-Abkommen, 1985);
- Abkommen über die Umwandlung beleghaft erteilter Lastschriftaufträge in Datensätze und deren Bearbeitung (EZL-Abkommen, 1987).

Die institutsübergreifend vereinbarte Gleichartigkeit der technischen Grundlagen hat in den einzelnen Bankbetrieben zu einem hohen Grad nur noch maschineller Bearbeitung der Aufträge geführt (Zahlungsverkehrs-Automation). Aufgrund der unterschiedlichen Voraussetzungen bei den einzelnen Instrumenten bargeldloser Zahlung verläuft die Entwicklung allerdings nicht ganz einheitlich.

(a) Übertrag (Überweisung/Dauerauftrag).

Der Kundenauftrag, einem bestimmten Zahlungsempfänger in regelmäßigen Abständen einen bestimmten Betrag zu überweisen (**Dauerauftrag**) läßt sich besonders weitgehend elektronisch erledigen, weil die Bank die einzelnen Zahlungsvorgänge selbst auslöst. Menschliche Arbeitskraft ist nur noch erforderlich, wenn der Kunde Einzelheiten des Auftrags ändern möchte.

Beim **Überweisungsauftrag** ist nach Kundengruppen zu differenzieren:

- Firmenkunden verfügen gewöhnlich selbst über eine Form elektronischer Datenverarbeitung, aus der heraus sie in der Lage sind, ihre (zumeist sehr zahlreichen) Aufträge der Bank beleglos zugehen zu lassen – auf Magnetbändern, Disketten oder Kassetten, zunehmend auch direkt über Leitungen.
- Privatkunden dagegen erteilen ihre Überweisungsaufträge nach wie vor fast nur mit Hilfe ausgefüllter Formulare, deren Gutschriftsbeleg traditionell bis zum Zahlungsempfänger durchgereicht wird, schon weil er oft auch Informationen für ihn enthält („Verwendungszweck"). Auf der Grundlage des EZÜ-Abkommens gehen jedoch die Banken in wachsendem Umfang dazu über, den Inhalt auch dieser Einzelaufträge komplett in Datensätze umzuwandeln, die dann auf elektronischem Wege an die Bank des Zahlungsempfängers weitergeleitet werden, welche ihrem Kunden auf dem Kontoauszug auch den Text des „Verwendungszwecks" ausdruckt. Menschliche Arbeitskraft ist in diesen Fällen nur noch bei der erstbeauftragten Bank erforderlich, um die auf den Formularen enthaltenen Informationen in Datensätze umzuwandeln, sofern dies nicht bereits mit Hilfe von Belegleseverfahren möglich ist.[83]

---

[83] Nach Auskunft der Deutschen Bundesbank wurden 1991 zwar erst 8% aller beleggebundenen Aufträge in den EZÜ-Verkehr übergeleitet. Zusammen mit der hohen Zahl von Aufträgen, die den Banken bereits beleglos übermittelt wurden, sind insgesamt jedoch im gleichen Jahr fast 58% aller erteilten Überweisungsaufträge (4,7 Mrd.) beleglos abgewickelt worden.

Die Möglichkeiten weiterer Rationalisierung bestehen darin, daß auch die Privatkunden die Einzelheiten ihrer Aufträge nicht mehr auf Formularen einreichen, sondern selbst in die EDV-Anlagen der Bank eingeben, z. B. über Terminals in den Räumen der Bank oder über Bildschirmtext von zu Hause aus (vgl. hierzu S. 255–259).

(b) Inkasso (Scheck/Lastschrift).

Aufträge an die Bank, Beträge von den Konten Zahlungsverpflichteter einzuziehen (**Lastschrift**), gehen überwiegend von Großunternehmen ein, die relativ kleine Beträge in großer Zahl zu erhalten haben, z. B. Versorgungsunternehmen. Da diese Unternehmen selbst EDV-Anlagen nutzen, sind sie in der Lage, der Bank ihre Aufträge auf maschinell lesbaren Datenträgern (vor allem Magnetbändern) oder direkt über Leitungen zugehen zu lassen. Dementsprechend werden Lastschriften inzwischen nahezu vollständig beleglos abgewickelt.

Problematischer ist der Einzug der von Kunden eingereichten **Schecks**, weil ein Scheck zur Einlösung eigentlich der bezogenen Bank vorzulegen ist (Art. 28 SchG). Durch das BSE-Abkommen haben sich die Banken jedoch auf einen Weg analog zur elektronischen Verarbeitung beleggebunden eingereichter Überweisungsaufträge geeinigt. Das erstbeauftragte Institut wandelt die Angaben auf dem Scheckvordruck in einen Datensatz um, der dann im weiteren der beleglosen Verarbeitung dient. Das bezogene Institut verzichtet auf die Vorlage, wobei im Abkommen vereinbart ist, daß die erstbeauftragte Bank die formelle Ordnungsmäßigkeit der Schecks (gem. Art. 1 und 2 SchG) prüft und sie vorsorglich für mindestens zwei Monate aufbewahrt. Das Verfahren hat man auf Schecks bis zu einem bestimmten Höchstbetrag beschränkt, der allerdings schrittweise erhöht worden ist.[84]

Damit treten die Entwicklungstendenzen insgesamt deutlich hervor. Während ursprünglich die vom Kunden eingereichten Auftrags-Belege weitergereicht und dabei von ihnen auf allen Stufen der Abwicklung die Daten von Menschen abgelesen werden mußten, wird das Gewicht menschlicher Arbeitskraft in drei wesentlichen Stufen der Rationalisierung immer geringer:

1. dadurch, daß in der Bank die Papierbelege gleich nach ihrem Eingang codiert werden, so daß im weiteren Maschinen alle für die Bearbeitung erforderlichen Daten von ihnen ablesen können;
2. dadurch, daß die Kunden ihre Aufträge bereits in einer maschinell lesbaren Form einreichen (belegloser Datenträgeraustausch);
3. dadurch, daß die Kunden ihre Aufträge direkt über Leitungen, also gänzlich ohne Datenträger übermitteln (Datenfernübertragung).

Die Firmenkunden sind in zunehmendem Maße bereits bei der 3. Stufe angelangt; von den Zahlungsaufträgen der Privatkunden müssen dagegen überwiegend noch die Banken selbst den Übergang vom beleggebundenen Auftrag zur beleglosen Verarbeitung vollziehen.

---

[84] Anfänglich wurden nur Schecks mit Beträgen unter DM 1.000 berücksichtigt; 1989 hob man die Grenze auf DM 2.000 und 1992 weiter auf DM 5.000 an. Nach Auskunft der DEUTSCHEN BUNDESBANK wurden 1991 bereits 73% aller bei Banken eingereichten Schecks (880 Mio.) beleglos abgewickelt.

3.2.2 Kreditvergabe[85]

Gegenüber der Abwicklung von Zahlungsverkehrs-Aufträgen stellt die Kreditvergabe wesentlich andere Anforderungen an die Bank. Während beim Zahlungsverkehr der Kundenkontakt kaum eine Rolle spielt, sich im wesentlichen auf die Entgegennahme standardisierter Aufträge und auf die Entgegennahme oder Aushändigung von Bargeld beschränkt, sind bei der Kreditvergabe intensive Beratungsgespräche und Verhandlungen erforderlich. Und während es beim Zahlungsverkehr lediglich um die ordnungsgemäße Erledigung von Aufträgen geht, sind bei der Kreditvergabe Entscheidungen zu treffen.

Die materiellen Probleme der Kreditvergabe wurden bereits näher erörtert.[86] Es sind nun die wichtigsten technisch-organisatorischen Fragen zu ergänzen: Der Einsatz der Mitarbeiter und der technischen Hilfsmittel bei Kreditprüfung und Kreditentscheidung einerseits sowie bei der Kreditüberwachung andererseits.

3.2.2.1 Kreditprüfung und Kreditentscheidung

Die grundlegenden Veränderungen der **Aufbauorganisation,** mit denen die Universalbanken in neuerer Zeit eine stärkere Marktorientierung zu erreichen suchen, betreffen wesentlich auch die Organisation des Kreditgeschäfts. Im Zuge dieser Bemühungen trennt man immer häufiger die beratungs- und bearbeitungsintensiven Individualkredite von den massenhaft zu bearbeitenden und durch ihre weitgehende Standardisierung vergleichsweise unproblematischen Konsumentenkredite (rund 70–80% aller Kreditfälle). Als Individualkredite werden Kredite an die Firmen- und an die vermögende Privatkundschaft zusammengefaßt. Die organisatorische Trennung von Individual- und Massenkredit ermöglicht nicht nur – was man in erster Linie anstrebt – eine bessere Betreuung der Kunden; sie ist auch innerbetrieblich zweckmäßiger als die traditionelle Organisation nach Kreditarten (Kontokorrent-, Hypothekar-, Sonderkredite usw.). Zum einen, weil die für das komplexe Individualgeschäft qualifizierten Mitarbeiter nicht mehr gleichzeitig für das einfache Massengeschäft eingesetzt werden („qualitative Unterbeschäftigung"). Zum anderen, weil bessere Möglichkeiten einer quantitativen Anpassung an Beschäftigungsschwankungen bestehen als bei der traditionellen Trennung nach Kreditarten (mit entsprechend spezialisierten Mitarbeitern). Die Mitarbeiter können jetzt beschäftigungsschwächere Zeiten zu anderen auf ihre Kundengruppe bezogene Tätigkeiten nutzen, beispielsweise zur Akquisition.

Zweiter wesentlicher Bestimmungsfaktor der technisch-organisatorischen Gestaltung ist der **Grad der Dezentralisation** der Kreditvergabeentscheidungen. Die grundsätzlichen Zuständigkeiten sind durch Gesetz und Satzung festgelegt. Sie stecken den Spielraum für die Geschäftsleitung ab, Kompetenzen auf nachgeordnete Stellen zu delegieren.

---

[85] Literaturhinweise hierzu: S. 400 f.
[86] Vgl. das Kapitel „Die einzelne Kreditvergabeentscheidung" (S. 171–191).

Nicht delegierbar sind bei allen Universalbanken die Entscheidungen über Großkredite und über Organkredite, für die das Kreditwesengesetz jeweils einen einstimmigen Beschluß sämtlicher Geschäftsleiter vorschreibt (§§ 13 und 15 KWG). Eine genauere Kompetenzregelung durch die Satzung findet sich besonders bei Sparkassen. Meist liegt dort die Kompetenz für Kreditvergabeentscheidungen grundsätzlich beim Verwaltungsrat, für den sie gewöhnlich ein Kreditausschuß wahrnimmt. In der Satzung oder durch Geschäftsanweisung des Verwaltungsrates wird jedoch für Kreditbeträge, die bestimmte (absolut oder relativ formulierte) Grenzen nicht überschreiten, die Entscheidungskompetenz dem Vorstand überlassen, wobei ihm gestattet wird, über Geschäftsanweisungen seinerseits bestimmte Kreditentscheidungen an Abteilungsleiter, Zweigstellenleiter oder andere geeignete Mitarbeiter zu delegieren.[87]

Von der Möglichkeit, Kreditvergabeentscheidungen zu delegieren, wird in jüngerer Zeit bei allen Instituten stärker als früher Gebrauch gemacht. Auf diese Weise will man die leitenden Mitarbeiter in größerem Maß für die eigentlichen Führungsaufgaben freistellen und gleichzeitig die Mitarbeiter der mittleren und unteren Führungsebene stärker in die Verantwortung einbeziehen, um durch die größere Selbständigkeit ihre Leistungsbereitschaft zu fördern. Außerdem legt oft auch der Wettbewerb eine Delegation der Kreditentscheidungen nahe, die ja den Arbeitsablauf beschleunigt und auch den Kontakt zum Kunden verbessert, der dann direkt mit dem verantwortlichen Bankenvertreter verhandelt. Besonders die größeren Filialbanken müssen auf diese Weise gegenüber den ortsansässigen und damit beweglicheren Instituten ihre Wettbewerbsfähigkeit bewahren.

So besteht in jeder Universalbank ein abgestuftes System von Entscheidungskompetenzen, nach dem Kreditanträge über kleinere Summen (beispielsweise bis 10.000 DM) gewöhnlich „vor Ort", also vom Zweigstellenleiter oder vom Sachbearbeiter entschieden werden, während mit wachsenden Kreditbeträgen die Kompetenz auf übergeordnete Stellen übergeht: auf die Filiale, die Hauptfiliale (Kopffiliale) oder die Zentrale. Bei filiallosen

Größenklasse (in TDM)	Zahl der Kreditfälle (ca.)	mögliche Kompetenzverteilung			
über 500	1%	Gesamtvorstand	(1%)	} Vorstand (10%)	
100–500	9%	Vorstand	(9%)		
50–100	8%	Abteilungsleiter	(8%)	} Kreditabteilung (90%)	
40– 50	5%	} Gruppenleiter	(13%)	} Gruppe (82%)	
30– 40	8%				
25– 30	8%				
20– 25	7%	} Sachbearbeiter	(69%)		
15– 20	10%				
10– 15	13%				
5– 10	31%				

[87] Zur Regelung der Bewilligungskompetenzen in Sparkassen und in Kreditgenossenschaften vgl.: FALTER, MANUEL/HERMANNS, FRITZ: Die Praxis des Kreditgeschäfts, 13. Aufl., Stuttgart 1991, S. 273–292; OHLMEYER, DIETRICH/GÖRDEL, KARL-JOSEPH: Das Kreditgeschäft der Kreditgenossenschaften, 9. Aufl., Wiesbaden 1990, S. 206–213.

Instituten reicht die Kompetenzstufung vom Sachbearbeiter über Gruppen- und Abteilungsleiter bis zum Vorstand. Betriebswirtschaftliche Regelungen gehen gewöhnlich von der Verteilung der Kredite eines Instituts nach Größenklassen aus („Mengengerüst"). Anhand einer solchen Strukturübersicht kann man erkennen, wie sich eine unterschiedlich weitreichende Delegation auf die einzelnen Stellen auswirken würde. Die Strukturuntersuchung könnte dann – dargestellt am Beispiel einer filiallosen Bank – in eine wie auf S. 205 dargestellte Festlegung der Kompetenzen einmünden.[88]

Die Delegation wird in der Praxis nicht immer konsequent gehandhabt. Forderungen zum Beispiel nach einer „zweiten Unterschrift" oder nach genauer Information des Delegierenden über alle Kreditfälle können die Delegation und damit die mit ihr angestrebten positiven Wirkungen praktisch wieder aufheben („organisierte Rückdelegation").

Die **Ablauforganisation** der Bearbeitung von Kreditanträgen braucht hier im einzelnen nicht nachgezeichnet zu werden. Dem Zweck möglichst einfacher und rationeller Bearbeitung dient auch hier die weitgehende Standardisierung der Informationsbeschaffung und -verarbeitung, die sich erkennbar im Formularwesen niederschlägt. So ist Grundlage der Bearbeitung ein (gewöhnlich nur für Firmen- und Privatkredite unterschiedliches) Antragsformular, auf dem alle für erforderlich gehaltenen Informationen systematisch gesammelt werden und das auch Raum für die Beurteilung des Antrages durch den Sachbearbeiter sowie für die Kreditentscheidung (den „Beschluß") vorsieht. Standardisiert sind auch die Verträge zur Bestellung zusätzlicher Sicherheiten sowie die Briefe, mit denen Auskünfte eingeholt werden. Für die Informationsbeschaffung von zentralen Auskunftsstellen – zum Beispiel von der SCHUFA – ist der Abruf mit Terminals inzwischen gebräuchlich geworden.

Zur **Verarbeitung der Informationen** kann die EDV-Anlage eingesetzt werden, soweit es sich um quantitative oder quantifizierbare Informationen handelt, die nach festen Regeln aufbereitet werden sollen. Die Bemühungen, das Kreditrisiko anhand der Ausprägung bestimmter, als aussagekräftig für den Kreditverlauf erkannter Merkmale meßbar zu machen („credit scoring"), wurden inhaltlich bereits erörtert. Dabei ergab sich, daß derartige Punktbewertungssysteme erfolgversprechend nur bei Konsumentenkrediten erscheinen. Sofern sich eine Bank dazu entschließt, kann die EDV-Anlage die grundlegenden Rechnungen übernehmen (deren Ergebnisse von Zeit zu Zeit überprüft und gegebenenfalls den veränderten wirtschaftlichen Verhältnissen angepaßt werden müssen): das Aufspüren der relevanten Merkmale, deren Gewichtung und die Ermittlung der Ausscheidungsgrenze. Auf dieser Grundlage kann dann die Anlage selbst Entscheidungen über Kreditanträge treffen.

Bei Firmenkrediten konzentriert sich der mögliche EDV-Einsatz auf die Auswertung der Jahresabschlüsse. Manuelle Analysen erfordern einen derart hohen Arbeitsaufwand, daß sie erst bei größeren Kreditengagements lohnend erscheinen; maschinell dagegen ist nicht nur eine kostengünstigere, sondern auch eine schnellere, einheitliche und differenziertere Auswertung

---

[88] Beispiel nach SAUER, H.: Organisation im Kreditgeschäft, Stuttgart 1977, S. 46.

der Bilanzen und Erfolgsrechnungen möglich. Angesichts des großen Gewichts, das die Bankpraxis dem Jahresabschluß als Grundlage der Kreditprüfung beimißt, gehört die maschinelle Bilanzanalyse heute zum festen Bestand. Mittlere und kleine Banken können Analyseprogramme von ihren Verbänden beziehen,[89] größere entwickeln sie sich selbst. Die Möglichkeiten der Technik ändern allerdings nichts an den Vorbehalten gegenüber der Bilanzanalyse als Instrument der Kreditprüfung und an den unterschiedlichen Ansichten über das zweckmäßigste Analyseverfahren.

3.2.2.2. Kreditüberwachung

Der Zwang zu möglichst rationeller Organisation ist bei der Kreditüberwachung noch größer als bei Kreditprüfung und -entscheidung, geht es doch hier um die Vielzahl noch nicht vollständig zurückgezahlter Kredite, für die man festzustellen versucht, ob ihre Rückzahlung während der Kreditlaufzeit weniger wahrscheinlich geworden ist, als sie es zum Zeitpunkt der Kreditzusage war. Dabei ist eine kontinuierliche Überwachung der Daten in der vollen Breite der ursprünglichen Kreditprüfung aus Kostengründen nur bei größeren Engagements vertretbar. Im übrigen, also bei den weitaus meisten Kreditfällen, muß sich die Überwachung auf wenige, für die Entwicklung der Kreditsicherheit als charakteristisch angesehener Daten beschränken.

Es liegt nahe, daß man vor allem überwacht, ob die Bedingungen des Kreditvertrages eingehalten werden, insbesondere, ob der vereinbarte Kreditbetrag und die vereinbarte Laufzeit nicht überschritten werden. Dieser vordergründige Ansatz genügt allerdings nur **bei Konsumentenkrediten,** bei denen es wegen der geringen Kreditbeträge nicht lohnt, bereits das Heraufkommen möglicher Rückzahlungsschwierigkeiten im Auge zu behalten. Da Konsumentenkredite zudem in Darlehensform vergeben, d. h. von vornherein zu bestimmten Terminen bestimmte Rückzahlungsbeträge (Tilgungsraten) vereinbart werden, ist hier die Überwachung sogar maschinell möglich. Ermittelt die EDV-Anlage, daß programmierte Ratenzahlungen nicht vereinbarungsgemäß eingehen, so druckt sie automatisch Mahnungen aus, die dritte Mahnung gewöhnlich gleich in Verbindung mit einem Zahlungsbefehl und der Androhung, den Kredit zu kündigen. Erst von diesem Stande ab befassen sich wieder Mitarbeiter der Bank mit dem Fall.

Schwieriger ist die Überwachung **bei Unternehmenskrediten,** zumal dann, wenn sie als Kontokorrentkredite vergeben worden sind, also ohne feste Tilgungstermine und -beträge und meist auch nur allgemein „zur Stärkung der Betriebsmittel". Hier gilt es, mit Hilfe geeigneter Indikatoren die kritischen Kreditfälle herauszufinden, um bei ihnen eine genauere Prüfung und Betreuung anzusetzen. Anhaltspunkte können bereits bankinterne Informationen geben, vor allem die Beobachtung und Analyse des Kreditkontos. Die Suche nach kritischen Engagements ist maschinell möglich, sofern es gelingt, für die verwendeten Indikatoren aufgrund von Erfahrungen bestimm-

---

[89] Der DSGV beispielsweise vertreibt an seine Mitglieder das Programm EBIL (Einzelbilanzanalyse), das er gleich mit Branchenziffern liefert. Vgl. dazu KÖNIG, ULRICH-KARL: Neues EBIL: Maschinelle Auswertung von Jahresabschlüssen nach dem Bilanzrichtlinien-Gesetz, in: Bw.Blätter, 1987, S. 50–59.

te Normwerte festzulegen. Die EDV-Anlage kann dann jene Konten erfassen, die erheblich oder über längere Zeit von diesen Werten abweichen – etwa durch zu hohe oder zu geringe Inanspruchnahme des Kredits, durch Überziehungen mit steigender Tendenz, durch hohe Inanspruchnahme bei geringem Kontoumsatz.

Mit zunehmendem Kreditbetrag rücken (zunächst neben, dann vor die Beobachtung des Kontos) der ursprünglichen Kreditprüfung vergleichbare Analysen in den Vordergrund. Sie stellen im wesentlichen einen Vergleich der ursprünglichen Entwicklungserwartung mit der tatsächlich eingetretenen Entwicklung dar, im einzelnen bezogen auf die Entwicklung der Branche des Kreditnehmers, der finanziellen und der Ertragslage (Analyse neuerer Jahresabschlüsse und Finanzpläne), aber auch bezogen auf die Entwicklung des Wertes und der Veräußerungsmöglichkeiten der zusätzlichen Sicherheiten.

3.2.3 Kauf und Verkauf von Effekten[90]

Unter den mittelbaren Geldanlagemöglichkeiten, die eine Universalbank ihren Kunden anbietet, haben Effekten (Kapitalmarktpapiere) das größte Gewicht. Durch das Bemühen, auch Lohn- und Gehaltsempfänger an diese Anlagen heranzuführen, ist die Zahl der Aufträge inzwischen stark angewachsen und die kostengünstige Bewältigung der vielen „Kleinaufträge" ebenso zum Problem geworden wie die Führung der vielen „Kleindepots". Der Einsatz der Technik eröffnet allerdings bei wachsenden Stückzahlen auch hier gute Rationalisierungsmöglichkeiten.

Zur besseren Übersicht werden im folgenden zwei Problemkreise getrennt: die Information des Kunden und des ihn beratenden Bankmitarbeiters zum einen und die Abwicklung eines Kauf- oder Verkaufsauftrages zum anderen. Die Abwicklung wird vorangestellt, weil ihr technischer Stand wesentlich die Informationsmöglichkeiten bestimmt.

3.2.3.1 Auftragserteilung und Abrechnung

Ein Problem entsteht auch hier zunächst dadurch, daß die Aufträge überwiegend dezentral erteilt, aber zentral ausgeführt werden. Die zentrale Ausführung ist notwendig, weil Angebot und Nachfrage räumlich (wenige Börsenplätze) und zeitlich (eng begrenzte Börsenzeiten) stark konzentriert sind, um eine der wirklichen Geschäftslage entsprechende Kursermittlung zu ermöglichen.[91] Die Kunden dagegen erteilen ihre Aufträge an verschiedenen Stellen der Bank: in den Zweigstellen, den Filialen, zum Teil auch direkt bei der zentralen Börsenabteilung des Instituts. Vor der Ausführung eines Auftrages sind im wesentlichen zwei Arbeitsgänge erforderlich. Zum einen muß der Depotbestand (bei Verkäufen) bzw. der Kontostand (bei Käufen) geprüft

---

[90] Weiterführende Literaturhinweise hierzu: S. 401 f.

[91] Börsenplätze sind: Berlin, Bremen, Düsseldorf, Frankfurt a. M., Hamburg, Hannover, München, Stuttgart. Börsenzeit ist an jedem Werktag zwischen 10.30 und 13.30 Uhr. Banken, die nicht Mitglied einer der Börsen sind, müssen zur Erledigung von Kundenaufträgen ihrerseits einen Kommissionär (Börsenbank) in Anspruch nehmen.

werden; und dann sind die Aufträge zu sammeln und dem Bankenvertreter an der Börse zu übermitteln. Die dort gewöhnlich in das Geschäft eingeschalteten Kursmakler geben die Daten der Abschlüsse über Terminals in den Börsenrechner (Börsen-EDV) ein, so daß die Kontrahenten schon am Ende der Börsenzeit „Schlußnoten" erhalten, in denen die Gegenpartei der Kurs des Abschlusses und die Höhe ihrer Provision benannt werden. Insgesamt gesehen ergibt sich daraus folgender Ablauf:[92]

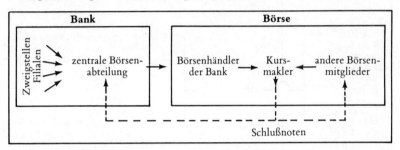

Innerhalb der Bank werden die Aufträge bei konventioneller Organisation durch telefonische oder fernschriftliche Weitergabe an die Börsenabteilung zusammengeführt. In wachsendem Maße bedient man sich aber auch hier inzwischen der EDV-Systeme, d. h. die Wertpapieraufträge werden über Terminals eingegeben und – nach maschineller Depot- bzw. Kontoprüfung („Disposition") – automatisch zu Händleraufträgen weiterverarbeitet.

Grundlage für die **Abwicklung** der ausgeführten Aufträge (Abrechnung und Verbuchung) sind bei konventioneller Organisation die Schlußnoten der Makler, anhand derer die Bank mit ihrem Kontrahenten – gewöhnlich ein anderes Kreditinstitut – und mit ihrem Kunden abrechnen muß. In beiden Fällen bezieht sich Abrechnen sowohl auf die Effekten, die zu liefern sind, als auch auf den Geldbetrag, der zu zahlen ist.

Die Abrechnung zwischen den Börsen-Kontrahenten erfolgt gewöhnlich über die Wertpapiersammelbank (Kassenverein), bei der sich der größte Teil der Kunden- wie auch der Eigenbestände der Banken in Girosammelverwahrung befindet. Das Rechenzentrum der Börse erstellt börsentäglich für jedes beteiligte Kreditinstitut eine Aufstellung der aufgrund der Abschlüsse zu liefernden Papiere (Lieferliste), die nach der kontrollierenden Durchsicht im jeweiligen Institut zum Auftrag an den Kassenverein wird, aus den verwahrten Beständen die Papiere an die Gegenparteien zu übertragen (Liefersammelauftrag). Die Effekten werden auf diese Weise stückelos, durch einfache Umbuchung „geliefert", Der Kassenverein übernimmt neben der Lieferung auch die geldliche Abrechnung, indem er die Zahlungsverpflichtungen der Börsenmitglieder saldiert und die Salden durch Gutschrift oder Belastung auf ihren Konten bei der jeweiligen Landeszentralbank ausgleicht.

Ihrem Kunden muß die Bank über jedes Geschäft eine Abrechnung erstellen und zusenden sowie außerdem die durch Käufe und Verkäufe bewirkten Veränderungen seiner Geld- und Effektenbestände buchhalterisch erfassen.

---

[92] Bei Geschäften ohne Vermittlung eines Kursmaklers gibt jeweils der Verkäufer die Abschlußdaten in den Börsenrechner ein.

14 Hein, Bankbetriebslehre 2. A.

Zusammengefaßt ergibt sich mithin folgendes Grundschema der Abwicklung:

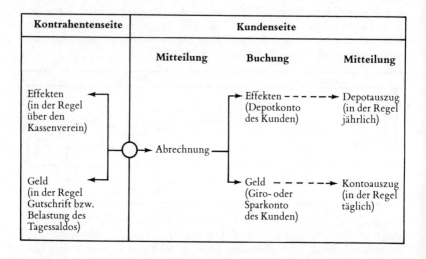

Kontrahentenseite	Kundenseite		
	Mitteilung	Buchung	Mitteilung

Effekten (in der Regel über den Kassenverein) ◄─── Effekten ───► (Depotkonto des Kunden) → Depotauszug (in der Regel jährlich)

◯─► Abrechnung

Geld (in der Regel Gutschrift bzw. Belastung des Tagessaldos) ◄─── Geld ───► (Giro- oder Sparkonto des Kunden) → Kontoauszug (in der Regel täglich)

Beide Seiten der Abwicklung sind mit Hilfe der Technik in zunehmendem Maße rationalisiert worden. Auf der **Kundenseite** ist die Voraussetzung dafür inzwischen überall gegeben: die Übernahme sämtlicher Geld- und sämtlicher Depotkonten auf die EDV-Anlage. Den nächsten Schritt bildet dann die EDV-Erfassung der Aufträge, in der fortgeschrittensten Form durch Terminals direkt vom Ort der Auftragserteilung aus. Auf dieser Grundlage können nach erfolgtem Kauf oder Verkauf der Papiere durch zusätzliche Eingabe der Ausführungsdaten (Börsenkurse) automatisch die Abrechnung und alle notwendigen Buchungen durchgeführt werden. Auf der **Kontrahentenseite** gehen die entscheidenden Rationalisierungen nicht von der einzelnen Bank aus, sondern von Börse und Kassenverein. Über Terminals bei den Maklern werden die im Börsengeschehen anfallenden Daten in ein zentrales Datenverarbeitungssystem eingegeben und dienen nach Börsenschluß zur Bestätigung der Geschäftsabschlüsse (Schlußnoten) sowie später zu ihrer buchmäßigen Abwicklung beim Kassenverein.

Die sich abzeichnende Weiterentwicklung ist der direkte Übergang der Kundenaufträge aus dem EDV-System der einzelnen Bank in das System des zentralen Börsen-Rechenzentrums („elektronische Brücke"), von dem aus dann alle weiteren Schritte automatisch erfolgen: die Zuordnung zum „elektronischen Skontro" des zuständigen Maklers und – soweit die Aufträge ausgeführt werden können – die automatische Abrechnung und Abwicklung.

Die Rationalisierung des Wertpapierhandels übernehmen die Börsen und Kassenvereine nicht selbst, sondern mittelbar über ihre rechtlich ausgegliederten Rechenzentren. Deren Aufgaben sind schrittweise zentralisiert worden; seit 1988 ist alleiniges Datenverarbeitungsunternehmen der deutschen Wertpapierbörsen die DEUTSCHE WERTPAPIERDATEN-ZENTRALE (DWZ), die den gesamten börsenmäßigen Kassa- und Terminhandel abrechnet und abwickelt, seit 1991 auch wesentliche Teile des außerbörslichen Handels.[93] Die DWZ übernimmt es auch, EDV-gestützte Systeme weiterer Rationalisierung zu entwickeln. Insbesondere ist dort IBIS entwickelt worden, ein System, das anfänglich (1989) nur für den außerbörslichen Handel die bis dahin fehlende Transparenz dieses Marktsegments schaffen sollte („Inter-Banken-Informations-System), dabei jedoch auch schon die Möglichkeit vorsah, daß Teilnehmer Details ihrer telefonischen Geschäftsabschlüsse in das System eingaben und die Daten dann automatisch in die Börsengeschäfts-, Kassenvereins- und Landeszentralbank-Abwicklung übergeleitet wurden.

Im Jahre 1991 hat man IBIS zu einem „Integrierten Börsenhandels- und Informations-System" ausgebaut und in die Frankfurter Wertpapierbörse integriert. Geschäftsabschlüsse kommen seither nur noch durch Terminaleingaben (ohne vorherigen telefonischen Kontakt) zustande. IBIS hat sich damit von einem handelsunterstützenden zu einem Computerhandelssystem entwickelt, wenn auch zunächst weiterhin nur für den außerbörslichen Handel, an dem vor allem Banken und Großanleger (Kapitalsammelstellen) beteiligt sind.

Für den Handel über die Börse hat die DWZ als „elektronische Brücke" zwischen den Banken und dem Börsen-Rechenzentrum das elektronische „Order-Routing-System" CUBE entwickelt (Computerunterstütztes Börsenhandels- und Entscheidungssystem), das als Teil eines Börsen-Order-Service-Systems (BOSS) angeboten wird. Es steht allen deutschen Banken und Börsen zur Verfügung, um durchgehend elektronisch erst die Kundenaufträge von der Bankfiliale in die „elektronischen Skontren" der Börsenmakler und dann umgehend die Bestätigung der Abschlüsse zurück zur Bankfiliale zu bringen. Auf mittlere Sicht zeichnet sich die Weiterentwicklung zu einem Elektronischen Handelssystem (EHS) ab, über das der gesamte Handel zunächst in großen, umsatzstarken Aktien- und Rentenwerten, später eventuell in allen Papieren nur noch über Computer abgewickelt wird (Computerbörse).

Ein wesentlicher organisatorischer Schritt zur Zentralisierung des deutschen Wertpapiermarktes bildet die Gründung der DEUTSCHE BÖRSE AG, einer Holdinggesellschaft, unter deren Dach seit 1993 zusammengefaßt sind: die Frankfurter Wertpapierbörse AG, die Deutsche Terminbörse GmbH, die Deutsche Wertpapierdaten-Zentrale GmbH und die Deutscher Kassenverein AG. Bei ihrer Gründung waren an der Holdinggesellschaft Kreditinstitute zu 80%, Makler zu 10% und die übrigen sieben deutschen Börsen zu 10% beteiligt.

3.2.3.2 Information

Für seine Entscheidung, Effekten zu kaufen oder zu verkaufen, benötigt der Kunde Informationen – sowohl für die Auswahl der Papiere, als auch für die Wahl des Zeitpunktes der Transaktion. Die sachkundige Beratung der Kunden ist ein wesentlicher qualitativer Bestandteil der Marktleistung „Angebot mittelbarer Geldanlagemöglichkeiten" und damit auch ein Wettbewerbsfaktor. Informationen stellt die Bank ihren Kunden zum Teil in allgemeiner, nicht auf den Einzelfall bezogener Form bereit, beispielsweise durch Zusenden von Börsen- und Wirtschaftsberichten, die Auslage von Zeitungen und Zeitschriften sowie tägliche Informationen aus dem Börsensaal (Ticker oder Fernsehübertragungen). Überwiegend jedoch findet Beratung im Gespräch

---

[93] Vorläufer der DWZ waren die Börsen-Daten-Zentrale (BDZ) in Frankfurt a. M. und die Betriebsgesellschaft Datenverarbeitung für Wertpapiergeschäfte (BDW) in Düsseldorf, die arbeitsteilig auch die übrigen sechs Börsen betreuten.

14*

des Wertpapierberaters (Anlageberaters) mit dem Kunden statt, so daß es vorrangig darum geht, den Beratern die Voraussetzungen für eine angemessene Beratung zu schaffen.

Ein Berater benötigt Informationen über den jeweiligen Kunden und über die in Betracht kommenden Effekten. Die Möglichkeiten, sich über die Geldkonten und über das Wertpapierdepot eines **Kunden** schnell und umfassend zu informieren, hängen vom jeweiligen Stand der Rationalisierung ab. Da Geld- wie Depotbestände heute überall auf die EDV-Anlage übernommen sind, bestehen zur Information die beiden grundsätzlichen Möglichkeiten der Datenausgabe:

- „off line" durch Ausdrucken von Depotauszügen nach jedem Kauf oder Verkauf, die dem Berater sortiert zur Verfügung stehen;
- bei „on line"-Verbindung der direkte Zugriff in die Bestandsbuchhaltung durch Abfragen über Bildschirm-Terminals oder Belegdrucker.

Dabei geht die Informationsmöglichkeit zum Teil über die bloße Bestandsabfrage hinaus, indem durch Einbeziehung von Tageskursen auch eine aktuelle Bewertung der Depots geliefert oder sogar durch Berücksichtigung von Einstands- und Tageskursen die noch nicht realisierten Gewinne und Verluste aufgezeigt werden.

Über **Effekten** benötigte Informationen sind nicht allein aktuelle Kurse, sondern auch Daten, die Aufschluß über den weiteren Kursverlauf geben können: Daten über die Entwicklungstendenz der Kurse, über die Emittenten sowie über die Entwicklung einzelner Branchen und der Wirtschaft insgesamt. Neben der traditionellen Informationsbeschaffung – der Lektüre einschlägiger Zeitungen, Zeitschriften und sonstiger Informationsblätter – besteht die Möglichkeit, auch über diese Bereiche EDV-Dateien aufzubauen, in die der Berater direkten Zugriff hat. Derartige Dateien muß die einzelne Bank nicht unbedingt selbst aufbauen und pflegen; sie kann sie auch fertig beziehen.[94]

Vom Effektenberater erwartet der Kunde nicht nur, daß er Kurs-, Unternehmens- und allgemeine Wirtschaftsinformationen bereithält, sondern daß er ihm auch seinen Erwartungen entsprechende Anlagevorschläge macht. Eine wesentliche Grundlage dafür stellen intensive Analysen einzelner Wertpapiere dar: Fundamentalanalysen (der Unternehmensentwicklung) und technische Analysen (der Kursentwicklung). Darüber hinaus kann die Bank im Rahmen einer computerunterstützten Anlageberatung dem einzelnen Kunden auf ihn zugeschnittene Anlageprogramme vorschlagen, differenziert nach dem Grad des Risikos und der zu erwartenden Rendite.[95]

---

[94] Beispielsweise von der Telekurs AG, Zürich, das INVESTDATA SYSTEM (über das internationale Wertpapierkurse, Gesellschaftsdaten und andere aktuelle Informationen erhältlich sind) oder von REUTERS, London, das System DECISION 2000 (das außer aktuellen Kursen auch vielfältige Analyse-Instrumente bereitstellt).

[95] Einen guten Überblick über die Einsatzmöglichkeiten der EDV im Rahmen der Anlageberatung gibt VOGEL, MICHAEL: Portefeuille-Management unter Verwendung von Wertpapier-Informations-Systemen, Wien 1989.

Fünfter Abschnitt
Absatz bankbetrieblicher Leistungen

1. Grundlagen[1]

Welches Gewicht Probleme des Absatzes für ein Unternehmen haben, hängt wesentlich davon ab, ob es sich um einen Käufer- oder um einen Verkäufermarkt handelt, sowie auch von der allgemeinen Einschätzung der Leistungen, die das Unternehmen anbietet. Für Bankbetriebe hat sich in dieser Hinsicht seit Anfang der sechziger Jahre ein tiefgreifender Wandel vollzogen.

1.1 Von vorrangiger Produktions- zur Marktorientierung

In ihrem traditionellen Selbstverständnis sahen sich Bankbetriebe eher als Träger gesamtwirtschaftlicher Aufgaben (Sammlung und Verteilung des knappen Gutes Geldnutzung) denn als Produzenten von Leistungen, die es mittels aktiver Marktpolitik zu verkaufen galt. Dieses behördenähnliche Selbstverständnis schlug sich auch in der Sprache nieder: Man „verwaltete" Einlagen, „gewährte" Kredite (auf der Basis einer Kredit„würdigkeits"prüfung), und den Kontakt mit der Kundschaft übernahmen „Schalterbeamte". Im Mittelpunkt einzelwirtschaftlicher Überlegungen standen innerbetriebliche, banktechnische Fragen, kurz gesagt: das Erfordernis sorgfältiger Abwicklung aller anfallenden Geschäfte.[2] Daß man die Tätigkeit vorrangig von der eigenen, innerbetrieblichen Warte aus sah, zeigt auch die bis vor kurzem gebräuchliche (und auch in der Bankbetriebslehre übernommene) Einteilung der Banktätigkeit in Aktiv-, Passiv- und Dienstleistungsgeschäfte, d. h. entsprechend ihrer Bilanzwirksamkeit beim einzelnen Bankbetrieb.

Dem traditionellen Selbstverständnis entsprachen die rechtlichen Rahmenbedingungen, die der Staat für den Markt der Bankbetriebe festgelegt hatte. Wegen der besonderen gesamtwirtschaftlichen Bedeutung ihrer Tätigkeit wurde ihnen eine weitgehende Sonderstellung in der Wettbewerbswirtschaft zugestanden (Ausnahmebereich). Konkret hieß das: Billigung von Preiskartellen, seit Anfang der dreißiger Jahre sogar die staatliche Festsetzung der Bankzinsen und -provisionen; Errichtung neuer Geschäftstellen nur bei Vor-

---

[1] Einen praxisnahen Überblick vermittelt SÜCHTING, JOACHIM/HOOVEN, ECKART VAN (Hrsg.): Handbuch des Bankmarketing, 2. Aufl., Wiesbaden 1991. – Weitere Hinweise auf Literatur zum Absatzbereich einer Bank: S. 402–416.

[2] Das schloß Anpassungsfähigkeit nicht aus. Sie war aber konzentriert auf die Großkunden und stand damit in engem Zusammenhang mit gesamtwirtschaftlich erforderlichen Anpassungsvorgängen.

liegen eines amtlich geprüften Bedürfnisses; Verhaltensregeln für die Werbung, damit nicht „marktschreierische Reklame" das Ansehen der Institute gefährdet.

Das Selbstverständnis der Bankbetriebe hat sich seit dem Ende der fünfziger Jahre als Folge langfristiger Strukturveränderungen auf dem Markt grundlegend gewandelt. Die entscheidende Veränderung begann in Westdeutschland mit der Währungsreform von 1948: Das starke Wachstum der Einkommen aus unselbständiger Arbeit (Arbeitnehmer-Einkommen), hinter dem das Wachstum der Einkommen aus Unternehmertätigkeit deutlich zurückblieb. Die wachsenden Einkommen führten zu einem wachsenden Anteil an frei verfügbarem, d. h. nicht unbedingt für den Lebensunterhalt erforderlichem Einkommen. Lohn- und Gehaltsempfänger wurden damit zunehmend sparfähig; ihr Sparwille wurde zudem durch staatliche Förderung der Vermögensbildung beflügelt. So wurde es besonders für die privaten Banken immer deutlicher, daß sie nicht umhinkommen würden, die Spargelder auch der Lohn- und Gehaltsempfänger als Finanzierungsquelle zu erschließen. Hatte man bis dahin die Initiative zum Geschäft weitgehend den Kunden überlassen, so war nun eine aktive Politik erforderlich, um möglichst viele dieser potentiellen Kunden zu gewinnen (extensive Phase) und dann die gewonnenen Marktanteile durch Vertiefung der Geschäftsbeziehungen zu sichern (intensive Phase). Besondere Probleme warf es dabei auf, daß dieser Teilmarkt nicht, wie es die Banken bis dahin gewohnt waren, aus relativ wenigen, sondern aus einer sehr großen Zahl potentieller Nachfrager bestand.

Die Aufnahme des Mengengeschäfts durch die privaten, im besonderen sogar durch die Großbanken war das auffälligste Signal dafür, daß sich die traditionelle Arbeitsteilung zwischen den Institutsgruppen zunehmend auflöste. Die privaten Institute drangen in das traditionelle Tätigkeitsgebiet der Sparkassen ein, die ihrerseits – getragen vom starken Wachstum der Spargelder ihrer traditionellen Kundschaft – offensiv in das angestammte Geschäft der privaten Institute eindrangen: in die Kreditvergabe an mittlere und größere Industrie- und Handelsunternehmen.[3] Die Folge war ein allgemein verstärkter Wettbewerb zwischen den Instituten beider Gruppen, die sich überdies gegen die Konkurrenz weiterer Wettbewerber behaupten mußten: im Wettlauf um die Spargelder gegen Bausparkassen, Versicherungsunternehmen und Investmentgesellschaften, bei der Kreditvergabe an Groß- und Mittelunternehmen gegen die wachsende Zahl von Niederlassungen ausländischer Banken. Der intensivere Wettbewerb wurde dann schrittweise auch von den traditionellen rechtlichen Beschränkungen befreit. Bereits 1958 entfiel die Bedürfnisprüfung, nachdem sie der Bundesgerichtshof als unvereinbar mit dem Grundsatz der freien Berufswahl (Art. 12 GG) bezeichnet hatte; und 1967 wurde die staatliche Bindung der Zinsen und Provisionen aufgehoben; gleichzeitig entfielen die Beschränkungen in der Werbung.

Insgesamt gesehen lassen sich die grundlegend veränderten Marktverhältnisse als ein Wechsel vom Verkäufermarkt (mit weitgehend aufgeteilten Ge-

---

[3] Für Sparkassen gehörten Lohn- und Gehaltsempfänger zwar zur traditionellen Kundschaft, im wesentlichen jedoch beschränkt auf das Spargeschäft und auch keineswegs umfassend als Kundengruppe erschlossen.

schäftsbereichen und eher passivem Bankverhalten) zu einem Käufermarkt charakterisieren, der vom einzelnen Institut nun aktive Mitgestaltung erfordert.

1.2 Marketing unter bankspezifischen Bedingungen

Die umfassend und systematisch betriebene Marktorientierung von Unternehmen wird gewöhnlich als Marketing bezeichnet. Das Marketingkonzept geht davon aus, daß sich Gewinne auf die Dauer nur erzielen lassen, wenn es gelingt, die Bedürfnisse der Kunden zu befriedigen und man ihnen hilft, ihre Probleme zu lösen. Deshalb sei bei allen unternehmerischen Überlegungen und Bemühungen von diesen Bedürfnissen auszugehen; innerbetriebliche Fragen seien den Marktzielen unterzuordnen. Was allerdings nicht ausschließt, daß besonders Kostenüberlegungen dem Marketing Grenzen setzen. Es ist also kein altruistisches Konzept; die Befriedigung der Kundenbedürfnisse wird nicht um jeden Preis, sondern nur insoweit angestrebt, als es die Gewinnerzielung fördert oder zumindest nicht beeinträchtigt.

Begrifflich erfaßt man mit „Marketing" gewöhnlich eine formale und eine operationale Seite:

* formal meint man die unternehmerische Grundeinstellung („Philosophie"): das Denken prinzipiell vom Markt, vom Nachfrager und seinen Bedürfnissen her;

* operational meint man den planvollen und systematischen Einsatz marktpolitischer Mittel (Instrumente) und Methoden.

Formale und operationale Seite bedingen sich gegenseitig. Um die „Philosophie" zu verwirklichen, ist sie in konkrete Maßnahmen umzusetzen; und Instrumente wie Methoden bleiben isolierte Maßnahmen einer bloßen Vertriebstechnik, wenn sie nicht unter der Marketingidee integriert werden.

Das für Industrieunternehmen entwickelte Konzept ist allerdings nicht ohne weiteres auf Bankbetriebe übertragbar. Eine aus dem Marketingkonzept abgeleitete Bankpolitik muß bankspezifische Bedingungen berücksichtigen, die die Verwirklichung des Konzepts zum Teil erleichtern, zum Teil erschweren.

Die grundlegende Besonderheit betrifft die abzusetzenden Produkte. Bankbetriebliche **Marktleistungen sind abstrakt** (stofflos), so daß sie der Kunde vor dem Kauf weder sehen noch fühlen oder schmecken kann. Aus diesem Grunde sind die Leistungen erklärungsbedürftig, um den Abnehmern ihren Nutzen und ihre jeweilige Qualität zu verdeutlichen.

Zu den wesentlichen Grundbedingungen gehört es weiterhin, daß die Marktleistungen einer Bank nicht in isolierten Absatzakten, sondern im Rahmen einer auf längere Zeit angelegten **Absatzbeziehung** nachgefragt werden. Das schafft einerseits eine günstige Voraussetzung für das Bemühen, bei den potentiellen Nachfragern Präferenzen für das eigene Unternehmen zu schaffen, verbietet aber andererseits ein aggressives Verkaufsverhalten („hard selling").

Da nach dem traditionellen Markt für Firmenkunden nun auch der Markt für Arbeitnehmerhaushalte unter den Universalbanken aufgeteilt ist, lassen sich völlig neue Bankkunden nur noch begrenzt erschließen; die Möglichkeiten beschränken sich im wesentlichen auf die Jugendlichen – als Grundlage einer langfristigen Sicherung des Marktanteils – und auf Neuzugezogene. So konzentrieren sich die Marketingbemühungen darauf, die Nachfrage der vorhandenen Kunden zu sichern und vor allem zu erweitern („cross selling"). Denn während der Markt kundenbezogen praktisch ausgeschöpft ist, wird von vielen der Privatkunden das Angebot noch unvollständig genutzt. Die Intensivierung der Beziehungen mit den vorhandenen Kunden kann vor allem bei Firmenkunden, die durchweg über mehrere Bankverbindungen verfügen, auch zu Lasten der Konkurrenz gehen (Umverteilung des Geschäfts). Insgesamt ist mithin festzuhalten: Das bedeutendste Wachstumspotential einer Universalbank auf dem Inlandsmarkt sind die eigenen Kunden.

Wenn der Blick vorrangig auf den Kunden mit seinen Wünschen und Problemen gerichtet ist, so tritt besonders deutlich die banktypische **Bündelnachfrage** hervor: die Tatsache, daß im Rahmen der auf längere Zeit angelegten Absatzbeziehungen selbst die weniger bedeutenden Kunden mehrere Leistungsarten, also ein „Leistungsbündel" nachfragen. In den Vordergrund treten deshalb statt der isoliert betrachteten Leistungsarten umfassendere Leistungsprogramme für die verschiedenen Kunden oder Kundengruppen. Denn der Bankkunde hat gewöhnlich nicht voneinander unabhängige Wünsche nach einzelnen Bankleistungen, sondern er erwartet von der Bank die Lösung bestimmter finanzieller Probleme – etwa die möglichst ertragreiche Anlage eines bestimmten Geldbetrages bei bestimmten Risikovorstellungen oder die günstigste Finanzierung eines Eigenheims unter Berücksichtigung der für ihn relevanten staatlichen Vergünstigungen.

Zu den bankbetrieblichen Grundbedingungen, unter denen das Marketingkonzept zu verwirklichen ist, gehört auch der extrem **unterschiedliche Umfang der Leistungsabnahme** der einzelnen Kunden, der es der Bank nahelegt, auf ihre Wünsche unterschiedlich detailliert einzugehen. Bei Großunternehmen und bei vermögenden Privatkunden ist das Eingehen auf den Einzelfall, die „kasuistische Geschäftspolitik",[4] seit jeher selbstverständliche Grundlage erfolgreicher Geschäftstätigkeit. In die Geschäftsbeziehungen zur traditionellen Kundschaft bringt daher die Marketingidee nichts grundlegend Neues, nur ein noch bewußteres, systematisches Vorgehen der Bank. Im Geschäft mit der breiten Privatkundschaft dagegen kann das Eingehen auf die Kundenwünsche aus Kostengründen nicht das Ziel verfolgen, es jedem einzelnen recht machen zu wollen.

Bankspezifische Schwierigkeiten, die Marketingidee zu verwirklichen, bestehen schließlich noch beim Angebot unmittelbarer Finanzierungsmöglichkeiten, wo das Konzept mit dem ausgeprägten **Sicherheitsdenken** des Bankbetriebes in Einklang zu bringen ist. Kundenwünsche können die Risikogrenzen überschreiten, die sich eine Bank gesetzt hat.

---

[4] SLEVOGT, HORST: Marketing für das Bankgeschäft, in: Handbuch der Bankenwerbung, hrsgg. von E. FLOSS/P. MUTHESIUS, Frankfurt a. M. 1972, S. 11.

1.3 Marktforschung als Grundlage marktorientierten Verhaltens[5]

Soll die Geschäftspolitik des Bankbetriebes von den Bedürfnissen und Problemen der Nachfrager ausgehen, so ist es unerläßlich, sich näher mit ihnen zu befassen, d. h. die Wünsche, Vorstellungen und Verhaltensweisen der Nachfrager genauer zu erforschen, einschließlich sich abzeichnender Veränderungen. Um Ansätze für eine zweckmäßige Marktpolitik abzuleiten, sind in die Untersuchung auch die Konkurrenten einzubeziehen, genauer: die Marktanteile und die Marktpolitik im eigenen Einzugsbereich tätiger Universalbanken wie auch der Substitutionskonkurrenten für einzelne Leistungsarten (Bausparkassen, Versicherungen, usw.). Im Zuge der grundlegend veränderten Marktverhältnisse wird die Marktforschung – verstanden als systematische und methodisch gesicherte Analyse und Prognose des eigenen Marktpotentials – heute in allen Bankbetrieben als notwendige Grundlage der Geschäftspolitik erkannt und durchgeführt.

Eine Universalbank sieht sich allerdings keinem einheitlichen, sondern einem in verschiedener Hinsicht heterogenen Markt gegenüber. Sehr verschiedenartigen Kunden – vom Großunternehmen bis zum Rentner – wird eine Vielfalt von Leistungsarten an zahlreichen Standorten angeboten. Um einen solchen heterogenen Gesamtmarkt zu erforschen, erscheint es unerläßlich, ihn vorab in möglichst homogene Teilmärkte (Marktsegmente) zu gliedern, also die Nachfrager nach möglichst gleichartigen Bedürfnissen und Verhaltensweisen zu gruppieren. Die Ergebnisse einer nach Segmenten differenzierten Marktforschung bilden dann die Grundlage für eine entsprechend differenzierte Marktpolitik: mit auf jeweils bestimmte Kundengruppen (Zielgruppen) abgestellter Sortimentspolitik, Preispolitik, Werbung.

Grundsätzlich könnte die Marktsegmentierung auch dazu dienen, das eigene Angebot auf bestimmte Kundengruppen zu beschränken, sich also auf sie zu spezialisieren. Bei den deutschen Universalbanken ist es jedoch erklärte Marktstrategie, nicht nur alle banküblichen Leistungen anzubieten, sondern auch alle nur möglichen Kundengruppen damit zu bedienen.

Ausnahmen bilden lediglich einige der ursprünglichen Teilzahlungskreditinstitute, die aus Wettbewerbsgründen zwar ihr Angebot auf ein universelles Sortiment erweitert haben, sich jedoch weiterhin auf Arbeitnehmer (Private Haushalte) als Kunden beschränken. Bedeutendstes Institut dieser Art ist die CITIBANK PRIVATKUNDEN AG, Düsseldorf, mit überregionalem Geschäftsstellennetz.

1.3.1 Marktsegmentierung

Würde sie Kundenorientierung im ganz strengen Sinne anstreben, müßte die Bank jeden einzelnen potentiellen Nachfrager analysieren, denn genau genommen ist keiner wie der andere. Angesichts der großen Zahl potentieller Nachfrager ist das jedoch praktisch unmöglich. Vielmehr gilt es, Gruppen von Nachfragern abzugrenzen, deren Mitglieder sich in ihrem Interesse für

---

[5] Weiterführende Literaturhinweise hierzu: S. 405 f.

die verschiedenen Bankleistungen und in ihrer Empfänglichkeit für die verschiedenen marktpolitischen Maßnahmen einer Bank weitgehend gleichen.

Traditionelle Grobgliederung ist die Trennung von Unternehmen und anderen Institutionen einerseits **(Firmenkundschaft)** sowie Privatpersonen andererseits **(Privatkundschaft).** Beide unterscheiden sich vor allem in der Grundausrichtung ihrer Nachfrage: Unternehmen wünschen von der Bank in erster Linie Finanzierungen und die Abwicklung ihres Zahlungsverkehrs, bei Privatpersonen dagegen steht gewöhnlich die Geldanlage (Vermögensbildung) im Vordergrund. Im Hinblick auf die Möglichkeiten marktpolitischer Beeinflussung reicht die Grobgliederung in Firmen- und Privatkundschaft aber noch nicht aus. Aus der Privatkundschaft sind als Teilgruppe die Privatpersonen mit hohem Einkommen und/oder großem Vermögen herauszuheben (vermögende oder traditionelle Privatkundschaft). In ihrer Einstellung und ihrem Verhalten einer Bank gegenüber entsprechen die vermögenden Privatkunden weitgehend den Unternehmen und heben sich in mehrfacher Hinsicht von der übrigen, der breiten Privatkundschaft ab (vgl. dazu die folgende Übersicht).

Firmenkundschaft	Privatkundschaft	
(Unternehmen, Verbände, Behörden, u. ä.)	vermögende Privatkundschaft (Unternehmer, freiberuflich Tätige, höhere Angestellte)	breite Privatkundschaft (Lohn- und Gehaltsempfänger, Rentner)
Individualgeschäft[a]		**Mengengeschäft**
vor allem Finanzierungsprobleme	vor allem Geldanlageprobleme	
überschaubarer, individuell ansprechbarer Kreis		praktisch nicht mehr überschaubarer Kreis
Bankgewohnheit (Bankleistungen kaum noch erklärungsbedürftig; Wunsch nach individuellem Zuschnitt des Angebots)		geringere Bankgewohnheit (Leistungen in höherem Maße erklärungsbedürftig; Wunsch nach leicht verständlichem Standardangebot)
auf Gewinnerzielung bedachte Denkweise		auf Bequemlichkeit bedachte Denkweise

a) Der Begriff wird mitunter auch nur auf die vermögende Privatkundschaft bezogen.

Diese in Praxis und Fachliteratur weithin zugrunde gelegte Grobgliederung zeigt sich bei näherer Betrachtung als ein Kompromiß, der die Schwierigkeiten einer genauen Bestimmung von Marktsegmenten andeutet. Abgegrenzt werden die Gruppen anhand objektiv feststellbarer Merkmale: Unternehmen, Verbände, Behörden, Privatpersonen mit unterschiedlich hohem Einkommen und Vermögen. Näher gekennzeichnet jedoch werden die Gruppen (als Grundlage einer differenzierten Marktpolitik) anhand nur subjektiv feststellbarer Merkmale: Grad der Bankgewohnheit, vorherrschende Denkweise. Dadurch läßt sich zwar jeder potentielle Nachfrager eindeutig einer der Gruppen zuordnen (klassifizieren); in ihrer Einstellung und ihrem Verhalten der Bank gegenüber sind die Mitglieder jeder Gruppe jedoch keineswegs gleichartig, sondern zeigen zum Teil große Unterschiede. Die jeweils genannten Merkmalsausprägungen treffen nicht auf jeden, sondern nur auf den durchschnittlichen, normalen Nachfrager einer Gruppe zu. Völlig homogene Gruppen lassen sich gedanklich, nicht aber in praxi bilden, weil der Aufwand der hierfür erforderlichen Marktforschung im Verhältnis zum Nutzen der Segmentierung zu hoch wäre. Zudem sind die Übergänge zwischen Mengen- und Individualgeschäft fließend: Durch steigende finanzielle Möglichkeiten und Ansprüche wachsen nach und nach Mengenkunden in das Individualgeschäft hinein.

Obwohl die Grobgliederung strengen Anforderungen an die Marktsegmentierung nicht genügt, läßt aber doch die unterschiedliche Ausprägung der zur Kennzeichnung herangezogenen Merkmale die Ansätze für eine differenzierte Marktpolitik der Bank erkennen. So wird beispielsweise der unterschiedliche Grad der Bankgewohnheit bedeutsam für die Produkt- und Sortimentsgestaltung, der unterschiedlich überschaubare Kreis potentieller Nachfrager bedeutsam für die Werbung, die auf Bequemlichkeit bedachte Denkweise der breiten Privatkundschaft bedeutsam für die Standortpolitik der Bank.

Als Grundlage einer noch stärker differenzierten Beobachtung und Beeinflussung der Nachfrager kann man die verschiedensten Merkmale heranziehen, je nach dem mit der Segmentierung verfolgten Zweck. So lassen sich die beiden Kundengruppen mit Hilfe zusätzlicher Merkmale wie folgt untergliedern:

(a) die Firmenkunden

• nach Wirtschaftsunternehmen, öffentlichen Haushalten (Behörden), Verbänden;
• innerhalb der Wirtschaftsunternehmen – als wichtigster Teilgruppe – nach der Unternehmensgröße (z.B.: emissionsfähige/nicht-emissionsfähige Unternehmen), nach Wirtschaftszweigen, nach Inlands- und Auslandsunternehmen bzw. nur national und auch international tätigen Unternehmen;

(b) die Privatkunden

• nach demographischen Merkmalen wie Alter, Geschlecht, Beruf, Einkommensklasse,
• nach psychologischen Merkmalen wie Sparsamkeit, Konsumfreudigkeit, Risikoneigung.

Wie tief ein Institut segmentiert, bestimmt sich nach dem Verhältnis von Kosten und Nutzen der nach den Segmenten differenzierten Marktpolitik. Das Kosten/Nutzen-Verhältnis aber hängt von der Kundenstruktur des einzelnen Instituts ab, läßt sich also nur institutsindividuell bestimmen. Untergliederungen der Firmen- und der Privatkundschaft dienen meist auch nicht als Grundlage einer vollständigen Untersuchung und gezielten Bedienung jeweils aller Teilgruppen, sondern das Interesse richtet sich gewöhnlich darauf, einzelne Segmente aus der größeren Gruppe herauszuheben und gezielt auf diese Teilgruppe einzugehen – beispielsweise: um spezielle Leistungsangebote für Ärzte zu entwickeln, um die wachstumsträchtige Teilgruppe der Jugendlichen gezielt für die Bank zu interessieren, um Finanzierungsprogramme für landwirtschaftliche Betriebe einer bestimmten Größenordnung zu entwickeln.

Bei einer stärkeren Differenzierung der Privatkundschaft sind für das Verhalten der Kunden und ihre Empfänglichkeit für marktpolitische Aktivitäten der Bank die psychologischen Merkmale (Mentalitätsunterschiede) bedeutsamer als die geläufigen demographischen Merkmale. Allerdings lassen sich die Mentalitätsunterschiede zwar in Form von Idealtypen beschreiben, doch gibt es keine gesicherten Erkenntnisse darüber, anhand welcher äußeren, vor allem demographischen Merkmale man sie in praxi erkennen kann. Deshalb ist die entsprechende Gruppierung der Privatkundschaft in verläßlicher Weise praktisch nicht möglich.[6]

1.3.2 Aufgaben der Marktforschung

Die Aufgaben der Marktforschung wurden bisher nur recht pauschal umschrieben als die Erforschung der Absatzchancen, basierend auf den Bedürfnissen und dem Verhalten potentieller Nachfrager sowie dem Verhalten der Konkurrenzunternehmen. Auf der Grundlage eines einigermaßen klar segmentierten Gesamtmarktes können nun die Aufgaben der Marktforschung genauer erläutert werden.

Vorab ist auf die unterschiedlich weit gefaßte Verwendung des Begriffs aufmerksam zu machen, um Mißverständnissen vorzubeugen.

Marktforschung im weiten Sinne bezieht sich nicht allein auf die Absatzmöglichkeiten auf einem bestimmten Markt, sondern kann auch ganz spezielle Entscheidungsprobleme betreffen, etwa die Einführung einer neuen Marktleistung, für deren Lösung systematisch alle für das Problem bedeutsamen Faktoren analysiert werden, einschließlich innerbetrieblicher Aspekte. Auf einzelne Entscheidungsprobleme bezogene Untersuchungen hebt man begrifflich zum Teil als „Marketingforschung" von der auf die allgemeinen Absatzmöglichkeiten bezogenen Marktforschung ab. Nur in diesem engeren Sinne wird Marktforschung hier zunächst verstanden.

Die Aufgaben und Probleme der Marketingforschung (im genannten Sinne) werden erst später, im Zusammenhang der einzelnen marktpolitischen Instrumente anzusprechen sein.

Bei der Erforschung der Absatzmöglichkeiten liegt es nahe, in zwei Schritten vorzugehen: zunächst die **Marktentwicklung für die Universalbanken insgesamt** zu erkunden (generelle Absatzmöglichkeiten), um dann hieraus die Chancen für die eigene Bank abzuleiten (spezielle Absatzmöglichkeiten). Im ersten Schritt sind mithin die relevanten Umweltbedingungen zu beobachten und in ihrem weiteren Verlauf zu prognostizieren: zum einen (als wesentliche Basis für die Kreditvergabemöglichkeiten) die allgemeine Konjunkturlage sowie davon eventuell abweichende Branchenkonjunkturen, zum anderen (als wesentliche Basis für das Aufkommen an Spargeldern) die Einkommensentwicklung und das Sparverhalten. Da Bankbetriebe nicht die alleini-

---

[6] Vgl. dazu auch CRAMER, JÖRG-E.: Die Marktforschung als Basis für den Einsatz des Marketing Mix, in: Handbuch des Bankmarketing, hrsg. von J. SÜCHTING/E. v. HOOVEN, 2. Aufl., Wiesbaden 1991, S. 123–126.

gen Kreditgeber und Verwalter von Spargeldern sind, ist auf dieser Ebene ergänzend abzuschätzen, wieviel jeweils auf die Substitutionskonkurrenten der Universalbanken entfallen dürfte; beim Sparaufkommen ist wesentliche Grundlage hierfür die Verteilung auf die wichtigsten Sparformen (Versicherungs-, Bau-, Konten-, Wertpapiersparen).

Die Ergebnisse der Marktanalyse für den Bankensektor insgesamt bilden den Hintergrund für die Analyse der **Absatzmöglichkeiten der eigenen Bank,** für die es vor allem abzuschätzen gilt, ob das Institut in seinen wesentlichen Geschäftsbereichen eine der allgemeinen Entwicklung entsprechende, eine geringere oder eine stärkere Veränderung erwarten kann. Die Frage läuft also darauf hinaus, ob man die eigenen Marktanteile wird halten können, oder ob sie sich verringern oder vergrößern werden. Anhaltspunkte für eine Antwort bietet die Entwicklung der Marktanteile in den vorangegangenen Jahren. Für eine Bank mit regionaler oder lokaler Beschränkung ist dabei der Anteil am Geschäft in ihrem tatsächlichen Absatzbereich aussagefähiger als der eigene Anteil am gesamten Bankgeschäft im Inland (regionale oder lokale Marktanteile). Sofern dort auch überregionale bzw. überlokale Institute konkurrieren, sind die Marktanteile allerdings kaum zu ermitteln, weil diese Institute keine regionalen/lokalen Teilzahlen veröffentlichen.[7]

Die weiteren Überlegungen konzentrieren sich dann auf die Frage nach den Ursachen unterschiedlicher Marktanteile und ihrer Veränderungen. Wesentliche Basisuntersuchung hierfür ist das Bemühen, eine möglichst konkrete Vorstellung vom **Image der Bank** zu gewinnen (Imageforschung). Als Image faßt man die Gesamtheit der Vorstellungen zusammen, die in der Öffentlichkeit über ein bestimmtes Unternehmen bestehen. Das Image des Einzelinstituts wird gewöhnlich mitbestimmt durch Vorstellungen über den Institutstyp, so daß beispielsweise die einzelne Sparkasse auch berücksichtigen muß, welche Vorstellungen über Sparkassen im allgemeinen bestehen, in welchen Bereichen man sie für besonders leistungsfähig und in welchen für weniger leistungsfähig hält. Im Rahmen des Marketing steht Image „für ein gutes oder schlechtes Klima, in dem sich die Absatzanstrengungen eines Instituts vollziehen".[8] Das Image ist auch deshalb von besonderer Bedeutung, weil es für die einzelne Bank schwer ist, sich angesichts der bei den verschiedenen Instituten weitgehend gleichartigen Leistungen zu profilieren. Wegen des unterschiedlichen Gewichts der verschiedenen Bestimmungsfaktoren ist Imageforschung nicht nur nach Firmen und Privatpersonen zu trennen, sondern auch nach Kunden (deren Vorstellungen sich ja auf Erfahrungen stützen) und Nichtkunden. Da das Image wesentlich durch die marktpolitischen Aktivitäten einer Bank mitgeformt wird, ist seine Erforschung nicht nur Grundlage marktorientierten Verhaltens, sondern dient auch dazu, die Wirkungen der eigenen Maßnahmen zu kontrollieren.

Außer zur Erforschung der Absatzmöglichkeiten und ‹des Absatzklimas (Image) ist Marktforschung als **Grundlage für die gezielte Beeinflussung**

---

[7] Einen guten Überblick über die Schwierigkeiten der räumlichen Abgrenzung des zu erforschenden Marktes gibt WEISS, ULRICH: Marktforschung der Kreditinstitute, Berlin 1966, S. 85–92.

[8] SÜCHTING, JOACHIM: Bank-Marketing und Bank-Image, in: BfG, 1970, S. 110.

aktueller und potentieller Kunden erforderlich: als Grundlage der Akquisition von Firmen- und vermögenden Privatkunden sowie als Grundlage der Einflußnahme auf den anonymen Markt der breiten Privatkundschaft. Hier soll sie helfen, den zweckmäßigsten Weg zur Aktivierung des Absatzpotentials zu erkunden, indem sie das typische Verhalten bestimmter Kundengruppen einer Bank gegenüber analysiert (psychologische Marktforschung). Bei der Erforschung der Bestimmungsfaktoren des Nachfrageverhaltens läßt sich – den Teilschritten des Entscheidungsprozesses beim Nachfrager folgend – getrennt ansetzen

1. bei den Bestimmungsgründen der (objektiven) Nachfragefähigkeit, z. B. der Fähigkeit, überhaupt zu sparen oder sich zu verschulden;
2. bei den Bestimmungsgründen der (subjektiven) Nachfragebereitschaft, z. B. der Bereitschaft, schlechthin zu sparen oder sich zu verschulden;
3. bei den Bestimmungsgründen der Art der Nachfragebereitschaft, z. B. der Wahl der Sparform bzw. der Kreditform;
4. bei den Bestimmungsgründen der Wahl des Kreditinstituts.[9]

Den Hintergrund bilden auch hier allgemeine, Kreditinstitute generell betreffende Untersuchungen über das Spar- und das Kreditverhalten bestimmter Bevölkerungsgruppen, beispielsweise der mittelständischen Unternehmer, der Gastarbeiter, der Jugendlichen. Die Ergebnisse solcher allgemeinen Untersuchungen müssen allerdings nicht repräsentativ für die entsprechende Kundengruppe der eigenen Bank sein. Da zudem die Banken ihre Absatzbemühungen immer stärker auf die jeweils eigenen, bereits vorhandenen Kunden konzentrieren (nachdem es „freie Nachfrager" ohne Bankverbindung kaum noch gibt), rückt statt allgemeiner Verhaltensanalysen stärker die Analyse der eigenen Kunden in den Vordergrund: wie sie sich gegenüber der Bank tatsächlich verhalten, was ihr Verhalten bestimmt, wie sie voraussichtlich auf die verschiedenen Maßnahmen bankbetrieblicher Marktpolitik reagieren werden. Zahlenmäßige Grundlage für die Erforschung des Kundenverhaltens ist die Breite und die Intensität, in der die Kunden die verschiedenen Leistungsangebote der Bank bisher nutzen (Ausschöpfungsgrad). Als Ansatz für eine gezielte Beeinflussung sind verschiedene Grundfragen zu klären: der Anteil der Kunden, für die das Institut Exklusiv-, Haupt- oder nur Nebenbankverbindung ist; die sozio-ökonomische Struktur der eigenen Kunden, besonders im Verhältnis zur Kundenstruktur der Konkurrenzinstitute; der Anteil der Kunden mit einem Giro-(Gehalts-) oder einem Sparkonto, überwiegend der erste Kontakt mit einer Bank, die bisher noch keinen Kredit aufgenommen haben oder noch kein Wertpapierdepot besitzen.

Informationen über das Marktpotential und den bisherigen Markterfolg (Grad der Ausschöpfung des Potentials) sind nicht nur für das Gesamtinstitut, sondern auch getrennt nach Geschäftsstellen erforderlich. Als Grundlage für Zielvereinbarungen mit den Geschäftsstellenleitern kommt diesen Teil-Zahlen besondere Bedeutung zu.

Zur Beurteilung der unterschiedlichen Möglichkeiten der Marktpolitik muß die einzelne Bank aber nicht allein das Nachfrageverhalten zu erforschen

---

[9] WEISS, ULRICH: Marktforschung der Kreditinstitute, Berlin 1966, S. 83.

suchen, sondern auch das **Verhalten der Konkurrenz.** Im besonderen sind deren marktpolitische Aktivitäten laufend zu beobachten und ihre möglichen Reaktionen auf die eigenen Maßnahmen abzuschätzen.

Zusammenfassend lassen sich die Aufgaben bankbetrieblicher Marktforschung folgendermaßen systematisieren:

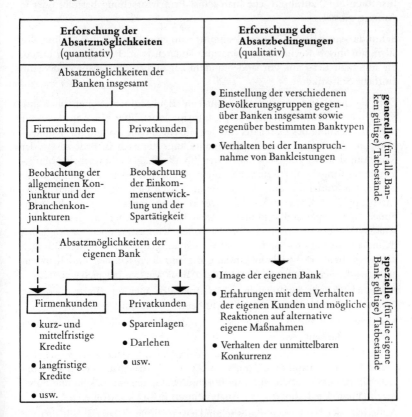

1.3.3 Zur Durchführung der Marktforschung

Bankspezifische Methoden der Marktforschung gibt es nicht. Man unterscheidet (wie in anderen Unternehmen auch) zwei grundsätzliche Möglichkeiten:

(1) entweder werden bereits vorhandene, für andere Zwecke ermittelte Daten (sekundär-statistisches Material) nunmehr auch unter dem Gesichtspunkt der Marktforschung ausgewertet, was man zusammenfassend als Sekundär- oder Schreibtischforschung (desk research) bezeichnet;

(2) oder es werden Untersuchungen eigens zum Zwecke der Marktforschung durchgeführt (primär-statistische Erhebungen), was man zusammenfassend als Primär- oder Feldforschung (field research) bezeichnet; Instrument ist dabei vor allem die Befragung.

Da die Primärforschung wegen des unvermeidlichen Interviewer-Einsatzes (gewöhnlich unter Einschaltung eines Marktforschungsinstituts) erheblich teurer als die Sekundärforschung ist, gilt es zunächst, das greifbare sekundärstatistische Material auszuschöpfen, sodann die Möglichkeit zu prüfen, primär-statistische Erhebungen aus Kostengründen gemeinsam mit anderen Instituten durchzuführen, ehe man selbst Primärforschung betreibt oder in Auftrag gibt.

Sekundär-statistisches Material stammt zum einen aus der Bank selbst, vor allem aus ihrem Rechnungswesen, zum anderen handelt es sich um Daten, die außerhalb der Bank vorhanden und ihr zugänglich sind, insbesondere um amtliche Statistiken.

Dem eigenen Rechnungswesen kann eine Bank Informationen über ihre Kunden entnehmen, genauer gesagt: Informationen über Umfang, Struktur und Entwicklung des Geschäfts mit den einzelnen Kunden und mit Kundengruppen. Zu diesem Zweck müssen allerdings die nach Erfordernissen der Rechnungslegung gespeicherten Daten für die Fragestellungen der Marktforschung umgruppiert, zum Teil auch erweitert werden. Grundlage dafür ist die Zusammenführung der gewöhnlich nach Geschäftsbereichen (Sparten) gruppierten Daten zu kunden- oder kundengruppenbezogenen Informationen, die – spartenübergreifend – den Überblick über die gesamte Geschäftsverbindung einzelner Kunden oder Kundengruppen ermöglichen (Kundeninformationssystem). Anhand der umgruppierten Daten läßt sich dann ermitteln, in welchem Umfang die einzelnen Kunden und Kundengruppen die verschiedenen Angebote der Bank nutzen, beispielsweise:

• wieviel Prozent der Inhaber eines Girokontos auch ein Wertpapierdepot unterhalten oder bereits einen Kredit bei der Bank aufgenommen haben,

• und welche Kunden es im einzelnen sind, die nur Teile des Gesamtangebots der Bank nutzen.

Ist die Untersuchung so angelegt, daß sie die Daten getrennt nach Geschäftsstellen liefert, so kann man daraus – in Zusammenarbeit mit den Leitern der Geschäftsstellen – gezielte marktpolitische Aktivitäten entwickeln und durch regelmäßige Wiederholung der Analyse ihren Erfolg kontrollieren.

Außerhalb der Bank erlangbares sekundär-statistisches Material läßt sich vor allem zur Prognose der generellen Absatzmöglichkeiten des Bankensektors sowie zur Beobachtung der Konkurrenz heranziehen. Um Gesamtkonjunktur, Branchenkonjunkturen, Spartätigkeit und ähnliche Rahmenbedingungen des individuellen Bankgeschäfts zu analysieren, unterhält jedes größere Institut eine Volkswirtschaftliche Abteilung, in der laufend umfangreiches Datenmaterial aus dem In- und Ausland verarbeitet wird: amtliche Erhebungen der Statistischen Ämter und der Zentralbanken, Erhebungen von Verbänden, Handwerks- und Handelskammern, Wirtschaftsforschungsinstituten usw. Kleinere Banken werden meist von ihrem Verband mit entsprechenden Informationen versorgt. Das Verhalten der Konkurrenz läßt sich – abgesehen von informellen Informationen – vor allem anhand von Veröffentlichungen in Tages- und Wirtschaftspresse beobachten.

Es können also zahlreiche Teilfragen bereits anhand sekundär-statistischen Materials beantwortet werden. Zu zwei Fragenbereichen geben diese Daten jedoch keine Antwort: zum psychologischen Verständnis des Kundenverhaltens (Kundenpsychologie) und zum Vergleich der eigenen Kunden und Kundenstruktur mit jener der wichtigsten Konkurrenzinstitute. Hierzu kann Antworten nur die Primärforschung liefern.

Primär-statistische Erhebungen werden zum Teil, um die Kosten für den einzelnen gering zu halten, von mehreren Instituten gemeinsam arrangiert, vor allem über den gemeinsamen Verband. Doch bilden derartige Untersuchungen nur bedingt eine brauchbare Grundlage für eigene Martkaktivitäten, da ihre Ergebnisse nicht auf Kunden und Marktgebiet des einzelnen Instituts zugeschnitten sind und sie zudem auch anderen Instituten, unter Umständen auch der Konkurrenz, zur Verfügung stehen. Sie eignen sich daher nur für Fragen, die entweder nicht Gegenstand des Wettbewerbs sind (etwa die Erkundung der öffentlichen Meinung über die „Macht der Banken"), oder nur bei Instituten, die miteinander nicht konkurrieren (etwa die Sparkassen).

Als bereits institutsbezogene, aber noch nicht allzu aufwendige Möglichkeit kann die einzelne Bank einfach angelegte Befragungen ihrer Kunden selbst durchführen. Die Verbände unterstützen derartige Bemühungen zum Teil durch konzeptionelle Vorschläge. Aus dem Ergebnis solcher institutseigenen Kundenbefragungen lassen sich dann die Fragestellungen für die zuverlässigere, aber auch erheblich teurere externe Primärforschung (durch ein Marktforschungsinstitut) entwickeln.

Die skizzierten Möglichkeiten der Sekundär- und der Primärforschung werden abgerundet durch regelmäßige, systematisch gesammelte Informationen von der „Verkaufsfront", insbesondere Erfahrungsberichte und Einschätzungen der Marktverhältnisse durch die Geschäftsstellenleiter.

1.4 Instrumente zur Beeinflussung der Marktsituation

Die Marktforschung liefert (in Form von Analysen und Prognosen) die wesentlichen Informationen über die Marktsituation:

- über die Entwicklung der wichtigsten Bestimmungsfaktoren des Absatzpotentials sowie
- über die bisherige Ausschöpfung des Potentials und noch bestehende Lükken, über die Bestimmungsfaktoren des Kundenverhaltens und das Verhalten der Konkurrenz.

Diese Informationen sind Grundlage für das Bemühen, die Marktsituation im Sinne der Ziele des eigenen Instituts zu beeinflussen, denn sie zeigen, an welchen Stellen und in welcher Weise die Bank aktiv werden sollte.

Um die Marktsituation gestaltend zu beeinflussen, bestehen vielfältige Möglichkeiten. In der Fachliteratur hat man wiederholt versucht, sie zum Zwecke besserer Übersicht systematisch zu ordnen, meist unter dem Oberbegriff „Absatz- oder Marktpolitisches Instrumentarium", in neuerer Zeit auch als „Marketing-Variable". Für eine Systematisierung lassen sich vor allem vier Ansätze der Einflußnahme unterscheiden:

- Erstens kann man bei den Marktleistungen selbst ansetzen, also versuchen, die Marktsituation durch **Gestaltung des Inhalts der Marktleistungen** und ihrer Verbindung miteinander zu beeinflussen. Gebräuchliche Begriffe für diese Möglichkeit sind: Produkt- und Sortimentspolitik oder -gestaltung.

• Zweitens kann man bei der **Gestaltung der Preise** für das Leistungsangebot ansetzen, um die Marktsituation zu beeinflussen (Preispolitik).

• Drittens kann man bei der **Organisation des Vertriebs** der Marktleistungen ansetzen, was man zusammenfassend als Distributionspolitik bezeichnet.

• Viertens kann man bei der **Gestaltung der auf den Absatzmarkt gerichteten Informationen** ansetzen, d. h. die Marktsituation durch die Gestaltung des persönlichen Verkaufs, der Werbung und der Öffentlichkeitsarbeit zu beeinflussen suchen.

Es liegt auf der Hand, daß die verschiedenen Möglichkeiten kombiniert eingesetzt und dabei miteinander abgestimmt werden müssen. Das Ergebnis einer solchen zielgerichteten Kombination bezeichnet man als „Marketing-Mix".

Über die zweckmäßige oder gar: die optimale Kombination der verschiedenen Instrumente lassen sich allgemeingültige Aussagen nur in sehr abstrakter Form machen; sie hängt zu stark vom jeweiligen Ziel und von der jeweiligen Marktsituation ab. Deshalb beschränkt sich auch der folgende Überblick auf eine getrennte Darstellung der Gestaltungsmöglichkeiten, die zwar auch Zusammenhänge mit dem Einsatz jeweils anderer Instrumente aufzeigt, jedoch auf den Versuch verzichtet, ein umfassendes Optimum ihres Einsatzes zu formulieren.

In welcher Gewichtung und in welcher Ausgestaltung die Instrumente einzusetzen sind, wird wesentlich durch die jeweilige Zielgruppe bestimmt, die in ihrem Verhalten beeinflußt werden soll. Daher bildet die Marktsegmentierung den wichtigsten Ansatz für einen differenzierten Einsatz der verschiedenen absatzpolitischen Instrumente.

Als wesentliche Grundbedingung des Absatzes von Bankleistungen wurde bereits genannt, daß sie nicht in isolierten Absatzakten, sondern im Rahmen auf längere Sicht angelegter Absatzbeziehungen nachgefragt werden. Dementsprechend verfolgt eine Bank beim Einsatz absatzpolitischer Instrumente vor allem auch die Absicht, die Bereitschaft der Kunden zu fördern, dauerhaft und umfassend Leistungen nur bei ihr abzunehmen. Diese Bereitschaft der Kunden nennt man ihre **Bankloyalität,** die von ihnen jeweils bevorzugte Bank ihre **Hausbank.** Erklärungskonzepte für das Verhalten der Kunden werden aus dem Marketing industrieller Produkte entlehnt und in eine „Theorie der Bankloyalität" eingebracht. Anregungen geben aus dem Konsumgüter-Marketing die Theorie der Treue zu Markenartikeln (brand loyalty) und aus dem Investitionsgüter-Marketing die Theorie des Beziehungsmanagements.[10]

---

[10] Diese Ansätze hat SÜCHTING in die Bankbetriebslehre eingeführt, auf den sich auch die folgenden Ausführungen weitgehend stützen. – Vgl. SÜCHTING, JOACHIM: Die Theorie der Bankloyalität – (noch) eine Basis zum Verständnis der Absatzbeziehungen von Kreditinstituten? In: Handbuch des Bankmarketing, hrsgg. von J. SÜCHTING/E. v. HOOVEN, 2. Aufl., Wiesbaden 1991, S. 25–43.

Die Voraussetzungen, Abnehmer von Bankleistungen dauerhaft und umfassend an ein Institut zu binden, sind nicht bei allen Kundengruppen gleich günstig. Im wesentlichen geht man von folgenden Hypothesen aus:

(1) Die Konzentration der Leistungsabnahme auf nur eine Bank kennzeichnet traditionell vor allem die breite Privatkundschaft. Bei diesen Kunden wird die Beziehung zur Bank stark durch persönliche Präferenzen geprägt. Da Bankleistungen abstrakt, also erklärungsbedürftig und „Geldangelegenheiten" zudem ein vertrauensempfindlicher Lebensbereich sind, ist die Entscheidung für eine Bank kein einfacher Entschluß. Sie ist in hohem Maße orientiert an den Menschen, denen der (potentielle) Kunde in einer Bank begegnet. Erfährt er nach und nach ihre Fachkompetenz und Vertrauenswürdigkeit, so kommt es zur Gewöhnung an die Bank, zu wachsender Bankloyalität. Je länger der Kunde mit seiner Bank zusammenarbeitet, desto weniger wird er zu einem Wechsel bereit sein. Die zunehmende Erfahrung vereinfacht für ihn die Abnahme der herkömmlichen wie auch neuer Leistungen, bis sie „schließlich nahezu automatisch abläuft"; der Wechsel zu einer anderen Bank würde dagegen den „Entscheidungsprozeß für den Kauf von Bankleistungen von neuem komplizieren".[11] Deutlich wird hier, daß das Verhalten auch stark vom Bequemlichkeitsbedürfnis bestimmt wird.

Ähnlich wie die Masse der Privatkunden konzentriert traditionell auch ein großer Teil der mittelständischen Firmenkunden die Leistungsabnahme stark auf nur ein Kreditinstitut (Hausbank), dessen Mitarbeiter sie umfassend beraten und betreuen. Die Sorge um die eigene Unabhängigkeit sowie der verstärkte Wettbewerb von Aktienbanken, Sparkassen und Kreditgenossenschaften besonders um mittelständische Firmenkunden haben jedoch in neuerer Zeit deren Hausbank-Beziehungen erheblich gelockert. Die Mehrzahl von ihnen verfügt inzwischen über 4–7 Bankverbindungen.

(2) Je größer ein Unternehmen und je internationaler seine Tätigkeit ist, desto größer wird die Zahl der Bankverbindungen, auf die es das Gesamtvolumen seiner Leistungsabnahme verteilt. Daß mit der Zahl der Bankverbindungen auch die Markttransparenz zunimmt, schwächt die Loyalität einzelnen Banken gegenüber. Die Gefahr für die Banken besteht hier nicht darin, daß der Kunde die Verbindung zu ihnen beendet, sondern daß er Geschäftsvolumen stärker auf andere Institute verlagert. Im Individualgeschäft beruht die Beziehung der Bank zum einzelnen Kunden nicht auf umfassender Beratung und Betreuung, sondern auf der Fähigkeit der Bank, dem Kunden individuelle Problemlösungen kompetent und zügig bereitzustellen, insbesondere auch unter Einbeziehung innovativer Angebote. Je komplexer die zu lösenden Probleme sind, desto bessere Voraussetzungen bestehen, die Geschäftsbeziehung zu festigen; bei der Abnahme von Standardleistungen dagegen entscheiden Individualkunden, gestützt auf die gute Markttransparenz, primär nach dem Preis.

---

[11] Ebenda, S. 30.

15*

Da in der Beziehung zum Individualkunden komplexe Probleme im Vordergrund stehen, sind für Lösungsangebote oft Aktivitäten verschiedener Sparten und Tochterunternehmen der Bank zu koordinieren. Das legt es nahe, eine zentrale Stelle zu schaffen, die das Management der Gesamtkundenbeziehung übernimmt (relationship manager). Das Koordinierungsproblem kann besonders bei Beziehungen großer Filialbanken zu großen, über zahlreiche Niederlassungen und Tochterunternehmen arbeitenden Firmenkunden erhebliche Schwierigkeiten bereiten.

Ob es um eine umfassende Betreuung im Mengengeschäft geht oder um Problemlösungen im Individualgeschäft, stets bestimmen vor allem Kompetenz und Vertrauenswürdigkeit der Bankmitarbeiter, inwieweit es gelingt, die Bankloyalität der Kunden zu erhalten und zu festigen. Die Loyalität ist daher gefährdet, wenn die Kontakte zwischen Bank und Kunden durch den Einsatz der Technik entpersönlicht werden, wie dies vor allem durch die Ausweitung der Selbstbedienung im Geschäft mit der Privatkundschaft der Fall ist. In welchem Maße dies – zusammen mit wachsendem Wettbewerb und der Zunahme des ökonomischen Bildungsgrades der Privatkunden – die Bankloyalität nachhaltig schwächen wird, ist eine derzeit noch offene Frage. Ähnlich ungewiß ist es, ob sich die Hausbank-Beziehungen zwischen den Banken und ihren emanzipierter gewordenen Firmenkunden weiter lockern oder wieder festigen werden.[12]

2. Gestaltung des Leistungsangebots[13]

Die Möglichkeiten, über die Gestaltung des Leistungsangebots die Marktsituation zu beeinflussen, lassen sich trennen in

• die Auswahl der insgesamt angebotenen Leistungsarten **(Gestaltung des Leistungsprogramms),** die den Rahmen abgibt für

• die Ausgestaltung der Einzelleistungen **(Gestaltung des Leistungsinhalts).**

Da hiermit grundsätzlich die gleichen Probleme angesprochen sind, die man in der (am Industriebetrieb orientierten) Allgemeinen Betriebswirtschaftslehre als Sortiments- und Produktgestaltung unterscheidet, werden im weiteren diese allgemeinen Begriffe verwendet, um den Eindruck zu vermeiden, es handle sich um bankspezifische Probleme. Die Überlegungen konzentrieren sich jedoch auf die aus der Eigenart bankbetrieblicher Leistungen und Absatzbedingungen resultierenden Besonderheiten der Sortiments- und Produktgestaltung.

Ob eine Maßnahme im konkreten Fall der Sortiments- oder der Produktgestaltung zuzuordnen ist, läßt sich nicht immer ohne Willkür sagen. Es fehlen allgemeingültige Kriterien, nach denen sich entscheiden ließe, wann eine Variation des Leistungsinhalts lediglich zu einer qualitativ besseren Leistung führt („Produktvariation") und wann sie

---

[12] Vgl. TERRAHE, JÜRGEN: Die Zukunft des Hausbankprinzips: Engere oder lockerere Bank/Kunden-Bindung? In: Organisation der Banken und des Bankenmarktes, hrsgg. von W. ENGELS, Frankfurt a. M. 1988, S. 145–166.
[13] Weiterführende Literaturhinweise hierzu: S. 406–410.

eine neue Leistung ergibt und damit das Sortiment erweitert („Produktinnovation").
Der Vorschlag, zu diesem Zweck wesentliche von unwesentlichen Variationen des
Leistungsinhalts zu unterscheiden, ist naheliegend, aber leider nicht praktikabel.

Obwohl somit Sortiments- und Produktgestaltung nicht immer klar voneinander
abzugrenzen sind, wird im weiteren diese gebräuchliche Trennung beibehalten, weil
es sich prinzipiell sehr wohl um verschiedene Problembereiche handelt.

2.1 Gestaltung des Gesamt-Leistungsangebots

2.1.1 Bestimmungsfaktoren der Sortimentsgestaltung

Entsprechend der Marketing-Konzeption sind für die Sortimentsgestaltung
in erster Linie die Kundenbedürfnisse und das Konkurrenzverhalten maßgebend (Marktgegebenheiten), allerdings nur insoweit, als dabei die betrieblichen Ziele, im besonderen das Gewinnstreben, gefördert oder zumindest
nicht beeinträchtigt werden.

Da die **Bedürfnisse und Ansprüche der Kunden** unterschiedlich sind, ist es
nicht zweckmäßig, die Sortimentsgestaltung pauschal auf „die Kundschaft"
auszurichten. Vielmehr werden Teilsortimente für bestimmte Kundentypen
(Kundengruppen) entwickelt, die zum Teil gleiche, zum Teil unterschiedliche Leistungsangebote enthalten. Grundlegend ist dabei die Segmentierung
des Gesamtmarktes in die Teilmärkte für Firmenkunden, vermögende Privatkunden und für die breite Privatkundschaft.

Die Ausrichtung des Sortiments auf verschiedene Kundengruppen ist kein
einmaliger, statischer Vorgang. Die Erfahrung zeigt, daß sich die Struktur
der Kunden und ihre Motivationen im Zeitablauf verändern, so daß sie im
Rahmen der Marktforschung regelmäßig zu überprüfen sind. Von besonde-
rem Interesse ist dabei, wie sich die Inanspruchnahme der verschiedenen
Leistungsangebote ändert, wie sich die kombinierte Inanspruchnahme der
Angebote entwickelt und ganz besonders: ob sich bei den einzelnen Kundengruppen neue Bedürfnisse und Nachfrageformen herausbilden. Die regelmäßige Suche nach möglichen Veränderungen auf der Nachfrageseite ermöglicht frühzeitige Anpassungen des Sortiments, was Präferenzen für das Institut, d. h. eine Verbesserung der Wettbewerbsposition gegenüber den Konkurrenzinstituten schaffen kann.

Allerdings ist die auf diese Weise mögliche Gewinnung von Präferenzen
nicht allzu hoch einzuschätzen, da die meisten Leistungsangebote verhältnismäßig schnell nachgeahmt werden können. Es gibt für Bankleistungen keinen Patentschutz, und Veränderungen erfordern meist keine kostspieligen
Sachinvestitionen, sondern lediglich die Information bzw. Schulung des betroffenen Personals sowie gewisse Änderungen in der Ablauforganisation.
Aus diesem Grunde könnte sich eine Bank auch damit begnügen, die Sortimentsgestaltung der Konkurrenz laufend zu beobachten und Veränderungen
direkt oder mit „individualisierendem Anstrich" zu kopieren. Institute, die
mit neuen, bedarfsgerechteren Angeboten vorangehen, können allerdings
dadurch das Ansehen einer fortschrittlichen Bank und auf diese Weise dann
doch Präferenzen gegenüber der Konkurrenz gewinnen.

Bestimmend für die Sortimentsgestaltung ist jedoch der Markt nur unter **Beachtung der unternehmenspolitischen Ziele** der Bank. Konkreter formuliert: Das Bemühen, die Marktanteile zu festigen und möglichst zu vergrößern, darf – mindestens auf längere Sicht – nicht die Ertragslage verschlechtern, sondern soll sie im Gegenteil nach Möglichkeit verbessern helfen. So wird die Sortimentsgestaltung wesentlich mitbestimmt durch das Bemühen, dabei die Erträge zu steigern und/oder die Aufwendungen zu senken. Das Verhältnis von Ertrag und Aufwand ist nicht allein isoliert für die einzelnen Leistungsangebote zu sehen. Zum Teil sind die Angebote so eng miteinander verbunden, daß man sie gemeinsam betrachten muß und dabei unter Umständen nachhaltige Verluste bei einzelnen Angeboten hinnimmt, solange sie durch Gewinne bei verbundenen Angeboten überdeckt werden. Wichtigstes Beispiel ist das Angebot von Zahlungsverkehrs-Leistungen, das seit Jahrzehnten aus dem Zinsüberschuß des Einlagen- und Kreditgeschäfts mitgetragen wird.

Im Interesse des Gewinnstrebens bietet die Sortimentsgestaltung auch die Möglichkeit, Engpässe zu beseitigen oder Überkapazitäten abzubauen. Engpässe und Überkapazitäten können das Schwergewicht der Sortimentsgestaltung auf einzelne Teile des Angebots lenken und auch dazu führen, das Sortiment einzuschränken oder auszuweiten. So kann im Finanzbereich je nach Marktlage die Mittelbeschaffung (vor allem: das Einlagengeschäft) oder die Mittelanlage (vor allem: die Kreditvergabe) Engpaßbereich sein und die Bank dazu veranlassen, sie bevorzugt durch ein verbessertes Leistungsangebot zu fördern. Die Bemühungen können sich auch auf Mittel bestimmter Qualität konzentrieren, beispielsweise auf einen verstärkten Zufluß längerfristiger Mittel. Im technisch-organisatorischen Bereich können zeitweilige Überkapazitäten (aufgrund schwankender Beschäftigung) Überlegungen anregen, durch eine Erweiterung oder Einengung des Leistungsangebots zu besserer, d. h. kostengünstigerer Kapazitätsauslastung zu gelangen.

2.1.2 Die wesentlichen Gestaltungsentscheidungen

Geht man von den banktypischen Leistungsarten aus sowie davon, daß dem Angebot gewöhnlich ein nach Kundengruppen segmentierter Markt zugrunde liegt, dann bestehen zwei Grundrichtungen der Sortimentsgestaltung, über deren Grenzen zunächst unternehmenspolitische Grundsatzentscheidungen zu treffen sind:

(a) Zum einen ist die **Sortimentsbreite** festzulegen, d. h. zu entscheiden, ob alle banküblichen Leistungsarten angeboten werden sollen (eventuell darüber hinaus noch einige „bankfremde" Leistungen), oder ob man sich auf einen Teil von ihnen beschränken will.

(b) Zum anderen ist die **Sortimentstiefe** festzulegen, d. h. zu entscheiden, wie stark innerhalb der einzelnen Leistungsarten das Angebot differenziert werden soll. Da der wesentliche Ansatz für eine Differenzierung das Bemühen ist, die Angebote auf bestimmte Kundentypen auszurichten, ist insbesondere zu entscheiden, ob man sämtliche oder nur bestimmte Kundengruppen ansprechen will.

Die Frage, ob eine Bank am Markt hinsichtlich Leistungsarten und Kundengruppen ein universelles oder ein spezialisiertes Sortiment anbieten will, ist

zweckmäßigerweise voranzustellen, ehe im zweiten Schritt die Sortimentsgestaltung innerhalb dieses auf längere Sicht festgelegten Rahmens erörtert
wird.

2.1.2.1 Umfang des Gesamtsortiments

In Deutschland vorherrschend und in anderen Ländern von wachsendem
Gewicht ist der **Typ der Universalbank,** wobei das Angebot umfassend vor
allem im Hinblick auf die Leistungsarten, inzwischen aber auch im Hinblick
auf die angesprochenen Kundengruppen ist. Soweit gesetzlich oder traditionell bestimmte Leistungsarten Spezialinstituten vorbehalten sind, werden
meist auch sie über Kooperationsvereinbarungen in das Sortiment der Universalbanken einbezogen, wobei man häufig die Kooperation durch kapital-
mäßige Verflechtungen absichert. Bei der Aufnahme „bankfremder Leistungen" unterliegen Kreditinstitute in Deutschland keiner gesetzlichen Beschränkung, es müssen lediglich die Aufnahme und die Einstellung von
„Geschäften, die nicht Bankgeschäfte sind", dem Bankenaufsichtsamt gemeldet werden (§ 24 I Ziff. 9 KWG).

Ein möglichst breites Sortiment mit der Tendenz zu weiterer Ausdehnung
(Diversifikation) verspricht im Hinblick auf die unternehmenspolitischen
Ziele wesentliche **Vorteile:**

1. Nach dem Warenhausprinzip „alles unter einem Dach" anzubieten, gibt zum einen
   zahlreiche Anknüpfungspunkte für neue Geschäftsverbindungen und zum anderen
   die Möglichkeit, den vorhandenen Kunden – die zumeist erst einen Teil des Angebots nutzen – planmäßig weitere Leistungsarten nahezubringen („cross selling").
   Auf diese Weise können die Kunden zunehmend an die Bank gebunden werden.

2. Ein breites Leistungsangebot macht die Bank widerstandsfähiger gegen Ertragsschwankungen, da Flauten selten bei mehreren Leistungsarten gleichzeitig auftreten
   und damit die Gewinnentwicklung insgesamt weniger tangieren (Ertragsausgleich).[14]
   Über das banktypische Sortiment hinauszugehen, liegt vor allem dann nahe, wenn
   man die Wachstums- und Gewinnaussichten im angestammten Tätigkeitsbereich
   als unzureichend ansieht.

3. Schließlich ist für die Kreditvergabe wesentlich, daß ein breites Spektrum den
   Einblick in das Finanzgebaren der einzelnen Kunden erleichtert, sofern es gelingt,
   einen möglichst großen Teil seiner Nachfrage nach Bankleistungen auf das eigene
   Institut zu lenken.

Positive Wirkungen ergeben sich allerdings nur dann, wenn die große Breite
und stete Erweiterung des Sortiments nicht zu einer qualitativen Verschlech-
terung des Angebots sowie durch hohe Kosten der Leistungserstellung zu
geringeren Gewinnen führt. Hierin liegen die **Grenzen** der Universalie-
rungstendenz, die vor allem bei kleineren Instituten zu der Entscheidung
führen können,

• sich entweder hinsichtlich der Sortimentsbreite auf einen Teil der banküblichen Leistungen zu spezialisieren oder zumindest schwerpunktmäßig zu
  konzentrieren

---

[14] Zum Ertragsausgleich zwischen Kreditgeschäft und Effektengeschäft vgl. KEHL,
WOLFGANG: Die Universalbank, Wiesbaden 1978.

• und/oder hinsichtlich der Sortimentstiefe das Angebot nur auf einen Teil denkbarer Kundengruppen abzustellen.

Der Denkweise vorrangiger Marktorientierung entspricht eher der zweite Weg: die Konzentration auf bestimmte Kundengruppen, die man dann – bei begrenzter eigener Kapazität: in Zusammenarbeit mit anderen Instituten – möglichst umfassend mit Bankleistungen versorgt (Zielgruppenbank). In Deutschland findet man diese Beschränkung beispielsweise bei Privatbankiers, die sich auf Firmenkunden und auf vermögende Privatkunden konzentrieren, also das Mengengeschäft vollständig oder sehr weitgehend abweisen. Ein weiteres Beispiel bilden einige der früheren Teilzahlungsbanken, die für Lohn- und Gehaltsempfänger (ihren ursprünglichen Kundenkreis) über den Konsumkredit hinaus nach und nach ein umfassendes Leistungsangebot entwickelt haben.

Die weitaus meisten Institute bemühen sich jedoch, alles für alle anzubieten, wobei die kleineren unter ihnen ihre Kapazitätsgrenzen dadurch überwinden, daß sie sich bei Bedarf der beratenden oder finanziellen Hilfe ihrer Spitzeninstitute bedienen (Girozentralen bzw. Genossenschaftliche Zentralbanken) sowie wesentliche Teile der Geschäftsabwicklung gemeinsam durchführen (z. B. Buchungsgemeinschaften).

Seit Anfang der achtziger Jahre bieten Universalbanken ihren Kunden auch Versicherungsleistungen an. Diese Erweiterung des Sortiments ist zentraler Teil einer Neuorientierung, bei der man auch bis dahin als bankfremd angesehene Produkte aufnimmt, um den Kunden noch umfassendere Lösungen ihrer finanziellen Probleme anbieten zu können. Daß die Universalbank damit die Grenzen ihres traditionellen Tätigkeitsfeldes überschreitet, versucht man mit neuen Begriffen zu erfassen, indem man ‚Bankleistungen‘ erweitert zu ‚**Finanzdienstleistungen**‘ (financial services) und das erweiterte Gesamtangebot mit dem Schlagwort **Allfinanz** kennzeichnet. Der Inhalt beider Begriffe ist nicht allzu genau bestimmt; sie ermöglichen es aber, die veränderte Wettbewerbslage zu erfassen, in der die Universalbanken stehen. Als Anbieter von Geldanlage-, Finanzierungs- und Zahlungsverkehrsleistungen haben sie längst kein Monopol mehr. Versand- und Warenhäuser, aber auch Industrieunternehmen wie v. a. die Automobilhersteller fördern ihren Absatz mit Finanzierungsangeboten; Versicherungsunternehmen bieten Anlagemöglichkeiten und vergeben Schuldscheindarlehen; Kreditkartengesellschaften bieten dem Karteninhaber Kredite und Geldanlagemöglichkeiten an. Man kann diese Anbieter als Substitutionskonkurrenten der Universalbanken sehen; man kann sie aber angesichts der verschwimmenden Grenzen herkömmlicher Arbeitsteilung auch gemeinsam mit den Banken als Anbieter auf dem „Markt für Finanzdienstleistungen" betrachten.

Mit dem Hinweis auf die gewachsene Substitutionskonkurrenz ist bereits ein wesentlicher Anstoß für die Universalbanken genannt worden, ihre Sortimente um bis dahin als bankfremd geltende Leistungen zu erweitern. Besonderes Gewicht hatte dabei die Beobachtung, daß seit den siebziger Jahren wachsende Anteile der privaten Ersparnisbildung den Lebensversicherungen zufließen – bei sinkenden Zuflüssen in die von Banken angebotenen Geldanlagemöglichkeiten.

Die Substitutionskonkurrenz bildete einen wesentlichen Anstoß, doch geht die Sortimentserweiterung über die Aufnahme substitutiver Produkte hinaus. Insbesondere werden auch Risikoversicherungen in das erweiterte Angebot einbezogen. Damit erschließen sich die Universalbanken zunächst einmal neue Ertragsquellen (Provisionseinnahmen). Auf längere Sicht werden sie damit aber nur erfolgreich sein, wenn es ihnen gelingt, die neuen und die traditionellen (banktypischen) Produkte im Hinblick auf die Kundenbedürfnisse zu Problemlösungen zu bündeln. Dies versucht man beispielsweise, indem man – den Verwendungszweck von Krediten einbeziehend – Privatkunden eine umfassende finanzielle Versorgung „rund um das Auto" anbietet oder „rund um die Immobilie".[15]Dementsprechend kann es bei der Sortimentserweiterung nicht darum gehen, alle nur möglichen Finanzdienstleistungen anzubieten (Allfinanz-supermarkt), sondern nur solche Angebote, die sich in „komplette Problemlösungen" für bestimmte Zielgruppen einbinden lassen. In diesem Sinne spricht man auch statt von einem Allfinanz- realistischer von einem Mehrfinanzkonzept.

Die Erstellung der von Universalbanken angebotenen Versicherungs- und anderer bisher nicht als banktypisch angesehener Leistungen erfolgt weiterhin in hierauf spezialisierten Unternehmen, mit denen die Banken auf der Grundlage vertraglicher Vereinbarungen kooperieren und an denen sie häufig auch beteiligt sind, zum Teil mehrheitlich (sog. Allfinanz-Konzerne).[16]

Wie sich für eine genauere Betrachtung ein derart breites und tiefes Sortiment strukturieren läßt, wird aus den bisherigen Überlegungen bereits deutlich. Legt man die zu Beginn entwickelten Leistungskategorien zugrunde (Angebot von Geldanlage- und von Finanzierungsmöglichkeiten sowie die Verwahrung und Verwaltung von Geld und von Effekten), und berücksichtigt man außerdem, daß das Angebot im wesentlichen auf drei Kundengruppen ausgerichtet wird (Firmen-, vermögende Privat- und breite Privatkundschaft), so ergeben sich neun **Teilsortimente.** Jedes Teilsortiment enthält die auf eine bestimmte Kundengruppe zugeschnittenen Leistungsarten einer Kategorie – beispielsweise sämtliche den Lohn- und Gehaltsempfängern angebotenen Geldanlageformen – und kann als Problemlösungsangebot der Bank für ein finanzielles Grundproblem eines bestimmten Kundentyps interpretiert werden.

	Geldanlage-möglichkeiten	Finanzierungs-möglichkeiten	Verwahrung und Verwaltung	
Firmen-kundschaft				
vermögende Privatkund-schaft				Sortimentstiefe → ↓
breite Privat-kundschaft				

← Sortimentsbreite →

---

[15] Vgl. dazu beispielsweise Krupp, Georg: Die Immobilie als strategischer Ansatzpunkt für Bankleistungen aus Sicht einer Großbank, in: LK, 1988, S. 768–774.

[16] Einen guten Überblick über die vielfältigen Aspekte des Allfinanzkonzeptes vermittelt Krümmel, Hans-Jacob/Rehm, Hannes/Simmert, Diethard B. (Hrsg.): Allfinanz – Strukturwandel an den Märkten für Finanzdienstleistungen, Berlin 1991. – Für detaillierte empirische Informationen vgl. Stracke, Guido/Geitner, Dirk: Finanzdienstleistungen – Handbuch über den Markt und die Anbieter, Heidelberg 1992. – Weitere Literaturhinweise zu Allfinanz: S. 408 f.

Während die Abgrenzung des Gesamtsortiments als langfristig wirksame Entscheidung nur den Rahmen festlegt, bildet die Gestaltung der Teilsortimente den eigentlichen Bereich der Anpassung des Leistungsangebots an die Kundenbedürfnisse.

2.1.2.2 Gestaltung der Teilsortimente

Gestaltung bedeutet hier: Vergrößerung oder Verkleinerung eines der Teilsortimente, konkreter: die Planung und Einführung neuer Leistungsarten einerseits (**Innovation**) und die Herausnahme bis dahin angebotener Leistungsarten andererseits (**Eliminierung**). Da die ersatzlose Eliminierung Kunden verärgern und sich auf die Abnahme anderer Teile des Sortiments nachteilig auswirken kann, ist sie selten; meist tritt an die Stelle der aus dem Sortiment entfernten Leistungsart ein neues, verbessertes Angebot (**Substitution**). Die ersatzlose Eliminierung tritt vor allem im Rahmen der bewußten Auflösung von Geschäftsbeziehungen mit einer ganzen Kundengruppe auf, wenn sich eine Bank also beispielsweise entschließt, das Mengengeschäft aufzugeben.

Aufgrund der kundenorientierten Denkweise geht der wichtigste Anstoß zur Änderung von Teilsortimenten von veränderten oder ganz neuen Kundenbedürfnissen aus. Derartige Veränderungen treten gewöhnlich nicht schlagartig auf, sondern werden erst nach und nach augenfällig. Deshalb ist eine laufende Beobachtung des Kundenverhaltens und seiner Bestimmungsgründe erforderlich (Marktforschung), um tiefgreifendere Veränderungen frühzeitig zu erkennen und eine bedarfsgemäße Anpassung des Sortiments zu entwickeln. Beispiele für veränderte Kundenbedürfnisse sind in neuerer Zeit zum einen die durch wachsende Vermögensbildung und schleichende Geldentwertung veränderten Anforderungen an die Geldanlageformen, zum anderen die durch die gewachsene Internationalisierung der Firmenkunden veränderten Anforderungen an die Finanzierungsmöglichkeiten.

Neben der Anpassung des Sortiments an veränderte oder neue Kundenbedürfnisse besteht die Möglichkeit, mit neuen Ideen noch Marktnischen zu entdecken oder mit der Aufnahme weiterer komplementärer Dienstleistungen in bankfremde Märkte einzudringen.

Was unter einer neuen Leistung zu verstehen ist, muß man (entsprechend der Marketingkonzeption) aus der Sicht des Kunden bestimmen und dementsprechend sehr weit fassen. Dazu gehören dann folgende Möglichkeiten:

(1) Ein bereits bestehendes Leistungsangebot der Bank erscheint in den Augen der Kunden als neu,

   a) weil es neu bezeichnet (etikettiert) wird, beispielsweise ein neu propagierter „Autokredit", der sich in Konstruktions- und technischen Merkmalen nicht vom (Vielzweck-)Anschaffungsdarlehen unterscheidet,

   b) weil es in den technischen Eigenschaften geändert wird, beispielsweise die Einführung der Barauszahlung auch durch Automaten statt nur am Kassenschalter.

(2) Es ist tatsächlich ein Angebot, das sich in seinen wesensbestimmenden Eigenschaften von allen bereits bestehenden Angeboten unterscheidet. Die Abgrenzung gegenüber dem Fall 1.b) hängt davon ab, was man als wesentliche Eigenschaften ansieht; dies wird nicht immer zweifelsfrei zu entscheiden sein. Im ganzen gesehen sind echte neue Produkte im Bankgewerbe aber selten.

Da jedes Teilsortiment als Angebot alternativer oder sich ergänzender Problemlösungen für jeweils eine bestimmte Kundengruppe (Zielgruppe) zu verstehen ist, sind die einzelnen Leistungsarten nicht isoliert zu sehen, sondern es ist auch ihr Zusammenhang zu berücksichtigen, unter Umständen sind sie sogar zu eigenständigen Angeboten zu verknüpfen („packaging").

Beispiel für eine solche Verknüpfung innerhalb eines Teilsortiments sind die von vielen Instituten entwickelten Sparpläne (-programme), in denen verschiedene Geldanlageformen planmäßig verbunden und in Form einer begrenzten Zahl standardisierter Problemlösungen angeboten werden. Die Erfahrungen damit zeigen aber auch die besonderen Probleme solcher Verknüpfungen. Wirtschaftlich wenig erfahrenen Sparern sind die Programme mitunter zu kompliziert, während sachkundigere Sparer ihrer oft gar nicht bedürfen.

Die Verknüpfung verschiedener Leistungsarten zu einem neuen (Verbund-) Angebot ist nicht nur innerhalb eines Teilsortiments, sondern auch zwischen Angeboten verschiedener Teilsortimente für denselben Kundenkreis möglich. So lassen sich beispielsweise Geldanlage und Finanzierung in der Weise verbinden, daß sich an ein planmäßiges Ansparprogramm eine Kreditvergabe zu günstigen Konditionen anschließt (Beispiel: Junghandwerkersparen).

Zumindest in größeren Instituten ist die Gestaltung der Teilsortimente Spezialisten vorbehalten, die meistens nicht nur beratend tätig sind (Stabsfunktion), sondern planmäßig die bestehenden Angebote überprüfen, neue Angebote entwickeln und – ausgestattet mit Anordnungsbefugnis – diese auch durchsetzen. Planung und Einführung neuer Bankleistungen erfolgen heute mit ähnlichen Verfahren und Teilschritten, wie sie für den industriellen Bereich, insbesondere für Planung und Einführung neuer Konsumgüter, entwickelt worden sind.[17]

2.2 Gestaltung der Qualität von Einzelleistungen

Nach der Abgrenzung des Gesamtsortiments und der Gestaltung der Teilsortimente bildet die qualitative Ausgestaltung der Einzelleistungen (Produktgestaltung) systematisch den dritten Schritt bei der Gestaltung des Leistungsangebots einer Bank.

Jede Marktleistung läßt sich durch eine Reihe von Merkmalen kennzeichnen, deren Ausprägungen zusammengenommen die Qualität der Leistung bestimmen.[18] Für die Produktgestaltung gibt es ebenso viele Ansatzpunkte, wie es Qualitätsmerkmale gibt.

---

[17] Einen allgemeinen Überblick gibt Cramer, Jörg-E.: Neue Dienstleistungen im Bankbetrieb, Frankfurt a. M. 1970.

[18] Deshalb wird Produktgestaltung auch als Qualitätspolitik bezeichnet, diese dann aber meist in einem etwas weiteren Sinne verstanden. Vgl. Griesel, Harald: Qualitätspolitik im Wettbewerb der Kreditinstitute, Berlin 1978, S. 85.

2.2.1 Qualitätsmerkmale

Qualitätsmerkmale beziehen sich zum einen auf den Inhalt der Leistung (**Konstruktionsmerkmale**) und betreffen insoweit vor allem deren Zweckeignung. Zum anderen beziehen sich Qualitätsmerkmale auf die Art der Erstellung der Leistung, also auf die Abwicklungsmodalitäten (**technische Merkmale**). Während die Konstruktionsmerkmale von Leistungsart zu Leistungsart verschieden sind, betreffen die technischen Merkmale gewöhnlich mehrere, zum Teil sogar alle Leistungsarten einer Bank. Sie werden deshalb auch als „generelle Qualitätskriterien" bezeichnet, wobei man im einzelnen hierzu zählt:[19]

• die Zuverlässigkeit, Korrektheit und Seriosität als Grundvoraussetzungen der Banktätigkeit;

• die Verhandlungsphilosophie der Bank, die sich im Grad ihres Bemühens um Kundenpflege sowie in der Ausnutzung eigener Rechtspositionen (Kulanzverhalten) ausdrückt;

• die Schnelligkeit der Leistungserstellung, wobei eine besondere Rolle die Wartezeiten der Kunden auf die Kreditvergabeentscheidung, in der Schalterhalle und bei der Abwicklung von Zahlungsverkehrsaufträgen spielen;

• das Verhalten des Bankpersonals den Kunden gegenüber.

Eine klare Grenze zwischen Konstruktions- und technischen Merkmalen ist mitunter schwer zu ziehen, da die Abwicklungsmodalitäten bei verschiedenen Leistungsarten erhebliches Gewicht haben, bisweilen sogar zu den wesentlichen Merkmalen der Leistung gehören, so etwa die Schnelligkeit bei der Abwicklung des „Blitzgiroverkehrs".

Im ganzen gesehen sind zwar die Abwicklungsmodalitäten lockerer mit der Eigenart der einzelnen Leistungen verbunden; doch können sie in ihrem Einfluß auf das Kundenverhalten bedeutsamer sein als die ihre sachliche Eignung bestimmenden Konstruktionsmerkmale. Besonderes Gewicht erhalten sie vor allem dadurch, daß vielfach die Leistungsinhalte bei den konkurrierenden Instituten weitgehend gleich sind. Von entscheidender Bedeutung kann in einer solchen Situation besonders das Verhalten des Bankpersonals den Kunden gegenüber sein.[20]

Produktgestaltung im engeren, eigentlichen Sinne sieht von den Abwicklungsmodalitäten zunächst ab, beschränkt sich also auf die Veränderung der Leistungsinhalte. Die wesentlichen Merkmale, anhand derer sich die verschiedenen Leistungsarten kennzeichnen lassen, im einzelnen auszubreiten, würde an dieser Stelle zu weit führen. Beim Angebot unmittelbarer Geldanlage- und Finanzierungsmöglichkeiten beispielsweise bieten die folgenden Merkmale Ansatzpunkte für eine Produktgestaltung:

• der (Mindest-)Betrag,
• die Währung,

---

[19] HAHN, OSWALD: Die Führung des Bankbetriebes, Stuttgart/u. a. 1977, S. 205–207.
[20] Zu den Schwierigkeiten, „kundenfreundliches Verhalten" genauer zu bestimmen und zu fördern, vgl. METZ, MATTHIAS: Kundenfreundliches Verhalten als qualitatives Instrument des Bankbetriebs, Frankfurt a. M. 1985.

- die Zweckbindung,
- die Laufzeit,
- die Zahlungs- und Rückzahlungsbedingungen,
- die Sicherheit,
- die Form des Forderungsrechts.

Der Inhalt der einzelnen Marktleistung bestimmt sich grundsätzlich aus der jeweiligen Vereinbarung zwischen dem Bankbetrieb und dem Kunden. Da eine Bank (als Dienstleistungsbetrieb) keine vorgefertigten Leistungen anbietet, sondern erst „auf Bestellung" tätig wird, bestehen für individuelle Absprachen bessere Voraussetzungen als bei industriellen Produkten. Allerdings führt dies nicht so weit, daß man in jedem Einzelfall von neuem über den Leistungsinhalt verhandelt. Bank wie Kunde haben Interesse an einer Standardisierung der Inhalte sowie auch in ihrer relativen Konstanz.

2.2.2 Die Tendenz zur Standardisierung der Leistungsinhalte

Vom Bankbetrieb her ist der wichtigste Anstoß zur Standardisierung der gleiche wie in anderen Wirtschaftsunternehmen auch: Man will durch den umfangreichen Anfall gleichartiger Arbeitsgänge die Voraussetzung für eine möglichst kostengünstige Erstellung der Leistungen schaffen, um sie billig anbieten zu können bzw. um den Gewinn zu erhöhen. Daß es sich um ein generelles Problem handelt, verdeutlicht man in der Fachliteratur gelegentlich dadurch, daß man das Standardsortiment einer Bank neben die industrielle Serienfertigung stellt. Anders als in der Industrie liegt allerdings bei einer Bank der Nutzen vor allem in der Zeitersparnis – wie generell die Zeit gegenüber der Stoffwirtschaftlichkeit in der Bank im Vordergrund steht, da die Leistungen immateriell sind. Die Zeitersparnis durch Standardisierung der Leistungsinhalte resultiert aus vereinfachten Verhandlungen mit den Kunden sowie aus den verbesserten Möglichkeiten innerbetrieblicher Arbeitsteilung, die den stärkeren Einsatz technischer Hilfsmittel ermöglicht.[21] Für standardisierte Leistungen spricht zudem, daß sich ihre Erstellung besser kontrollieren läßt und daß sie auch Preisgestaltung und Werbung vereinfachen.

Bei marktorientiertem Verhalten der Bank ist Standardisierung jedoch nur als Kompromiß aus betrieblichem Interesse und marktmäßigen Erfordernissen zu verwirklichen. Sie muß also auch Vorteile für die Kunden haben oder zumindest mit ihren Bedürfnissen vereinbar sein. Diese Voraussetzung ist besonders **im Geschäft mit der breiten Privatkundschaft** weitgehend gegeben. Die Bank kann hier zum einen von einer hinsichtlich der Bankleistungen im wesentlichen einheitlichen Bedürfnisstruktur ausgehen. Zum anderen erbringt die Standardisierung auch Vorteile für den Kunden. Er spart Verhandlungszeit, und seine Aufträge werden schneller und billiger ausge-

---

[21] Bei Leistungen, an deren Erstellung mehrere Banken beteiligt sind, ist die einzelne Bank zum Teil in überbetriebliche Absprachen eingebunden. Beispiele dafür sind die vereinheitlichenden Absprachen über die Gestaltung der Zahlungsverkehrsinstrumente (vgl. dazu S. 201f.).

führt. Bei den Kunden des Mengengeschäfts kommt hinzu, daß sie oft noch nicht genügend sachkundig sind und deshalb von der Bank nur bestimmte typisierte Leistungen erwarten. Dabei dürfte auch der Wunsch nach Versachlichung der Beziehungen eine Rolle spielen, d. h. der Wunsch mancher Kunden, ihre Transaktionen schnell und ohne intensivere Gespräche abzuwikkeln, ähnlich wie im Selbstbedienungsladen.

Die Leistungsinhalte sind so zu standardisieren, daß damit möglichst viele Kunden der Zielgruppe angesprochen werden. Einer flexiblen Handhabung des „Standardangebots" kommt entgegen, daß die Ausprägung einiger Merkmale ohnehin der individuellen Ausformung überlassen wird, so insbesondere der Wert (Betrag) der einzelnen Leistungen. Hier kann die Bank allenfalls Obergrenzen oder Untergrenzen für bestimmte Geldanlageformen bzw. Finanzierungsformen festsetzen und runde Summen zur Bedingung machen.

Bei Geldanlagen sind entscheidende Gestaltungsmerkmale die Laufzeit und die zwischenzeitliche Verfügungsmöglichkeit. Bei der Standardisierung liegt es nahe, sich an den wichtigsten Zwecken der Geldanlage (Sparmotive) zu orientieren. Über ihr jeweiliges Gewicht und die hierauf beruhenden Erwartungen der Kunden muß die Marktforschung Aufschluß geben, ehe man sich zur Standardisierung entschließt. Da die Kundenerwartungen gewöhnlich nicht homogen sind, auch nicht im Mengengeschäft, bietet sich eine begrenzte Zahl standardisierter Varianten an.

Bei Finanzierungen sind entscheidende Gestaltungsmerkmale die Laufzeit, die Sicherheitsanforderungen sowie die Bedingungen der Inanspruchnahme und der Rückzahlung. Die Sicherheitsanforderungen lassen sich vor allem in Verbindung mit der Begrenzung des Kreditbetrages vereinheitlichen. Bestimmend für Laufzeit und Rückzahlungsmodalitäten ist im Mengengeschäft die Höhe des regelmäßigen Einkommens und der regelmäßigen Ausgaben des Kunden. Entsprechend ihrer Regelmäßigkeit lassen sich die Ratentermine standardisieren (in der Regel monatliche Raten), während die Höhe der einzelnen Rate individuell vereinbart werden muß. Standardisieren läßt sich auch die Form der Ratenzahlung, beispielsweise als zeitlich befristeter Dauerauftrag.

Der kurze Überblick verdeutlicht schon, daß nicht der gesamte Leistungsinhalt vereinheitlicht wird, sondern stets nur ein Teil der wesentlichen Merkmalsausprägungen. So bleibt ein Spielraum für den einzelnen Kunden, sich zwischen verschiedenen Standard-Varianten zu entscheiden. Differenzierend wirkt zudem die jeweils mit der Leistungsabgabe verbundene Beratung durch das Bankpersonal.

Anders als bei den Kunden des Mengengeschäfts unterscheiden sich vermögende Privatkunden und Firmenkunden (Individualgeschäft) zum Teil erheblich in ihren Bedürfnissen. Dies gilt im besonderen für die Gestaltung der Geldanlage- und der Finanzierungsformen. Bei Leistungen dagegen, die auch beim Kunden in großer Zahl anfallen, beispielsweise Zahlungsvorgänge bei Firmenkunden, sind auch die Kunden an der Standardisierung sehr interessiert, was allerdings vom Bankinteresse abweichende Vorstellungen über das Wie nicht ausschließt.

Daß im Individualgeschäft der Wunsch und oft auch (aufgrund der wertmäßig größeren Leistungsabnahme) die Durchsetzbarkeit individuell zugeschnittener Leistungsinhalte größer ist als im Mengengeschäft, bedeutet nicht, daß die Bank auf Standardisierungen grundsätzlich verzichtet. Mindestens als Verhandlungsbasis geht man auch hier von einer Standardausstattung der Leistungen aus, die im Einzelfall abgewandelt wird, sofern der Kunde über ausreichende Verhandlungsmacht verfügt und bereit ist, sie für die Variation des Leistungsinhalts einzusetzen. Echte „Einzelfertigungen" beschränken sich jedoch auf Kunden mit wertmäßig sehr großer Leistungsabnahme.

3. Preisgestaltung[22]

Die freie, eigenverantwortliche Gestaltung der Preise für ihre Leistungen war den Kreditinstituten in Deutschland mehr als vierzig Jahre lang nicht gestattet. Die wichtigsten Bankpreise wurden vom Staat vorgeschrieben, weil man anderenfalls einen „ruinösen Preiswettbewerb" befürchtete, im gesamtwirtschaftlichen Interesse aber die Funktionsfähigkeit des Bankenapparates sicherstellen wollte. Die Kompetenz für die Einzelheiten der Reglementierung wurde dementsprechend dem Bankenaufsichtsamt zugewiesen, das die entsprechende Rahmenvorschrift (§ 23 I KWG) mit einer Ausführungsverordnung ausfüllte (Zinsverordnung).

Erst Mitte der sechziger Jahre setzte sich die Ansicht durch, daß im Interesse der Verbraucher mehr Wettbewerb auch im Bankwesen angebracht und möglich sei. Im Frühjahr 1967 hob das Aufsichtsamt die Zinsverordnung auf. Das Vorgehen des Bundeskartellamtes in den folgenden Jahren gegen Zinsempfehlungen der Bankenverbände und gegen vermutete Preisabsprachen zwischen Einzelinstituten zeigte die staatliche Absicht, auch keine privaten Beschränkungen des Preiswettbewerbs zu dulden. Schließlich wurde (1984) auch die in § 23 KWG enthaltene Befugnis für das Aufsichtsamt gestrichen, Preise im Bankensektor zu reglementieren.

3.1 Grundlagen

Statt von Preisgestaltung (Preispolitik) spricht man zum Teil auch von Zinspolitik oder von Konditionenpolitik, was jedoch zu Mißverständnissen führen kann. Zwar machen Zinsen rund die Hälfte der Kosten und rund drei Viertel der Erlöse einer Universalbank aus, doch spielt (gerade im letzten Jahrzehnt) auch die Gestaltung der Provisionen und Gebühren eine erhebliche Rolle. Ist Zinspolitik mithin ein zu enger Begriff, so ist Konditionenpolitik zu weit gefaßt, da in der Praxis zu den Konditionen neben dem Preis auch andere Bedingungen gerechnet werden, bei Krediten beispielsweise die Laufzeit.

Preisgestaltung ist bei einer Universalbank nicht einfach die Festlegung oder Variation „des Preises" für die einzelne Leistung. Vielmehr gibt es hier, anders als bei Industrieprodukten, mehrere preispolitische Variable, die je

---

[22] Weiterführende Literaturhinweise hierzu: S. 410–412.

nach der verfolgten preispolitischen Konzeption mehr oder weniger eng miteinander verknüpft sind. Deshalb ist zunächst auf die Grundlagen universalbanktypischer Preisgestaltung einzugehen. Die maßgebliche Analyse hierzu stammt von HANS-JACOB KRÜMMEL, auf dessen Arbeit sich daher die folgenden Überlegungen im wesentlichen stützen.[23]

3.1.1 Preispolitische Variable

Für industrielle Produkte beschränken sich Überlegungen zur Preisgestaltung gewöhnlich auf den pro Leistungseinheit zu zahlenden Geldbetrag, also auf die Höhe „des Preises", da über die Bezugsbasis (Leistungseinheit) kein Zweifel besteht. Für Bankleistungen dagegen versteht sich nicht ohne weiteres, was jeweils die Bezugsbasis des Preises sein soll. Sie ist von der Bank vielmehr vorab festzulegen oder mit dem Kunden zu vereinbaren. Mithin sind Variable der Preisgestaltung einer Bank

1. die Merkmale der Leistung, die als Anknüpfungspunkt der Preisstellung dienen sollen („Preisbezugsbasis") und
2. die Höhe des Preises je Zähleinheit der Bezugsbasis („Preiszähler").[24]

Als **Preisbezugsbasis** können grundsätzlich alle quantitativen und qualitativen Merkmale einer Bankleistung dienen. Besonders geeignet sind jedoch Merkmale, die in den Augen des Kunden den Inhalt der betreffenden Leistung gut repräsentieren und mit denen sich – dazu müssen sie meßbar und teilbar sein – das Leistungsentgelt an den Umfang der Leistungsabnahme anpassen läßt. Wegen des Erfordernisses der Meßbarkeit entfallen in praxi qualitative Merkmale als Preisbezugsbasis. Verwendet werden nur quantitative Merkmale: Wertgrößen (Geldbeträge) und Mengengrößen (Stückzahlen).

Im Anschluß an KRÜMMEL lassen sich zwei Grundkategorien von Bankpreisen unterscheiden:

- Preise, die sich auf das Halten eines Bestandes von Objekten beziehen, d. h. auf Einlagen- und Kreditbestände, auf die Risikoübernahme und auf die Verwahrung (= Bestandshaltepreise),
- Preise, die sich auf die Bewegung von Objekten beziehen, d. h. auf Verkehrsleistungen – vor allem den Zahlungsverkehr – sowie auf Kauf und Verkauf von Objekten (= Strömungspreise).

Dementsprechend dienen in der Praxis als Preisbezugsbasis zum einen Merkmale, die die Leistung der Bestandshaltung repräsentieren und messen, sowie zum anderen Merkmale, die die Leistung der Bewegung repräsentieren und messen. Im ersten Fall können es grundsätzlich Wertbestände oder Mengenbestände, im zweiten Fall Wertströme oder Mengenströme sein. Da sich die Haltung von Beständen über einen Zeitraum erstreckt, muß die Preisbe-

---

[23] KRÜMMEL, HANS-JACOB: Bankzinsen, Köln/Berlin/Bonn/München 1964.

[24] Mitunter wird als drittes „Element" bankbetrieblicher Preispolitik die Gültigkeitsdauer des Preises genannt, die besonders bei der Kreditvergabe (im Hinblick auf Marktzinsänderungen) bedeutsam sein kann. Vgl. HAHN, OSWALD: Die Führung des Bankbetriebes, Stuttgart/u. a. 1977, S. 191 f.

zugsbasis hier die Zeitkomponente einbeziehen (zeitraumbezogene Bezugsbasis), während sie im zweiten Fall – da in praxi auf qualitative Merkmale verzichtet wird – nur eindimensional ist (zeitpunktbezogene Bezugsbasis).

Einige Beispiele in der Praxis gebräuchlicher Preisbezugsbasen sollen einen Eindruck davon vermitteln, wie vielfältig die Möglichkeiten sind und welche variantenreiche Preispolitik sich mit ihnen betreiben läßt. Die Vielfalt wird nicht zuletzt dadurch erreicht, daß man als Bezugsbasis auch solche Merkmale verwendet, die die betreffende Leistung unzureichend repräsentieren oder die ihren Umfang nur ungenau messen. KRÜMMEL hat hierfür den Begriff „fingierte" (im Gegensatz zu den „effektiven") Bezugsbasen eingeführt.

(A) Beispiele gebräuchlicher Preisbezugsbasen für Bestandshalteleistungen:

1. Wertbestände:
Bezugsbasis ist überwiegend der **tatsächliche** Bestand, multipliziert mit der tatsächlichen, auf das Jahr bezogenen Bestandshalteperiode. Preisbezugsbasen dieser Art finden wir vor allem bei den Soll- und den Habenzinsen, aber auch bei Avalprovision und Depotgebühren. Das Beispiel Depotgebühren enthält aber bereits eine Wahlmöglichkeit: Der tatsächliche Bestand kann anhand des Nennwerts oder anhand des Kurswerts der verwahrten Papiere gemessen werden.

Fingierte Bezugsbasen kommen zustande, indem man Bestände in anderer als der tatsächlichen Höhe oder Perioden in anderer als der tatsächlichen Länge zugrunde legt. Einige Beispiele hierfür:

• Der Berechnung der Kreditprovision – die allerdings selten geworden ist – wird der zugesagte bzw. der nicht beanspruchte Kreditrahmen zugrunde gelegt, also nicht ein tatsächlicher, sondern ein fiktiver Bestand.

• Die Usancen der Wertstellung von Gutschriften und Lastschriften (Valutierung) verändern die zugrunde gelegte Periode der Bestandshaltung. Dabei wirkt sich zum Nachteil der Kunden besonders die Nachvalutierung von Gutschriften aus, die zu einer zinswirksamen Bestandsveränderung erst 1–3 Werktage nach der Verbuchung führt: Forderungen der Bank werden verspätet vermindert, Forderungen der Kunden verspätet erhöht.[25]

• Mindestsätze für Provisionen oder Gebühren legen bei sehr niedrigen effektiven Beständen einen höheren, fiktiven Bestand zugrunde.

2. Mengenbestände:
Mengenbestände als Bezugsbasis sind selten. Ein Beispiel ist das Entgelt für die geschlossene Verwahrung (Tresorgeschäft), bei dem die tatsächliche Zahl der verwahrten Objekte oder gemieteten Fächer sowie der tatsächliche Verwahrungszeitraum zugrunde gelegt werden. Durch eine unterschiedlich lange Mindestmietdauer kann in die Preisbezugsbasis im Einzelfall eine längere als die tatsächliche Periode eingehen.

(B) Beispiele gebräuchlicher Preisbezugsbasen für Strömungsleistungen:
Bei Strömungsleistungen besteht grundsätzlich die Alternative, Wertströme (Betrag der Kontoumsätze, der Zahlungsvorgänge u. ä.) oder Mengenströme (Zahl der Buchungsposten, der Zahlungsvorgänge u. ä.) zugrunde zu legen. Welche Basis in den Augen der Kunden die Leistung besser repräsentiert, ist nicht prinzipiell zu entschei-

---

[25] Nachdem Anfang 1989 der Bundesgerichtshof die Valutierung einer Bareinzahlung auf einen späteren als den Einzahlungstermin für unwirksam erklärt hat, haben viele Institute auch im bargeldlosen Zahlungsverkehr die Nachvalutierung von Gutschriften erheblich abgeschwächt; einige verzichten inzwischen ganz darauf.

den. Lediglich aus innerbetrieblicher Sicht, mit dem Blick auf die Kostenentstehung, sind Stückzahlen die angemessenere Bezugsbasis für die Preisstellung.

1. Mengenströme:
Geläufiges Beispiel sind die Postengebühren, denen allerdings nicht immer die tatsächliche Zahl von Buchungs- bzw. Zahlungsverkehrsposten zugrunde liegen. Freipostenregelungen beispielsweise oder Mindestgebühren führen zu fingierten Stückzahlen.

2. Wertströme:
Beispiele sind die Provisionen im Effektenkommissionsgeschäft und bei der Effektenemission sowie die Umsatzprovision für die Kontoführung. Am Beispiel der Umsatzprovision zeigt sich besonders gut die Beliebigkeit, mit der Preisbezugsbasen gewählt werden können: Der Preis kann sich wahlweise beziehen auf den Umsatz der größeren Kontoseite, auf den einfachen oder mehrfachen Höchstsollsaldo, auf ein Mehrfaches des Kreditrahmens – im zweiten und dritten Fall also nicht einmal auf Strömungs-, sondern auf Bestandsgrößen.

Die Beispiele zeigen, daß nicht erst der Preis (Preiszähler), sondern bereits die Wahl der Bezugsbasis von der Bank im Interesse ihrer Ziele festgelegt bzw. Gegenstand der Preisverhandlung mit dem Kunden sein kann. Zum Teil werden für eine Leistungsart oder (bei enger technischer Verknüpfung) für ein Leistungskonglomerat mehrere Bezugsbasen nebeneinander verwendet, d. h. der Preis wird in Teilpreise gespalten. Durch **Preisspaltung** kann die Belastung für den Kunden optisch niedrig gehalten werden, weil die einzelnen Preiszähler kleiner als bei lediglich einer Bezugsbasis sind. Preisspaltung erschwert zudem für den Kunden die Transparenz und damit die Vergleichbarkeit der Preise. Es ist insofern keine marketinggerechte, d. h. an den Kundenwünschen orientierte Maßnahme; doch hat sie bei den Banken nach wie vor erhebliche Bedeutung.

Neben der Preisbezugsbasis ist der **Preiszähler** die zweite preispolitische Variable einer Universalbank. Der Spielraum, innerhalb dessen sie von der Bank gesetzt bzw. mit dem Kunden vereinbart werden kann, wird vor allem durch Marktfaktoren, insbesondere durch das Verhalten der Konkurrenten bestimmt, wobei im Falle des Preises „Zins" die Liquiditätslage in Bankensystem und Wirtschaft – gesteuert durch die Maßnahmen der Zentralbank – den bestimmenden Hintergrund bildet.

Wie in anderen Wirtschaftszweigen werden auch von den Banken die Preise nicht für alle Kunden einheitlich festgesetzt bzw. vereinbart. Es ergeben sich Unterschiede aufgrund der Verhandlungsmacht und aufgrund des Leistungsumfangs der einzelnen Kunden:

• Auf der Basis der marktgängigen Preise (Listenpreise), die Kunden ohne Verhandlungsmacht zu akzeptieren haben, können Kunden mit entsprechender Verhandlungsmacht günstigere Preise vereinbaren („Preisdifferenzierung").

• Bei relativ großem Leistungsumfang werden den betreffenden Kunden für sie günstigere Preise zugestanden („Preisstaffelung"), wobei im Falle der Bestandshalteleistungen – also bei Zinsen für Einlagen von und Kredite an Kunden – der Umfang nicht primär am Betrag, sondern am Qualitätsmerkmal „Fristigkeit" gemessen wird. Besonders die Zinsen für Einlagen (Geldanlagen der Kunden) sind in dieser Weise gestaffelt: Auf Gelder mit längerer Festlegungs- oder Kündigungsfrist zahlt die Bank im allgemeinen einen höheren Zinssatz.

3.1.2 Preispolitische Konzeptionen

Der Kunde einer Universalbank nimmt normalerweise nicht in isolierten Kaufakten einzelne Leistungen der Bank in Anspruch, sondern er fragt im Rahmen einer auf längere Sicht angelegten Geschäftsbeziehung ein ganzes **Bündel verschiedenartiger Bankleistungen** nach. Aus diesem Grunde sind die Preise für die einzelnen Leistungsarten nicht als voneinander unabhängige Größen, sondern als **Teilpreise** im Rahmen des jeweils abgenommenen Leistungsbündels zu sehen. Ihr vorrangiger Bestimmungsfaktor sind insoweit nicht die jeweiligen Kosten der Leistungserstellung (betriebsbezogene Sicht), sondern ihr Beitrag zur Verbesserung der Absatz- und Gewinnlage (marktbezogene Sicht). Unter diesem Aspekt bestehen zwei Ebenen preispolitischer Entscheidungen:

(a) Als Grundlage stellen die Banken „ihre festen Sortimentspreise (Listenpreise) so, daß der Gesamtgewinn aus der Gesamtleistungsabnahme aller Kunden, die sie je nach der Kombination der Listenpreise – nach Preiszähler und Preisbezugsbasis – erwarten, möglichst groß wird. Wir bezeichnen diese interdependente Preisfixierung aller Teilpreise des Sortiments als **sortimentsstrategische Teilpreise**".[26] Für einen großen Teil der Kunden sind diese Preise Festpreise, da es ihnen an Verhandlungsmacht der Bank gegenüber fehlt.

(b) Für Kunden dagegen, die aufgrund ihrer Bonität und des Umfangs ihrer Leistungsabnahme über Verhandlungsmacht verfügen, bildet der Katalog der Listenpreise nur die Ausgangsbasis, von der aus sie Preisverhandlungen mit der Bank aufnehmen. Dem Verhandlungskonzept der Bank liegt bei solchen Kunden nicht mehr (wie bei den Listenpreisen) die durchschnittliche Struktur der Leistungsnachfrage zugrunde, sondern die Zusammensetzung des Leistungsbündels, das der jeweilige Verhandlungspartner nachfragt. Preiszähler und Preisbezugsbasis sucht man hier also so zu vereinbaren, daß der Beitrag des Kunden zum Gesamtgewinn der Bank möglichst groß wird. Der Umfang der Leistungsabnahme wird dabei als Funktion der Preisstellung gesehen. Die Einzelpreise sind dementsprechend in diesem Falle „kundenindividuelle **bündeltaktische Teilpreise**".[27]

Bei vorrangig kundenbezogenen Bestimmungsfaktoren können sich die Preise für einzelne Leistungsarten erheblich von der Höhe ihrer Kosten entfernen. Dies kann so weit führen, daß einzelne Leistungsarten gratis angeboten werden, um die Attraktivität des Gesamtangebots in den Augen der Kunden zu erhöhen oder – zeitlich begrenzt – mit einem „Einführungsangebot" zusätzliche Kunden zu gewinnen. Im Extremfall des Gratisangebots einzelner Leistungsarten tritt der Kern der Konzeption besonders deutlich hervor: die Erwartung der Bank, daß die Kunden zur Abnahme auch anderer Leistungsarten veranlaßt werden, deren Erlöse den anfänglichen Erlösausfall mindestens ausgleichen, möglichst aber überkompensieren. Auffälligstes

---

[26] KRÜMMEL, HANS-JACOB: Bankzinsen, a. a. O., S. 121 (im Original keine Hervorhebung).

[27] Ebenda, S. 125 (im Original keine Hervorhebung).

Beispiel für zu nicht kostendeckenden Preisen angebotene Leistungen ist die Abwicklung des Zahlungsverkehrs (Kontoführung).

In der Bankbetriebslehre bezeichnet man diese preispolitische Konzeption, bei der sich der Blick nicht vorrangig auf die Kostendeckung für einzelne Leistungsarten, sondern auf den Gewinnbeitrag einzelner Kunden oder Kundengruppen richtet, als **Ausgleichspreisstellung oder Mischkalkulation.** Der erstgenannte Begriff bringt zum Ausdruck, daß hier ganz bewußt die Subventionierung einzelner Geschäftssparten durch andere in Kauf genommen wird.

Die Ausgleichspreisstellung, das traditionelle preispolitische Konzept der Universalbank, wird aus verschiedenen Gründen kritisiert:

1. Mit der Aufnahme und Ausweitung des breiten Privatkundengeschäfts (Mengengeschäft) sind die Zweifel gewachsen, ob der angestrebte Ausgleich tatsächlich bei allen Kunden bzw. Kundengruppen gelingt. Soweit er nicht zustandekommt, führt die Ausgleichspreisstellung zur Subventionierung eines Teiles der Kunden durch den anderen, worin man Ungerechtigkeiten sieht.

2. Der (ebenfalls primär durch das Mengengeschäft bedingte) starke Anstieg der Betriebs-, vor allem der Personalkosten hat nicht nur das Bemühen um Rationalisierungsmaßnahmen verstärkt, sondern auch Überlegungen angeregt, ob Kostengesichtspunkte nicht stärker als bisher in die Preisgestaltung einfließen sollten, konkret: ob man nicht in den Defizitsparten die Situation durch höhere Preise (also direkte Erlöse) verbessern sollte.

3. Die nur geringe Orientierung an den Kosten der Leistungserstellung verhindert, daß die Kunden über differenzierte Preise (entsprechend den relativen Kosten) bei alternativen Leistungen auf jene Angebote gelenkt werden, die von der Bank hochtechnisiert und dadurch besonders kostengünstig erstellt werden können.

Aus der Kritik leiten sich Vorschläge und Ansätze einer veränderten preispolitischen Konzeption ab, in der wenn auch nicht immer kostendeckende, so doch stärker als bisher **an den Kosten orientierte Preise** den Vorrang haben. Inwieweit die Differenzierung der Preise, die sich daraus ergibt, von den Kunden angenommen wird, ist allerdings noch offen.[28]

Ein erhebliches Problem bei der Verwirklichung jeder der beiden preispolitischen Konzeptionen bilden die Schwierigkeiten, sie mit Hilfe der Kostenrechnung abzustützen. Durch den bei einer Universalbank besonders hohen Anteil an Gemeinkosten beruhen die ermittelten Stückkosten sowie die Geldbeschaffungskosten (bei Krediten) und Geldanlageerlöse (bei Einlagen) auf derart umfangreichen Gemeinkosten-Schlüsselungen, daß sich

---

[28] Die Unsicherheit, die hierüber bei den Banken besteht, zeigte sich am Beispiel der Gebühren für die Kontoführung im Mengengeschäft. Nachdem seit etwa 1980 einheitliche Postengebühren zunehmend durch differenzierte „Gebührenstaffeln" ersetzt worden waren, gewannen gegen Ende des Jahrzehnts wieder Pauschalgebühren an Gewicht, die man eher für „bedürfnisadäquat" hielt, weil der Privatkunde die Kontoführung als Einheit sehe, für deren Nutzen/Kosten-Vergleich eine Pauschalgebühr transparenter sei. Vgl. im einzelnen KÖLLHOFER, DIETRICH: Preispolitik im Zahlungsverkehr, in: Handbuch des Bankmarketing, hrsgg. von J. SÜCHTING/E. v. HOOVEN, 2. Aufl., Wiesbaden 1991, S. 169–188.

- weder im Falle der Ausgleichspreisstellung zuverlässig überprüfen läßt, ob der angestrebte Ausgleich bei einzelnen Kunden oder Kundengruppen tatsächlich gelingt,

- noch im Falle einer kostengerechten Preisstellung zuverlässig der Umfang der Vollkosten je Leistungsart (als Preisuntergrenze) ermitteln läßt.[29]

3.2 Zur Preispolitik im Mengengeschäft

Die Kenntnisse über das Leistungsangebot der verschiedenen Kreditinstitute und die jeweils geforderten Preise (insgesamt also: die Markttransparenz) sind bei einem großen Teil der breiten Privatkundschaft als gering einzuschätzen. Zwar sind die Banken seit 1973 verpflichtet, die einzelnen von ihnen im „standardisierten Mengengeschäft" verlangten Preise öffentlich in ihren Schalterhallen auszuhängen **(Preisauszeichnungspflicht)**.[30] Durch die Vielfalt der Gebührensysteme mit unterschiedlichen Einzelpreisen und Berechnungsmodalitäten ist jedoch ein Überblick für den nicht sehr bankkundigen Konsumenten nach wie vor nur in Ansätzen möglich. Vergleichende Gegenüberstellungen der Preise ausgewählter Institute, wie sie mitunter in Fachzeitschriften und von Verbraucherschutzorganisationen veröffentlicht werden, dürften eher von Fachleuten als von der einfachen Bankkundschaft gelesen und analysiert werden.

Hinzu kommt, daß die Kunden des Mengengeschäfts durch ihre relativ geringe Leistungsabnahme auch nicht besonders motiviert sind, Informationen über Konkurrenzangebote zu sammeln und sie zu vergleichen. Gegenüber der eigenen Bank haben sie wegen des geringen Abnahmevolumens ohnehin keine ausreichende Verhandlungsmacht, um günstigere Konditionen auszuhandeln; und ein Wechsel zu einer Bank, die günstigere Preise bietet, unterbleibt oft selbst dann, wenn die Unterschiede erkannt werden, weil die Kunden den nahen Standort der eigenen Bank und/oder die Vertrautheit mit den dortigen Mitarbeitern höher als den Preisvorteil einschätzen (räumliche und/oder persönliche Präferenzen). Man kann also davon ausgehen, daß der reaktionsfreie Bereich der Preis-Absatz-Funktion im Geschäft mit der breiten Privatkundschaft relativ breit ist; erst bei erheblichen Preisunterschieden muß die Bank mit Reaktionen der Kunden rechnen.

Die insoweit auf die einzelne Geschäftsbeziehung bezogenen Überlegungen treffen aber nicht gleichermaßen auch für die breite Privatkundschaft insgesamt zu. Da zu ihr die wirtschaftlich schwächeren Bevölkerungskreise gehören, steht hier die Preisgestaltung im Blick der Öffentlichkeit, genauer: der Massenmedien, der Gewerkschaften und anderer „Anwälte des kleinen Man-

---

[29] Im einzelnen wird hierauf im Abschnitt über die Kosten- und Erlösrechnung noch näher einzugehen sein (S. 302 ff.).

[30] § 3 der Verordnung zur Regelung der Preisangaben. – Um den Kunden Konditionenvergleiche zu ermöglichen, haben sich die Spitzenverbände der Kreditwirtschaft auf einen hinsichtlich Inhalt und Textschema einheitlichen Aushang geeinigt. Er ist abgedruckt u. a. bei REISCHAUER/KLEINHANS: Kreditwesengesetz (KWG), Berlin 1963 ff., Kennzahl 341 e.

nes". Weithin wird erwartet, daß Bankpreise für die breite Privatkundschaft nicht allein nach betriebswirtschaftlichen Gesichtspunkten festgelegt werden, sondern auch eine soziale Komponente haben müßten. Im besonderen die Gebühren für die Kontoführung und der Spareckzins werden in diesem Sinne auch als „politische Preise" bezeichnet und mit der früheren Bedeutung des Brotpreises verglichen. Damit geraten Banken hier nicht nur in einen Begründungszwang für ihre Preise, sondern durch die Eigenart der Kundengruppe engt sich auch der im Verhältnis zum einzelnen Kunden eigentlich sehr weite Entscheidungsspielraum faktisch erheblich ein.

Die Einengung spüren die Banken besonders empfindlich, weil die meisten von ihnen das Mengengeschäft mit Null-Preisen oder nur sehr geringen Entgelten für die Kontoführung aufgenommen haben, weil man sich lukrative Folgegeschäfte erhoffte. Als dies nicht in erwartetem Maße eintrat, erwies es sich dann als äußerst schwierig, ohne größeren Imageverlust zu Gebühren bzw. höheren Gebühren überzugehen.[31]

3.3 Zur Preispolitik im Individualgeschäft

Der Begriff Individualgeschäft bringt die individuelle (nicht einheitlich-gleichartige) Behandlung der Kunden zum Ausdruck, was im besonderen bedeutet: Mit diesen Kunden ist die Bank bereit, in Preisverhandlungen einzutreten. Im wesentlichen zählt man hierzu die vermögende Privatkundschaft und die Firmenkundschaft. Ihnen gegenüber sieht die Bank, ausgehend von den Listenpreisen, eine auf den Einzelfall zugeschnittene Preisgestaltung als zweckmäßig oder gar als erforderlich an, weil man bei ihnen aus verschiedenen Gründen eine hohe Preiselastizität unterstellt:

● Ihre Markttransparenz wird als groß eingeschätzt, schon weil sie gewöhnlich mehrere Bankverbindungen haben.

● Der Umfang ihrer Leistungsabnahme ist so groß, daß bereits kleine Preisunterschiede zu (in absoluten Beträgen) beträchtlichen Mehr- bzw. Minderbelastungen führen.

● Ihr Verhalten wird als weitgehend rational eingeschätzt, im wesentlichen orientiert am Gewinnstreben.

Aus der Bankpraxis werden allerdings diese Hypothesen nur zum Teil bestätigt. Es wird einschränkend von einer gewissen Preisunempfindlichkeit kleiner und mittelgroßer Firmenkunden berichtet, die der Situation im Mengengeschäft ähnelt; und auch bei Großkunden wird ein mitunter erhebliches Gewicht von Präferenzen festgestellt.[32] Dabei spielen nicht allein die Qualität des Bankmanagements und traditionelle Bindungen eine Rolle (persönliche Präferenzen), sondern auch die Erfahrung, daß es im Falle einer allgemeinen oder unternehmensindividuellen Rezession wichtig sein kann, eine hilfsbereite Hausbank zu haben.

---

[31] Im einzelnen vgl. hierzu HEIN, MANFRED: Zum Problem kostenorientierter Gebühren für die Kontoführung, in: ZfgK, 1972, S. 384–392.

[32] So beispielsweise JUNCKER, KLAUS: Marketing im Firmenkundengeschäft, Frankfurt a. M. 1979, S. 26–28.

Da es hier um individuelle Absprachen zwischen der Bank und dem einzelnen Kunden geht, sind generelle Aussagen kaum möglich. Sie beschränken sich auf Hypothesen über die von der Bank bevorzugte Verhandlungstaktik.

Als Grundlage wird wie im Mengengeschäft das Bündelpreiskonzept angesehen: der vorrangige Blick nicht auf das Kosten/Preis-Verhältnis für die einzelne Leistungsart, sondern für die Gesamtheit der vom einzelnen Kunden beanspruchten Bankleistungen (relationship pricing). Anders als im Mengengeschäft wird jedoch hier der Preisgestaltung nicht das durchschnittlich von Kunden eines bestimmten Typs abgenommene Leistungsbündel zugrunde gelegt, sondern das kundenindividuelle Leistungsbündel. Wesentlich für die Preisverhandlung ist es dabei, daß dem Bündel einbezogener Leistungsarten auch ein ganzes Bündel verhandelbarer Preise entspricht. Im Hinblick auf die Gesamtbelastung des Kunden kann man sie als Teilpreise kennzeichnen.

Bei dieser Ausgangslage ist es begreiflich, daß die Bank gegenüber verhandlungsstarken Kunden eher bei mehreren Teilpreisen in geringem Umfang als bei einem Teilpreis in größerem Umfang nachgibt. In der Fachliteratur wird ein solches Verhaltensmuster als **„Prinzip der kleinen Mittel"** bezeichnet. Man sieht darin für die Bank eine Reihe von Vorteilen:[33]

• Die Zerlegung des Preisnachlasses, den man insgesamt als notwendig vermutet, ermöglicht kleine sondierende Teilschritte, die bei den verschiedenen Kunden an unterschiedlichen Stellen ansetzen können und die am besten geeignet erscheinen, die gesamte Erlösminderung gering zu halten.

• Ein größeres Nachgeben bei nur einem Teilpreis würde beim Kunden den Eindruck erwecken, die Bank sei mit überhöhten Preisforderungen in die Verhandlung gegangen. Geringes Nachgeben an verschiedenen Stellen dagegen vermittelt den Eindruck sorgfältig kalkulierter Preise und besonderer Kulanz.

• Im Zuge der Preisverhandlung wird die Verhandlungsmacht des Kunden nach und nach verbraucht, was ihm eher das Gefühl gibt, erfolgreich verhandelt zu haben (Abnutzungsstrategie).

• Dem Kunden wird der Vergleich seiner Konditionen mit denen für andere Kunden oder denen bei anderen Banken erschwert, anders formuliert: seine Markttransparenz wird beeinträchtigt.

• Die einzelnen Leistungen können mit (absolut gesehen) niedrigeren Preiszählern angeboten werden, erscheinen also „optisch billig".

Daß die Bank in Preisverhandlungen das „Prinzip der kleinen Mittel" benutzt, liegt schon wegen der Mehrzahl vom Kunden abgenommener Leistungen nahe. Verbessert werden die Möglichkeiten noch, wenn es der Bank durch Preisspaltung gelingt, die Zahl der Teilpreise über die Zahl der Leistungsarten hinaus zu erweitern. Dies ist vor allem bei der wichtigsten Leistungsart üblich: bei der Kreditvergabe, für die nicht nur Zinsen, Provisionen und Gebühren nebeneinander berechnet werden, sondern bei der auch verschiedene Möglichkeiten bestehen, die Preisbezugsbasis als preispolitische Variable einzubeziehen. Verhandlungsstarke Kunden bemühen sich allerdings darum, Preisspaltungen möglichst zu verhindern, indem sie vor

---

[33] KRÜMMEL, HANS-JACOB: Bankzinsen, a. a. O., S. 136f.

allem im Kreditgeschäft auf Nettosätze dringen. Dies verbessert ihre Markttransparenz und verstärkt dadurch ihren Verhandlungsdruck.

Eine Preispolitik „der kleinen Mittel" ist zwar auch in anderen Wirtschaftszweigen gebräuchlich; doch bestehen nirgends so gute Voraussetzungen für sie wie in einer Universalbank.

4. Distribution der Marktleistungen[34]

Um die Marktsituation im Sinne der eigenen Ziele zu beeinflussen, ist ein dritter Ansatz – neben der Gestaltung der Leistungen und der für sie festgesetzten bzw. vereinbarten Preise – die Gestaltung des Vertriebs (Distribution). Hier ist zu entscheiden, auf welche Weise die Bank die Entfernung zum Kunden überbrückt, oder aus der Sicht des Kunden: wo und wie er Leistungen der Bank in Anspruch nehmen kann. Es bestehen drei generelle Möglichkeiten des Vertriebs:
(1) Der Kunde sucht die Geschäftsräume der Bank auf, wobei ihm die Bank durch Standortspaltung (Geschäftsstellennetz) den Weg wesentlich verkürzen kann.
(2) Der Kunde erteilt seine Aufträge mit den gebräuchlichen Kommunikationsmitteln (Brief, Telefon, Terminal).
(3) Ein Mitarbeiter der Bank sucht den Kunden auf (Außendienst).
Die drei Möglichkeiten sind keine Alternativen; sie treten gewöhnlich nebeneinander auf. Allerdings haben sie bei den verschiedenen Kunden unterschiedliches Gewicht, so daß die planmäßige Gestaltung des Vertriebs Hypothesen über die Erwartungen und das Verhalten der verschiedenen Kundentypen (Kundengruppen) erfordert.

Außer vom Kundentyp wird die Art des Vertriebs auch durch Unterschiede der Leistungsarten bestimmt. Soweit Bankleistungen kein beratendes Gespräch und keine Verhandlung erfordern, sondern sich auf die Erfüllung klar umrissener Aufträge beschränken, liegt die Benutzung der genannten Kommunikationsmittel nahe, unabhängig vom Kundentyp. Diese den persönlichen Kontakt jeweils nur ergänzende Möglichkeit des Vertriebs wird im weiteren auch nur ergänzend erörtert, so daß sich die Überlegungen auf die beiden wichtigsten Vertriebsmöglichkeiten konzentrieren: auf den Vertrieb über eigene Geschäftsstellen und auf den Vertrieb über einen Außendienst.

Wie für alle Marketingmaßnahmen gilt auch für Entscheidungen über den Vertrieb: Grundsätzlich bestimmend sind zwar die Kundenbedürfnisse, dies jedoch nur insoweit, als damit die Gewinnsituation der Bank verbessert oder wenigstens nicht verschlechtert wird. Wie weit die Kundenorientierung geht, richtet sich also auch hier nach den mit ihr verbundenen Kosten.

4.1 Vertrieb über eigene Geschäftsstellen

Der Vertrieb von Bankleistungen über eigene Geschäftsstellen (stationärer Vertrieb) steht nach wie vor im Vordergrund, wenngleich auch der Kunden-

---

[34] Weiterführende Literaturhinweise hierzu: S. 412–414.

besuch eine lange Tradition hat und in neuerer Zeit offenbar noch an Bedeutung gewinnt.

Wesentliche Grundfrage ist es zunächst, inwieweit es für den Vertrieb der Leistungen erforderlich ist, daß die Bank ihre Standorte (Geschäftsstellen) in unmittelbarer Nähe der Abnehmer hat, von diesen also auf kurzem Wege erreicht werden kann. Die Frage läßt sich für die Kunden nicht einheitlich beantworten.

Vielmehr muß man, gestützt auf empirische Erhebungen, davon ausgehen, daß für Firmen- und für vermögende Privatkunden (Individualkundschaft) die Nähe der Geschäftsräume gewöhnlich von geringerer Bedeutung ist als für das Mengengeschäft.

Zur Erklärung des unterschiedlichen Kundenverhaltens wird in der Bankbetriebslehre das **„Prinzip der Einkaufswirtschaftlichkeit"** herangezogen.[35] In diesem Verhaltensmodell wird unterstellt, der Bankkunde entscheide sich für diejenige Bankverbindung, von der er annehme, daß er dort die höchste „Einkaufswirtschaftlichkeit" erzielen könne, d. h. die größte positive Differenz zwischen

* „Einkaufsertrag" (in Form von Qualitäts- und Preisvorteilen) und
* „Einkaufsaufwand" (in Form benötigter Zeit für Preis- und Qualitätsvergleiche sowie für die Inanspruchnahme der Leistungen).

Dabei hänge der „Einkaufsaufwand" wesentlich von der Länge des Weges und der Häufigkeit der Nachfrage ab. Die Wahl werde besonders dann auf die nächstgelegene Bank fallen, wenn keine Preis- und Qualitätsunterschiede bestünden oder wenn der Nachfrager sie für zu gering halte, um genauere Vergleiche anzustellen. Demgegenüber seien Nachfrager umso eher bereit, einen höheren „Einkaufsaufwand", vor allem also längere Wege, in Kauf zu nehmen, je größer der erzielbare „Einkaufsertrag" sei.

Mit dieser Argumentation wird erklärt, weshalb für die breite Privatkundschaft räumliche Präferenzen, also die Nähe der Bank zu ihrem Wohnsitz oder Arbeitsplatz, von wesentlich größerer Bedeutung ist als für die Individualkundschaft: Preis- und Qualitätsunterschiede von Bank zu Bank sind für diesen Kundentyp gering oder werden wegen des geringen Umfangs der Leistungsabnahme nicht erkundet; mithin geht es für sie vorrangig darum, den „Einkaufsaufwand" zu minimieren.

Allerdings darf man aus der größeren Bedeutung räumlicher Präferenzen für die breite Privatkundschaft nicht folgern, die Nähe der Bank sei in jedem Fall maßgebend für die Einkaufsentscheidung. Die unterstellte Rationalität („Minimierung des Einkaufsaufwandes") dürfte zwar im Vordergrund stehen, wenn Nachfrager zum ersten Mal Bankleistungen in Anspruch nehmen. Verfügen sie jedoch bereits über eine Bankverbindung, so werden Überlegungen der „Einkaufswirtschaftlichkeit" – auch dies bestätigen Befragungen – stark überlagert von der Bindung an dieses Institut (Bankloyalität): Persönliche Präferenzen oder die bloße Gewöhnung verhindern, daß der Kunde zu einer neuen, näher gelegenen Geschäftsstelle wechselt. Das gilt besonders dann, wenn die Geschäftsstellendichte so groß ist, daß der Wechsel gar nicht

---

[35] SÜCHTING, JOACHIM: Die Einkaufswirtschaftlichkeit für Bankleistungen und die Zweigstellenpolitik, in: Bk-B, 1968, S. 277–280.

mehr mit erheblicher Zeitersparnis verbunden wäre. Bei großer Geschäftsstellendichte sind räumliche Präferenzen nur noch dominierend, sofern mit
dem Wechsel der Bank eine sehr erhebliche Senkung des „Einkaufsaufwandes" verbunden ist, beispielsweise wenn der Kunde seinen Wohnsitz wechselt.

Die theoretischen Überlegungen erhellen die Gründe für die **Entwicklung der Geschäftsstellennetze** in den vergangenen Jahrzehnten.

Als die Universalbanken Ende der fünfziger Jahre in breiter Front dazu übergingen,
Lohn- und Gehaltsempfänger als Kunden zu gewinnen, spielte die Schaffung räumlicher Präferenzen für diese Zielgruppe die entscheidende Rolle. Bis dahin waren die
Geschäftsstellennetze primär auf die Bedürfnisse der Individualkundschaft abgestellt
gewesen, wobei zudem bis 1958 die Eröffnung neuer Geschäftsstellen staatlich reglementiert war (Bedürfnisprüfung). Der Wettlauf um den bankmäßig noch ungebunde-
nen „kleinen Mann" führte zu einer gewaltigen Ausdehnung der Zahl der Geschäftsstellen, die man nach dem damals vorrangigen Motiv ihrer Errichtung vor allem als
„Saugnäpfe für Spareinlagen" verstand. Die Expansion hielt rund fünfzehn Jahre lang
an und kam erst zur Ruhe, als nahezu jeder Lohn- und Gehaltsempfänger Kunde einer
Bank war und die erreichte Geschäftsstellendichte nur noch geringe Aussicht ver-
sprach, durch zusätzliche Stellen Kunden von anderen Banken abzuwerben. Im
Durchschnitt entfällt heute in Deutschland auf rund 1.100 Bundesbürger eine Bank-
Geschäftsstelle, was im internationalen Vergleich eine überdurchschnittlich gute Aus-
stattung darstellt.[36]

Während in der expansiven Phase (als es vorrangig darum ging, neue Kunden zu gewinnen) im Mittelpunkt der Planung die Frage nach der Zahl und
den Standorten zusätzlicher Geschäftsstellen stand, ist nunmehr (da es vorrangig darum geht, die Geschäftsbeziehungen mit den vorhandenen Kunden
zu intensivieren) die Gestaltung und Überwachung der vorhandenen Geschäftsstellen in den Vordergrund gerückt. Auf diese Fragen werden sich
dementsprechend die folgenden Überlegungen konzentrieren.

Da es Geschäftsstellen sehr unterschiedlicher Art und Größe gibt, verwendet
man für sie in Fachliteratur und Praxis unterschiedliche Begriffe, zum Teil
auch dieselben Begriffe in unterschiedlichem Sinne. Das macht vorab ein
paar begriffliche Erläuterungen notwendig.

Als Geschäftsstellen werden im weiteren – im Einklang mit der wohl überwiegenden Begriffsverwendung – alle Betriebseinheiten einer Bank bezeichnet, die nicht als **Zentrale (Hauptstelle)** anzusehen sind.[37] Bei den Geschäftsstellen werden unterschieden:

- **Filialen** (Geschäftsstellen an anderen Plätzen als dem Sitz der Zentrale) und
- **Zweigstellen** (Nebenstellen am Platz der Zentrale oder dem einer Filiale).

Geschäftsstellen und Zentrale werden zusammenfassend als Bankstellen oder
Stützpunkte einer Bank bezeichnet.

---

[36] Ende 1991 waren es genau 1070 (gegenüber 752 in Belgien und 853 in der Schweiz,
jedoch 1.793 in Japan und 2.419 in den USA). – Quelle: BANK FÜR INTERNATIONALEN
ZAHLUNGSAUSGLEICH (Hrsg.): Statistics on payment systems in eleven developed
countries – figures for 1991, Basel 1992. S. 2.

[37] Zum Teil verwendet man allerdings auch in diesem weiten Sinne die Begriffe Filiale
oder (so in der Bankenstatistik und im KWG) Zweigstelle.

4.1.1 Öffnungszeiten

Kundennähe einer Bank umfaßt außer räumlicher Nähe der Geschäftsstellen auch die Möglichkeit für den Kunden, die Bank zu einem ihm genehmen Zeitpunkt aufsuchen zu können.

Die Zeitspannen der Betriebsbereitschaft (Öffnungszeiten) sind bei einem Bankbetrieb traditionell erheblich geringer als etwa im Einzelhandel. Das warf kaum Probleme auf, solange Bankgeschäft im wesentlichen Individualgeschäft, vor allem Firmenkundengeschäft war, zumal die Banken bei wichtigen Kunden seit jeher bereit waren, Mitarbeiter auf individuelle Vereinbarung ins Haus zu schicken. Zweifelhaft erscheint es jedoch, ob die traditionellen Öffnungszeiten auch für das Mengengeschäft genügend kundenorientiert sind, da sie zum größten Teil in die eigene Arbeitszeit der Kunden fallen. „Etwas überspitzt formuliert kann man sagen, daß die Kreditinstitute immer dann ihre Schalter geschlossen haben, wenn ihre Kunden für Bankgeschäfte Zeit hätten".[38] Dabei ist zu berücksichtigen, daß die Zahl der Einpersonenhaushalte ständig größer geworden ist und in vielen Mehrpersonenhaushalten beide Ehepartner berufstätig sind.

Das Problem wird noch dadurch verstärkt, daß die gewerkschaftlichen Bemühungen um verkürzte Arbeitszeit natürlich auch die Bankangestellten einbeziehen, was bereits dazu geführt hat, daß Kreditinstitute im Normalfall an Samstagen überhaupt nicht mehr geöffnet sind. Allerdings vermag der Hinweis auf die Gewerkschaften das Verhalten der Banken nicht befriedigend zu erklären, da es im Einzelhandel trotz der Arbeitszeitverkürzungen bei den längeren Öffnungszeiten geblieben ist.

Daß die Öffnungszeiten von der Marketingkonzeption, die das Ausrichten an den Kundenwünschen und -bedürfnissen in den Vordergrund stellt, nicht stärker beeinflußt worden sind, ist verwunderlich, weil das Bemühen, das Geschäft mit den vorhandenen Kunden zu intensivieren (cross selling), eigentlich erweiterte Kontaktmöglichkeiten mit den Kunden nahelegt. Offenbar werden Marketingüberlegungen hier stark durch das Kostendenken zurückgedrängt: durch die Befürchtung, erweiterte Öffnungszeiten würden zu mehr, aber ungleichmäßiger ausgelastetem Personal führen. So ist es wohl auch zu erklären, daß die Öffnungszeiten an den einzelnen Bankplätzen ziemlich einheitlich sind, die Banken sie also – durch mindestens stillschweigendes Übereinkommen – als marktpolitisches Instrument weitgehend ausgeschaltet haben.[39]

Im Zusammenhang mit den Öffnungszeiten muß man allerdings einige Neuerungen im Angebot der Banken sehen, die den Kunden **von der Öffnungszeit unabhängiger** machen:

(1) Kundenbediente Datenstationen, soweit sie außerhalb der Geschäftsräume der Bank aufgestellt sind.

---

[38] Betsch, Oskar: Der Samstag-Schalter und die Gewerkschaften, in: ZfgK, 1977, S. 494.

[39] Ausnahmen bilden lediglich einzelne Geschäftsstellen mit sehr schmalem Leistungsangebot an stark frequentierten Standorten wie Bahnhöfen, Flugplätzen, vereinzelt auch in Warenhäusern.

(2) Die Einführung und Förderung der Scheckkarte und der Kreditkarte, die für den Bankkunden weitgehend den Besitz von Bargeld erübrigen (das er sich regelmäßig von der Bank holen müßte). Da in beiden Fällen Verfügungen auch über das Guthaben hinaus möglich sind (Dispositionskredite), kann man Scheck- und Kreditkarte in diesem Rahmen auch als Vertriebswege für kurzfristige Kredite ansehen.

(3) Die Ausweitung des Außendienstes bei Banken.

4.1.2 Kompetenzen und Verantwortung

Kundenorientierte Gestaltung des Vertriebs erfordert gegenüber der traditionellen Organisation auch Änderungen hinsichtlich der Kompetenzen und der Verantwortlichkeiten.

Die angestrebte **Kundennähe** wird nicht voll erreicht, wenn man zwar den Kunden mit Geschäftsstellen näherrückt, aber die für ihn wesentlichen Entscheidungen durch Zentralisierung von Kompetenzen weiterhin an anderer Stelle getroffen werden. Überträgt man dagegen den Gesprächspartnern der Kunden weitreichende Entscheidungsbefugnisse, so vereinfacht dies nicht nur den Kontakt, sondern es stärkt in den Augen der Kunden auch die Kompetenz der Bankvertreter, macht sie zu gleichgewichtigen Gesprächspartnern. Zudem kann man davon ausgehen, daß die Übertragung von Entscheidungsbefugnis und die damit verbundene stärkere Eigenverantwortlichkeit auch Motivation und unternehmerisches Denken der Kundenbetreuer fördern. Besonders gilt dies für die Geschäftsstellenleiter, die in dem Maße, in dem sie weniger von der Zentrale abhängig sind, als Unternehmer in ihrem jeweiligen lokalen Teilmarkt agieren können. Ihre besondere Aufgabe im Vertrieb wird vor allem dann augenfällig, wenn sie durch einen für den technisch-organisatorischen Bereich verantwortlichen Betriebsleiter (Innenleiter) entlastet werden.

Die Dezentralisierung von Entscheidungsbefugnis wirft für das Mengengeschäft kaum Probleme auf, wohl aber für das Individualgeschäft. Traditionell war die Kreditvergabe an größere Firmenkunden sowie die Betreuung dieser Kunden stark zentralisiert. Um hier – soweit es sich nicht um echte „Vorstandskunden" handelt – mehr Kundennähe zu erreichen, sind vielfach zwischen Zentrale und Geschäftsstellen als Zwischenebene Filialdirektionen gebildet worden, die jeweils für einen größeren, mehrere Geschäftsstellen umfassenden Vertriebsbereich zuständig sind („Filialbezirk") und denen nunmehr die zuvor zentrale Kundenbetreuung und Kreditvergabe zufällt.

Stärker dezentralisierte Entscheidungsbefugnisse erfordern im Interesse der Ziele des Gesamtunternehmens eine zentrale Steuerung und Kontrolle der Geschäftsstellen. Grundlage dafür bilden Zielvorgaben oder – da man meist den Geschäftsstellenleitern einen korrigierenden Einfluß auf die zentral entwickelten Zielwerte zugesteht – **Zielvereinbarungen.** Sie können mit den zentralen Unternehmenszielen in unmittelbarem Zusammenhang stehen (beispielsweise werden mit den Geschäftsstellen bestimmte Gewinnbeiträge vereinbart) oder in einem nur mittelbaren Zusammenhang, indem bestimmte Mengenkomponenten vorgegeben werden (beispielsweise Zuwachsraten für Spareinlagen, verkaufte Sparbriefe, usw.). Im ersten Fall wird die einzelne Geschäftsstelle zu einem eigenständigen Gewinnzentrum (profit center), was allerdings wegen der fragwürdigen Zurechnung verschiedener Kosten- und Erlösarten erhebliche praktische Probleme aufwirft.[40] In der Praxis betreffen deshalb Zielvereinbarungen meist die Mengenkomponenten und beziehen nur ergänzend besonders wichtige Erfolgskomponenten ein (v. a. die Personalkosten), oder sie stellen lediglich auf die Deckungsbeiträge der einzelnen Geschäftsstellen ab (Markterlöse abzüglich der den Geschäftsstellen direkt zurechenbaren Kosten).

Die Kontrolle anhand von Mengenkomponenten soll – als Instrument marktorientierter Steuerung – vor allem den Grad der Ausschöpfung des Marktpotentials zeigen. Deshalb müssen die Zielwerte das Potential anhand der besonderen Gegebenheiten jeder einzelnen Geschäftsstelle erfassen, wozu man die Bevölkerungs- und die Unternehmensstruktur des jeweiligen Teilmarktes heranzieht, die dortige Konkurrenzsituation zu erfassen sucht (z. B. mit der Kennziffer „Zahl der Einwohner je Bankgeschäftsstelle") und auch die Qualität des Standortes berücksichtigt. Abweichungen der tatsächlichen Werte von den Zielwerten sind vom Geschäftsstellenleiter zu erläutern, und aus der Ursachenanalyse sind verbesserte Zielwerte für die nächste Planperiode zu entwickeln.

4.1.3 Organisation des Kundenkontakts

Im Zuge der systematisch aufgenommenen Marktorientierung haben sich auch die Geschäftsräume der Kreditinstitute augenfällig verändert. Die Veränderung versucht man zum Teil auch begrifflich hervorzuheben, indem man statt von „Schalterhallen" nun von „Kundenhallen" oder gar „Kundenbedienungsräumen" spricht.

Im Rahmen der traditionellen Organisation war Kontaktstelle mit den Kunden grundsätzlich der Banktresen, wobei es für jede Geschäftssparte einen besonderen Schalter gab. Lediglich die vermögenden Privatkunden und die Vertreter größerer Firmenkunden bat man in ein Besprechungszimmer. Die Mängel dieser Organisationsform **unter Marketinggesichtspunkten** sind offenkundig. Der Kunde mußte sich für jede Leistungsart an einen anderen „Schalterbeamten" wenden; für spartenübergreifende Probleme war ein Gesprächspartner nicht vorgesehen. Aus der Sicht der Bank bedeutete dies: Keiner ihrer Mitarbeiter, an den sich der Kunde wandte, hatte seine gesamte Leistungsabnahme im Blick, und so fehlte auch prinzipiell der Ansatz, dem Kunden von ihm noch nicht beanspruchte Leistungen zu verkaufen (cross selling). Spätestens mit dem Ausklingen der Geschäftsstellenexpansion wurde daher eine veränderte Organisation des Kundenkontakts erforderlich.

Eine Musterlösung für eine dem Marketingkonzept entsprechende Organisation läßt sich schon wegen der sehr unterschiedlichen Betriebsgrößen der Institute und Geschäftsstellen nicht geben. Doch kann man aus der Kritik an der traditionellen Organisation einige Grundsätze ableiten, die verdeutlichen, was nunmehr erforderlich ist:

---

[40] Im einzelnen vgl. dazu die Ausführungen zur Geschäftsstellenrechnung im Abschnitt über das bankbetriebliche Rechnungswesen (S. 326–329).

1. Jeder Kunde sollte für die Beratung und Betreuung im Zusammenhang seiner gesamten Leistungsnachfrage nur eine einzige Anlaufstelle haben: den spartenübergreifenden Kundenberater **(Kundenbetreuung aus einer Hand).**

2. Da die breite Privat-, die vermögende Privat- und die Firmenkundschaft unterschiedliche Bedürfnisse und Verhaltensweisen zeigen, empfiehlt sich die Beschränkung des einzelnen Kundenberaters auf jeweils eine dieser Gruppen bzw. – bei ausreichend großer Zahl von Kunden – auf eine Teilgruppe (z. B. Handwerker, Industriebetriebe, freiberuflich Tätige).

3. Um einerseits die Beratung möglichst ungestört und andererseits die Abwicklung problemloser Routinegeschäfte möglichst schnell durchführen zu können, ist es zweckmäßig, beide Kontaktbereiche zu trennen. Da Ein- und Auszahlungen Routinegeschäfte besonderer Art sind, werden verschiedentlich auch drei „Funktionszonen" voneinander getrennt („Dreierlösung"): 1. der Beratungsbereich, 2. der Kassenbereich, 3. der Servicebereich (für das Einreichen und Abholen von Formularen u. ä.).

4. Da die Kundenberater aktive Verkäufer sein sollen, empfiehlt sich darüber hinaus, sie nicht nur von Routinegeschäften, sondern möglichst weitgehend auch von der Abwicklung der sich aus ihrer Betreuung ergebenden Geschäfte zu befreien.

Kundenberater benötigen, um ihre Aufgaben angemessen wahrnehmen zu können, Informationen über die gesamte Geschäftsbeziehung des einzelnen Kunden mit der Bank, die aktuell und schnell greifbar sein müssen (Zugriff in ein Kundeninformationssystem). Auch sind die Anforderungen an die als Kundenberater tätigen Mitarbeiter naturgemäß andere als an die „Schalterbeamten" herkömmlicher Art. Zum einen ist – auch wenn man zu besonders komplexen Leistungen Spezialisten hinzuziehen kann – ein viel breiteres Wissen erforderlich, das zudem in dieser Breite ständig aktualisiert werden muß; zum anderen benötigen die Kundenberater eine verkäuferische Einstellung und Technik. Beide Anforderungen machen entsprechende Schulungsmaßnahmen notwendig.

Wenn man in den Geschäftsstellen Beratungsbereich und Routinegeschäft organisatorisch voneinander trennt, so entsteht ein Problem, das es am traditionellen Banktresen nicht gab: die Frage, wie man die große Zahl jener Kunden für ein „cross selling"-Gespräch erreicht, die lediglich zur Erledigung von Routinegeschäften in die Bank kommen (Überleitungsproblem).[41] Nach Erhebungen sind dies bei den Privatkunden etwa 90%, während weitere 5% Routinegeschäft und Beratungsgespräch verbinden und nur 5% die Geschäftsstelle ausschließlich wegen einer Beratung aufsuchen.[42]

Die Kontaktaufnahme für Verkaufsgespräche wird noch schwieriger, wenn man aus der Trennung in Beratungs- und Routinebereich die Vorstellung entwickelt, daß nicht in jeder Geschäftsstelle das gesamte Sortiment angebo-

---

[41] Einen Überblick über die Ansätze zur Lösung dieses Problems in der Praxis gibt die Aufsatzfolge von BENÖLKEN, H./u. a.: Kundenorientierte Betreuungsformen, in: Bw. Blätter, 1977, S. 109–133.

[42] KARSTEN, ERICH: Ersetzt der Heim-Computer die Bank an der Ecke? In: Bank, 1980, S. 255.

ten werden muß (full service), sondern bei einem Teil der Geschäftsstellen das Angebot auf die Routineleistungen beschränkt werden kann. Ein solches Konzept stützt sich auf die etwas fragwürdige Annahme, der Kunde sei für Beratungen und kompliziertere Geschäftsvorfälle bereit, längere Wege in Kauf zu nehmen, oder es setzt voraus, daß die Bank für diesen Zweck einen Außendienst einrichtet, also für die über das Routinegeschäft hinausgehenden Fragen dem Kunden Berater ins Haus schickt.

Die organisatorische Abtrennung der Routinegeschäfte hat neben dem Marketing- auch einen **Rationalisierungsaspekt.** Da Routinegeschäfte gleichartig in großer Zahl anfallen, bieten sich gute Voraussetzungen dafür, sie mit maschinellen Hilfsmitteln und damit kostengünstiger abzuwickeln. Bemühungen dieser Art reichen bis zum vollständigen Ersatz der Bankmitarbeiter, wenn der Kunde die entsprechenden Geräte selbst bedient (**kundenbediente Datenstationen**). Technisch möglich und bereits erprobt sind Geräte, die verschiedenartige Leistungen bereitstellen können (Multifunktionsgeräte = automated teller machines, ATM). Ihr Einsatz ist jedoch in Deutschland bisher selten geblieben. Zum einen führt die Leistungsbündelung zu hohen Gerätekosten sowie leicht zu Warteschlangen, zum anderen und vor allem haben Erprobungen gezeigt, daß weit überwiegend nur zwei Funktionen nachgefragt werden: die Auszahlung von Bargeld und das Abfragen des Kontostandes. Dementsprechend sind (zunächst) spezielle Geräte für jede dieser beiden Funktionen geläufig geworden: Geldausgabeautomaten (GAA) und Kontoauszugsdrucker (KAD).

Für die Kunden ist der Nutzen der Selbstbedienung davon abhängig, wo und zu welchen Zeiten sie die Geräte erreichen können. Gewöhnlich unterscheidet man vier Möglichkeiten der Installation:

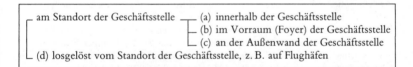

In den Fällen (b)–(d) können die Kunden Leistungen auch außerhalb der Öffnungszeiten der Geschäftsstelle in Anspruch nehmen. Die Geräte haben dann über den Rationalisierungseffekt hinaus auch eine Qualitätsverbesserung aus Kundensicht zur Folge. Die von Sparkassen bereitgestellten Geldausgabeautomaten beispielsweise verteilten sich 1990 im Verhältnis 10:60:25:5 auf die vier Standorte; das bedeutet: 90% der Geräte waren von den Kunden auch außerhalb der Öffentungszeiten erreichbar.[43]

Die vier möglichen Standorte von Geräten, die die Bank für die Selbstbedienung durch Kunden aufstellt, sind in der Übersicht so geordnet worden, daß sie veranschaulichen, wie sich der Ort der Leistungsabnahme immer weiter vom Innenbereich der Geschäftsstelle (und den dort tätigen Mitarbeitern der

---

[43] HEITMÜLLER, HANS-MICHAEL: Auswirkungen der Selbstbedienung auf das Vertriebssystem, in: Handbuch des Bankmarketing, hrsgg. von J. SÜCHTING/E. v. HOOVEN, 2. Aufl., Wiesbaden 1991, S. 199.

Bank) entfernt. Die Technik macht es sogar möglich, die Leistungsabnahme bis zu den einzelnen Kunden hin zu verlagern. Dabei stellt dann allerdings nicht mehr die Bank die Geräte bereit, sondern sie verknüpft die bei den Kunden bereits vorhandenen technischen Potentiale mit der bankeigenen Technik und nutzt dann diese Kommunikationsschiene zum Vertrieb.

4.2 Vertrieb über Medien

Die traditionellen Medien, über die Kunde und Bank einander Informationen übermitteln können, sind die Briefpost und das Telefon. Für den Vertrieb haben sie jedoch jeweils eigene Schwächen.

• Der **Brief** ermöglicht zwar die Übermittlung von Informationen der Bank an die Kunden und von einfachen Aufträgen der Kunden an die Bank; ein Dialog auf diesem Wege ist jedoch recht zeitaufwendig. Kontakte per Brief werden daher zur Werbung und Verkaufsanbahnung, aber weniger direkt zum Vertrieb genutzt – wenn überhaupt, dann beschränkt auf problemlose Standardleistungen (banking by mail, direct mail).

• Das **Telefon** dagegen ermöglicht den Dialog zwischen Kunde und Bankmitarbeiter. Geschäftsabschlüsse allerdings sind mit Sicherheitsproblemen behaftet. Telefonische Abschlüsse sind zwar rechtswirksam, doch ist bei Mißverständnissen und Mißbrauch die Beweisführung schwierig. Deshalb bleiben sie selten, beschränkt auf Fälle, in denen der Kunde dem Bankmitarbeiter persönlich bekannt ist, und auch dann gewöhnlich ergänzt um eine schriftliche Bestätigung. Auch der Telefoneinsatz dient mithin primär der Verkaufsanbahnung, weniger direkt dem Vertrieb.

Ein in den USA verbreitetes System ermöglicht den Kunden mit Hilfe eines Tastentelefons die Verbindung mit dem Rechenzentrum der Bank, eine Schiene, über die er – unter Angabe eines Codes und begrenzt auf bestimmte Höchstbeträge – einfache Standardleistungen selbst in Anspruch nehmen kann (banking by phone, telephone banking). Zum Teil sind jedoch Mitarbeiter der Bank eingeschaltet, die die vom Kunden telefonisch erteilten Anweisungen in den Computer eingeben. In dieser Form werden vereinzelt auch in Deutschland Bankleistungen vertrieben (z. B. über das CitiPhone Banking der CITIBANK PRIVATKUNDEN AG).

Größere Bedeutung als Brief und Telefon haben **elektronische Kommunikationsmittel,** über die der Kunden nicht nur mit Mitarbeitern der Bank, sondern mittels Datenfernübertragung direkt mit dem Rechenzentrum der Bank kommuniziert. Da die Art der beanspruchten Leistungen sowie die technischen Voraussetzungen für eine elektronische Kommunikation bei Privat- und bei Firmenkunden unterschiedlich sind, ist es zweckmäßig, die generellen Möglichkeiten nach Kundengruppen zu gliedern.

(1) Abwicklung vom Standort des Privatkunden aus (home banking)[44]
Ein elektronisches Informations- und Kommunikationssystem, das umfassend, also auch im Geschäft mit der breiten Privatkundschaft einsetzbar ist, stellt das **Bildschirmtext-System** (Btx) dar. Es nutzt zwei technische

---

[44] Vgl. hierzu auch HAFNER, Kay: Die Möglichkeiten des „Home Banking" und sein Einfluß auf die Geschäftspolitik der Kreditinstitute, Frankfurt a. M. 1984.

Grundlagen, die bei Privaten bereits zu einem hohen Anteil vorhanden sind: Telefonanschlüsse und Fernsehgeräte.

In Deutschland wird Bildschirmtext seit 1984 bundesweit als Fernmeldedienst von der Deutschen Bundespost angeboten. Es steht jedem Interessenten als Informationsanbieter und -nachfrager offen, sofern er über die erforderliche technische Ausstattung verfügt. Sie besteht aus einem Telefonanschluß (zur Datenübertragung), einem Fernsehgerät (als Datensichtgerät) sowie einem Modem am Telefon (um Informationen in übertragbare Signale umzuwandeln) und einem Decoder im Fernsehgerät (um ankommende Informationen in Bildschirmpunkte umzusetzen). Da an das System auch EDV-Anlagen der Nutzer (sog. externe Rechner) angeschlossen werden können, ist der Zugriff auf deren Rechnerleistung möglich, was z. B. die Erteilung von Aufträgen und die umgehende Bestätigung ihrer Ausführung erlaubt.

Die kurze Charakteristik deutet bereits die Nutzungsmöglichkeiten im Rahmen des Bankgeschäfts an. Sie bestehen grundsätzlich darin,

- daß die Bank anderen Nutzern allgemeine Informationen übermitteln kann – sowohl im Rahmen ihrer Öffentlichkeitsarbeit (z. B. aktuelle Finanzmarkt-Informationen) als auch der Werbung und Verkaufsanbahnung für bestimmte Produkte;
- daß Kunden individuelle Informationen abfragen können (z. B. Kontostände, Kreditlinien, ausgeführte Aufträge);
- daß Kunden einfache, standardisierte Bankleistungen in Anspruch nehmen können – sowohl Beratungsleistungen (z. B. Beispielrechnungen für Konsumkredite) als auch die Ausführung von Aufträgen (z. B. Überweisungen, Festgeldanlagen, Effektenkäufe).

Um Mißbräuche zu verhindern, ist der Zugang zu kundenbezogenen Daten nur über eine persönliche Identifikationsnummer möglich (Btx-PIN), bei Auftragserteilungen zusätzlich über eine Transaktionsnummer (TAN).

Welche Bedeutung dieser Vertriebsweg erlangen kann, hängt vor allem davon ab, inwieweit ihn die (potentiellen) Kunden annehmen. Obwohl es das Btx-System gestattet, Angebote der Bank bequem und jederzeit zu nutzen, ist das Interesse der Privatkunden bisher – im ersten Jahrzehnt nach Einführung des Systems – weit hinter den Erwartungen der Banken zurückgeblieben. Als Gründe werden Mißtrauen in die Datensicherheit, mangelnder Lernwille und die Kosten der Zusatzgeräte genannt. Allgemein schätzt man aber die Zurückhaltung als nur vorübergehend ein, denn „die Idee ist unverändert richtig, und sie ist wertvoll für den Nutzer und für den Anbieter in der Umsetzung – sie kann auf Dauer nur Akzeptanz gewinnen".[45]

Dies unterstellt, wird Btx als Selbstbedienungs-Konzept die Vertriebssysteme der Banken weitreichend verändern. Vor allem werden die Geschäftsstellen von Routinearbeit stark entlastet, was die Straffung der Geschäftsstellen-Netze ermöglicht. Andererseits verstärkt sich aber die Gefahr, daß die persönliche Bindung der Kunden zu ihrer Bank lockerer und damit ein wesentli-

---

[45] WALTER, BERNHARD: Electronic Banking als Erweiterung des Vertriebssystems und Leistungsprogramms, in: Handbuch des Bankmarketing, hrsgg. von J. SÜCHTING/ E. v. HOOVEN, 2. Aufl., Wiesbaden 1991, S. 311 (WALTER ist Vorstandsmitglied der Dresdner Bank AG).

ches Ziel des Bankmarketing beeinträchtigt wird: die Bankloyalität zu erhalten und zu festigen.

(2) Abwicklung vom Standort des Einzelhandels aus (point of sale banking)
Um Zahlungsverkehrsleistungen der Bank auf elektronischem Wege (bargeld- und beleglos) in Anspruch zu nehmen, besteht für Privatkunden außer der Btx-Nutzung die weitere Möglichkeit, über Terminals vom Verkaufsort im Einzelhandel aus zu zahlen (point of sale, POS). Die Zahlungsfähigkeit des Käufers – der sich z. B. mit seiner Scheckkarte und einer Geheimzahl (PIN) legitimiert – wird über ein elektronisches Netzwerk direkt bei der Bank geprüft und bei ausreichender Deckung auf dem Konto die Zahlung elektronisch autorisiert, d. h. die Bank garantiert dem Händler die Zahlung.

In Deutschland ist die Einführung eines POS-Systems – die 1984 mit lokalen Tests begann – von anhaltenden Meinungsverschiedenheiten zwischen Kreditwirtschaft und Einzelhandel geprägt. An dem von den Banken seit 1990 als **„electronic cash"** realisierten System kritisierte der Handel vor allem: die ihm zufallenden Kosten seien zu hoch, und die meisten Kunden vergäßen ihre Geheimzahl.[46]

Als Reaktion auf die Kritik bietet die Kreditwirtschaft seit 1993 unter der Bezeichnung **POZ** (POS ohne Zahlungsgarantie) eine Alternative an, bei der auf die PIN und auf die sofortige Autorisierung verzichtet und nur noch eine Prüfung (on line) von Schecksperren vorgesehen ist. Die Kosten für den Handel sind geringer, doch liegt nun bei ihm allein das Ausfallrisiko.

Aus Bankensicht führt das POS-System lediglich zu Verschiebungen zwischen alternativen Zahlungsverkehrsleistungen: Es substituiert Bargeldauszahlungen an Privatkunden und Bargeldeinzahlungen des Handels, und es konkurriert mit der Scheck- und der Kreditkarten-Zahlung. Über den Zahlungsverkehr hinausgehende Vertriebsaspekte ergeben sich für die Bank nicht.

(3) Abwicklung vom Standort des Firmenkunden aus (office banking)
Auch Firmenkunden können das (eigentlich als Absatzweg für Privatkunden gedachte) Btx-System nutzen; in Deutschland ist es im ersten Jahrzehnt nach seiner Einführung sogar mehr von Firmen- als von Privatkunden genutzt worden. Alternativ zu diesem öffentlichen Datenübertragungsnetz stehen ihnen aber auch bankeigene oder andere private Netze zur Verfügung.

Firmenkunden, die durchweg selbst Computer verwenden, nutzen die Datenübertragungsnetze, um über sie mit der Bank einen Dialog im **Rechnerverbund** zu ermöglichen. Dabei werden zum einen – ähnlich wie bei der Btx-Nutzung durch Privatkunden – standardisierte Bankleistungen in Selbstbedienung bezogen (Kontostandsabfragen, Überweisungsaufträge usw.); darüber hinaus aber bieten die Banken ihren Firmenkunden Planungshilfen für den Finanzbereich an. Diese setzen bei der Abwicklung des Zahlungsverkehrs an und beziehen sich insbesondere auf die Liquiditätspla-

---

[46] Die Kreditwirtschaft verlangt für die Bereitstellung der Karten, die Autorisierung und die Übernahme der Zahlungsgarantie 0,3% vom Umsatz, mind. 0,15 DM je Posten (1993). Daneben fallen Netzbetreiber- und Leitungskosten an. – Für weitere Einzelheiten vgl. REHM, HANNES: Perspektiven für Electronic Cash, in: bum, 12/1992, S. 38–42.

nung sowie – unter Einbeziehung entsprechender Zahlen aus der Finanzbuchhaltung des Kunden – auf die gesamte Finanzplanung i. S. einer rentabi-
litätsorientierten Steuerung aller Geldbestände und Zahlungsströme des
Kunden (**cash management**). Dies schließt bei international orientierten
Kunden auch das Fremdwährungsmanagement ein. Die Programme für das
cash management beziehen die Firmenkunden zum Teil von Banken; Großunternehmen entwickeln sie sich auch selbst. Im zweiten Fall werden sie aber
gewöhnlich mit standardisierten Angeboten der Banken verknüpft.

4.3 Vertrieb über einen Außendienst

Die Banken sind mit der Ausweitung ihrer Geschäftsstellennetze zwar sehr
nahe an die Kunden herangerückt und erleichtern es ihnen, mit dem Einsatz
der Technik Bankleistungen nachzufragen, doch wird bei diesen Formen des
Vertriebs die Initiative zur Kontaktaufnahme grundsätzlich dem Kunden
überlassen. Man wartet, bis der Kunde aktiv wird und beginnt dann mit den
Vertriebsaktivitäten. Angesichts der veränderten Marktverhältnisse lag es
deshalb nahe zu überdenken, inwieweit man den Vertrieb der Leistungen
dadurch verbessern könnte, daß man Kunden und potentielle Kunden auch
in eigener Initiative aufsucht. Im Gegensatz zur Vertriebsaktivität in den
eigenen Räumen bezeichnet man derartige Bemühungen als Außendienst
(mobiler Vertrieb).

In diesem weiten Sinne wären zum Außendienst auch die Kundenbesuche zu
rechnen, wie sie für Mitglieder der Geschäftsleitung, für Abteilungsdirekto-
ren und für Geschäftsstellenleiter seit jeher selbstverständlich sind. Diese
Kundenbesuche dienten allerdings und dienen meist noch heute nicht primär
dem aktiven Verkauf, sondern allgemein der Pflege und Vertiefung beste-
hender bzw. der Anbahnung neuer Geschäftsbeziehungen. Entsprechend
dem allgemein gefaßten Zweck erfolgen sie zudem unregelmäßig und sind
meist auch nicht systematisch vorbereitet. Aus diesen Gründen sieht man in
der Fachliteratur solche eher „nebenamtlichen" Besuchsaktivitäten nicht als
Außendienst im eigentlichen Sinne an, sondern engt den Begriff auf **planmäßig organisierte, primär dem aktiven Verkauf dienende Kundenbesuche**
ein.[47]

Die Notwendigkeit aktiver Vertriebsbemühungen durch Kundenbesuche ist
unbestritten im Fall der größeren Firmenkunden und der sehr vermögenden
Privatkunden, die gewöhnlich davon ausgehen, daß Bankvertreter zu ihnen
ins Haus kommen. Die verstärkte Marktorientierung der Banken führt hier
lediglich dazu, daß solche Besuche regelmäßig, unter klaren Zielvorstellungen und gut vorbereitet stattfinden. Keine Einmütigkeit besteht dagegen zu
der Frage, ob planmäßige Kundenbesuche auch bei kleineren Firmenkunden
und vor allem bei der breiten Privatkundschaft eingesetzt werden sollten.
Den Hintergrund derartiger Erwägungen bilden die erwähnten Probleme

---

[47] Zu Begriff und Typologie des Bankaußendienstes vgl. auch REICHEL, HORST CHRI-
STOPHER: Die Intensivierung des Bankaußendienstes, Frankfurt a. M./Bern/u. a.
1992, S. 23–50.

mit den Öffnungszeiten der Geschäftsstellen sowie die (als gewisses Vorbild dienenden) Außendienst-Organisationen der Versicherungsunternehmen gerade auch für das Mengengeschäft.

Die bisherigen Vorschläge und praktischen Ansätze für einen Außendienst legen nicht „mobile Berater" für einzelne Spezialprobleme, sondern den „Allround-Berater" zugrunde, wie dies auch der Konzeption der Kundenbedienung innerhalb der Geschäftsstellen entspricht. Zentrale Aufgabe der Außendienst-Mitarbeiter soll der aktive Verkauf von Bankleistungen sein. Daneben sind die für die Verkaufsanbahnung notwendigen Informationen zu gewinnen und zur Sicherung des weiteren Verkaufs die persönlichen Beziehungen zu den Kunden zu pflegen. Entsprechend der Allfinanz-Konzeption bezieht sich das Angebot meistens nicht mehr allein auf Leistungen des eigenen Instituts, sondern bezieht auch Produkte von Hypothekenbanken, Bausparkassen, Lebensversicherungen ein. Auf diese Weise könnten sie die Kunden für den gesamten Bereich der Geldanlage, Finanzierung und Versicherung umfassend beraten und versorgen.

Mit dem Aufbau eines eigenen Außendienstes sind für die Bank zahlreiche praktische Probleme verbunden, von denen hier nur einige kurz angeschnitten werden sollen:

- Wirtschaftlichkeitsüberlegungen (hier: Personalkosten im Verhältnis zum erzielbaren Absatz) verbieten es, die Gesamtheit der Privatkunden einzubeziehen. Man muß sich daher entscheiden, welche engeren Zielgruppen angesprochen werden sollen, was im übrigen auch die Erfolgsaussichten verbessert, da anhand engerer Zielgruppen die Bedürfnisse nach Bankleistungen konkreter erforscht und darauf zugeschnittene Angebote entwickelt werden können.

- Der Außendienst muß organisatorisch klar zugeordnet werden, wobei Überschneidungs- und Abgrenzungsprobleme mit den Fachabteilungen zu lösen sind. Die Zuordnung hängt vor allem von der Größe und der Aufbauorganisation der Bank ab. Die besten Voraussetzungen bestehen bei bereits kundenorientierter Aufbauorganisation. In diesem Fall verwischen sich unter Umständen die Grenzen zwischen Innen- und Außendienst, wenn prinzipiell „stationäre" Kundenbetreuer in den Geschäftsstellen (jeweils zuständig für eine bestimmte Kundengruppe) planmäßig Kunden ihrer Gruppe auch zu Hause aufsuchen. Der Außendienst wäre in diesem Fall in die allgemeine Kundenbetreuung eingebettet („integrierter Außendienst").

- Ein weiteres Problem ist die Vergütung, die einerseits leistungsorientiert sein muß, um zum aktiven Verkauf zu motivieren, die aber nicht zum „hard selling" verleiten darf, weil dies die für das Bankgeschäft typische Dauerbeziehung zum Kunden gefährden würde.

Eine Brücke zu der ergänzenden Frage, ob man den eigenen Außendienst durch eine fremde Außendienst-Organisation **(Franchising)** ergänzen sollte, wurde bereits sichtbar: Wenn neben den eigenen auch Produkte anderer Unternehmen, zum Beispiel von Lebensversicherungen, verkauft werden, so liegt es nahe, daß Versicherungsvertreter auch Bankleistungen verkaufen. Dagegen sprechen zwar Befürchtungen, daß das „Vertreterimage" dem Verkauf von Bankleistungen abträglich sein könnte. Doch belegen praktische Beispiele, daß vor allem Bankbetriebe ohne bzw. ohne ein genügend weitgezogenes Geschäftsstellennetz dies als eine wesentliche Erweiterung ihrer Vertriebsmöglichkeiten sehen und nutzen.

Der Außendienst wird in neuerer Zeit auch als notwendiges Gegengewicht zur an Bedeutung gewinnenden Selbstbedienung gesehen, die die Beziehung zwischen der Bank und ihren Kunden unpersönlicher macht und dadurch die Bindung der Kunden an die Bank lockert. Für SÜCHTING beispielsweise scheint der Außendienst „der einzige Weg zu sein, um langfristig die Bankloyalität der Kunden ‚zu retten'."[48]

5. Kommunikation[49]

In den Bemühungen, die Marktsituation zugunsten des eigenen Instituts zu beeinflussen, nimmt auch für eine Bank die Kommunikation (im Sinne jeder Art von Nachrichtenübermittlung) eine wesentliche, den Einsatz der bisher beschriebenen Maßnahmen vorbereitende und ergänzende Stellung ein. Gemeinsames Ziel aller Kommunikationsbemühungen ist es, zu informieren und auf diesem Wege zum Kauf bestimmter Leistungen und/oder bei einem bestimmten Unternehmen zu motivieren. Diesen Inhalt versucht man verschiedentlich auch mit den synonym zu Kommunikation verwendeten Begriffen Informationspolitik, Absatzförderung oder Werbung im weiteren Sinne zu erfassen.

Kommunikation spielt eine Rolle vor allem im Außenverhältnis, also gegenüber den Kunden und gegenüber der interessierten Öffentlichkeit; sie bezieht sich zum Teil aber auch auf die eigenen Mitarbeiter.

Gewöhnlich werden drei Instrumente der Kommunikation unterschieden, zwischen denen allerdings die Abgrenzung nicht ganz eindeutig ist:

(1) **Öffentlichkeitsarbeit** (public relations, PR), bei der die verbreiteten Informationen das Unternehmen – und nicht einzelne Leistungsarten – betreffen und sich an alle interessierten Personen und Institutionen richten, um bei ihnen Aufmerksamkeit und eine möglichst positive Einstellung zum Unternehmen zu wecken und zu fördern.
    Da bei einer Bank die positive Einschätzung wesentlich durch das dem Institut entgegengebrachte Vertrauen bestimmt wird, hebt man gelegentlich die „Imageoder Vertrauenswerbung" als viertes Instrument der Kommunkation heraus. Hier wird sie jedoch als Teil der Öffentlichkeitsarbeit verstanden.

(2) **Werbung** (im engeren Sinne), bei der die verbreiteten Informationen bestimmte Leistungsarten betreffen, sich also direkter an Kunden und potentielle Kunden richten, die man über Inhalt und Nutzen der Leistungen informiert und sie auf diese Weise zum Kauf anregen möchte.

(3) **Verkaufsförderung** (sales promotion), bei der die Informationen sich an einzelne, also ganz bestimmte Kunden oder potentielle Kunden richten, um ihnen die letzten kaufentscheidenden Anstöße zu geben. Unmittelbare Zielgruppe sind deshalb zunächst die institutseigenen Mitarbeiter mit Kundenkontakt („Verkaufsorgane"), die entsprechend geschult und mit Informationshilfen versehen werden.

---

[48] SÜCHTING, JOACHIM: Die Theorie der Bankloyalität – (noch) eine Basis zum Verständnis der Absatzbeziehungen von Kreditinstituten? in: Handbuch des Bankmarketing, hrsgg. von J. SÜCHTING/E. v. HOOVEN, 2. Aufl., Wiesbaden 1991, S. 38.
[49] Weiterführende Literaturhinweise hierzu: S. 414–416.

Während Verkaufsförderung nur vom einzelnen Unternehmen betrieben wird, übernehmen – zu institutsübergreifenden Fragen bzw. angesichts der Gleichartigkeit der Leistungen – Öffentlichkeitsarbeit und Werbung neben den einzelnen Kreditinstituten aktiv auch deren Verbände.

Die Besonderheiten der Kreditinstitute gegenüber Unternehmen anderer Branchen sind im Bereich der Kommunikation gering, deshalb sind die folgenden Überlegungen auch relativ kurz gehalten.

5.1 Öffentlichkeitsarbeit

Aufgrund des angestrebten Ziels – Aufmerksamkeit, Verständnis und Vertrauen für das eigene Unternehmen zu wecken und zu fördern – kommt der Öffentlichkeitsarbeit grundlegende Bedeutung im Rahmen des Absatzes zu. Sie soll das positive Klima schaffen, in dem dann die übrigen marktpolitischen Instrumente mit Erfolg wirksam werden können. Öffentlichkeitsarbeit läßt sich in diesem Sinne begrifflich klar von der Werbung abgrenzen:[50]

	Öffentlichkeitsarbeit	Werbung
bezieht sich auf	Personen und Institutionen	Produkte und Märkte
soll	Verständnis und Vertrauen in der Öffentlichkeit gewinnen	verkaufen, d. h. Marktanteile gewinnen oder erhalten helfen
arbeitet zumeist	langfristig in Richtung Image-Aufbau	kurzfristig in Richtung Käufer bestimmter Produkte
ist dementsprechend . . .	eine Funktion der Unternehmensführung	eine Funktion des Verkaufs

Wenn Öffentlichkeitsarbeit das Image des Unternehmens pflegen soll, so muß sie von den Ergebnissen regelmäßiger Bestandsaufnahmen ausgehen: von Meinungsumfragen, die zeigen, inwieweit das gewünschte Vorstellungsbild über das Institut bereits vorhanden ist und an welchen Stellen man es noch korrigieren muß.

Für Folgerungen aus den Bestandsaufnahmen ist zu beachten, daß das Image des Einzelinstituts meist wesentlich durch Vorstellungen über die Institutsgruppe (Großbanken, Sparkassen, usw.) mitbestimmt wird. Deshalb hat neben der Öffentlichkeitsarbeit der einzelnen Bank auch die **Öffentlichkeitsarbeit der Verbände** (für ihre Mitgliedsinstitute) erhebliche Bedeutung. Der jeweilige Verband muß tätig werden, wenn beispielsweise der Vorwurf abgewehrt werden soll, private Banken hätten einen unangemessen hohen Ein-

---

[50] Nach Oeckl, Albert: Bedeutung und Wirkungsweise von Public Relations, in: Wirtschaftsdienst, 1970, S. 679.

fluß auf die Wirtschaft („Macht der Banken"), oder wenn die Vorstellung ausgeräumt werden soll, Kreditgenossenschaften seien aufgrund ihrer relativ geringen Betriebsgröße wenig leistungsfähig. Eine besondere Aufgabe erhielt die Öffentlichkeitsarbeit der Verbände auch, als die Institute ihr Geschäft über den traditionellen Kundenkreis hinaus zu erweitern begannen: Die privaten Banken hatten das Image exklusiver, vor allem für die Großindustrie tätiger Institute, was es zu korrigieren galt, wollte man erfolgreich das Geschäft auch mit Angestellten und Arbeitern entwickeln; die Sparkassen hatten das Image wenig beweglicher „Ersparnisanstalten", was es zu korrigieren galt, wenn man in das größere Industriegeschäft eindringen wollte.

Die Öffentlichkeitsarbeit der Verbände tritt bei gruppenbezogenen Fragen allerdings nicht an die Stelle der Öffentlichkeitsarbeit des Einzelinstituts; sie ergänzt sie lediglich, schafft den Hintergrund, in den das einzelne Institut die eigenen Aktivitäten einpaßt. Geschäftspolitisch wirken sich bestimmte Einstellungen in der Öffentlichkeit auf das Einzelunternehmen aus, nicht auf die Gruppe, mit der der Kunde ja keine Geschäfte machen will.

Die **Grundeinstellung der Öffentlichkeit** gegenüber dem einzelnen Unternehmen wird durch die Art seiner Tätigkeit bestimmt. Im Falle von Kreditinstituten ist zwar die Einstellung nicht durch Umweltprobleme getrübt: Banken belasten die Umwelt weder mit Lärm noch mit Schadstoffen. Doch bestehen verbreitet grundlegende Vorbehalte anderer Art. Ihre Leistungen sind abstrakt, relativ kompliziert und in ihrem Nutzen für den einzelnen nicht immer ohne weiteres erkennbar, was bei Außenstehenden leicht zu Distanz und Mißtrauen führt. Das Mißtrauen war besonders ausgeprägt gegenüber den privaten Banken, als sie sich noch auf das Individualgeschäft beschränkten, die breite Öffentlichkeit also praktisch ausschlossen. Noch heute sind hier die Vorbehalte – wenngleich schon in beträchtlichem Umfang abgebaut – augenscheinlich größer als gegenüber Sparkassen und Kreditgenossenschaften.

Die **Medien,** mit deren Hilfe eine Bank Öffentlichkeitsarbeit betreibt, sind die gleichen wie bei anderen Unternehmen, nur mit zum Teil etwas anderer Gewichtung.

Verbände und große Einzelinstitute bedienen sich der regionalen und überregionalen Massenmedien, pflegen also Kontakte zu den Wirtschaftsredaktionen der großen Zeitungen und Fachzeitschriften, der Rundfunk- und Fernsehanstalten. Kernstück der Aktivitäten mittlerer und kleinerer Institute ist die örtliche Pressearbeit (Lokalpresse). Es gibt die verschiedensten Anlässe, aus denen die Presse – aufgrund von Pressekonferenzen, individueller Pressegespräche oder vorbereiteter Artikel – über ein Kreditinstitut berichten kann: beispielsweise anläßlich der Veröffentlichung des Jahresabschlusses, der Einführung einer neuen Leistungsart, der Eröffnung einer neuen Geschäftsstelle, der Überreichung einer Spende für kulturelle oder soziale Zwecke.

Neben der Pressearbeit werden „individuelle Medien" eingesetzt. Bei Kreditinstituten spielt eine besondere Rolle die Herausgabe institutseigener Publikationen, in denen (meist regelmäßig) über die Wirtschaftslage, den Außenhandel sowie über Kapitalmarkt und Börse informiert wird. Die Institute versuchen auf diese Weise, das Vertrauen in ihre Erfahrung und Sachkenntnis zu festigen. Führungen durch das Unternehmen – bei Industriebetrieben wegen der anschaulichen Demonstrationsobjekte von einiger Bedeutung – spielen bei Kreditinstituten kaum eine Rolle, da im wesentlichen nur Menschen an Schreibtischen sowie Rechenzentren zu besichtigen wären, was von den spezifischen Leistungen einer Bank kein anschauliches Bild vermittelt. Mehr Gewicht haben dagegen Ausstellungen in den bankeigenen Räumen, wenngleich man nicht – wie ein Industriebetrieb – eigene Erzeugnisse ausstellen kann, sondern nur Objekte, die zur eigenen Tätigkeit in mehr oder weniger lockerer Beziehung stehen, beispielsweise Goldmünzen, historische Banknoten, Kunstgegenstände.

Inwieweit die Bemühungen im Rahmen der Öffentlichkeitsarbeit erfolgreich sind, hängt wesentlich davon ab, ob die Informationen durch das Verhalten im Rahmen der eigentlichen Geschäftstätigkeit gestützt werden. So erreichen Aufklärungskampagnen über die nur vermeintliche „Macht der Banken" wenig, wenn Institute Einflußmöglichkeiten offenkundig für eigene Interessen nutzen; und das Bemühen, über die Medien das Image einer modernen, kundenorientierten Bank zu gewinnen und zu festigen, ist nur erfolgreich, wenn dem auch das institutionelle Erscheinungsbild entspricht: die Räumlichkeiten der Bank und vor allem das Verhalten ihres Personals.

5.2 Werbung

Nach dem gebräuchlichen, aus der Abgrenzung zur Öffentlichkeitsarbeit entwickelten Begriffsinhalt vermittelt die Werbung Informationen („Werbebotschaften"), die auf bestimmte Leistungsangebote bezogen sind und direkter als die Öffentlichkeitsarbeit zum Kauf dieser Leistungen anregen sollen. In dieser Weise aktiv zu werden, hielt man in den Kreditinstituten lange Zeit für unangemessen. Man befürchtete, „marktschreierische Reklame" könne das Vertrauen der Kunden in die Institute gefährden. Aus demselben Grund wurde auch der staatlichen Bankenaufsicht von Beginn an die Möglichkeit zugestanden, in die Werbung der Kreditinstitute einzugreifen.

Vorläufer der **staatlichen Reglementierung** war ein im Jahre 1928 zwischen den Spitzenverbänden der Kreditwirtschaft vereinbartes Wettbewerbsabkommen. Nach Einführung der allgemeinen staatlichen Bankenaufsicht wurde ein entsprechendes Abkommen von der Aufsichtsbehörde für allgemein verbindlich erklärt. Darin hieß es unter anderem: „Jede aufdringliche und jede der Berufsauffassung des Kreditgewerbes nicht entsprechende Werbung ist den Kreditinstituten nicht gestattet". Im Zuge der stärker wettbewerbsorientierten Wirtschaftspolitik, die auch zum Wegfall der staatlichen Preisbindung im Kreditgewerbe (Zinsverordnung) führte, wurde gegen Ende 1967 das Wettbewerbsabkommen ersatzlos aufgehoben.

Das Bundesaufsichtsamt für das Kreditwesen hat allerdings nach wie vor das Recht, bestimmte Arten der Werbung auf dem Wege der Einzelverfügung (gegenüber einem bestimmten Kreditinstitut) oder der Allgemeinverfügung zu untersagen, „um Mißständen bei der Werbung der Kreditinstitute zu begegnen" (§ 23 I KWG). Entsprechend der gesamtwirtschaftlichen Zielsetzung der Aufsicht sieht man es als Mißstand an, „wenn eine Werbungsart der öffentlichen Ordnung im Kreditwesen oder volkswirtschaftlichen Interessen zuwiderläuft, z. B. geeignet ist, im Publikum irrige Vorstellungen über Bankgeschäfte zu erwecken, die Funktionsfähigkeit des Kreditapparates zu beeinträchtigen oder die Spartätigkeit zu mindern".[51] Nach diesen Gesichtspunkten hat das Aufsichtsamt mehrfach Werbemaßnahmen beanstandet, vor allem wenn als Werbeargumente die Sicherheit der Banken oder die Inflation verwendet worden war.

Neben den Eingriffsmöglichkeiten der Bankenaufsicht muß ein Kreditinstitut natürlich auch die allgemeinen Vorschriften des Wettbewerbsrechts beachten, insbesondere die des UWG. Interpretationshilfe leisten dabei Stellungnahmen des Zentralen Wettbewerbsausschusses, der sich aus Vertretern mehrerer Spitzenverbände der Kreditwirtschaft zusammensetzt.[52]

Im Zuge der veränderten Marktverhältnisse, insbesondere der intensiven Bemühungen um die breite Privatkundschaft, hat sich die Werbung der Kreditinstitute inzwischen weit von der traditionellen Zurückhaltung entfernt und stark den Werbegewohnheiten der Konsumgüterindustrie angenähert. Allerdings bestehen aufgrund der Eigenart bankbetrieblicher Leistungen (der Objekte der Werbung) eine Reihe von Besonderheiten, auf die sich die folgenden Überlegungen konzentrieren.

(1) Die Leistungen der Kreditinstitute sind abstrakt, lassen sich also nicht bildlich darstellen. Man muß daher auf ihre Verwendungsmöglichkeiten ausweichen, vor allem die mit ihrer Nutzung verbundenen Vorteile herausstellen: Zeitersparnis, Zukunftssicherung, Konsum im Vorgriff auf künftiges Einkommen. Die erforderliche Argumentation aber stellt an die Aufmerksamkeit der Umworbenen erheblich höhere Ansprüche, als wenn man die Leistung demonstrieren könnte.

(2) Das Sortiment einer Universalbank umfaßt nicht nur sehr vielfältige Leistungen, was die Gefahr werblicher Verzettelung mit sich bringt, sondern zum Teil auch gegensätzliche Leistungen. So kann die Werbung nebeneinander für Geldanlagemöglichkeiten und für die Kreditaufnahme widersprüchlich werden.

(3) Die Leistungen der einzelnen Kreditinstitute unterscheiden sich praktisch nicht voneinander. Dadurch hat reine Produktwerbung eine starke Kollektivwirkung: Man wirbt für die entsprechenden Leistungen auch der Konkurrenzinstitute.

(4) Da die meisten Bankleistungen im Rahmen einer auf Dauer angelegten Kundenbeziehung verkauft werden, man also beim Kauf eine gewisse Bindung an den „Produzenten" eingeht, hat dieser für den Käufer größere Bedeutung als beim Erwerb von Konsumgütern, bei denen das Produkt dominiert und der Hersteller dem Käufer oft gar nicht bekannt ist.

Vor allem die weitgehende Gleichartigkeit der Leistungen (3) und die enge Beziehung zu ihrem „Produzenten" (4) begründen branchenspezifische Akzente des Gegenstandes der Werbung: Bei einem Kreditinstitut nimmt die

---

[51] Bähre, Inge Lore/Schneider, Manfred: KWG-Kommentar, 2. Aufl., München 1976, S. 289.
[52] Eine detaillierte Bewertung konkreter Werbemaßnahmen unter dem Gesichtspunkt des § 23 KWG gibt Dreyling, Georg M.: Das Recht der Bankenwerbung nach dem Kreditwesengesetz, Frankfurt a. M. 1977. – Zum Einfluß des allgemeinen rechtlichen Rahmens vgl. Engelmeyer, Günter: Der Einfluß des UWG auf den Bankenwettbewerb, Diss. Bayreuth 1989.

Werbung für das Unternehmen einen wesentlich breiteren Raum als bei der Werbung für Konsumgüter ein. Die „Selbstdarstellungswerbung" soll Präferenzen schaffen und wird mit der Werbung für die einzelnen Leistungen durch einen firmenspezifischen Werbestil mit wiederkehrenden Elementen (Werbekonstanten) verknüpft: konstanten Farben, Symbolen, Slogans.

Da neben der Produktwerbung die Institutswerbung eine so bedeutende Rolle spielt, verwischen bei Kreditinstituten die begrifflich scharf gezogenen Grenzen zur Öffentlichkeitsarbeit. Augenfällig wird das, wenn man die Institutswerbung als Image- oder Vertrauenswerbung kennzeichnet, ihr also Inhalte zuordnet, mit denen die Fachliteratur gewöhnlich den Begriff der Öffentlichkeitsarbeit umschreibt.

Bei der Planung von Werbeaktivitäten gibt es dagegen kaum bankbetriebliche Besonderheiten. Auch bei einem Kreditinstitut sind notwendige Voraussetzung klar formulierte Werbeziele, die aus den Marktzielen des Unternehmens abgeleitet werden und aus denen sich ergeben muß, welchen Personen oder Personengruppen welche Werbebotschaften übermittelt werden sollen. Aufgrund des oder der Adressaten sowie der Werbebotschaften werden dann die Werbemittel ausgewählt und gestaltet.

Im Vordergrund steht die **Gruppenumwerbung,** die jeweils auf eine bestimmte, nach der Bedarfsstruktur abgegrenzte Kundengruppe ausgerichtet ist. Gruppenumwerbung bildet den Mittelweg zwischen der (pro Empfänger der Werbebotschaft) billigeren, aber weniger gezielten Mengenumwerbung und der genau gezielten, aber teuren Einzelumwerbung. Bevorzugte Werbemittel bei der Gruppenumwerbung sind Druckschriften, die vorzugsweise in den Geschäftsräumen ausgelegt werden, und standardisierte Werbebriefe. Bei der Mengenumwerbung dominiert – wohl wegen der besser lokal begrenzbaren Streuung – die Werbung in Zeitungen gegenüber der in Publikumszeitschriften sowie der Rundfunk- und Fernsehwerbung.

Für die in einem überregionalen Verbund stehenden Institute, also für Sparkassen und Kreditgenossenschaften, wird die Werbung der Einzelinstitute ergänzt und unterstützt durch die von den Zentralverbänden organisierte **Gemeinschaftswerbung.** Ergänzt wird sie zu Themen, die für das Selbstverständnis der Gesamtorganisation von besonderer Bedeutung sind und für die überregional erscheinende Medien benutzt werden (Fernsehen, überregionale Zeitungen und Zeitschriften); unterstützt wird sie durch Anregungen und Arbeitshilfen für die Gestaltung der institutsindividuellen Werbung, die hinsichtlich der Themen und der Einsatzzeitpunkte die Situation auf dem jeweiligen lokalen Markt berücksichtigen muß.

5.3 Verkaufsförderung

Während man mit der Öffentlichkeitsarbeit eine positive Einstellung zum eigenen Institut wecken und fördern will, die Werbung bereits konkreter zum Kauf der Leistungen anregen soll, werden als Verkaufsförderung jene Maßnahmen und Mittel zusammengefaßt, mit denen man am Ort des Verkaufs („Verkaufsfront") den Abschluß von Geschäften zu fördern sucht. In diesem Sinne formuliert man auch schlagwortartig: Verkaufsförderung bedeute, Werbung in Abschlüsse umzusetzen. Im Mittelpunkt der Überlegungen steht dabei die Kommunikation zwischen Bankmitarbeiter und Kunden (Beratungsgespräch). Doch wird in der gebräuchlichen weiten Fassung des Begriffs als Verkaufsförderung auch der sachliche Rahmen der Kommunikation miterfaßt, beispielsweise die kundenfreundliche Gestaltung der Beratungsräume und die übersichtliche Aufmachung der Formulare.

Die meisten Leistungsarten eines Kreditinstituts können nur durch persönliche Kommunikation mit dem Kunden verkauft werden. Wichtigster Ansatzpunkt der Verkaufsförderung sind dementsprechend die Mitarbeiter mit direktem Kundenkontakt. Verkaufsförderung (sales promotion) ist bei einer Bank also im wesentlichen mitarbeiterorientierte Verkaufsförderung (staff promotion). Dagegen spielt die kundenorientierte Verkaufsförderung keine Rolle: Es entfällt die Möglichkeit, die Produkte attraktiv zu gestalten und zu präsentieren, weil sie abstrakt sind; Kostproben zu verteilen, ist nicht möglich; und Sonderangebote sind zumindest ungebräuchlich. Ohne Bedeutung ist bei einer Bank auch die handelsorientierte Verkaufsförderung, da die Leistungen fast durchweg direkt abgesetzt werden, nur in seltenen Ausnahmefällen über Absatzmittler.

Während vom traditionellen „Schalterbeamten" gutes Fachwissen erwartet wurde, gehen die Ansprüche an den verkaufsorientierten Kundenberater erheblich darüber hinaus. Von ihm wird erwartet, daß er die Probleme der Kunden analysieren kann und seine Sachkenntnis dann in Verkaufsargumente für Problemlösungen umsetzt. Hierfür muß er entsprechend geschult, motiviert und mit Verkaufshilfen unterstützt werden.

Die **Schulung** betrifft das Fachwissen wie auch die verkäuferischen Fähigkeiten. Da Kundenberatung nicht mehr auf einzelne Geschäftssparten beschränkt, sondern umfassend sein soll, muß sich das Fachwissen bei Beratern im Mengengeschäft auf das gesamte Sortiment standardisierter Leistungsangebote beziehen, im Firmenkundengeschäft mindestens auf die Grundleistungen, da hier für Sonderfragen gewöhnlich Spezialisten hinzugezogen werden. Kundenorientierung bedingt, daß der Berater nicht nur sachliche Details der Leistungsangebote kennt, sondern sie aus Kundensicht, d. h. als Lösungsmöglichkeiten für bestimmte Probleme beurteilen und darstellen kann. Kundenorientierung bedingt überdies, daß er auch die wichtigsten Angebote der Konkurrenz kennt, um sie für den Kunden mit den eigenen Angeboten vergleichen zu können.

Die Schulung in Verkaufstechnik und Verkaufspsychologie soll Kenntnisse über den Aufbau eines Verkaufsgespräches, die zweckmäßige Argumentation, die Behandlung von Einwänden u. ä. vermitteln und einüben. Die für die Aufgabe ebenfalls wesentlichen persönlichen Fähigkeiten (z. B. Takt, Überzeugungskraft) und die persönlichen Eigenschaften der Mitarbeiter (z. B. Einfühlungsvermögen, Selbstbewußtsein) lassen sich durch Schulung allerdings nur begrenzt entwickeln. Da mit der Beratung dauerhafte Kundenbeziehungen angestrebt werden, darf man unterstellen, daß es bei der verkäuferischen Schulung nicht um das Erlernen bloßer Verkaufstricks geht.

Der **Motivation** der Kundenberater dient insbesondere ein kooperativer Führungsstil, der ihnen die Überzeugung vermitteln kann, an der Erarbeitung der Verkaufsziele und -strategien entscheidend mitzuwirken. Auch

Wettbewerbe unter den Mitarbeitern können die akquisitorischen Bemühungen verstärken, unter Umständen aber dabei das Betriebsklima verschlechtern, was für die Kundenorientierung der Arbeit nicht eben förderlich ist. **Verkaufshilfen** sind zum einen aktuelle und umfassende Informationen über die bisherige Leistungsabnahme der einzelnen Kunden, möglichst auch die bei Konkurrenzinstituten. Ideal ist der Zugriff mit on line-Terminals in ein umfassendes Kundeninformationssystem. Soweit dies noch nicht verwirklicht ist, muß man sich mit Kundenkarteien behelfen. Mit Verkaufshilfen sind zum anderen vorbereitete Demonstrations- und Argumentationshilfen gemeint. Dazu zählen Prospekte (sofern sie nicht nur ausgelegt, sondern bewußt in die Verkaufsargumentation einbezogen werden), aber auch Argumentationssammlungen für typische Verkaufsgespräche oder ganze Verkaufshandbücher, die darüber hinaus die aktuelle Information über Einzelheiten des Leistungsangebots, der Institutsorganisation und der Geschäftsbedingungen ermöglichen.

Die vielfältigen Bemühungen, die Marktsituation im Interesse des eigenen Instituts zu beeinflussen (die Gestaltung des Leistungsangebots, die Preisgestaltung, die Organisation des Vertriebs) erfordern Maßnahmen der Kommunikation, damit sie den Kunden und potentiellen Kunden überhaupt bekanntwerden. Inwieweit sie dann letztlich zu vermehrten Geschäftsabschlüssen führen, wird maßgeblich durch den persönlichen Kontakt, das Gespräch zwischen Bankmitarbeitern und Kunden bestimmt. Die Überlegungen zur Verkaufsförderung führten daher den Abschnitt über den Absatz bankbetrieblicher Leistungen zu einem sachgerechten Abschluß.

Sechster Abschnitt
Rechnungswesen des Bankbetriebes

Mit Hilfe des betrieblichen Rechnungswesens werden die wirtschaftlichen Vorgänge im Betrieb in Form von Zahlen dargestellt (vor allem in Geldeinheiten als dem Generalnenner), um sie auf diese Weise zu überwachen und vor allem auch besser lenkbar zu machen. Für die zahlenmäßige Darstellung bestehen im Bankbetrieb gute Voraussetzungen, da sich die Banktätigkeit weit überwiegend bereits in Geldeinheiten niederschlägt (Geldbestände und Geldbewegungen). Allerdings haben besonders die Bestände oft auch eine qualitative Komponente (unterschiedliche Fristigkeit, Sicherheit, usw.), so daß sich Bewertungsprobleme nicht erübrigen. Zudem sind im Bankbetrieb die Leistungen von der Erstellung wie vom Absatz her gesehen vielfältig und stärker miteinander verbunden als in anderen Wirtschaftszweigen, was die rechnerische Durchleuchtung der Vorgänge zum Teil erheblich erschwert.

Auch bei Banken lassen sich eine Außen- und eine Innenrechnung unterscheiden. Die **Außenrechnung** erfaßt die Beziehungen des Betriebes zur Umwelt und enthält vor allem den Nachweis seiner Schulden, seiner Eigenmittel und seines Vermögens sowie den Nachweis des wirtschaftlichen Erfolges seiner Tätigkeit (Gewinn oder Verlust). Die **Innenrechnung** widmet sich dagegen der Leistungserstellung: ihrer rechnerischen Erfassung, den mit ihr verbundenen Kosten sowie – unter Hinzunahme der Erlöse – dem Beitrag der verschiedenen Teilbereiche zum Gesamterfolg des Betriebes. Die Außenrechnung hat interne und externe Aufgaben: Sie dient zum einen der Unternehmensleitung zur Überwachung und Lenkung des Betriebsgeschehens, und sie ist zum anderen Grundlage der Information und Rechenschaft gegenüber Außenstehenden. Die Innenrechnung hingegen hat allein interne Aufgaben: Sie soll Grundlage für bestmögliche Entscheidungen im Hinblick auf Wirtschaftlichkeit und Rentabilität sein.

Die unterschiedlichen Aufgaben der Außen- und der Innenrechnung sind auch der Grund für die unterschiedliche rechtliche Fixierung. Für die Außenrechnung sind handels- wie steuerrechtliche Vorschriften sowie allgemein anerkannte Grundsätze der Rechnungslegung zu beachten; für die Innenrechnung dagegen bestehen keine verbindlichen Normen.

Konkret sind mit der Außenrechnung die **Finanzbuchhaltung** (auch: Geschäftsbuchhaltung) und der aus ihr entwickelte Jahresabschluß gemeint, mit der Innenrechnung die **Kosten- und Erlösrechnung**. Die **Betriebsstatistik**, dritter Zweig des betrieblichen Rechnungswesens, bildet überwiegend eine Ergänzung zu den beiden anderen Zweigen, dient also der Außen- wie der Innenrechnung.

Finanzbuchhaltung, Kosten- und Erlösrechnung, Statistik sowie die Ansätze zum Aufbau von Informationssystemen werden im folgenden nicht in ihrer ganzen Problematik ausgebreitet, sondern nur in ihren jeweiligen Besonderheiten im Bankbetrieb dargestellt.[1]

1. Finanzbuchhaltung

In der Finanzbuchhaltung werden alle wirtschaftlichen Vorgänge des Betriebes in chronologischer Folge festgehalten und dabei (durch ihre Verbuchung auf Konten) systematisiert und in ihren Auswirkungen erfaßt. Mit Auswirkungen ist dabei gemeint,

* in welchem Umfang sie Bestand und Struktur des Vermögens und/oder des Kapitals verändern und
* in welchem Umfang sie den Wertverbrauch (Aufwand) oder den Wertzuwachs (Ertrag) des Bankbetriebs erhöhen.

Dementsprechend unterscheidet man Bestandskonten, auf denen für jede Vermögens- und für jede Kapitalart Anfangsbestand, Zugänge und Abgänge festgehalten werden, und Erfolgskonten, auf denen für die einzelnen Aufwands- und Ertragsarten die Zugänge gesammelt werden. Die sich am Ende einer Abrechnungsperiode (in der Regel eines Kalenderjahres) daraus ergebenden Endbestände an Vermögen sowie an Fremd- und Eigenkapital werden in der Bilanz gegenübergestellt, die Summe der in der betreffenden Periode auf den Erfolgskonten gesammelten Aufwendungen und Erträge in der Gewinn- und Verlustrechnung (Erfolgsrechnung). Bilanz und Erfolgsrechnung bilden – bei Kapitalgesellschaften und Genossenschaften ergänzt um einen Anhang – den betrieblichen Jahresabschluß. Neben dem auf handelsrechtlichen Vorschriften beruhenden Abschluß ist jährlich auf der Grundlage steuerrechtlicher Vorschriften für die Finanzverwaltung eine Steuerbilanz zu erstellen.

Insoweit bestehen bei Bankbetrieben keine Unterschiede gegenüber Unternehmen anderer Wirtschaftszweige. Auffällige Besonderheit ist jedoch die große Bedeutung, die in einer Bank die Hilfsbücher (Skontren) der Bestandsbuchhaltung haben. Zu ihnen gehören insbesondere die „Kundenkonten", auf denen die Forderungen (v. a. Einlagen) und Verbindlichkeiten (v. a. Kredite) der einzelnen Kunden gegenüber der Bank festgehalten werden. Daß die meisten Kunden erwarten, über Veränderungen auf ihren „Konten" umgehend informiert zu werden, begründet im wesentlichen das „Prinzip der Tagfertigkeit" der Bankbuchhaltung. Es stellt angesichts der sehr großen Zahl täglich zu verarbeitender Geschäftsvorfälle hohe Anforderungen an Schnelligkeit und Sicherheit der Verbuchung.

1.1 Kontenrahmen

Die ordnungsgemäße Erfassung der sehr vielfältigen und zahlreichen Geschäftsvorfälle in einer Bank bedingt eine große Zahl von Konten. Zur bes-

---

[1] Für die freiwillige Erweiterung der externen Rechnungslegung durch eine „Sozialbilanz" gibt es in der Bankpraxis nur wenige Beispiele (vor allem: KÖLNER BANK VON 1867 eG). Deshalb wird im weiteren hierauf nicht näher eingegangen. Literaturhinweise zur Sozialbilanz bei Bankbetrieben: S. 422.

seren Übersicht bedienen sich Bankbetriebe (wie andere Unternehmen auch) eines Kontenplans, in dem die Konten betriebsindividuell nach bestimmten Kriterien systematisiert sind. Verschiedene Gründe legen es darüber hinaus nahe, die Kontenpläne der Unternehmen eines Wirtschaftsbereiches – hier: der Banken oder zumindest der Universalbanken – in Gestalt eines Kontenrahmens zu vereinheitlichen. Es würde den Informationsaustausch erleichtern (vor allem Betriebsvergleiche), für Meldepflichten gegenüber der Bundesbank und der Bankenaufsicht gleiche Ansatzpunkte schaffen, und es würde die Ausbildung des mit der Buchhaltung befaßten Bankpersonals wie auch die Tätigkeit der Wirtschaftsprüfer vereinfachen. Doch gibt es (anders als im industriellen Bereich) im Bankgewerbe bisher keinen einheitlichen Kontenrahmen, sondern lediglich für die einzelnen Institutsgruppen von ihrem jeweiligen Bundesverband unverbindlich empfohlene Vorschläge für einen gruppeneinheitlichen Kontenrahmen.

Wie die zusammenfassende Übersicht auf der folgenden Seite erkennen läßt, weichen die Vorschläge schon in der Grobgliederung der Konten erheblich voneinander ab. Gemeinsam ist ihnen lediglich der deutliche Unterschied gegenüber dem industriellen Kontenrahmen. Während in der Industrie die Konten vor allem entsprechend dem innerbetrieblichen Leistungsprozeß gegliedert sind (Prozeßgliederungsprinzip), stehen bei Bankbetrieben – bei denen ein mehrstufiger, schrittweise fortschreitender Erstellungsprozeß nicht den Kern ihrer Tätigkeit bildet – die Erfordernisse des Jahresabschlusses im Vordergrund. Die Kontensystematik soll möglichst ohne weitere Umgruppierungen die Zahlen für die Bilanz und für die Erfolgsrechnung liefern können (Bilanzgliederungsprinzip). Deutlich wird dies besonders in dem vom Bundesverband deutscher Banken für die privaten Kreditinstitute entwickelten Vorschlag.

1.2 Jahresabschluß des Einzelinstituts[2]

Auf der Grundlage allgemeiner Buchführungspflicht hat jedes Unternehmen einmal im Jahr einen Abschluß zu erstellen, bestehend aus einer Vermögens- und Kapitalaufstellung zum Ende des Geschäftsjahres (zeitpunktbezogene Bilanz) und einer Gegenüberstellung von Erträgen und Aufwendungen im abgelaufenen Geschäftjahr (zeitraumbezogene Erfolgsrechnung). Von einem Teil der Unternehmen muß dieser Abschluß – ergänzt um einen Anhang – auch veröffentlicht werden: von allen Unternehmen in der Rechtsform der AG, KGaA, GmbH und eG (gem. HGB) sowie von Unternehmen anderer Rechtsformen, wenn sie aufgrund bestimmter Merkmale Großunternehmen sind (gemäß PublG). Im einzelnen bestimmen rechtliche Regelungen den Mindestumfang sowie die Art und Weise der Veröffentlichung,

---

[2] Als Standardwerk – wenngleich es die seit 1990/92 veränderten rechtlichen Grundlagen noch nicht berücksichtigt – vgl. BIRCK, HEINRICH/MEYER, HEINRICH: Die Bankbilanz, 3. Aufl., Wiesbaden 1976–1989; die neuen gesetzlichen Regelungen berücksichtigt z. B. BÄSCH, HERBERT: Jahresabschlußanalyse bei Universalbanken, Wiesbaden 1992. – Weitere Literaturhinweise zum Jahresabschluß des Bankbetriebes: S. 416–421.

Kontenklasse	Private Banken[a]	Sparkassen[b]	Kreditgenossenschaften[c]
0	Liquide Mittel, Wertpapiere	–	–
1	Anlagevermögen	Spareinlagen, an Kunden verkaufte Schuldverschreibungen	Geldverkehr, Kreditinstitute, Wertpapiere
2	Forderungen und Verbindlichkeiten gegenüber Kreditinstituten	Sicht- und befristete Einlagen, Kontokorrent- und Akzeptkredite	Forderungen und Verbindlichkeiten gegenüber Nichtbanken
3	Forderungen und Verbindlichkeiten gegenüber Kunden	Kasse, Sorten und Edelmetalle, Zins- und Dividendenscheine	Anlagevermögen, sonstige Vermögenswerte, Rechnungsabgrenzung
4	interne Verrechnungskonten	Bankguthaben, aufgenommene Gelder und Darlehen, durchlaufende Kredite, Verrechnungskonten	Rückstellungen, Wertberichtigungen, Eigenkapital
5	Zins-, Provisions- und sonstige Erträge, Kursgewinne	Wechsel, Schecks	Eventualverbindlichkeiten, Anhang-Angaben
6	Zins- und Provisionsaufwendungen	Darlehen an Kunden, Treuhandvermögen	Aufwendungen
7	Personal- und Sachaufwand	Wertpapiere, Devisen, Ausgleichsforderungen	Erträge
8	Bewertungsaufwand (-ertrag)	sonst. Vermögen, sonst. Forderungen und Verbindlichkeiten	Warenverkehr, Neben- und Hilfsbetriebe
9	Eigenkapital, Rückstellungen	Eigenkapital, Rückstellungen, Erfolgs- und Abschlußkonten	(Interimskonten bei EDV-Anwendung)

[a] Quelle: (BUNDESVERBAND DEUTSCHER BANKEN): Kontenrahmen der privaten Kreditbanken, Januar 1993.
[b] Quelle: (DEUTSCHER SPARKASSEN- UND GIROVERBAND): Kontenrahmen der Sparkassen, Stand Februar 1993.

insbesondere die Gliederung und die Bewertung der auszuweisenden Sachverhalte. Grundlegendes Erfordernis ist es dabei, daß der Jahresabschluß „klar und übersichtlich sein" muß (§ 243 II HGB), dabei aber „ein den tatsächlichen Verhältnissen entsprechendes Bild der Vermögens-, Finanz- und Ertragslage . . . zu vermitteln" hat (§ 264 II HGB).

1.2.1 Bankspezifische Vorschriften

Die grundlegenden Rechtsnormen über den Jahresabschluß sind für Kreditinstitute dieselben wie für Unternehmen anderer Wirtschaftszweige: die Vorschriften des Handelsgesetzbuches (HGB) und die Grundsätze ordnungsmäßiger Buchführung (GoB). Einige der generellen Regelungen sind jedoch für Kreditinstitute abgewandelt oder durch bankspezifische Vorschriften ersetzt worden.

Bevor wir uns diesen Vorschriften im einzelnen zuwenden, ist kurz darauf einzugehen, daß in den letzten Jahren zunächst die generellen und dann die bankspezifischen Regelungen zum Teil erheblich geändert worden sind.

Anlaß der Änderungen war die Absicht, im Rahmen der Harmonisierung des Gesellschaftsrechts innerhalb der EG-Mitgliedstaaten auch die Vorschriften zur Rechnungslegung der Unternehmen anzugleichen. Die EG-weite Angleichung nationaler Rechtsnormen erfolgt über „Richtlinien", die der EG-Ministerrat beschließt und die dann innerhalb eines jeweils benannten zeitlichen Rahmens in die nationale Rechtsordnung jedes Mitgliedstaates umzusetzen sind. In Deutschland geschieht das zum Teil explizite durch „Richtlinie-Gesetze", in denen alle aufgrund bestimmter EG-Richtlinien erforderlichen Änderungen des HGB, KWG, AktG und anderer Gesetze zusammengefaßt werden.

Auf diese Weise wurden nacheinander zuerst die alle Unternehmen (also auch Banken) betreffenden und dann die bankspezifischen Rechnungslegungsvorschriften an die Inhalte der entsprechenden Richtlinien angepaßt:

(a) **Bilanzrichtlinien-Gesetz** von 1985, durch das in deutsches Recht umgesetzt wurden:

- die 4. EG-Richtlinie von 1978 über den Jahresabschluß von Gesellschaften bestimmter Rechtsformen (Bilanzrichtlinie),
- die 7. EG-Richtlinie von 1983 über den konsolidierten Abschluß (Konzernbilanzrichtlinie) und
- die 8. EG-Richtlinie von 1984 über die Zulassung der mit der Pflichtprüfung der Rechnungslegungsunterlagen beauftragten Personen (Prüferrichtlinie).

(b) **Bankbilanzrichtlinie-Gesetz** von 1990, durch das in deutsches Recht umgesetzt wurde:

- die EG-Richtlinie von 1986 über den Jahresabschluß und den konsolidierten Abschluß von Banken und anderen Finanzinstituten (Bankbilanzrichtlinie).[3]

Der Umsetzung dieser Richtlinie diente außerdem die **Verordnung über die Rechnungslegung der Kreditinstitute** (RechKredV) von 1992. Das Gesetz erfaßt

---

[3] Detailliertes Material über die rund zehnjährigen Bemühungen um diese Richtlinie ist zusammengestellt bei MAYER, HELMUT/MAISS, PETER (Hrsg.): EG-Bankbilanzrichtlinie, Düsseldorf 1987.
Als kritische Analyse der Veränderungen, die die Richtlinie im deutschen Bankbilanzrecht verursacht hat, vgl. SCHWARTZE, ANDREAS: Deutsche Bankenrechnungslegung nach europäischem Recht, Baden-Baden 1991.

die materiellen Regeln (Bewertung, Währungsumrechnung, u. ä.), die Verordnung mehr die formale Seite (Gliederung).

Durch das Bankbilanzrichtlinie-Gesetz sind Sonderregelungen für Kreditinstitute – die zuvor im Kreditwesengesetz standen – in das 3. Buch des HGB eingefügt worden:

Drittes Buch: Handelsbücher
1. Abschnitt: Vorschriften für die Kaufleute (§§ 238–263).
2. Abschnitt: Ergänzende Vorschriften für Kapitalgesellschaften (§§ 264–335).
3. Abschnitt: Ergänzende Vorschriften für eingetragene Genossenschaften
       (§§ 336–339).
4. **Abschnitt: Ergänzende Vorschriften für Kreditinstitute (§§ 340–340 o).**

Die Änderungen entwerten zu einem erheblichen Teil die **Fachliteratur,** soweit sie sich auf die bis dahin geltenden Vorschriften bezieht. Sie sind hier so genau datiert worden, um schnell erkennbar zu machen, welche Bücher und Aufsätze noch die alte und welche bereits die neue Rechtslage zugrunde legen. Grundsätzliche Erörterungen zu Einzelfragen der Bankbilanzierung sind vielfach weiterhin gültig, auch wenn auf der Grundlage inzwischen geänderter Vorschriften argumentiert wird.

Im folgenden werden grundsätzlich die neuen Vorschriften zugrunde gelegt, die von den deutschen Kreditinstituten erstmals auf ihre Jahresabschlüsse für nach Ende 1992 beginnende Geschäftsjahre anzuwenden sind. Auf die davor geltenden Regelungen wird von Fall zu Fall hingewiesen, um die Kontinuität bzw. den Bruch mit ihr zu verdeutlichen. Bei Zahlenbeispielen liegen allerdings noch die bis 1992 geltenden Vorschriften zugrunde, da Abschlüsse nach neuem Recht erst ab Frühjahr 1994 veröffentlicht werden.

Sonderregelungen zum Jahresabschluß der Kreditinstitute werden im wesentlichen begründet

(a) mit der Eigenart bankbetrieblicher Tätigkeit und

(b) mit der besonderen Vertrauensempfindlichkeit, denen Kreditinstitute ausgesetzt seien.

Aus der Begründung (a) folgen spezifische Vorschriften für die Gliederung der Bilanz und der Erfolgsrechnung, aus der Begründung (b) spezifische Vorschriften für die Bewertung des Vermögens, genauer: über den Spielraum zur Bildung stiller Reserven.

(a) Sonderregelungen aufgrund der spezifischen Tätigkeit
Das Handelsgesetzbuch schreibt für Kapitalgesellschaften zwingend vor, wie sie ihre Bilanz (§ 266 HGB) und ihre Erfolgsrechnung (§ 275 HGB) zu gliedern haben, d. h. welche Positionen jeweils in welcher Reihenfolge aufzunehmen sind. Die vorgeschriebene Gliederung der Bilanz ist zwar nicht ausdrücklich auf einen bestimmten Wirtschaftszweig bezogen, doch legt sie ganz offensichtlich einen industriellen Produktionsbetrieb zugrunde. Das Vermögen ist dem Ablauf des industriellen Betriebsprozesses entsprechend zu gliedern: Am Anfang steht das Anlagevermögen (als Grundlage betrieblicher Tätigkeit), dann folgen Rohstoffe, unfertige und fertige Erzeugnisse, dann die Forderungen und schließlich die Geldbestände. Das Kapital ist – parallel zur abnehmenden Kapitalbindungsdauer auf der Vermögensseite –

nach abnehmender Dauer der Bereitstellung zu gliedern: Am Anfang steht – dem Anlagevermögen gegenüber – das Eigen- und das langfristige Fremdkapital, dem dann die kürzerfristigen Fremdmittel folgen.

Wie die Gliederung der Bilanz ist auch die der Erfolgsrechnung deutlich auf einen industriellen Produktionsbetrieb zugeschnitten, wie man ohne Mühe aus den wesentlichen Positionen ersehen kann: Umsatzerlöse, Bestandsänderungen unfertiger und fertiger Erzeugnisse, Materialaufwand, usw.

Für Betriebe anderer Wirtschaftszweige würde es den Informationsgehalt des Jahresabschlusses erheblich beeinträchtigen, wenn sie die im HGB vorgeschriebenen Gliederungen zugrunde legen müßten. Deshalb hat der Gesetzgeber die Möglichkeit vorgesehen, bei Bedarf die Gliederungen nach HGB durch branchenspezifische Gliederungen zu ersetzen. Durch § 330 HGB wird der Justizminister ermächtigt, „andere Vorschriften für die Gliederung des Jahresabschlusses . . . zu erlassen, wenn der Geschäftszweig eine von den §§ 266, 275 abweichende Gliederung . . . erfordert". Da dies für Kreditinstitute offensichtlich der Fall ist, sind für sie die Gliederungen nach HGB außer Kraft gesetzt und statt dessen bankspezifische Gliederungen (**Formblätter**) vorgeschrieben worden. Die entsprechende Verordnung sieht drei Formblätter vor:[4]

Formblatt 1: Gliederung der Bilanz (vgl. S. 282 f.).
Formblatt 2: Gliederung der Gewinn- und Verlustrechnung in Kontoform (vgl. S. 292 f.).
Formblatt 3: Gliederung der Gewinn- und Verlustrechnung in Staffelform (im weiteren ausgeklammert, weil die Bankpraxis bisher nur die Kontoform wählt).

Während die in den §§ 266 und 275 HGB vorgeschriebenen Gliederungen nur für Kapitalgesellschaften gelten, sind die sie ersetzenden Formblätter für Kreditinstitute „ungeachtet ihrer Rechtsform anzuwenden" (§ 330 II HGB).

Da sich Kreditinstitute hinsichtlich Rechtsform und Geschäftsschwerpunkten durchaus voneinander unterscheiden, ist allerdings ein für alle einheitliches Formblatt nicht ganz selbstverständlich. Bis 1992 berücksichtigte man die Unterschiede zwischen den wichtigsten Institutstypen durch die Vorgabe von acht verschiedenen Formblättern, deren Inhalte sich allerdings nur geringfügig voneinander unterschieden. Das nunmehr einheitliche Formblatt berücksichtigt Unterschiede zwischen den Institutstypen nur noch in der Weise, daß mit Fußnoten zu einigen Positionen spezielle Untergliederungen vorgeschrieben werden, im einzelnen für:

- Sparkassen,
- Girozentralen,
- Kreditgenossenschaften,

---

[4] § 2 der Verordnung über die Rechnungslegung der Kreditinstitute. – Diese Verordnung faßt zusammen, was bis 1992 getrennt in einer Formblatt-Verordnung (Gliederung) und in vom Bankenaufsichtsamt vorgeschriebenen Bilanzierungsrichtlinien geregelt war.

• Genossenschaftliche Zentralbanken,
• Realkreditinstitute,
• Bausparkassen.

Die bankspezifischen Regelungen zur Form des Jahresabschlusses (Rech-KredV) beschränken sich aber nicht auf die Verpflichtung zu einer bestimmten Gliederung der Bilanz und der Erfolgsrechnung. Die Formblätter werden ergänzt um **erläuternde Bestimmungen,** die im Interesse einheitlicher und damit vergleichbarer Abschlüsse festlegen, welche Geschäfte welchen Positionen zuzuordnen sind und wie der Ausweis in Zweifelsfällen zu erfolgen hat. Die Präzisierungen sollen in erster Linie für Bankenaufsicht und Bundesbank einheitliche Informationsgrundlagen schaffen;[5] sie verbessern aber auch für die breite Öffentlichkeit den Erkenntniswert der Abschlüsse.

Im Mittelpunkt stehen Erläuterungen zu einzelnen Positionen der Bilanz (§§ 12–27), der Erfolgsrechnung (§§ 28–33) und des Anhangs (§§ 34–36); vorangestellt sind Einzelpositionen übergreifende Fragen der Bilanzierung (§§ 1–11), die beispielsweise festlegen:

• Fristengliederung: Die wichtigsten Forderungen und Verbindlichkeiten einer Bank sind nach ihrer Laufzeit in vier Gruppen zu gliedern: bis 3 Monate; 3 Monate bis ein Jahr; ein Jahr bis 5 Jahre; über 5 Jahre.
(Grundlage dabei ist § 340d HGB, der vorschreibt, daß 1. die Gliederung nach Fristen nicht in der Bilanz, sondern nur im Anhang erfolgt und daß 2. dabei nicht mehr – wie bisher – die ursprünglich vereinbarte Laufzeit, sondern die Restlaufzeit am Bilanzstichtag maßgebend ist.)[6]

• Gemeinschaftsgeschäfte: Bei gemeinsamer Kreditvergabe oder Übernahme von Effekten ist nur der eigene Anteil der bilanzierenden Bank (Konsortialquote) zu aktivieren.

• Treuhandgeschäfte: Es sind sämtliche von der Bank im eigenen Namen, aber für fremde Rechnung gehaltenen Vermögensteile und Schulden zu bilanzieren; Treuhandkredite sind dabei gesondert zu nennen.

(b) Sonderregelungen aufgrund der spezifischen Vertrauensempfindlichkeit

Kreditinstitute gelten als in hohem Maße abhängig vom Vertrauen ihrer Kunden, insbesondere ihrer Einleger. Starke Ertragsschwankungen einer Bank könnten, so wird befürchtet, dieses Vertrauen gefährden und die Einleger zum Abzug ihrer Einlagen veranlassen. Würde sich dieser Vertrauensverlust auf andere Banken oder sogar auf das ganze Bankwesen ausweiten (run), so geriete dessen Funktionsfähigkeit in Gefahr.

Damit sie das Vertrauen ihrer Einleger nicht gefährden, hat der Gesetzgeber den Kreditinstituten die Möglichkeit zugestanden, ihren Gewinnausweis

---

[5] § 330 II HGB gestattet die Aufnahme erläuternder Bestimmungen in die Rechtsverordnung ausdrücklich nur, „soweit dies zur Erfüllung der Aufgaben des Bundesaufsichtsamts für das Kreditwesen oder der Deutschen Bundesbank erforderlich ist, insbesondere um einheitliche Unterlagen zur Beurteilung der von den Kreditinstituten durchgeführten Bankgeschäfte zu erhalten".

[6] Um den Banken den Übergang auf die neuen Regelungen zu erleichtern, sind vorerst noch – für alle vor dem 1. 1. 1998 beginnenden Geschäftsjahre – der Gliederung nach Fristen die ursprünglich vereinbarten Laufzeiten zugrunde zu legen.

(Bilanzgewinn) unauffällig zu steuern. Zu diesem Zweck dürfen sie höhere stille Reserven als andere Unternehmen bilden und diese Reserven verdeckt zur Steuerung des Gewinnausweises einsetzen (**Bewertungsprivileg**). Die Berechtigung dieses Privilegs ist umstritten, seit es besteht. Es schwächt nicht nur die Informationsfunktion des Jahresabschlusses, sondern beeinträchtigt auch seine Ausschüttungsbemessungsfunktion, da den Eignern Gewinnansprüche entzogen werden. Ob andererseits stille Reserven dazu beitragen, das Vertrauen der Öffentlichkeit in das Bankwesen zu erhalten, ist mindestens zweifelhaft.

Gesetzliche Grundlage des Bewertungsprivilegs bildete ursprünglich § 26a KWG, auf den sich auch die Diskussion oft ausdrücklich bezog („26a-Reserven").[7] Ob das Privileg die EG-Rechtsangleichung überstehen würde, war ungewiß, da es sich eher um eine deutsche Besonderheit handelte. Der EG-Ministerrat hat schließlich entschieden, diese Frage zu einem Wahlrecht der Mitgliedstaaten zu machen, auf eine EG-weite Angleichung also zunächst zu verzichten. Die Bankbilanzrichtlinie stellt es den Mitgliedstaaten frei, ob sie ein Bewertungsprivileg „bis zu einer späteren Koordinierung zulassen" oder nicht (Art. 37).

In Deutschland hat man sich dazu entschieden, das Privileg beizubehalten, und es – in einer gegenüber § 26a KWG etwas engeren Fassung, die die Richtlinie vorschreibt – in das Handelsgesetzbuch aufgenommen (§ 340f HGB). Daneben ist aber als Alternative auch die offene Form der Risikovorsorge möglich: Durch § 340g HGB ist diese Möglichkeit als Bilanzposition „Fonds für allgemeine Bankrisiken" eingeführt worden. Bei einigen großen Aktienbanken besteht die Neigung, künftig freiwillig – die Anregung nutzend – von der stillen zur offenen Form der Risikovorsorge überzugehen.

Anfang 1998 wird der EG-Ministerrat die von Land zu Land unterschiedliche Handhabung überprüfen und eventuell angleichen.

Da sich trotz der neuen rechtlichen Grundlage jedoch vorerst materiell nur wenig geändert hat, behält die in der Fachliteratur bislang geführte Diskussion über die Berechtigung des Privilegs ihre Gültigkeit, auch wenn sie sich auf den inzwischen gestrichenen § 26a KWG bezieht.[8]

Die Regelungen zum Bewertungsprivileg lassen sich in zwei Schritte gliedern:

1. die Zulässigkeit von Sonderabschreibungen, mit denen Kreditinstitute den Bilanzgewinn nach eigenem Ermessen verringern können (Bildung stiller Reserven);

2. die Möglichkeit, im Jahresabschluß zu verdecken, in welchem Umfang stille Reserven jeweils gebildet oder aufgelöst worden sind („geräuschlose" Bildung und Auflösung stiller Reserven).

---

[7] § 26a ist 1965 in das KWG eingefügt worden (durch § 36 EGAktG), weil im gleichen Jahr eine Novellierung des Aktiengesetzes die Bildung stiller Reserven generell stark einschränkte, dies aber für Kreditinstitute nicht gelten sollte.

[8] Aus Banken-Sicht vgl. z. B. KÖLLHOFER, DIETRICH: Stille Reserven nach § 26a KWG in Bankbilanzen – Fragen und Versuch einer Beantwortung, in: Bank, 1986, S. 552–559. – Kritische Professoren-Standpunkte z. B.: SÜCHTING, JOACHIM: Scheinargumente in der Diskussion um stille Reserven bei Kreditinstituten, in: DBW, 1981, S. 207–220; BIEG, HARTMUT: Erfordert die Vertrauensempfindlichkeit des Kreditgewerbes bankenspezifische Bilanzierungsvorschriften? In: Wpg, 1986, S. 257–263 und 299–307.

Der zweite Schritt ist eine Konsequenz des ersten, denn das Recht, stille Reserven zu bilden, würde faktisch wieder aufgehoben, wenn deren Bildung und Auflösung an anderer Stelle des Jahresabschlusses für jedermann ersichtlich wäre, etwa aus Positionen der Erfolgsrechnung oder aus dem Anhang.

Zu 1.:

Kreditinstituten wird durch § 340 f HGB grundsätzlich gestattet, wesentliche Teile ihres Umlaufvermögens mit einem niedrigeren Wert anzusetzen, als er sich nach dem Niederstwertprinzip ergibt (gem. § 253 HGB). Entsprechende Sonderabschreibungen bedürfen keines konkreten Anlasses; sie müssen lediglich „nach verfünftiger kaufmännischer Beurteilung zur Sicherung gegen die besonderen Risiken des Geschäftszweiges der Kreditinstitute notwendig" sein. Das liest sich bei flüchtigem Hinsehen wie eine Begrenzung, läßt sich aber sehr weit auslegen. Die Überschrift des § 340 f HGB drückt deutlicher aus, worum es hier geht: um die **„Vorsorge für allgemeine Bankrisiken"**.

Um den Banken zu ermöglichen, die „Vorsorgereserven" grundsätzlich unbefristet bereitzuhalten, ist es konsequent, wenn § 340 f für die Vermögensgegenstände, in denen die Reserven enthalten sind, das Wertaufholungsgebot (gem. § 280 HGB) außer Kraft setzt.

Die Bildung stiller Vorsorgereserven ist den Kreditinstituten allerdings nicht unbegrenzt möglich:

- Zum einen sind Sonderabschreibungen nur auf bestimmte Aktiva zulässig: (a) auf Forderungen an andere Kreditinstitute und Kunden sowie (b) auf Wertpapiere, soweit diese nicht zum Anlagevermögen oder zum Handelsbestand gerechnet werden. Da aber allein schon die Forderungen ca. 80–85% des Vermögens einer Bank ausmachen, ist diese Begrenzung praktisch ohne Gewicht.

- Enger begrenzt dagegen eine zweite Schranke den Spielraum. Die Summe der Vorsorgereserven ist begrenzt auf 4% des Gesamtbetrages der Forderungen und der genannten Wertpapiere, wie er sich bei Bewertung nach dem Niederstwertprinzip ergeben würde.

Anfang der neunziger Jahre entsprach das ungefähr dem Umfang des Zins- und Provisionsüberschusses von zwei Geschäftsjahren. Vor allem aufgrund der umfangreichen Basis, auf die sich die 4% beziehen, ergibt sich maximal also eine Manövriermasse beträchtlichen Ausmaßes. Daß die Bankwirtschaft das Einfügen der 4%-Schranke ohne nennenswerte Proteste hinnahm, ließ erkennen, in welch geringem Maße man Entscheidungsspielräume hierdurch eingeschränkt sah.

Zu 2.:

Damit Bildung und Auflösung der Vorsorgereserven „geräuschlos" bleiben, darf beides in der Erfolgsrechnung mit anderen Positionen verrechnet werden. Dies ist ein Bruch mit dem Bruttoprinzip: Verrechnungen zwischen Erträgen und Aufwendungen sind zwar grundsätzlich untersagt (§ 246 II HGB), können aber für Kreditinstitute zugelassen werden (§ 340a II HGB).

Die Regelungen zur „Vorsorge für allgemeine Bankrisiken" sehen denn auch vor, daß die folgenden Beträge vorab saldiert und in nur einem Aufwands- oder Ertragsposten ausgewiesen werden dürfen.[9]

---

[9] Gemäß § 340 f III HGB. Eine nur teilweise Verrechnung – wie sie bis 1992 gestattet war – ist allerdings nicht mehr zulässig (§ 32 RechKredV).

- Abschreibungen auf Forderungen (einschl. der Bildung von Reserven gem. § 340f HGB),
- Zuführungen zu Rückstellungen für Eventualverbindlichkeiten und Kreditrisiken,
- Abschreibungen auf bestimmte Wertpapiere (einschl. der Bildung von Reserven gem. § 340f HGB),[10]
- realisierte Kursverluste aus bestimmten Wertpapieren.[10]

- Zuschreibungen zu Forderungen (einschl. der Auflösung von Reserven gem. § 340f HGB),
- Eingang von teilweise oder vollständig abgeschriebenen Forderungen,
- Auflösung von Rückstellungen für Eventualverbindlichkeiten und für Kreditrisiken,
- Zuschreibungen zu bestimmten Wertpapieren (einschl. der Auflösung von Reserven gem. § 340f HGB),[10]
- realisierte Kursgewinne aus bestimmten Wertpapieren.[10]

= Position 7 der Aufwendungen	= Position 6 der Erträge

Daß Wertkorrekturen nicht nur innerhalb der Kredite und innerhalb der Wertpapiere saldiert werden dürfen, sondern auch über Kreuz, d. h. auch Abschreibungen auf Forderungen mit Zuschreibungen auf Wertpapiere und umgekehrt, wird als „Überkreuzkompensation" bezeichnet.

Zum Zwecke der „geräuschlosen" Bildung und Auflösung der Reserven sind Kreditinstitute außerdem davon befreit worden,

- Angaben über deren Bildung und Auflösung sowie über vorgenommene Verrechnungen an einer anderen Stelle machen zu müssen und

- im Anhang über die Höhe der nach steuerlichen Vorschriften vorgenommenen Abschreibungen zu berichten, wie dies § 281 II HGB grundsätzlich vorschreibt.

Während die bankspezifischen Regelungen insoweit den Einblick der Öffentlichkeit in die Ertragslage bewußt einschränken, sind Kreditinstitute andererseits aber zu einer im Verhältnis zu Unternehmen anderer Wirtschaftszweige erweiterten Publizität verpflichtet:

(a) Unabhängig von Größe und Rechtsform haben sie ihren Jahresabschluß und die ihn ergänzenden Angaben zu publizieren, wobei alles grundsätzlich den für große Kapitalgesellschaften aufgestellten Anforderungen genügen muß (§ 340a HGB). Eine Erleichterung ist lediglich für Institute mit Bilanzsummen unter 300 Mio. DM vorgesehen, die die offenzulegenden Angaben lediglich beim Handels- bzw. Genossenschaftsregister einzureichen brauchen (Registerpublizität).

(b) Jedes Kreditinstitut muß dem Bundesaufsichtsamt für das Kreditwesen eine Vielfalt von Informationen liefern, zumeist in kürzeren als jährlichen Abständen und vielfach auch Informationen, die die breite Öffentlichkeit nicht erhält, beispielsweise Informationen über Umfang und Veränderungen der stillen Reserven.

---

[10] Da für Abschreibungen und Zuschreibungen der zum Handelsbestand und der zum Anlagevermögen gerechneten Wertpapiere gesonderte Positionen vorgesehen sind, meint „bestimmte" Papiere den nach deren Abzug verbleibenden Rest, im wesentlichen Papiere der Liquiditätsreserve im weiteren Sinne.

Der verschlechterte Einblick über den veröffentlichten Jahresabschluß wird insoweit quasi kompensiert durch die gezielte Kontrolle des Staates, der im Interesse der Einleger über die Kreditinstitute wacht (diesen allerdings nicht haftet, wenn es trotz Aufsicht zu Bankkonkursen kommt).

1.2.2 Jahresbilanz

Die folgenden Überlegungen zur Bilanz des Bankbetriebes beziehen sich auf die zum Ende eines jeden Geschäftsjahres zu erstellende und zu veröffentlichende Bilanz. Für interne Zwecke werden Bilanzen auch in kürzeren Abständen erstellt – bei Banken gewöhnlich täglich – und vielfach auch in kürzeren als jährlichen Abständen veröffentlicht. So müssen alle Bankbetriebe ihre Bilanz monatlich bei der Bundesbank einreichen, die die Zahlen – nach Bankengruppen zusammengefaßt – regelmäßig in ihren Monatsberichten veröffentlicht. Darüber hinaus veröffentlichen verschiedene Institute halb- oder vierteljährlich Zwischenberichte und einige von ihnen sogar alle zwei Monate freiwillig ihre Einzelbilanz.[11]

1.2.2.1 Gliederung

Sieht man die Bilanz als eine mögliche Form rechnerischer Erfassung der Tätigkeit eines Bankbetriebes, so ist vorab daran zu erinnern, daß sie von dieser Tätigkeit nur ein in zweifacher Hinsicht eingeschränktes Bild vermittelt:
1. In der Bilanz erscheinen Bankleistungen nur insoweit, als sie zu Verbindlichkeiten und zu Vermögen (vor allem Forderungen) der Bank führen, im wesentlichen also nur die unmittelbaren Geldanlagen und Finanzierungen.
2. Auch von diesen Bankleistungen wird nicht das in einem bestimmten Zeitraum „abgesetzte" Volumen (Umsatz) ausgewiesen, sondern lediglich der Bestand an einem einzelnen Stichtag.

Die Gliederung einer Bankbilanz wird durch das Formblatt 1 und die es erläuternden Bestimmungen (vgl. S. 282 f.) weitgehend festgelegt. Es ist hier nicht erforderlich, die Bilanzpositionen im einzelnen zu erläutern; im Rahmen einer Einführung genügt der Hinweis auf die wesentlichen Besonderheiten der Bankbilanz gegenüber den Bilanzen von Unternehmen anderer Wirtschaftszweige.[12]

Als **vorrangiges Gliederungsmerkmal** der Bankbilanz ist unschwer der Gesichtspunkt der **Liquidität** erkennbar:

- Das Vermögen ist nach abnehmender Geldnähe (Liquidisierbarkeit) geordnet: vom Kassenbestand über die Forderungen bis hinunter zu den Sachanlagen. Unter den Wertpapieren sind jene herauszustellen, die zur Refinanzierung bei der Zentralbank zugelassen sind.
- Die Verbindlichkeiten sind überwiegend nach ihrer Abzugswahrscheinlichkeit geordnet, d. h. nach ihrer unterschiedlich hohen Gefahr für die

---

[11] Zweimonatsbilanzen werden von sechs Instituten seit 1953 in der ZfgK veröffentlicht (DEUTSCHE BANK, DRESDNER BANK, COMMERZBANK, BAYERISCHE HYPOTHEKEN- UND WECHSEL-BANK, BAYERISCHE VEREINSBANK, BERLINER BANK).
[12] Der Inhalt der einzelnen Bilanzpositionen wird erläutert z. B. in: TREUARBEIT AG (Hrsg.): Bankbilanzierung ab 1993, Frankfurt a. M. 1992.

Zahlungsfähigkeit der Bank: von den Verbindlichkeiten gegenüber anderen Kreditinstituten über jene gegenüber Kunden (Nichtbanken) bis hinunter zum Eigenkapital, das ja prinzipiell unbefristet zur Verfügung steht.

Darüber hinaus sind Forderungen und Verbindlichkeiten im Anhang nach der Fristigkeit zu gliedern, worunter ab 1998 die Restlaufzeit am Bilanzstichtag zu verstehen ist (vgl. S. 276).

Der offenkundigen Absicht, in der Gliederung einer Bankbilanz vorrangig die Liquiditätslage des Instituts kenntlich zu machen, sind freilich von vornherein einige Einwände entgegenzuhalten. Vor allem: Die Zahlungsfähigkeit eines Unternehmens bestimmt sich aus Ein- und Auszahlungsströmen, über deren Umfang Bestandsgrößen (Bilanzpositionen) nur begrenzt etwas aussagen. Zwar kann man Aktiva als Basis künftiger Geldzuflüsse ansehen (z. B. Kredittilgungen) und Passiva als Basis künftiger Geldabflüsse (z. B. Einlagenabzüge); solange aber Forderungen und Verbindlichkeiten nach der ursprünglich vereinbarten statt nach der Restlaufzeit am Bilanzstichtag zu gliedern sind, ergeben sich daraus nur vage Anhaltspunkte für die zeitliche Struktur künftiger Zahlungsströme. Die ab 1998 erforderliche Gliederung nach Restlaufzeiten wird insoweit den Einblick in die Liquiditätslage deutlich verbessern. Einen sicheren Einblick aber wird es auch dann nicht geben:

• Zum einen lassen sich auch Restlaufzeiten nur an den vertraglich vereinbarten Fälligkeitsterminen orientieren, von denen die tatsächlichen Zahlungstermine aufgrund von Prolongationen oder vorzeitiger Erfüllungen abweichen können.

• Zum anderen ist die Klassifikation relativ grob. Selbst bei völlig gleichem Umfang der Forderungen und Verbindlichkeiten beispielsweise im Fristenbereich „ein Jahr bis 5 Jahre" können aus ihnen Liquiditätsbelastungen entstehen, sofern überwiegend die Verbindlichkeiten zu Beginn und die Forderungen gegen Ende des Zeitraums fällig werden.

Ein weiteres Problem sind die noch nicht beanspruchten Kreditzusagen (offenen Kreditlinien), aus denen sich nach dem Bilanzstichtag Zahlungsströme ergeben, über deren Umfang und zeitliche Struktur man aber aus der Bilanz kaum etwas ersehen kann. Über offene Linien, die der bilanzierenden Bank bei anderen Insituten zur Verfügung stehen, sagt die Bilanz fast nichts aus; lediglich der Umfang bei der Bundesbank refinanzierbarer Wertpapiere ist gesondert zu nennen, was aber unvollständig selbst über den Zugang zum Zentralbankkredit informiert, weil meist übliche Begrenzungen wie z. B. die Rediskontingente nicht berücksichtigt sind. – Über offene Linien, die andere Kreditinstitute und Kunden bei der bilanzierenden Bank in Anspruch nehmen können, scheint künftig das Formblatt mit dem Bilanzvermerk „unwiderrufliche Kreditzusagen" zu informieren. Doch ist diese Position auf das Kredit-, nicht auf das Liquiditätsrisiko abgestellt; als „unwiderruflich" gelten nur solche Zusagen, die die Bank auch bei verschlechterter Bonität des Kunden nicht zurückziehen kann. Da ein solcher Rückzug aber bei normalen Kreditlinien gewöhnlich möglich ist, wird das Gros der Kredit- und Überziehungslinien der Bank von dem Bilanzvermerk nicht erfaßt.[13]

---

[13] Ebenda, S. 104. – Zahlen über offene Kreditzusagen sind somit weiterhin nur – aber auch dies nicht regelmäßig – in zusammengefaßter Form zugänglich: für die Kreditinstitute insgesamt sowie für die wichtigsten Bankengruppen (Zur längerfristigen Entwicklung der Kreditzusagen und ihrer Inanspruchnahme, in: Mb-Bbk, Januar 1981, S. 12–19).

Formblatt für die Jahresbilanz einer Bank gemäß § 2 der Verordnung über die Rechnungslegung der Kreditinstitute vom 10. Februar 1992 (Rech-KredV)

Aktivseite   Passivseite

	DM	DM	DM
1. Barreserve			
a) Kassenbestand	....		
b) Guthaben bei Zentralnoten-banken		....	
darunter:			
bei der Deutschen Bundes-bank .... DM			
c) Guthaben bei Postgiroämtern		....	....
2. Schuldtitel öffentlicher Stellen und Wechsel, die zur Refinanzierung bei Zentralnotenbanken zugelassen sind			
a) Schatzwechsel und unverzinsliche Schatzanweisungen sowie ähnliche Schuldtitel öffentlicher Stellen			
darunter:			
bei der Deutschen Bundesbank refinanzierbar .... DM		....	
b) Wechsel		....	....
darunter:			
bei der Deutschen Bundesbank refinanzierbar .... DM			
3. Forderungen an Kreditinstitute			
a) täglich fällig		....	
b) andere Forderungen		....	....
4. Forderungen an Kunden			....
darunter:			
durch Grundpfandrechte gesichert .... DM			
Kommunalkredite .... DM			
5. Schuldverschreibungen und andere festverzinsliche Wertpapiere			
a) Geldmarktpapiere			
aa) von öffentlichen Emittenten	....		
ab) von anderen Emittenten	....	....	
b) Anleihen und Schuldverschreibungen			
ba) von öffentlichen Emittenten	ι..........		
bb) von anderen Emittenten	....	....	
darunter:			
beleihbar bei der Deutschen Bundesbank .... DM			
c) eigene Schuldverschreibungen Nennbetrag .... DM		....	....
6. Aktien und andere nicht festverzinsliche Wertpapiere			....
7. Beteiligungen			....
darunter:			
an Kreditinstituten .... DM			

	DM	DM	DM
1. Verbindlichkeiten gegenüber Kreditinstituten			
a) täglich fällig		....	
b) mit vereinbarter Laufzeit oder Kündigungsfrist		....	....
2. Verbindlichkeiten gegenüber Kunden			
a) Spareinlagen			
aa) mit vereinbarter Kündigungsfrist von drei Monaten		....	
ab) mit vereinbarter Kündigungsfrist von mehr als drei Monaten		....	....
b) andere Verbindlichkeiten			
ba) täglich fällig		....	
bb) mit vereinbarter Laufzeit oder Kündigungsfrist		....	....
3. Verbriefte Verbindlichkeiten			
a) begebene Schuldverschreibungen		....	
b) andere verbriefte Verbindlichkeiten		....	....
darunter:			
Geldmarktpapiere .... DM			
eigene Akzepte und Solawechsel im Umlauf .... DM			
4. Treuhandverbindlichkeiten			....
darunter:			
Treuhandkredite .... DM			
5. Sonstige Verbindlichkeiten			....
6. Rechnungsabgrenzungsposten			....
7. Rückstellungen			
a) Rückstellungen für Pensionen und ähnliche Verpflichtungen		....	
b) Steuerrückstellungen		....	
c) andere Rückstellungen		....	....
8. Sonderposten mit Rücklageanteil			....
9. Nachrangige Verbindlichkeiten			....
10. Genußrechtskapital			....
darunter:			
vor Ablauf von zwei Jahren fällig .... DM			
11. Fonds für allgemeine Bankrisiken			....
12. Eigenkapital			
a) gezeichnetes Kapital		....	
b) Kapitalrücklage		....	
c) Gewinnrücklager.			
ca) gesetzliche Rücklage	....		
cb) Rücklage für eigene Anteile	....		
cc) satzungsmäßige Rücklagen	....		

noch Aktivseite

	DM	DM	DM
8. Anteile an verbundenen Unternehmen darunter: an Kreditinstituten .... DM			....
9. Treuhandvermögen darunter: Treuhandkredite .... DM			....
10. Ausgleichsforderungen gegen die öffentliche Hand einschließlich Schuldverschreibungen aus deren Umtausch			....
11. Immaterielle Anlagewerte			....
12. Sachanlagen			....
13. Ausstehende Einlagen auf das gezeichnete Kapital darunter: eingefordert .... DM			....
14. Eigene Aktien oder Anteile Nennbetrag .... DM			....
15. Sonstige Vermögensgegenstände			....
16. Rechnungsabgrenzungsposten			....
17. Nicht durch Eigenkapital gedeckter Fehlbetrag			....
Summe der Aktiva			....

noch Passivseite

	DM	DM	DM
cd) andere Gewinnrücklagen	....	....	
d) Bilanzgewinn/Bilanzverlust	....	....
Summe der Passiva			....

1. Eventualverbindlichkeiten
   a) Eventualverbindlichkeiten aus weitergegebenen abgerechneten Wechseln ....
   b) Verbindlichkeiten aus Bürgschaften und Gewährleistungsverträgen ....
   c) Haftung aus der Bestellung von Sicherheiten für fremde Verbindlichkeiten ....
2. Andere Verpflichtungen
   a) Rücknahmeverpflichtungen aus unechten Pensionsgeschäften ....
   b) Plazierungs- und Übernahmeverpflichtungen ....
   c) Unwiderrufliche Kreditzusagen ....

Anm.: Ergänzende Ausweispflichten für Sparkassen, Girozentralen, Kreditgenossenschaften, Genossenschaftliche Zentralbanken, Realkreditinstitute und Bausparkassen – die durch Fußnoten zu einzelnen Positionen gefordert werden – sind hier vereinfachend weggelassen worden.

Zu diesen Vorbehalten gegenüber dem Versuch, aus Forderungen, Verbindlichkeiten und offenen Kreditlinien Aufschlüsse über die künftige Liquiditätslage der bilanzierenden Bank zu erlangen, kommt als allgemeiner Einwand hinzu, daß für eine Reihe künftiger Geldabflüsse die Bilanz grundsätzlich keine Anhaltspunkte bietet (Gehalts-, Steuer-, Mietzahlungen). Bei einer Bank ist zwar das Volumen dieser Geldabflüsse – im Verhältnis zu denen aus dem Einlagen- und Kreditgeschäft – von nur geringem Gewicht; doch sind auch sie mitbestimmend für die Liquiditätslage einer Bank.

Als Gliederungskriterium werden neben der Liquidität auch Risikogesichtspunkte erkennbar. So sind Vermögensteile, bei denen praktisch kein Ausfallrisiko besteht, besonders herauszustellen: Schatzwechsel, Staatsanleihen, Kommunaldarlehen – kurz gesagt: alle Forderungen an die öffentliche Hand. Außerdem ist das Volumen der durch Grundpfandrechte gesicherten Kredite gesondert zu nennen.

Als weitere Eigenart der Bankbilanz fällt die **fehlende Trennung in Umlauf- und Anlagevermögen** ins Auge. Der Grund dafür ist wohl vor allem die geringe Bedeutung des Anlagevermögens bei Banken (ca. 2–3% der Bilanzsumme). Damit hat auch ein wesentlicher materieller Grund für die Trennung nur relativ geringes Gewicht: der Unterschied in den Bewertungsregeln (strenges oder gemildertes Niederstwertprinzip). Obwohl das Formblatt eine ausdrückliche Trennung von Anlage- und Umlaufvermögen nicht vorsieht, läßt sich aber das Anlagevermögen aus den Einzelpositionen heraus weitgehend bestimmen. Entsprechend der allgemeinen Grundregel, daß es ausschließlich Gegenstände umfaßt, „die bestimmt sind, dauernd dem Geschäftsbetrieb zu dienen" (§ 247 II HGB), gehören zum Anlagevermögen im wesentlichen zwei Positionen:

- die Sachanlagen, unter denen für Banken die gleichen Gegenstände zusammenzufassen sind wie bei anderen Unternehmen auch (vgl. §§ 340 e I und 266 II A. II. HGB);
- die Beteiligungen, worunter man auch bei Banken Anteile versteht, die „dem eigenen Geschäftsbetrieb durch Herstellung einer dauernden Verbindung" dienen – im Zweifel Anteile an Kapitalgesellschaften, die 20% von deren Nominalkapital übersteigen (§ 271 I HGB).

Daß das bilanzierende Unternehmen einen gewissen Entscheidungsspielraum hat zu bestimmen, was „dauernd dem Geschäftsbetrieb" dient, gilt bei Banken wie bei anderen Unternehmen auch. Allerdings besteht ein bankspezifischer Spielraum bei der Einordnung von Wertpapieren. Von Kreditinstituten können Teile ihrer Bestände an Schuldverschreibungen und Aktien „wie Anlagevermögen behandelt" werden, was unter anderem zur Folge hat, daß bei ihnen nur dauernde, nicht aber schon vorübergehende Wertminderungen zu Abschreibungen führen. Über die Zuordnung von Papieren sollte bereits beim Kauf entschieden werden; doch sind spätere Umwidmungen möglich. Im Anhang muß die Bank den „Betrag der nicht mit dem Niederstwert bewerteten" Papiere nennen und deren Abgrenzung zu den übrigen Wertpapieren angeben (§ 35 I 2. RechKredV); Rückschlüsse auf den Gesamtbestand der „wie Anlagevermögen" behandelten Wertpapiere sind daraus aber nicht möglich.

Zu einer Besonderheit der Bankbilanz ist es in neuerer Zeit auch geworden, daß aus ihr der **Umfang des haftenden Eigenkapitals nicht zuverlässig zu**

ersehen ist. Der im Zuge der EG-Rechtsangleichung erweiterte Eigenkapital-Begriff für Banken enthält zahlreiche Bestandteile, die vom Jahresabschluß nicht erfaßt werden, so daß Außenstehenden sogar wesentliche Teile des Kernkapitals verborgen bleiben.[14]

1.2.2.2 Struktur (relative Größenordnungen)

In großen Zügen ist die Struktur einer Bankbilanz bereits verdeutlicht worden: Hohe Verbindlichkeiten und geringes Eigenkapital auf der Passivseite, hohe Forderungen und geringe Sachanlagen auf der Aktivseite. Auch im einzelnen ist die Bilanzstruktur bei den verschiedenen Universalbanken sehr ähnlich. Das gilt besonders für Institute derselben Bankengruppe; doch auch die Bilanzen von Instituten verschiedener Gruppen zeigen nur wenige, gruppenspezifische Abweichungen von der Norm, beispielsweise: bei Sparkassen und Kreditgenossenschaften überdurchschnittlich hohe Anteile der Spareinlagen und (damit zusammenhängend) der längerfristigen Kredite, bei Privatbankiers und den Zweigstellen ausländischer Banken auf der Grundlage relativ geringer Spareinlagen und relativ hoher Mittelaufnahme von anderen Banken einen deutlich unterdurchschnittlichen Anteil der längerfristigen Kredite. Im einzelnen vgl. dazu die Tabelle auf der folgenden Seite.

Grundlegende Ursache der stark standardisierten Bilanzstruktur ist die im Laufe der Jahre zunehmend angeglichene Geschäftsstruktur, eine Folge der Ausweitung über den jeweils traditionellen Kundenkreis hinaus. Ein weiterer nivellierender Einfluß auf das Bilanzbild geht von den für Universalbanken einheitlichen Strukturnormen aus, die im Rahmen der Bankenaufsicht vorgeschrieben sind: Relationen zwischen Risikoaktiva und Eigenkapital (Grundsatz I), zwischen langfristigen Anlagen und langfristigen Finanzierungsmitteln (Grundsatz II), usw. Hinzu kommen schließlich weitere, nicht ausdrücklich vorgeschriebene Relationen (Koeffizienten), die besonders die größeren Banken einzuhalten suchen, da man sie als Niederschlag solider Geschäftspolitik versteht. Viele Institute heben ihre Einhaltung im Geschäftsbericht hervor, und auch die Wirtschaftspresse verwendet sie bei der Analyse von Bankbilanzen. Vor allem handelt es sich um folgende Grenzwerte, mit deren Einhaltung die Angemessenheit der Liquiditätsvorsorge veranschaulicht werden soll:

- Liquide Mittel in % der Verbindlichkeiten („Gesamtliquidität").
  Als angemessen galten bis Mitte der siebziger Jahre Werte von mindestens 30%; in neuerer Zeit werden offenbar Anteile von etwa 25% als ausreichend angesehen.
- Barreserve in % der Verbindlichkeiten („Barliquidität").
  Als angemessen wird zum Teil ein Anteil von etwa 5% betrachtet, doch sind die tatsächlichen Werte eng mit der jeweiligen Höhe des Mindestreserve-Solls verknüpft, da das Zentralbankguthaben den größten Teil der Barreserve ausmacht.
- Verhältnis von Forderungen und Verbindlichkeiten gegenüber anderen Kreditinstituten („Interbankposition").

[14] Im einzelnen vgl. LOTZ, ULRICH: Haftendes Eigenkapital und Bilanzanalyse nach der 4. KWG-Novelle, in: Bank, 1992, S. 668–670. – Zum Inhalt des erweiterten Eigenkapital-Begriffs vgl. die Übersicht auf S. 102.

Bilanzstruktur ausgewählter Bankengruppen[a]
(in % des Geschäftsvolumens, Ende 1992)

	Groß-banken	Spar-kassen	Kredit-genoss.	Privat-bankiers	Zweigstellen ausländ. Banken
Aktiva					
Barreserve	3,9	3,3	3,4	3,1	0,3
Forderungen an Banken	21,4	25,9	25,2	36,7	63,2
Forderungen an Kunden (Nichtbanken).	67,5	66,4	67,5	56,9	35,2
darunter: Buchkredite (bis 1 Jahr)	21,7	9,9	12,5	28,3	14,0
Buchkredite (über 1 Jahr)	36,1	48,1	45,0	20,0	4,1
Wechseldiskontkredite	2,7	0,7	0,8	3,2	2,7
Wertpapiere	6,3	5,5	8,1	3,8	2,7
Beteiligungen	5,4	0,4	0,4	0,8	0,1
Passiva					
Verbindlichkeiten gegenüber Banken . . .	26,2	14,3	10,3	46,0	84,3
Verbindlichkeiten ggü. Kunden (Nbkn) . .	56,4	73,1	79,3	43,8	9,0
darunter: Sichteinlagen	15,8	13,7	14,2	14,0	2,7
Termineinlagen	22,1	14,9	26,3	21,7	3,7
Spareinlagen u. Sparbriefe	17,9	44,4	38,7	7,2	0,1
Schuldverschreibungen im Umlauf	5,1	4,8	3,2	1,1	–
Eigenkapital	6,9	3,7	4,0	5,3	5,1
Geschäftsvolumen (Mrd. DM)	554,6	1.210,2	693,7	69,2	77,1

a) Quelle: Mb-Bbk, Februar 1993, S. 46* f.

Hier wird darauf gesehen, daß die Verbindlichkeiten möglichst die Forderungen nicht übersteigen, da Gelder von anderen Banken als besonders labil gelten („heiße Gelder"). Die Tabelle zur Bilanzstruktur läßt jedoch erkennen, daß es erhebliche Abweichungen von dieser Regel gibt: Bei Privatbankiers und den Zweigstellen ausländischer Banken müssen Bankengelder häufig das zu geringe Aufkommen an Kundeneinlagen aufstocken, und bei den Großbanken überwiegen die Verbindlichkeiten, weil kleinere Institute bevorzugt in dieser Form ihre Liquiditätsreserven unterhalten und sehr viele andere, vor allem auch ausländische Banken ihre Zahlungsverkehrsguthaben.

In der Einhaltung vorgeschriebener oder freiwillig beachteter Bilanzrelationen drückt sich konkret aus, was man allgemein als das Bestreben der Banken nach **Konformität** ihrer Bilanzbilder bezeichnet: Zumindest im Falle von Relationen, die die Risikovorsorge kennzeichnen sollen, bemüht man sich, kein schlechteres Bild als vergleichbare (gruppenverwandte) Institute zu zeigen.

Das Bemühen, möglichst nicht von der Norm abzuweichen, bezieht sich nicht nur auf den Betriebsvergleich, sondern auch auf den Zeitvergleich: Kreditinstitute bemühen sich darum, in ihren aufeinander folgenden Bilanzen eine stetige Entwicklung **(Kontinuität)** zu zeigen, da man annimmt, sprunghafte Veränderungen könnten das Vertrauen des Publikums in die Stabilität des Instituts gefährden. Das Kontinuitätsstreben bezieht sich insbesondere auf die Entwicklung des Geschäftsumfangs (Bilanzsumme) und des Geschäftserfolgs (Gewinnausweis bzw. Dividendensatz und Rücklagenbildung). Ein wesentliches Hilfsmittel dabei ist das Bewertungsprivileg nach § 340f HGB.

Konformitäts- und Kontinuitätsstreben dienen (als Teil der Standingpflege) dem Zweck, das Vertrauen der Geschäftspartner, der Aktionäre und der breiten Öffentlichkeit in das Institut zu erhalten und zu festigen. Sie werden deshalb nicht nur im Laufe des Geschäftsjahres im Auge behalten, indem man bei Entscheidungen auch berücksichtigt, wie sie das Bilanzbild verändern, sondern die Bilanzzahlen werden darüber hinaus noch kurz vor dem Bilanzierungsstichtag bewußt auf das gewünschte Bild hin beeinflußt (Bilanzstrukturpolitik oder „window dressing" im weiteren Sinne).[15]

Bei den Maßnahmen der **Bilanzstrukturpolitik** steht im Vordergrund das Bemühen, der zu veröffentlichenden Jahresbilanz unter Liquiditätsgesichtspunkten ein schöneres Aussehen zu geben, als es sich aufgrund der normalen Liquiditätsvorsorge ergeben würde („Liquiditätskosmetik" oder „window dressing" im engeren Sinne). Zu diesem Zweck werden beispielsweise sekundäre in primäre Liquiditätsreserven umgewandelt sowie kurzfristig, über den Bilanzstichtag hinweg, Gelder bei anderen Banken aufgenommen. Stellt man diese und die anderen Möglichkeiten der Bilanzstrukturpolitik detailliert zusammen, so kann der Eindruck entstehen, das Bilanzbild der Bankbetriebe würde durch den „Silvesteraufputz" weitgehend verfälscht.[16] Empirische Untersuchungen bestätigen diesen Eindruck allerdings nicht; sie lassen

---

[15] Einen detaillierten Überblick hierzu gibt WASCHBUSCH, GERD: Die handelsrechtliche Jahresabschlußpolitik der Universalaktienbanken, Stuttgart 1992.

[16] Vgl. dazu beispielsweise BIRCK, HEINRICH: Maßnahmen der Bilanzstrukturpolitik bei Kreditinstituten, in: Wpg, 1969, S. 440–447.

ihn als übertrieben erscheinen. [17] Das liegt wesentlich daran, daß ein Teil der möglichen Maßnahmen sich sozusagen selbst in Grenzen hält, da sie die angestrebte Verbesserung des Bilanzbildes zwar an einer Stelle erreichen (Primäreffekt), gleichzeitig aber an anderer Stelle wieder beeinträchtigen (Sekundäreffekt).

Beispielsweise erhöht die kurzfristige Geldaufnahme nicht nur die Barreserve, sondern auch die Interbank-Verbindlichkeiten oder, wenn man Wechsel rediskontiert, die Eventualverbindlichkeiten – beides Positionen, bei denen ein erheblicher Zuwachs gegenüber dem Vorjahr oder gegenüber vergleichbaren Instituten die Vermutung nähren könnte, das Institut halte zu geringe Liquiditätsreserven. Werden, um die Barreserve aufzustocken, statt der Kreditaufnahme Sekundärreserven liquidiert, so entsteht zwar kein nachteiliger Sekundäreffekt, aber – wie auch bei der Kreditaufnahme – eine Ertragseinbuße, hier in Form des entgangenen Zinsertrages. Deshalb wird zum Ausweis einer erhöhten Barreserve ein anderer Weg bevorzugt: die erhebliche Übererfüllung des Mindestreserve-Solls am Bilanzstichtag, die, wenn sie durch entsprechende Untererfüllung vor und nach dem Stichtag ausgeglichen wird, mit keiner über die Erfüllung des Reservesolls hinausgehenden Ertragseinbuße verbunden ist.

1.2.2.3 Bewertungsfragen

Im einführenden Überblick über die bankspezifischen Vorschriften zum Jahresabschluß wurde bereits dargelegt, mit welcher Begründung der Gesetzgeber Bankbetrieben zugesteht, höhere stille Reserven als andere Unternehmen zu bilden (§ 340f HGB). Es klang auch schon an, daß dabei ein nicht klar begrenzter, aber offenbar sehr großer Spielraum für Unterbewertungen besteht:

• Zum einen gilt das hinsichtlich der betroffenen Bilanzpositionen. Die Regelung bezieht sich zwar nur auf Forderungen und einen Teil der Wertpapierbestände, doch entspricht dies rd. 85–90% der gesamten Aktiva einer Bank.

• Zum anderen gilt das hinsichtlich des Umfanges, in dem unterbewertet werden darf. Die Banken dürfen zwar den sich bei Bewertung zum Niederstwertprinzip ergebenden Betrag nur um höchstens 4% unterschreiten; durch das hohe Volumen, auf das sich dieser Prozentsatz bezieht, erlaubt dies aber dennoch die Bildung stiller Reserven in beträchtlichem Umfang.

Der Bewertungsfreiraum nach § 340f HGB wird zwar in der bankbetrieblichen Literatur häufig in den Vordergrund gestellt, weil es eine Besonderheit der Branche ist, die einige Autoren zudem als unberechtigtes Privileg kritisieren. In der Bewertungspraxis steht die Nutzung von § 340f jedoch erst in der zweiten Reihe der Überlegungen. Es handelt sich offenkundig um zusätzliche, publizitätsorientierte Wertberichtigungen; im Vordergrund der Bewertungspraxis stehen jedoch zunächst die echten (auch steuerlich anerkannten) Risikoaufwendungen für Forderungen und Wertpapiere. Im einzelnen handelt es sich um

(a) **Einzelwertberichtigungen** für spezielle (akute), d. h. auf ganz bestimmte Kreditvergaben bezogene Verlustgefahren.

---

[17] Vgl. Jäger, Werner: Bankenpublizität in Deutschland, Berlin 1976, S. 192–199.

(b) **Pauschalwertberichtigungen** für allgemeine (latente), d.h. erfahrungsgemäß auftretende, aber im voraus nicht lokalisierbare Verlustgefahren
   aus dem Kreditgeschäft. Sie sind also mehr als Rückstellungen denn als
   tatsächliche Wertkorrekturen zu kennzeichnen.
   Bis 1988 hatte das Bundesaufsichtsamt für das Kreditwesen bestimmte
   pauschale Mindestsätze verbindlich vorgeschrieben („Sammelwertberichtigungen"), die ohne nähere Prüfung auch steuerlich als Aufwand
   anerkannt wurden. Seither müssen pauschale Wertberichtigungen institutsindividuell auf der Grundlage des Handelsrechts bemessen werden
   (§ 253 III 3 HGB), die nach dem Grundsatz der Maßgeblichkeit dann
   auch steuerlich relevant sind. Anhaltspunkte bei der Bemessung bilden
   die durchschnittlichen oder die maximalen Ausfallquoten in der Vergangenheit, zweckmäßigerweise differenziert nach Kreditnehmergruppen
   (Risikoklassen) sowie nach Restlaufzeiten der Kredite.

(c) **Normalabschreibungen auf Wertpapiere** nach dem strengen oder dem
   gemilderten Niederstwertprinzip, je nach Zuordnung der Papiere zum
   Umlauf- oder Anlagevermögen.

Da die in praxi entscheidende Grundfrage bei der Bewertung ist, inwieweit
Wertberichtigungen/Abschreibungen auch steuerlich anerkannt werden, lassen sich mithin deutlich zwei Schritte voneinander trennen:

1. Nach der vollständigen Ausschöpfung der steuerlich genau begrenzten
   Spielräume (Normalabschreibungen bei Wertpapieren) ist zunächst zu
   entscheiden, in welchem Umfang man steuerlich anerkannte Ermessensspielräume nutzen will. Diese Überlegung bezieht sich außer auf die
   Rückstellungen vor allem auf den Umfang der Einzelwertberichtigungen,
   deren Höhe im Rahmen „objektiver Vertretbarkeit" (gegenüber den Steuerbehörden) geschätzt werden muß. Schon hier spielt die Frage hinein,
   welcher Anteil des tatsächlich erzielten Gewinnes – nach Berücksichtigung
   der für erforderlich gehaltenen Dividendenzahlung und Dotierung der
   offenen Rücklagen – als stille Reserve versteckt werden soll, in welchem
   Umfang man also durch vorsichtigere Bewertung **Ermessensreserven** bilden will.

2. Erst wenn die steuerlich als Aufwand anerkannten Möglichkeiten ausgeschöpft sind, kommt § 340f HGB zum Zuge. Auf dieser Grundlage **willkürlich gebildete stille Reserven** können erst aus dem bereits versteuerten Gewinn gebildet werden. Ihr Umfang wird entscheidend durch den
   gewünschten Gewinnausweis bestimmt, wofür das Privileg den Kreditinstituten ja auch zugestanden worden ist.

Daß letztlich die gesamte Bewertung vom gewünschten Ergebnis ausgeht,
ist eine geläufige, wenngleich nicht eindeutig belegbare Behauptung. Offenkundig ist jedoch das Bemühen der Institute um eine über die Jahre möglichst stabile Dividende; nach besonders erfolgreichen Jahren zahlt man eher
einen Bonus, als daß man die Grunddividende erhöht. Auf die vorgeschlagene Höhe der Dividende ist oft auch bereits der ausgewiesene Bilanzgewinn
abgestellt; meist entspricht er dem Dividendenvorschlag auf die Mark genau.[18] Und selbst dort, wo ein Gewinnvortrag verbleibt, läßt mindestens die

---

[18] Als Bilanzgewinn bezeichnet man den für die Ausschüttung vorgesehenen Betrag,

auf runde Beträge „polierte" Höhe des Bilanzgewinns (wie auch des Jahresüberschusses) die Vorabregulierung des Erfolgsausweises erkennen.

1.2.3 Gewinn- und Verlustrechnung

Wie für die Bilanz ist den Bankbetrieben auch für den Inhalt ihrer Erfolgsrechnung ein branchenspezifisches **Formblatt** vorgegeben, da die im HGB
für Kapitalgesellschaften vorgeschriebene Gliederung in ihren Positionsbe-
zeichnungen auf Industriebetriebe zugeschnitten und dadurch für Kreditinstitute ungeeignet ist (vgl. § 275 HGB).

Während das Handelsgesetzbuch als Aufbau der Erfolgsrechnung zwingend
die Staffelform vorschreibt, können Kreditinstitute zwischen **Konto- und
Staffelform** wählen. Praktisch alle entscheiden sich für die Kontoform, weil
sie übersichtlicher und auch international gebräuchlich ist. Der zusätzliche
Aussagewert, mit dem man ansonsten die Staffelform begründet, ergibt sich
bei Banken nicht in vergleichbarer Weise.

Wie bei jedem Unternehmen soll auch bei einer Bank die GuV-Rechnung
das Zustandekommen des Erfolges zeigen, indem die verschiedenen Arten
der Erträge und Aufwendungen gegenübergestellt werden. Der Aussagewert hat sich wesentlich erhöht, seit die Formblätter den Bankbetrieben das
Bruttoprinzip vorschreiben, d. h. Vorabsaldierungen zwischen Aufwendungen und Erträgen grundsätzlich nicht mehr zulassen. Dadurch ergibt sich
ein guter Einblick in die Erfolgsstruktur.

Die **Erträge** sind nach den wichtigsten Entstehungsbereichen gegliedert in:
* Zinsen aus der Kreditvergabe,
* Zinsen, Dividenden und ähnliche Erträge aus Wertpapierbesitz und Betei-
  ligungen,
* Provisionen für Dienstleistungen wie dem Wertpapier-, dem Auslands-
  und dem Zahlungsverkehrsgeschäft,
* Erträge aus dem Eigenhandel in Wertpapieren, Devisen, Finanzinstrumen-
  ten und Edelmetallen (sog. Eigengeschäfte).[19]

Die **Aufwendungen** sind im wesentlichen nach der Art der beanspruchten
Einsatzfaktoren gegliedert in:
* Zinsen (für die Kapitalbeschaffung),
* Löhne, Gehälter und Sozialabgaben (für die Beanspruchung menschlicher
  Arbeitskraft),
* Sachaufwand sowie Abschreibungen auf Sachanlagen (für die Nutzung der
  Gebäude, Maschinen und anderen Betriebsmittel).

Da der liquiditätsmäßig-finanzielle Bereich (LFB) bei einer Bank im Mittelpunkt ihrer Tätigkeit steht, wird ihr Erfolg vor allem durch Zinsen bestimmt. Sie machen durchschnittlich rund drei Viertel der Erträge und die

---

d. h. den um den Gewinn- oder Verlustvortrag sowie um die Entnahme aus der
(oder Einstellung in die) offenen Rücklage erhöhten (verminderten) Jahresüberschuß
nach Steuern.

[19] Gewinne und Verluste aus dem Eigenhandel sind netto auszuweisen, d. h. Gewinne
aus dem Wertpapierhandel können mit Verlusten aus dem Devisenhandel verrechnet werden usw. (Überkreuzkompensation für verschiedene Sparten).

Hälfte der Aufwendungen aus und sind deshalb gemäß Formblatt auf beiden Seiten ganz nach oben zu stellen.

Obwohl die Gliederung in verschiedene Ertrags- und Aufwandsarten einen guten Einblick in das Zustandekommen des Erfolges ermöglicht, läßt sich aus der GuV-Rechnung letztlich kein zuverlässiges Bild der tatsächlichen Ertragslage gewinnen.

Beim einführenden Überblick über die bankspezifischen Vorschriften zum Jahresabschluß wurde bereits erläutert, daß und weshalb Kreditinstitute in größerem Umfang als andere Unternehmen **stille Reserven** bilden dürfen und daß als Konsequenz hieraus gewisse Verschleierungen in der Erfolgsrechnung erforderlich sind, damit Bildung und Auflösung dieser „Vorsorgereserven" dort nicht erkennbar werden. Es dürfen zu diesem Zweck Abschreibungen auf Forderungen und bestimmte Wertpapiere (Aufwandsposition 7) vorab verrechnet werden mit Erträgen aus der Höherbewertung oder dem Abgang niedrig bewerteter Forderungen und Wertpapiere (Ertragsposition 6). Die Zusammenfassung der Wertkorrekturen des Kredit- und Wertpapiergeschäfts ermöglicht es dabei sogar, Wertminderungen des Kreditvolumens unerkannt mit aufgelösten stillen Reserven aus dem Wertpapierbestand auszugleichen und umgekehrt (Überkreuzkompensation).[20] Damit entsteht eine sehr komplexe Position, in der – unter Bruch des Bruttoprinzips – zusammengefaßt sind:

- Gewinnverwendung (Eigenkapitalvorgang),
- Aufwand $\Big\}$ jeweils aus zwei Geschäftsarten
- Ertrag

Bei der **Analyse der Ertragslage** stellt man diese dubiose Nettoposition zweckmäßigerweise zunächst zurück und richtet den Blick erst einmal nur auf die anderen Ertrags- und Aufwandspositionen, die frei von regulierenden Eingriffen bleiben und für die grundsätzlich das Bruttoprinzip gilt. Sie werden gewöhnlich zu vier wesentlichen Teilgrößen zusammengefaßt:

(1) Die Differenz zwischen den Zinserträgen und den Zinsaufwendungen (**Zinsüberschuß**).

Der Zinsüberschuß stellt das Bruttoergebnis aus der bankbetrieblichen Mittelbeschaffung und Mittelanlage dar, sozusagen den Überschuß aus Kauf und Verkauf von Geldnutzungen. Daß sich Banken in ihrem zentralen Geschäftsbereich als ‚Händler in Geldnutzungen' verstehen, ist unter anderem daran erkennbar, daß sie den Zinsüberschuß, bezogen auf das ihm zugrunde liegende Geschäftsvolumen als **Zinsspanne** (Zinsmarge) bezeichnen.

In der Zinsspanne fließen alle Bemühungen der Bank zusammen, die Verzinsung auf der Aktiv- und der Passivseite der Bilanz unabhängig vom Zinsniveau und unabhängig vom Geschäftsumfang aufeinander abzustimmen. Sie ist die für die Erfolgspolitik relevante Zielgröße des zinsabhängigen Geschäfts.

(2) Die Differenz zwischen den Provisionserträgen und den Provisionsaufwendungen (**Provisionsüberschuß**).

---

[20] Wertpapiere, die zum Anlagevermögen oder zum Handelsbestand gehören, dürfen dabei allerdings nicht einbezogen werden (§ 340 f HGB).

Formblatt für die Gewinn- und Verlustrechnung einer Bank gemäß § 2 der Verordnung über die Rechnungslegung der Kreditinstitute vom 10. Februar 1992 (RechKredV)

Aufwendungen | Erträge

		DM	DM	DM
1.	Zinsaufwendungen			....
2.	Provisionsaufwendungen·			....
3.	Nettoaufwand aus Finanzgeschäften			....
⁸)				
4.	Allgemeine Verwaltungsaufwendungen			
	a) Personalaufwand			
	aa) Löhne und Gehälter	....		
	ab) Soziale Abgaben und Aufwendungen für Altersversorgung und für Unterstützung darunter: für Altersversorgung .... DM	....	....	
	b) andere Verwaltungsaufwendungen		....	....
5.	Abschreibungen und Wertberichtigungen auf immaterielle Anlagewerte und Sachanlagen			....
6.	Sonstige betriebliche Aufwendungen			....
7.	Abschreibungen und Wertberichtigungen auf Forderungen und bestimmte Wertpapiere sowie Zuführungen zu Rückstellungen im Kreditgeschäft			....
8.	Abschreibungen und Wertberichtigungen auf Beteiligungen, Anteile an verbundenen Unternehmen und wie Anlagevermögen behandelte Wertpapiere			....
9.	Aufwendungen aus Verlustübernahme			....
10.	Einstellungen in Sonderposten mit Rücklageanteil			....
11.	Außerordentliche Aufwendungen			....
12.	Steuern vom Einkommen und vom Ertrag			....
13.	Sonstige Steuern, soweit nicht unter Posten 6 ausgewiesen			....
14.	Auf Grund einer Gewinngemeinschaft, eines Gewinnabführungs- oder eines Teilgewinnabführungsvertrags abgeführte Gewinne			....
15.	Jahresüberschuß			....
	Summe der Aufwendungen			....

		DM	DM
1.	Zinserträge aus		
	a) Kredit- und Geldmarktgeschäften	....	
	b) festverzinslichen Wertpapieren und Schuldbuchforderungen	....	....
2.	Laufende Erträge aus		
	a) Aktien und anderen nicht festverzinslichen Wertpapieren	....	
	b) Beteiligungen	....	
	c) Anteilen an verbundenen Unternehmen	....	....
3.	Erträge aus Gewinngemeinschaften, Gewinnabführungs- oder Teilgewinnabführungsverträgen		....
4.	Provisionserträge		....
5.	Nettoertrag aus Finanzgeschäften		....
6.	Erträge aus Zuschreibungen zu Forderungen und bestimmten Wertpapieren sowie aus der Auflösung von Rückstellungen im Kreditgeschäft		....
7.	Erträge aus Zuschreibungen zu Beteiligungen, Anteilen an verbundenen Unternehmen und wie Anlagevermögen behandelten Wertpapieren		....
8.	Sonstige betriebliche Erträge		....
9.	Erträge aus der Auflösung von Sonderposten mit Rücklageanteil		....
10.	Außerordentliche Erträge		....
11.	Erträge aus Verlustübernahme		....
12.	Jahresfehlbetrag		....
	Summe der Erträge		....

noch Gewinn- und Verlustrechnung (Kontoform)

	DM	DM
1. Jahresüberschuß/Jahresfehlbetrag	....	
2. Gewinnvortrag/Verlustvortrag aus dem Vorjahr	....	
	....	
3. Entnahmen aus der Kapitalrücklage	....	
	....	
4. Entnahmen aus Gewinnrücklagen		
a) aus der gesetzlichen Rücklage	....	
b) aus der Rücklage für eigene Anteile	....	
c) aus satzungsmäßigen Rücklagen	....	
d) aus anderen Gewinnrücklagen	....	....
		....
5. Entnahmen aus Genußrechtskapital		....
		....
6. Einstellungen in Gewinnrücklagen		
a) in die gesetzliche Rücklage	....	
b) in die Rücklage für eigene Anteile	....	
c) in satzungsmäßige Rücklagen	....	
d) in andere Gewinnrücklagen	....	....
		....
7. Wiederauffüllung des Genußrechtskapitals		....
8. Bilanzgewinn/Bilanzverlust		....

Anm.: Ergänzende Ausweispflichten für Kreditgenossenschaften, Genossenschaftliche Zentralbanken und Bausparkassen – die durch Fußnoten zu einzelnen Positionen gefordert werden – sind hier vereinfachend weggelassen worden.

Alternativ zu dieser Gliederung der Aufwendungen und Erträge in Kontoform (Formblatt 2) haben Banken die Möglichkeit, sie in Staffelform zu gliedern (Formblatt 3). Da man in der Praxis bisher stets die Kontoform vorgezogen hat, wird hier auf die Wiedergabe des Formblatts 3 verzichtet.

Beide Bestandteile stehen in keiner so engen Beziehung zueinander wie Zinserträge und Zinsaufwendungen; nur zu einem kleinen Teil werden Dienstleistungen anderer (gegen Provision) in Anspruch genommen, um für Kunden Dienstleistungen (gegen Provision) erbringen zu können.

In neuerer Zeit ist bei deutschen Kreditinstituten ein wachsendes Gewicht der Provisionsüberschüsse im Rahmen des Gesamterfolgs zu beobachten. Eine wesentliche Ursache dafür sieht man darin, daß die Zinsüberschüsse nachhaltig unter Druck geraten sind, weil renditebewußte Einleger höheren Zinsaufwand verursachen, während sich entsprechend höhere Kreditzinsen im Wettbewerb nicht immer durchsetzen lassen.

Dieser Druck auf den Zinsüberschuß hat wachsende Bemühungen der Banken ausgelöst, ihre Provisionserträge zu erhöhen. Zu diesem Zweck werden vor allem das Sortiment um immer neue Dienstleistungen erweitert, aber auch für Teile der herkömmlichen Dienstleistungen Provisionen eingeführt bzw. erhöht.

Provisionsüberschuß in % der Summe aus Zins- und Provisionsüberschuß				
alle Banken	Groß- banken	Privat- bankiers	Spar- kassen	Kredit- genoss.
1970 11,6	22,0	25,9	5,6	8,9
1980 13,9	24,7	25,5	9,6	10,3
1990 18,3	28,2	34,3	14,0	14,3

Errechnet aus: Mb-Bbk, November 1976, S. 26–28; Oktober 1982, S. 24–26; August 1992, S. 42–44.

(3) Die Differenz zwischen Gewinnen und Verlusten aus Eigengeschäften, mit denen die Bank die im Zeitablauf unterschiedlichen Preise (Kurse) von Wertpapieren, fremden Währungen, Finanzinstrumenten und Edelmetallen auszunutzen versucht (**Eigenhandelsergebnis**).

Die Differenz ist im Regelfall ein Überschuß der Handelsgewinne über die Handelsverluste, da die Entscheidungen auf intensiver Erfahrung und auf professioneller Analyse der Märkte beruhen.

(4) Die Summe der Aufwendungen des technisch–organisatorischen Bereichs, im wesentlichen also für das Personal und für die Betriebsmittel (**Verwaltungsaufwand**).

In der Vergangenheit hielt man es – nach „klassischen Bankregeln" – für angemessen, daß der Verwaltungsaufwand weitgehend oder vollständig vom Provisionsüberschuß gedeckt wird, weil er durch die hohe Dienstleistungsbereitschaft der Banken verursacht sei. Als Folge des Bündelpreiskonzepts und der starken Ausweitung der Dienstleistungen – besonders nach Aufnahme des Geschäfts mit der breiten Privatkundschaft – ist man jedoch von diesem Grundsatz immer mehr abgekommen. Ein immer kleinerer Teil des Verwaltungsaufwandes wurde durch Provisionen gedeckt; ein immer größerer Teil mußte dementsprechend von den Zinserträgen gedeckt werden.[21] Zeitweise ging man sogar so weit, es als neue

---

[21] Den vom Provisionsüberschuß nicht gedeckten Teil des Verwaltungsaufwandes, der mithin vom Zinsüberschuß zu decken ist, bezeichnet man auch als „Bedarfsspanne".

Faustregel zu postulieren, daß der Zinsüberschuß mindestens den Verwaltungsaufwand decken müsse, d. h. man verstand Personal- und Sachaufwand als allein durch Mittelbeschaffung und -verwendung verursacht.

Der in neuerer Zeit zu beobachtende Druck auf den Zinsüberschuß fördert in den Banken das Bemühen um höhere Provisionseinnahmen – nicht nur, indem man neue Dienstleistungen ins Sortiment aufnimmt, sondern auch durch Rückkehr zum alten Denkmuster: der Einstellung, daß der Zins das Entgelt nur für Kapitalüberlassungen sein sollte und deshalb Arbeitsleistungen vom Kunden gesondert – durch Provisionen – entgolten werden müßten. (Im Zusammenhang des Bankmarketing ist dies als Übergang von der Mischkalkulation zu mehr kostenorientierten Preisen erörtert worden.)

Obwohl die Provisionsüberschüsse stark zugenommen haben, machen sie allerdings weiterhin nur einen Bruchteil (ca. 20–35%) des Verwaltungsaufwandes aus. Eine Rückkehr zu „klassischen Bankregeln" ist also nicht in Sicht.

Die vier Teilgrößen faßt man zum **Betriebsergebnis** zusammen, das zwar nicht den tatsächlichen Jahreserfolg wiedergibt – eventuelle Verluste aus Kreditvergaben und Wertpapieranlagen fehlen ja –, das aber den überwiegenden Teil der Erträge und Aufwendungen umfaßt und frei von regulierenden Eingriffen der Bank ist.

Das Betriebsergebnis sollte positiv sein, d. h. die Summe aus Zins-, Provisions- und Eigenhandels-Überschuß („Rohertrag") sollte mindestens den Personal- und Sachaufwand decken. Über diesen primären **Deckungsbedarf** hinaus sollte der „Rohertrag" auch den Steuer-Aufwand decken sowie einen Mindestreingewinn erbringen, der sich ergibt

- aus der vom Markt erwarteten Gewinnausschüttung (Dividendenerfordernis) und
- aus der für das weitere Wachstum der Bank als erforderlich angesehenen Aufstockung der offenen Rücklagen.[22]

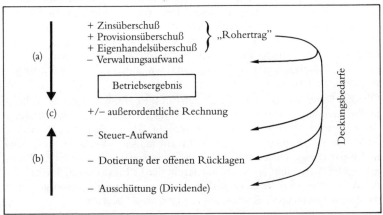

Das Schaubild verdeutlicht die Teilschritte, in denen man vorgeht:

(a) Zunächst werden die entscheidungsunabhängigen Positionen zum Betriebsergebnis saldiert;

---

[22] Zum Mindestreingewinn vgl. S. 158–162 (über Bilanzstruktur und Eigenkapital-Bedarf).

(b) dann ermittelt man die für die als notwendig angesehene Ausschüttung und Rücklagendotierung erforderlichen Beträge, woraus sich (abhängig von der Gewinnverwendung) die Höhe der zu zahlenden Steuern ergibt;

(c) und wenn man schließlich vom Betriebsergebnis die Beträge für Ausschüttung, Rücklagendotierung und Steuerzahlung abzieht, ergibt sich ein Restbetrag des Betriebsergebnisses, der durch Sonderabschreibungen gemäß § 340f HGB „versteckt" werden kann;

sofern das Betriebsergebnis für Dividende, Rücklagendotierung und Steuerzahlung nicht ausreicht, können über die außerordentliche Rechnung stille Reserven aufgelöst werden.

Für den Außenstehenden, der sich ein Bild von der tatsächlichen Ertragslage machen möchte, ist also der Saldo aus den sonstigen Aufwendungen und Erträgen („außerordentliche Rechnung") von einigem Aussagewert. Unter der Annahme, daß über die außerordentliche Rechnung primär die Höhe des Gewinnausweises (Bilanzgewinns) gesteuert wird, kann man ihren Saldo wie folgt interpretieren:[23]

● negativer Saldo: das Betriebsergebnis reichte nicht nur für Steuerzahlung, Rücklagendotierung und Dividendenzahlung aus, sondern erlaubte auch noch einen Zuschuß für die Risikovorsorge; es war also ein erfolgreiches Jahr;

● positiver Saldo: das Betriebsergebnis reichte offenbar nicht aus, da auch die sonstigen Posten einen Beitrag zu Steuerzahlung, Rücklagendotierung und Dividendenzahlung leisten mußten; es war also ein weniger erfolgreiches Jahr.

Damit wird die Bewertung des Saldos in das Gegenteil dessen verkehrt, was eigentlich näherliegt (negativer Saldo = hohe Abschreibungen = Ausdruck hoher Verluste; positiver Saldo = geringe Abschreibungen = Ausdruck geringer Verluste). Die entgegengesetzte Bewertung ergibt sich daraus, daß Abschreibungen im wesentlichen nicht als Niederschlag von Verlusten im Geschäftsjahr, sondern als Vorsorge für Verluste in künftigen Geschäftsjahren interpretiert werden. Tatsächlich entstandene Verluste werden nach dieser Interpretation mit den in vorangegangenen Jahren gebildeten Vorsorgereserven aufgefangen.

Ob diese Einschätzung im Einzelfall zutrifft, bleibt freilich ungewiß. Erhöhte Abschreibungen signalisieren zwar normalerweise die erhöhte Bildung stiller Reserven; doch ist nicht ausgeschlossen, daß sie auch einmal Niederschlag von im betreffenden Geschäftsjahr entstandenen Verlusten im Kredit- und Wertpapiergeschäft sind. Durch das Bewertungsprivileg und die daran geknüpften Verrechnungsmöglichkeiten in der Erfolgsrechnung bleiben für den Außenstehenden die tatsächlichen Risikoveränderungen verborgen, und die Angemessenheit der Risikovorsorge ist nicht zu beurteilen.

Hat man die Zahlen der Erfolgsrechnung in geschilderter Weise aufbereitet, so erhält man Anhaltspunkte für die **weitere Analyse** aus Vergleichen

● mit entsprechenden Zahlen derselben Bank in vorangegangenen Jahren **(Zeitvergleich)** und

---

[23] MERTIN, KLAUS: Wandel in der Ertragsstruktur des Kreditgewerbes, in: Bank, 1980, S. 10.

• mit entsprechenden Zahlen anderer Banken im selben Jahr (**Betriebsvergleich**).

Für Zeit- und Betriebsvergleich muß man die Zahlen jedoch zunächst vergleichbar machen, da ihnen Geschäfte unterschiedlichen Umfangs zugrunde liegen. Um diese Unterschiede zu eliminieren, drückt man die absoluten Beträge (der Zinserträge, Zinsaufwendungen, usw.) in Prozent des Bilanz- oder Geschäftsvolumens im jeweiligen Jahr aus.[24] Da sich die Erfolgsgrößen auf ein ganzes Jahr, Bilanzgrößen aber nur auf einen Zeitpunkt beziehen, ist das **durchschnittliche Bilanz- oder Geschäftsvolumen** heranzuziehen, am besten das tagesdurchschnittliche. Für externe Analysen muß man sich allerdings gewöhnlich mit dem Durchschnitt aus den beiden das Geschäftsjahr begrenzenden Jahresendzahlen begnügen.

Einige der ermittelten Relativzahlen haben über den Nutzen ihrer Vergleichbarkeit hinaus noch einen eigenständigen Aussagewert. Die in Prozent des Bilanz- oder Geschäftsvolumens formulierten Zinserträge und Zinsaufwendungen drücken die durchschnittliche Verzinsung der Aktiva und Passiva im betreffenden Jahr aus, die Differenz zwischen ihnen die durchschnittlich erzielte **Zinsspanne (Zinsmarge)**. Provisionen und Verwaltungsaufwand stehen dagegen in keinem inhaltlichen Bezug zum Bilanz- oder Geschäftsvolumen; dieses steht hier allein für die (unterschiedliche) Größe der Banken.

In der Tabelle auf der folgenden Seite sind zur Illustration der allgemeinen Darstellung die Zahlen für ausgewählte Bankengruppen vergleichend gegenübergestellt. Sie sind zwar durch mancherlei Sonderentwicklungen beeinflußt,[25] verdeutlichen aber dennoch die zum Teil beträchtlichen strukturellen Unterschiede.

Vor allem fallen die Unterschiede zwischen Instituten des „retail banking" und Instituten des „wholesale banking" ins Auge. Banken, die das Geschäft mit der breiten Privatkundschaft pflegen, verzeichnen zwar relativ hohe Zinserträge und können zinsgünstige Einlagen sammeln, aber beides ist verbunden mit hohem Verwaltungsaufwand (Großbanken, Sparkassen, Kreditgenossenschaften). Banken dagegen, die sich vorrangig dem Großgeschäft widmen, benötigen dazu wesentlich weniger Personal- und Sachaufwand, müssen aber ihren Kunden bei den Zinsen offenkundig auch größere Zugeständnisse machen (Girozentralen, Genoss. Zentralbanken).

1.3 Konzernabschluß

Das Wachstum besonders der größeren Universalbanken in ihren traditionellen Geschäftsbereichen wie auch in neue Bereiche hinein hat sich zu einem erheblichen Teil in der Weise vollzogen, daß sie für jeweils spezielle Aufgaben **Tochterunternehmen** gründeten oder sich an bereits bestehenden Instituten (mehrheitlich) beteiligten. Zu nennen sind hierbei vor allem

---

[24] Unter Geschäftsvolumen wird in der Bankpraxis meistens die Bilanzsumme zuzüglich einiger Positionen des Wechselgeschäfts verstanden (Indossamentsverbindlichkeiten aus rediskontierten Wechseln; den Kreditnehmern abgerechnete eigene Ziehungen im Umlauf; aus dem Wechselbestand vor Verfall zum Einzug versandte Wechsel). – Vgl. beispielsweise Mb-Bbk, August 1992, S. 40 (Fußn. 9).

[25] Vgl. dazu die Erläuterungen in: ebenda, S. 30–39.

Wesentliche Komponenten der Gewinn- und Verlustrechnung deutscher Kreditinstitute im Jahre 1991
(in % des durchschnittlichen Geschäftsvolumens)[a]

	Groß-banken	Privat-bankiers	Spar-kassen	Kredit-genoss.	Giro-zentra-len	Genoss. Zentral-banken
Zinserträge	7,87	9,59	7,84	8,15	7,69	8,11
Zinsaufwendungen	− 5,43	− 7,71	− 5,02	− 5,11	− 7,08	− 7,55
Zinsspanne, -marge	2,44	1,88	2,82	3,04	0,61	0,56
Provisionserträge	0,88	0,94	0,48	0,55	0,11	0,35
Provisionsaufwendungen	− 0,04	− 0,12	− 0,01	− 0,04	− 0,03	− 0,11
Provisionsspanne	0,84	0,82	0,47	0,51	0,08	0,24
„Rohertrag"	3,28	2,70	3,29	3,55	0,68	0,80
Personalaufwand	− 1,50	− 1,37	− 1,42	− 1,64	− 0,28	− 0,34
Sachaufwand	− 0,80	− 0,88	− 0,76	− 0,98	− 0,16	− 0,29
Verwaltungsaufwand	− 2,30	− 2,25	− 2,18	− 2,62	− 0,44	− 0,63
Teil-Betriebsergebnis[b]	0,98	0,45	1,11	0,93	0,24	0,17
außerordentliche Rechnung[c]	− 0,23	0,05	− 0,27	− 0,04	− 0,08	0,04
Jahresüberschuß vor Steuern	0,75	0,50	0,84	0,89	0,16	0,21
Steuern	− 0,36	− 0,11	− 0,56	− 0,54	− 0,09	− 0,12
Jahresüberschuß nach Steuern	0,38	0,39	0,28	0,35	0,07	0,09
Einstellung in die offenen Rücklagen	− 0,14	− 0,09	− 0,12	− 0,13	− 0,04	− 0,03
Bilanzgewinn (idR = Betrag der Ausschüttung)	0,24	0,30	0,16	0,22	0,03	0,06
durchschnittliches Geschäftsvolumen (in Mrd. DM)	641,3	66,0	999,9	575,7	872,4	194,4

a) Quelle: Mb-Bbk, August 1992, S. 41–44 (Additionsdifferenzen durch Runden der Zahlen).

b) Nur **Teil**-Betriebsergebnis, weil das Ergebnis des Eigenhandels fehlt, das bis 1992 noch in der außerordentlichen Rechnung enthalten war. Erst ab 1993 wird es gesondert als „Nettoertrag/-aufwand aus Finanzgeschäften" ausgewiesen und damit dem Betriebsergebnis zuordenbar (vgl. § 340c I HGB).

c) Sonstige Erträge abzgl. sonstige Aufwendungen, wobei die Bildung bzw. Auflösung stiller Reserven gewöhnlich die größte Teilposition ist. Enthalten sind hier auch noch die Ergebnisse des Eigenhandels (vgl. Fußn. b).

- die Aufnahme von Bankleistungen ins Sortiment, deren Erstellung der Gesetzgeber Spezialinstituten vorbehalten hat (in Deutschland das typische Hypothekenbankgeschäft) und daß Universalbanken durch Mehrheitsbeteiligungen an Hypothekenbanken in ihren Geschäftsbereich gezogen haben;

- die Aufnahme bankähnlicher Leistungen, die man aus betriebswirtschaftlichen Gründen durch Spezialinstitute bereitstellt, beispielsweise das Leasing- und das Factoringgeschäft;

- die Präsenz in anderen Ländern, darunter besonders an den zentralen internationalen Finanzplätzen (Euromarkt), die aus wirtschaftlichen oder rechtlichen Gründen oft nur durch Tochtergesellschaften möglich ist;

- und schließlich in neuester Zeit die Einbeziehung des Versicherungs- und Bausparengeschäfts in das Sortiment der Universalbanken („Allfinanz"), die zum Teil auf der Grundlage von Kooperationsverträgen erfolgt ist, zum Teil aber auch durch Gründung von oder maßgebliche Beteiligung an Versicherungs- und Bausparunternehmen.

Diese vielfältige und in den letzten Jahren ständig gewachsene Tätigkeit der größeren Universalbanken über die Plattform des Einzelunternehmens hinaus hat den Aussagewert ihrer Einzel-Jahresabschlüsse verringert und lenkt den Blick verstärkt auf die das Einzelunternehmen übergreifende wirtschaftliche Einheit: den Bankkonzern.

Konzernabschlüsse sind in Deutschland von einzelnen Unternehmen schon bald nach der letzten Jahrhundertwende freiwillig veröffentlicht worden, darunter von der Disconto Gesellschaft (einem Vorläuferinstitut der Deutschen Bank AG), die zwischen 1916 und 1929 eine der heutigen Konzernbilanz schon sehr ähnliche „Gemeinschaftsbilanz" veröffentlichte.[26] Erst nach dem Zweiten Weltkrieg aber kam es zur gesetzlichen Verpflichtung, unter bestimmten Voraussetzungen die Jahresabschlüsse von wirtschaftlich zu einer Einheit zusammengefaßten Unternehmen zu einem **Konzernabschluß** zusammenzufassen (§§ 329–338 AktG; eingefügt 1965).

Im Zuge der EG-Rechtsangleichung sind diese Vorschriften 1985 durch das Bilanzrichtlinien-Gesetz geändert und in das Handelsgesetzbuch umgesetzt worden (nunmehr: §§ 290–315 HGB). Die neuen Regelungen gelten generell ab 1986, für Kreditinstitute aber erst ab 1993, weil man ihnen eine zweimalige Anpassung an neue Regelungen innerhalb kurzer Zeit ersparen wollte. Denn auch die EG-Rechtsangleichung der bankspezifischen Vorschriften (Bankbilanzrichtlinie-Gesetz von 1990) enthält einige den Konzernabschluß betreffende Vorschriften, die ab 1993 anzuwenden sind (§§ 340i–j HGB).[27]

Die rechtlichen Besonderheiten des Jahresabschlusses der **Bankkonzerne** sind gering. Grundsätzlich gelten für ihn zum einen die bankspezifischen Regelungen zum Einzelabschluß, zum anderen die allgemeinen Regelungen zur Konzernrechnungslegung von Kapitalgesellschaften (vgl. § 340i HGB).

Ein Konzernabschluß ist auch von Kreditinstituten grundsätzlich dann aufzustellen, wenn sie

- die **einheitliche Leitung** über andere Unternehmen ausüben (§ 290 I HGB) oder

---

[26] BORES, W.: Geschichtliche Entwicklung der konsolidierten Bilanz, in: ZfhF, 1934, S. 334.

[27] Die Veränderungen aufgrund der ab 1993 geltenden Vorschriften analysiert im einzelnen ALBERS, MARIA: Der Bank-Konzernabschluß, Frankfurt a. M./Bern/u. a. 1991.

• bei anderen Unternehmen die Stimmrechtsmehrheit unter den Gesellschaftern besitzen bzw. auf anderer Grundlage einen beherrschenden Einfluß haben (§ 290 II HGB, sog. **Control-Verhältnis**).

Während jedoch die allgemeinen Vorschriften eine Verpflichtung zum Konzernabschluß nur für größere Kapitalgesellschaften vorsehen,[28] gilt die Verpflichtung bei Kreditinstituten **unabhängig von ihrer Rechtsform und Größe** (§ 340i I HGB). Darüber hinaus werden Holdinggesellschaften in die Verpflichtung einbezogen, sofern ihre Tochterunternehmen ausschließlich oder überwiegend Kreditinstitute sind (§ 340i III HGB). In allen Fällen sind Tochterunternehmen unabhängig von ihrem Sitz einzubeziehen, d. h. also uneingeschränkt auch ausländische Tochterunternehmen (§ 294 I HGB; Weltabschluß-Prinzip).

Mit diesen Festlegungen ist allerdings die Frage, welche Tochterunternehmen im konkreten Fall tatsächlich in den Konzernabschluß einbezogen werden (**Konsolidierungskreis**), noch nicht endgültig geklärt. Das grundsätzliche Einbeziehungsgebot für alle Tochterunternehmen nach § 290 HGB wird auch im Falle der Banken durch einige Einbeziehungsverbote und -wahlrechte durchbrochen.

(a) Einbeziehungsverbot.

Auch für Kreditinstitute gilt das generelle Verbot, ein Tochterunternehmen einzubeziehen, „wenn sich seine Tätigkeit von der Tätigkeit der anderen einbezogenen Unternehmen derart unterscheidet, daß die Einbeziehung ... mit der Verpflichtung, ein den tatsächlichen Verhältnissen entsprechendes Bild der Vermögens-, Finanz- und Ertragslage des Konzerns zu vermitteln, unvereinbar ist" (§ 295 I HGB). Eine unterschiedliche Tätigkeit – erläutert der Gesetzgeber ergänzend hierzu – sei nicht bereits dadurch gegeben, daß die Unternehmen unterschiedlichen Wirtschaftszweigen angehörten. Speziell für Banken wird konkretisiert, es handle sich nicht um eine unterschiedliche Tätigkeit, „wenn das Tochterunternehmen ... eine Tätigkeit ausübt, die eine unmittelbare Verlängerung der Banktätigkeit oder eine Hilfstätigkeit für das Mutterunternehmen darstellt" (§ 340j I HGB). Als Beispiele hierfür nennt die Regierungsbegründung: Leasing, Factoring, Verwaltung von Investmentfonds, Betreiben von Rechenzentren.[29]

Ob aber beispielsweise auch Tochterunternehmen aus dem Versicherungsbereich oder der Unternehmensberatung unter das Einbeziehungsverbot fallen, bleibt offen. Das Mutterunternehmen hat hier einen Entscheidungsspielraum.

(b) Einbeziehungswahlrechte.

Das Gesetz nennt vier Gründe, aus denen das Mutterunternehmen auf die Einbeziehung einzelner Tochterunternehmen verzichten kann (§ 296 HGB):

1. wenn es in seinen Rechten gegenüber dem Tochterunternehmen stark und andauernd eingeschränkt ist,

---

[28] Kleinere Kapitalgesellschaften sind von der Verpflichtung durch § 293 HGB befreit.
[29] TREUARBEIT AG (Hrsg.): Bankbilanzierung ab 1993, Frankfurt a. M. 1992, S. 178.

2. wenn die erforderlichen Angaben nur mit unverhältnismäßig hohen Kosten oder Verzögerungen erhältlich sind,

3. wenn die Anteile an dem Tochterunternehmen nur zum Zweck ihres Weiterverkaufs gehalten werden,

4. wenn das Tochterunternehmen im Gesamtzusammenhang von untergeordneter Bedeutung ist.

Zum 3. Fall ergänzen die bankspezifischen Vorschriften, daß dann, wenn die Übernahme der Anteile „auf eine finanzielle Stützungsaktion zur Sanierung oder Rettung des ... Unternehmens zurückzuführen" ist, im Anhang die Bedingungen der Stützungsaktion zu erläutern sind (§ 340j II HGB).

In allen vier Fällen besteht erkennbar ein gewisser Spielraum, das Wahlrecht zu interpretieren. Damit ist dem Mutterunternehmen die Möglichkeit gegeben, den Informationsgehalt des Konzernabschlusses zu verringern. Allerdings muß die Entscheidung, einzelne Tochterunternehmen wegen des Einbeziehungsverbots oder aufgrund eines Wahlrechts nicht in den Abschluß einzubeziehen, im Anhang begründet werden.

Die Technik der Zusammenfassung **(Konsolidierung)** der Jahresabschlüsse der letztlich in den Konzernabschluß einbezogenen Unternehmen wirft so gut wie keine bankspezifischen Probleme auf. Sie erfolgt wie bei anderen Unternehmen auch in zwei wesentlichen Schritten:

(1) Ansatz und Bewertung in den einbezogenen Einzelabschlüssen werden vereinheitlicht, und die Abschlüsse in fremder Währung werden in DM umgerechnet. Da die Bewertung des Vermögens der Tochterunternehmen nach den für das Mutterunternehmen geltenden Bewertungsmethoden zu erfolgen hat (§ 308 HGB), sind bei Kreditinstituten auch für den Konzernabschluß die bankspezifischen Bewertungsregeln zugrunde zu legen, insbesondere also auch das Recht, höhere stille Reserven als andere Unternehmen zu bilden (Bewertungsprivileg gem. § 340f HGB).

(2) Konzerninterne Forderungen und Verbindlichkeiten, konzernintern erzielte Gewinne sowie konzerninterne Kapitalverflechtungen werden aus den zusammengefaßten Zielen eliminiert.

Die meisten der in die Konzernabschlüsse einbezogenen Unternehmen haben – vor allem als Verwaltungs- und Beratungsgesellschaften – sehr kleine Bilanzvolumina und damit wenig Gewicht im Rahmen der Konzernbilanz. Die folgende Übersicht veranschaulicht am Beispiel der fünf größten Aktienbanken in Deutschland die Schwerpunkte der Bankkonzerne, soweit es sich um bilanzwirksames Geschäft handelt:

- die **Mutterbank** bringt jeweils rund ⅔ des Bilanzvolumens ein;
- wichtigste Ergänzung sind die privaten **Hypothekenbanken,** an denen Mehrheitsbeteiligungen bestehen;
- schon deutlich weniger Volumen bringen die **Tochterbanken im Ausland** ein, unter denen der mit Abstand größte Anteil jeweils auf die Tochtergesellschaft in Luxemburg entfällt;
- universell tätige **Tochterbanken im Inland** haben nur geringes Gewicht; die meisten der Mehrheitsbeteiligungen sind früher oder später in der Mutterbank aufgegangen oder werden – mit geringem Bilanzvolumen – auf die Beratung von Individualkunden konzentriert.

Schwerpunkte im Konzern[a]
(gemessen an den Bilanzsummen)

Ende 1991	Konzern-Bilanz-summe (Mrd. DM)	Anteile[b]			
		Mutter-gesell-schaft	inländ. Universal-banken	inländ. Hypotheken-banken	ausländ. Geschäfts-banken
Deutsche Bank . .	449,1	68%	1%	16%	16%
Dresdner Bank . .	294,8	65%	3%	25%	10%
Commerzbank . .	226,7	67%	5%	19%	10%
Bayerische Ver-einsbank	226,6	59%	9%[c]	27%	6%
Bayerische Hy-poth.- und Wech-sel-Bank	193,1	69%	4%	20%	8%

a) Quelle: Geschäftsberichte der Institute.
b) Anteile addieren sich auf mehr als 100%, da die Zahlen nicht konsolidiert sind.
c) Hoher Anteil vor allem durch die Mehrheitsbeteiligung an der Vereins- und West-bank-Gruppe.

2. Kosten- und Erlösrechnung (Bankkalkulation)[30]

Um Mißverständnissen vorzubeugen, ist vorab auf zwei begriffliche Unterschiede gegenüber der industriellen Kostenrechnung hinzuweisen.

Zum einen sind neben den Kosten in großem Umfang auch die Erlöse in die Rechnungsverfahren einbezogen, so daß der gebräuchliche Begriff „Bankkostenrechnung" etwas mißverständlich ist. Er wird deshalb im folgenden nicht zur Kennzeichnung des gesamten Rechnungssystems, sondern lediglich dort verwendet, wo in den Rechnungsverfahren Erlöse nicht einbezogen sind: bei der Kontrolle der Wirtschaftlichkeit und bei der Ermittlung der Selbstkosten.

Zum zweiten wird im Bankbereich der Begriff „Kalkulation" in einem weiteren Sinne verwendet, als es sonst gebräuchlich ist. Während man im allgemeinen, am Industriebetrieb orientierten Sprachgebrauch damit die Selbstkostenermittlung meint (Kostenträgerstückrechnung), setzt man gewöhnlich „Bankkalkulation" mit der gesamten Kosten- und Erlösrechnung eines Kreditinstituts gleich.

Anders als die Finanzbuchhaltung ist eine Kosten- und Erlösrechnung den Unternehmen nicht vorgeschrieben und im einzelnen geregelt. Es bleibt jedem Unternehmen, hier: jedem Bankbetrieb überlassen, ob man sie überhaupt durchführt und, sofern man sich dazu entschließt, wie man sie im einzelnen gestaltet. Eine praxisnahe Einführung in die Kosten- und Erlösrechnung „der Kreditinstitute" ist daher schwieriger als im Falle des Jahresabschlusses.

---

[30] Hinweise auf grundlegende Literatur zur bankbetrieblichen Kosten- und Erlösrechnung: S. 422–425.

2.1 Grundlagen

2.1.1 Allgemeine Rechnungszwecke

Die Zwecke der Kosten- und Erlösrechnung sind zum Teil zukunftsorientiert (Dispositionszwecke), zum Teil vergangenheitsorientiert (Kontrollzwecke), konkreter formuliert: sie soll die Zahlenbasis für die zielorientierten Entscheidungen liefern, und mit ihrer Hilfe soll die Erreichung der Unternehmensziele rechnerisch überwacht werden. In neuerer Zeit wird sehr einseitig der erste Aspekt betont und der Kontrollzweck der Rechnung bisweilen als nutzlose Geschichtsschreibung dargestellt. Damit konstruiert man jedoch einen nur vermeintlichen Gegensatz, denn vergangenheitsbezogene Analysen zielen (neben ihrem Kontrollzweck) stets auch darauf ab, hieraus Folgerungen für das zukünftige Geschehen, für bessere Entscheidungen zu gewinnen, und zukunftsorientierte Rechnungen kommen ohne Vergangenheitswerte nicht aus, wenn sie realistisch sein sollen. Man kann lediglich sagen, daß die Dispositionszwecke der Kosten- und Erlösrechnung in neuerer Zeit bewußter und schärfer gesehen werden als früher.

Soll die **Kosten- und Erlösrechnung als Entscheidungshilfe** dienen, muß sie Informationen liefern, die relevant im Hinblick auf die jeweilige Entscheidungssituation sind, d. h. relevant hinsichtlich der Ziele des Unternehmens und der Handlungsmöglichkeiten (Entscheidungsalternativen). Die konkreten Zwecke der Rechnung müßten mithin aus den in praxi verfolgten Zielen und den zu ihrer Erreichung bestehenden Handlungsmöglichkeiten entwikkelt werden. Da die Rechnung nur quantitative Informationen liefert, kann sie auch Entscheidungshilfe nur im Hinblick auf quantifizierbare Zielgrößen leisten, vor allem im Hinblick auf den ökonomischen Erfolg (Gewinn) des Unternehmens. Für die verschiedenen Handlungsmöglichkeiten müßte die Rechnung Informationen über ihre jeweiligen Zielerreichungswerte liefern. Dafür wäre eine kosten- und erlöstheoretische Grundlage erforderlich: Die Faktoren, die die Höhe der Kosten und Erlöse sowie ihre Veränderungen bestimmen, müßten nach den sie auslösenden Entscheidungen (innerhalb wie außerhalb der Bank) geordnet und dann die dabei wirksamen Gesetzmäßigkeiten erforscht werden.

Derart hohen Ansprüchen genügen die in der Fachliteratur entwickelten wie auch die in der Praxis gebräuchlichen Verfahren bisher noch nicht. Die kosten- und erlöstheoretischen Grundlagen für eine entsprechende Gestaltung der Rechnung fehlen nahezu völlig.[31] So sind die Rechenergebnisse, die die Verfahren liefern, meist auch nur in sehr lockerer Weise auf praktische Entscheidungssituationen bezogen und bleiben daher im Hinblick auf die geschäftspolitische Steuerung verhältnismäßig pauschal.

Entsprechend dem vorrangigen Gewinnziel bezweckt man mit der Kosten- und Erlösrechnung vor allem, differenzierte Einblicke in die Erfolgsentste-

---

[31] Nur wenige Ansätze liegen vor, die aber nicht weiterverfolgt worden sind; vgl. beispielsweise HINTEN, PETER VON: Ansatzpunkte zur Konzipierung einer bankbetrieblichen Kostentheorie, Diss. München 1973.

hung zu gewinnen und dadurch bessere Entscheidungen im Hinblick auf das Gewinnziel treffen zu können. So soll zunächst einmal erkennbar werden, welchen Beitrag zum Gesamtgewinn die verschiedenen Teilbereiche der Bank leisten **(Erfolgsanalyse)**. Dazu wird der Gesamtgewinn zerlegt nach

- Kunden bzw. Kundengruppen (Geschäftspartner),
- Leistungsarten bzw. Leistungsgruppen (Geschäftssparten) und
- organisatorische Einheiten (Geschäftsstellen).[32]

Indem die Kosten- und Erlösrechnung die Gewinnbeiträge der verschiedenen Kunden, Sparten und Stellen aufzeigt, schafft sie Transparenz. Vor allem lassen sich Ansatzpunkte für marktpolitische Maßnahmen lokalisieren. Darüber hinaus soll sie aber auch den Entscheidungsträgern auf den verschiedenen Ebenen der Hierarchie Orientierungshilfen bereitstellen, mit deren Hilfe sie die Zielbeiträge ihrer auf Kunden, Sparten oder Stellen bezogenen Entscheidungen beurteilen können (Steuerungsfunktion). Insbesondere gilt dies für die **Höhe der Preise** der den Kunden bereitgestellten Marktleistungen.

Während sich für die Erfolgsanalyse die Erlöse der Bank ihren verschiedenen Kunden, Sparten und Stellen meist ohne größere Schwierigkeiten zuordnen lassen, wirft die Zuordnung von Kosten zum Teil beträchtliche Probleme auf. Deshalb gehen der Erfolgsanalyse detaillierte Untersuchungen zur **Kostenbasis** voraus.

Es liegt nahe, dabei von der Struktur bankbetrieblicher Leistungserstellung auszugehen. Sie wurde oben beschrieben als Erstellung von zwei unterschiedlichen Arten innerbetrieblicher Teilleistungen, aus denen sich jede Marktleistung zusammensetzt:

(a) die Erstellung von Stück- oder Betriebsleistungen (durch den kombinierten Einsatz technisch-organisatorischer Faktoren, vor allem also von menschlicher Arbeitskraft und Betriebsmitteln) und

(b) die Erstellung von Wertleistungen (durch den Einsatz des Monetären Faktors, also von Zahlungsmitteln und Haftungspotential).

Dieser Dualismus der Leistungserstellung erfordert es, auch die Erfassung der durch şie bedingten Kosten für beide Bereiche getrennt zu erörtern.

Die hierfür gebräuchlichen Rechnungsverfahren sind nicht immer nur Vorstufe für die Erfolgsanalyse; sie dienen zum Teil auch eigenständigen Zwekken. So bezweckt man beispielsweise mit der Erfassung der Kosten des technisch-organisatorischen Bereichs auch, die **Wirtschaftlichkeit** der Leistungserstellung zu kontrollieren, indem man – differenziert nach Kostenstellen – die Kosten den Leistungen gegenüberstellt.

2.1.2 Kosten- und Erlösarten

Die Ausgangsgrößen der Kosten- und Erlösrechnung werden aus der Finanzbuchhaltung gewonnen: die **Kostenarten** aus den Salden der Aufwandskonten, die **Erlösarten** aus den Salden der Ertragskonten. Da jedoch nur der

---

[32] Vereinfachend wird hier nur das Kundengeschäft berücksichtigt, vom sog. Eigengeschäft (v. a. Devisen- und Wertpapierhandel) also abgesehen.

durch die Leistungserstellung bedingte Werteverzehr und der durch den Verkauf der erstellten Leistungen erzielte Wertezuwachs erfaßt werden sollen,

• bleiben neutrale (betriebsfremde, außerordentliche, periodenfremde) Aufwendungen und Erträge unberücksichtigt,

• werden kalkulatorische Kosten (Zusatzkosten) hinzugenommen und

• müssen bewertungsabhängige Aufwendungen, vor allem Abschreibungen, gewöhnlich umbewertet werden (Anderskosten).

Überwiegend allerdings entsprechen die Kosten den Aufwendungen und die Erlöse den Erträgen.

Bereits auf dieser Grundstufe, der Ermittlung der Kosten- und Erlösarten, gelangen nicht zu vermeidende Ungenauigkeiten in die Rechnung. Einige Kosten- und Erlösarten fallen jeweils für mehrere Perioden gemeinsam an (Periodengemeinkosten und -erlöse), so daß man sie den einzelnen Perioden nur willkürlich, aufgrund gewisser Hypothesen zurechnen kann. Derartige Schätzgrößen sind beispielsweise die Abschreibungen auf Sachanlagen, Forderungen und Wertpapiere, die Pensionsrückstellungen sowie Kursgewinne.

Kostenarten und Erlösarten sind zwar als Entscheidungshilfe noch sehr pauschale Größen, da sie keine selbständigen Marktbereiche, sondern nur das Unternehmen als Ganzes betreffen. Doch erlauben sie bereits eine einfache Erfolgsanalyse. Die erste, grobe Auswertung der Zahlen, die wegen ihrer einfachen Handhabung in der Bankpraxis von einiger Bedeutung ist, bezeichnet man als **Gesamtbetriebskalkulation.**
Hier stellt man die Summen der verschiedenen Erlösarten und Kostenarten einer Periode (beispielsweise eines Jahres) gegenüber. Erste Orientierungsgröße ist die als **Betriebserfolg** bezeichnete Differenz aus Gesamterlösen und Gesamtkosten, die – anders als der Bilanzgewinn – ausschließlich das Ergebnis aus Erstellung und Absatz bankbetrieblicher Leistungen in der Bezugsperiode wiedergibt.[33] Darüber hinaus zeigen die Anteile der einzelnen Kostenarten an den Gesamtkosten und der einzelnen Erlösarten an den Gesamterlösen, wie der Betriebserfolg zustandegekommen ist **(Erfolgsstruktur).** Besonders die im Zeitvergleich erkennbaren Strukturverschiebungen bieten einen ersten, wenn auch noch sehr pauschalen Ansatz für geschäftspolitische Entscheidungen.

Die Kosten- und Erlösarten werden in der Gesamtbetriebskalkulation gewöhnlich nach wertbezogenen und betriebsbezogenen Komponenten gruppiert. Daraus ergibt sich, etwas vereinfacht, die auf der folgenden Seite abgebildete Gegenüberstellung.
Hierbei ist allerdings die Trennung in Wert- und Betriebserlöse problematisch. Wie die Erörterung des vorherrschenden preispolitischen Konzepts der Universalbanken zeigte, werden die Preise für die einzelnen Leistungsarten nicht primär auf der Grundlage der jeweiligen Selbstkosten formuliert, sondern nach absatzpolitischen Gesichtspunkten, genauer: im Hinblick auf das

---

[33] Dieser „Betriebserfolg" ist nicht identisch mit dem bei der Auswertung der Gewinn- und Verlustrechnung als Zwischensumme ermittelten „Betriebsergebnis", bei dem es darum ging, die bewertungsabhängigen (und damit manipulierbaren) Erfolgskomponenten aus dem Ergebnis herauszurechnen. Vgl. S. 295.

Wertkosten	**Werterlöse**
• Zinskosten • Provisionskosten (zinsähnliche Provisionen) • Risikokosten (Abschreibungen auf Forderungen und Wertpapiere) **Betriebskosten** • Personalkosten • Sachkosten (einschl. Abschreibungen auf Gebäude und Ausstattung) • Kostensteuern	• Zinserlöse • Provisionserlöse (zinsähnliche Provisionen) • Kursgewinne **Betriebserlöse** • Provisionserlöse ⎫ • Gebührenerlöse ⎭ gegliedert nach Geschäfts- zweigen

von einer Kundengruppe oder einem Einzelkunden abgenommene Leistungsbündel. Die gebräuchlichen Preisbezeichnungen, an denen sich die Gruppierung in Wert- und Betriebserlöse orientiert, erwecken zwar den Eindruck, „Werterlöse" seien ausschließlich Entgelte für überlassene Geldnutzungen und „Betriebserlöse" ausschließlich Entgelte für ausgeführte Arbeitsleistungen, sie bieten aber keinen sicheren Anhaltspunkt dafür. Der Einwand ist vor allem für die differenzierteren Rechnungsverfahren im Auge zu behalten. Hier führt er zunächst nur zu Vorbehalten gegenüber den mitunter aus der Gesamtbetriebskalkulation abgeleiteten Zahlen, mit denen der durch Werterlöse zu deckende Überhang der Betriebskosten über die Betriebserlöse belegt werden soll.

Neben der Ermittlung des Betriebserfolges sowie der Kosten- und der Erlösstruktur erlaubt die Gesamtbetriebskalkulation die Ermittlung mannigfacher Kennziffern. Dabei sind Beziehungszahlen zwischen einzelnen Kosten- und einzelnen Erlösarten allerdings nur von geringem Aussagewert, weil beide Seiten nach unterschiedlichen Kriterien gegliedert sind: die Kosten nach Einsatzfaktoren, die Erlöse nach Leistungsarten. Für marktpolitische Entscheidungen, die sich auf einzelne Leistungen, Leistungsgruppen, Kunden beziehen, liefert die Gesamtbetriebskalkulation jedoch keine Anhaltspunkte. Für diesen Zweck sind differenziertere Rechnungen erforderlich.

2.2 Teilleistungs-Rechnungen

Wird die Erstellung bankbetrieblicher Marktleistungen als Verschmelzungsprozeß innerbetrieblicher Teilleistungen des technisch-organisatorischen Bereichs (TOB) und des liquiditätsmäßig-finanziellen Bereichs (LFB) verstanden, so ist bei der Frage, welche Kosten ihnen jeweils zuzurechnen sind, zunächst getrennt auf die Entstehung der Kosten bei der Erstellung der beiden Kategorien von Teilleistungen (Stückleistungen/Wertleistungen) einzugehen. Für beide Bereiche sind spezifische Rechnungsverfahren entwickelt worden, deren Gehalt im folgenden skizziert wird. Die Ergebnisse dieser Teilleistungs-Rechnungen gehen anschließend in die auf Marktleistungen bezogenen Rechnungsverfahren ein.

2.2.1 Bewertung der Teilleistungen des TOB (Betriebskosten)

Die Erstellung von Teilleistungen des technisch-organisatorischen Bereichs erfordert den Einsatz von menschlicher Arbeitskraft und von Betriebsmitteln. Um die hierdurch bedingten Personal- und Sachkosten (Betriebskosten) den einzelnen Marktleistungen zuzuordnen, tritt man gleichsam näher an den Erstellungsprozeß heran. Man zerlegt die Bank gedanklich in Teilbereiche, für die sich einigermaßen zuverlässig Beziehungen zwischen produzierten Teilleistungen und den durch sie bedingten Kosten herstellen lassen. Die Teilbereiche nennt man Kostenstellen, das Rechnungsverfahren Kostenstellenrechnung.

2.2.1.1 Kostenstellenrechnung

In wieviele und welche Kostenstellen man die Bank zerlegt, steht nicht von vornherein fest, sondern ist zu entscheiden. Im Hinblick auf den Rechnungszweck müssen **Kostenstellen** zwei Voraussetzungen erfüllen:

(1) Die im Bereich einer Kostenstelle erstellten Teilleistungen müssen gleichartig hinsichtlich Art und Umfang der erforderlichen Arbeiten (und damit des Kostenanfalls) sein.

Um eine zu große Zahl von Kostenstellen zu vermeiden, werden zum Teil auch Stellen so abgegrenzt, daß sie mehrere Leistungen oder Arbeitsgänge mit unterschiedlichem Arbeits- und damit Kostenanfall umfassen. Man versucht dann, die Unterschiede durch Äquivalenzziffern zu berücksichtigen.

Beispiel:
Verkauf und Rückkauf von Reisedevisen in einer gemeinsamen Kostenstelle; erforderlicher Zeitaufwand für den Verkauf erfahrungsgemäß dreimal so hoch wie für den Rückkauf; Gesamtkosten im Beobachtungszeitraum = DM 50.000; Geschäftsvorfälle = 8.000 Verkäufe und 1.000 Rückkäufe.

	Zahl	Äquivalenz-ziffer	Leistungs-einheiten	Kosten-anteil	Stück-kosten
Verkäufe	8.000	3	$3 \cdot 8.000 = 24.000$	48,000,–	6,–
Rückkäufe	1.000	1	$1 \cdot 1.000 = 1.000$	2.000,–	2,–
			insgesamt $= 25.000$, somit Kosten je LE $= $ DM 2		

(2) Da mit Hilfe der Kostenstellenrechnung auch die Kontrolle der Wirtschaftlichkeit bezweckt wird, muß jede Kostenstelle einem Verantwortungsbereich entsprechen oder zumindest klar zuzuordnen sein. Die Kostenstellenbildung hält sich dementsprechend eng an den Organisationsplan der Bank. So ergibt sich eine hierarchische Gliederung der Kostenstellen: Jeder Verantwortliche für einen übergeordneten Bereich ist auch verantwortlich für die Kosten der ihm unterstellten Organisationseinheiten.

Mitunter wird auch die Bildung „funktionaler Kostenstellen" empfohlen, d. h. die Zusammenfassung der Kosten gleichartiger Tätigkeiten unabhängig davon, wo sie örtlich entstanden sind (in einer Filialbank häufig an mehreren Stellen). Funktionale Kostenstellen ermöglichen zwar die Beobachtung der Stückkosten für die Gesamtbank, was für Betriebsvergleiche hilfreich sein kann; doch besteht die Gefahr, daß sich für Veränderungen dieser Zahlen niemand in der Bank direkt verantwortlich fühlt.

Der Bildung von Kostenstellen folgt im zweiten Schritt die **Verteilung der Personal- und Sachkosten** auf diese Kostenstellen. Wie in der industriellen Kostenrechnung verwendet man hierfür einen Betriebsabrechnungsbogen (BAB, auch: Kostenverteilungsbogen).[34] Ein Teil der Kosten läßt sich vorbehaltlos bestimmten Kostenstellen zuordnen (Stelleneinzelkosten); ein anderer Teil der Kosten fällt jedoch für jeweils mehrere Stellen gemeinsam an (Stellengemeinkosten) und ist daher nur willkürlich auf die Kostenstellen zu verteilen – mit Hilfe plausibler, letztlich aber niemals richtiger Schlüsselgrößen. Da Gemeinkostenanteile vom Verantwortlichen für die einzelne Kostenstelle in ihrer Höhe nicht direkt beeinflußbar sind und er insoweit auch nicht zur Rechenschaft gezogen werden kann, liegt es nahe, zum Zweck der Wirtschaftlichkeitskontrolle nur die Stelleneinzelkosten heranzuziehen. Dabei ist allerdings zu beachten, daß der Anteil der Einzel- und der Gemeinkosten von der jeweiligen Organisation abhängt, also in verschiedenen Betrieben, aber auch im selben Betrieb vor und nach organisatorischen Änderungen unterschiedlich sein kann, was den Aussagewert von Betriebs- und von Zeitvergleichen beeinträchtigt. Außerdem bleibt beim Blick nur auf die Stelleneinzelkosten ein Teil der Betriebskosten außerhalb der Wirtschaftlichkeitskontrolle.

Der dritte Schritt – nach Kostenstellenbildung und Kostenverteilung – ist die **Gegenüberstellung von Stellenkosten und Stellenleistungen.** Durch Division werden dabei die Kosten je Leistungseinheit ermittelt, die mit entsprechenden Werten früherer Perioden verglichen werden können (Zeitvergleich) oder mit entsprechenden Werten in anderen Bereichen, z. B. anderen Niederlassungen der Bank (Betriebsvergleich). Der Absicht, auf diesem Wege zumindest Orientierungspunkte für die Wirtschaftlichkeit der Leistungserstellung zu gewinnen, stellen sich vor allem zwei Probleme entgegen.

– Zum einen ist die geforderte Gleichartigkeit der Einzelleistungen hinsichtlich Arbeits- und damit Kostenanfall (die es erlaubt, ihren Gesamtumfang durch bloßes Zählen zu messen) in weiten Bereichen nicht gegeben. Das gilt besonders für den Bereich der Geschäftsleitung und der zentralen Stabsabteilungen, wo zwar jeweils die gleiche Art von Tätigkeiten anfällt, aber mit von Fall zu Fall erheblichen quantitativen und qualitativen Unterschieden. Auch in den marktbezogenen Leistungsbereichen ist eine völlige Gleichartigkeit der Einzelleistungen (Homogenität im strengen Sinne) meist kaum gegeben. Allerdings sind zum Teil – insbesondere im Bereich der Zahlungsverkehrsabwicklung – die Unterschiede so gering, daß sie vernachlässigt oder mit Hilfe von Äquivalenzziffern berücksichtigt werden können. In Bereichen dagegen, wo nicht die reine Abwicklung, sondern Beratung und Analyse im Vordergrund stehen, bestehen meist derart große Unterschiede zwischen den Einzelfällen (beispielsweise der Bearbei-

---

[34] Die Verteilung der Betriebskosten mit Hilfe des BAB und die dabei auftretenden Probleme werden anschaulich an einem Beispiel demonstriert bei HAGENMÜLLER, KARL FR.: Der Bankbetrieb, Band III, 4. Aufl., Wiesbaden 1977, S. 223–228.

tung verschiedener Kreditanträge), daß sich der Leistungsumfang mit bloßem Zählen nicht zuverlässig messen läßt.

– Die zweite wesentliche Schwierigkeit ergibt sich aus dem hohen Anteil der beschäftigungsfixen Kosten im Bankbetrieb. Fixkosten werden nicht durch die Erstellung bestimmter Einzelleistungen verursacht, sondern durch die Betriebsbereitschaft (Kapazität) zur Erstellung bestimmter Arten von Leistungen. Da die Nachfrage nach den Leistungen im Zeitablauf schwankt, verteilen sich die fixen Kosten mal auf mehr, mal auf weniger Einzelleistungen. Die hieraus resultierenden unterschiedlichen Stückkosten erlauben jedoch kein Urteil über die Wirtschaftlichkeit der Leistungserstellung, sondern sind Ausdruck des unterschiedlichen Beschäftigungsgrades. Ihn jedoch tragen die Kunden in die Bank hinein; vom Verantwortlichen für die einzelne Kostenstelle ist er kaum beeinflußbar.

Aus den Schwierigkeiten hat man in der Fachliteratur mitunter gefolgert, in einer Bank sei die laufende Wirtschaftlichkeitskontrolle mit Hilfe einer differenzierten Kostenrechnung selbst unwirtschaftlich.[35] In der Bankpraxis besteht jedoch ein starkes Bedürfnis nach einer solchen Kontrolle, vor allem im Hinblick auf die drückenden Personalkosten. Wenn auch die Rechnung angreifbar ist, so erwartet man mindestens, daß regelmäßige Informationen und Gespräche über die Kosten bei den verantwortlichen Mitarbeitern das Kostenbewußtsein fördern und auf diesem Wege zu kostensenkenden Maßnahmen anregen.

Der bisher auf das Verhältnis von Stellenkosten und Stellenleistungen gerichtete Blick erfaßte als ‚Leistungen' noch nicht die Marktleistungen, sondern nur einzelne innerbetriebliche Teilleistungen. Ein weiteres Rechnungsverfahren ist erforderlich, um die durch einzelne Marktleistungen insgesamt bedingten Betriebskosten zusammenzufügen. Das Verfahren nennt man Stückleistungs-, mitunter auch Stückkostenrechnung oder Stückkalkulation.

2.2.1.2 Stückleistungsrechnung

Die Betriebskosten der einzelnen Marktleistungen bilden einen wichtigen Anhaltspunkt bei der Preisgestaltung. Insbesondere bei den sog. Dienstleistungsgeschäften, die fast ausschließlich technisch-organisatorische Teilleistungen erfordern, haben sie die Funktion einer **Preisuntergrenze,** die

● entweder die Rentabilitätsschwelle anzeigt, also den Punkt, von dem ab ein Preis die Selbstkosten nicht mehr deckt,

● oder sofern kostendeckende Preise nicht erreichbar sind (wie beim Zahlungsverkehr): den Grad der Kostendeckung, den die Bank mit ihrer „Erträglichkeitsschwelle" nach unten begrenzt.

Außerdem dienen die Selbstkosten als **Argumentationshilfe** bei Preisforderungen: als Widerstandslinie zur Stärkung der Verhandlungsposition im Individualgeschäft, aber auch zur Rechtfertigung höherer Preise im Mengengeschäft.[36]

---

[35] So beispielsweise SÜCHTING, JOACHIM: Kalkulation und Preisbildung der Kreditinstitute, Frankfurt a. M. 1963, S. 41–65.

[36] Bankenvertreter allerdings bestreiten zum Teil, daß in einer Marktwirtschaft die

Wegen ihres Bezuges zur Preisgestaltung wird die Stückleistungsrechnung gewöhnlich als Vollkostenrechnung angelegt. Sie erfaßt mithin nicht nur die Kostenstellen, die unmittelbar an der Erstellung von Marktleistungen beteiligt sind („Hauptkostenstellen"), sondern auch jene, die lediglich in einer mittelbaren Beziehung zu den Marktleistungen stehen: die Kostenstellen der Gesamtplanung und -steuerung der Bank („Allgemeine Kostenstellen" – z. B. Vorstand, Stabsabteilungen) sowie die Kostenstellen für zentralisierte Hilfsfunktionen („Hilfskostenstellen" – z. B. Hausverwaltung, Expedition). Die Ermittlung der Stückkosten vollzieht sich in drei Teilschritten:

1. Als Ausgangswerte werden aus der Kostenstellenrechnung die für den Beobachtungszeitraum (z. B. ein Jahr) ermittelten und auf die einzelnen Haupt-, Hilfs- und Allgemeinen Kostenstellen verteilten Kostensummen übernommen, neben den Stelleneinzel- auch die Stellengemeinkosten. Soweit die Bearbeitung einer Marktleistungsart in mehrere Kostenstellen zerlegt worden ist (zum Zwecke der Wirtschaftlichkeitskontrolle), sind nun die entsprechenden Kostensummen zu einer Hauptkostenstelle zusammenzufassen. Desgleichen sind Kostensummen zusammenzufassen, die an verschiedenen Orten für die Erstellung gleicher Marktleistungen angefallen sind.

2. Die Kostensummen der Hilfs- und der Allgemeinen Kostenstellen werden auf die Hauptkostenstellen verteilt („Stellenumlage").

3. Aus der sich hieraus für jede Hauptkostenstelle ergebenden Gesamtkostensumme und der im Beobachtungszeitraum gezählten Bearbeitungsfälle (Posten) erhält man durch einfache Division die durchschnittlichen Kosten je Marktleistungseinheit. Die Zahl der Bearbeitungsfälle, anhand derer man die Stellenleistungen mißt, werden der Postenstatistik entnommen, einem Zweig der Betriebsstatistik, in dem laufend die Zahl der Posten getrennt nach Leistungsarten erfaßt wird.

Rechnerisch ergeben sich auf diesem Wege sehr genaue Stückkostensätze, mit mehreren Dezimalen. Über ihre formale Genauigkeit darf man jedoch nicht aus dem Auge verlieren, daß es materiell nur Näherungswerte sein können. Die in ihnen enthaltenen Gemeinkosten waren ohne Willkür nicht zu verteilen, wobei überdies Gemeinkosten auf mehreren Rechnungsstufen verteilt werden mußten:

• In den Gesamt-Betriebskosten des Beobachtungszeitraums sind anteilige Periodengemeinkosten enthalten (z. B. Abschreibungen auf Anlagen).

• Bei der Verteilung der Betriebskosten auf Kostenstellen ist ein Teil nicht eindeutig nur einer einzigen Kostenstelle zuzuordnen (Stellengemeinkosten; z. B. Pensionen sowie Kosten für Heizung, Licht und Reinigung).

• Die Kosten der Allgemeinen und der Hilfskostenstellen sind bei ihrer Verteilung auf die Hauptkostenstellen in voller Höhe Stellengemeinkosten.

Unternehmen ihre Preise mit Hilfe der Selbstkosten „rechtfertigen" müßten. So beispielsweise KRUPP, GEORG: Bankpreise zwischen wirtschaftlichen und „politischen" Notwendigkeiten, in: Bank, 1993, S. 79 (Krupp ist Vorstandsmitglied der Deutschen Bank AG).

• Die Division, durch die man schließlich die durchschnittlichen Stückkosten je Leistungseinheit ermittelt, ist in vollem Umfang eine Verteilung von Kostenträgergemeinkosten auf Einzelleistungen.

Die auf Vollkostenbasis errechneten Stückkosten einzelner Marktleistungen bilden eine zwar gebräuchliche, aber wegen des großen Umfangs verteilter Gemeinkosten recht fragwürdige Entscheidungsgrundlage. Deshalb sucht man immer wieder nach aussagefähigeren Alternativen. Eine solche bildet in neuerer Zeit die sog. **Standard-Einzelkostenrechnung,** in der – wie dies der Name schon andeutet – den Marktleistungen grundsätzlich nur Stelleneinzelkosten zugerechnet werden. Da bei strenger Auslegung des Verursachungsprinzips aber der einzelnen Marktleistung allenfalls Formularkosten, nicht aber Personal- und Betriebsmittelkosten zurechenbar sind, muß man auch hier „gewisse Kompromisse" machen. Im wesentlichen geht man in vier Teilschritten vor:[37]

(1) Es werden alle Organisationseinheiten (Stellen) ermittelt, die Teilleistungen für die Erstellung einer bestimmten Marktleistungs-Art erbringen.

(2) Für jede der Teilleistungen wird der Standardverbrauch an Einsatzfaktoren ermittelt, für die beteiligten Mitarbeiter und Maschinen: die bei durchschnittlicher Arbeitsleistung erforderliche Zeit (Standard-Bearbeitungszeit). Dabei werden nur Einsatzfaktoren mit direktem Bezug zur Erstellung der betreffenden Marktleistungs-Art berücksichtigt; und die Standardzeiten werden sorgfältig, mit analytischen Zeitmeßverfahren ermittelt.

(3) Für jede Teilleistung wird ein Zeitkostensatz (DM/Minute) errechnet, indem man für eine bestimmte Periode die gesamten Personal- bzw. Maschinenkosten der betreffenden Stelle der in Zeiteinheiten gemessenen Kapazität der dort eingesetzten Menschen bzw. Maschinen gegenüberstellt.

(4) Schließlich wird die Standard-Bearbeitungszeit für eine Teilleistung bewertet, indem man sie mit dem ihr entsprechenden Zeitkostensatz multipliziert. Addiert man die so ermittelten Standard-Einzelkosten aller Teilleistungen, so erhält man die Standard-Einzelkosten einer Marktleistung.

Der knappe Überblick zeigt, daß auch hier der einzelnen Marktleistung Gemeinkosten zugeschlüsselt werden; nur wird über die Zwischenstufen Standard-Bearbeitungszeit und Zeitkostensatz der Zusammenhang zwischen den Periodenkosten und den Kosten je Marktleistung differenzierter und sachgerechter hergestellt als bei der pauschalen Gemeinkostenschlüsselung in den herkömmlichen Verfahren.

Die Standard-Einzelkostenrechnung eliminiert auch – was aus der kurzen Beschreibung nicht gleich deutlich wird – den Einfluß von Beschäftigungsschwankungen auf die Stückkosten einzelner Marktleistungen. Da der Zeitkostensatz jeweils anhand des maximalen Leistungsvermögens (der Kapazität) ermittelt wird, bleiben die Kostensätze auch bei unterschiedlicher Auslastung konstant. Soweit jedoch die tatsächliche Beschäftigung unter der ma-

---

[37] Für weitere Einzelheiten vgl. Schierenbeck, Henner: Ertragsorientiertes Bankmanagement, 3. Aufl., Wiesbaden 1991, S. 261–269.

ximal möglichen liegt, werden Teile der Kosten (die Leerkosten) nicht verrechnet. Im übrigen findet auch hier eine Proportionalisierung fixer Kosten
statt.

Da in der Standard-Einzelkostenrechnung nur Betriebskosten mit direktem
Bezug zur jeweiligen Marktleistung berücksichtigt werden, müssen die Preise für diese Marktleistungen auch Beiträge zur Deckung der unberücksichtigt gebliebenen Kosten erbringen. Wie hoch diese Deckungsbeiträge mindestens sein sollten, läßt sich sachgerecht am ehesten mit Hilfe der Vollkostenrechnung bestimmen. Die Quantifizierung von Soll-Deckungsbeiträgen
wird daher zu Recht als Ansatzpunkt für eine Verknüpfung von Teilkosten-
und Vollkostenrechnung gesehen.[38]

2.2.2 Bewertung der Teilleistungen des LFB (Wertkosten)

Zur Erstellung jeder Marktleistung sind – wie mehrfach erläutert wurde –
innerbetriebliche Teilleistungen des technisch-organisatorischen Bereichs
(TOB) und des liquiditätsmäßig-finanziellen Bereichs (LFB) erforderlich.
Nachdem wir die Möglichkeiten gezeigt haben, die Nutzung der technisch-
organisatorischen Faktoren rechnerisch zu erfassen, wenden wir uns nun der
Nutzung des Monetären Faktors und der damit verbundenen Kosten zu.

Daß für die Erstellung bankbetrieblicher Marktleistungen neben technisch-organisatorischen stets auch liquiditätsmäßig-finanzielle Teilleistungen erforderlich sind, ist unmittelbar einsichtig beispielsweise bei der Kreditvergabe. Sie beansprucht menschliche
Arbeitskraft ebenso wie liquide Mittel der Bank. Weniger einsichtig ist es dagegen,
weshalb auch die Erstellung sog. **Dienstleistungen** – z. B. die Ausführung eines Über-
weisungsauftrages – finanzielle Teilleistungen erfordert.

Der Zusammenhang ist deshalb nicht sofort zu erkennen, weil die innerbetrieblichen
Teilleistungen des finanziellen Bereichs hier nicht unmittelbar in die Erstellung der
Marktleistungen eingehen, sondern nur in einem mittelbaren Bezug zu ihnen stehen.
Daß ein Bankbetrieb in hinreichendem Umfang über Zahlungsmittel und haftendes
Eigenkapital verfügt, gehört zu den Grundbedingungen seiner Existenz und ist mithin
auch Voraussetzung für die Erstellung aller seiner Marktleistungen, auch für die sog.
Dienstleistungsgeschäfte. Deshalb ist grundsätzlich auch ihnen ein Teil der mit Aufbau
und Sicherung der finanziellen Leistungsbereitschaft verbundenen Kosten zuzurech-
nen (vgl. S. 27–29).

Auf die Zurechnung wird allerdings gewöhnlich verzichtet, weil das Gewicht dieser
Kosten im Verhältnis zu denen der technisch-organisatorischen Teilleistungen sehr
gering ist, so daß der Aufwand für ihre Erfassung in keinem angemessenen Verhältnis
zur Verbesserung des Aussagewertes der Rechenergebnisse stehen würde. So soll auch
hier der Hinweis auf eine mögliche Konzeption genügen, anhand derer man die Kosten
der finanziellen Leistungsbereitschaft den sog. Dienstleistungsgeschäften zurechnen
könnte.[39]

Im Vordergrund stehen die Teilleistungen des liquiditätsmäßig-finanziellen
Bereichs vor allem bei der bankbetrieblichen **Kreditvergabe,** an deren Beispiel deshalb die Probleme ihrer Erfassung und Bewertung dargestellt wer-

---

[38] Süchting, Joachim: Bankmanagement, 3. Aufl., Stuttgart 1992, S. 105 und 116.
[39] Vgl. Reus, Peter: Geldwirtschaftlicher Leistungsdualismus und Bankkostenrechnung, Göttingen 1989.

den sollen. Den beiden Komponenten des Monetären Faktors entsprechend geht es um die Bewertung der Zahlungsleistungen (Nutzung des Liquiditätspotentials) und um die Bewertung der Haftungsleistungen (Nutzung des Haftungspotentials). Dabei stehen die Zahlungsleistungen – bei der Kreditvergabe: die entgeltliche Überlassung von Zahlungsmitteln – im Vordergrund, so daß sich die Überlegungen zunächst hierauf beschränken. Die Bewertung der Haftungsleistungen – der Übernahme des Risikos – wird dann ergänzend erörtert.

Zur **Bewertung der Zahlungsleistungen** mit kalkulatorischen Zinssätzen bestehen zwei Ansätze:

(a) Entweder man versucht, eine Brücke von der Mittelverwendung zurück zur Mittelherkunft zu schlagen und bewertet z. B. die Zahlungsleistungen einer Kreditvergabe anhand der tatsächlich entstandenen **Beschaffungskosten;**

(b) oder man bewertet die Zahlungsleistungen anhand vergleichbarer Alternativgeschäfte am Geld- und Kapitalmarkt **(Opportunitätskosten).**

Der erste Ansatz liegt den traditionell in der Bankpraxis verwendeten Bemühungen zugrunde, eine Bewertung mit Hilfe von Schichtenbilanz und Teilzinsspannenrechnung zu erreichen. Der zweite Ansatz ist eine aus der Kritik am traditionellen Vorgehen entwickelte Alternative, die unter der Bezeichnung Marktzinsmethode diskutiert und zunehmend auch in der Praxis verwendet wird.

2.2.2.1 Schichtenbilanz und Teilzinsspannenrechnung

Für einen bestimmten Kredit nachträglich oder vorab die Geldbeschaffungskosten zu ermitteln, setzt voraus, daß man ihm bestimmte Finanzierungsmittel (Passiva) der Bank zuordnen kann. Gelegentlich wird dies möglich sein, wenn die Bank Mittel direkt für eine bestimmte Kreditvergabe beschafft hat. Der überwiegende Teil der Kredite wird jedoch auf der Grundlage der allgemeinen Liquiditätslage der Bank zugesagt, wobei sich eine Verbindung zu bestimmten Passiven in der Bilanz nicht herstellen läßt. Daher haben – von den genannten Ausnahmen abgesehen – für alle Aktivpositionen der Bilanz die für die Passiva gezahlten Zinsen den Charakter von Gemeinkosten. Der einzig richtige Ansatz von Geldbeschaffungskosten wäre für jede Aktivposition mithin der durchschnittliche Zinssatz der gesamten Passivseite der Bilanz (sog. Pool-Methode).

Ein derart pauschaler Einheitssatz ist für die Bankpraxis begreiflicherweise unbefriedigend, unterstellt er doch, daß alle Aktiva dieselbe Finanzierungsstruktur aufweisen. Deshalb bemüht man sich darum, wenn sich schon einzelne Kredite nicht mit bestimmten Finanzierungsmitteln in Beziehung bringen lassen, wenigstens Gruppen von Aktiven und Passiven aufeinander zu beziehen. Zu diesem Zweck **zerlegt man die Bilanz in mehrere „Schichten",** unterstellt also, bestimmte Aktiva seien mit bestimmten Passivgeschäften finanziert worden. Auf diese Weise ergeben sich für verschiedene Kreditvergaben unterschiedliche Strukturen der Mittelbeschaffung und damit unterschiedlich hohe Beschaffungskosten – je nachdem, welcher Bilanzschicht man sie zuordnet.

Das entscheidende Problem an diesem formal einleuchtenden Konzept ist die Frage, nach welchem Kriterium man die Schichten bildet. Wie zwischen Einzelpositionen bestehen auch zwischen Gruppen von Aktiven und Passiven grundsätzlich keine kausalen oder finalen Beziehungen. Jedoch schaffen anlagepolitische Entscheidungen der Bank einen gewissen Zusammenhang zwischen ihnen. Im Abschnitt über die Erstellung bankbetrieblicher Leistungen wurde dargelegt, daß die Struktur der Aktiva einer Bank wesentlich auch anhand der Struktur der Finanzierungsmittel proportioniert wird („strukturelle Liquidität"). So liegt es nahe, mangels kausaler oder finaler Zusammenhänge die Schichten nach diesen dispositiven, künstlich geschaffenen Zusammenhängen zu bilden. Praktisch bedeutsam sind dabei zwei alternative Möglichkeiten:

(a) Die Schichtung nach der Fristigkeit **(Liquiditätsprinzip).** Hier wird fingiert, kürzerfristige Anlagen würden mit kürzerfristigen Mitteln, längerfristige Anlagen mit längerfristigen Mitteln finanziert.

(b) Die Schichtung nach den Kosten der Finanzierungsmittel und den Erlösen der Anlagen **(Rentabilitätsprinzip).** Hier wird fingiert, daß die teuersten Finanzierungsmittel in die ertragreichsten Anlagen fließen, weniger teure Finanzierungsmittel in weniger ertragreiche Anlagen. [40]

Gelegentlich nennt man als drittes Kriterium der Schichtenbildung gesetzliche und statutarische Vorschriften, soweit sie Teile der Aktiva und der Passiva verknüpfen (Mindestreserve-Pflicht; Grundsätze II und III nach § 11 KWG; § 12 KWG; Anlagevorschriften der Sparkassen). Vorschriften dieser Art erfassen jedoch fast ausschließlich Liquiditätsgesichtspunkte und bilden daher kein eigenständiges Kriterium. In der Praxis zieht man sie bevorzugt heran, wenn man die Schichtung nach dem Liquiditätsprinzip wählt, weil es sich um einheitliche und auf längere Sicht festliegende Relationen handelt.

In welchen Teilschritten sich eine Schichtenbilanz entwickeln läßt, wird an dem folgenden, stark vereinfachten Beispiel verdeutlicht, in dem die Schichtenbildung an Rechtsnormen orientiert ist und das auch zeigt, auf welche Weise man für jede Schicht (= Teilbilanz) die zugeordneten Aktiva und Passiva auf die gleiche Gesamtsumme bringt (vgl. S. 315).

Um die beispielsweise in einer Kreditvergabe eingegangene Zahlungsleistung anhand von Beschaffungskosten zu bewerten, genügt es aber noch nicht, den Durchschnittszins der Passivseite in der betreffenden Schicht heranzuziehen. Denn zwischen durchschnittlichem Aktiv- und Passivzins jeder Schicht besteht ja eine Differenz, und es ist zu klären, zu welchen Anteilen dieser gemeinsam erzielte Erfolg **(Teilzinsspanne)** den beiden Seiten zugerechnet werden soll. Würde man nebeneinander bei Aktivgeschäften die durchschnittlichen Zinskosten der entsprechenden Schicht und bei Passivgeschäften den durchschnittlichen Zinserlös der entsprechenden Schicht zur Bewertung der Zahlungsleistung verwenden, wäre die Teilzinsspanne dop-

---

[40] Die in den sechziger und siebziger Jahren von den zentralen Verbänden der Kreditwirtschaft erarbeiteten Kostenrechnungssysteme legten unterschiedliche Kriterien zugrunde: Der DSGV empfahl seinen Mitgliedern die Schichtung nach dem Liquiditätsprinzip, der BdB seinen Mitgliedern die Schichtung nach dem Rentabilitätsprinzip.

Grundlage	Aktiva	Passiva
1. Mindestreservevorschriften	Barliquidität (unverzinslich)	%-Anteil der verschiedenen Arten von Verbindlichktn. (v. a. Einlagen) entsprechend dem vorgeschriebenen Mindestreserve-Soll; falls Barliquidität höher als Reserve-Soll: entsprechende Erhöhung der %-Anteile;
2. § 12 Kreditwesengesetz	Dauernde Anlagen (Grundstücke, Gebäude, Beteiligungen)	Eigenkapital (EK); falls EK-Überhang: Rest in die nächste Schicht;
3. Grundsatz II	langfristige Kredite (über 4 Jahre)	• eventueller EK-Überhang aus Vorschicht; • 100% der ausgegebenen langfristigen Schuldverschreibungen (über 4 Jahre); • 60% der Spareinlagen; • 10% der kürzerfristigen Verbindlichktn. (unter 4 Jahre); • usw. falls Überhang der Passiva: voller Ansatz des EK-Überhangs und der langfr. Verbindlichkeiten; im übrigen anteilig; Rest in die nächste Schicht;
4. Grundsatz III	kurz- und mittelfristige Kredite (unter 4 Jahre)	• eventueller Überhang aus Vorschicht; • 20% der Spareinlagen; • 60% der kürzerfristigen Verbindlichkeiten gegenüber Nichtbanken (unter 4 Jahre); • usw.
5.	Rest	Rest

pelt berücksichtigt, und für beide Seiten ergäbe sich ein zu günstiges Bild. Da Mittelbeschaffung und -verwendung gleichermaßen für das Zustandekommen eines Zinsüberschusses erforderlich sind, halbiert man zumeist die Spanne, setzt also als Beschaffungskosten eines Kredits die durchschnittlichen Zinskosten der jeweiligen Schicht zuzüglich der halben Zinsspanne an. Die Lösung ist plausibel, deswegen aber noch nicht richtig; denn eindeutig ist die Spanne nur Beschaffung und Verwendung gemeinsam zuzuordnen. So findet man denn in der Praxis alternativ zur Halbierung auch andere plausible Lösungen, beispielsweise die Zuordnung des größeren Teils der Spanne jener Seite, die Engpaßbereich ist oder die einen höheren Anteil nicht durch Provisionen gedeckter Betriebskosten aufweist.

Mit Schichtenbilanz und Teilzinsspannenrechnung wird also der Versuch unternommen, kalkulatorische Zinssätze für die Bewertung der mit der Mittelanlage verbundenen Zahlungsleistungen zu finden, indem man nach den Beschaffungskosten sucht und entsprechend für die Bewertung der beschafften Mittel nach den mit ihnen erzielten Anlageerlösen.

Die wesentlichen **Schwächen** dieses Ansatzes sind bereits bei der Darstellung deutlich geworden: Für die Verknüpfung von Mittelbeschaffung und Mittelverwendung wie für die Aufteilung der Teilzinsspannen gibt es mancherlei plausible, aber keine eindeutigen Lösungen; beides bleibt letztlich willkürlich. Über diese seit jeher bekannten Schwächen hinaus sind in neuerer Zeit auch die **Mängel im Hinblick auf die gewinnorientierte Steuerung** des Bankgeschäfts herausgearbeitet worden. Zentraler Einwand unter diesem Aspekt ist es, daß das Konzept historische Durchschnitts- statt aktueller Grenzgrößen zugrunde legt. Dadurch ermöglicht es keine zuverlässige Information darüber, wie sich ein neu abzuschließendes Geschäft auf den Erfolg auswirken würde. Liquide Mittel für eine zusätzliche Kreditvergabe können aus unterschiedlichsten Quellen fließen – nur zufällig der Passivastruktur der Schicht entsprechend, der man den Kredit zuordnet. Analog kann man bei der Entscheidung über die Hereinnahme einer Einlage keineswegs davon ausgehen, daß sie genau entsprechend der Aktivastruktur der für sie vorgesehenen Schicht angelegt werden kann. Ganz abgesehen davon, daß bei zusätzlichen Krediten die in der Schicht zugeordneten Passiva und bei zusätzlichen Einlagen die zugeordneten Aktiva mit Zinssätzen aus der Vergangenheit bewertet sind. Als Konsequenz aus der Kritik hat in neuerer Zeit eine Alternative an Boden gewonnen, bei der man auf eine Verknüpfung von Mittelbeschaffung und -verwendung ganz verzichtet und statt dessen die Zahlungsleistungen nach dem Opportunitätsprinzip anhand von Marktzinsen bewertet.

2.2.2.2 Marktzinsmethode

Als geschlossenes Konzept ist die Marktzinsmethode erst in den achtziger Jahren entwickelt worden. Einen wesentlichen Anstoß dazu gaben Vertreter des Beratungsunternehmens McKinsey & Company;[41] zielstrebig ausgebaut wurde das Konzept dann vor allem von Henner Schierenbeck und seinen Schülern (Banken, Flechsig, Marusev, Rolfes, u. a.).[42]

Vorschläge, Preisuntergrenzen für Kredite anhand von Opportunitätskosten (Marktzinsen) statt anhand von Beschaffungskosten zu bestimmen, sind jedoch schon erheblich früher gemacht worden.[43]

Aktiv- und Passivgeschäfte werden bei der Marktzinsmethode nicht unter Bezug aufeinander, sondern einzeln, also unabhängig voneinander bewertet. Der Bewertung dient jeweils der Vergleich mit der Alternative (Opportunität) am Geld- und Kapitalmarkt, auf die man zugunsten des zur Entschei-

---

[41] DROSTE, KLAUS D./FASSBENDER, HEINO/PAULUHN, BURKHARDT/SCHLENZKA, PETER F./LÖHNEYSEN, EBERHARD VON: Falsche Ergebnisinformationen – Häufige Ursache für Fehlentwicklungen in Banken, in: Bank, 1983, S. 313–323.

[42] Vgl. SCHIERENBECK, HENNER: Ertragsorientiertes Bankmanagement, 3. Aufl., Wiesbaden 1991, S. 78–140. – Weitere Literaturhinweise auf S. 425–427.

[43] Vgl. beispielsweise SÜCHTING, JOACHIM: Zur Kontroverse um die Bankkalkulation, in: ZfgK, 1967, S. 18.

scheidung anstehenden oder bereits realisierten Kundengeschäfts verzichtet –
bei der Kreditvergabe eine alternative Mittelanlage am Markt, bei der Hereinnahme von Einlagen eine alternative Mittelbeschaffung am Markt. Die
Alternativen müssen grundsätzlich stets wählbar und ihr Zinssatz (Referenz-
zins) muß einfach ermittelbar sein. Als Märkte kommen dabei vor allem der
Interbanken-Geldmarkt und der Markt für festverzinsliche Wertpapiere in
Betracht.

Der Wert einer Mittelanlage (eines Kundenkredits) ist umso höher, je höher
der dabei realisierte Zinssatz über dem vergleichbaren Marktzins liegt, der
Wert einer Mittelbeschaffung (einer Einlage) umso höher, je tiefer der realisierte Zinssatz unter dem vergleichbaren Marktzins liegt. Die auf diese Weise
getrennt für Mittelanlage und Mittelbeschaffung ermittelten Erfolge faßt
man als **Konditionenbeiträge** zusammen. Die Summe der Konditionenbeiträge ist aber noch nicht identisch mit dem erzielten Zinsüberschuß aus den
beiden Geschäften. Da die Bank Mittel gewöhnlich zu längeren Fristen anlegt als sie sie hereinnimmt (Fristentransformation) und die Zinssätze im
Normalfall mit der Fristigkeit steigen, ergibt sich auch ein Beitrag zum
Zinsüberschuß aufgrund der Fristentransformation (**Strukturbeitrag**). Er
entspricht der Differenz der auf den beiden Seiten herangezogenen Markt-
zinssätze. Ein einfaches Beispiel veranschaulicht, wie sich mit Hilfe der
Marktzinsmethode der Zinsüberschuß mithin in drei Komponenten zerlegen
läßt:

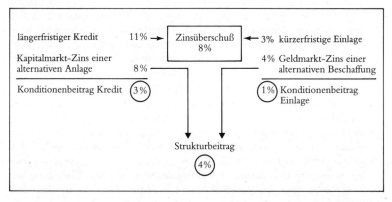

Die einzelnen Geschäftsabschlüsse – und damit auch ihre auf Kunden, Sparten oder Geschäftsstellen bezogene Gesamtheit – werden also in leicht ver-
ständlicher Weise bewertet: anhand des Mehrerlöses bzw. der Kostenerspar-
nis gegenüber dem Markt. Der Strukturbeitrag ist einzelnen Geschäften
nicht zurechenbar; er ist das Ergebnis von Bilanzstrukturentscheidungen, die
zentral für die Bank insgesamt getroffen werden. Mit ihnen ist das Ausmaß
der Fristentransformation zu begrenzen, da sie Liquiditäts- und Zinsänderungsrisiken mit sich bringt. Die Begrenzung dieser Risiken im Rahmen der
Bilanzstrukturpolitik ist im 4. Abschnitt ausführlich erörtert worden
(S. 132ff.).

Das Konzept hat deutliche **Vorzüge** gegenüber dem Schichtenbilanz-An-
satz. Es macht erstmals den Beitrag der Fristentransformation zum Zins-

überschuß sichtbar, und vor allem dürfte es die Entscheidungsträger ,an der Basis' stärker motivieren als die aus ihrer Sicht schwer durchschaubaren Verrechnungszinssätze, die die Zentrale anhand der Schichtenbilanz ermittelt. Andererseits wirft die praktische Umsetzung des Konzepts auch eine Reihe von Problemen auf. **Schwierigkeiten** bereitet vor allem (a) die Vergleichbarkeit von Bank- und Markt-Zinssätzen und (b) die Berücksichtigung der im Hinblick auf Liquiditäts- und Zinsänderungsrisiken erforderlichen Bilanzstrukturpolitik.

(a) Die zur Bewertung der Zinssätze im Kundengeschäft herangezogenen Marktsätze werden als mit ihnen vergleichbar unterstellt. Die Vergleichbarkeit ist aber nicht ohne weiteres gegeben. Zum einen enthalten die im Kundengeschäft vereinbarten Preise neben dem nominalen Zinssatz oft weitere Elemente, die eine **Umrechnung der Nominal- in Effektivzinssätze** erforderlich machen (zinsähnliche Provisionen, Auszahlungs- und Tilgungsmodalitäten, u. ä.). Zum anderen und vor allem aber setzt Vergleichbarkeit im strengen Sinne voraus, daß die den Zinssätzen zugrunde liegenden Kapitalüberlassungen in allen qualitativen Merkmalen übereinstimmen. Tatsächlich setzt man aber gewöhnlich nur die **gleiche Zinsbindungsfrist** voraus. Und sogar diese Grundvoraussetzung wirft bereits einige Probleme auf. Da es für manche Vereinbarung im Kundengeschäft keine Entsprechung am Markt gibt, ist der Vergleich der Zinssätze nur mit Hilfe bestimmter Annahmen, also nicht ohne Willkür möglich. Im besonderen gilt dies für normale Spar- und für Sichteinlagen sowie für Kontokorrentkredite, bei denen sich im konkreten Fall die tatsächliche Laufzeit (Einlagen) bzw. Inanspruchnahme (Kredit) im voraus nicht erkennen läßt. Für Vergleiche mit Marktzinssätzen muß man daher Annahmen über die durchschnittliche Verweildauer einfügen. Unterschiedliche Lösungsvorschläge veranschaulichen, daß es eine genaue Lösung dieser Aufgabe nicht gibt.[44]

(b) Das Marktzinskonzept ermöglicht es, den Nutzen von Geschäftsabschlüssen anhand der jeweils aktuellen Marktlage zu beurteilen, und es lenkt auf die Erzielung positiver Gewinnbeiträge; aber es führt dabei nicht automatisch auch zu der Bilanzstruktur, die aus risikopolitischen Gründen für die Gesamtbank angestrebt wird, also zur zentral vorgesehenen Begrenzung offener Festzinspositionen und zur Einhaltung der Grundsätze über Eigenkapital und Liquidität. Folglich ist das reine Marktzinskonzept zu ergänzen um Mechanismen, die den Entscheidungsträgern die **Erfordernisse des Bilanzstruktur-Managements** vermitteln. Dies kann über die Vorgabe von Limiten für das Volumen bestimmter Geschäftsarten geschehen oder auch – flexibler – durch eine Modifikation der pretialen Lenkung, indem man die Konditionenbeiträge um Zuschläge oder Abschläge (Boni/Mali) korrigiert, um die Entscheidungsträger auch in Richtung auf die risikopolitischen Ziele der Gesamtbank zu lenken.[45] Auf diese Weise freilich wird das zunächst klare

---

[44] PAUL, STEPHAN: Lenkungssysteme in Filialbanken: Steuerung durch Komponenten oder Verrechnungspreise? Wiesbaden 1987, S. 94–96.

[45] Im einzelnen vgl. SCHIERENBECK, HENNER: Ertragsorientiertes Bankmanagement, 3. Aufl., Wiesbaden 1991, S. 799–852.

Bewertungskonzept verwässert; die Verrechnungssätze werden für die Entscheidungsträger ähnlich schwer nachvollziehbar wie bei der Teilzinsspannenrechnung. Zudem bringt die Modifikation, da sie sich u. a. an den KWG-Grundsätzen orientiert, indirekt Bodensatz- und Schichtungsgedanken in die Verrechnungspreise hinein, von denen vor allem sich die Marktzinsmethode eigentlich lösen wollte.

2.2.2.3 Zur Bewertung der Haftungsleistungen

Haftungsleistungen werden in der bankbetrieblichen Kostenrechnung bisher nur unvollständig berücksichtigt. Ansätze zu ihrer systematischen Einbeziehung bietet die Konzeption, mit der HANS-DIETER DEPPE den Prozeß bankbetrieblicher Leistungserstellung erklärt.[46]

Ausgehend von der Vorstellung, daß die Erstellung jeder Marktleistung innerbetriebliche Teilleistungen liquiditätsmäßig-finanzieller (monetärer) und technisch-organisatorischer Art erfordert, werden die monetären Teilleistungen differenziert in

- Zahlungsleistungen (als Nutzung des Liquiditätspotentials der Bank) und
- Haftungsleistungen (als Nutzung des Haftungspotentials der Bank).

Bei der bisher erörterten Alternative Schichtenbilanz/Marktzinsmethode ging es allein um die Bewertung der Zahlungsleistungen; einige Gedanken zur Bewertung der Haftungsleistungen sind nunmehr nachzutragen.

Zu den Existenzbedingungen von Unternehmen in einer marktwirtschaftlichen Ordnung gehört es, daß ihr Vermögen als Haftungsgrundlage für ihre Gläubiger erhalten bleibt. Übersteigen die Verbindlichkeiten das Vermögen (Überschuldung), so ist dies ein Konkursgrund. In Höhe des Eigenkapitals steht Vermögen bereit (Reinvermögen), um Verluste des Unternehmens aufzufangen und damit von den Gläubigern fernzuhalten. Die Eigenkapitalgeber stellen mithin nicht nur Zahlungsmittel, sondern auch vorrangige Haftung für Verluste zur Verfügung, so daß ihnen in dem gezahlten Nutzungsentgelt zwei Teilleistungen vergütet werden: ihre Zahlungs- und ihre Haftungsleistung. In praxi geht zwar gewöhnlich beides undifferenziert in einer Pauschalzahlung unter (Dividende u. ä.); innerbetrieblich ist es jedoch erforderlich, das eingebrachte Haftungspotential gesondert zu bewerten, da es ein knappes Wirtschaftsgut ist, das durch die Erstellung der Marktleistungen in unterschiedlichem Umfang verbraucht wird. Ein „Verbrauch" ist dabei nicht erst im Eintritt von Verlusten zu sehen, sondern bereits darin, daß das Haftungspotential durch Verlustgefahren (Risiken) „belegt" wird. Ohne die Möglichkeit, bisher noch freie Haftungspotentiale zu belegen, läßt sich das risikotragende Geschäft der Bank nicht ausweiten (Eigenkapital als kapazitätsbestimmender Faktor).

Die Bewertung der in die einzelne Marktleistung eingehenden Haftungsleistung wirft noch größere Probleme auf als die Bewertung der Zahlungsleistung. Weder gibt es klar identifizierbare Beschaffungskosten (Vergütungen

---

[46] Zu den Grundlagen vgl. DEPPE, HANS-DIETER: Eine Konzeption wissenschaftlicher Bankbetriebslehre in drei Doppelstunden, in: Bankbetriebliches Lesebuch, hrsgg. von H.-D. DEPPE, Stuttgart 1978, S. 31–42 und 52–67; zu den Ansätzen kostenrechnerischer Konsequenzen hieraus vgl. REUS, PETER: Geldwirtschaftlicher Leistungsdualismus und Bankkostenrechnung, Göttingen 1989, insbes. S. 165–195.

für die von Eigenkapitalgebern zur Verfügung gestellten Haftungsleistungen), noch lassen sich – von ein paar Ausnahmen abgesehen – vergleichbare Marktpreise ausmachen, die man für eine Bewertung nach dem Opportunitätsprinzip heranziehen könnte. So bleibt im wesentlichen nur der Weg, daß in der Bank Standardkosten zentral festgelegt werden, die zweierlei erfassen müssen:

- eine kalkulatorische Vergütung für die von den Eigenkapitalgebern zur Verfügung gestellten Haftungsleistungen (als Teil der kalkulierten Eigenkapitalkosten) und

- kalkulatorische Risikokosten als eine Art interne Versicherungsprämie für den Ausgleich drohender Verluste; das von den Eigenkapitalgebern zur Verfügung gestellte Haftungspotential vor Einbußen möglichst zu schützen, trägt dazu bei, dieses Potential langfristig zu erhalten.

Die Festlegung kalkulatorischer Kosten für die Haftungsleistungen ist gewöhnlich nur für die Bank insgesamt und bezogen auf eine Periode möglich, in der Regel für ein Jahr. Für die einzelne Marktleistung lassen sich mithin nur (auf der Basis der Vollkostenrechnung ermittelte) Soll-Deckungsbeiträge vorgeben.

2.2.3 Mindestmargen

Die Bewertung der innerbetrieblichen Teilleistungen des monetären und des technisch-organisatorischen Bereichs fließt zusammen in den **Selbstkosten** der einzelnen Marktleistungen, die der Bank als Preisuntergrenze und als Argumentationshilfe dienen. Besonderes Gewicht haben dabei Preisuntergrenzen bei der Kreditvergabe, da Zinserlöse nach wie vor der wichtigste Bestimmungsfaktor des Gesamterfolgs (Gewinn) einer Bank sind.

Wie generell bei Unternehmen, ist auch bei Banken nicht von einer einzigen, starren Preisuntergrenze auszugehen. Während langfristig Unternehmen nur bestehen können, wenn die Erlöse (Preise) alle Kosten decken und mindestens den als notwendig betrachteten Gewinn belassen, kann man auf kürzere Sicht und in Einzelfällen auf die Deckung einzelner Komponenten verzichten.

Beim einzelnen Kredit- und Einlagengeschäft einer Bank ist – legt man die Marktzinsmethode zugrunde – absolute Preisuntergrenze der Opportunitätszinssatz (Konditionenbeitrag = O). Positive Konditionenbeiträge stellen Beiträge zur Deckung der über die Kosten der Zahlungsleistung hinaus letztlich insgesamt zu deckenden Kosten dar; durch Vorgabe von Soll-Deckungsbeiträgen trägt man dazu bei, daß diese Deckung langfristig gelingt. Es ist üblich, die mit unterschiedlicher Dringlichkeit erforderlichen Deckungsbeiträge – also Mindest-Konditionenbeiträge in bestimmter Höhe – als **Mindestmargen** zu bezeichnen.

Den Preisuntergrenzen im Kreditgeschäft (i. S. von Grenzwerten, die der Zinssatz für Kundenkredite nicht unterschreiten sollte) entsprechen Preisobergrenzen bei der Hereinnahme von Mitteln, v. a. von Einlagen:

	Kredit	Einlage
Zinssatz vergleichbarer Mittelanlage/-beschaffung am Geld- und Kapitalmarkt Mindesthöhe des Konditionenbeitrages	Opportunitäts-zins + Mindestmarge	Opportunitätszins − Mindestmarge
mindestens/höchstens im Kundengeschäft zu vereinbarender Zins	= Preisuntergrenze	= Preisobergrenze

Bei der Begründung unterschiedlich hoher, gestufter Mindestmargen läßt sich u. a. die Genauigkeit zugrunde legen, mit der den einzelnen Marktleistungen die verschiedenen Kostenarten zurechenbar sind:[47]

1. Kurzfristig sollte der Preis mindestens die variablen Kosten des kalkulierten Geschäfts (Grenzkosten) decken; bei einem Preis darunter wäre es günstiger, das Geschäft zu unterlassen als es abzuschließen. Grenzkosten in diesem Sinne sind (bei Verwendung der Marktzinsmethode) die Opportunitätskosten der zu kalkulierenden Mittelanlage bzw. -beschaffung; sie bilden dementsprechend die **kurzfristige Preisunter- bzw. Preisobergrenze.**

2. Unter den Kosten, die insoweit noch nicht gedeckt, aber langfristig zu decken sind, kann man zunächst jene einbeziehen, die sich den einzelnen Geschäften direkt zurechnen lassen. Im strengen Sinne sind es zwar, bezogen auf das Einzelgeschäft, durchweg Gemeinkosten. Am Beispiel der Standard-Einzelkostenrechnung wurde aber gezeigt, wie sich – unter Beschränkung auf Kosten in direktem Bezug zur Erstellung der jeweiligen Geschäftsart – anteilige Betriebskosten einzelnen Marktleistungen quasi als Einzelkosten zuordnen lassen (S. 311). In ähnlicher Weise ist dies für (Standard-)Risikokosten möglich, so daß eine **erste langfristige Preisunter- bzw. Preisobergrenze** mit einem Konditionenbeitrag in Höhe dieser wie Einzelkosten zugerechneten Betriebs- und Risikokosten erreicht wird. Betriebskosten dürfen allerdings nur einbezogen werden, soweit sie nicht bereits durch spezifische Entgelte (Provisionen, Gebühren) gedeckt sind.

3. Als Rest noch immer nicht gedeckter Kosten verbleiben damit alle Gemeinkosten, die keinen direkten Bezug zu einzelnen Geschäftsarten haben, im wesentlichen die sog. Overheadkosten (v. a. Geschäftsleitung und Stäbe) und die Eigenkapitalkosten. Für ihre Deckung werden Soll-Deckungsbeiträge ermittelt, die vorgeben, in welcher Höhe die einzelnen Marktleistungen dazu beitragen sollten. Diese Deckungsbeiträge beruhen auf möglichst plausibler, letztlich aber willkürlicher Zurechnung der Gemeinkosten. Im Falle der Eigenkapitalkosten kann man sich zwar an den KWG-Normen orientieren, die das Volumen bestimmter risikotragender Geschäftsarten an den Umfang des haftenden Eigenkapitals binden (v. a.

---

[47] In Anlehnung an SCHIERENBECK, HENNER: Ertragsorientiertes Bankmanagement, 3. Aufl., Wiesbaden 1991, S. 392–398.

die Grundsätze I und Ia); diese rechtlichen Regeln erfassen jedoch – auch nach neueren Erweiterungen – die Risiken nur unvollständig. Risiken des technisch-organisatorischen Bereichs und das allgemeine Unternehmensrisiko bleiben unberücksichtigt, Zinsänderungsrisiken werden nur zum Teil erfaßt (vgl. S. 103). Mit der Einbeziehung auch der Overhead- und der Eigenkapitalkosten in die Mindestmarge ergibt sich eine **zweite langfristige Preisunter- bzw. Preisobergrenze,** deren Einhaltung die Deckung aller Kosten und der erforderlichen Eigenkapital-Vergütung sicherstellen soll.

Mit Hilfe der Kostenrechnung ermittelte Preisunter- und Preisobergrenzen für einzelne Marktleistungen sind Entscheidungsgrundlage allerdings nur dann, wenn die zu kalkulierenden Kredit- oder Einlagengeschäfte jeweils nur für sich, also unabhängig vom Gesamtengagement des jeweiligen Kunden, behandelt werden können. Sie werden in ihrem Gewicht mithin durch das Bündelpreiskonzept abgeschwächt, das mehr auf den Erfolg der gesamten Kundenbeziehung als auf den einzelner Geschäftsabschlüsse abstellt (vgl. S. 243f.).

2.3 Marktleistungs-Rechnungen (Erfolgsanalyse)

Bisher richtete sich unser Blick allein auf den Prozeß der Leistungserstellung, genauer gesagt: auf die Bewertung der innerbetrieblichen Teilleistungen des technisch-organisatorischen Bereichs (Betriebskosten) und des liquiditätsmäßig-finanziellen Bereichs (Wertkosten). Alle absatzfähigen Produkte (**Marktleistungen**) setzen sich aus innerbetrieblichen Teilleistungen beider Bereiche zusammen. Da sich auf die Marktleistungen auch die absatzpolitischen Bemühungen der Bank, im besonderen die von ihr gestellten oder vereinbarten Preise beziehen, treffen hier die Kosten der Erstellung und die Erlöse aus dem Absatz zusammen. Deshalb bilden die Marktleistungen auch

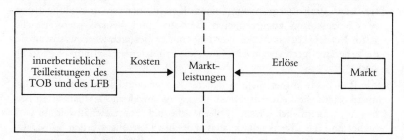

den Ansatz für alle Bemühungen, den Gesamtgewinn der Bank in **Teil-Erfolgsziffern** zu zerlegen, indem man die Erfolgsbeiträge der verschiedenen Geschäftssparten, der verschiedenen Kunden(gruppen) und der verschiedenen Geschäftsstellen ermittelt. Der Erfolgsanalyse in jeder dieser drei Richtungen dient ein eigenes Rechnungsverfahren: die Geschäftspartenrechnung, die Kundenkalkulation und die Geschäftsstellenrechnung.

Informationen darüber, in welchem Maße die einzelnen Sparten, Kunden und Geschäftsstellen zum Gesamtgewinn der Bank beitragen, sollen auf die

Geschäftsstruktur bezogene Entscheidungen fundieren, indem sie insbesondere erkennen lassen, welche Teile gar keine oder sogar negative Erfolgsbeiträge erbringen. Die **Transparenz,** die die Kostenrechnung hierzu vermittelt, ermöglicht gezielte **Ursachenanalysen** und auf deren Basis gezielte **Maßnahmen,** um die Erfolgsbeiträge zu verbessern oder – sofern sich dies auf längere Sicht als nicht möglich erweist – bestimmte Sparten aufzugeben, Kundenbeziehungen zu lösen, Geschäftsstellen zu schließen.

2.3.1 Geschäftsspartenrechnung

Will man den Beitrag der einzelnen Geschäftssparten zum Gesamterfolg der Bank ermitteln, so ist zunächst zu entscheiden, wieviele und welche Sparten kalkuliert werden sollen **(Spartenbildung).** Der Wunsch nach möglichst differenziertem Einblick legt die Aufspaltung in möglichst viele Sparten nahe; der dabei wachsende Anteil nicht mehr zweifelsfrei nur einer Sparte zurechenbarer Erfolgselemente (Spartengemeinkosten und -erlöse) empfiehlt dagegen im Interesse des Aussagewertes der Rechnung, sich auf wenige Sparten zu beschränken. Um in der Rechnung nicht willkürlich Zusammenhänge zu zerreißen, wird in der Fachliteratur empfohlen, die Sparten vorrangig unter dem Gesichtspunkt des Erfolgszusammenhanges zu bilden. Würde man dieses Prinzip streng beachten, müßten allerdings Mittelbeschaffung, Mittelverwendung und Zahlungsverkehrsabwicklung – also der größte Teil der Gesamttätigkeit einer Bank – in einer einzigen Sparte vereinigt werden:

• Mittelbeschaffung und Mittelverwendung erzielen nur gemeinsam einen Erfolg (die Zinsspanne), so daß ihre Zerlegung in zwei oder mehr Sparten mit einer willkürlichen Aufteilung der Zinsspanne verbunden ist.

• Der Zahlungsverkehr kann nur auf der Grundlage von Einlagen der Kunden oder von Kreditzusagen der Bank abgewickelt werden, wodurch er mit beiden Bereichen auch in einem engen Erfolgszusammenhang steht. Insbesondere bereitet die „Zubringerfunktion" des Zahlungsverkehrs unlösbare rechnerische Schwierigkeiten. Der Zahlungsverkehr führt der Bank völlig oder nahezu kostenlose Finanzierungsmittel zu (Sichteinlagen), was sich günstig auf die Zinsspanne auswirkt. Sofern man die Sparte „Zahlungsverkehr" verselbständigt, müßte sie zu Lasten von „Mittelbeschaffung und Mittelanlage" eine Gutschrift erhalten, deren Höhe sich jedoch ohne Willkür nicht festlegen läßt.

Faßt man aufgrund des Erfolgszusammenhanges die drei Geschäftsbereiche zu einer einzigen Sparte zusammen, so verbleiben als weitere Sparten im wesentlichen nur noch die verschiedenen Zweige des Effektengeschäfts (Emission, Kommissionskauf und -verkauf, Depotgeschäft), so daß sich insgesamt eine sehr ungleichgewichtige Zerlegung des Gesamterfolges ergibt. In der Bankpraxis entschließt man sich daher zumeist, den Zahlungsverkehr als Sparte zu verselbständigen, zum Teil auch Mittelbeschaffung und -verwendung zu trennen.

Im Hinblick auf den Zweck der Rechnung (Entscheidungen über die Struktur des Gesamtangebots zu fundieren) muß man allerdings sehen, daß sich Folgerungen aus ihren Ergebnissen nur begrenzt ziehen lassen. Die verschiedenen Leistungsarten (Sparten) sind nicht nur – wie Einlagen, Kredite und

Zahlungsverkehr – technisch eng miteinander verbunden, sondern sie werden auch verbunden nachgefragt und abgesetzt. So bleibt wenig Raum für isoliert auf einzelne Sparten bezogene Entscheidungen. Es überrascht daher auch nicht, daß in der Fachliteratur konkretere Hinweise auf mögliche Konsequenzen aus den **Sparten-Erfolgsziffern** nur selten zu finden sind. „Einer Intensivierung der rentabelsten Sparten und . . . einer geringeren Betonung der weniger ertragreichen Geschäftsbereiche", was als Konsequenz mitunter genannt wird,[48] steht jedenfalls der Grundsatz einer möglichst umfassenden Versorgung der Kunden mit Bankleistungen entgegen.

Eher geeignet erscheinen die Sparten-Ergebnisse als Argumentationshilfe für Preisforderungen, indem sie den Umfang der Kostenunterdeckung einzelner Bereiche sichtbar machen. Dieses Ziel verfolgte schon Anfang der dreißiger Jahre HANS RUMMEL, auf den man die Spartenrechnung zurückführt. Er trennte nur die drei Sparten Kreditgeschäft (Mittelbeschaffung und -verwendung), Laufendes Geschäft (Zahlungsverkehr) und Effektengeschäft, um den stark defizitären Charakter des Zahlungsverkehrs aufzuzeigen. Allerdings bilden die Stückkosten eine zweckmäßigere Vergleichsgröße für die Preise; ein Spartenergebnis ist dafür zu pauschal.

2.3.2 Kundenkalkulation

Das Bündelpreiskonzept, die für eine Universalbank typische preispolitische Konzeption, stellt mindestens kostendeckende Erlöse für die Gesamtheit der vom einzelnen Kunden abgenommenen Leistungen (Leistungsbündel) in den Vordergrund, wobei für einzelne Leistungen durchaus nicht-kostendeckende Erlöse in Kauf genommen oder sogar aus absatzpolitischen Gründen gewollt werden. Konsequenz einer solchen Preispolitik ist es, daß die kundenbezogene Erfolgsanalyse den Vorrang gegenüber der Geschäftsspartenrechnung hat.

Die Kundenkalkulation ist das Rechnungsverfahren, das den Beitrag der einzelnen Kunden zum Gesamterfolg der Bank aufzeigen soll, indem sie darstellt, inwieweit die Kunden jeweils „ihre" Kosten gedeckt haben. Da sich die Geschäftsverbindung mit einem Kunden gewöhnlich auf mehreren Konten niederschlägt, setzt die Rechnung bei der Ermittlung des Erfolgsbeitrages der einzelnen Konten an (Kontokalkulation), deren Ergebnisse dann nach Kunden zusammengefaßt werden. Aus diesem Grunde bezeichnet man das Rechnungsverfahren auch als „Konten- und Kundenkalkulation". Zum Teil empfiehlt es sich, nicht nur alle Konten eines Kunden, sondern auch die Geschäftsbeziehungen der mit ihm eng verbundenen Personen und/oder Unternehmen in die Betrachtung einzubeziehen.

Gegenüber den bisher dargestellten Rechnungsverfahren wirft die Kundenkalkulation **kaum zusätzliche theoretische Probleme** auf. Ein Teil der Kosten und Erlöse ist eindeutig zu ermitteln, weil es sich um Zahlungen des Kunden an die Bank bzw. um Zahlungen der Bank an den Kunden handelt. Die übrigen Kosten und Erlöse werden mit Hilfe der bereits dargestellten Rechnungsverfahren ermittelt.

---

[48] So HAGENMÜLLER, KARL FR.: Der Bankbetrieb, Band III, 4. Aufl., Wiesbaden 1977, S. 246.

	Erlöse	**Kosten**
bei debitorischen Konten	vom Kunden gezahlte Zinsen[a]	**Geldbeschaffungskosten bzw. Opportunitätszins**
bei kreditorischen Konten	**Geldanlageerlöse bzw. Opportunitätszins**	dem Kunden gezahlte Zinsen
bei debitorischen und bei kreditorischen Konten[b]	vom Kunden gezahlte Provisionen und Gebühren[c]	**dem Kunden zuzurechnende Betriebskosten**

[a] Einschließlich zinsähnlicher Provisionen.
[b] Die wenigen Leistungen, die sich nicht als Buchung auf einem Konto niederschlagen (z. B. Beratungen), ließen sich nur durch aufwendige Sondererhebungen erfassen, weshalb sie meist unberücksichtigt bleiben.
[c] Die hierfür gebräuchliche Bezeichnung „Betriebserlöse" ist angesichts der preispolitischen Konzeption angreifbar (vgl. S. 305 f.).

Mit Hilfe anderer Rechnungsverfahren müssen lediglich die in der Übersicht hervorgehobenen Kosten und Erlöse ermittelt werden:

• aus der Teilzinsspannenrechnung erhält man den Zinssatz für die Geldbeschaffung bei debitorischen bzw. die Geldanlage bei kreditorischen Konten (der dann mit dem durchschnittlichen Kreditbetrag bzw. Guthaben des jeweiligen Kontos zu multiplizieren ist); bei Anwendung der Marktzinsmethode tritt an die Stelle der Geldbeschaffungskosten bzw. der Geldanlageerlöse der Zinssatz einer vergleichbaren Anlage bzw. Beschaffung am Geld- und Kapitalmarkt (Opportunitätszinssatz);

• aus der Stückleistungsrechnung erhält man für die verschiedenen Leistungsarten die durchschnittlichen Betriebskosten je Leistungseinheit (die dann mit der Zahl der über das jeweilige Konto abgewickelten Leistungen zu multiplizieren ist).

Die Einwände gegen die Ergebnisse der verschiedenen Teilleistungs-Rechnungen beeinträchtigen mithin in gleicher Weise auch den Aussagewert der Kundenkalkulation, also die Bedenken wegen

• der fragwürdigen Bilanzschichtung und Aufteilung der Teilzinsspannen bei der Teilzinsspannenrechnung,

• des Fehlens genauer Entsprechungen am Markt für bestimmte Kredit- und Einlageformen bei der Marktzinsmethode,

• der fragwürdigen Verteilung von Gemeinkosten bei der Stückleistungsrechnung.

In der Vergangenheit hielt man es wegen des beträchtlichen Aufwandes nur für vertretbar, eine Kundenkalkulation für ausgewählte Großkunden zu erstellen und im übrigen Erfolgsbeiträge lediglich von Kundengruppen zu ermitteln. Der extensive Einsatz der elektronischen Datenverarbeitung macht es inzwischen aber möglich, sämtliche Konten und Kundenbeziehungen zu kalkulieren. Als Grundlage geschäftspolitischer Entscheidungen herangezogen werden davon jedoch – nicht zuletzt im Hinblick auf die Vorbehalte gegen die ermittelten Zahlen – nur Konten bzw. Geschäftsverbindungen mit besonders hohem Überhang der Kosten über die Erlöse.

Bei den Konsequenzen, die aus den Kalkulationsergebnissen zu ziehen sind, geht es keineswegs allein oder auch nur in erster Linie darum, die Geschäftsverbindungen mit einem hohen Kostenüberhang abzubrechen. Deshalb treffen kritische Einwände nicht den entscheidenden Punkt, in denen darauf hingewiesen wird, daß die Auflösung einer auf Vollkostenbasis als verlustbringend ermittelten Geschäftsverbindung nicht unbedingt den Gewinn erhöht, weil die den betreffenden Konten zugerechneten Fixkosten nicht fortfallen.[49] Die Ergebnisse der Kundenkalkulation dienen vielmehr in erster Linie als Anstoß, nach Möglichkeiten zu suchen, unrentable Verbindungen rentabel zu gestalten. Hierfür bestehen je nach Lage des Einzelfalles unterschiedliche Ansätze: von verminderter Abnahme relativ kostenintensiver und/oder vermehrter Abnahme rentabler Leistungen durch den Kunden bis zu höheren Preisen.[50] An den Abbruch der Geschäftsbeziehung wird erst zu denken sein, wenn sich der Kostenüberhang durch veränderte Leistungsstruktur und Preisgestaltung nicht beseitigen läßt.

2.3.3 Geschäftsstellenrechnung[51]

Nach einem Jahrzehnt stürmischer Ausweitung der Geschäftsstellennetze zeigen sich seit dem Ende der sechziger Jahre deutliche Zeichen der Konsolidierung. Die Zuwachsraten bei Neugründungen sind stark zurückgegangen, die Zahl der Schließungen von Geschäftsstellen nimmt zu. Dementsprechend hat sich das Interesse weitgehend von der rechnerischen Fundierung der Neugründungen auf die **Überprüfung des bestehenden Geschäftsstellennetzes** verlagert. Im Vordergrund steht die Frage, welchen Beitrag zu den Unternehmenszielen, insbesondere zum Gesamtgewinn der Bank die einzelnen Geschäftsstellen leisten. – Darüber hinaus hat die Tendenz, Entscheidungskompetenzen zu dezentralisieren, Ansätze gefördert, die Geschäftsstellen zu abgegrenzten Erfolgsbereichen mit Gewinnverantwortung **(Profit Centers)** auszubauen, für deren Überwachung und Lenkung eine zweckentsprechend ausgerichtete Erfolgsrechnung notwendig ist.

Geht man daran, den Erfolgsbeitrag der Geschäftsstellen zu ermitteln, so zeigt sich zunächst, daß sich ein großer Teil der Kosten und Erlöse ohne Schwierigkeit einzelnen Stellen zuordnen läßt. Dazu gehören vor allem die Erfolgskomponenten des jeweils dort abgewickelten Einlagen- und Kreditgeschäfts (gezahlte Zinsen und Risikokosten auf der einen, erhaltene Zinsen

---

[49] Diesen Einwand betont besonders Güde, Udo: Bank- und Sparkassenkalkulation, Meisenheim am Glan 1967, S. 251 und 253.

[50] Einen detaillierten Überblick über die Möglichkeiten gibt Kobylinski, Klaus von: Kundenkalkulation im Bankmarketing, Frankfurt a. M. 1978, S. 83–119.

[51] Geschäftsstelle steht hier als Oberbegriff für Niederlassung, Filiale und Zweigstelle. Für das Rechnungsverfahren sind auch die Begriffe Filialkalkulation und Zweigstellenrechnung gebräuchlich. – Weiterführende Literaturhinweise zur Geschäftsstellenrechnung: S. 428 f.

und Provisionen auf der anderen Seite), weiterhin die Kosten durch das in den Geschäftsstellen tätige Personal sowie die Raumkosten der Geschäftsstellen und ihre allgemeinen Verwaltungskosten. Bei diesen direkten Kosten und Erlösen entstehen allenfalls praktische Probleme der Zuordnung, wenn das Rechnungswesen (wie bei Filialbanken üblich) zentralisiert ist und ihm nach Geschäftsstellen differenzierte Zahlen nicht in allen Fällen zu entnehmen sind.

Materielle Probleme jedoch ergeben sich daraus, daß die einzelne Geschäftsstelle, die in der Rechnung wie eine selbständige Bank behandelt werden soll, geschäftlich mehr oder weniger stark **mit der Zentrale verflochten** ist.

(a) Zum einen sind in einer Filialbank bestimmte Aufgaben zentralisiert: insbesondere Leitungs- und Verwaltungsaufgaben (Vorstand; Rechts-, Personal-, Organisations- und andere Stabsabteilungen), aber auch Teilbereiche der Leistungserstellung (Buchhaltung, Börsengeschäft, Auslandsgeschäft). Die mit der Bewältigung der zentralisierten Aufgaben verbundenen **Betriebskosten** sind in Bezug auf die einzelne Geschäftsstelle Gemeinkosten, lassen sich also auf die Stellen nicht ohne Willkür verteilen.

(b) Über die Zentrale erfolgt auch der Ausgleich von Liquiditätsüberhängen und Liquiditätsdefiziten der einzelnen Geschäftsstellen. Da bei einer Geschäftsstelle nur selten der Umfang der Einlagen dem der Kredite entspricht, ist ein solcher **Liquiditätsausgleich** der Regelfall. Buchungstechnisch schlägt er sich als negativer oder positiver Saldo auf dem Verrechnungskonto nieder, das jede Geschäftsstelle bei der Zentrale unterhält. Das Problem besteht darin, für den jeweiligen Verrechnungssaldo einen Zinssatz festzulegen, was ebenfalls ohne Willkür nicht möglich ist. Wenn man aus der Praxis erfährt, daß sich bei den einzelnen Geschäftsstellen das Volumen der Einlagen und der Kredite „selten zu mehr als 50% kompensiert", dann wird deutlich, welches Gewicht die Höhe des Zinssatzes für das gesamte Rechnungsergebnis hat.

Für die Verteilung der in der Zentrale anfallenden **Betriebskosten** läßt sich im Falle zentralisierter Leistungserstellung die jeweilige Beanspruchung durch die einzelnen Geschäftsstellen zahlenmäßig genau ermitteln und der Kostenverrechnung zugrunde legen. Besonders bei der zentralisierten Ausführung von Zahlungsverkehrs- und Effektenhandels-Aufträgen liegt es nahe, die Kosten mit Hilfe von Stückkostensätzen zu verteilen, die jeweils mit der Stückzahl der von einer Geschäftsstelle weitergeleiteten Kundenaufträge multipliziert werden. Allerdings ist dabei zu bedenken, daß die Geschäftsstellen nur den Mengenfaktor (Stückzahlen), nicht aber den Preisfaktor (Stückkosten) zu vertreten und damit zu verantworten haben. Um zu vermeiden, daß auf diesem Wege Unwirtschaftlichkeiten in der Zentrale auf die Geschäftsstellen abgewälzt werden, ist der Ansatz zu Standard- statt zu Istkosten denkbar.

Die Verteilung der mit den zentralen Leitungs- und Verwaltungsaufgaben verbundenen Kosten auf die Geschäftsstellen ist ungleich schwieriger. Sie anhand des anteiligen Geschäftsvolumens oder des Personalbestandes der einzelnen Geschäftsstellen zu verteilen, sind Versuche, näherungsweise die jeweilige Beanspruchung zu erfassen, was im Grunde überhaupt nicht möglich ist. In welchem Maße die hiermit notwendig verbundene Willkür den Aussagewert des Rechnungsergebnisses beeinträchtigt, hängt vom relativen Umfang dieser Kosten ab.

Ebenso schwierig und zudem noch von größerer Bedeutung ist es, den Zinssatz für den **Liquiditätsausgleich** zu bestimmen. Eine objektiv richtige Lösung gibt es nicht; letztlich hängt die Entscheidung vom konkreten Rechnungszweck ab. Grundsätzlich bestehen folgende Möglichkeiten:[52]

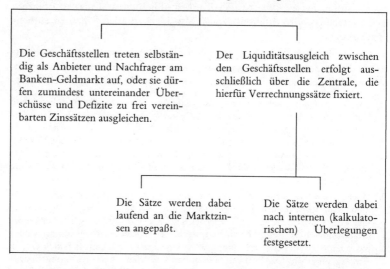

Die Geschäftsstellen treten selbständig als Anbieter und Nachfrager am Banken-Geldmarkt auf, oder sie dürfen zumindest untereinander Überschüsse und Defizite zu frei vereinbarten Zinssätzen ausgleichen.

Der Liquiditätsausgleich zwischen den Geschäftsstellen erfolgt ausschließlich über die Zentrale, die hierfür Verrechnungssätze fixiert.

Die Sätze werden dabei laufend an die Marktzinsen angepaßt.

Die Sätze werden dabei nach internen (kalkulatorischen) Überlegungen festgesetzt.

Aus verschiedenen Gründen gibt man gewöhnlich den nach kalkulatorischen Überlegungen festgesetzten Verrechnungssätzen den Vorzug,[53] wobei man die Fristenstruktur (Qualität) der an die Zentrale abgegebenen bzw. der von ihr erhaltenen Finanzierungsmittel mit differenzierten, aus der Schichtenbilanz entnommenen Sätzen berücksichtigt und die Zinsspanne zu gleichen Teilen auf Einlagen und Kredite verteilt.[54]

Die Verteilung der in der Zentrale anfallenden Betriebskosten sowie die Bestimmung von Zinssätzen für den Liquiditätsausgleich ist jeweils anhand plausibler Kriterien möglich, letztlich aber willkürlich. Allerdings zielt die Rechnung zumeist nicht primär darauf ab zu prüfen, welche Geschäftsstellen geschlossen werden sollten, sondern man will (ähnlich wie bei der Kundenkalkulation) aus dem Rentabilitätsvergleich Ansatzpunkte für gezielte Entscheidungen ableiten, deren Art sich erst aus der Ursachenanalyse der Zahlen ergibt. Hierfür liefert die Geschäftsstellenrechnung auf Vollkostenbasis der Praxis offenbar hinreichend genaue Näherungswerte, auch wenn sie von der Theorie als mehr oder weniger falsch kritisiert und verworfen wird.

---

[52] Einen detaillierten Überblick über die Verrechnungszinssätze, die man zugrunde legen kann, sowie über die möglichen Kapitalbeträge, auf die sie bezogen werden können, gibt PLATZ, SIEGFRIED: Erfolgsrechnerische Bewertung von Bankzweigstellen, Göttingen 1978, S. 127–151.

[53] Im einzelnen vgl. ebenda, S. 130–142.

[54] Zur Geschäftsstellenrechnung bei Verwendung der Marktzinsmethode vgl. SCHIERENBECK, HENNER: Ertragsorientiertes Bankmanagement, 3. Aufl., Wiesbaden 1991, S. 299–302.

Für einige Fragestellungen, die in neuerer Zeit an Gewicht gewonnen haben, bildet der auf Vollkostenbasis ermittelte Gewinnbeitrag allerdings keine geeignete Grundlage. Geht es beispielsweise darum zu ermitteln, wie sich die ins Auge gefaßte **Schließung einer Geschäftsstelle** auf den Gesamtgewinn der Bank auswirken würde, so sind nur jene Kosten und Erlöse zu berücksichtigen, die tatsächlich wegfallen würden. Die Aufteilung in wegfallende und verbleibende Kosten und Erlöse ist schwierig und generell kaum möglich. Da sich aber mindestens die bei Vollkostenrechnung verteilten Betriebskosten der Zentrale durch die Schließung einer Geschäftsstelle kaum verringern dürften, wird die Gewinnminderung für die Gesamtbank gewöhnlich größer sein als der auf Vollkostenbasis ermittelte Erfolgsbeitrag der betreffenden Geschäftsstelle.

Ungeeignet ist die Geschäftsstellenrechnung auf Vollkostenbasis auch, wenn es darum geht, die **Leistung der Geschäftsstellen-Leiter** zu beurteilen oder diese – sofern die Geschäftsstellen als Profit Centers gestaltet sind – gewinnorientiert zu entlohnen. Hier liegt es nahe, die Rechnung auf die den einzelnen Geschäftsstellen zweifelsfrei zurechenbaren Kosten und Erlöse zu beschränken (Einzelkosten und -erlöse), da nur sie, mindestens in der Mengenkomponente, vom Geschäftsstellen-Leiter beeinflußbar und damit zu verantworten sind. Soweit sie sich seiner Beeinflussung entziehen, muß dies durch entsprechende Verrechnungen berücksichtigt werden: beispielsweise der Einfluß eines überdurchschnittlich günstigen oder ungünstigen Standortes, Zufallseinflüsse bei den Personalkosten (Unterschiede aufgrund der Altersstruktur, des Familienstandes usw.), relativ ungünstige Konditionen, die im Interesse der Gesamtbank gewährt werden. Darüber hinaus wirft die Beschränkung auf Einzelkosten und -erlöse weitere Probleme auf. Da man auf diese Weise auch auf den Ansatz von Zinsen für den Verrechnungssaldo gegenüber der Zentrale verzichtet, ergeben sich beim Vergleich der Geschäftsstellen untereinander Verzerrungen: Der absolute Erfolgsbeitrag erscheint bei Stellen mit einem Einlagenüberhang zu niedrig, bei Stellen mit einem Kreditüberhang zu hoch. Daher kommt man letztlich mitunter doch dazu, für die Verrechnungssalden (dann aber möglichst in Abstimmung mit den Geschäftsstellen-Leitern) Zinsen anzusetzen.

3. Statistik[55]

Die Bankstatistik kennt keine besonderen, von der Allgemeinen Statistik abweichenden Methoden; bankspezifisch sind lediglich die erfaßten Sachverhalte, das Stoffgebiet. Das Wesen der Statistik ist begrifflich nicht ganz einfach zu bestimmen. Definiert man sie beispielsweise als „zahlenmäßige Erfassung, Verarbeitung und Darstellung von Massenerscheinungen", so könnte man hierunter auch die Buchhaltung subsumieren. Pragmatisch formuliert kann man sagen: Die Bankstatistik umfaßt zahlenmäßige Auswertungen der Finanzbuchhaltung und der Kostenrechnung sowie eigenständi-

---

[55] Weiterführende Literaturhinweise hierzu: S. 430.

ge, vor allem stückzahlmäßige Erhebungen über die bankbetrieblichen Leistungsprozesse.

Da ein größerer Teil der statistischen Erhebungen bereits in anderen Zusammenhängen erwähnt worden ist („Hilfsfunktion der Statistik"), kann sich der folgende knappe Überblick zum Teil darauf beschränken, auf vorangegangene Ausführungen zu verweisen.

Statistiken werden in einer Bank nicht nur für innerbetriebliche Zwecke erstellt, sondern in größerem Umfang auch aufgrund des Informationsbedürfnisses Außenstehender, vor allem der Zentralbank und der Bankenaufsicht. In diesem Sinne unterscheidet man gewöhnlich die interne Statistik (auch: Betriebsstatistik im weiteren Sinne) von der externen Statistik.

3.1 Interne Statistik

Die in einer Bank für interne Zwecke durchgeführten statistischen Erhebungen dienen der zahlenmäßigen Durchleuchtung betrieblicher Vorgänge, gewöhnlich in der Absicht, sie bestmöglich zu gestalten. Nach den beiden wesentlichen Entscheidungsbereichen trennt man

* Statistiken zur Durchleuchtung des technisch-organisatorischen Bereichs (Betriebsstatistik im engeren Sinne) und

* Statistiken zur Durchleuchtung des liquiditätsmäßig-finanziellen Bereichs (Geschäftsstatistik).

Das im technisch-organisatorischen Bereich relevante Maß für die Erfassung betrieblicher Vorgänge sind Stückzahlen: die Zahl der Buchungsposten, der Konten, der Beschäftigten, der Betriebsmittel. Naheliegend ist es dabei, zu trennen in die Messung des Arbeitsanfalls (Beschäftigung) und die Erfassung der Einsatzfaktoren, mit deren Hilfe er bewältigt werden soll. Wichtigster Zweig der Betriebsstatistik i. e. S. ist die differenzierte Erfassung der Zahl der Geschäftsvorfälle, konkret: der Buchungsposten **(Postenstatistik).** Sie ist wesentliche Grundlage für die Bemessung der technisch-organisatorischen Kapazität, wobei die Postenzahlen nach Leistungsarten differenziert werden müssen (da sie die Faktoren in unterschiedlichem Maße beanspruchen), aber auch nach ihrem zeitlichen Anfall: Die Erfassung von Beschäftigungsschwankungen bildet die Grundlage für eine sachgerechte Beschäftigungspolitik.

Des weiteren hat die Betriebsstatistik i. e. S. eine wesentliche Ergänzungsaufgabe im Rahmen der bankbetrieblichen Kostenrechnung. Setzt man die Kostenrechnung zur Wirtschaftlichkeitskontrolle ein, so wird der jeweilige Leistungsumfang in Stückzahlen gemessen (Zahl der bearbeiteten Posten). Daneben ist die differenzierte Erfassung von Stückzahlen auch im Rahmen der Stückleistungsrechnung sowie der Konten- und Kundenkalkulation erforderlich – im ersten Fall, um die durchschnittlichen Selbstkosten für die verschiedenen Arten von Marktleistungen zu errechnen, im zweiten Fall, um den einzelnen Konten die dem Umfang der jeweiligen Leistungsabnahme entsprechenden Kosten zuzurechnen.

Zur Durchleuchtung des liquiditätsmäßig-finanziellen Bereichs spielt die Statistik eine deutlich geringere Rolle, da die verschiedenen Wertgrößen bereits sehr detailliert in der Finanzbuchhaltung sowie in der Kosten- und Erlösrechnung erfaßt werden. Die Statistik der Wertbestände registriert zum einen in der Finanzbuchhaltung noch nicht erfaßte Sachverhalte (zum Beispiel Kreditzusagen), zum anderen enthält sie Auswertungen der Buchhaltung, beispielsweise Kennziffern zur Liquiditäts- und zur Rentabilitätslage der Bank oder aus Vergangenheitswerten entwickelte Prognosewerte für wichtige Bilanzpositionen. In der Statistik der Wertbewegungen steht im Vordergrund (als Hilfsmittel der Liquiditätsplanung) die sorgfältige Erfassung und Darstellung der Einzahlungs- und Auszahlungsströme im Bargeld- wie im Buchgeldbereich.

3.2 Externe Statistik

Die Statistiken, die die einzelne Bank aufgrund externer Informationswünsche erstellt, dienen vor allem staatlichen Stellen als Grundlage ihrer Tätigkeit: der Zentralbank als Grundlage geldpolitischer Maßnahmen, dem Bankenaufsichtsamt als Grundlage kontinuierlicher Überwachung des Geschäftsgebarens der Bankbetriebe. Ergänzend bilden noch Erhebungswünsche des jeweiligen Bankenverbandes den Anstoß für externe Statistiken.

Die Meldepflichten gegenüber staatlichen Stellen ergeben sich direkt aus einem Gesetz (vor allem aus dem Bundesbank- und aus dem Kreditwesengesetz) oder aus gesetzlich legitimierten Anordnungen.

Die DEUTSCHE BUNDESBANK ist nach § 18 BbkG „berechtigt, zur Erfüllung ihrer Aufgabe Statistiken auf dem Gebiet des Bank- und Geldwesens bei allen Kreditinstituten anzuordnen und durchzuführen." Sie „kann die Ergebnisse der Statistiken für allgemeine Zwecke veröffentlichen. Die Veröffentlichungen dürfen keine Einzelangaben enthalten." – Von dem Recht, zusammengefaßte Zahlen zu veröffentlichen, macht die Bundesbank reichhaltig Gebrauch, sowohl im statistischen Anhang ihrer Monatsberichte als auch – noch erheblich detaillierter – in „Statistischen Beiheften" zu den Monatsberichten, von denen hier das Beiheft ‚Bankenstatistik' und das Beiheft ‚Kapitalmarktstatistik' (jeweils monatlich) von besonderer Bedeutung sind. In den Veröffentlichungen werden die Zahlen nicht nur für die Gesamtheit der Kreditinstitute zusammengefaßt, sondern auch – als kleinere Teilmengen – nach Institutsgruppen (vgl. zur Bildung der Gruppen die Übersicht auf S. 16).

Die von der Bundesbank erhobenen Zahlen sollen zwar in erster Linie über die Entwicklung gesamtwirtschaftlicher monetärer Größen informieren (Geldmenge, Bankenliquidität, Kreditvolumen, u. ä.); sie sind aber auch für den einzelnen Bankbetrieb von erheblichem Informationswert. Man kann die eigenen Zahlen mit den Durchschnittswerten der Gruppe vergleichen, zu der man gehört, um auf diese Weise die Marktlage (Marktanteile) zu beobachten und Ansatzpunkte für die eigene Geschäftspolitik zu erkennen.

Im Mittelpunkt der umfangreichen Erhebungen stehen die Monatsendbilanzen, die bis zum fünften Geschäftstag nach Ablauf eines jeden Monats der Bundesbank einzureichen sind („Monatliche Bilanzstatistik"). Sie dienen einem doppelten Zweck:

• Die Bundesbank aggregiert die Zahlen zu Gruppenzahlen und zu Zahlen des Bankensektors insgesamt („zur Erfüllung ihrer Aufgabe").

● Daneben unterstützt sie die Arbeit der Bankenaufsicht, indem sie die Einzelbilanzen im Hinblick auf die Einhaltung der „Grundsätze über das Eigenkapital und die Liquidität" überprüft und (gemäß § 25 KWG) auffällige Bilanzen mit einer Stellungnahme an das Bankenaufsichtsamt weiterreicht.[56]

Neben den Monatsbilanzen müssen der Bundesbank monatlich eingereicht werden:[57]

(a) Ergänzende Informationen zur Monatsbilanz über die Forderungen und Verbindlichkeiten gegenüber anderen Banken, die Forderungen an Nichtbanken, die Verbindlichkeiten gegenüber Nichtbanken, die Spareinlagen, die Wertpapierbestände, die emittierten Inhaberschuldverschreibungen und über die Geschäftsbeziehungen eigener Häuser im Ausland.

(b) Angaben über die im Aktiv- und Passivgeschäft verwendeten häufigsten Zinssätze (Zinsstatistik).

(c) Angaben über die Berechnung des Mindestreserve-Solls (Reservemeldung).

(d) Informationen über das Außenhandelsgeschäft sowie über Positionen in Devisen, Gold und anderen Edelmetallen.

(e) Angaben über die Entwicklung der Kreditzusagen (Kreditzusagenstatistik).

(f) Angaben über den Umfang der Auslandsaktiva und -passiva (Auslandsstatus).

Von den in größeren Abständen verlangten Informationen sind besonders die vierteljährliche Kreditnehmerstatistik und die jährliche Depotstatistik zu nennen.

4. Zum Aufbau von Informationssystemen[58]

Der Begriff „Informationssysteme" ist in den vergangenen Jahrzehnten zu einem Modewort geworden, vor allem in der Verbindung „Management-Informationssysteme (MIS)". Die mittlerweile umfangreiche, meist sehr anspruchsvolle allgemeine Literatur hierüber erweckt stellenweise den Eindruck, als handle es sich um etwas völlig Neues und als ließe sich ein umfassendes Informationssystem durch den heute erreichten Stand der EDV-Technik problemlos verwirklichen. Beides trifft nicht zu.

---

[56] Daneben übernimmt die Bundesbank weitere Hilfsarbeiten für das Aufsichtsamt. Ein Überblick über den Umfang dieser Arbeiten ist jeweils im Jahresbericht der Bundesbank enthalten („Mitwirkung der Deutschen Bundesbank bei der Bankenaufsicht").

[57] Einen erläuternden Überblick über Inhalt und Zweck der vielfältigen Erhebungen, die Bundesbank und Bankenaufsicht durchführen, geben Köllhofer, Dietrich/ Sprissler, Wolfgang: Informationswesen und Kontrolle im Bankbetrieb, in: Obst/ Hintner, Geld-, Bank- und Börsenwesen, 39. Aufl., hrsgg. von N. Kloten/J. H. v. Stein, Stuttgart 1993, S. 812–847. – Die Hauptabteilung Statistik der Bundesbank gibt eine detaillierte Broschüre „Bankenstatistik Richtlinien (Richtlinien für nach § 18 BBankG angeordnete Statistiken)" heraus.

[58] Weiterführende Literaturhinweise hierzu: S. 431.

(a) Was man heute begrifflich als (Management-)Informationssystem erfaßt, ist in seinem materiellen Gehalt seit jeher eine selbstverständliche Voraussetzung erfolgreicher unternehmerischer Tätigkeit. Jedes Unternehmen, jede Führungskraft verfügt über ein Informationssystem im Sinne einer Vielzahl von Informationsmöglichkeiten: innerbetriebliche Aufzeichnungen (Buchhaltung, Kostenrechnung, Statistik) sowie externe Veröffentlichungen und mündliche Informationen. Neu ist lediglich die durch den Einsatz der elektronischen Datenverarbeitung mögliche qualitative Verbesserung der benötigten Informationen. Die EDV-Anlage vermag sie genauer, aktueller und vollständiger bereitzustellen, als dies ohne sie möglich war.

(b) Der Ausbau der anfänglich nur auf die Abwicklung des Tagesgeschäfts ausgerichteten elektronischen Datenverarbeitung zu einem Informationssystem erfordert viel Zeit und viel Geld. Ein totales Informationssystem, mit dessen Hilfe sich der gesamte Informationsprozeß im Bankbetrieb selbsttätig steuern ließe, ist vorerst eine Utopie. Praktisch geht es darum, nacheinander Informationssysteme für Teilbereiche zu entwikkeln (Teilsysteme) und, wenn erforderlich, miteinander zu verknüpfen. Erschwerend wirkt auch, daß es nicht nur um die systematische Aufbereitung interner Daten aus Finanzbuchhaltung, Kostenrechnung und Betriebsstatistik geht, sondern daß zum Teil auch externe Daten einbezogen werden müssen. Im Verhältnis zur anspruchsvollen Literatur über Informationssysteme stehen aus den genannten Gründen die praktischen Fortschritte bei ihrem Aufbau vorerst noch etwas zurück.

Der folgende Überblick über die wichtigsten Ansatzpunkte zum Aufbau von Informationssystemen im Bankbetrieb folgt im wesentlichen der Darstellung von STEVENSON.[59] Die dabei zugrunde gelegte Unterscheidung nach Informationsempfängern (in Teilsysteme für die operierende und Teilsysteme für die Führungsebene) ist nicht so zu verstehen, als bestünden beide völlig getrennt voneinander. Die Daten für die operierende Ebene bilden im wesentlichen die Grundlage auch für Management-Informationssysteme. Deshalb ist es erforderlich, daß man beim Aufbau von Teilsystemen jeweils auch eine Vorstellung vom Ganzen hat.

4.1 Teilsysteme für die operierende Ebene

Während Informationssysteme für die Führungsebene verdichtete Daten bereitstellen, benötigt die operierende Ebene Einzelangaben: Daten, die für die Bearbeitung eines bestimmten Geschäftsvorfalles, für das Gespräch mit einem bestimmten Kunden benötigt werden. Die wichtigste inhaltliche Grundlage von Informationssystemen für die operierende Ebene sind die nach Geschäftssparten geordneten Daten der Finanzbuchhaltung, so daß auf einzelne Sparten bezogene Informationen die erste Stufe bilden **(Sparten-**

---

[59] STEVENSON, HORST: Informationssysteme für Kreditinstitute, Berlin/New York 1973.

Informationssysteme). Aus ihnen werden im zweiten Schritt – als höhere Form – auf einzelne Kunden bezogene, also spartenübergreifende Informationen entwickelt **(Kunden-Informationssysteme).**

Der Zugriff der Mitarbeiter zu den im Computer gespeicherten Informationen setzt Datenstationen (Terminals) an ihren Arbeitsplätzen voraus. Mit dem schrittweisen Aufbau von Teilsystemen ist daher auch der Anteil der mit Terminals ausgestatteten Arbeitsplätze – der „Terminalisierungsgrad" der Bank – gestiegen.

In ihrer einfachsten Form bieten Teilsysteme für die operierende Ebene den Mitarbeitern die Möglichkeit, gespeicherte Daten aus bestimmten Geschäftsbereichen abzufragen, zum Beispiel Salden von Spar-, Kredit- oder anderen Kundenkonten. Der Zugriff mittels elektronischer Datenverarbeitung ermöglicht schnelle und zuverlässige Informationen, wie sie für die Bearbeitung des Einzelfalles erforderlich sind oder die Bearbeitung zumindest erleichtern und beschleunigen.

Nicht immer genügen jedoch die kundenbezogenen Daten der Buchhaltung. Für die Anlageberatung eines Kunden beispielsweise sind neben dem Überblick über die Zusammensetzung seines Depots auch aktuelle Informationen über die Anlagemöglichkeiten (Ausstattung der Papiere, Entwicklung der emittierenden Unternehmen, Kursentwicklung), also sachbezogene Daten erforderlich. Erst die Ergänzung um entsprechende Dateien erlaubt es, von einem „Wertpapier-Informationssystem" zu sprechen.

Zwischen den Informationssystemen für die operierende Ebene und der eigentlichen Daten-Verarbeitung bestehen fließende Übergänge. Sobald der abfragende Mitarbeiter auch berechtigt ist, Veränderungen der gespeicherten Daten vorzunehmen, zum Beispiel Saldenänderungen durch Umsätze, sind die Grenzen eines reinen Informationssystems überschritten.

Die wichtigste Weiterentwicklung spartenbezogener Informationssysteme ist die Integration der Daten aus den verschiedenen Sparten zu einem Kunden-Informationssystem, das den aktuellen Überblick über die gesamte Geschäftsbeziehung mit einzelnen Kunden ermöglichen soll. Da man das wichtigste Geschäftspotential in der Intensivierung der Beziehungen mit den eigenen Kunden sieht, ist ein Kunden-Informationssystem Grundlage nicht nur für individuelle Beratungen, sondern für die Planung der gesamten Marketingaktivitäten. Es informiert über die bisher beanspruchten Leistungen und damit über die Ansatzpunkte für ein gezieltes „cross selling" – sowohl für den Einzelkunden, als auch für die Gesamtheit der Kunden eines bestimmten Verantwortungs-, zum Beispiel eines Geschäftsstellen-Bereichs.

Organisatorische Voraussetzung für ein Kunden-Informationssystem ist eine Stammnummer für jeden Kunden, die – jeweils ergänzt um eine die Art des Kontos anzeigende Ziffer – in allen Sparten wiederkehrt und dadurch die maschinelle Verknüpfung sämtlicher Konten eines Kunden ermöglicht. Die persönlichen bzw. die Firmendaten werden dann nicht mehr bei jedem Konto gespeichert, sondern nur noch einmal, ebenfalls unter der Stammnummer (Kundenstammdatei). Diese Datei kann man nach und nach mit zusätzlichen Informationen auffüllen, die für marktpolitische Aktivitäten herangezogen werden können, beispielsweise: Alter, Beruf, Familienstand, Hauseigentum.

An Nutzen gewinnt das Informationssystem noch, wenn die Mitarbeiter mit Kundenkontakt (Kundenberater) sich nicht nur schnell und umfassend über Art und Umfang des bisherigen Geschäfts mit einzelnen Kunden informieren können, sondern auch darüber, welche Kosten und Erlöse sich daraus für die Bank ergeben haben. Die Ergänzung um eine regelmäßig durchgeführte automatische Kundenkalkulation ermöglicht fundierte und zielstrebige Gespräche mit den einzelnen Kunden über Struktur und Konditionen ihrer Leistungsabnahme.

Bei der Beurteilung einer Geschäftsbeziehung unter Rentabilitätsgesichtspunkten ist es mitunter angebracht, die Informationen für mehrere, faktisch eng miteinander verbundene Konten zusammenzufassen (Korrespondenzkonten), beispielsweise die Konten von Ehepartnern oder die Konten eines Unternehmens und die seiner Inhaber.

4.2 Teilsysteme für die Führungsebene

Die bisher skizzierten Informationsmöglichkeiten kann auch das Management nutzen; sie sind für dessen Aufgaben aber nicht typisch. Die typischen Führungsinformationen beziehen sich nicht auf Einzelfälle, sondern auf die Beurteilung größerer Bereiche der Bank: auf einzelne Geschäftsstellen, einzelne Sparten oder auf die Bank insgesamt. Welche Informationen konkret auf den verschiedenen Führungsebenen benötigt werden (Informationsbedarf), läßt sich erheblich schwerer bestimmen als für die operierende Ebene, da sich Führungskräfte nicht mit wiederkehrenden Routineaufgaben befassen. Aus der generellen Aufgabenstellung, die man mit Planung, Steuerung und Kontrolle des Betriebsgeschehens umreißen kann, lassen sich jedoch die wesentlichen Ansatzpunkte ableiten.[60]

Die Grundlage bildet der möglichst aktuelle Überblick über das bisherige Betriebsgeschehen. Daß man beim Aufbau von Informationssystemen für die Führungsebene mit vergangenheitsbezogenen Daten beginnt, liegt schon deshalb nahe, weil sie sich überwiegend aus den Informationssystemen für die operierende Ebene und aus den täglichen Buchungen gewinnen lassen. Die vergangenheitsbezogenen Teilsysteme **(Berichtssysteme)** bilden im weiteren die Basis für Ermittlung und Bereitstellung zukunftsbezogener Informationen für die Führungsebene.

Wichtigste vergangenheitsbezogene Informationen für einen Überblick über das Betriebsgeschehen sind aktuelle Zwischenabschlüsse der Finanzbuchhaltung – für die Unternehmensspitze: Tagesbilanzen und die kurzfristige (monatliche) Erfolgsrechnung, für darunter liegende Führungsebenen: ihrem jeweiligen Zuständigkeitsbereich entsprechende Teilgrößen. Die Qualität der Informationen läßt sich durch eine Aufbereitung der Zahlen in Form von Kennziffern verbessern, da mit ihrer Hilfe die Informationen nicht nur verdichtet, sondern auch Daten aus verschiedenen Bereichen verknüpft werden.

---

[60] Als Beispiel für einen Gesamtentwurf vgl. die Arbeit von SEJA, ULRICH: Konzept eines Management-Informations-Systems für Kreditinstitute, Diss. Erlangen/Nürnberg 1972.

Kennziffern kann man ermitteln aus der Bilanz (z. B. Auslastung der „Grundsätze über das Eigenkapital und die Liquidität"), aus der Erfolgsrechnung (z. B. Zinsüberschuß), aus der Betriebsstatistik (z. B.: tägliche Buchungsposten, Krankheitsrate der Mitarbeiter) oder kombiniert aus jeweils zwei Zweigen des Rechnungswesens (z. B.: Gesamtzinsspanne, Buchungsposten je Mitarbeiter).

Neben den nur aus internen Daten gewonnenen Kennziffern ist auch die Einbeziehung externer Daten aufschlußreich, beispielsweise der Daten von Konkurenzinstituten (für Betriebsvergleiche) oder der Daten des eigenen Marktbereichs (um den Grad seiner Durchdringung zu erfassen).

Besonders bei den vergangenheitsbezogenen Daten besteht die Gefahr einer Informationsfülle, die von den Führungskräften nicht mehr angemessen zu verarbeiten ist. Um das zu vermeiden, kann man wichtige Informationen hervorheben oder, was naheliegender erscheint, der jeweiligen Führungskraft nur die für sie tatsächlich relevanten Daten bereitstellen. Das Problem besteht jedoch darin, daß sich – wie eingangs schon hervorgehoben wurde – der Kreis der relevanten Informationen nicht eindeutig festlegen läßt.

Die vergangenheitsbezogenen Informationen dienen im wesentlichen dazu, Entscheidungen im Hinblick auf die zukünftige Entwicklung zu fundieren. Eine folgerichtige Erweiterung der Berichtssysteme ist es daher, aus den vergangenheits- zukunftsbezogene Daten zu gewinnen. Der erste Schritt ist dabei das Errechnen künftiger Bestands- und Bewegungsdaten mit Hilfe mathematisch-statistischer Analysen der Vergangenheitswerte **(Prognosesysteme).** Ausreichend genaue Prognosedaten bilden jedoch erst die Vorstufe für Bemühungen, die prognostizierte Entwicklung durch eigene Entscheidungen im geschäftspolitisch gewünschten Sinne graduell zu verändern. Die weitere Ausbaustufe der Informationssysteme für die Führungsebene bilden daher Teilsysteme, die Entscheidungen – verstanden als Wahlakte zwischen mehreren Alternativen – direkt unterstützen oder sogar selbst übernehmen **(Entscheidungssysteme).**

Entscheidungen mit rational-formaler Entscheidungsvorschrift sind grundsätzlich programmierbar und können von der EDV-Anlage übernommen werden. Für die operierende Ebene und die untere Führungsebene ist die Entwicklung formaler Entscheidungsvorschriften häufig auch möglich. Als Beispiel für die Formalisierung eines schon komplexeren Entscheidungsproblems wurde (im Abschnitt über die Leistungserstellung) das Punktbewertungssystem für die Kreditvergabeentscheidung bei Konsumentenkrediten dargestellt („credit scoring"). Entscheidungsprobleme der mittleren und oberen Führungsebene jedoch erfordern nicht nur Daten aus verschiedenen Bereichen (Dateien), sondern lassen sich vor allem in ihrer Struktur nicht mehr ohne weiteres formalisieren.

Über die Entscheidungen hinaus können EDV-Informationssysteme für die Führungsebene auch die Kontrollfunktion des Managements wesentlich unterstützen oder sogar zum Teil übernehmen. Soweit die Planung in die Vorgabe von Planzahlen einmündet (als Zielgrößen für einzelne Verantwortungsbereiche), können mit Hilfe der elektronischen Datenverarbeitung automatisch die tatsächlichen Ergebnisse mit den Vorgabewerten verglichen und Abweichungen ermittelt werden **(Planungs- und Kontrollsysteme).**[61] Durch den EDV-Einsatz sind Informationen über Abweichungen von den Planwerten hochaktuell und tiefgegliedert möglich, was die Voraussetzungen für die Ursachenanalyse und für Anpassungsentscheidungen erheblich verbessert.

---

[61] Eine umfassende Konzeption für ein bankbetriebliches Planungs- und Kontrollsystem bietet SCHIERENBECK, HENNER: Ertragsorientiertes Bankmanagement, 3. Aufl., Wiesbaden 1991.

Literaturverzeichnis

Vorangestellt ist eine Übersicht über neuere Gesamtdarstellungen und deutschsprachige Fachzeitschriften. Im weiteren sind dann die Literaturhinweise entsprechend der Gliederung des Buches geordnet. Erfaßt sind bis Mitte 1993 erschienene Bücher und Aufsätze. Einen umfassenden Überblick über jeweils neu veröffentlichte Bücher und Aufsätze gibt die „Bankwirtschaftliche Bibliographie", die der monatlich erscheinenden Zeitschrift DIE BANK beiliegt.

Eine detaillierte Bibliographie älterer Literatur hat SIEGFRIED SICHTERMANN unter dem Titel „Schrifttum des Bank- und Kreditwesens von 1920–1960" herausgegeben (Frankfurt a. M. 1963/64).

Gesamtdarstellungen/Lehrbücher

BIEG, Hartmut: Bankbetriebslehre in Übungen. München 1992.
BÜSCHGEN, Hans E.: Bankbetriebslehre, 3. Auflage. Wiesbaden 1991.
–: Bankbetriebslehre. 2. Auflage. Stuttgart 1989.
–: Bank-Unternehmensführung. Frankfurt a. M. 1981.
DEPPE, Hans-Dieter (Hrsg.): Bankbetriebliches Lesebuch. Stuttgart 1978.
EILENBERGER, Guido: Bankbetriebswirtschaftslehre. 5. Auflage. München/Wien 1993.
GÜDE, Udo: Geschäftspolitik der Sparkassen. 5. Auflage. Stuttgart 1989.
HAGENMÜLLER, Karl Friedrich/JACOB, Adolf-Friedrich: Der Bankbetrieb. 5. Auflage.
  Band I: Strukturelemente des Bankbetriebs. Wiesbaden 1987.
  Band II: Kredite und Kreditsurrogate – Dienstleistungsgeschäft. Wiesbaden 1987.
  Band III: Rechnungswesen – Bankpolitik. Wiesbaden 1988.
HAHN, Oswald: Die Führung des Bankbetriebes. Stuttgart/Berlin/u. a. 1977.
MÜLHAUPT, Ludwig: Einführung in die Betriebswirtschaftslehre der Banken. 3. Auflage. Wiesbaden 1980.
OBST/HINTNER: Geld-, Bank- und Börsenwesen. 39. Auflage, hrsg. von N. Kloten/ J. H. v. Stein. Stuttgart 1993.
SCHIERENBECK, Henner/HÖLSCHER, Reinhold: BankAssurance. Institutionelle Grundlagen der Bank- und Versicherungsbetriebslehre. 2. Auflage. Stuttgart 1992.
SÜCHTING, Joachim: Bankmanagement. 3. Auflage. Stuttgart 1992.

Fachzeitschriften

DIE BANK. Zeitschrift für Bankpolitik und Bankpraxis. Herausgeber: Bundesverband deutscher Banken e. V., Köln. (1961–1976: BANK-BETRIEB).
  Seit 1977, monatlich.
BANK ARCHIV. Zeitschrift für das gesamte Bank- und Börsenwesen. Herausgeber: Österreichische Bankwissenschaftliche Gesellschaft, Wien. (1953–1987: ÖSTERREICHISCHES BANK-ARCHIV).
  Seit 1988, monatlich.
BANKHISTORISCHES ARCHIV. Zeitschrift für Bankengeschichte. Herausgeber: G. Aschhoff/J. B. Bergier/K. E. Born/u. a.
  Seit 1975, zweimal jährlich.

Bank Information und Genossenschaftsforum. Herausgeber: Bundesverband der Deutschen Volksbanken und Raiffeisenbanken e. V., Bonn. (1964–1973: Bankbetriebliche Informationen – Zeitschrift für die genossenschaftliche Bankwirtschaft). Seit 1974, monatlich.

Bank und Markt + Technik. Zeitschrift für Management, Marketing und Organisation. Herausgeber: E. Bracker/H. E. Büschgen/u. a. Seit 1971, monatlich.

Betriebswirtschaftliche Blätter. Fachzeitschrift für Unternehmensführung in der Praxis. Herausgeber: Deutscher Sparkassen- und Giroverband e. V., Bonn. Seit 1953, monatlich.

FLF – Finanzierung, Leasing, Factoring. Unabhängiges Fachblatt. Herausgeber: K. Bette/W. B. Fischer/u. a. (Bis April 1980: Teilzahlungswirtschaft). Seit Mai 1980, zweimonatlich.

Geldinstitute. Magazin für Management und Banktechnik. Seit 1970, monatlich.

Karten – Cards – Cartes. Zeitschrift für Zahlungsverkehr und Kartendienstleistungen. Herausgeber: J. Aumüller/E. Klein/u. a. Seit 1990, viermal jährlich.

Kredit und Kapital. Herausgeber: W. Ehrlicher/H.-H. Francke/H.-J. Krümmel. Seit 1968, viermal jährlich.

Der langfristige Kredit. Zeitschrift für Finanzierung und Vermögensanlage. Herausgeber: E. Brüggemann/W. A. Burda/u. a. Seit 1950, zweimal monatlich.

Sparkasse. Zeitschrift des Deutschen Sparkassen- und Giroverbandes, Bonn. Seit 1884, monatlich.

Zeitschrift für Bankrecht und Bankwirtschaft. Herausgeber: H. E. Büschgen/ K.-D. Bundschuh/u. a. Seit 1989, viermal jährlich.

Zeitschrift für das gesamte Kreditwesen. Herausgeber: A. Dietz/M. Hackl/u. a. Seit 1948, zweimal monatlich.

Nachschlagewerke

Büschgen, Hans E. (Hrsg.): Das kleine Börsen-Lexikon. 19. Auflage. Düsseldorf 1991.

Delorme, Hermann/Schlicht, Herbert (Hrsg.): Handbuch des gesamten Kreditwesens, begründet von W. Hofmann. 8. Auflage. Frankfurt a. M. 1987.

Deutscher Sparkassenverlag (Hrsg.): Handwörterbuch der Sparkassen. (4 Bände). Stuttgart 1982.

Gabler Banklexikon. Handwörterbuch für das Bank- und Sparkassenwesen. (3 Bände). 10. Auflage. Wiesbaden 1988.

Literatur zum 1. Abschnitt:
Der Bankbetrieb als Gegenstand der Bankbetriebslehre

1. Bankbetrieb im historischen Wandel

Geld und Geldfunktionen

Born, Karl Erich: Die Entwicklung der Banknote vom „Zettel" zum gesetzlichen Zahlungsmittel. Mainz 1972.

CHRISTMANN, Thomas: Das Bemühen von Kaiser und Reich um die Vereinheitlichung des Münzwesens. Berlin 1988.

GERLOFF, Wilhelm: Die Entstehung des Geldes und die Anfänge des Geldwesens. 3. Auflage. Frankfurt a. M. 1947.

MÜNCH, Christof: Das Giralgeld in der Rechtsordnung der Bundesrepublik Deutschland. Baden-Baden 1990.

REITHER, Francesco E.: Geld und Geldsubstitute in der Bundesrepublik Deutschland. Berlin 1981.

RITTMANN, Herbert: Deutsche Geldgeschichte 1484–1914. München 1975.

–: Deutsche Geldgeschichte seit 1914. München 1986.

SCHILCHER, Rudolf: Geldfunktionen und Buchgeldschöpfung. Berlin 1958.

SCHULTZ, Bruno: Kleine deutsche Geldgeschichte des 19. und 20. Jahrhunderts. Berlin 1976.

SPRENGER, Bernd: Banknotenprivileg in Deutschland. In: Bank, 1986, S. 533–537.

–: Das Geld der Deutschen. Geldgeschichte Deutschlands von den Anfängen bis zur Gegenwart. Paderborn/München/u. a. 1991.

STEBUT, Dietrich von: Geld als Zahlungsmittel und Rechtsbegriff. In: Juristische Ausbildung Jura, 1982, S. 561–572.

Knappe Übersichten zur Bankengeschichte

ACHTERBERG, Erich/BURGER, Otto: Geschichte des Bankwesens. In: Enzyklopädisches Lexikon für das Geld-, Bank- und Börsenwesen. 3. Auflage. Frankfurt a. M. 1967/68, S. 618–629 (Band I).

BORN, Karl Erich: Die Hauptentwicklungslinien des mitteleuropäischen Universalbankensystems. In: Bank, 1/1977, S. 15–19.

KRASENSKY, Hans: Kurzgefaßte Bankgeschichte. Stuttgart 1968.

LÖFFELHOLZ, Josef: Geschichte der Betriebswirtschaft und der Betriebswirtschaftslehre. Stuttgart 1935, S. 176–209 und 321–356.

POHL, Manfred (Hrsg.): Europäische Bankengeschichte. Frankfurt a. M. 1993.

Geschichte und gegenwärtiger Stand des Bankwesens. In: Handwörterbuch der Staatswissenschaften, 4. Auflage, Jena 1924, Zweiter Band:

LAUM, Bernhard: Die Banken im Altertum (S. 165–168).

EHRENBERG, Richard: Die Banken vom 11. bis zum 17. Jahrhundert (S. 169–175).

LEXIS: Die Banken in den kontinentalen Staaten im 18. Jahrhundert (S. 175–177).

Deutsche Bankengeschichte

BORN, Karl Erich: Die deutsche Bankenkrise 1931. München 1967.

–: Geld und Banken im 19. und 20. Jahrhundert. Stuttgart 1977.

CAMERON, Rondo: Banking in the early stages of industrialization. A study in comparative economic history. London/Toronto 1967. (betr. England, Schottland, Frankreich, Belgien, Deutschland, Rußland, Japan)

DEUTSCHE BUNDESBANK (Hrsg.): Währung und Wirtschaft in Deutschland 1876–1975. 2. Auflage. Frankfurt a. M. 1976.

–: Deutsches Geld- und Bankwesen in Zahlen 1876–1975. Frankfurt a. M. 1976.

–: 40 Jahre Deutsche Mark – Monetäre Statistiken 1948–1987. Frankfurt a. M. 1988.

DILLEN, J. G. van (Hrsg.): History of the principal public banks – accompanied by extensive bibliographies of the history of banking and credit in eleven European countries. London 1934. 2. Auflage. New York 1965 (S. 401–420: H. SIEVEKING, Bibliographie der Geschichte des Bankwesens – Deutsche Literatur für die Zeit bis 1815).

DONAUBAUER, Klaus: Privatbankiers und Bankenkonzentration in Deutschland von der Mitte des 19. Jahrhunderts bis 1932. Frankfurt a. M. 1988.

ESSER, Wilfried: Die Entwicklung des Sparkassenwesens in Preußen bis zum Beginn des 20. Jahrhunderts. Bonn 1979.

HOLTFRERICH, Carl-Ludwig: Auswirkungen der Inflation auf die Struktur des deutschen Kreditgewerbes. In: Die Nachwirkungen der Inflation auf die deutsche Geschichte 1924–1933, hrsgg. von G. D. Feldman, München 1985, S. 187–209.

HORSTMAN, Theo: Die Alliierten und die deutschen Großbanken. Bonn 1991

KLEIN, Ernst: Deutsche Bankengeschichte, Band 1: Von den Anfängen bis zum Ende des Alten Reiches (1806). Frankfurt a. M. 1982.

KLUGE, Arnd Holger: Geschichte der deutschen Bankgenossenschaften. Frankfurt a. M. 1991.

LEHMANN, Werner: Abriß der Geschichte des deutschen Bausparwesens. In: Bankhistorisches Archiv, 2/1981, S. 30–50.

LÜKE, Rolf E.: 13. Juli 1931. Das Geheimnis der deutschen Bankenkrise. Frankfurt a. M. 1981.

MURA, Jürgen: Entwicklungslinien der deutschen Sparkassengeschichte. Stuttgart 1987.

–: Zur Geschichte des Zahlungsverkehrs der deutschen Sparkassenorganisation. In: Spk, 1987, S. 120–126 und 309–318.

–: Zur Geschichte des Kommunalkredits der deutschen Sparkassenorganisation. In: Spk, 1988, S. 135–142 und 378–384.

–: Zur Geschichte des Wertpapiergeschäfts der deutschen Sparkassenorganisation. In: Spk, 1989, S. 86–94 und 236–239, sowie 1990, S. 137–143 und 333–335, und 1991, S. 137–141.

OEHLER, Andreas: 20 Jahre Wettbewerb im Privatkundengeschäft der Universalbanken. In: Bank, 1990, S. 64–70.

PIX, Manfred: Veröffentlichungen zur Sparkassengeschichte in der Bundesrepublik Deutschland und in Berlin (West) von 1960 bis 1977. In: Bankhistorisches Archiv, 12/1977, S. 30–68.

POHL, Hans (Hrsg.): Deutsche Börsengeschichte. Frankfurt a. M. 1992.

POHL, Hans/POHL, Manfred: Deutsche Bankengeschichte, Band 2: Die Entwicklung des deutschen Bankwesens zwischen 1848 und 1870. Frankfurt a. M. 1982.

POHL, Manfred: Hamburger Bankengeschichte. Mainz 1986.

RIESSER, Jakob: Zur Entwicklungsgeschichte der deutschen Großbanken – mit besonderer Rücksicht auf die Konzentrationsbestrebungen. 2. Auflage. Jena 1906. 4. Auflage 1912 unter dem Titel „Die deutschen Großbanken und ihre Konzentration im Zusammenhang mit der Entwicklung der Gesamtwirtschaft in Deutschland".

SCHMIDT, Olaf: Bankwesen und Bankpolitik in den freien Hansestädten um die Mitte des 19. Jahrhunderts. Frankfurt a. M. 1988.

SPRENGER, Bernd: Anfänge des Bankwesens in Deutschland. In: Bank, 1987, S. 215–219.

–: Das deutsche Bankwesen im Zeitalter der Industrialisierung. In: Bank, 1987, S. 576–579.

TRENDE, Adolf: Geschichte der deutschen Sparkassen bis zum Anfang des 20. Jahrhunderts. Stuttgart 1957.

WAGNER, Kurt: Stationen deutscher Bankgeschichte – 75 Jahre Bankenverband. Köln 1976.

WEBER, Adolf: Depositenbanken und Spekulationsbanken. Ein Vergleich deutschen und englischen Bankwesens. 4. Auflage. München/Leipzig 1938.

WOLF, Herbert: 30 Jahre Nachkriegsentwicklung im deutschen Bankwesen. Mainz 1980.

WYSOCKI, Josef: Untersuchungen zur Wirtschafts- und Sozialgeschichte der deutschen Sparkassen im 19. Jahrhundert. Stuttgart 1980.

BANKHISTORISCHES ARCHIV. Zeitschrift für Bankengeschichte. Seit 1975, zweimal jährlich.

Entwicklung und Stand der Bankbetriebslehre

BALTENSBERGER, Ernst: Zur Entwicklung der Bankwissenschaft in den USA. In: Bank, 1983, S. 408–415.

BÖHNER, Willi: Bankbetriebslehre. In: ZfB, 1982, S. 871–892.

DEPPE, Hans-Dieter: Eine Konzeption wissenschaftlicher Bankbetriebslehre in drei Doppelstunden. In: Bankbetriebliches Lesebuch, hrsgg. von H.-D. Deppe, Stuttgart 1978, S. 3–98.

EICHHORN, Peter: Die Methodologiediskussion in der Betriebswirtschaftslehre und ihre Bedeutung für die Bankbetriebslehre. In: Bankbetriebliches Lesebuch, hrsgg. von H.-D. Deppe, Stuttgart 1978, S. 137–152.

EICHWALD, Berthold: Berufsanforderungen der Kreditinstitute und Lernziele im Fach Bankbetriebslehre an Hochschulen. Diss. München 1979.

GLOW, Gottfried: Die Entwicklung der Bankbetriebslehre unter besonderer Berücksichtigung neuerer Forschungen in Deutschland und Österreich. Wien 1971.

GRÜNEWALD, Hans-Günter: Die Entwicklung der Bankbetriebslehre in Deutschland. Düsseldorf 1963.

HAHN, Oswald: Konzeptionen der Bankbetriebslehre. In: Wirtschaft und Wissenschaft im Wandel – Festschrift für C. Zimmerer. Frankfurt a. M. 1986, S. 137–155.

HEIN, Manfred: Entwicklung und Stand der Bankbetriebslehre in Deutschland. In: WiSt, 1972, S. 197–202 (auch abgedruckt in: Texte zur wissenschaftlichen Bankbetriebslehre I, hrsgg. von H.-D. Deppe, Göttingen 1980, S. 301–315).

LÖFFELHOLZ, Josef: Die erste deutsche Bankbetriebslehre. Zum 300. Geburtstag Jakob Marpergers. In: ZfB, 1956, S. 119–125. (betr. Paul Jacob MARPERGER, Beschreibung der Banquen, Leipzig/Halle 1717)

SCHIERENBECK, Henner: Bankbetriebslehre. In: Handwörterbuch der Betriebswirtschaft, 5. Auflage, Teilband 1, Stuttgart 1993, Sp. 241–258.

SCHUSTER, Leo: Standort der Bankbetriebslehre. In: Betriebswirtschaftliche Forschung und Ausbildung, Bern 1972, S. 5–22.

SLEVOGT, Horst: Bankbetriebslehre oder Bankgeschäftslehre? In: Öst. Bk-A, 1982, S. 167–179.

WALB, Ernst: Die Weiterbildung der Betriebslehre der Banken. In: ZfhF, 1914/15, S. 179–186.

2. Bankbetrieb und Wirtschaftssystem

Geld- und Bankwesen in der Zentralplanwirtschaft

FLORSCHÜTZ, Wolfgang: Das Geldsystem in einer Zentralverwaltungswirtschaft. Diss. Freiburg (Schweiz) 1970.

FOX, Ursula: Das Bankwesen der europäischen Volksdemokratien. Wiesbaden 1967.

–: Bankbetriebe als Teil des finanziellen Sektors der DDR. In: Bankbetriebliches Lesebuch, hrsgg. von H.-D. Deppe, Stuttgart 1978, S. 179–202.

GUTMANN, Gernot: Theorie und Praxis der monetären Planung in der Zentralverwaltungswirtschaft. Stuttgart 1965.

HEIN, Manfred: Bankensysteme außerhalb der Bundesrepublik Deutschland – (II) Planwirtschaftliche Bankensysteme. In: OBST/HINTNER, Geld-, Bank- und Börsenwesen, 38. Auflage, hrsgg. von N. Kloten/J. H. v. Stein, Stuttgart 1988, S. 270–276.

KOCH, Dieter: Möglichkeiten und Probleme der instrumentalen Verwendung eines staatlichen Bankensystems für die Geld- und Kreditpolitik. Diss. Hamburg 1974.

SEVERA, Borek D.: Banken und Kredit in den Staatshandelsländern. In: Bank, 7–8/1977, S. 32–37.

Banken in marktwirtschaftlichen Systemen

Büschgen, Hans E.: Strukturwandlungen in Finanzsystemen. In: Öst. Bk-A, 1984, S. 3–13 und 49–56.

Financial Times Business Information (Hrsg.): Banking in the EC, 1991. Structures and sources of finance. London 1991.

Gardener, Edward P. M./Molyneux, Philip: Changes in Western European banking. London/u. a. 1990.

Hahn, Oswald: Auslandsausgerichtete Bankensysteme. In: Bank, 1984, S. 114–117.

Hein, Manfred (Hrsg.): Struktur ausländischer Bankensysteme. Schriftenreihe des Instituts für Bank- und Finanzwirtschaft der Freien Universität Berlin. Frankfurt a. M. 1967 ff. (Einzeldarstellungen des Bankwesens in folgenden Ländern: Indien, 1973; Kanada, 1975; Luxemburg, 1976; Südkorea, 1976; Australien, 1976; Dänemark, 1977; Malaysia, 1978; Schweiz, 1979; Hongkong, 1979; Niederlande, 1981; USA, 1981; Österreich, 1982; Singapur, 1983; Griechenland, 1984; Spanien, 1985; Großbritannien, 1989; Türkei, 1990; Schweden, 1992).

Hein, Manfred: Marktwirtschaftliche Bankensysteme außerhalb der Bundesrepublik Deutschland. In: Obst/Hintner, Geld-, Bank- und Börsenwesen, 39. Auflage, hrsgg. von N. Kloten/J. H. v. Stein, Stuttgart 1993, S. 287–319.

Herrmann, Joachim: Staatliche Marktzugangsbeschränkungen im Bankgewerbe: Ein internationaler Vergleich. Frankfurt a. M./Bern 1988.

Hütz, Gerhard: Die Bankenaufsicht in der Bundesrepublik Deutschland und in den USA. Berlin 1990.

Kazmin, Andrei I.: The contours of a new banking system in the dissolving Soviet Union. In: BkA, 1992, S. 113–122.

Kaufman, George G.: The U.S. Financial system. 4. Auflage. Englewood Cliffs 1989.

– (Hrsg.): Banking structures in major countries. Boston 1992.

Prindl, Andreas R. (Hrsg.): Banking and finance in Eastern Europe. New York/u. a. 1992.

Stammer, Karin: Nichtbanken als Substitutionskonkurrenten auf dem Bankleistungsmarkt. Eine vergleichende Analyse für das deutsche und US-amerikanische Bankensystem. Frankfurt a. M. 1987.

Timmermann, Vincenz: Universalbanken – Erfahrungen und mögliche Lehren. In: KuK, 1991, S. 73–83.

3. Universalbank und Spezialbank

Ansätze zu einer Typologie der Bankbetriebe

Hahn, Oswald: Struktur der Bankwirtschaft – Band I: Banktypologie und Universalbanken. 2. Auflage. Berlin 1989.

Obert, Franz Josef: Wesen und Funktionen der Banken und die bankwirtschaftliche Arbeitsteilung. Diss. Mannheim 1965, insbes. S. 124–181.

Schäfer, Heinz: Zum Begriff des Bankbetriebes. Göppingen 1971, insbes. S. 68–136.

Universalbank/Spezialbank

Betsch, Oskar: Strukturwandel und Wettbewerb am Bankenmarkt. Stuttgart 1988.

Bühler, Wilhelm: Securitisation – Kreditbankprinzip contra Investmentbanking? In: Bank, 1987, S. 129–132.

Glagow, Manfred/u. a.: Die deutschen Entwicklungsbanken. Saarbrücken 1985.

Hahn, Oswald: Struktur der Bankwirtschaft.
Band I: Banktypologie und Universalbanken. 2. Auflage. Berlin 1989.
Band II: Spezialbanken und internationale Banken. 1. Teilband. Berlin 1984.

Jacobi, Herbert H.: Spezialisierung im Bankgeschäft: Gibt es Marktnischen für Spezialisten? In: Organisation der Banken und des Bankenmarktes, hrsgg. von W. Engels, Frankfurt a. M. 1988, S. 127–144.

KEHL, Wolfang: Die Universalbank. Wiesbaden 1978.

KOTTMANN, Georg: Universalbank. In: Handwörterbuch der Finanzwirtschaft, hrsgg. von H. E. Büschgen, Stuttgart 1976, Sp. 1740–1746.

MARTINI, Eberhard: Hat das deutsche Universalbanksystem Zukunft? In: BkA, 1991, S. 615–620.

PENZKOFER, Peter: Spezialbanken. In: Handwörterbuch der Finanzwirtschaft, hrsgg. von H. E. Büschgen, Stuttgart 1976, Sp. 1643–1653.

POHL, Manfred: Entstehung und Entwicklung des Universalbankensystems. Frankfurt a. M. 1986.

REMSPERGER, Hermann/ANGENENDT, Uwe: Strukturwandel im deutschen Universalbankensystem. In: Bank, 1990, S. 540–547.

SCHÄFER, Heinz: Einige Anmerkungen zum Begriff „Universalbank". In: BfG, 1972, S. 276–280.

SENGER, Frida: Die Entwicklung der Sparkassen zu Banken. Diss. Freiburg i. Br. 1926.

Zur Kritik an der Universalbank

BÜSCHGEN, Hans E.: Das Universalbanken-System. Frankfurt a. M. 1971.

HAHN, Oswald: Probleme des Universalbanksystems. In: Öst. Bk-A, 1980, S. 346–361.

HANKEL, Wilhelm: Währungspolitik, Geldwertstabilisierung, Währungsintegration und Sparerschutz. Stuttgart/u. a. 1971, S. 240–265.

MÜLHAUPT, Ludwig: Einführung in die Betriebswirtschaftslehre der Banken. Wiesbaden 1977, S. 229–244.

MÜLHAUPT, Ludwig/WIELENS, Hans: Zum Streit um die Ausgliederung des Effektengeschäfts aus dem Aufgabenbereich der Universalbank. In: Geld, Kapital und Kredit, hrsgg. von H. E. Büschgen, Stuttgart 1968, S. 214–245.

SCHWILLING, Werner: Das Effektengeschäft im Universalbankensystem. In: Geld, Kapital und Kredit, hrsgg. von H. E. Büschgen, Stuttgart 1968, S. 287–302.

Bericht der Studienkommission „Grundsatzfragen der Kreditwirtschaft", Bonn o. J. (1979), S. 46–73 und 222–245.

**Literatur zum 2. Abschnitt:
Bankbetriebliche Leistungen**

1. Zum Begriff bankbetrieblicher Leistungen

Dienstleistungen/Sachleistungen

ALTENBURGER, Otto A.: Ansätze zu einer Produktions- und Kostentheorie der Dienstleistungen. Berlin 1981.

BEREKOVEN, Ludwig: Der Dienstleistungsbetrieb. Wiesbaden 1974.

CARP, Hans-Jürgen: Der Transformationsprozeß in Dienstleistungsunternehmungen. Diss. FU Berlin 1974.

MALERI, Rudolf: Grundzüge der Dienstleistungsproduktion. Berlin/u. a. 1973.

Besonderheit bankbetrieblicher Leistungen

DEPPE, Hans-Dieter: Bankbetriebliches Wachstum. Stuttgart 1969, S. 17–36.

–: Eine Konzeption wissenschaftlicher Bankbetriebslehre in drei Doppelstunden. In: Bankbetriebliches Lesebuch, hrsgg. von H.-D. Deppe, Stuttgart 1978, S. 3–98.

DUPUIS, Jürgen Leo: Die Geschäftsbank als Geldunternehmung. Diss. Darmstadt 1971.

EILENBERGER, Guido: Zum Begriff des Bankbetriebes. In: WiSt, 1981, S. 183–186.

HAHN, Oswald: Das Passivgeschäft als Bankleistungs-Angebot. In: Öst. Bk-A, 1976, S. 392–401.

JORDAN, Claus: Abgrenzung und Anwendung des Umsatzbegriffes im Bankbetrieb. Diss. Frankfurt a. M. 1958.

KRÜMMEL, Hans-Jacob: Bankzinsen. Köln /u. a. 1964, S. 20–44.

SCHMIDT, Hartmut: Liquidität von Finanztiteln als integrierendes Konzept der Bankbetriebslehre. In: ZfB, 1979, S. 710–722.

SCHÖNPFLUG, Fritz: Zum Begriff der bankbetrieblichen Leistung. In: ZuB, 1934, S. 17–29.

SEISCHAB, Hans: Die Funktionen und der Wertumlauf der Banken. Stuttgart 1938.

SIEGERT, Theo: Eigenarten bankbetrieblicher Leistungen. Diss. München 1974.

2. Geldanlagemöglichkeiten

Allgemeine Aspekte

AMMANN, Dominique S.: Anlagestrategien für Pensionskassen. Bern/Stuttgart 1990.

ASSMANN, Heinz-Dieter/SCHÜTZE, Rolf A. S.: Handbuch des Kapitalanlagerechts. München 1990.

BIZER, Heinz-Rudi: Geldvermögen der privaten Sparkassenkunden nach Altersgruppen und sozialer Schichtung. In: Spk, 1990, S. 550–558.

BRAUN, Ulrich: Strukturverschiebungen in der Geldvermögensbildung der privaten Haushalte und ihre Konsequenzen für die Kreditinstitute. In: Spk, 1990, S. 62–67.

BÜSCHGEN, Hans E.: Entwicklungslinien und Zukunftsperspektiven der Geldvermögensbildung aus Bankensicht. In: Bank, 1984, S. 104–113.

–: Tendenzen der Geldvermögensbildung und ihre Konsequenzen für das Passivgeschäft. In: Spk, 1985, S. 294–299.

DEUTSCHE BUNDESBANK (Hrsg.): Ergebnisse der gesamtwirtschaftlichen Finanzierungsrechnung der Deutschen Bundesbank 1982 bis 1991. Frankfurt a. M. 1992.

EHRLICHER, Werner/SIMMERT, Diethard B. (Hrsg.): Der volkswirtschaftliche Sparprozeß. Berlin 1985 (Beihefte zu KuK, Heft 9).

EUBA, Norbert: Der Einfluß von Geldwertrisiko und Wertsicherungsklauseln auf die Vermögensdispositionen. Berlin 1973.

FELDERER, Bernhard: Demographische Einflüsse auf den Sparprozeß. In: Allfinanz, hrsgg. von H.-J. Krümmel/H. Rehm/D. B. Simmert, Berlin 1991, S. 75–95.

FRANCKE, Hans-Hermann/FRIEDRICH, Dieter: Sparverhalten bei Unterbeschäftigung, stagnierendem oder sinkendem Realeinkommen. Stuttgart 1985.

FRIETSCH, Heinz: Bestimmungsgründe der Sparquote. Berlin 1991.

GERKE, Wolfgang/SCHÖNER, Manfred A.: Aspekte der Vermögensverteilung und -bildung in der Bundesrepublik Deutschland. In: LK, 1986, S. 684–691.

KAISER, Jürgen: Banken und institutionelle Investoren. Bern/Stuttgart 1990.

KAISER, Walter/ZERWAS, Arnold: Die Struktur des Sparens in der Bundesrepublik Deutschland von 1950 bis 1967. Berlin 1970.

KLEPS, Karlheinz: Inflation und Sparen. Berlin 1979.

KOCH, Hans-Dieter: Die historische Entwicklung des Anlegerschutzgedankens. In: Bankhistorisches Archiv, 2/1980, S. 3–23.

KOCH, Hans-Dieter/SCHMIDT, Reinhard C.: Ziele und Instrumente des Anlegerschutzes. In: BFuP, 1981, S. 231–250.

KREMER, Egon: Strukturelle Änderung der Geldvermögensbildung und ihr Einfluß auf die Geschäftspolitik der Banken. In: Staat, Wirtschaft, Assekuranz und Wissenschaft, hrsgg. von R. Henn/W. F. Schickinger, Karlsruhe 1986, S. 703–720.

LELLEX, Hans Ulrich: Feststellungen zur Struktur und zum Verhalten privater Geldanleger. In: Spk, 1984, S. 298–310.

MAIER, Kurt: Der Sparprozeß in der Bundesrepublik Deutschland. Eine empirische Analyse des Sparverhaltens der privaten Haushalte seit 1950. Frankfurt a. M./Bern 1983.

–: Sparerverhalten im Wandel. In: bum, 11/1989, S. 5–10.

MEINHARDT, Volker: Die Auswirkung der gesetzlichen Rentenversicherung auf das Sparverhalten der privaten Haushalte in der Bundesrepublik Deutschland. Diss. FU Berlin 1980.

NEUMANN, Wolfgang: Betrachtungen zur internationalen Entwicklung der Sparquoten. In: Spk, 1991, S. 462–468.

OSTHUES, Peter: Ausländische Arbeitnehmer in der Bundesrepublik Deutschland. Eine Analyse ihres Sparverhaltens. Diss. Bonn 1979.

REHM, Hannes: Determinanten der Sparquote in Deutschland. In: LK, 1992, S. 722–725.

RUDA, Walter: Ziele privater Kapitalanleger. Wiesbaden 1988.

SCHLOMANN, Heinrich: Der Einfluß von Lebenszyklus und Familiensituation auf das Sparverhalten. In: Allfinanz, hrsgg. von H.-J. Krümmel/H. Rehm/D. B. Simmert, Berlin 1991, S. 97–120.

SENGUEL, Oemer: Das Sparverhalten der türkischen Arbeitnehmer und dessen Auswirkungen auf die Bundesrepublik Deutschland und die Türkei. Bonn 1980.

SEUM, Andreas Michael: Das Anlageverhalten der Sparer. Frankfurt a. M. 1988.

–: Der Einfluß von Zinsschwankungen auf das Anlageverhalten der Sparer. In: Spk, 1988, S. 319–324.

SIEPER, Hartmut (Hrsg.): Handbuch der Vermögensanlage. Wiesbaden 1992.

STEINBRINK, Klaus/HERMANNS, Wolfgang: Das Anlegerverhalten und seine Auswirkungen auf die Geschäftspolitik der Sparkasse. In: ZfgK, 1986, S. 286–290 und 350–354.

WEISS, Ulrich: Sparmarketing in der Inflation. In: Bk-B, 1974, S. 490–495, und 1975, S. 2–5.

Die Entwicklung des Geld- und Sachvermögens westdeutscher privater Haushalte in den letzten zwanzig Jahren. In: Mb-Bbk, April 1992, S. 14–20.

Unmittelbare Geldanlagen (bei Universalbanken)

ASHAUER, Günter: Das Einlagengeschäft. In: OBST/HINTNER, Geld-, Bank- und Börsenwesen, 39. Auflage, hrsgg. von N. Kloten/J. H. v. Stein, Stuttgart 1993, S. 505–525.

DENZER, Wilhelm: Die neuen gesetzlichen Rahmenbedingungen für die Ausgabe von Schuldverschreibungen. In: Spk, 1991, S. 112–119.

DIEROLF, Günther-Otto: Fremdfinanzierungspolitik von Geschäftsbanken. Berlin 1984.

DIEROLF, Günther/LECHNER, Josef: Das Depositenzertifikat – Innovatives Finanzierungsinstrument. In: ZfgK, 1985, S. 760–763 und 806–810.

GENTSCH, Burkhard: Sparbriefe – Sparobligationen – Wachstumssparen. Berlin 1979.

GREINER, Wolfgang: Die Emission eigener Schuldverschreibungen durch Kreditgenossenschaften. Diss. Erlangen/Nürnberg 1985.

GÜDE, Udo: Geschäftspolitik der Sparkassen. 5. Auflage. Stuttgart 1989, S. 208–257 (Die Kapitalbeschaffungspolitik der Sparkassen).

HAGENMÜLLER, Karl Fr./JACOB, Adolf-Friedrich: Der Bankbetrieb, Band I. 5. Auflage. Wiesbaden 1987, S. 207–268 (Einlagen und Einlagensurrogate).

HEYNS, Manuela: Passiv-Management. Beurteilung der Fremdfinanzierung von Kreditinstituten bei Nichtbanken unter besonderer Berücksichtigung neuerer Sparformen. Frankfurt a. M./Bern/u. a. 1988.

JACOB, Adolf-Friedrich: Miszellen zu Funktionswandel und „Rentabilität" von Spareinlagen für die Geschäftsbanken. In: bum, 3/1986, S. 5–10.

KELLER, Christian-Andreas: Strategische Grundlagen zur Einlagensicherung durch den Garantieverbund der deutschen Kreditbanken. Göttingen 1991.

KÜRBLE, Günter/HAMANN, Thomas: Sparplan mit Versicherungsschutz und gemischte Lebensversicherung als vergleichbare Produkte. In: ZgV, 1985, S. 371–402.

Möhle, Hans-Joachim: Das Passivgeschäft – zentrale Herausforderung für die künftige Geschäftspolitik der Sparkassen. In: Spk, 1985, S. 454–460.

Moser, Hubertus/Begere, Karl-Dieter: Fibor. In: ZfgK, 1991, S. 406–410.

Schmidt, Dirk: Einlagensicherung im deutschen Kreditgewerbe. Stuttgart 1977.

Schmidt, Peter: Entwicklungstendenzen im Passivgeschäft der Kreditinstitute. In: Spk, 1985, S. 340–349.

Schultze-Kimmle, Horst-Dieter: Sicherungseinrichtungen gegen Einlegerverluste bei deutschen Kreditgenossenschaften. Würzburg 1974.

Singer, Hans Jürgen/Kuhn, Wolfgang: Die Bonifizierung von Spareinlagen. In: ZfgK, 1981, S. 758–760.

Sperrhacke, Volker: Entwicklung und geschäftspolitische Bedeutung von Sondersparformen. In: Spk, 1991, S. 460–462.

Tiedeken, Klaus: Die Entwicklung der privaten Kundeneinlagen. Frankfurt a. M./u. a. 1991.

Zur längerfristigen Entwicklung des Mittelaufkommens der Kreditinstitute. In: Mb-Bbk, Oktober 1985, S. 26–38.

Die Einlagensicherung in der Bundesrepublik Deutschland. In: Mb-Bbk, Juli 1992, S. 30–38.

Mittelbare Geldanlagen (durch Universalbanken)

Altrogge, Günther: Zur Abschätzung von Risiken und Chancen bei Anlagen in festverzinslichen Wertpapieren. In: ZfB, 1982, S. 442–469.

Ashauer, Günter/Steinborn-Reetz, Lothar: Das Wertpapiergeschäft der Kreditinstitute, 10. Auflage. Stuttgart 1992.

Baxmann, Ulf G.: Zur Optionsentwicklung in der Bundesrepublik Deutschland. In: Bank, 1991, S. 494–498.

Behrenwaldt, Udo: Geldmarktfonds in Europa. In: Bank, 1991, S. 304–307.

–: Aktienfonds: Erfahrungen und Empfehlungen zum 5. Vermögensbildungsgesetz. In: Bank, 1991, S. 489–492.

Brunner, Guido: Immobilienvermittlung als Bankdienstleistung der Kreditgenossenschaften. Erlangen/Nürnberg 1982 (Lehrstuhl für Allgemeine, Bank- und Versicherungsbetriebslehre an der Universität Erlangen/Nürnberg).

Bruns, Georg/Rodrian, Heinrich (Hrsg.): Wertpapier und Börse. Ergänzbares Rechtshandbuch für den Effektenverkehr. Berlin 1971ff. (insbes. Kennz. 400–880).

Bühler, Wolfang/Ayasse, Lothar: Kombizinsanleihen aus Sicht des Privatinvestors. In: WiSt, 1993, S. 89–94.

Büschgen, Hans E.: Geldmarktfonds. In: ZfgK, 1986, S. 990–994 und 1036–1040.

– (Hrsg.): Das kleine Börsen-Lexikon. 19. Auflage. Düsseldorf 1991.

Delorme, Hermann: Vom Wertpapier zum Wertrecht. In: Bank, 1981, S. 431–437.

Deutsche Bank AG (Hrsg.): Wertpapiere. Ausstattung, Handel, Verwaltung. 3. Auflage. Frankfurt a. M. 1986.

Deutsche Terminbörse (Hrsg.): Einführung in den Optionshandel. Wiesbaden 1989.

Flachmann, Klaus/Scholtz, Rolf-Detlev/u. a. (Hrsg.): Investment. Ergänzbares Handbuch für das gesamte Investmentwesen. Berlin 1970ff. (Loseblattsammlung).

Gerke, Wolfgang/Schöner, Manfred A.: Interessengegensätze bei der Zulassung von Geldmarktfonds. In: ZfgK, 1989, S. 1045–1050.

Hartung, Klaus Joachim: Das Wertpapieroptionsgeschäft in der Bundesrepublik Deutschland. Berlin 1989.

Helkenberg, Wilhelm-Christian: Anlegerschutz am grauen Kapitalmarkt. Wiesbaden 1989.

Hoffmann, Peter/Ramke, Ralf: Finanzinnovationen an der Deutschen Terminbörse (DTB). Berlin 1990.

Hopt, Klaus J.: Die Verantwortlichkeit der Banken bei Emissionen. München 1991.

HORST, Peter Michael: Kapitalanlegerschutz. Haftung bei Emission und Vertrieb von Kapitalanlagen. München 1987.

IMO, Christian: Börsentermin- und Börsenoptionsgeschäfte (2 Bände). Wiesbaden 1988.

JAGDFELD, A. August/SCHÜNEMANN, H. Jürgen: Immobilien-Investment-Banking in Deutschland. In: Spk, 1991, S. 274–280.

JUNCKER, Klaus: Die Vermittlung von Kapitalanlagen – eine komplementäre Bankdienstleistung. In: Die Kapitalbeteiligungsgesellschaft in Theorie und Praxis, hrsgg. von K. Juncker/K. Schlegelmilch, Frankfurt a. M. 1976, S. 93–101.

KANDLBINDER, Hans Karl: Spezialfonds als Anlageinstrument. Frankfurt a. M. 1991.

KJER, Volkert: Optionsanleihen. Berlin/Bielefeld/München 1980.

KLEINSCHMIT, Martin: Das Informationsmodell bei Börsentermingeschäften. Berlin 1992.

KOESTER, Helmut: Wie weit geht die Prospekthaftung? In: ZfgK, 1983, S. 698–702.

LAUER, Jörg: Die neuere Rechtsprechung zur Haftung der Kreditinstitute bei Produkten des freien Kapitalmarktes. In: Spk, 1988, S. 424–433.

LAUX, Manfred/PÄSLER, Rüdiger: Wertpapier-Investmentfonds. Frankfurt a. M. 1992.

LETSCHERT, Günther/STEFFAN, Franz: Pfandbriefe und Kommunalobligationen. 2. Auflage. Frankfurt a. M. 1981.

LINNENBAUM, F.-J.: Vermögensbildung mit Aktien unter dem Einfluß der Inflation. Wiesbaden 1974.

LÜDTKE, Lothar: Die Struktur und das Verhalten der Emittenten und Anleger am deutschen Rentenmarkt nach dem zweiten Weltkrieg. Diss. München 1972.

LÜTGERATH, Henneke Friedrich: Die Erweiterung des Anlagekataloges von Investmentgesellschaften. Baden-Baden 1984.

MENKHOFF, Lukas/SCHLUMBERGER, Manfred: Echte, Quasi- und synthetische Geldmarktfonds. In: ZfgK, 1990, S. 1078–1081.

MERKLE, Dieter: Ansätze zum Ausbau des Wertpapiergeschäfts bei Sparkassen. In: Spk, 1988, S. 538–542.

MÜLLER-SCHWERIN, Eberhard: Der Börsenterminhandel mit Wertpapieren. Berlin 1975.

OLBERMANN, Jürgen: Umweltfonds – Marketing mit Perspektiven. In: bum, 8/1991, S. 5–10.

OPPERMANN, Georg/DEGNER, Harald: Wertpapiere. 6. Auflage. Frankfurt a. M. 1983.

PÄSLER, Rüdiger: Handbuch des Investmentsparens. Wiesbaden 1991.

PELZL, Wolfgang/BETZ, Wolfgang: Beurteilung von Geldmarktfonds. Frankfurt a. M. 1989.

–: Die Banken und die Geldmarktfonds. In: ZfgK, 1989, S. 1096–1100.

SCHIERENBECK, Henner: Der geregelte Markt als Organisationsinnovation für den deutschen Kapitalmarkt. In: BFuP, 1988, S. 430–455.

SCHMIDT, Hartmut: Wertpapierbörsen. München 1988.

–: Die Rolle der Regionalbörsen am deutschen Kapitalmarkt heute und morgen. In: KuK, 1992, S. 110–132 und 233–256.

SCHNEIDER, Rolf: Wertpapieremission, Wertpapiererwerb und Zinsbildung am Rentenmarkt. In: KuK, 1985, S. 372–398.

SCHOLZ, Ralf: Der DM-Zerobond. Frankfurt a. M. 1988.

SCHUMANN, Günter: Optionsanleihen. Köln/u. a. 1990.

SCHWARK, Eberhard: Zur Haftung der Emissionsbank bei Aktienemissionen. In: ZGR, 1983, S. 162–168.

STEHLE, RICHARD/HARTMOND, Anette: Durchschnittsrenditen deutscher Aktien. In: KuK, 1991, S. 371–409.

STEUER, Jürgen H.: Neue Formen von Kapitalanlagen (Zero- und stripped bonds) und ihre steuerliche Beurteilung in der Bundesrepublik Deutschland. Frankfurt a. M. 1985.

THEILMANN, Olaf: Die Einführung von Geldmarktfonds in der Bundesrepublik Deutschland. Bern/Berlin/u. a. 1991.

TILLY, Wolfgang M.: Die amtliche Kursnotierung an den Wertpapierbörsen. Baden-Baden 1975.

WEGER, Gerd: Optionsscheine als Anlagealternative. Wiesbaden 1985.

WERNER, Horst S./MACHUNSKY, Jürgen: Bankenhaftung für Börsenverluste. Göttingen 1989.

WIEK, Ekkehard J.: Lohnt die Aktie das Risiko? In: Bank, 1992, S. 718–722.

WIELENS, Hans: Anlage in und Spekulationen mit Renten. In: ZfgK, 1977, S. 1005–1011.

ZEHNER, Klaus: Zero-Bonds im Emissionsrecht, Steuerrecht und Bilanzrecht. München 1988.

ZIMMERER, Carl: Die Beteiligung an mittelständischen Unternehmen als Kapitalanlage – aus Sicht des Anlegers. In: BFuP, 1981, S. 251–258.

Neuere Tendenzen im Anlageverhalten von Inländern am Anleihemarkt. In: Mb-Bbk, Juli 1988, S. 14–19.

Investmentsparen im Aufwind. In: Mb-Bbk, Oktober 1988, S. 32–39.

Der Wertpapierbesitz in der Bundesrepublik Deutschland im Lichte der inländischen Depotstatistik. In: Mb-Bbk, Mai 1989, S. 21–28.

Vermögensverwaltung (Asset Management; Trust Banking)

AUCKENTHALER, Christoph: Trust Banking. Theorie und Praxis des Anlagegeschäftes. Bern/Stuttgart 1991.

BRUNNER, Guido F.: Die Vermögensverwaltung deutscher Kreditinstitute im Privatkundengeschäft. Frankfurt a. M./Bern 1987.

CRAMER, Jörg: Wege der Allvermögensberatung. In: vbo-informationen, 1988, S. 42–51 (A 4, Bl. 258–267).

DORNER, Rudolf: Vermögensverwaltung durch Kreditinstitute. Frankfurt a. M. 1970.

EISENMENGER, Hartmut: Trustgeschäft und Vermögensverwaltung durch Kreditinstitute. Frankfurt a. M. 1966.

JANOWSKI, Wolfgang: Computerunterstützte Anlage- und Vermögensberatung. München 1982.

JENDRALSKI, Michael/OEHLENSCHLÄGER, Detlef: Vermögensverwaltung und -betreuung. Frankfurt a. M. 1992.

KAISER, Jürgen: Banken und institutionelle Investoren. Bern/Stuttgart 1990.

KRAUSS, Dieter: Die Anlageberatung der Kreditbanken. Diss. München 1968.

LIEBEROTH-LEDEN, Axel: Funktionen und Leistungsbewertung von Anlageberatern. Diss. St. Gallen 1982.

LOISTL, Otto: Computergestütztes Wertpapiermanagement. 3. Auflage. München 1990.

ORTH, Franz: Vermögensverwaltung. In: Handwörterbuch der Sparkassen, hrsgg. vom Deutschen Sparkassenverlag, Band 4, Stuttgart 1982, S. 286–295.

ROLL, Hans Achim: Vermögensverwaltung durch Kreditinstitute. Zur rechtssystematischen Erfassung anhand von standardisierten Vertragsmustern. Berlin 1983.

SCHWAIGER, Anton: Marketing für institutionelle Vermögensverwaltung. In: Bankmarketing vor neuen Aufgaben, hrsgg. von R. Kolbeck, Frankfurt a. M. 1992, S. 55–72.

SCHWEIZER, Thilo: Wertpapierspezialfonds und ihre Beurteilung aus Sicht deutscher institutioneller Anleger. Köln 1992.

STEINIG, Richard: Das Konzept der Deutschen Bank im Asset Management. In: Bank, 1991, S. 552–557.

STURM, G.: Die treuhänderische Vermögensverwaltung als ungewißheitstheoretisches Problem. Diss. Hamburg 1974.

WONDRAK, Bernhard: Management von Zinsänderungschancen und -risiken. Heidelberg/Wien 1986 (betr. Absicherung von Portefeuilles festverzinslicher Wertpapiere).

3. Finanzierungsmöglichkeiten

Fremdfinanzierung (aus Kreditnehmersicht)

BIERICH, Marcus/SCHMIDT, Reinhart: Finanzierung deutscher Unternehmen heute. Stuttgart 1984.

CHRISTIANS, F. W. (Hrsg.): Finanzierungshandbuch. 2. Auflage. Wiesbaden 1988.

DEMUTH, Michael: Fremdkapitalbeschaffung durch Finanzinnovationen. Wiesbaden 1988.

DRUKARCZYK, Jochen: Finanzierung. 5. Auflage. Stuttgart 1991.

HAHN, Oswald/KRAUSE, Michael W./KÜHNER, Max: Die kurzfristige Fremdfinanzierung. In: Handbuch der Unternehmensfinanzierung. hrsgg. von O. Hahn, München 1971, S. 589–621.

HIELSCHER, Udo/LAUBSCHER, Horst-Dieter: Finanzierungskosten. 2. Auflage. Frankfurt a. M. 1989.

KRÜMMEL, Hans J./RUDOLPH, Bernd (Hrsg.): Corporate Finance. Frankfurt a. M. 1991.

KUHLMANN, Peter/SCHÖNEICH, Klaus: Probleme der langfristigen Fremdfinanzierung nicht-emissionsfähiger Unternehmen in der Bundesrepublik Deutschland. In: KuK, 1968, S. 193–233.

PERRIDON, Louis/STEINER, Manfred: Finanzwirtschaft der Unternehmung. 7. Auflage. München 1993.

SÜCHTING, Joachim: Finanzmanagement. 5. Auflage. Wiesbaden 1989.

SWOBODA, Peter: Betriebliche Finanzierung. 2. Auflage. Heidelberg 1991.

VORMBAUM, Herbert: Finanzierung der Betriebe. 8. Auflage. Wiesbaden 1990.

WILDEN, Patrick: Alternative Ansätze zur Verbesserung der unternehmerischen Kapitalausstattung. In: Bank, 1989, S. 479–484.

Unmittelbare Finanzierung (durch Universalbanken)

AHNEFELD, Adolf: Zur Indexierung von Kreditverträgen. Tübingen 1982.

APPELT, Herbert: Die Rolle der Geschäftsbanken im Rahmen der Investitionsfinanzierung in der Bundesrepublik Deutschland von 1950–1967. Bad Windsheim 1971.

BEIER, Joachim/JACOB, Klaus-Dieter: Der Konsumentenkredit in der Bundesrepublik Deutschland. Frankfurt a. M. 1987.

FALTER, Manuel/HERMANNS, Fritz: Die Praxis des Kreditgeschäfts bei Sparkassen und anderen Kreditinstituten. 13. Auflage. Stuttgart 1991.

GEIGER, Helmut: Kurzfristige Fremdfinanzierung durch Kreditinstitute. In: Finanzierungshandbuch, hrsgg. von F. W. Christians, 2. Auflage, Wiesbaden 1988, S. 215–242.

HAGENMÜLLER, Karl Fr./JACOB, Adolf-Friedrich: Der Bankbetrieb, Band II. 5. Auflage. Wiesbaden 1987, S. 13–85 (Kredite und Kreditsurrogate).

HERTER, Walter: Kontoüberziehungen und Kreditüberschreitungen bei der Unternehmensfinanzierung des Kreditgewerbes. Frankfurt a. M. 1991.

HEYMANN, Ekkehardt von: Neuregelung des Kündigungsrechts nach § 247 BGB. In: BB, 1987, S. 415–421.

HÖRMANN, Günter: Verbraucher und Schulden. Eine rechtstatsächliche und rechtsvergleichende Untersuchung zur Schuldbeitreibung und Schuldregulierung bei privaten Haushalten. Baden-Baden 1987.

HOLZSCHECK, Knut/HÖRMANN, Günter/DAVITER, Jürgen: Die Praxis des Konsumentenkredits in der Bundesrepublik Deutschland. Köln 1982.

JÄHRIG, Alfred/SCHUCK, Hans: Handbuch des Kreditgeschäfts. 5. Auflage. Wiesbaden 1988.

JANY, Reinhard: Staatliche Schuldenstruktur und Bedingungen der Unternehmensfinanzierung. Eine Untersuchung unter besonderer Berücksichtigung des Bankensektors. Diss. Göttingen 1986.

KAMINSKY, Walter: Vom Abzahlungsgeschäft zum bankmäßigen Konsumentenkredit. In: Sozialökonomie in politischer Verantwortung, Festschrift für J. Tiburtius, Berlin 1964, S. 371–382.

KREUTZFELDT, Rolf: Leitfaden durch das Realkreditgeschäft. 5. Auflage. Stuttgart 1990.

KRÜGER, Walter: Langfristige Fremdfinanzierung durch Kreditinstitute und andere Finanzinstitutionen. In: Finanzierungshandbuch, hrsgg. von F. W. Christians, 2. Auflage, Wiesbaden 1988, S. 257–287.

LEOPOLD, Günter: Wandlungstendenzen in der Geschäftsstruktur der deutschen Großbanken. Betriebliche Bedeutung und Problematik der Einführung von Kleinkrediten, Anschaffungsdarlehen und Lohn- und Gehaltskonten durch die deutschen Großbanken. Diss. Hamburg 1966.

MÖLLERS, Thomas M. J.: Die Haftung der Bank bei der Kreditkündigung. Berlin 1991.

NAHLIK, Wolfgang: Mittelständische Unternehmen als Kreditnehmer. In: Bank, 1989, S. 628–635.

OEHL, Thomas: Die Kreditgewährung der Banken an den Staat. Pfaffenweiler 1992.

OHLMEYER, Dietrich/GÖRDEL, Karl-Joseph: Das Kreditgeschäft der Kreditgenossenschaften. 8. Auflage. Neuwied 1990.

REGERBIS, Edith: Offene Kreditlinien im standardisierten Mengengeschäft der Kreditinstitute. Frankfurt a. M. 1991.

REMMERS, Johann: Der langfristige Bankkredit. In: Der nicht-organisierte Kapitalmarkt, hrsgg. vom Institut für Kapitalmarktforschung, Frankfurt a. M. 1983, S. 7–28.

RÜCHARDT, Konrad (Hrsg.): Handbuch des Hypothekarkredits. Frankfurt a. M. 1993.

SCHAARSCHMIDT, Wilhelm/ENGELKEN, Heiko/u. a.: Die Sparkassenkredite. 8. Auflage. Stuttgart 1991.

SCHIEMENZ, Bernd: Die optimale Höhe eines Kontokorrentkredites. In: KuK, 1972, S. 301–315.

SCHMELZ, Karl-Joachim: Der Verbraucherkredit. München 1989.

SCHMITZ-MORKRAMER, Gerd: Wohnungsbaufinanzierung im Konzern Deutsche Bank. In: LK, 1985, S. 680–683.

SIEVI, Christian: Finanzierungsangebote beim Autokauf. In: Spk, 1989, S. 275–278.

STEIN, Johann Heinrich von/KIRSCHNER, Manfred: Kreditleistungen. In: OBST/HINTNER, Geld-, Bank- und Börsenwesen, 39. Auflage, hrsgg. von N. Kloten/J. H. v. Stein, Stuttgart 1993, S. 360–504.

TERBERGER, Eva: Der Kreditvertrag als Instrument zur Lösung von Anreizproblemen. Heidelberg 1987.

TOBIAS, Ernst J.: Der Konsumentenratenkredit im Kontokorrentverhältnis. Baden-Baden 1990.

TROOST, Axel: Staatsverschuldung und Kreditinstitute. Die öffentliche Kreditaufnahme im Rahmen des gesamten Kredit- und Dienstleistungsgeschäftes der Geschäftsbanken. Frankfurt a. M./Bern 1984.

WOLBERT, Hans: Die Fremdfinanzierung von Buyouts. In: ZfgK, 1989, S. 670–676.

ZITZMANN, Armin: Die Gründungsfinanzierung für Ärzte als Kooperation von Banken und Versicherungen. Frankfurt a. M./Bern 1990.

Mittelbare Finanzierung (über Universalbanken)

BENNER, Wolfgang: Genußscheine als Instrument der Unternehmensfinanzierung. In: BFuP, 1985, S. 438–452.

BIBER, Renate: Das Konsortialgeschäft der Banken in steuerlicher Sicht. Berlin/Bielefeld/München 1980.

BORNEMEYER, Manfred: Die Finanzierung der westdeutschen Industrie über den Kapitalmarkt von 1948 bis 1957. Diss. Bonn 1962.

BRUNSWIG, Rolf: Leasing und Factoring als wirksame Wettbewerbsinstrumente der Sparkassen. In: Spk, 1983, S. 210–216.

BÜSCHGEN, Hans E.: Banken und Leasing. In: Wpg, 1968, S. 273–287 und 309–313.

–: Das Konsortialgeschäft der Banken im Wandel. In: BkA, 1988, S. 423–435.

–: Leasing als Finanzierungsalternative. In: BkA, 1989, S. 344–359 und 470–488.

BUSCH, Uwe: Das Schuldscheindarlehn – unter besonderer Berücksichtigung der Doppeltreuhänder-Stellung der Vermittlerbank. Diss. Bonn 1981.

CHRISTIANS, F. Wilhelm: Die Heranführung von Familienunternehmen an die Börse. In: DBW, 1983, S. 177–182.

–: Erschließung des Kapitalmarktes als Quelle für Risikokapital. In: Finanzierungshandbuch, hrsgg. von F. W. Christians, 2. Auflage, Wiesbaden 1988, S. 525–562.

DENZER, Wilhelm: Die neuen gesetzlichen Rahmenbedingungen für die Ausgabe von Schuldverschreibungen. In: Spk, 1991, S. 112–119.

DICKERTMANN, Dietrich: Finanzierungshilfen. Darlehen, Schuldendiensthilfen und Bürgschaften als Instrumente des finanzwirtschaftlichen Interventionismus. Baden-Baden 1980.

EHRET, Robert: Der zentrale Kapitalmarktausschuß „ZKMA" – Entstehung, Organisation und Aufgaben. In: Geld, Banken und Versicherungen, hrsgg. von H. Göppl/R. Henn, Königstein 1981, S. 128–138 (Band II).

EVERLING, Oliver: Asset Securitisation in Europa. In: Bank, 1993, S. 82–86.

FEDERMANN, Hans-Wolfgang: Öffentliche Kredite an die gewerbliche Wirtschaft. Die Bedeutung des öffentlichen Förderungszweckes für die Kreditabwicklung durch die refinanzierte Bank. Diss. Münster 1977.

FISCHER, Lutz: Problemfelder und Perspektiven der Finanzierung durch Venture Capital in der Bundesrepublik Deutschland. In: DBW, 1987, S. 8–32.

FRITSCH, Ulrich: Das Buch der Börseneinführung. 2. Auflage. Köln 1987.

GERICKE, Horst: Handbuch für die Börsenzulassung von Wertpapieren. Frankfurt a. M. 1992.

GRÖSCHEL, Ulrich: Beteiligungsfinanzierung – Wettbewerbsfaktor im Firmenkundengeschäft. In: Spk, 1987, S. 380–383.

GROSSMANN, Jochen: Erscheinungsformen und Auswirkungen der Verbriefungstendenz im Bankgewerbe. Frankfurt a. M./Bern 1990.

HAGEMANN, Jens: Venture Capital. Wiesbaden 1986.

HAGENMÜLLER, Karl Fr./SOMMER, Heinrich Gerhard (Hrsg.): Factoring-Handbuch. 2. Auflage. Frankfurt a. M. 1987.

HAGENMÜLLER, Karl Fr./ECKSTEIN, Wolfram (Hrsg.): Leasing-Handbuch für die betriebliche Praxis. 6. Auflage. Frankfurt a. M. 1992.

HAMER, Eberhard: Mittelstandsinteresse an Spezialfinanzierungen. In: ZfgK, 1989, S. 362–366.

HOPT, Klaus J.: Die Verantwortlichkeit der Banken bei Emissionen. München 1991.

KJER, Volkert: Optionsanleihen. Berlin/Bielefeld/München 1980.

LAMBECK, Peter: Factoring und Forfaitierung als Alternativen zur Fremdfinanzierung. In: Finanzierungshandbuch, hrsgg. von F. W. Christians, 2. Auflage, Wiesbaden 1988, S. 487–498.

LANG, Rudolf/SCHWENKEDEL, Stefan: Kreditinstitute als Eigenkapitalfinanciers. In: Bank, 1988, S. 420–424.

LAUX, Hans: Die Bausparfinanzierung. 6. Auflage. Heidelberg 1992.

LIENHARD, Ernst: Finanzierungs-Leasing als Bankgeschäft. Bern 1976.

LINK, Gerhard: Ankauf von Forderungen aus Leasingverträgen mit Kaufleuten durch Kreditinstitute. In: ZfgK, 1985, S. 658–666.

LINK, Markus: Mittelstandsfinanzierung durch wechselunterlegte Geldmarktpapiere. In: Bank, 1992, S. 17–19.

LÜDTKE, Lothar: Die Struktur und das Verhalten der Emittenten und Anleger am deutschen Rentenmarkt nach dem zweiten Weltkrieg. Diss. München 1972.

MAY, Friedrich W./DAHMANN, Klaus: Die Rolle der Banken im Venture Capital-Geschäft. In: Spk, 1987, S. 351–359.

MICHELS, Ralf: DM-CP-Markt bleibt attraktiv. In: Bank, 1993, S. 87–90.

MÖHLE, Hans-Joachim: Heranführung mittelständischer Unternehmen an die Börse – eine Herausforderung für die Sparkassen. In: Spk, 1987, S. 6–9.

MÜLLER, Klaus: Strukturen deutscher Emissionskonsortien. In: ZfgK, 1985, S. 610–614.

MÜNKER, Dieter: Das Kreditvermittlungsgeschäft als Komponente einer universalbanktypischen Marketingkonzeption. In: Dienstleistungen in Theorie und Praxis, hrsgg. von H. Linhardt/P. Penzkofer/P. Scherpf, Stuttgart 1970, S. 103–115.

OHMSTEDT, Horst: Netzplantechnik bei Emissionsgeschäften. Stuttgart 1974.

OLDENBOURG, Thomas A.: Projektmanagement eines Konsortialgeschäfts in der Form der Anleiheemission. Frankfurt a. M./Bern 1991.

PASKERT, Dierk: Informations- und Prüfungspflichten bei Wertpapieremissionen. Düsseldorf 1991.

REITER, Werner: Das Bundesanleihekonsortium im Zusammenhang mit Gesamtwirtschaft, Staat, Banken und Kapitalmarkt. Wiesbaden 1967.

RÖLLER, Wolfgang: Langfristige Fremdfinanzierung deutscher Unternehmen: von der Industrieobligation zu Finanzinnovationen. In: Finanzierungshandbuch, hrsgg. von F. W. Christians, 2. Auflage, Wiesbaden 1988, S. 289–322.

ROHLEDER, Michael/SCHÄFER, Gerald: Neues Finanzierungsinstrument im Inland: DM-Commercial Paper. In: Bank, 1991, S. 204–207.

RUDOLPH, Bernd: Funktionen und Konditionen der Kreditinstitute im Emissionsgeschäft. In: WiSt, 1981, S. 60–64.

SCHEPERS, Georg: Ist Factoring besser als ein Zessionskredit? In: Bkinf, 9/1985, S. 23–27.

SCHNEIDER, Theo: Factoring bei Sparkassen? In: Spk, 1971, S. 8–15.

SCHOLZE, Herbert: Das Konsortialgeschäft der deutschen Banken (2 Halbbände). Berlin 1973.

SIEBEL, Erhard: Leasing ist ein Geschäft für die Bank. In: BB, Nr. 13/1985, Beilage 7, S. 11–16.

STEINER, Claus: Banken und Sparkassen als Immobilienmakler. Frankfurt a. M. 1992.

STÖRRLE, Winfried: Unternehmerische Strategien bei der Beantragung staatlicher Finanzhilfe. In: Finanzstrategie der Unternehmung, hrsgg. vom Arbeitskreis Unternehmensfinanzierung (H. T. Beyer/H. Kittel/u. a.), Herne/Berlin 1971, S. 59–74.

STOPPOK, Gerhard: Leasing als Bereicherung der Banken-Angebotspalette. In: ZfgK, 1989, S. 322–324.

STROHWALD, Bernd: Kooperation und Wettbewerb zwischen Leasing-Gesellschaften und Banken. In: Institut für Bankwirtschaft und Bankrecht an der Universität zu Köln, Abt. Bankwirtschaft, Mitteilungen und Berichte, Nr. 47 (1985), S. 45–65.

ULLSPERGER, Dieter: Kurzfristige Finanzierung außerhalb des Bereichs der Banken. In: Finanzierungshandbuch, hrsgg. von F. W. Christians, 2. Auflage, Wiesbaden 1988, S. 243–256.

WAGNER, Klaus: Börsengang der Reblaus. In: Bank, 1991, S. 253–257.

WALTER, Herbert: Venture Capital in Deutschland. In: Bank, 1983, S. 560–565.

ZEHNER, Klaus: Zero-Bonds im Emissionsrecht, Steuerrecht und Bilanzrecht. München 1988.

Zur Bedeutung der Aktie als Finanzierungsinstrument. In: Mb-Bbk, Oktober 1991, S. 22–29.

Verwahrung und Verwaltung von Geld (Sichteinlagen/Zahlungsverkehr)
(Die hier genannte Literatur betrifft vor allem die Instrumente des Zahlungsverkehrs.
Zur innerbetrieblichen Abwicklung der Zahlungsverkehrsaufträge vgl. S. 399)
ALBRECHT, Andreas: Zur Haftung von Banken gegenüber Nichtkunden im Zahlungsverkehr. München 1988.
AUMÜLLER, Jürgen: Neue Finanz-Service-Konzeptionen am Beispiel der Kreditkarte.
In: zfbf, 1989, S. 49–60.
BANK FÜR INTERNATIONALEN ZAHLUNGSAUSGLEICH (Hrsg.): Zahlungsverkehrssysteme
in elf entwickelten Ländern. Frankfurt a. M. 1989, S. 99–121 und 286–290.
BECK, Peter: Einwendungen bei eurocheque und Kreditkarte. Köln 1986.
BROCKMEIER, Matthias: Das POS-System des deutschen Kreditgewerbes. Berlin 1991.
BUSER, Martin: Straftaten im Zusammenhang mit Kreditkarten. Bern 1986.
CHRISTIANS, Volker C.: Neue Zahlungsverkehrsinstrumente. Frankfurt a. M. 1985.
DAMBMANN, Wolfgang: Überlegungen zu POS-Systemen. In: bum, 5/1981, S. 5–10.
DEPPE, Hans-Dieter: Betriebswirtschaftliche Grundlagen der Geldwirtschaft. Band 1:
Einführung und Zahlungsverkehr. Stuttgart 1973.
DORNER, Herbert: Elektronisches Zahlen mit Bankkarten. In: Bw. Blätter, 1989,
S. 54–60.
–: Das Kreditkartengeschäft. Frankfurt a. M. 1991.
–: Elektronisches Zahlen. Frankfurt a. M. 1992.
FALLSCHEER-SCHLEGEL, Andreas: Das Lastschriftverfahren. Köln/Berlin/u. a. 1977.
FÖRSTER, Gerhard: Anmerkungen zum Einsatz von Cash-Management-Systemen. In:
bum, 4/1984, S. 25–28.
FRANK, Gertraud: Neuere Entwicklungen im elektronischen Zahlungsverkehr. Frankfurt a. M. 1990.
GERKE, Wolfgang/OEHLER, Andreas: Die Einstellung der Konsumenten zu POS-Banking. In: Bank, 1988, S. 62–66.
GIGER, Hans: Kreditkartensysteme. Zürich 1985.
GREGOR, Klaus: Grundlagen und verfahrenstypische Risiken des Lastschriftverfahrens.
Diss. (jur.) Augsburg 1981.
GODSCHALK, Hugo T. C.; Computergeld. Entwicklungen und ordnungspolitische
Probleme des elektronischen Zahlungsverkehrssystems. Frankfurt a. M. 1983.
GRÜNWALD, Alfons: Das klassische Zahlungsmittel Scheck im Zeitalter der Elektronik. In: Öst. Bk-A, 1987, S. 548–556.
GÖSSMANN, Wolfgang: Recht des Zahlungsverkehrs. Berlin 1989.
HAMMANN, Harald: Die Universalkreditkarte: ein Mittel des bargeldlosen Zahlungsverkehrs. Berlin 1991.
HAMMANN, Harald/STOLTENBERG, Ulrich: Sind Kreditkartengeschäfte Bankgeschäfte?
In: ZfgK, 1989, S. 617–620 und 664–669.
HARBEKE, Christof: Neue Kundenbedingungen für das eurocheque-Verfahren. In:
Bank, 1989, S. 31–36.
HENNIG, Christian: Zahlungsverkehrsabkommen der Spitzenverbände in der Kreditwirtschaft. Frankfurt a. M./Bern 1991.
HERGERSBERG, Johannes: Ziele und Auswirkungen der GAA-Pool-Vereinbarung. In:
Bw. Blätter, 1981, S. 146–150.
HÖNN, Günther: Kartellrechtliche Probleme moderner Zahlungssysteme. In: ZBB,
1991, S. 6–23.
HUMPERT, Alfons: Nationaler Zahlungsverkehr. In: OBST/HINTNER, Geld-, Bank- und
Börsenwesen, 39. Auflage, hrsg. von N. Kloten/J. H. v. Stein, Stuttgart 1993,
S. 604–632.
JUDT, Ewald: Zahlungsverkehr – eine Literaturübersicht. In: Öst. Bk-A, 1987, S. 375–
381 und 477–490.
KLEINE, Roland: Aktuelle Probleme im ec-Geldautomaten-System nach deutschem
Recht. Münster 1991.

KOHLLEPPEL, Laurenz: Stand und Entwicklung des GAA-Pool. In: Bkinf, 11/1986, S. 14–19.

MANDELL, Lewis: The credit card industry. A history. Boston 1990.

MEYER, Josef: Cash Management – eine neue Dienstleistung für Firmenkunden der Sparkassen. In: Spk Int, 3/1984, S. 11–15.

MÜLLER, Alfons: Das neue Eurocard-Konzept der Sparkassenorganisation. In: Spk, 1989, S. 159–162.

ODEFEY, Andreas M.: Der einheitliche DM-Reisescheck der deutschen Kreditinstitute. Köln 1982.

PETRING, Ralf: Störungen bei POS-Zahlungen unter besondere Berücksichtigung der Risikoverteilung zwischen dem kartenausgebenden Kreditinstitut und seinem Kunden. Frankfurt a. M./Bern 1990.

PRIEWASSER, Erich: Kartengesteuerte Zahlungsverkehrssysteme. Stuttgart 1981.

REVELL, J. R. S.: Banking and electronic funds transfers. Paris 1983 (OECD).

RODEWALD, Bernd: Point of Sale – mehr als nur Technik. In: Bkinf, 11/1986, S. 9–14.

RÜHLE, Karl: Kreditkartengesellschaften, Versandhandel und Automobilhersteller als Bankkonkurrenten. In: Bankmanagement für neue Märkte, hrsgg. von H.-J. Krümmel/B. Rudolph, Frankfurt a. M. 1987, S. 83–99.

SCHNEIDER, Claus Peter: Point of Sale-Zahlungen mit der ec-Karte. Diss. Tübingen 1990.

SCHÖCHLE, Sabine: Kartengebundene Zahlungssysteme in Deutschland. Hamburg 1992.

STARKE, Wolfgang: Die Weiterentwicklung des Zahlungsverkehrs zum Banking-POS. In: gi, 3/1986, S. 168–174.

–: Das Verhältnis von eurocheque zur Kreditkarte: Etappen der System-Konflikte. In: bum, 12/1990, S. 30–32.

TERRAHE, Jürgen: Electronic cash als Bankprodukt für Kunden und Handel: Sicherheit und Effizienz. In: Karten, 4/1991, S. 4–9.

TROBERG, Peter: Europäischer Binnenmarkt und Zahlungsverkehr. In: Bkinf, 6/1991, S. 19–24.

TÜCHTER, Ulrich: Cash Management. Eine elektronische Bankdienstleistung für die Unternehmung. Köln 1985.

VERGOSSEN, Harald: Einzel- und gesamtwirtschaftliche Probleme des Kreditkartengeschäfts in der BRD. In: gi, 1/1985, S. 157–160, und 3/1985, S. 237–240.

WEISS, Ulrich: Der eurocheque an der Schwelle des elektronischen Zeitalters. In: Bank, 1984, S. 21–28.

WELLER, Michael: Das Kreditkartenverfahren. Köln/Berlin 1986.

WENTZEL, Klaus: Das Scheckkartenverfahren der deutschen Kreditinstitute. Köln/Berlin/u. a. 1974.

WERNER, Martin: Das Geldausgabeautomaten-Geschäft nach deutschem Recht. Diss. St. Gallen 1984.

WIECK, Hans-Ascan: Der amerikanische Kreditkartenmarkt. In: Spk, 1989, S. 70–74.

ZIEGLER, Wolfgang/u. a.: Electronic Banking. In: bum, 3/1991, S. 5–23.

ZSCHOCHE, Hans Detlef: Zur dogmatischen Einordnung des Lastschriftverfahrens unter besonderer Berücksichtigung der Vertrauensstrukturen. Berlin 1981.

Nun auch in der Bundesrepublik: belegloser Scheckeinzug. In: bum, 7/1985, S. 36–38.

Die neuen Banknoten der Deutschen Bundesbank. In: Mb-Bbk, August 1990, S. 34–38.

Zahlungsverkehr im Binnenmarkt (Diskussionspapier der Kommission der Europäischen Gemeinschaften). In: ZBB, 1991, S. 53–70.

Verwahrung und Verwaltung von Effekten

BLITZ, Jürgen/ILLHARDT, Jörg: Wertpapierleihe beim Deutschen Kassenverein. In: Bank, 1990, S. 142–145.

BRUNS, Georg/RODRIAN, Heinrich (Hrsg.): Wertpapier und Börse. Ergänzbares Rechtshandbuch für den Effektenverkehr. Berlin 1971 ff. (hier: Kennz. 300–335).

GRATHWOHL, Egon: Die eigentumsrechtliche Organisation der Girosammelverwahrung im deutschen, französischen und schweizerischen Recht. Köln 1976.

HEINSIUS, Theodor/HORN, Arno/THAN, Jürgen: Depotgesetz. Kommentar zum Gesetz über die Verwahrung und Anschaffung von Wertpapieren vom 4. Februar 1937. Berlin 1975.

JECK, Wolfgang: Deutscher Kassenverein AG hat hochgesteckte Ziele. In: Bank, 1990, S. 437–441.

KARST, Christina: Reform des Vollmachtstimmrechts? Berlin 1982.

KÖRBER, Ulrich: Die Stimmrechtsvertretung durch Kreditinstitute. Überlegungen zur Fortentwicklung des deutschen Rechts unter Berücksichtigung der Vorschläge der Europäischen Kommission. Berlin 1989.

PETERS, Klaus: Wertpapierfreies Effektensystem. Baden-Baden 1978.

SCHAAD, Hans-Peter: Das Depotstimmrecht der Banken nach schweizerischem und deutschem Recht. Zürich 1972.

SPIETH, Eberhard/KRUMB, Dieter: Depotprüfung. Stuttgart 1975.

VALLENTHIN, Wilhelm: Die Stimmrechtsvertretung durch Banken nach dem Aktiengesetz von 1965. Frankfurt a. M. 1966.

Der Wertpapierbesitz in der Bundesrepublik Deutschland im Lichte der inländischen Depotstatistik. In: Mb-Bbk, Mai 1989, S. 21–28.

Seit 1970 werden die bei deutschen Banken verwahrten Effektenbestände einmal jährlich in einem Aufsatz analysiert, der den Statistischen Beiheften (zu den Monatsberichten der Deutschen Bundesbank), Reihe 1: Bankenstatistik nach Bankengruppen, beiliegt („Die Entwicklung der Wertpapierdepots im Jahre . . . – Gesamtergebnisse sowie Ergebnisse nach Bankengruppen"); letzthin jeweils als Beilage zum Juli-Heft.

Beratung

BICKEL, Walter: Die Unternehmensberatung mittelständischer Unternehmen durch Kreditinstitute. Bergisch Gladbach/Köln 1988.

–: Mittelstandsberatung durch Kreditinstitute – eine zukunftsweisende Bankleistungsart? In: bum, 4/1989, S. 20–23.

DAHM, Hans: Funktion und Potential des nationalen wie internationalen Mergers & Acquisitions-Geschäfts der deutschen Banken. In: Bankmanagement für neue Märkte, hrsgg. von H. J. Krümmel/B. Rudolph, Frankfurt a. M. 1987, S. 225–236.

DIRICHS, Joachim: Die Haftung der Banken für Rat und Auskunft – dargestellt an Beispielen des Anlagerates und der Kreditauskunft. Diss. Münster 1976.

ECKERT, Wilfried: Das Gründungsgeschäft der Banken. Frankfurt a. M./Bern 1990.

FROWEIN, Dietrich-Kurt: Die Effektenberatung in einer Großbank. In: Bank, 1978, S. 61–64.

GEMM, Klaus: Möglichkeiten und Grenzen der Unternehmensberatung durch Sparkassen. In: Spk, 1979, S. 246–254.

HERRHAUSEN, Alfred: Die Rolle der Banken bei der Unternehmenssanierung. In: Bank, 1979, S. 358–363.

JUNCKER, Klaus: Die Bank als Berater mittelständischer Betriebe. In: bum, 2/1977, S. 5–6.

–: Zielgruppe Mittelstand: Unternehmens-Service der Banken ausgeweitet. In: bum, 11/1985, S. 5–10.

KOCH, Harald: Finanzierungs-Beratungs-Service – Überwachungs- und Marketinginstrument. In: Bw. Blätter, 1981, S. 4–8.

KOTTMAIR, Peter: Beratungsprozesse im Anlagegeschäft. Diss. München 1976.

KRAUSS, Dieter: Die Anlageberatung der Kreditbanken. Eine Untersuchung dieser Bankleistung unter besonderer Berücksichtigung der Stellung der Anlageberatung im Brennpunkt divergierender Interessenlagen. Diss. München 1968.

Krömer, Brigitte: Hilfen für das private Geldmanagement. In: Spk, 1992, S. 459–462.

Müller, Horst: Finanzanalyse und Finanzplanung als EDV-Service. In: Bank, 1986, S. 173–178.

Müller-Gebel, Klaus: Die Bank als Berater ihrer mittelständischen Firmenkundschaft. In: Probleme der Kreditifnanzierung, hrsgg. von M. Hein, Berlin 1985, S. 5–28 (Berichte und Materialien des Instituts für Banken und Industrie, Geld und Kredit der Freien Universität Berlin, Heft 8).

Müller-Schwerin, Eberhard/Streidt, Gunnar A.: Unternehmensberatung als Bankdienstleistung. In: ZfgK, 1977, S. 1062–1064 und 1116–1119.

Musil, Susanne/Nippa, Michael: Finanzmanagement-Angebote für Firmenkunden. In: Bank, 1993, S. 34–39.

Neugebauer, Klaus: Die Vermittlung von Unternehmensberatern durch Kreditinstitute. In: ZfgK, 1989, S. 612–616.

Neuss, Knut: Der Datenbank-Service der Deutschen Bank. In: bum, 10/1987, S. 12–15.

Philipowski, Rüdiger: Rechts- und Steuerberatung durch Banken. In: Bkinf, 6/1979, S. 29–32.

Pischulti, Helmut: Unternehmensberatung als Bankdienstleistung. Frankfurt a. M./ Bern 1990.

Pischulti, Petra: Existenzgründungsberatung als Bankdienstleistung. Berlin 1989.

Pougin, Erwin: Betriebswirtschaftliche Beratung mittelständischer Kunden – Aufgabe der Sparkassen? In: Spk, 1977, S. 23–28.

Rehkugler, Heinz/u. a.: Die Qualität der Anlageberater. In: Bank, 1992, S. 316–322.

Rheinberg, Georg Wilhelm: Grundsätzliche und aktuelle Fragen der Beratung im Bereich der Kreditgenossenschaften. Berlin 1987.

Rüschen, Thomas: Consulting-Banking. Hausbanken als Unternehmensberater. Wiesbaden 1990.

Scharrenberg, Wolfgang: Haftung des Kreditinstituts aus der Verletzung von Aufklärungs-, Warn- und Beratungspflichten. In: Spk, 1992, S. 573–577.

Stracke, Guido/Thies, Sven: Finanzplanung – Methode, Märkte, Anbieter. In: Bank, 1986, S. 402–408.

–: Individuelle Finanzplanungsberatung als Finanzdienstleistung. In: BFuP, 1987, S. 513–528.

Urbatsch, René-Claude: Computerunterstützte Haushaltsberatung im kapitalwirtschaftlichen Bereich durch Banken mittels neuer Medien. Diss. Hannover 1987.

Wackerhagen, Hans-Ulrich: Die Haftung der Banken aus Kundenberatung im Wertpapiergeschäft. Bad Schwartau 1974.

Walter, Bernhard: Unternehmensberatung durch Banken – ein neues Leistungsfeld? In: bum, 4/1989, S. 14–16.

Weber, Barbara: Haushaltsberatung als Bankdienstleistung. Hohenheim 1986 (Studienreihe der Stiftung Kreditwirtschaft an der Universität Hohenheim, 2).

Weber, Barbara/Ziegler, Werner: Existenzgründungen als Bankdienstleistungen. In: ZfgK, 1987, S. 284–290.

Zantow, Roger: Unternehmensberatung für den Mittelstand durch Kreditinstitute. In: Bank, 1983, S. 210–215.

Literatur zum 3. Abschnitt:
Rahmen bankbetrieblicher Leistungsprozesse

1. Wirtschaftliche Abhängigkeiten

Kundenverhalten und Konjunktureinfluß

Büschgen, Hans E.: Geschäftspolitik der Banken und Konjunkturverlauf. In: Der Bankbetrieb zwischen Theorie und Praxis, hrsgg. von J. Süchting, Wiesbaden 1977, S. 31–54.

–: Entwicklungslinien im Umweltszenario der Banken. In: Bw.Blätter, 1989, S. 8–30.

HAUMER, Hans: Das Bankwesen im Spiegel der wirtschaftlichen Entwicklung – Risikoträger oder Risikotransformator? In: Öst.Bk-A, 1982, S. 397–409.

KOLBECK, Rosemarie: Bankbetriebliche Planung. Wiesbaden 1971, S. 145–184 (Die für die Gesamtplanung einer Universalbank erforderlichen Informationen und ihre Beschaffungsmöglichkeiten).

KRUG, Dieter: Die Marktoperationen der Banken. Diss.TU Berlin 1972, S. 59–94 (Die Umweltbedingungen).

MINNERS, Niels: Konjunktur und Bankbilanz. Eine Untersuchung über die konjunkturelle Reagibilität der westdeutschen Filialgroßbanken im letzten Jahrzehnt. Diss. Freiburg (Schweiz) 1963.

PRIEWASSER, Erich: Die Banken im Jahre 2000. 3. Auflage. Frankfurt a.M. 1987.

SCHIERENBECK, Henner: Unternehmensfinanzen und Konjunktur. Stuttgart 1979.

SCHÜBELER, Meinolf: Die Beziehungen zwischen Bank und Kundschaft. Soziale, psychische und organisatorische Komponenten. Diss. Köln 1976.

SEITZ, Jürgen: Die Bestimmungsfaktoren der Bankwahl und der Bankloyalität. Diss. Münster 1976.

SONDHOF, Harald W.: Finanzdienstleistungsmärkte im Wandel. Bern/Frankfurt a.M. 1990.

SÜCHTING, Joachim: Die Bankloyalität als Grundlage zum Verständnis der Absatzbeziehungen von Kreditinstituten. In: KuK, 1972, S. 269–300.

VÖLK, Karl: Wirtschafts- und Umweltprognosen im Dienste der Geschäftspolitik einer Großbank. In: Öst.Bk-A, 1978, S. 366–385.

Einfluß der Zentralbank

(Neben allgemeinen Einführungen und Übersichten zur Zentralbankpolitik sind im folgenden nur solche Arbeiten genannt, in denen die Auswirkungen zentralbankpolitischer Maßnahmen auf die einzelne Geschäftsbank erörtert wird).

BAYER, Heinz: Wertpapierpensionsgeschäfte: Zentrale Rolle im Refinanzierungskonzept der Bundesbank. In: Bkinf, 10/1991, S. 53–57.

BECKER, Wolf-Dieter: Geldpolitische Implikationen des Bankwettbewerbs. In. Wettbewerb und Fortschritt, hrsgg. von W. Hamm/R. Schmidt, Baden-Baden 1980, S. 247–257.

BECKH, Susanne: Das Instrumentarium der Deutschen Bundesbank seit dem Übergang zur Geldmengensteuerung, Berlin 1990.

BERGER, Matthias/REPPLINGER, Karl Peter: Neuordnung der Bundesbankorganisation. In: Bank, 1992, S. 632–638.

BISANI, Hans Paul: Die Pensionsgeschäfte der Zentralnotenbank. Diss. Erlangen/Nürnberg 1987.

BOCKELMANN, Horst: Die Rolle der Banken in der Geldpolitik. In: KuK, 1974, S. 145–165.

–: Zehn Jahre Erfahrungen mit Geldmengenzielen. In: Spk, 1985, S. 91–95.

BOFINGER, Peter: Geldpolitik im Zeichen der sogenannten Finanzinnovationen. In: Spk, 1986, S. 139–149.

BORCHERT, Manfred: Geld und Kredit. Einführung in die Geldtheorie und Geldpolitik. 2. Auflage. München 1992.

BREDEMEIER, Sonning: Der Einfluß der Bundesbank-Zinspolitik auf die Konditionen von Kreditinstituten. In: Spk, 1991, S. 561–565.

DEGNER, Achim: Das geldpolitische Instrumentarium der Deutschen Bundesbank und die Ertragsentwicklung im Universalbankensektor. Bergisch Gladbach/Köln 1992.

DEUTSCHE BUNDESBANK (Hrsg.): Die Deutsche Bundesbank. Geldpolitische Aufgaben und Instrumente. 5. Auflage. Frankfurt a.M. 1989 – (diese Broschüre wird von der Bundesbank kostenlos abgegeben)

DICKERTMANN, Dietrich/SIEDENBERG, Axel: Instrumentarium der Geldpolitik. 4. Auflage. Düsseldorf 1984.

DUDLER, Hermann-Josef: Geldpolitik und ihre theoretischen Grundlagen. Frankfurt a. M. 1984.

DUWENDAG, Dieter/KETTERER, Karl-Heinz/u. a.: Geldtheorie und Geldpolitik. Eine problemorientierte Einführung mit einem Kompendium bankstatistischer Fachbegriffe. 4. Auflage. Köln 1993.

EHRLICHER, Werner/SIMMERT, Diethard B. (Hrsg.): Wandlungen des geldpolitischen Instrumentariums der Deutschen Bundesbank. Berlin 1988 (Beihefte zu KuK, Heft 10).

ENGELS, Wolfram: Wettbewerb in Rudimenten. In: ZfgK, 1970, S. 15–18.

FRANCKE, Hans-Hermann: Bankenliquidität und Zins als Orientierungsvariable der Geldpolitik. Berlin 1975.

GLESKE, Leonhard: Bundesbank und Bundesregierung. In: ZfgK, 1991, S. 891–895.

GRAMLICH, Ludwig: Bundesbankgesetz, Währungsgesetz, Münzgesetz. Kommentar. Köln/u. a. 1988.

HARTMANN, Manfred: Die Bestimmungsgründe der Zentralbankgeldbeschaffung und der freien Liquiditätsreserven der Kreditinstitute. Berlin 1980.

HEPP, Roland: Spielräume und Ansatzpunkte einer ordnungskonformen Gestaltung des Mindestreservesystems in der Bundesrepublik Deutschland. Berlin 1989.

HISS, Dieter/SCHRÖDER, Wolfgang: Geldmengenpolitik der Deutschen Bundesbank – Probleme der Steuerung und Interpretation. In: Herausforderungen der Wirtschaftspolitik, hrsgg. von W. Filc/u. a., Berlin 1988, S. 147–168.

ISSING, Otmar: Einführung in die Geldpolitik. 4. Auflage. München 1992.

ISSING, Otmar/RUDOLPH, Bernd: Der Rediskontkredit. Frankfurt a. M. 1988.

JARCHOW, Hans-Joachim: Theorie und Politik des Geldes – II. Geldmarkt, Bundesbank und geldpolitisches Instrumentarium. 6. Auflage. Göttingen 1992.

KINDERMANN, Elmar: Die Anfechtung von kreditpolitischen Beschlüssen der Bundesbank. Berlin 1974.

KÖLLNER, Lutz: Chronik der deutschen Währungspolitik, 1871–1991. 2. Auflage. Frankfurt a. M. 1991.

KOHLER, Reinhard: Grenzen der Bundesbankpolitik. Wirkungsanalysen restriktiver Zentrabankpolitik 1959–1974. Berlin 1979.

KONRAD, Walter: Die Lenkung des Kreditbereiches durch die Deutsche Bundesbank. Diss. (jur.) Würzburg 1982.

LACHER, Andreas: Der Einfluß des Mindestreservesystems der Bundesrepublik Deutschland und die Stellung von Bankbetrieben im Wettbewerb. Gelsenkirchen 1982.

MADER, Richard: Die Mindestreservepolitik im internationalen Vergleich. In: Bank, 1989, S. 128–133.

MÜLLER, Angelika: Die Mindestreserve: Ausgestaltung und Wandlungen eines Instrumentes der deutschen Zentralbank seit 1948. Berlin 1992.

MÜNCH, Dieter: Zur Auswirkung der Bundesbankpolitik auf die Banken. In: ZfgK, 1983, S. 268–270.

NEUMANN, Manfred J. M.: Zwischenziele und Indikatoren als Grundlagen geldpolitischer Entscheidungen. In: WiSt, 1974, S. 421–427.

OESTERLIN, Sybille: Zwischen autoritärer und marktwirtschaftlicher Zentralbankpolitik. In: Geld- und Währungspolitik in der Bundesrepublik Deutschland, hrsgg. von W. Ehrlicher/D. B. Simmert, Berlin 1982, S. 179–192 (Beihefte zu KuK, Heft 7).

OFFERMANNS, Axel: Übertragungswege der Geldpolitik. Eine empirische Untersuchung zentralbankpolitischer Maßnahmen. Karlsruhe 1985.

PLEISTER, Christopher: Die wirtschaftspolitischen Probleme der Autonomie der Geschäftsbanken. München 1978.

REMSPERGER, Hermann: Geldpolitik und Bankenwettbewerb. In: Bank, 1984, S. 564–573.

–: Geldpolitik aus Bankensicht. In: LK, 1986, S. 36–44.

SABRY, Mohamed Ashraf: Bankentscheidungen im Spannungsfeld zwischen Bundesbankpolitik und staatlicher Regulierung. Fuchsstadt 1991.

SEJA, Jürgen: Selektive Effekte der global orientierten Geldpolitik der Deutschen Bundesbank auf die Marktstruktur im Bankensektor. Frankfurt a. M./Bern 1983.

SPINDLER, Joachim von/BECKER, Willy/STARKE, O.-Ernst: Die Deutsche Bundesbank. Grundzüge des Notenbankwesens und Kommentar zum Gesetz über die Deutsche Bundesbank. 4. Auflage. Stuttgart/ u. a. 1973.

WAGENMANN, Jürgen: Wertpapierpensionsgeschäfte: Das überlegene Refinanzierungsinstrument. Pfaffenweiler 1991.

–: Unzulänglichkeiten des Rediskontkredits. In: Spk, 1992, S. 322–326.

ZIMMERMANN, Wolf-Konrad: Wettbewerbsverzerrungen im deutschen Bankensystem. Eine Analyse der Wirkungen notenbankpolitischer Instrumente auf den Wettbewerb zwischen den verschiedenartig strukturierten Bankengruppen. Göttingen 1984.

Neuere Tendenzen bei den Wertpapierpensionsgeschäften der Bundesbank. In: Mb-Bbk, Oktober 1985, S. 19–25.

Der Wochenausweis der Deutschen Bundesbank. In: Mb-Bbk, Januar 1990, S. 22–33.

Mindestreserveregelungen im Ausland. In: Mb-Bbk, März 1990, S. 22–29.

Zum Zusammenhang zwischen Geldmengen- und Preisentwicklung in der Bundesrepublik Deutschland. In: Mb-Bbk, Januar 1992, S. 20–29.

Die Neuordnung der Bundesbankstruktur. In: Mb-Bbk, April 1992, S. 48–54.

Ausschreibung von Bundesbank-Liquiditäts-U-Schätzen. In: Mb-Bbk, Februar 1993, S. 15–17.

2. Rechtliche Regelungen

Gesamtdarstellungen; Privatrecht der Bankgeschäfte

ALTJOHANN, Horst W.: Der Bankvertrag, ein Beitrag zur Dogmatik des Bankrechts. Diss. München 1962.

ASSMANN, Heinz-Dieter/SCHÜTZE, Rolf A.: Handbuch des Kapitalanlagerechts. München 1990.

BÄRMANN, Johannes (Hrsg.): Europäisches Geld-, Bank- und Börsenrecht, Teil I: Bundesrepublik Deutschland. Berlin 1974.

BÜLOW, Peter: Verbraucherkreditgesetz – Kommentar. Köln 1991.

CANARIS, Claus-Wilhelm: Bankvertragsrecht. 3. Auflage. Berlin/New York 1988 (1. Teil) und 1993 (2. Teil).

FEHL, Norbert: Systematik des Rechts der Allgemeinen Geschäftsbedingungen. Heidelberg 1979.

FISCHER, Reinfrid: Recht des Kreditwesens. 8. Auflage. Stuttgart 1992.

FUCHS, Hans-Ulrich: Zur Lehre vom allgemeinen Bankvertrag. Frankfurt a. M./Bern 1982.

HADDING, Walther/SCHNEIDER, Uwe H. (Hrsg.): Bankgeheimnis und Bankauskunft in der Bundesrepublik Deutschland und in ausländischen Rechtsordnungen. Berlin 1986.

HÄUSER, Franz: Das private Bankvertragsrecht – de lege ferenda betrachtet. In: Bank, 1982, S. 126–130.

HELLNER, Thorwald: Bankenverband beschließt Ombudsmannsystem. In: Bank 1991, S. 666–670. (Die Verfahrensordnung dazu ist abgedruckt in: Bank, 1992, S. 490–492).

HETTICH, Matthias/u. a.: Die AGB der Banken auf dem Prüfstand des AGB-Gesetzes. In: BB, 1990, S. 2347–2353.

HÖLSCHEIDT, Norbert H.: Die Haftung der Banken im Zahlungsverkehr. Bergisch-Gladbach/Köln 1991.

HOPT, Klaus J.: Der Kapitalanlegerschutz im Recht der Banken. München 1975.

–: Die Verantwortlichkeit der Banken bei Emissionen. München 1991.

HOPT, Klaus J./MÜLBERT, Peter O.: Kreditrecht. Bankkredit und Darlehen im deutschen Recht. Kommentar. Berlin/New York 1989.

HÜFFER, Uwe: Haftungsfragen im Bankrecht. In: WM, 1987, S. 641–646.

KRINGS, Günter: Die Neufassung der AGB-Banken. In: ZBB, 1992, S. 326–335.

KLAPPER, Wolfgang: Die Rechtsstellung des Wechselinhabers nach dem UN-Wechselrechtsabkommen vom 9. Dezember 1988. Köln 1992.

LANGOHR, Uwe: Datenschutz und Kreditgewerbe. Diss. (jur.) Köln 1986.

MARTENS, Jörg: Anwendungsbereich des Verbraucherkreditgesetzes. In: Bank, 1991, S. 278–283.

MÜNSTERMANN, Walter/HANNES, Rudi: Verbraucherkreditgesetz – Kommentar. Münster 1991.

PECKERT, Joachim: Das Girokonto und der Kontokorrentvertrag. Göttingen 1985.

REIFNER, Udo: Handbuch des Kreditrechts. Verbraucherkredit und Realkredit. München 1991.

SANDKÜHLER, Gerd: Bankrecht. Ein Leitfaden für Ausbildung und Praxis. Köln/Berlin/u. a. 1992.

SCHÄFER, Jörg: Die zivilrechtliche Qualifizierung der Interbankenabkommen. Berlin 1990.

SCHINNERER, Erich: Die Rechtsabteilung im bankbetrieblichen Entscheidungsprozeß. In: Management im Kreditwesen, hrsgg. von W. Schneider/K. Fuchs, Wien 1973, S. 271–282.

SCHLENKE, Reinhard: Allgemeine Geschäftsbedingungen der Banken und AGB-Gesetz. Berlin 1984.

SCHMELZ, Karl-Joachim: Der Verbraucherkredit. München 1989.

SCHÖNLE, Herbert: Bank- und Börsenrecht. 2. Auflage. München 1976.

SCHOLZ, Franz Josef: Verbraucherkreditverträge. 2. Auflage. München 1992.

SCHUPETA, Wilhelm: Aufklärungspflichten der Banken im Hinblick auf die Privatkundschaft. Diss. (jur.) Kiel 1992.

SCHWARK, Eberhard: Anlegerschutz durch Wirtschaftsrecht. München 1979.

SICHTERMANN, Siegfried: Bankgeheimnis und Bankauskunft in der Bundesrepublik Deutschland sowie in wichtigen ausländischen Staaten. 3. Auflage (von S. Feuerborn/R. Kirchner/R. Terdenge). Frankfurt a. M. 1984.

SICHTERMANN, Siegfried/FEUERBORN, Sabine: Das Bankgeheimnis. 7. Auflage. Stuttgart 1988.

UNGNADE, Dieter: Datenschutz im Kreditgewerbe. 2. Auflage. Frankfurt a. M. 1991.

VORTMANN, Jürgen: Verbraucherkreditgesetz – Kommentar. Stuttgart/Berlin/Köln 1991.

WERHAHN, Jürgen W./SCHEBESTA, Michael: AGB und Sonderbedingungen der Banken – Kommentar für die Praxis. (Loseblattsammlung). Wiesbaden 1988ff.

WESTPHALEN, Friedrich Graf von: Verbraucherkreditgesetz – Kommentar. Köln 1991.

–: Die neuen Sparkassen-AGB unter der Lupe des AGB-Gesetzes. In: BB, 1993, S. 8–13.

Aufsichtsrecht

(einschließlich Einlagensicherung, die zwar privat organisiert, aber eng mit dem Recht der Bankenaufsicht verknüpft ist)

BÄHRE, Inge Lore: Einlegerschutz durch Bankenaufsicht und Sicherungseinrichtungen. In: Öst.Bk-A, 1981, S. 182–201.

–: Der Zusammenhang zwischen wirtschaftlicher Entwicklung und Bankenaufsicht von 1934 bis zur Gegenwart. In: Der Zusammenhang zwischen wirtschaftlicher Entwicklung und Bankengesetzgebung, Frankfurt a. M. 1982, S. 23–35 (8. Beiheft zum Bankhistorischen Archiv).

–: Wirtschaftsprüfer und Bankenaufsicht. In: Beiträge zu Bankaufsicht, Bankbilanz und Bankprüfung, hrsgg. von K.-H. Forster, Düsseldorf 1985, S. 35–48.

BÄHRE, Inge Lore/SCHNEIDER, Manfred: KWG-Kommentar – Kreditwesengesetz mit den wichtigsten Ausführungsvorschriften, begründet von J. Consbruch und A. Möller, 3. Auflage. München 1986.

BEBER, Heike: Wirkungen des bankaufsichtsrechtlichen Instrumentariums auf den Wettbewerb im Kreditgewerbe. Göttingen 1988.

BECKMANN, Klaus/BAUER, Joachim (Hrsg.): Bankenaufsichtsrecht – Entscheidungssammlung. (Loseblattsammlung). Frankfurt a. M. 1984 ff.

BIEG, Hartmut: Bankbilanzen und Bankenaufsicht. München 1983.

BITZ, Michael: Zur Begründung und Ausgestaltung bankaufsichtsrechtlicher Normen – eine risikotheoretische Analyse. In: Bankrisiken und Bankrecht, hrsgg. von W. Gerke, Wiesbaden 1988, S. 13–42.

BLEIBAUM, Ernst: Zur Drittbezogenheit von Normen der Bankenaufsicht. In: ZfgK, 1982, S. 476–482.

–: Die Rechtsprechung des BGH zur Staatshaftung im Bereich der Bankenaufsicht. Diss. (jur.) Würzburg 1983.

BÖDECKER, Andreas: Prüfungen nach § 44 Abs. 1 Kreditwesengesetz. Stuttgart/Berlin/u. a. 1987.

BRENDLE, Armin: Amtshaftung für fehlerhafte Bankenaufsicht? Darmstadt 1987.

BRÜGGESTRAT, Reiner: Die Liquiditätsrisikoposition eines Kreditinstituts. Ein bankaufsichtliches Konzept zur Beurteilung und Beschränkung von Liquiditätsrisiken. Frankfurt a. M. 1990.

BRUGGER, Armin: Die Grundsätze des Bundesaufsichtsamtes für das Kreditwesen. Diss. Erlangen/Nürnberg 1988.

BUBLITZ, Friedhelm: DTB-Geschäftsmöglichkeiten im Lichte der Grundsatz-Novelle. In: Bank, 1989, S. 314–322.

BUCHHOLZ, Rainer: Die Informationsbasis der Bankenaufsicht nach dem Gesetz über das Kreditwesen (KWG). Diss. TU Berlin 1982.

BURKEL, Peter: Der Bankenprüfer und seine Warnverpflichtung. Die besonderen aus § 29 Abs. 2 KWG resultierenden Prüfungs- und Berichtsprobleme. 2. Auflage. Schwarzenbek 1979.

CHRISTIAN, Claus-Jörg: Finanzinnovationen und bankaufsichtsrechtliche Information. Stuttgart 1992.

CONSBRUCH/MÖLLER/BÄHRE/SCHNEIDER (Hrsg.): Gesetz über das Kreditwesen – mit verwandten Gesetzen und anderen Vorschriften. Textsammlung. München 1963 ff.

DEGENHART, Heinrich: Zweck und Zweckmäßigkeit bankaufsichtlicher Eigenkapitalnormen. Berlin 1987.

DEPPE, Hans-Dieter: KWG-Novellierung und finanzielle Stabilität. In: ZfgK, 1984, S. 286–292.

DEUTSCHE BUNDESBANK (Hrsg.): Die neuen Grundsätze I und I a über das Eigenkapital der Kreditinstitute. Frankfurt a. M. 1990. (Sonderdrucke der Deutschen Bundesbank, Nr. 2 a).

DOHR, Hans-Joachim: Zur fachlichen Eignung des Geschäftsleiters einer Bank. In: FLF, 1990, S. 56–58 und 100–103.

DORMANNS, Albert: Grundsatz I a gemäß KWG neu gefaßt. In: Bank, 1990, S. 372–375.

DREHER, Meinrad: Sicherungseinrichtungen im Kreditsektor zwischen Instituts-, Einlagen- und Herrschaftssicherung. In: ZIP, 1992, S. 1597–1612.

DÜRRE, Günter: Kann das Aufsichtsamt Bankinsolvenzen verhindern? In: Öst. Bk-A, 1974, S. 186–195.

DZIALLAS-LAUR, Irene: Die Einlagensicherung der privaten Kreditinstitute. Diss. (jur.) Tübingen 1983.

ERDLAND, Alexander: Eigenkapital und Einlegerschutz bei Kreditinstituten. Berlin 1981.

GAILUS, Ulrich: Die Kontrolle der Bankenaufsicht über den finanzierten Abzahlungskauf, das Factoring und das Leasing. Frankfurt a. M. 1991.

GLOCKER, Harald: Das „Haftende Eigenkapital" der Kreditinstitute als Bemessungsgrundlage im Rahmen der Vorschriften des Kreditwesengesetzes. Diss. FU Berlin 1990.

GRUNDMANN, Wolfgang: Die Einlagensicherung als Element des europäischen Finanzmarktes. In: ZfgK, 1993, S. 72–80.

HAFKE, Heinz Christian: Zur Kosten- und Gebührenpflicht gegenüber dem Aufsichtsamt. In: ZfgK, 1983, S. 610–614.

HALLER, Hubertus: Entwicklung und Wesen der Staatsaufsicht über die kommunalen Sparkassen. Diss. (jur.) Würzburg 1970.

HAUSMANN, Rainer: Der Schutz von Bankgläubigern. Frankfurt a. M. 1982.

HOLTERHUS, Gerhard: Früherkennung von Bankkrisen bei der Abschlußprüfung. Frankfurt a. M. 1985.

HONECK, Gerhard: Betriebswirtschaftliche Kennzahlen im Dienste der Bankenaufsicht. In: ZfgK, 1986, S. 140–146.

HOTTNER, Thomas: Einlagenschutz in Europa. In: ZfgK, 1992, S. 229–233.

HUBER, Herwart: Die Normen des Kreditwesengesetzes zur Verhinderung einer Bankinsolvenz und ihre Auswirkungen auf das Giroverhältnis. Köln 1987.

HÜBNER, Klaus: Die Befugnisse der Fachaufsicht im KWG im Verhältnis zu denen der Staatsaufsicht (Anstaltsaufsicht). Diss. Köln 1966.

HÜTZ, Gerhard: Die Bankenaufsicht in der Bundesrepublik Deutschland und in den USA – ein Rechtsvergleich. Berlin 1990.

HUMM, Hubert: Bankenaufsicht und Währungssicherung. Berlin 1989.

KAYSER, Ottmar: Großkreditversicherungen für Kreditinstitute. Karlsruhe 1986.

KEINE, Friedrich-Michael: Risikoposition eines Kreditinstituts. Konzeption einer umfassenden bankaufsichtsgerechten Verhaltensnorm. Wiesbaden 1986.

KELLER, Christian-Andreas: Strategische Grundlagen zur Einlagensicherung durch den Garantieverbund der deutschen Kreditbanken. Göttingen 1990.

KOSFELD, Endrik: Die Erweiterungen des Kreditbegriffes durch die dritte KWG-Novelle. In: Wpg, 1986, S. 613–621.

KRONESTER, Hans: Einlagensicherung bei deutschen Kreditinstituten. Diss. (jur.) München 1983.

KRÜMMEL, Hans-Jacob: Bankpolitische Normen und ihre Wirkung auf das Bankgeschäft. In: KuK, 1975, S. 524–548.

–: Die Begrenzung des Kreditrisikos im Kreditwesengesetz aus der Sicht der Kredittheorie. In: Öst.Bk-A, 1976, S. 181–199.

–: Bankaufsichtsziele und Eigenkapitalbegriff. Frankfurt a. M. 1983.

–: Schutzzweck und Aufsichtseingriffe. Über den Run auf die Bankschalter und seine Verhinderung. In: KuK, 1984, S. 474–489.

–: Einige Probleme der Konstruktion bankaufsichtlicher Risikobegrenzungsregeln. In: Beiträge zu Bankaufsicht, Bankbilanz und Bankprüfung, hrsgg. von K.-H. Forster, Düsseldorf 1985, S. 91–117.

KUNTZE, Wolfgang: Bankenaufsicht als Verbraucherschutz? In: bum, 4/1988, S. 5–12.

LINHARDT, Hanns: Der unlösbare Widerspruch zwischen der qualitativen Kreditkontrolle der Geschäftsbanken und den quantitativen Kreditnormen der staatlichen Bankenaufsicht. In: Öst.Bk-A, 1963, S. 2–18.

MAYER, Helmut: Das Bundesaufsichtsamt für das Kreditwesen. Düsseldorf 1981.

MEISTER, Gisela: Drittbezogene Amtspflichten bei der staatlichen Aufsicht über Banken und Versicherungen. Frankfurt a. M./Bern 1982.

MÖSCHEL, Wernhard: Das Wirtschaftsrecht der Banken. Die währungs-, bankaufsicht-, kartell- und EWG-rechtliche Sonderstellung der Kreditinstitute. Frankfurt a. M. 1972, S. 199–325.

–: Bankenrecht und Wirtschaftsordnung. In: BB, 1975, S. 1025–1030.

–: Eine Systematik von Bankenregulierungszielen. In: Festschrift für W. Stimpel, hrsgg. von M. Lutter/H.-J. Mertens/P. Ulmer, Berlin/New York 1985, S. 1065–1085.

MÜLHAUPT, Ludwig: § 12 KWG – Solvabilitäts- und (oder) Finanzierungsregel? In: ZfgK, 1979, S. 1086–1094.

–: Von der Bankenkrise 1931 zur Bankenaufsicht 1981. In: zfbf, 1982, S. 435–455.

MÜLLER, Werner A.: Bankenaufsicht und Gläubigerschutz. Baden-Baden 1981.

MÜNZER, Christoph: Bankenaufsicht im Spannungsfeld von statistischen Kontrollinteressen und innovativer Dynamik der Finanzmärkte. Pfaffenweiler 1992.

NICKLISCH, Fritz: Rechtsfragen der Einlagensicherung im Kreditgewerbe. Frankfurt a. M. 1979.

NIETHAMMER, Thomas: Die Ziele der Bankenaufsicht in der Bundesrepublik Deutschland. Berlin 1990.

PANOWITZ, Rudolf/JUNG, Harald: Kreditwesengesetz. Deutsch-englischer Kommentar. Frankfurt a. M. 1988.

PLEYER, Klemens: Bankkrisen und die Vorgeschichte der Bankenaufsicht von der Reichsgewerbeordnung bis zum Reichsgesetz über das Kreditwesen von 1934. In: Festschrift der Rechtswissenschaftlichen Fakultät zur 600-Jahr-Feier der Universität zu Köln, Köln 1988, S. 115–134.

POHL, Rudolf: Die Deutsche Bundesbank und die Kreditaufsicht. Diss. (jur.) Freiburg i. Br. 1982.

REISCHAUER/KLEINHANS: Kreditwesengesetz (KWG). Loseblattkommentar für die Praxis nebst sonstigen bank- und sparkassenrechtlichen Aufsichtsgesetzen sowie ergänzenden Vorschriften. Bearbeitet von E. Becker/J. Lehnhoff/H. E. Meyer. Berlin 1963 ff.

RIEBELL, Claus/BARTHELMES, Lorenz: Kreditanzeigen nach dem KWG. 3. Auflage. Stuttgart 1987.

RIEDL, Erich: Die Bankenaufsicht in der Verkehrswirtschaft, insbesondere in Deutschland. Diss. Erlangen/Nürnberg 1962.

RÖH, Jens: Die Stellung der Bankenaufsicht in der Wirtschaftsordnung des Grundgesetzes. Diss. Hamburg 1965.

RUDOLPH, Bernd: Gestaltungsformen bankaufsichtlicher Normen. In: WiSt, 1991, S. 596–601.

RULAND, Anselm: Zur Entwicklung des Bankaufsichtsrechts bis 1945. Diss. (jur.) Münster 1988.

SCHIERENBECK, Henner/HÖLSCHER, Reinhold: Der handelsrechtliche Konzernabschluß und das bankaufsichtsrechtliche Zusammenfassungsverfahren – Gemeinsamkeiten, Unterschiede und Ansätze einer Verknüpfung beider Regelungskreise. In: DBW, 1988, S. 45–61.

SCHLÖSSER-CHRISTEN, Karin: Die Sicherungseinrichtungen der Kreditgenossenschaften. Diss. Köln 1985.

SCHMIDT, Dirk: Einlagensicherung im deutschen Kreditgewerbe. Stuttgart 1977.

SCHMIDT, Elke H.: Möglichkeiten zur aufsichtsrechtlichen Begrenzung der Risiken von Financial Futures. In: Spk, 1986, S. 245–250.

SCHMIDT, Walter: Die staatliche Einflußnahme auf die Kreditinstitute in Deutschland seit 1871. Diss. Bonn 1952.

SCHMITT-WEIGAND, Adolf: Sparkassenaufsicht und Einlegerschutz. In: Bankpolitik nach der KWG-Novelle, hrsgg. von B. Rudolph, Frankfurt a. M. 1986, S. 27–44.

SCHNACK, Hans-W./BUCHHOLZ, Rainer: Bankenaufsicht und genossenschaftliches Verbundsystem. In: Bkinf, 9/1978, S. 1–6.

SCHNEIDER, Manfred: Praxis der Bankenaufsicht. Frankfurt a. M. 1978.

SCHORK, Ludwig: Gesetz über das Kreditwesen mit Begründung, Durchführungsvorschriften und Anmerkungen. 17. Auflage. Stuttgart 1991.

SCHULTE-MATTLER, Hermann: Kapitaladäquanz-Richtlinie schafft einheitliche Aufsichtsregeln. In: Bank, 1992, S. 460–467.

SCHULTZE-KIMMLE, Horst-Dieter: Sicherungseinrichtungen gegen Einlegerverluste bei deutschen Kreditgenossenschaften. Würzburg 1974.

SPIETHOFF, Bodo: Bankenaufsicht – zu wessen Nutzen? In: ZfgK, 1962, S. 72–75.

STANNIGEL, Hellmut: Die unverzügliche Berichterstattungspflicht des Abschlußprüfers von Kreditinstituten nach Paragraph 29 Abs. 2 KWG. In: Wpg, 1977, S. 565–576 und 600–611.

STEIN, Johann Heinrich von: Insolvenzen privater Banken und ihre Ursachen. München 1969.

STEINBRINK, Klaus/KLUMPP, Hans-Jürgen: Zur wettbewerbspolitischen Problematik aufsichtsrechtlicher Eigenkapital-Normen in der Kreditwirtschaft. In: ZfB, 1981, S. 714–722.

STRÖTGEN, Harald/KERL, Jürgen/u. a.: Offenlegung der wirtschaftlichen Verhältnisse der Kreditnehmer nach § 18 KWG. 3. Auflage. Frankfurt a. M. 1992.

SÜCHTING, Joachim/STAHLSCHMIDT, Dirk: Wettbewerb mit Informationsanforderungen? In: ZfgK, 1979, S. 1081–1086 (betr. § 18 KWG).

SZAGUNN, Volkhard/WOHLSCHIESS, Karl: Gesetz über das Kreditwesen – Kommentar. 5. Auflage. Stuttgart/Berlin/Köln 1990.

VOGEL, Thomas: Bankenregulierung. Die Zielsetzungen Einlegerschutz und Stabilität des Bankensystems. Diss. Würzburg 1990.

VOGELSANG, Harald: Der Einlagensicherungsfonds des Bundesverbandes deutscher Banken im Lichte des Versicherungsrechts. Karlsruhe 1991.

WELCKER, Johannes: Neuordnung der Bankenaufsicht. Frankfurt a. M. 1978.

WIEBKE, Harald: Internationale Aktivitäten zur Harmonisierung bankaufsichtlicher Eigenkapitalvorschriften. In: KuK, 1992, S. 428–455 und 584–604.

WOLF-WACKER, Elizabeth: Zur Begründung und Ausgestaltung von Bankenaufsicht. Krefeld 1987.

ZIMMER, Klaus: Der EG-Richtlinienentwurf über Einlagensicherungssysteme: Chancen zur Verbesserung der deutschen Einlagensicherung? In: ZBB, 1992, S. 286–298.

–: Bankenregulierung: Zur Begründung und Ausgestaltung der Einlagensicherung. Baden-Baden 1993.

Die Einlagensicherung in der Bundesrepublik Deutschland. In: Mb-Bbk, Juli 1992, S. 30–38.

Die Vierte Novelle des Kreditwesengesetzes – ein weiterer Schritt zum europäischen Bankenmarkt. In: Mb-Bbk, Januar 1993, S. 35–42.

Grundsätze über das Eigenkapital und die Liquidität der Kreditinstitute. In: Mb-Bbk, März 1993, S. 49–63.

Wettbewerbsrecht

FRÖMKE, Peter: Die Stellung der Kreditinstitute im Wettbewerbsrecht der Europäischen Wirtschaftsgemeinschaft nach Art. 90 Abs. 2 EWGV. Baden-Baden 1987.

HENNIG, Christian: Zahlungsverkehrsabkommen der Spitzenverbände in der Kreditwirtschaft, Frankfurt a. M./Bern/u. a. 1991, S. 48–70.

HERRHAUSEN, Alfred: Wettbewerb und Regulierung in der Kreditwirtschaft. Tübingen 1983.

–: Großbanken und Ordnungspolitik. In: Bank, 1988, S. 120–128.

HÖNN, Günther: Kartellrechtliche Probleme moderner Zahlungssysteme. In: ZBB, 1991, S. 6–23.

IMMENGA, Ulrich: Wettbewerbsbeschränkungen auf staatlich gelenkten Märkten. Eine

Untersuchung zur rechtlichen Stellung der Verkehrs-, Bank- und Versicherungswirtschaft in der Wettbewerbsordnung. Tübingen 1967.

KAMMHOLZ, Axel: Die aktuellen Zinsempfehlungen aus kartellrechtlicher Sicht. In: ZfgK, 1975, S. 649–652. (Erwiderung von R. Frenz dazu: ebenda, S. 850f.).

KARTTE, Wolfgang: Die Sicht des Bundeskartellamtes zum Wettbewerb in der Kreditwirtschaft. In: bum, 4/1981, S. 5–10.

KINDERMANN, Elmar: Zur Rechtfertigung der kreditwirtschaftlichen Bereichsausnahme nach § 102 GWB. In: Kapitalmarktanalyse, hrsgg. von B. Rudolph, Frankfurt a. M. 1987, S. 277–298.

KLAUE, S.: Die Ausnahmeregelung für Banken im Gesetz gegen Wettbewerbsbeschränkungen (GWB). In: FLF, 1987, S. 39–42.

KRAKOWSKI, Michael (Hrsg.): Regulierung in der Bundesrepublik Deutschland. Die Ausnahmebereiche des Gesetzes gegen Wettbewerbsbeschränkungen. Hamburg 1988.

KRÜMMEL, Hans-Jacob: Bankzinsen. Köln/u. a. 1964, S. 268–292.

KUPITZ, Rolf: Die Kreditwirtschaft als wettbewerbspolitischer Ausnahmebereich. Frankfurt a. M. 1983.

MALITIUS, Silvio: Bundeskartellamt und Banken. In: Bkinf, 5/1991, S. 32–34.

MÖSCHEL, Wernhard: Das Konsortialgeschäft der Kreditinstitute im Recht der Wettbewerbsbeschränkungen – Emissionskonsortien als marktbeherrschende Unternehmen. In: ZHR, 1972, S. 273–306.

–: Das Wirtschaftsrecht der Banken. Frankfurt a. M. 1972, S. 326–481, 514–547 und 548–561.

–: Bankenrecht und Wirtschaftsordnung. In: BB, 1975, S. 1025–1030.

PURUCKER, Michael: Banken in der kartellrechtlichen Fusionskontrolle. Berlin 1983.

RENKEN, Cornelius: Die Zusammenarbeit der Kreditinstitute nach deutschem und europäischem Kartellrecht. Berlin 1992.

SCHMIDT, Dirk: Die hoheitliche Werbeanordnung ist tot. In: ZfgK, 1967, S. 858–861.

SEIFERT, Ekkehard: Privilegierung und Regulierung im Bankwesen. Baden-Baden 1984.

Recht einzelner Institutsgruppen

BAUR, Jürgen: Investmentgesetze. Berlin 1970.

BECKERS, Stefan: Die Bankdienste der Deutschen Bundespost in ordnungspolitischer Sicht. München 1990.

CLAUSSEN, Bernd: Teilprivatisierung kommunaler Sparkassen? Baden-Baden 1990.

DÖRRIES, Georg: Zur Rechtsstellung von Landesbanken. Frankfurt a. M./Bern 1988.

EIDENMÜLLER, Alfred: Postbankrecht – Kommentar. Frankfurt a. M. 1980.

–: Das Gesetz über das Kreditwesen und die Postbank. In: Die öffentliche Verwaltung, 1986, S. 408–420.

FLEISCHMANN, Rudolf/BELLINGER, Dieter/KERL, Volkher: Hypothekenbankgesetz – Kommentar. 3. Auflage. München 1979.

GRÄSER, Bernd B./HOPPERT, Rainer/WERHAHN, Jürgen W.: Die Satzung der Volksbanken und Raiffeisenbanken. Kommentar. Wiesbaden 1987.

HAMMER, Klaus/LÜTTGE, Wolfgang: Realkreditgesetze in neuer Fassung 1974. Frankfurt a. M. 1974.

HEINEVETTER, Klaus: Sparkassengesetz Nordrhein-Westfalen – Kommentar. Loseblattsammlung (2 Ordner). 2. Auflage. Köln 1977ff.

KORBACH, Stefan: Die Landesbanken Girozentralen und die Interessen ihrer Gewährträger. Diss. Frankfurt a. M. 1986.

LEHMANN, Werner/SCHÄFER, Otto: Bausparkassengesetz und Bausparkassenverordnung. 3. Auflage. Bonn 1987.

MURA, Jürgen: Zur Geschichte des deutschen Sparkassenrechts von den Anfängen bis 1945. In: Spk, 1983, S. 69–73.

OECKINGHAUS, Hans-Alfred/WOLFF, Jürgen/HENKE, Joachim: Sparkassenrecht im Lande Nordrhein-Westfalen. Sammlung von Gesetzen, Verordnungen und Erlassen. Loseblattsammlung (3 Ordner). 4. Auflage. Mainz/Wiesbaden 1973 ff.

RAHN, Christian: Die rechtliche Stellung des Privatbankiers. Bern/Stuttgart 1984.

SCHLIERBACH, Helmut: Das Sparkassenrecht in der Bundesrepublik Deutschland und in Berlin West. 2. Auflage. Stuttgart 1985.

WEBER, Bernhard: Öffentliche Unternehmen unter besonderer Berücksichtigung kommunaler Sparkassen. Bergisch Gladbach/Köln 1990.

WEBER, Walter: Die Entwicklung der Sparkassen zu selbständigen Anstalten des öffentlichen Rechts. Frankfurt a. M./Bern 1985.

WEIDES, Peter (Hrsg.): Synoptische Darstellung der Sparkassengesetze im Geltungsbereich des Grundgesetzes. Berlin 1992.

WEIDES, Peter/BOSSE, Burkhard Roderich (Hrsg.): Rechtsprechung zum Sparkassenrecht. Berlin 1981 (1. Folge) und 1984 (2. Folge).

Steuerrecht

BABO, Ulrich von: Sparkassen und Steuerprivilegien. Köln 1991.

GRAU, Josef/HENSE, Hans G./SPITZ, Helmut (Hrsg.): Sparkassen-Steuerrecht. Loseblattsammlung (2 Ordner). Stuttgart.

HAMACHER, Rolfjosef: Umsatzsteuerliche Behandlung neuer Finanzinstrumente. In: Bank, 1989, S. 666–674.

HOLZHEIMER, Dieter/u. a.: Steuerpraxis für Kreditinstitute. Besteuerung der Kreditinstitute – Steuerfragen aus der Kundenberatung. Ergänzbares Handbuch mit Erläuterungen und Materialien zu den einschlägigen Steuervorschriften sowie systematischer Zusammenstellung der Gesetze und Verordnungen. (2 Ordner). Berlin 1973 ff.

KOSCHORRECK, Wilfried: Zur Geschichte der Steuerprivilegien der Sparkassen und Kreditgenossenschaften. In: Finanzarchiv, 1969, S. 253–279.

LOHMAR, Gerd: Vermögensteuer des Bankbetriebes. In: Bkinf, 9/1987, S. 53–57.

OBERKÖNIG, Peter: Steuerbelastung und Steuerpolitik von Universalbanken. Köln 1979.

PHILIPOWSKI, Rüdiger: Besteuerung der Kreditinstitute. In: OBST/HINTNER, Geld-, Bank- und Börsenwesen, 39. Auflage, hrsg. von N. Kloten/J. H. v. Stein, Stuttgart 1993, S. 1043–1049.

SPITZ, Helmut: Vom Jahresabschluß zur Körperschaftsteuerermittlung. Handkommentar zur Bilanz und Körperschaftsteuer der Sparkassen. Stuttgart 1992.

Zur Aufhebung der restlichen Steuerprivilegien in der Kreditwirtschaft. In: Bank, 1980, S. 579–581.

3. Zielvorstellungen

BAKONYI, Emmerich: Mitgliedererwartungen in Bankgenossenschaften. Stuttgart 1983.

BAUER, Ludwig: Leistungsveränderungen im Rahmen der Zielkonzeption öffentlich-rechtlicher deutscher Sparkassen. Berlin/München 1972, insbesondere S. 20–93.

BÜSCHGEN, Hans E.: Ökologie als geschäftspolitische Herausforderung für Banken. In: Bank, 1992, S. 132–142.

EHLERMANN, Rüdiger: Die Kreditgenossenschaften im Spannungsfeld zwischen genossenschaftlichem Förderungsauftrag und universalbankwirtschaftlicher Realität. Diss. Münster 1981.

FICKEL, Brigitte: Auftragsziele und Gewinnstreben der Sparkassen. Frankfurt a. M./ Bern 1983.

GROSSKOPF, Werner: Der Förderungsauftrag moderner Genossenschaftsbanken und seine Umsetzung in die Praxis. Frankfurt a. M. 1990.

GÜDE, Udo: Geschäftspolitik der Sparkassen. 5. Auflage. Stuttgart 1989, S. 17–59 (Das Zielsystem der Sparkassen).

HAHN, Oswald: Die Unternehmensphilosophie einer Genossenschaftsbank. Tübingen 1980.

HAUSCHILDT, Jürgen: Unterschiede in der Zielkonzeption privatwirtschaftlicher, genossenschaftlicher und öffentlicher Banken? In: Zeitschrift für öffentliche und gemeinwirtschaftliche Unternehmen, 4/1978, S. 26–44.

HERMANNS, Fritz: Die Funktion des Gewinns bei den Sparkassen in einem neuen Wettbewerbsumfeld. In: Spk Int, 4/1987, S. 13–18.

HERRHAUSEN, Alfred: Zielvorstellungen und Gestaltungsmöglichkeiten einer Langfristplanung in Kreditinstituten. In: Bk-B, 1971, S. 354–359 (auch abgedruckt in: Texte zur wissenschaftlichen Bankbetriebslehre II, hrsgg. von H.-D. Deppe, Göttingen 1981, S. 647–664).

KIRCHHOFF, Ulrich: Zielwandel bei öffentlichen Unternehmen, aufgezeigt am Beispiel der Banken des Bundes. Berlin 1987.

KOLBECK, Rosemarie: Bankbetriebliche Planung. Wiesbaden 1971, S. 65–139.

KROLL, Rüdiger: Das Leistungsziel als Verhaltensdeterminante von Bankunternehmungen der öffentlichen Hand. Berlin 1968.

KRÜMMEL, Hans-Jacob: Bankzinsen. Köln/Berlin/u. a. 1964, S. 183–196.

KUHN, Wolfgang: Das Nichtmitgliedergeschäft der Kreditgenossenschaften. Erlangen/Nürnberg 1984.

–: Förderplan und Unternehmensleitbild genossenschaftlicher Kreditinstitute. In: Öst.Bk-A, 1984, S. 320–330.

LEUPOLD, Willi: Die Planung der Formalzielkonzeption in Universalbanken. Köln 1975.

LÜRIG, Rolf: Unternehmenspolitik von Genossenschaftsbanken. Göttingen 1985.

MADEJA, Alfons: Der öffentliche Auftrag von Spargirobanken. Frankfurt a. M./Bern 1984.

MERTIN, Klaus: Planung und Realisierung der Zielkonzeption am Beispiel einer Großbank. In: Bankbetriebliches Lesebuch, hrsgg. von H.-D. Deppe, Stuttgart 1978, S. 237–257.

MEYER ZU SELHAUSEN, Hermann: Die optimale Planung von Kapitalbeschaffung und Kapitalverwendung einer Kreditbank mit den Methoden der Unternehmensforschung. Köln 1970, S. 29–31 und 162–172.

MÜLHAUPT, Ludwig/DOLFF, Peter: Die Zielplanung in Genossenschaftsbanken. In: KuK, 1975, S. 496–523 (auch abgedruckt in: Texte zur wissenschaftlichen Bankbetriebslehre II, hrsgg. von H.-D. Deppe, Göttingen 1981, S. 701–728).

OELLERKING, Claus/HOLZGRABE, Manfred: Sparkassen und Genossenschaftsbanken im Spannungsfeld zwischen Moral und Ökonomie. Frankfurt a. M./Bern 1990.

OTTEN, Albert: Mitgliederförderung in Kreditgenossenschaften. Münster 1985.

POULLAIN, Ludwig: Die Zielplanung in Girozentralen unter besonderer Berücksichtigung der Mittelbeschaffung. In: Fragen der Bankplanung aus der Sicht von Wissenschaft und Praxis, hrsgg. von L. Mülhaupt, Frankfurt a. M. 1975, S. 101–111.

ROEHM, Helmut/DOLL, Martin: Der Förderungsauftrag im Zielsystem der Bankgenossenschaften. Stuttgart 1983.

RÜSBERG, Lars: Banken-Rating. Rendite, Risiko und Wachstum von Kreditinstituten. Wiesbaden 1992.

SCHIERENBECK, Henner/ROLFES, Bernd: Der strukturelle Gewinnbedarf als Existenzgrundlage von Sparkassen. In: Bw.Blätter, 1984, S. 483–490.

–: Die Planung des strukturellen Gewinnbedarfs eines Kreditinstituts. In: zfbf, 1984, S. 887–902.

SCHIERENBECK, Henner/SEIDEL, Eberhard: Banken und Ökologie – Umweltschutz und die Rolle der Banken. Wiesbaden 1991.

SCHMITZ, Paul Helmut: Planung und Realisierung der Zielkonzeption am Beispiel des

Sparkassensektors. In: Bankbetriebliches Lesebuch, hrsgg. von H.-D. Deppe, Stuttgart 1978, S. 259–273.

SCHMIDT, Dirk: Zur erwerbswirtschaftlichen Tätigkeit der Sparkassen. In: ZfgK, 1989, S. 48–52 und 98–102.

SIEWERT, Klaus-Jürgen: Bankbetriebliche Marktpolitik. Ziele – Rahmenbedingungen – Entscheidungsgrundlagen. Berlin 1983.

SWOBODA, Walter: Planung und Realisierung der Zielkonzeption am Beispiel des Kreditgenossenschaftssektors. In: Bankbetriebliches Lesebuch, hrsgg. von H.-D. Deppe, Stuttgart 1978, S. 275–298.

WÄCHTERSHÄUSER, Manfred: Kreditrisiko und Kreditentscheidung im Bankbetrieb. Wiesbaden 1971, S. 18–75.

ZUMBACH, Felix: Der kurzfristige Zielsetzungsprozeß bei Banken. Bern/Stuttgart 1979.

4. Betriebsstruktur

Standort und Standortspaltung

(Vgl. hierzu auch die Literaturhinweise zum Kapitel „Distribution": S. 412.)

ALBERTS, Volker: Neuere Tendenzen des Standortverhaltens von Großbanken. Wiesbaden 1987.

BECKER, Dorit: Bankbetriebliche Zweigstellenexpansion und Standortforschung. Diss. Göttingen 1975.

–: Zweigstellen- und Standortplanung. In: Bw. Blätter, 1976, S. 125–132.

HARTMANN, Manfred: Raumwirtschaftliche Implikationen der Organisation der Kreditwirtschaft. Berlin 1977.

KÜLLMER, Hermann: Probleme der Standortplanung von Kreditinstituten. In: Fragen der Bankplanung aus der Sicht von Wissenschaft und Praxis, hrsgg. von L. Mülhaupt, Frankfurt a. M. 1975, S. 157–174.

SCHLECHTHAUPT, Wolf-Dieter: Kriterien für die Errichtung von Geschäftsstellen von Universalbanken. Diss. Freiburg i. Br. 1971.

SIEPMANN, Jürgen Dietrich: Die Standortfrage bei Kreditinstituten. Eine Analyse der Standortfaktoren, Standortstruktur und Standortpolitik des westdeutschen Bankensystems. Berlin 1968.

–: Die Marktforschung als Hilfsmittel der Zweigstellenpolitik – Versuch einer Standortkalkulation für Kreditinstitute. In: BfG, 1969, S. 366–379.

SUDING, Theodor: Bankbetriebliche Zweigstellenplanung. Frankfurt a. M./Bern 1983.

VERBECK, Dieter: Die Filialnetzpolitik deutscher Kreditinstitute seit Aufhebung der Bedürfnisprüfung im Jahre 1958. In: Bankhistorisches Archiv, 1/1989, S. 21–33.

ZINK, Günter: Versuch einer modell-theoretischen Lösung des bankbetrieblichen Standortproblems. In: Öst.Bk-A, 1970, S. 173–181.

–: Ansatzpunkte für die betriebswirtschaftliche Standortanalyse im Kreditgewerbe. In: Öst.Bk-A, 1970, S. 286–302.

Aufbauorganisation

BENÖLKEN, Heinz: Marktorientierte Absatzorganisation in Kreditinstituten. In: ZfO, 1978, S. 306–317 und 328.

BENÖLKEN, Heinz/RÜHLE, Karl: Aufbauorganisation und qualitativer Personalbedarf bei dezentralem Leistungsangebot. In: Bw.Blätter, 1977, S. 37–46.

BOLLIGER, Peter: Die optimale Organisationsstruktur eines mittleren Bankbetriebes, Bern/Stuttgart 1984.

BÜHLER, Wilhelm: Modelltypen der Aufbauorganisation von Kreditinstituten. In: Handbuch Bankorganisation, hrsgg. von J. H. v. Stein/J. Terrahe, Wiesbaden 1991, S. 103–142.

BÜSCHGEN, Hans E.: Kreditinstitute, Organisation der. In: HdO, 2. Auflage. Stuttgart 1980, Sp. 1149–1162.

CRAMER, Jörg E./HILPERT, Peter J./ROGER-TEAM: Die herausgeforderten Banken. 2. Auflage. Frankfurt a. M. 1974, S. 34–118 (Modell marktorientierter Betriebsorganisation).

EICH, Detlev: Die zielorientierte Organisation einer Universalbank aus systemtheoretischer Sicht unter besonderer Berücksichtigung ihres Managements. Köln 1973.

ELLERMEIER, Christian: Marktorientierte Bankorganisation. Darmstadt 1975.

ENGELHARDT, Bernhard: Marketing-Organisation im Bankbetrieb. Frankfurt a. M. 1975.

GEISDORF, Gerd/FRITSCHI, Otto: Marktorientierte Organisationsstruktur einer Sparkasse. In: Bw.Blätter, 1973, S. 1–9.

GRUNWALD, Egon: Organisation im Bankbetrieb. Köln 1983.

HAGENMÜLLER, Karl Fr.: Organisation der marktorientierten Bank. In: bum, 4/1976, S. 5–13.

HAGENMÜLLER, Karl Friedrich/JACOB, Adolf-Friedrich: Der Bankbetrieb, Band I, 5. Auflage. Wiesbaden 1987, S. 49–92.

HANRATHS, Klaus H./u. a.: Aktuelle Begriffe der Organisationsarbeit. In: Bw.Blätter, 1985, S. 2–25.

KILGUS, Ernst: Grundlagen der Strukturgestaltung von Banken. In: Handbuch Bankorganisation, hrsgg. von J. H. v. Stein/J. Terrahe, Wiesbaden 1991, S. 63–102.

KLUGE, Friedrich: Führung, Delegation und Information im Bankbetrieb. Frankfurt a. M. 1971.

LIEBAU, Gerhard: Marktorientierte Organisation in Kreditinstituten. Göttingen 1982.

LIPPOLD, Dirk: Individualisierung der Organisation von Banken. Diss. Marburg 1980.

MANKWALD, Rolf: Marketingorientierte Organisation bei Universalbanken. Frankfurt a. M. 1975.

MORGEN, Kurt: Organisationsplanung als Bestandteil der Unternehmensstrategie. In: Handbuch Bankorganisation, hrsgg. von J. H. v. Stein/J. Terrahe, Wiesbaden 1991, S. 461–478.

MÜLLER, Herbert: Die Organisationsstruktur des Bankbetriebes. Ein situativorientierter Gestaltungsansatz. München 1979.

PENZKOFER, Peter: Marketing und Bankorganisation. In: Dienstleistungen in Theorie und Praxis, hrsgg. von H. Linhardt/P. Penzkofer/P. Scherpf, Stuttgart 1970, S. 126–150.

PENZKOFER, Peter/TÄUBE, Klaus: Profit Centers im Bankbetrieb. In: Bk-B, 1972, S. 50–55 und 109–113.

PETER-HEINRICH, Ursula: Organisationsstruktur amerikanischer Geschäftsbanken. Ein struktureller Vergleich mit Organisationsformen österreichischer, schweizerischer und deutscher Kreditinstitute. Wien 1985.

POPKOWITZ, Axel: Das Organisationssystem des Universalbanktypus unter dem Aspekt der Kundenorientierung. Diss. Hamburg 1974.

PUCHTA, Rudi: Organisation einer marktorientierten Großbank. In: Der Bankbetrieb zwischen Theorie und Praxis, hrsgg. von J. Süchting, Wiesbaden 1977, S. 55–77.

REUSCHENBACH, Ruth: Ziele, Instrumente und Bedingungen der Geschäftsstellenorganisation im filialisierten Universalbankbetrieb. Köln 1984.

SCHIERENBECK, Henner: Organisation von Bankkonzernen und Verbundsystemen. In: Handbuch Bankorganisation, hrsgg. von J. H. v. Stein/J. Terrahe, Wiesbaden 1991, S. 143–170.

SCHMIDT, Götz: Organisation im Bankbetrieb. Gießen 1987.

SCHUSTER, Leo: Bankmanagement durch Profit Center. In: Bankmanagement in Theorie und Praxis, Bern/Stuttgart 1973, S. 29–43.

SLEVOGT, Horst: Nach Kundengruppen divisionalisierte Absatzorganisation für Universalbanken. In: Öst.Bk-A, 1982, S. 20–30.

STEIN, Johann Heinrich von/TERRAHE, Jürgen (Hrsg.): Handbuch Bankorganisation. Wiesbaden 1991.

SUBJETZKI, Klaus: Geschäftsfeldorientierte Organisationsstruktur als Instrument des Marketing. In: Bank, 1991, S. 674–677.

TRUMLER, Wolfgang: Filialorganisation. Bankorganisatorische Aspekte an der Schnittstelle Filiale-Zentrale. Wien 1991.

WEISS, Ulrich: Marktorientierung und innere Organisation der Banken. In: Organisation der Banken und des Bankenmarktes, hrsgg. von W. Engels, Frankfurt a. M. 1988, S. 11–29.

WERNHART, Wolfgang: Quantifzierung organisatorischer Engpässe in Bankbetrieben. Wien 1992.

WIELENS, Hans: Fragen der Bankorganisation. Frankfurt a. M. 1977.

–: Möglichkeiten und Grenzen einer marktorientierten Organisationsform von Geschäftsbanken. In: Bankbetriebliches Lesebuch, hrsgg. von H.-D. Deppe, Stuttgart 1978, S. 561–578.

–: Marktorientierte Bankorganisation. In: Handbuch des Bankmarketing, hrsgg. von J. Süchting/E. v. Hooven. 2. Auflage, Wiesbaden 1991, S. 71–100.

Literatur zum 4. Abschnitt:
Erstellung bankbetrieblicher Leistungen

1. Grundlagen

Bankbetriebliches Faktorsystem

DEPPE, Hans-Dieter: Bankbetriebliches Wachstum, Stuttgart 1969, S. 17–24.

–: Eine Konzeption wissenschaftlicher Bankbetriebslehre in drei Doppelstunden. In: Bankbetriebliches Lesebuch, hrsgg. von H.-D. Deppe, Stuttgart 1978, S. 31–52.

HINTEN, Peter von: Ansatzpunkte zur Konzipierung einer bankbetrieblichen Kostentheorie. Diss. München 1973, S. 26–45.

SIEGERT, Theo: Eigenarten bankbetrieblicher Leistungen. Diss. München 1974, S. 95–99, 216–227 und 261–264.

SÜCHTING, Joachim: Bestimmungsfaktoren des Kreditangebots. In: BfG, 1968, S. 441–446 (auch abgedruckt in: Texte zur wissenschaftlichen Bankbetriebslehre I, hrsgg. von H.-D. Deppe, Göttingen 1980, S. 145–158).

Kapazität und Kapazitätsermittlung

BECHER, Klaus: Das betriebswirtschaftliche Wachstum der Banken, insbesondere der Filialgroßbanken in der Bundesrepublik Deutschland seit 1952. Diss. Köln 1969.

BRODHAG, Wolfgang: Untersuchungen über die Kapazität und Kapazitätsermittlung von Kreditinstituten in bezug auf Kredit- und Zahlungsverkehrsleistung. Diss. Mannheim 1963.

BUTZ, Eckehard: Die Anpassung des technisch-organisatorischen Bereiches von Kreditinstituten. Wiesbaden 1969, insbesondere S. 43–61.

DEPPE, Hans-Dieter: Bankbetriebliches Wachstum. Stuttgart 1969.

FELL, Manfred: Outputmessung bei der Dienstleistungsproduktion im Bankbetrieb. Diss. Mannheim 1978.

GERGEN, Karl-Heinz: Die Bedeutung interner Verrechnungen für die Kreditkapazität. Bern/Frankfurt a. M. 1976.

HAHN, Oswald: Die Geldschöpfungskapazität einer Girobank in betriebswirtschaftlicher Betrachtung. In: BfG, 1961, S. 185–190 und 208–213.

HINTEN, Peter von: Ansatzpunkte zur Konzipierung einer bankbetrieblichen Kostentheorie. Diss. München 1973, S. 102–142.

Honeck, Gerhard: Einzelwirtschaftliche Liquidität und Kreditangebot der Banken. Frankfurt a. M./Bern/u. a. 1989.

Krümmel, Hans-Jacob: Bankzinsen. Köln/u. a. 1964, S. 196–204.

Mülhaupt, Ludwig/Schierenbeck, Hennes/Flechsig, Rolf: Die Planung des optimalen Kreditportefeuilles einer Universalbank. In: KuK, 1982, S. 1–46 und 188–206.

Nestel, Thomas: Die Möglichkeiten einer Kapazitäts- und Beschäftsigungsbestimmung bei Kreditinstituten und ihre Bedeutung für die bankbetriebliche Kostentheorie. Diss. FU Berlin 1965.

Schaaf, Gerhard: Die Geldschöpfungsmöglichkeiten von Einzelbank, Bankengruppe und Bankensystem in der Bundesrepublik Deutschland. Diss. Tübingen 1965.

Siegert, Theo: Eigenarten bankbetrieblicher Leistungen. Diss. München 1974, S. 88–122.

Süchting, Joachim: Bestimmungsfaktoren des Kreditangebots. In: BfG, 1968, S. 441–446 (auch abgedruckt in: Texte zur wissenschaftlichen Bankbetriebslehre I, hrsgg. von H.-D. Deppe, Göttingen 1980, S. 145–158).

Uhe, Gerd: Determinanten des Kreditangebots des Bankensystems in der Bundesrepublik Deutschland unter besonderer Berücksichtigung ausgewählter Bankengruppen. Bochum 1983.

2. Risiken und Risikomanagement

(anschließend gesonderte Literaturhinweise zu: Liquiditätsirisiko; Bilanzstruktur-Management; Zinsänderungsrisiko)

Arnold, Hans: Risikentransformation. Diss. Saarbrücken 1964.

–: Risikentransformation. In: Handwörterbuch der Finanzwirtschaft, hrsgg. von H. E. Büschgen, Stuttgart 1976, Sp. 1506–1516.

Berck, Helmut: Der Risikostatus. Ein Instrument zur Beurteilung der Risikolage von Sparkassen. Diss. Mainz 1991.

Berger, Karl-Heinz: Möglichkeiten der Erfassung von Risiken im Bankbetrieb. In: Rechnungswesen im Dienste der Bankpolitik, hrsgg. von J. Krumnow/M. Metz, Stuttgart 1987, S. 251–265.

Bredemeier, Sonning: Bankbetriebliche Risiken – Evaluierung und Steuerung. In: Herausforderungen der Wirtschaftspolitik, hrsgg. von W. Filc/L. Hübl/R. Pohl, Berlin 1988, S. 27–42.

Breuer, Rolf-E.: Risikomanagement im Wertpapiergeschäft. In: Bank, 1992, S. 564–566.

Büschgen, Hans E.: Risikomanagement als Prüfstein im Wettbewerb. In: Bw.Blätter, 1992, S. 80–90.

Feuerstein, Werner: Risikomessung, Risikobegrenzung und Risikodeckung bei Kreditinstituten. Bad Homburg v. d. H. 1984.

Guldimann, Tobias: Risikogerechte bankinterne Revisionsplanung. Bern/Stuttgart 1990.

Häberle, Siegried Georg: Risiko als zielbezogenes Phänomen. Eine Untersuchung über die Kriterien für eine systematische Erfassung des betrieblichen Risikokomplexes unter besonderer Berücksichtigung des Risikos von Bankbetrieben. Diss. Tübingen 1979.

Halvax, Günter: Aufbau einer Innenrevision in Banken. In: BkA, 1989, S. 3–17.

Hanssen, Rolf-A./Müller-Schwerin, Eberhard: Bankbetriebliche Risiken, risikopolitische Maßnahmen und ordnungspolitische Maßnahmen. In: WiSt, 1977, S. 295–300.

Hölscher, Reinhold: Risikokosten-Management. Frankfurt a. M. 1987.

–: Die Messung bankbetrieblicher Risikokosten unter Berücksichtigung von Risikoverbundeffekten. In: KuK, 1987, S. 522–558.

–: Die Steuerung von Risikokosten durch ein Budget-System. In: Bank, 1988, S. 317–323.

JACOB, Adolf-Friedrich: Gedanken zur Risikosteuerung im Bankbetrieb. In: bum, 1/1988, S. 6–13.

–: Risiko-Management als Geschäftsfeld. In: Bw.Blätter, 1992, S. 105–110.

KEINE, Friedrich-Michael: Die Risikoposition eines Kreditinstituts. Wiesbaden 1986.

KOERNER, Ulrich: Organisatorische Ausgestaltung des Risikomanagements im Bankbetrieb. In: Bank, 1989, S. 493–501.

KRÜMMEL, Hans J.: Unternehmenspolitische Vorgaben für die Risikosteuerung der Bank. In: Finanzintermediation und Risikomanagement, hrsgg. von H.-J. Krümmel/B. Rudolph, Frankfurt a. M. 1989, S. 32–56.

KRÜMMEL, Hans-Jacob/RUDOLPH, Bernd (Hrsg.): Finanzintermediation und Risikomanagement. Frankfurt a. M. 1989.

LÜTHJE, Bernd (Hrsg.): Risikomanagement in Banken – Konzeptionen und Steuerungssysteme. Bonn 1991.

MÄUSER, Götz: Risikopolitik bei Marketmakern. Köln 1989.

NEUBER, Friedel: Steuerungsinstrumente zur Verhinderung einer Krise aus der Sicht einer einzelnen Bank. In: Spk, 1988,S. 298–303.

PHILIPP, Fritz/u. a.: Bankaufsichtsrechtliche Begrenzung des Risikopotentials von Kreditinstituten. In: DBW, 1987, S. 285–302.

RÖLLER, Wolfgang: Risikomanagement als Führungsaufgabe. In: Finanzintermediation und Risikomanagement, hrsgg. von H. J. Krümmel/B. Rudolph, Frankfurt a. M. 1989, S. 19–31.

RUDOLPH, Bernd: Innovation zur Steuerung und Begrenzung bankbetrieblicher Risiken. In: Bankmanagement für neue Märkte, hrsgg. von H.-J. Krümmel/B. Rudolph, Frankfurt a. M. 1987, S. 19–45.

SCHOLZ, Martin Maria Joachim: Quantifizierung des Risikos der Banken für Zwecke der internen Disposition und als Basis gesetzlicher Regelungen. Diss. Frankfurt a. M. 1987.

SCHUSTER, Leo: Neuere Entwicklung im Risiko-Management der Banken. In: Die Unternehmung, 1989, S. 204–215.

SELBACH, Reiner: Risiko und Risikopolitik bei Kreditgenossenschaften. Berlin 1987.

SÜCHTING, Joachim: Überlegungen zu einer umfassenden Risikobegrenzung im Bankbetrieb. In: Öst.Bk-A, 1987, S. 679–689.

WEIERSHÄUSER, Eberhard: Geschäftsfeldrisiken und Gesamtrisiko der Bank. In: Finanzintermediation und Risikomanagement, hrsgg. von H.-J. Krümmel/B. Rudolph, Frankfurt a. M. 1989, S. 158–175.

3. Liquiditätsrisiko

Liquiditätsproblem

BRÜGGESTRAT, Reiner: Die Liquiditätsrisikoposition eines Kreditinstituts. Frankfurt a. M. 1990.

KLIMSCH, Florian: Die Bedeutung des netzinternen und netzüberschreitenden Zahlungsverkehrs für den finanziellen Bereich der Girosysteme in der BRD. Diss. TU Berlin 1971, S. 45–63.

RIEGER, Wilhelm: Einführung in die Privatwirtschaftslehre. 3. Auflage. Erlangen 1964, S. 280–287.

STUCKEN, Rudolf: Liquidität der Banken. In: Handwörterbuch der Sozialwissenschaften, 6. Band, Stuttgart/Tübingen/Göttingen 1959, S. 629–633.

WITTSTOCK, Jan: Eine Theorie der Geldpolitik von Kreditinstituten. Berlin/München 1971, S. 26–36.

Bilanzstruktur und Liquidität

BRUGGER, Armin: Die Grundsätze des Bundesaufsichtsamtes für das Kreditwesen. Diss. Erlangen/Nürnberg 1988.

CHRISTIAN, Claus-Jörg/WASCHBUSCH, Gerd: Liquiditätsgrundsatzneutrale Refinanzierung. Ein Ziel des Liquiditätsmanagements von Kreditinstituten. In: WiSt, 1988, S. 480–484.

CZECH, Dieter Klaus: Zur Fristentransformation der Depositenbanken. Diss. Tübingen 1972.

HINTNER, Otto: Zum Liquiditätsproblem der Geschäftsbanken. In: Der Betrieb in der Unternehmung, hrsgg. von J. Fettel/H. Linhardt, Stuttgart 1963, S. 396–421.

HOFFMANN, Horst: Dispositionsregeln zur Solvenzsicherung von Depositenbanken. Diss. Saarbrücken 1967.

KINAST, Gerhard: Die kontrollierte Inkongruenz von Aktiv- und Passivkreditfristen als liquiditätspolitisches Verhaltensmuster für Kreditinstitute – eine kritische Analyse. Diss. Mannheim 1976.

KÖHLER, Richard: Die Fristentransformation der Banken. Diss. Gießen 1988.

KRÜMMEL, Hans-Jacob: Liquiditätssicherung im Bankwesen. Teil I: Gewerbepolizeiliche Liquiditätssicherung im Bankwesen; Teil II: Liquiditätssicherung als Teil der Unternehmenspolitik der Banken. In: KuK, 1968, S. 247–307, und 1969, S. 60–110.

MÜLHAUPT, Ludwig: Die Goldene Bankregel und ihre Problematik. In: LK, 1971, S. 35–42.

–: Liquiditäts- und rentabilitätspolitische Aspekte der Goldenen Bankregel. In: Spk, 1973, S. 9–14.

MÜLHAUPT, Ludwig/KÜLLMER, Hermann: Probleme der Entscheidungsfindung im Bankbetrieb. In: KuK, 1971, S. 171–194.

MÜNKER, Dieter: Das langfristige Kreditgeschäft der Großbanken. Stuttgart 1967, S. 84–155.

POULLAIN, Ludwig: Fristentransformation. In: Handwörterbuch der Finanzwirtschaft, hrsgg. von H. E. Büschgen, Stuttgart 1976, Sp. 658–665.

QUISTORP, Alexandra von: Erfahrungen mit der Kreditzusagenstatistik. In: Spk, 1981, S. 120–122.

SCHEIDL, Karl: Zum Problem bankbetrieblicher Dispositionsregeln. In: Dienstleistungen in Theorie und Praxis, hrsgg. von H. Linhardt/P. Penzkofer/P. Scherpf, Stuttgart 1970, S. 161–182 (auch abgedruckt in: Texte zur wissenschaftlichen Bankbetriebslehre II, hrsgg. von H.-D. Deppe, Göttingen 1981, S. 803–821).

STÜTZEL, Wolfgang: Ist die Goldene Bankregel eine geeignete Richtschnur für die Geschäftspolitik der Kreditinstitute? In: Vorträge für Sparkassenprüfer (Kiel 1959), Stuttgart 1960, S. 34–51 (auch abgedruckt in: Texte zur wissenschaftlichen Bankbetriebslehre II, hrsgg. von H.-D. Deppe, Göttingen 1981, S. 765–782).

SÜCHTING, Joachim: Bankmanagement. 3. Auflage. Stuttgart 1992, S. 324–335.

Die Kreditzusagenstatistik der Deutschen Bundesbank. In: Mb-Bbk, Mai 1979, S. 11–19.

Zur längerfristigen Entwicklung der Kreditzusagen und ihrer Inanspruchnahme. In: Mb-Bbk, Januar 1981, S. 12–19.

Gelddisposition/Geldmarkt

BAUER, Alois: Strategien zur Steuerung von Liquiditätsrisiken der Banken. Regensburg 1991.

BREHMER, Ekhard: Struktur und Funktionsweise des Geldmarktes der Bundesrepublik Deutschland seit 1948. 2. Auflage. Tübingen 1964.

BURCHARDT, Michael: Beziehungen zwischen Liquiditätsstatus und Geldmarktengagement der Bankengruppen. In: KuK, 1980, S. 349–390.

DEPPE, Hans-Dieter: Geldmarkt und Geldmarktkonzepte. In: KuK, 1980, S. 289–322.

DROSTE, Klaus D.: Perspektiven des deutschen Geldmarktes. In: ZBB, 1991, S. 1–6.

FISCHER, O.: Funktion und Wirkungsweise der Liquiditäts-Konsortialbank GmbH. In: Öst.Bk-A, 1975, S. 2–8 (auch abgedruckt in: Texte zur wissenschaftlichen Bankbetriebslehre I, hrsgg. von H.-D. Deppe, Göttingen 1980, S. 477–483).

HASEWINKEL, Volker: Geldmarkt und Geldmarktpapiere. Frankfurt a. M. 1993.

HEIN, Manfred: Die internationalen Geldmarktgeschäfte westdeutscher Banken. Berlin 1966, S. 11–120.

HERRMANN, Armin: Die Geldmarktgeschäfte. 3. Auflage. Frankfurt a. M. 1986.

LIPFERT, Helmut: Der Geldmarkt (mit Euro-Geldmarkt). 8. Auflage. Frankfurt a. M. 1975.

LIPPMANN, Hugo: Die Gelddisposition der Geschäftsbanken. In: Bankbetriebliches Lesebuch, hrsgg. von H.-D. Deppe, Stuttgart 1978, S. 411–428.

MAINERT, Alf: Geldmarkt. In: OBST/HINTNER, Geld-, Bank- und Börsenwesen, 39. Auflage, hrsgg. von J. H. v. Stein/N. Kloten, Stuttgart 1993, S. 1189–1206.

MÜLHAUPT, Ludwig/DEPPE, Hans-Dieter: Gedanken zu Problemen der Liquiditätsplanung von Kreditinstituten. In: Spk, 1963, S. 83–88 (auch abgedruckt in: Texte zur wissenschaftlichen Bankbetriebslehre II, hrsgg. von H.-D. Deppe, Göttingen 1981, S. 787–802).

MÜLLER, Bernhard: Die Liquiditätsdispositionen einer Privatbank. In: Bank, 1980, S. 178–183.

PETERS, Rainer: Mindestreservepolitik und bankbetriebliche Liquiditätsdisposition. Hamburg 1980.

RIEFLER, Karl-Martell: Liquiditätsdisposition und -planung in Kreditinstituten mit Hilfe eines Mensch-Maschine-Dialoges. Diss. Erlangen/Nürnberg 1977.

SCHMALZRIEDT, Oliver: Die Liquiditätsdisposition der Kreditinstitute unter besonderer Berücksichtigung ihrer Abhängigkeit von der Geldpolitik der Zentralbank und ihrer Bedeutung für diese. Diss. Tübingen 1991.

SCHNEIDER, Richard: Liquiditätsplanung bei Banken mit Computereinsatz. Diss. Basel 1971.

VOSS, Ludwig: Die Gelddisposition einer Regionalbank unter besonderer Berücksichtigung der Rolle der Erwartungen. Diss. Münster 1966.

WEISS, Ulrich: Geldmarkt: In: Finanzierungshandbuch, hrsgg. von F. W. Christians, 2. Auflage, Wiesbaden 1988, S. 93–110.

WIENEKE, Herbert: Bankbetriebliche Kassenhaltung. Berlin 1981.

WILKENS, Klaus: Kapitalflußrechnungen als Instrumente der Bank-Liquiditätsdisposition. In: Bw.Blätter, 1975, S. 210–216.

WITTGEN, Robert: Die Geldpolitik der Geschäftsbanken. Frankfurt a. M. 1965.

–: Fragen der bankbetrieblichen Geldpolitik. In: Öst.Bk-A, 1966, S. 226–236.

WITTGEN, Robert/EILENBERGER, Guido: Die Geldpolitik der Kreditinstitute. 2. Auflage. Frankfurt a. M. 1984.

WITTSTOCK, Jan: Eine Theorie der Geldpolitik von Kreditinstituten. Berlin 1971.

WYK, Wolfgang van: Die Gelddisposition der Banken. Frankfurt a. M. 1966.

ZWEIG, Gerhard/KOTZ, Hans-Helmut: Interbankgeschäft – ein Überblick. In: Spk, 1988, S. 362–366.

Zentralbankgeldbedarf der Banken und liquiditätspolitische Maßnahmen der Bundesbank. In: Mb-Bbk, April 1982, S. 21–26.

Die Interbankenbeziehungen der inländischen Kreditinstitute seit 1980. In: Mb-Bbk, März 1988, S. 22–30.

Der deutsche Geldmarkt ändert seine Handels-Usancen. In: ZfgK, 1990, S. 721–722.

4. Erfolgsrisiken

Bilanzstruktur-Management

(anschließend gesonderte Literaturhinweise zum Zinsänderungsrisiko)

ALTENHAIN, Thomas/HÖLSCHER, Reinhold: Bilanzstruktur-Management. In: Bkinf, 5/1988, S. 41–45, und 6/1988, S. 49–52.

FEIGE, Helmut/SCHÄFER, Bernhard: Die Beurteilung des strukturell bedingten Kreditrisikos. In: Bw.Blätter, 1981, S. 49–55.

BRAKENSIEK, Thomas: Die Kalkulation und Steuerung von Ausfallrisiken im Kreditgeschäft der Banken. Frankfurt a. M. 1991.

GOTTSCHALK, Heinz Dieter/RENNER, Matthias: Risikosteuerung von Swap-Portfolios. In: Bank, 1992, S. 524–527.

HEITMÜLLER, Hans-Michael: Bilanzstrukturmanagement und Erfolgssteuerung. In: Spk, 1991, S. 246–250.

KARMANN, Alexander: Strategische Bilanzstrukturplanung im Kreditwesen – Optimierungsansatz am Beispiel einer Genossenschaftszentralbank. In: Aspekte bankwirtschaftlicher Forschung und Praxis, hrsgg. von H. Guthardt/u. a., Frankfurt a. M. 1985, S. 269–280.

KRUMNOW, Jürgen: Controlling im Off-Balance-Sheet-Geschäft. In: Finanzintermediation und Risikomanagement, hrsgg. von H.-J. Krümmel/B. Rudolph, Frankfurt a. M. 1989, S. 135–157.

NABBEN, Stefan: Financial Swaps. Instrument des Bilanzstrukturmanagements in Banken. Wiesbaden 1990.

PFEIFER, Uwe: Management bankbetrieblicher Erfolgsrisiken, unter besonderer Berücksichtigung des Zinsänderungsrisikos. Berlin 1991.

ROLFES, Bernd: Die Steuerung des Strukturergebnisses: Bilanzstrukturmanagement. In: Bank, 1991, S. 568–574.

–: Bilanzstrukturmanagement mit Zinsswaps. In: ZfgK, 1992, S. 674–682.

ROTHACKER, Hartmut: Treasury Management einer Bank in den 90er Jahren. In: Bank, 1991, S. 191–197. (Treasury i. S. von ‚Management von Marktrisiken‘).

SCHIERENBECK, Henner: Bilanzstrukturmanagement in Kreditinstituten. In: Bw.Blätter 1983, S. 280–289.

–: Modellanalytische Bilanzstrukturoptimierung. In: KuK, 1987, S. 496–521.

–: Bilanzstruktur-Management in Kreditinstituten. In: Rechnungswesen im Dienste der Bankpolitik, hrsgg. von J. Krumnow/M. Metz, Stuttgart 1987, S. 181–196.

–: Ein Ansatz zur integrativen Qualifizierung bankbetrieblicher Ausfall- und Zinsänderungsrisiken. In: Bankrisiken und Bankrecht, hrsgg. von W. Gerke, Wiesbaden 1988, S. 43–61.

–: Ertragsorientiertes Bankmanagement. 3. Auflage. Wiesbaden 1991.

SCHIERENBECK, Henner/WIELENS, Hans (Hrsg.): Bilanzstrukturmanagement in Kreditinstituten. Frankfurt a. M. 1984.

SCHNEIDER-GÄDICKE, Karl-Herbert: Die Bedeutung des Wertpapiergeschäfts für die Bilanzstrukturpolitik. In: Bilanzstrukturmanagement in Kreditinstituten, hrsgg. von H. Schierenbeck/H. Wielens, Frankfurt a. M. 1984, S. 103–117.

VERTNEG, Harald: EDV-Anwendungen im Bilanzstrukturmanagement von Kreditinstituten. In: Öst.Bk-A, 1987, S. 452–476.

Zinsänderungsrisiko

(anschließend gesonderte Literaturhinweise zu Zinstermin-, Zinsoptions- und Zinsswapgeschäften)

ABELS, Peter/ Klünder, Wolfgang: Zinsänderungsrisiko aus Festzinsgeschäften. In: Bw.Blätter, 1984, S. 237–240.

ANTL, Boris: Management of interest rate risk. London 1988.

BANGERT, Michael: Zinsrisiko-Management in Banken. Wiesbaden 1987.

BENKE, Holger/FLESCH, Hans Rudolf/PIASKOWSKI, Friedrich: Steuerung des Zinsänderungsrisikos. In: Bank, 1989, S. 431–438.

BESSLER, Wolfgang: Zinsrisikomanagement in Kreditinstituten. Wiesbaden 1989.

BICKART, Torsten: Zinsrisikomanagement in Banken. In: ZfgK, 1992, S. 1025–1028.

BIEHL, Werner/REUTER, Arnold: Darstellung, Begrenzung und Steuerung von Zinsänderungsrisiken bei Sparkassen. In: Bw.Blätter 1984, S. 266–277.

BRAMMERTZ, Willi/BURGER, Werner: Duration im Asset &Liability Mangement. In: Bank, 1990, S. 323–328.

BRAMMERTZ, Willi/SPILLMANN, Martin: Zinselastizität: Ein unstabiles Maß. In: Bank, 1991, S. 386–390.

BÜHLER, Wolfgang/HERZOG, Walter: Die Duration – eine geeignete Kennzahl für die Steuerung von Zinsänderungsrisiken in Kreditinstituten? In: KuK, 1989, S. 403–426 und 524–562.

BUSSMANN, Johannes: Das Management von Zinsänderungsrisiken. Frankfurt a. M./ u. a. 1988.

CONSBRUCH/MÖLLER/BÄHRE/SCHNEIDER (Hrsg.): Gesetz über das Kreditwesen. Textsammlung. München 1963 ff. (Ziffer 11.22: Kreditgewährung zu Festzinssätzen; Ziffer 11.28: Zinsänderungsrisiko).

ELLER, Roland: Modified Duration and Convexity – Annalyse des Zinsrisikos. In: Bank, 1991, S. 322–326.

EUFINGER, Jürgen: Zur Quantifizierung des Zinsänderungsrisikos im Rahmen des Prognosesystems. In: Bw.Blätter, 1983, S. 293–296.

FRIGGEMANN, Peter: PC-gestütztes Zinsspannen-Management. In Bw.Blätter 1990, S. 211–215.

GRAMLICH, Dieter/WALZ, Hartmut: Duration und Zinselastizität als Instrumente des Zinsrisiko-Managements. In: WiSt, 1991, S. 327–332.

HASENKAMP, Karl Peter: Zinsrisiken in Bankbilanzen. In: Materialien zum Zinsrisiko, hrsgg. von W.-D. Becker/R. Falk, Göttingen 1982, S. 84–120.

HAUSER, Siegfried/REISERT, Agnes: Zinsprognosen und Ansätze zu ihrer Verbesserung. In: Spk, 1990, S. 450–455.

HERZOG, Walter: Zinsänderungsrisiken in Kreditinstituten. Wiesbaden 1990.

HONECK, Gerhard: Zinsänderungsrisiko und Zinsrisikobilanz. In: Bank, 1992, S. 656–661.

JACOB, Hans-Reinhard/VILLIEZ, Christian von: Grundlagenmodell für die laufzeitkongruente Refinanzierung des Festzinsgeschäfts. In: Bank, 1990, S. 554–559.

KLERX, Karl: Ausbau der Zinsbindungsbilanz zu einem Informations- und Steuerungsinstrument. In: Bank, 1987, S. 138–145.

KOLLBACH, Walter: Zinsänderungsrisiko – Erfassung und Beurteilung. In: Bkinf, 10/ 1987, S. 28–34, und 11/1987, S. 44–46.

KOTZ, Hans-Helmut/BRAUN, Ulrich: Zinsstruktur und Aktiv-Passiv-Steuerung: der Prognoseteil. In: Spk, 1991, S. 556–561.

KRANZ, Michael: Risiken aus längerfristigen Festzinsvereinbarungen. In: Bw.Blätter, 1981, S. 259–262.

KRUMNOW, Jürgen: Steuerung des Zinsänderungsrisikos bei Banken. In: Institut für Bankwirtschaft und Bankrecht an der Universität zu Köln, Abt. Bankwirtschaft, Mitteilungen und Berichte , Nr. 67 (1993), S. 19–32.

KUGLER, Albert: Konzeptionelle Ansätze zur Analyse und Gestaltung von Zinsänderungsrisiken in Kreditinstituten. Bern/Stuttgart 1985.

MEYER ZU SELHAUSEN, Hermann: Erfassung und Steuerung des Zinsänderungsrisikos einer Bank mit Hilfe eines Modells der Aktiv-Passiv-Koordination. In: KuK, 1988, S. 556–590.

–: Ermittlung robuster Strategien für die Steuerung des Zinsrisikos einer Universalbank. In: ZBB, 1991, S. 137–146.

PFEIFER, Uwe: Management bankbetrieblicher Erfolgsrisiken, unter besonderer Berücksichtigung des Zinsänderungsrisikos. Diss. Heidelberg 1991.

PFINGSTEN, Andreas: Die Erkennung und Behandlung von Zinsänderungsrisiken. In: ZfgK, 1988, S. 270–274.

REMMERS, Johann: Probleme der Erfassung und Steuerung des Zinsänderungsrisikos mit Hilfe des bankbetrieblichen Rechnungswesens. In: Riskovorsorge, hrsgg. von R. Kolbeck, Frankfurt a. M. 1985, S. 61–85.

ROLFES, Bernd: Die Steuerung von Zinsänderungsrisiken in Kreditinstituten. Frankfurt a. M. 1985.

–: Die Entstehung von Zinsänderungsrisiken. In: Bw.Blätter, 1985, S. 468–473.

–: Ansätze zur Steuerung von Zinsänderungsrisiken. In: KuK, 1985, S. 529–552.

–: Das Zinsänderungsrisiko bei Banken. In: WISU, 1988,S. 400–407.

–: Risikosteuerung mit Zinselastizitäten. In: ZfgK, 1989, S. 196–201.

ROLFES, Bernd/BELLMANN, Klaus/NAPP, Udo: Darstellung und Beurteilung von Zinsänderungsrisiken. In: bum, 12/1988, S. 12–16.

ROLFES, Bernd/BERGFRIED, Hermann: Die zinsänderungsoptimale Geschäftsstruktur einer Bank. In: BkA, 1988, S. 329–343.

ROLFES, Bernd/SCHWANITZ, Johannes: Die „Stabilität" von Zinselastizitäten. In: Bank, 1992, S. 334–337.

ROLFES, Bernd/VILLIEZ, Christian von: Steuerung des Transformationsergebnisses. In: Bank, 1989, S. 502–506.

ROTHACKER, Hartmut: Treasury Management einer Bank in den 90er Jahren. In: Bank, 1991, S. 191–197. (Treasury i. S. von ‚Management von Marktrisiken').

RUDOLPH, Bernd: Zinsänderungsrisiken und die Strategie der durchschnittlichen Selbstliquidationsperiode. In: KuK, 1979, S. 181–206.

–: Managementtechniken und Finanzierungsinstrumente zur Steuerung und Begrenzung von Zinsänderungsrisiken. In: Rechnungswesen im Dienste der Bankpolitik, hrsgg. von J. Krumnow/M. Metz, Stuttgart 1987. S. 317–332.

SCHIERENBECK, Henner: Ein Ansatz zur integrativen Quantifizierung bankbetrieblicher Ausfall- und Zinsänderungsrisiken. In: Bankrisiken und Bankrecht, hrsgg. von W. Gerke, Wiesbaden 1988, S. 43–61.

–: Ertragsorientiertes Bankmanagement. 3. Auflage, Wiesbaden 1991, S. 529–601.

SCHLENZKA, Peter F.: Asset/Liability Management zur Kontrolle von Zinsänderungsrisiken. In: Bilanzstrukturmanagement in Kreditinstituten, hrsgg. von H. Schierenbeck/H. Wielens, Frankfurt a. M. 1984, S. 73–83.

SCHMIDT, Hartmut: Wege zur Ermittlung und Beurteilung der Marktzinsrisiken von Banken. In: KuK, 1981, S. 249–286.

SCHOLZ, Walter: Zinsänderungsrisiken im Jahresabschluß der Kreditinstitute. In: KuK, 1979, S. 517–544.

–: Die Steuerung von Zinsänderungsrisiken und ihre Berücksichtigung im Jahresabschluß der Kreditinstitute. In: Bilanzstrukturmanagement in Kreditinstituten, hrsgg. von H. Schierenbeck/H. Wielens, Frankfurt a. M. 1984, S. 119–136.

SIEGEL, Bernd/DEGENER, Rolf: Die Steuerung von Zinssätzen und Zinsänderungsrisiken. In: ZfgK, 1987, S. 875–879 und 924–929.

–: Neuere Überlegungen zur Steuerung von Zinsänderungsrisiken. In: ZfgK, 1988, S. 900–906 und 946–952.

SPILLMANN, Martin: Führungsinstrumente im Zinsengeschäft der Banken unter besonderer Berücksichtigung des Zinsänderungsrisikos. Bern/Stuttgart 1990.

STARKE, Wolfgang: Zinsänderungsrisiken und Zinsänderungschancen. In: ZfgK, 1983, S. 842–846.

STROBEL, Johann: Zinsänderungsrisiken in Kreditinstituten. Wien 1989.

WAGENER, Hans: Zinsänderungsrisiko – Ermittlung/Darstellung/Steuerung. In: vbo-informationen, 1984, S. 5–17 (A/2561, Bl. 1–13).

WILD, Klaus Dieter: Dynamische Optimierung der Zinsbindungsstruktur von Bankbilanzen mittels Simulation. Frankfurt a. M./Bern 1987.

–: Dynamische Optimierung der Zinsbindungsstruktur. In: Bank, 1987, S. 494–500.

WONDRAK, Bernhard: Zur Steuerung des Zinsänderungsrisikos in Kreditinstituten. In: KuK, 1986, S. 401–416.

Zinstermin-, Zinsoptions- und Zinsswapgeschäfte

BEHRENS, Christian-Uwe: Wann lohnen sich Zinsswap-Geschäfte? In: ZfgK, 1989, S. 201–206.

BÜSCHGEN, Hans E.: Zinstermingeschäfte. Frankfurt a. M. 1988.

CLAUS, Dieter: Zinstermingeschäfte – eine erfolgreiche Variante der Financial Futures Markets. In: Spk, 1982, S. 458–462.

CORDERO, Ricardo: Der Financial Futures Markt. Bern/Stuttgart 1986.

FRIESE, Antje B.: Unruhe an den Märkten fördern Zinsfutures. In: Bank, 1989, S. 613–617 (auch in: Bw.Blätter 1990, S. 31–34).

GONDRING, Hanspeter/HERMANN, Albrecht: Zins- und Währungsswaps aus bankbetrieblicher Sicht. In: Öst.Bk-A, 1986, S. 327–339.

HÜPPAUFF, Matthias: Preisbildung für Zinsswaps. In: Bank, 1990, S. 203–206.

JAHN, Uwe: Gestaltung von Zinsbegrenzungsverträgen. In: Bank, 1989, S. 196–199.

KALINSKI, Rüdiger/DÜRR, Wolfgang/FACH, Kathrin: Steuerung des Zinsänderungsrisikos im Wertpapieranlagegeschäft. In: Bank, 1993, S. 40–45.

KNIPPSCHILD, Martin: Controlling von Zins- und Währungsswaps in Kreditinstituten. Frankfurt a. M. 1991.

KOBOLD, Klaus: Terminkontraktmärkte für verzinsliche Wertpapiere – Funktionsweise und Anwendungsmöglichkeiten für den Bankenbereich. In: Spk, 1985, S. 64–69.

LASSAK, Günter: Zins- und Währungsswaps. Frankfurt a. M. 1988.

LERBINGER, Paul: Zins- und Währungsswaps. Wiesbaden 1988.

MENZEL, Friedrich W.: Risikomanagement mit Zinsterminkontrakten. In: Bankmanagement für neue Märkte, hrsgg. von H. J. Krümmel/B. Rudolph, Frankfurt a. M. 1987, S. 153–165.

NABBEN, Stefan: Financial Swaps. Wiesbaden 1990.

OBERMAN, Raoul F. M. L.: Zinsrisikopotential. Kennziffer zur Quantifizierung des Zinsrisikos von Zinsswaps, -futures und -optionen. Frankfurt a. M. 1990.

PALM, Michael: Grundlagen und Möglichkeiten für das Management von Zinsänderungsrisiken durch Zins-Termingeschäfte. Diss. TU Berlin 1984.

ROLFES, Bernd: Bilanzstrukturmanagement mit Zinsswaps. In: ZfgK, 1992, S. 674–682.

STEINBICHLER, Alois: Financial Futures – ein Instrument zur Absicherung gegen Zinsschwankungen. In: Öst.Bk-A, 1982, S. 410–425.

VONWYL, Jürg: Währungs- und Zinssatzswaps. Bern/Stuttgart 1989.

WINDMÖLLER, Rolf: Zinstermingeschäfte der Kreditinstitute. In: Beiträge zu Bankaufsicht, Bankbilanz und Bankprüfung, hrsgg. von K.-H. Forster, Düsseldorf 1985, S. 207–223.

WÖRNER, E.: Termingeschäfte als Instrument des Zinsrisiko-Managements. Frankfurt a. M. 1988.

ZUGEHÖR, Gerhard: DM-Zinscaps als Instrument der Finanzabteilung. In: Bank, 1987, S. 558–561.

–: Verbindung von Option und Zinsswap: Die Swapoption. In: Bank, 1989, S. 323–328.

5. Eigenkapital: Bedarf und Beschaffung

Eigenkapitalbedarf

DEPPE, Hans-Dieter: Finanzielle Haftung heute – Obsoletes Relikt oder marktwirtschaftliche Fundamentalleistung? In: Zweihundert Jahre Geld und Brief, hrsgg. von C. P. Claussen/L. Hübl/H.-P. Schneider, Frankfurt a. M., 1987, S. 179–204.

ERDLAND, Alexander: Eigenkapital und Einlegerschutz. Berlin 1981.

FISCHER, Otfrid: Kreditausfälle und Eigenkapitalversorgung der Banken. In: Der Bankbetrieb zwischen Theorie und Praxis, hrsgg. von J. Süchting, Wiesbaden 1977, S. 151–165.

GNOTH, Karl: Berechnung der durch Zinsgeschäfte gebundenen Eigenkapital-Anteile. In: Bank, 1981, S. 424–431.

–: Die Berechnung der „angemessenen" Eigenkapital-Rendite. In: Bank, 1981, S. 547–557.

HOLTFRERICH, Carl-Ludwig: Die Eigenkapitalausstattung deutscher Kreditinstitute 1871–1945. In: Das Eigenkapital der Kreditinstitute als historisches und aktuelles Problem (6. Symposion zur Bankengeschichte). Frankfurt a. M. 1981, S. 15–29.

KÖPPEN, Joachim von: Das Eigenkapital der Kreditinstitute. Wiesbaden 1965.

–: Zur Eigenkapitalausstattung der Kreditinstitute. In: BfG, 1966, S. 158–162.

–: Die Problematik des „angemessenen" haftenden Eigenkapitals bei Kreditinstituten. In: BfG, 1967, S. 193–197.

KRÜMMEL, Hans J.: Bedeutung und Funktionen des Eigenkapitals in der modernen Kreditwirtschaft. In: Öst.Bk-A, 1985, S. 187–198.

PHILIPP, Fritz/u. a.: Zur Bestimmung des „haftenden Eigenkapitals" von Kreditinstituten. Frankfurt a. M. 1981.

SCHIERENBECK, Henner/ROLFES, Bernd: Der strukturelle Gewinnbedarf als Existenzgrundlage von Sparkassen. In: Bw.Blätter, 1984, S. 483–490.

–: Die Planung des strukturellen Gewinnbedarfs eines Kreditinstituts. In: zfbf, 1984, S. 887–902.

SCHMIDT, Dirk: Der Kampf um Eigenkapital. In: ZfgK, 1982, S. 130–134.

SONNENTAG, Horst: Eigenkapital und Wachstum der Kreditinstitute. Wiesbaden 1982.

SÜCHTING, Joachim: Zum Problem des „angemessenen" Eigenkapitals von Kreditinstituten. In: zfbf, 1982, S. 397–415.

SÜCHTING, Joachim/KOHLHAUSSEN, Martin/u. a.: Eigenkapital im europäischen Bankenwettbewerb. In: ZfgK, 1991, S. 1083–1102.

Bericht der Studienkommission „Grundsatzfragen der Kreditwirtschaft", Bonn o. J. (1979), S. 197–221 und 345–404.

Formen der Eigenkapitalbeschaffung

BAUER, Jürgen: Stille Reserven und ihre Berücksichtigung als haftendes Eigenkapital von Kreditinstituten. In: DBW, 1984, S. 79–83.

BURGER, Albrecht: Genußrechte als Mittel zur Verbesserung der Eigenkapitalausstattung von Unternehmen, insbesondere von Kreditinstituten. Diss. (jur.) Augsburg 1987.

CLAUSSEN, Carsten P.: Der Genußschein und seine Einsatzmöglichkeiten. In: Handelsrecht und Wirtschaftsrecht in der Bankpraxis, hrsgg. von W. Hadding/U. Immenga/u. a., Berlin/New York 1984, S. 81–99.

DRIEVER, Gerd: Das nachrangige Haftkapital. Berlin 1982.

FISCHER, Thomas F.: Der Genußschein als kapitalmarktpolitisches Instrument der Unternehmensfinanzierung. Ein Beitrag zur Genußscheinfinanzierung unter besonderer Berücksichtigung kreditwirtschaftlicher und steuerrechtlicher Probleme. Idstein 1989.

GERDES, Hans-Jörg: Chancen und Risiken der Genußscheinfinanzierung. In: ZfgK, 1991, S. 840–844.

GLOSSNER, Anton: Die Gewinnschuldverschreibung als Finanzierungsinstrument der Bank. Frankfurt a. M. 1987.

–: Finanzierungspolitische Aspekte bankemittierter Gewinnschuldverschreibungen. In: ZfgK, 1987, S. 932–934.

GRÜNERT, Hermann-Hartmut: Probleme um das Eigenkapital der deutschen Kreditbanken und seine Neubildung seit 1948. Diss. Heidelberg 1955.

HEDRICH, Karl-Christoph: Der Genußschein als eigenkapitalverstärkendes Finanzierungsinstrument, insbesondere für Kreditinstitute. Hohenheim 1986.

HEDRICH, Carl-Christoph/STEDLER, Heinrich: Die Renaissance des Genußrechtskapitals. In: ZfgK, 1987, S. 192–197.

HESS, John: Eigenkapitalbeschaffung im Bankbetrieb. Diss. Bern 1986.

HOHNER, Hermann: Probleme der Eigenkapitalbildung. In: Bkinf. 4/1980, S. 28–32.

MÖLLER, Klaus: Genußscheinemissionen durch Kreditinstitute. In: Spk, 1987, S. 241–245.

PHILIPP, Fritz/GERKE, Wolfgang: Nachrangige Verbindlichkeiten – Bestandteil des haftenden Eigenkapitals? In: ZfgK, 1981, S. 306–308.

(Professoren-Arbeitsgruppe): Die Erfolgswirkung der Eigenkapitalsurrogate in der Kreditwirtschaft – Versuch einer Quantifizierung. In: DBW, 1983, S. 27–47.

RUDOLPH, Bernd: Das effektive Bankeigenkapital. Zur bankaufsichtlichen Beurteilung stiller Neubewertungsreserven. Frankfurt a. M. 1991.

SCHMIDT, Dirk: Das nachrangige Haftkapital. In: Spk, 1977, S. 79–84.

–: Nachrangiges Haftkapital für die Öffentlich-rechtlichen? In: ZfgK, 1981, S. 124–130.

SIEBEL, Ulf: Eigenkapital und Quasi-Eigenkapital von Kreditinstituten. Frankfurt a. M. 1980.

Die Eigenkapitaldiskussion – Dokumente für den Haftungszuschlag. In: Spk, 1982, S. 171–196.

Eigenkapital einzelner Banktypen (Rechtsformen)

CLAUSSEN, Bernd: Teilprivatisierung kommunaler Sparkassen? Baden-Baden 1990.

FEYERABEND, Friedrich-Karl: Die Bedeutung des Haftsummenzuschlages der Genossenschaftsbanken. Baden-Baden 1981.

FISCHER, Reinfrid: Der Genußschein: Anmerkungen aus Sparkassensicht. In: LK, 1988, S. 604–609.

FRANKENBERGER, Wilhelm: Genußrechtskapital – geeignetes Instrument zur Eigenkapitalbildung bei Kreditgenossenschaften? In: Bkinf, 11/1990, S. 52–58.

GRUNWALD, Jörg-Günther/JOKL, Stefan: Wettbewerb und Eigenkapital in der deutschen Kreditwirtschaft – unter besonderer Berücksichtigung des Sparkassensektors. Berlin 1978.

HADDING, Walther: Nachrangige Verbindlichkeiten bei öffentlich-rechtlichen Kreditinstituten. In: Bankpolitik, finanzielle Unternehmensführung und die Theorie der Finanzmärkte, hrsgg. von B. Rudolph/J. Wilhelm, Berlin 1988, S. 121–134.

HOLDIJK, Rudolf: Eigenkapitalprobleme der deutschen Sparkassen. Wiesbaden 1979.

KOSFELD, Endrik: Zur Eigenkapitalbildung bei Kreditgenossenschaften. In: ZfgK, 1980, S. 175–178.

KUNZE, Thomas: Probleme und Verbesserungsmöglichkeiten der Eigenkapitalausstattung kommunaler Sparkassen. Diss. Aachen 1977.

MANEWALD, Petra: Zinsrückvergütungen bei Bankgenossenschaften der Primärstufe als Chance genossenschaftsspezifischer Eigenkapitalbildung. Berlin 1988.

OEBBECKE, Janbernd: Rechtsfragen der Eigenkapitalausstattung der kommunalen Sparkassen. Siegburg 1980.

PÜTTNER, Günter/GERBER, Jürgen: Zur Eigenkapitalausstattung der Sparkassen. Berlin 1983.

SCHÜTZ, Axel: Die Kommanditgesellschaft auf Aktien – Rechtsform mit Zukunft für Privatbankiers? In: Bank, 1980, S. 354–358.

SPIEKERMANN, Josef: Funktionen des Eigenkapitals bei kommunalen Sparkassen. In: Spk, 1977, S. 79–84.

TOCHTERMANN, Axel: Der Haftsummenzuschlag der Kreditgenossenschaften als haftendes Eigenkapital im Sinne des KWG. Göttingen 1980.

TOMALLA, Ralf-Georg: Notwendigkeiten und Maßnahmen der Eigenkapitalbildung in Bankgenossenschaften. Langen 1987.

WOESTE, Christian: Rahmenbedingungen für die Bildung von Eigenkapital bei den öffentlich-rechtlichen Sparkassen. Bundesrepublik Deutschland, Großbritannien und Österreich – ein Vergleich vor dem Hintergrund der jüngsten Entwicklungen. Frankfurt a. M. 1989.

6. Struktur der „earning assets"

Alternative Kreditgeschäft/Effektenanlage

FUHRMANN, Wilfried: Die Aktivstruktur deutscher Banken. Berlin 1978.

GREBIEN, Peter: Das Wertpapieranlageverhalten im westdeutschen Bankwesen und die Geldpolitik der Deutschen Bundesbank. Frankfurt a. M./Bern 1979.

HODGMAN, Donald R.: Commercial bank loan and investment policy. Champaign 1963.

JARCHOW, H.-J.: Der Bankkredit in einer Theorie der „Portfolio Selection". In: WWA, 1970, S. 189–210.

MILDE, Hellmuth: Die Aktivseite der Bankbilanz. In: Die Unternehmung, 1974, S. 231–237.

ROBINSON, Roland I.: The management of bank funds. 2. Auflage. New York/San Francisco/u. a. 1962, S. 3–19.

SCHNEIDER, Günter: Zur Planung von Bankportefeuilleentscheidungen. Frankfurt a. M. 1970, S. 84–109.

THOMAS, Karl: Ausleihungen, Diskontierungen und Wertpapieranlagen der Kreditbanken. Berlin 1956, insbesondere S. 39–58.

WILLNERS, Günter: Die Wertpapieranlage der Kreditbanken und ihre Bestimmungsfaktoren. Wiesbaden 1967. S. 37–69 und 72–75.

Längerfristige Entwicklung der Wertpapieranlagen der Kreditinstitute. In: Mb-Bbk, Mai 1987, S. 25–35.

Struktur des Kreditvolumens

BAXMANN, Ulf G.: Inflationsbedingte Risikowirkungen im bankbetrieblichen Kreditgeschäft. In: Öst.Bk-A, 1982, S. 295–304.

BRAKENSIEK, Thomas: Die Kalkulation und Steuerung von Ausfallrisiken im Kreditgeschäft der Banken, Frankfurt a. M. 1991.

DORKA, Jörg: Die Möglichkeiten einer Kundenverbundanalyse zur Steuerung der Bonitätsrisiken in einem Kreditportefeuille. München 1989.

FEIGE, Helmut/SCHÄFER, Bernhard: Die Beurteilung des strukturell bedingten Kreditrisikos. In: Bw.Blätter, 1981, S. 49–55.

FUHRMANN, Wilfried: Der Markov-Prozeß als Erklärungsansatz für die Kreditstruktur der Banken. Kiel 1976 (Institut für Theoretische Volkswirtschaftslehre)

GRAF, Rudolf: Die Finanzpolitik der Kreditbanken. Diss. München 1967, S. 261–311 (Kreditanlage).

HODGMAN, Donald R.: Commercial bank loan and investment policy. Champaign 1963, S. 5–37.

HONECK, Gerhard: Maßgrößen der Kreditstreuung. In: ZfgK, 1987, S. 380–384.

MATHIAS, Helmut: Die Problematik der Kreditstreuung im Lichte der Risiko-, Liquiditäts- und Ertragspolitik der Geschäftsbanken. In: Öst.Bk-A, 1965, S. 310–320.

MAYER, Gabriel: Besonderheiten bei der Beurteilung der Kreditwürdigkeit hinsichtlich verschiedener Kreditarten. Diss. München 1965.

MÜLHAUPT, Ludwig: Umsatz-, Kosten- und Gewinnplanung einer Kreditbank. In: ZfhF, 1956, S. 7–74 (auch abgedruckt in: Texte zur wissenschaftlichen Bankbetriebslehre I, hrsgg. von H.-D. Deppe, Göttingen 1980, S. 1–68).

MÜLHAUPT, Ludwig/SCHIERENBECK, Henner/FLECHSIG, Rolf: Die Planung des optimalen Kreditportefeuilles einer Universalbank. In: KuK, 1982, S. 1–46 und 188–206.

MÜNKER, Dieter: Das langfristige Kreditgeschäft der Großbanken. Stuttgart 1967.

RUDOLPH, Bernd: Die Kreditvergabeentscheidung der Banken. Opladen 1974. S. 13–25.

SCHIERENBECK, Henner: Ertragsorientiertes Bankmanagement. 3. Auflage. Wiesbaden 1991, S. 664–723.

SEIDER, Horst: Erfolgssteuerung im Kreditgeschäft. Hamburg 1975.

SÜCHTING, Joachim: Risikoüberlegungen bei der Kreditfinanzierung von Unternehmen. In: Bkinf, 2/1976, S. 20–27, und 3/1976, S. 20–24.

WEINRICH, Günter: Kreditwürdigkeitsprognosen – Steuerung des Kreditgeschäfts durch Risikoklassen. Wiesbaden 1978.

Struktur des Effektenbestandes

BRADLEY, Stephen P./CRANE, Dwight B.: Management of bank portfolios. New York/London/u. a. 1975.

BÜSCHGEN, Hans E.: Zum Problem der Planung von Wertpapierbeständen, insbesondere durch Kreditinstitute und Investmentgesellschaften. In: KuK, 1969, S. 1–59.

DEPPE, Hans-Dieter: Die Rolle des Wertpapiererwerbs bei Anlagedispositionen eines Kreditinstituts. In: WiSt, 1976, S. 441–449.

HAUFLER, Karlheinz: Optimierung des Wetpapiereigenbestandes. In: Bw.Blätter, 1983, S. 245–250.

HIELSCHER, Udo: Das optimale Aktienportefeuille. Frankfurt a. M. 1969.

HUSEMANN, Peter: Computerunterstützung im Portfoliomanagement. Wiesbaden 1988.

LOHMANN, Karl: Zur Theorie der Planung optimaler Wertpapieranlagen von Geschäftsbanken. In: Bankbetriebliches Lesebuch, hrsgg. von H.-D. Deppe, Stuttgart 1978, S. 429–452.

LOISTL, Otto: Computergestütztes Wertpapiermanagement unter dem Gesichtspunkt der Ertragsgestaltung im Bankbetrieb. In: Rentabilität und Risiko, hrsgg. von K. Scheidl, Frankfurt a. M. 1986, S. 75–100.

–: Computergestütztes Wertpapiermanagement. 4. Auflage. München/Wien 1992.

NEUHAUS, Walther: Zur Planung effizienter Wertpapierportefeuilles. Diss. Köln 1968.

RODEWALD, Bernd: Die Portfolio Selection Theorie als Entscheidungshilfe für die Wertpapierdepotplanung. Bern/Frankfurt a. M. 1974 (Kurzfassung in: Öst.Bk-A, 1976, S. 200–214).

SCHNEIDER-GÄDICKE, Karl-Herbert: Die Bedeutung des Wertpapiergeschäfts für die Bilanzstrukturpolitik. In: Bilanzstrukturmanagement in Kreditinstituten, hrsgg. von H. Schierenbeck/H. Wielens, Frankfurt a. M. 1984, S. 103–117.

THOLEN, Alfred: Die Anlagepolitik der Kreditbanken und Sparkassen. Diss. Hamburg 1969 (betr. nur den Erwerb von Wertpapieren, Beteiligungen und Sachanlagen).

VOGEL, Michael: Portefeuille-Management unter Verwendung von Wertpapier-Informations-Systemen. Wien 1989.

WIELENS, Hans: Modelltheoretische Anlagestrategie in festverzinslichen Wertpapieren aus der Sicht von Banken und Bausparkassen. In: Kapitalanlageplanung mit Hilfe der Finanzierungstheorie bei Versicherungen und Bausparkassen (Sonderheft 16/83 der zfbf), hrsgg. von P. Gessner/D. Schneider/A. Zink, Wiesbaden 1983, S. 141–148.

WILLNERS, Günter: Die Wertpapieranlage der Kreditbanken und ihre Bestimmungsfaktoren, Wiesbaden 1967.

Längerfristige Entwicklung der Wertpapieranlagen der Kreditinstitute. In: Mb-Bbk, Mai 1987, S. 25–35.

Umfassendere Planungsmodelle für den Finanzbereich

(a) Im Rahmen der Bankbetriebslehre:

BAUMHAUER, Albert: Die Liquiditäts- und Erfolgsplanung in Filialbanken. Diss. Mannheim 1978.

BENNER, Wolfgang: Planspiele für Kreditinstitute. Konzeption eines Simulationsmodells und Gestaltung des Spielrahmens. Göttingen 1971.

BOENING, Dieter: Informationsbeschaffung, -bewertung und -allokation für die Anlageprogrammplanung von Kreditinstituten. Diss. Bochum 1973.

DEPPE, Hans-Dieter: Zur Rentabilitäts- und Liquiditätsplanung von Kreditinstituten. In: WWA, 1961 I, S. 303–351 (auch abgedruckt in: Texte zur wissenschaftlichen Bankbetriebslehre II, hrsgg. von H.-D. Deppe, Göttingen 1981, S. 551–599).

–: Bankbetriebliches Wachstum. Stuttgart 1969.

ENDRES, Werner: Bauelemente einer analytischen Finanzplanung von Geschäftsbanken. In: Bankbetriebliches Lesebuch, hrsgg. von H.-D. Deppe, Stuttgart 1978, S. 453–474.

HEIN, Manfred: Einführung in die Bankbetriebslehre. München 1981, S. 144–151.

HESTER, Donald D./PIERCE, James L.: Bank management and portfolio behavior. New Haven/London 1975.

KÜLLMER, Hermann: Bankbetriebliche Programmplanung unter Unsicherheit. Wiesbaden 1975.

LAMMERSKITTEN, Peter/FRANKE, Adolf: Aufbau und Funktionsweise eines Simulationsmodells für die strategische Planung in Bankbetrieben. In: Systemtheorie und sozioökonomische Anwendungen, hrsgg. von J. Baetge, Berlin 1976, S. 268–283.

LIPPMANN, Hugo: Die dynamische Planung des finanziellen Bereichs von Banken an Hand von Modellen. Diss. Göttingen 1970.

LOHMANN, Karl: Nichtlineare Modelle zur finanziellen Leistungsprogrammplanung von Kreditinstituten. Diss. Göttingen 1970.

MEYER ZU SELHAUSEN, Hermann: Die optimale Planung von Kapitalbeschaffung und Kapitalverwendung einer Kreditbank mit den Methoden der Unternehmensforschung. Köln o.J. (1970).

–: Ein Operations-Research-Modell zur Optimalplanung von Aktiv- und Passivgeschäft in der Kreditbank. In: BfG, 1971, S. 125–134.

–: Gedanken zur praktischen Verwirklichung eines Planungssystems für das Aktivund Passivgeschäft einer Filialbank. In: BfG, 1972, S. 81–86 und 98–100.

MÜLHAUPT, Ludwig: Ansatzpunkte für eine Theorie der Kreditbank. In: Jahrbuch für Sozialwissenschaft, 1961, S. 132–143 (auch abgedruckt in: Texte zur wissenschaftlichen Bankbetriebslehre I, hrsgg. von H.-D. Deppe, Göttingen 1980, S. 69–80).

PITZ, Karl-Heinz: Die Anwendungsmöglichkeit der Portfolio Selection Theorie auf die optimale Strukturierung des Banksortiments. Bochum 1977.

POTTHOFF, Paul: Planungsverfahren unter Unsicherheit als Instrument der strategischen und taktischen Gesamtplanung einer Universalbank. Diss. Münster 1977.

PRIEWASSER, Erich: Die Implementierung von bankbetrieblichen Planungs- und Entscheidungsmodellen. In: Quantitative Ansätze in der Betriebswirtschaftslehre, hrsgg. von H. Müller-Merbach, München 1978, S. 301–314.

–: Die Anwendungsfähigkeit von Operations-Research-/Management Science-Modellen im Bankbetrieb. In: KuK, 1978, S. 249–276.

SCHIERENBECK, Henner: Ertragsorientiertes Bankmanagement. 3. Auflage. Wiesbaden 1991, S. 755–861.

SCHMIDT, Reinhart: Neuere Entwicklungen der modellgestützten Gesamtplanung von Banken. In: ZfB, 1983, S. 304–318.

SCHNEIDER, Günter: Zur Planung von Bankportefeuilleentscheidungen. Frankfurt a. M. 1970, S. 109–136.

SPETTMANN, Theo: Budgetierung im finanziellen Leistungsbereich der Bank mit Hilfe eines modularen Planungsmodells. München 1979.

ZINKEN, Rüdiger: Die Planung im Bankbetrieb unter besonderer Berücksichtigung operationsanalytischer Lösungsversuche zur optimalen Planung des Aktiv- und Passivgeschäfts. Köln o.J. (1975).

(b) Im Rahmen der volkswirtschaftlichen Mikroökonomie:

BALTENSBERGER, Ernst: Alternative approaches to the theory for the banking firm. In: Journal of Monetary Economics, 6/1980, S. 1–37.

BALTENSBERGER, Ernst/MILDE, Hellmuth: Aktivstruktur, Passivstruktur und Bilanzvolumen einer Geschäftsbank. In: Zeitschrift für die gesamte Staatswissenschaft, 1977, S. 681–702.

–: Theorie des Bankverhaltens. Berlin/Heidelberg/u. a. 1987.

BESSLER, Wolfgang: Zinsrisikomanagement in Kreditinstituten. Wiesbaden 1989, S. 9–43.

GROSCH, Ulrich F.: Modelle der Bankunternehmung. Tübingen 1989.

SANTOMERO, A. M.: Modeling the banking firm: a survey. In: Journal of Money, Credit, and Banking, 1984, S. 576–602.

WAGNER, Eckehard: Theorie der Bankunternehmung. Frankfurt a. M./Bern 1982.

7. Kreditvergabeentscheidung

Zur Theorie der Kreditvergabeentscheidung

BITZ, Michael: Kreditvergabe und Verschuldung bei Risikoscheu. In: Bankpolitik, finanzielle Unternehmensführung und die Theorie der Finanzmärkte, hrsgg. von B. Rudolph/J. Wilhelm, Berlin 1988, S. 67–105.

FISCHER, Thomas R.: Entscheidungskriterien für Gläubiger. Wiesbaden 1986.

–: Die Bereitschaft der Banken zur Übernahme von Kreditrisiken. In: KuK, 1989, S. 267–293.

–: Portefeuille- und Einzelentscheidungen im Kreditgeschäft der Banken. In: Der Integrationsgedanke in der Betriebswirtschaftslehre, hrsgg. von W. Delfmann, Wiesbaden 1989, S. 115–133.

KRÜMMEL, Hans-Jacob: Die Begrenzung des Kreditrisikos im Kreditwesengesetz aus der Sicht der Kredittheorie. In: Öst.Bk-A, 1976, S. 181–199.

RUDOLPH, Bernd: Die Kreditvergabeentscheidung der Banken. Opladen 1974.

–: Kreditsicherheiten als Instrumente zur Umverteilung und Begrenzung von Kreditrisiken. In: ZfB, 1984, S. 16–43.

SCHMIDT, Hartmut: Einzelkredit und Kreditportefeuille. In: Bankpolitik, finanzielle Unternehmensführung und die Theorie der Finanzmärkte, hrsgg. von B. Rudolph/ J. Wilhelm, Berlin 1988, S. 245–259.

TERBERGER, Eva: Der Kreditvertrag als Instrument zur Lösung von Anreizproblemen. Fremdfinanzierung als Principal/Agent-Beziehung. Heidelberg 1987.

WÄCHTERSHÄUSER, Manfred: Kreditrisiko und Kreditentscheidung im Bankbetrieb. Wiesbaden 1971.

WILHELM, Jochen: Risikohorizont und Kreditspielraum. In: zfbf, 1977, S. 117–127.

–: Die Bereitschaft der Banken zur Risikoübernahme im Kreditgeschäft. In: KuK, 1982, S. 571–601.

Handbücher für die Bankpraxis

FALTER, Manuel/HERMANNS, Fritz: Die Praxis des Kreditgeschäfts. 13. Auflage. Stuttgart 1991.

JÄHRIG, Alfred/SCHUCK, Hans: Handbuch des Kreditgeschäfts. 5. Auflage. Wiesbaden 1989.

OHLMEYER, Dietrich/GÖRDEL, Karl-Joseph: Das Kreditgeschäft der Kreditgenossenschaften. 8. Auflage. Wiesbaden 1990.

SCHAARSCHMIDT, Wilhelm/ENGELKEN, Heiko/u. a.: Die Sparkassenkredite. 8. Auflage. Stuttgart 1991.

Weitere Literatur zu Kreditprüfung und -überwachung

ALTMAN, Edward I.: The success of business failure prediction models – an international survey. In: Journal of Banking and Finance, 1984. S. 171–198.

BAGUS, Thomas: Wissensbasierte Bonitätsanalyse im Firmenkundengeschäft der Kreditinstitute. Frankfurt a. M./Berlin/u. a. 1992.

BAETGE, Jörg: Möglichkeiten der Früherkennung negativer Unternehmensentwicklungen mit Hilfe statistischer Jahresabschlußanalysen. In: zfbf, 1989, S. 792–811.

BLEIER, Ernst: Insolvenzfrüherkennung mittels praktischer Anwendung der Diskriminanzanalyse. Wien 1985.

BOEING, Hermann: Strategien zur Begrenzung von Kreditverlusten im Betriebs- und Investitionskreditgeschäft der Geschäftsbanken. Diss. Köln 1980.

BOENKHOFF, Franz Josef: Die Kreditwürdigkeitsprüfung – zugleich ein Beitrag zur Prüfung von Plänen und Prognosen. Düsseldorf 1983.

BRÄUTIGAM, J./KÜLLMER, H.: Die Anwendung statistischer Verfahren zur Objektivierung der Kreditwürdigkeitsprüfung. In: Bw.Blätter, 1972, S. 6–10.

BRAKENSIEK, Thomas: Die Kalkulation und Steuerung von Ausfallrisiken im Kreditgeschäft der Banken. Frankfurt a. M. 1991.

BRANDSTETTER, Alfred: Branchen-Kennzahlen als Grundlage von Kreditentscheidungen. In: Öst.Bk-A, 1978, S. 162–170.

BRINKMANN, Jürgen: Die Offenlegung der wirtschaftlichen Verhältnisse nach § 18 KWG. In: Bkinf, 4/1986, S. 58–66.

BÜHLER, Wilhelm: Bonitätsbeurteilung auf der Grundlage qualitativer Indikatoren. In: Öst.Bk-A, 1982, S. 81–93 und 180–199.

BÜHLER, Wilhelm/HERTENSTEIN, Karl-Heinz: Bonitätsprognose und Kreditmanagement. In: Öst.Bk-A, 1987, S. 355–365.

BÜHLER, Wilhelm/SCHUSTER, Leo (Hrsg.): Kreditinformations- und Kreditüberwachungssysteme. Wien 1988.

BÜSCHGEN, Hans E.: Wissenschaftliche Unternehmensführung und operations research im Bankbetrieb – II. In: Bk-B, 1969, S. 351–358.

–: Operations-Research-Verfahren bei der Vorbereitung und Kontrolle von Kreditgewährungsentscheidungen. In: BfG, 1969, S. 350–364.

BULLING, Hinrich: Entscheidungshilfen der Diskriminanzanalyse bei der Gewährung von Konsumkrediten und gewerblichen Krediten. Diss. TU Berlin 1976.

BUNKE, Eckhard: Die Eignung von Bilanzkennzahlen zur Insolvenzprognose. Diss. Braunschweig 1982.

BURGARD, Horst: Der zwischenbetriebliche Betriebsvergleich als Mittel der Kreditwürdigkeitsprüfung. Diss. Köln 1960.

–: Empirische Bilanzforschung in der Praxis. In: BFuP, 1983, S. 303–320.

CANARIS, Claus-Wilhelm: Kreditkündigung und Kreditverweigerung gegenüber sanierungsbedürftigen Bankkunden. In: ZHR, 1979, S. 113–138.

CHINI, Leo W./SCHMOLL, Anton: Integriertes Bonitätsbeurteilungssystem für Klein- und Mittelbetriebe. In: Öst.Bk-A, 1979, S. 214–237.

CHRISTIANS, Uwe: Entwicklung und empirische Überprüfung eines konjunkturgerechten Erfolgsprognosemodells zur Unterstützung der Kreditwürdigkeitsprüfung. München 1986.

DENK, Robert: Diagnosemethoden und Entscheidungshilfen in der Bonitätsprüfung. Wien 1979.

DICKEN, Engelbert: Kreditwürdigkeitsprüfung – Unterschiede zwischen USA und Bundesrepublik. In: Kreditpraxis, 1/1979, S. 9–16 und 2/1979, S. 59–60.

DIERKES, Friedhelm: Die Kreditüberwachung im Bankbetrieb. Berlin 1986.

DOPLER, Roman: Frühwarnsysteme in Kreditunternehmungen. Wien 1987.

DORKA, Jörg: Die Möglichkeiten einer Kundenverbundanalyse zur Steuerung der Bonitätsrisiken in einem Kreditportefeuille. München 1989.

EMMERICH, Volker/KESSLER, Ronald: Probleme der Konsumentenkredite. Frankfurt a. M. 1986.

ENDRES, Franz: Die Pflege des säumigen Schuldners. In: FLF, 1986, S. 193–198.

EUL, Josef: Sanierungsentscheidungen der Banken. Bergisch Gladbach 1987.

EULING, Rembert: Individuelles Urteilsverhalten im Rechnungswesen. Implikation für die Kreditwürdigkeitsprüfung der Banken. Diss. Hannover 1984.

FEULNER, Waldemar: Moderne Verfahren bei der Kreditwürdigkeitsprüfung im Konsumentenkreditgeschäft. Frankfurt a. M. 1980.

FISCHER, Jürgen H.: Computergestützte Analyse der Kreditwürdigkeit auf Basis der Mustererkennung. Düsseldorf 1981.

FRANKE, Günter: Kapitalflußrechnung und Risikoanalyse als Instrument der Kreditprüfung. In: WiSt, 1987, S. 157–163.

FRITZ, Martin G./WANDEL, Thomas: Qualitatives Kreditrisikomanagement. In: Bank, 1991, S. 620–625.

GEBHARDT, Günter: Insolvenzprognosen aus aktienrechtlichen Jahresabschlüssen. Wiesbaden 1980.

—: Die Eignung empirischer Untersuchungen als Grundlage für Kreditwürdigkeitsprüfungen. In: DBW, 1981, S. 221–235.

GEIGER, Walter/GRÖSCHEL, Ulrich: Schufa-Verfahren auf neuer Grundlage. In: Spk, 1986, S. 294–297.

GISTEREN, Roland van: Branchenorientierte Bonitätsanalyse mit Früherkennungseigenschaften – dargestellt am Beispiel von Hochbauunternehmungen. München 1986.

HÄUSSLER, Walter M.: Punktebewertungen bei Kreditscoringsystemen. Frankfurt a. M. 1981.

—: Ein praxisorientiertes Verfahren zur Punktebewertung bei Kreditscoringsystemen für Konsumentenkredite. In: Bw.Blätter, 1981, S. 263–267.

HAGENMÜLLER, Karl Fr.: Kreditwürdigkeitsprüfung. In: Handwörterbuch der Finanzwirtschaft, hrsgg. von H. E. Büschgen, Stuttgart 1976, Sp. 1224–1234.

HAUSCHILDT, Jürgen: „Kreditwürdigkeit" – Bezugsgrößen von Verhaltenserwartungen in Kreditbeziehungen. In: Hamburger Jahrbuch für Wirtschafts- und Sozialpolitik, 1972, S. 167–183. HAUSCHILDT, Jürgen/RÖSLER, Joachim/GEMÜNDEN, Hans Georg: Der Cash Flow – ein Krisensignalwert? In: DBW, 1984, S. 353–370.

HEIGL, Anton: Die direkte Prüfung der persönlichen Kreditwürdigkeit. In: Dienstleistungen in Theorie und Praxis, hrsgg. von H. Linhardt/P. Penzkofer/P. Scherpf, Stuttgart 1970, S. 60–80.

HEIM, Eberhard: Kreditsicherheit und Konjunktur. In: ZfgK, 1984, S. 660–666.

HEIN, Manfred: Die gesetzlichen Anforderungen an Kreditprüfung und Kreditüberwachung in Bankbetrieben. In: WiSt, 1986, S. 15–20.

HEINE, Klaus-Henning: Sind die Jahresabschlüsse der Bankkreditnehmer für die Beurteilung der wirtschaftlichen Verhältnisse geeignet? In: Der Betrieb, 1979, S.1565–1573.

HENDRIKS, Martin: SCHUFA – Auskunft über ein Auskunftsunternehmen. In: vboinformationen, 1987, S. 3–8 (A/4, Bl. 191–196).

HENO, Rudolf: Kreditwürdigkeitsprüfung mit Hilfe von Verfahren der Mustererkennung. Bern/Stuttgart 1983.

HERMANNS, Wolfgang/REUTER, Arnold: Credit-Scoring-Systeme – Rahmenbedingungen und methodische Grundsatzfragen für deren Entwicklung. In: Bw. Blätter, 1986, S. 425–435.

HERTENSTEIN, Karl-Heinz: Zukunftorientiertes Kreditmanagement. Wien 1988.

HIELSCHER, Udo: Instrumente der Kreditwürdigkeitsprüfung. In: WiSt, 1979, S. 308–315.

HOFMANN, Hans-Joachim: Die Anwendung des CART-Verfahrens zur statistischen Bonitätsanalyse von Konsumentenkrediten. In: ZfB, 1990, S. 941–962.

HOHLFELD, Hans Herbert: Über die Testbarkeit von Krediten. In: ZfB, 1954, S. 616–621.

HOPT, Klaus J.: Rechtspflichten der Kreditinstitute zur Kreditversorgung, Kreditbelassung und Sanierung von Unternehmen. In: ZHR, 1979, S. 139–173.

INGERLING, Richard: Das Credit-Scoring-System im Konsumentenkreditgeschäft. Berlin 1980.

KEYSBERG, Gerhard: Die Anwendung der Diskriminanzanalyse zur statistischen Kreditwürdigkeitsprüfung im Konsumentenkreditgeschäft. Köln 1989.

KIESSNER, Ferdinand: Kreditbetrug – § 265b StGB. Freiburg i. Br. 1985.

KINDLINGER, Harry: Überwachung von Kreditengagements mit Hilfe von Bilanzkennzahlen und Kapitalflußrechnung. Diss. TU Berlin 1978.

KLEIN, Kurt: Die Überwachung von Bankkrediten unter besonderer Berücksichtigung des Finanzplanes als Überwachungsmittel. Diss. Köln 1962.

KNIEF, Peter: § 18 KWG ohne Bilanz erfüllen. In: Bw.Blätter, 1984, S. 42–48.

–: Der Finanzplan – zentrales betriebswirtschaftliches Instrument zur Beurteilung des Unternehmens in der Krise. In: Bw.Blätter, 1984, S. 10–14.

KOHLER, Hans-Jürgen: Bilanzanalyse in der Kreditpraxis und in der Insolvenzprognose. Köln 1983.

KOHLS, Helmut/MARCIWIAK, Klaus: Unternehmer- und Unternehmensbeurteilung. In: Bw.Blätter 1987, S. 468–476.

KORN, Michael: Die Ausfallschätzung im Ratenkreditgeschäft. Diss. Münster 1988.

KRAKL, Johann/NOLTE-HELLWIG, K. Ulf: Computergestützte Bonitätsbeurteilung mit dem Expertensystem „CODEX". In: Bank, 1990, S. 625–634. (Commerzbank-Entwicklung)

KREIM, Erwin: Finanzplanung und Kreditentscheidung. Wiesbaden 1977.

–: Zukunftsorientierte Kreditentscheidung. Wiesbaden 1988.

KREMER, Eduard: Die technische Leistungsfähigkeit der Unternehmen (Technische Bonität – Teil der Kreditbeurteilung). In: Bw.Blätter, 1985, S. 420–429.

KREMKOW, Klaus-Dieter: Problemorientierte Beurteilung von Kreditnehmerbilanzen. In: ZIR, 1981, S. 25–40, 87–103 und 161–181.

KRÜMMEL, Hans-Jacob: Zur Bewertung im Kreditstatus. In: ZfhF, 1962, S. 137–151.

–: Finanzierungsrisiken und Kreditspielraum. In: ZfB, 1966, S. 134–157.

KRUMNOW, Jürgen: Bilanzanalyse auf der Basis der neuen Rechnungslegungsvorschriften. In: zfbf, 1985, S. 783–809.

KRUPPA, Thomas: Die Bankenhaftung bei der Sanierung einer Kapitalgesellschaft im Insolvenzfall. Frankfurt a. M./Bern 1982.

KUHLMANN, Jürgen: Die Problematik einer Ausgliederung der Kreditwürdigkeitsprüfung im Firmenkreditgeschäft der Banken. Frankfurt a. M./u. a. 1992.

KUNZE, Christian/SIEWERT, Wolfgang: Stand und Perspektiven des Kreditinformationssystems der Sparkassenorganisation. In: Bw.Blätter, 1990, S. 2–10.

LAY, Peter Martin: Die Kreditverhandlung. Diss. Saarbrücken 1973.

LEHNER, Susanna Walpurga: Unternehmens-Analyse – Vorschlag für ein umfassendes Informationssystem zur Beurteilung und laufenden Beobachtung des Bonitätsrisikos. Wien 1984.

LOISTL, Otto: Kapitalstruktur und Ertragskraft. In: ZfB, 1984, S. 664–689.

LÜNEBORG, Konrad: Konstruktion und Tests statistischer Verfahren im Rahmen der Kreditwürdigkeitsprüfung anhand der Jahresabschlüsse kleiner und mittlerer Unternehmen. Diss. Bochum 1981.

LUTHY, Martin: Unternehmenskrisen und Restrukturierungen – Bank und Kreditnehmer im Spannungsfeld existenzieller Unternehmenskrisen. Bern/Stuttgart 1988.

MALLMANN, Otto: Zielfunktionen des Datenschutzes. Mit einer Fallstudie zum Datenschutz im Bereich von Kreditinformationssystemen. Frankfurt a. M. 1977.

MARZEN, Veneta: Expertensysteme für die Bonitätsprüfung und Beratung im Firmenkundengeschäft. In: Bank, 1989, S. 214–218.

MATSCHKE, Manfred Jürgen: Insolvenzprognose aus vergangenheitsorientierten Jahresabschlüssen als Basis von Kreditentscheidungen. In: BFuP, 1979, S. 485–504.

MELLEROWICZ, K./JONAS, H.: Bestimmungsfaktoren der Kreditfähigkeit. 2. Auflage. Berlin 1957.

MENGE, Robert G.: Der Betriebsvergleich als Grundlage der Kreditwürdigkeitsprüfung. In: Bw.Blätter, 1984, S. 226–233.

Meyer, Claus: Kunden-Bilanz-Analyse der Kreditinstitute. Stuttgart 1989.
–: In Bilanzen lesen können wie in offenen Büchern? In: Bw.Blätter, 1993, S. 42–47.
Moxter, Adolf: Kreditwürdigkeitsbeurteilung und Eigenkapital. In: Bank, 1978, S. 321–324.
Müller, Horst: Finanzanalyse und Finanzplanung als EDV-Service. In: Bank, 1986, S. 173–178.
Müller-Schwerin, Eberhard/Strack, Heinz: Mathematisch-statistische Verfahren zur Formalisierung des Kreditentscheidungsprozesses. In: KuK, 1977, S. 291–304.
Nahlik, Wolfgang: Mittelständische Unternehmen als Kreditnehmer. In: Bank, 1989, S. 628–635.
–: Konzernbilanzrecht für das Kreditgeschäft. In: Bank, 1990, S. 455–463.
Nick, Andreas: Zur Bedeutung der Kennzahlen des Branchendienstes. In: Spk, 1990, S. 269–278, und 1991, S. 211–218.
Obermüller, Manfred: Behandlung der Kredite bei drohender Insolvenz. In: Bank, 1978, S. 86–90.
–: Handbuch Insolvenzrecht für die Kreditwirtschaft. Wiesbaden 1991.
Olbert, Gerd: Die Kreditbeurteilung von Existenzgründungsvorhaben. In: Bank, 1979, S. 266–269.
Osthoff, Michael: Die bankmäßige Kreditwürdigkeitsprüfung. Diss. FU Berlin 1972.
Pantel, Joachim: Pflichten der Bank aus dem Kreditverhältnis, insbesondere bei der Kündigung. Diss. Bielefeld 1979.
Plesser, Ernst H.: Unternehmenspolitik, Maßstab der Kreditwürdigkeitsprüfung. In: Bank, 1978, S. 117–123.
Probst, Horst: Kreditwürdigkeitsprüfung gewerblicher Kreditnehmer. Bonn 1982.
Prost, Gerhard: Die Offenlegung und Prüfung der wirtschaftlichen Verhältnisse des Kreditnehmers nach § 18 KWG. In: Der Betrieb, 1976, S. 1849–1854.
Puckler, Godehard/Hermann, Wolfgang: Vorbeugende Kreditwürdigkeitsprüfung. In: ZfgK, 1975, S. 851–855.
Raubach, Ulrich: Früherkennung von Unternehmenskrisen – dargestellt am Beispiel von Handwerksbetrieben. Frankfurt a. M./Bern/New York 1983.
Regerbis, Edith: Offene Kreditlinien im standardisierten Mengengeschäft der Kreditinstitute. Eine Untersuchung der materiell-rechtlichen und zwangsvollstreckungsrechtlichen Fragen bei Dispositions- und Überziehungskrediten. Frankfurt a. M. 1991.
Reiter, Gerhard: Kritische Lebensereignisse und Verschuldungskarrieren von Verbrauchern. Berlin 1991.
Reuter, Arnold: Grundsätzliche Überlegungen zum Kredit-Rating und zur Kreditrisiko-Analyse. In: Bw.Blätter, 1991, S. 280–285.
Reuter, Arnold/Schleppegrell, Jürgen: Die Portfolio-Analyse für das Firmenkundengeschäft. In: Spk, 1989, S. 317–323.
Reuter, Arnold/Stern, Johann Heinrich von: Auf dem Wege zu einem geschlossenen Kreditinformations- und Kreditüberwachungssystem. In: Spk, 1984, S. 248–252.
Reuter, Arnold/Zickfeld, Herbert: Unternehmertypus ist bei Prognosen miteinzurechnen. In: Bw.Blätter, 1993, S. 55–61.
Reventlow, Iven Graf von: Neue Wege der Bonitätsprüfung. Das Kreditgespräch als Instrument zur Beurteilung der Unternehmerpersönlichkeit. Ludwigsburg/Berlin 1992.
Richter, Rainer: Schufa – „Schutzgemeinschaft für allgemeine Kreditsicherung". Diss. Würzburg 1972.
Riebell, Claus: Die Praxis der Bilanzauswertung. 5. Auflage. Stuttgart 1992.
Riebell, Claus/Grün, Dietrich Jürgen: Cash-Flow und Bewegungsbilanz – Instrumente zur Analyse des Jahresabschlusses. 2. Auflage. Stuttgart 1990.
Ringlstetter, Friederike/Häussler, Walter M./u. a.: Kreditwürdigkeitsprüfung für Ratenkredite mit Hilfe eines Expertensystems. In: Bank, 1987, S. 611–618.

RÖDL, Helmut: Kreditrisiken und ihre Früherkennung. Düsseldorf/Frankfurt a. M. 1979.

ROMMELFANGER, Heinrich/BAGUS, Thomas/HIMMELSBACH, Elke: Merkmale der persönlichen Kreditwürdigkeit bei Kreditanträgen mittelständischer Unternehmen. In: BkA, 1990, S. 786–797.

ROMMELFANGER, Heinrich/UNTERHARNSCHEIDT, Dieter: Entwicklung einer Hierarchie gewichteter Bonitätskriterien für mittelständische Unternehmungen. In: Öst.Bk-A, 1985, S. 419–437.

–: Modelle zur Aggregation von Bonitätsrisiken. In: zfbf, 1988, S. 471–503.

SALZMANN, Stefan: Entscheidungsansätze zur Bestimmung eines sittenwidrigen Kreditvertrages. München 1987.

SCHMIDT, Reinhart: Von Bedeutung für die Banken: Finanzierungsverhalten der Unternehmen. In: Bkinf, 10/1985, S. 42–49.

SCHMOLL, Anton: Theorie und Praxis der Kreditprüfung – unter besonderer Berücksichtigung der Klein- und Mittelbetriebe. 2. Auflage. Wien 1985.

–: Ansätze zu einer Typologie der Kreditentscheidungen. In: Öst.Bk-A, 1985, S. 396–404.

–: Interne Gefahrenquellen für das Kreditgeschäft. In: Bank, 1985, S. 227–237.

–: Kreditkultur in Banken. Wiesbaden 1988.

–: Praxis der Kreditüberwachung. Wiesbaden 1991.

SCHULTZE-KIMMLE, Horst-Dieter: Das Kreditgeschäft als Ursache von Schwierigkeiten und Insolvenzen der Banken. In: Information der Internationalen Treuhand AG, Heft 64 (Mai 1981), S. 1–18.

SCHULZ, Harald: Kreditlebensversicherung. Restschuldversicherung. 2. Auflage. Frankfurt a. M. 1988.

SCHWENK, Andreas: Die Kreditwürdigkeit der eingetragenen Genossenschaft. Göttingen 1984.

SEICHT, Gerhard: Kennzahlen der Bonitätsprüfung in kritischer Sicht. In: Öst.Bk-A, 1984, S. 269–284.

SIEGEL, Bernd/DEGENER, Rolf: Kreditscoring: Risikosteuerung im Mengenkreditgeschäft. In: ZfgK, 1989, S. 455–458.

SORG, Peter: Verfahrenstechnik dynamischer Bilanzanalysen im Rahmen von Kreditwürdigkeitsprüfungen und Kreditüberwachungen. In: Öst.Bk-A, 1984, S. 163–175.

STANNIGEL, Helmut: Kreditrevision bei Banken, Sparkassen und Bausparkassen. 4. Auflage. Frankfurt a. M. 1988.

STAROSSOM, Heiko: Die Bank in der Krise ihres Schuldners. Heidelberg 1988.

STEIN, Johann Heinrich von: Ansätze zur Insolvenzprognose. In: Bk-B, 1975, S. 170–175.

–: Überlegungen zur Beurteilung der Bonität von Kreditnehmern im gewerblichen Bereich. In: Spk, 1978, S. 13–18.

–: Zur Weiterentwicklung der Kreditbeurteilung. In: Bw.Blätter, 1984, S. 218–222.

–: Neue Ansätze zur Kreditprüfung. In: Spk Int, 4/1985, S. 17–20.

STEIN, Johann Heinrich von/ZIEGLER, Werner: Bilanzgestaltung und Kreditwürdigkeit. In: Spk, 1978, S. 227–232.

STEINER, Manfred: Ertragskraftorientierter Unternehmenskredit und Insolvenzrisiko. Stuttgart 1980.

STRACK, Heinz: Beurteilung des Kreditrisikos. Berlin 1976.

STRÖTGEN, Harald/KERL, Jürgen/u. a.: Offenlegung der wirtschaftlichen Verhältnisse der Kreditnehmer nach § 18 KWG. 3. Auflage. Frankfurt a. M. 1992.

SÜCHTING, Joachim: Risikoüberlegungen bei der Kreditfinanzierung von Unternehmen. In: Bkinf, 2/1976, S. 20–27, und 3/1976, S. 20–24.

SÜCHTING, Joachim/STAHLSCHMIDT, Dirk: Wettbewerb mit Informationsanforderungen? In: ZfgK, 1979, S. 1081–1086 (betr. § 18 KWG).

TACKE, Helmut R.: Möglichkeiten und Grenzen der Analyse des Jahresabschlusses im Rahmen der Kreditwürdigkeitsprüfung. In: FLF, 1/1985, S. 3–11.

TÄUBE, Klaus: Die Einbeziehung der unternehmerischen Investitionsrechnung in die Kreditwürdigkeitsprüfung bei Investitionskrediten. Diss. München 1970.

THANNER, Walter: Die Analyse der Kontokorrentverbindung als Instrument zur Risikofrüherkennung im Firmenkundengeschäft der Banken. Diss. Hohenheim 1986.

THIERMEIER, Markus: Risiko und Risikobeurteilung bei Krediten an inländische Betriebe eines deutschen Unterordnungskonzerns. Krefeld 1988.

TICHY, Bruno: Insolvenzursachen als Basis eines Indikatorsystems zur Bonitätsbeurteilung. In: Öst.Bk-A, 1983, S. 115–121.

–: Insolvenzursachen als Kriterien für ein Scoring-Modell. In: Öst.Bk-A, 1983, S. 245–250.

TIEDEMANN, Klaus/SASSE, Christoph: Delinquenzprophylaxe, Kreditsicherung und Datenschutz in der Wirtschaft. Köln/Berlin/u. a. 1973.

TRIPPEN, Ludwig: Probleme der finanziellen Führung von Unternehmen aus der Sicht der Banken. In: DBW, 1980, S. 259–266.

TRÖLLER, Manfred: Zielsetzung des § 18 KWG und seine Umsetzung in die Praxis. In: Beiträge zu Bankaufsicht, Bankbilanz und Bankprüfung, hrsgg. von K.-H. Forster, Düsseldorf 1985, S. 191–206.

WÄCHTER, Hubertus: Zur Risikolage bei Kreditgewährungen und Kapitalbeteiligungen über bankeigene Beteiligungsgesellschaften. In: Spk, 1987, S. 66–69.

WAGNER, Manfred: Cash-Flow-Analyse versus Branchenprognose und Marktforschung als Kriterien einer dynamischen Kreditwürdigkeitsprüfung. Diss. Marburg 1980.

WEBER, Ahrend: Neuordnung des SCHUFA-Verfahrens für Kreditinstitute. In: WM, 1986, S. 845–850.

WEIBEL, Peter F.: Probleme der Bonitätsbeurteilung von Unternehmungen aus der Sicht der Banken. In: Die Unternehmung, 1970, S. 269–290.

–: Die Aussagefähigkeit von Kriterien zur Bonitätsbeurteilung im Kreditgeschäft der Banken, Bern/Stuttgart 1973.

WEIGEL, Klaus: Das Informationsverhalten von Kreditmanagern bei der Analyse von Jahresabschlüssen gewerblicher Kreditnehmer. Diss. Saarbrücken 1980.

WEINRICH, Günter: Kreditwürdigkeitsprognosen – Steuerung des Kreditgeschäfts durch Risikoklassen. Wiesbaden 1978.

WEISENSEE, Gerd Josef: Kreditinformations- und Expertensysteme im Kommerzgeschäft der Banken. Bern/Stuttgart 1990.

WIEGEL, Klaus Dieter: Rentabilität und Risiko im Kreditgeschäft der Banken. Eine Untersuchung zur Risikoproblematik in der Kreditvergabeentscheidung von Banken und zu Möglichkeiten ihrer Bewältigung. Köln 1985.

WILBERT, Rüdiger: Kreditwürdigkeitsanalyse im Konsumentenkreditgeschäft auf der Basis Neuronaler Netze. In: ZfB, 1991, S. 1377–1392.

WOLFF, Gerhardt: Die Aussagefähigkeit der Steuerbilanz für die Prüfung der Kreditwürdigkeit einer Personengesellschaft. Diss. FU Berlin 1977.

ZELLWEGER, Bruno: Überwachung kommerzieller Bankkredite. Bern/Stuttgart 1983.

–: Kreditwürdigkeitsprüfung in Theorie und Praxis. Bern/Stuttgart 1987.

ZIEGLER, Werner: Die Unternehmerbeteiligung als Instrument zur Früherkennung von Kreditrisiken. Diss. Hohenheim 1984.

ZIMMERMANN, H.-J./ZYSNO, P. V.: Ein hierarchisches Bewertungssystem für die Kreditwürdigkeitsprüfung im Konsumentenkreditgeschäft. In: DBW, 1982, S. 403–417.

Die Evidenzzentrale für Millionenkredite bei der Deutschen Bundesbank. In: MbBbk, Oktober 1987, S. 41–45.

Die Untersuchung von Unternehmensinsolvenzen im Rahmen der Kreditwürdigkeitsprüfung durch die Deutsche Bundesbank. In: Mb-BbK, Januar 1992, S. 30–36.

KREDITPRAXIS. Herausgeber: Betriebswirtschaftlicher Verlag Dr. Th. Gabler, Wiesbaden. Seit 1975, zweimonatlich.

Zusätzliche Sicherheiten (Besicherung)

ADAMS, Michael: Ökonomische Analyse der Sicherungsrechte. Königstein 1980.

ASHÖLTER, Antraud: Der Einfluß und die Auswirkungen des AGB-Gesetzes auf die Praxis der Kreditsicherung. Köln 1983.

BLAUROCK, Uwe: Aktuelle Probleme des Kreditsicherungsrechts. Göttingen 1987.

BLOMEYER, Karl: Hypotheken und Grundschulden. Frankfurt a. M. 1980.

BÜLOW, Peter: Recht der Kreditsicherheiten. 3. Auflage. Heidelberg 1993.

BURGER, Anton: Gleichverteilungsregel und Kreditsicherheiten. In: BkA, 1988, S. 973–982.

CLEMENTE, Clemens: Recht der Sicherungsgrundschuld. 2. Auflage. Köln 1992.

DROBNIG, Ulrich: Die Kreditsicherheiten im Vorschlag der Insolvenzrechtskommission. In: ZGR, 1986, S. 252–280.

DRUKARCZYK, Jochen: Unternehmen und Insolvenz. Zur effizienten Gestaltung des Kreditsicherungs- und Insolvenzrechts. Wiesbaden 1987.

–: Kreditsicherheiten und Insolvenzverfahren. In: ZIP, 1987, S. 205–217.

DRUKARCZYK, Jochen/DUTTLE, Josef/RIEGER, Reinhard: Mobiliarsicherheiten. Arten, Verbreitung, Wirksamkeit. Bonn 1985.

DUTTLE, Josef: Ökonomische Analyse dinglicher Sicherheiten. Krefeld 1986.

EHLERS, Harald: Der Poolvertrag zur Absicherung des Kreditrisikos. In: ZfgK, 1977, S. 912–915.

FLESSA, Richard: Bürgschaften des Staates und der Kreditgarantiegemeinschaften. Frankfurt a. M. 1989.

GERTH, Axel: Atypische Kreditsicherheiten – unter Berücksichtigung der Vorschriften über die Rechnungslegung. Patronatserklärungen und Liquiditätsgarantien deutscher und ausländischer Muttergesellschaften. 2. Auflage. Frankfurt a. M. 1980.

–: Organschaftserklärungen als Kreditsicherheit. In: AG, 1984, S. 94–99.

GIEBITZ, Roland: Kreditgarantiegemeinschaften – Entstehung, Entwicklung und aktuelle Fragen. Frankfurt a. M. 1987.

HADDING, Walther/SCHNEIDER, Uwe H. (Hrsg.): Gesellschaftsanteile als Kreditsicherheit. Berlin 1979.

–: Die Forderungsabtretung, insbesondere zur Kreditsicherung, in der Bundesrepublik Deutschland und in ausländischen Rechtsordnungen. Berlin 1986.

HAHN, Oswald: Wandlungen des Sicherungsdenkens im bankmäßigen Kreditgeschäft. In: Unternehmensführung aus finanz- und bankwirtschaftlicher Sicht, hrsgg. von E. Rühli/J.-P. Thommen, Stuttgart 1981, S. 211–223.

HOFMANN, Thomas/SAUTER, Werner: Das Grundbuch im Kreditgeschäft. Wiesbaden 1989.

ISERN, Werner: Die Versicherung von Krediten als Instrument kreditspezifischer Risikovorsorge im Aktivgeschäft der Banken. Frankfurt a. M./Bern/u. a. 1984.

KRAUSS, Karl-Hermann: Die Bedeutung der Kreditversicherung im Kreditgeschäft der Banken. In: Bk-B, 1971, S. 91–93, 322–328 und 402–407.

LAUER, Jörg: Kreditsicherheiten im Insolvenzverfahren. 2. Auflage. Stuttgart 1991.

LWOWSKI, Hans-Jürgen/GÖSSMANN, Wolfgang: Kreditsicherheiten. Grundzüge für Studium und Praxis. 7. Auflage. Berlin 1990.

MARX, Thomas: Die gemeinsame Wahrnehmung von Sicherungsrechten im Konkurs – Pool-Vereinbarungen. In: NJW, 1978, S. 246–251.

MAY, Andreas: Der Bankenpool, Sicherheitenpoolverträge der Kreditinstitute in der Unternehmenskrise. Berlin 1989.

MERKEL, Helmut: Die Negativklausel. Berlin/München 1985.

MONTAG, Karlheinz: Entwicklung und Aufgabenstellung der hessischen Kreditgarantiegemeinschaften seit 1969. Frankfurt a. M. 1987.

MÜLLER, Horst: Der Einfluß von Besicherungsmöglichkeiten auf die Vergabe von Bankkrediten. In: Bank, 1984, S. 524–529.

OBERMÜLLER, Manfred: Die Bank im Konkurs und Vergleich ihres Kunden. 3. Auflage. Wiesbaden 1985.

–: Ersatzsicherheiten im Kreditgeschäft. Wiesbaden 1987.

PAAL, Eberhard: Entwicklungen und Entwicklungstendenzen in der Kreditsicherung. Wiesbaden 1973.

PAULUHN, Burkhardt: Entscheidungsorientierte Sicherheitenbewertung im Realkreditgeschäft. In: Bw.Blätter, 1980, S. 28–39.

PETEREIT, Wolfgang: Die Kreditsicherung aus dem unbeweglichen Vermögen in Frankreich und in der Bundesrepublik Deutschland. Berlin/München 1978.

PETRI, H. J.: Die Grundschuld als Sicherungsmittel für Bankkredite. Diss. Münster 1975.

POHNERT, Fritz: Kreditwirtschaftliche Wertermittlungen. Typische und atypische Beispiele der Immobilienbewertung. 3. Auflage. Wiesbaden 1986.

POTTSCHMIDT, Günter/ROHR, Ulrich: Kreditsicherungsrecht. 4. Auflage. München 1992.

RIEDEL, Hermann: Abtretung und Verpfändung von Forderungen und anderen Rechten. Stuttgart 1982.

RIEDER, Josef: Die Verwertung von Kreditsicherheiten in der Bankpraxis. In: Spk, 1981, S. 386–390.

RIMMELSPACHER, Bruno: Kreditsicherungsrecht. 2. Auflage. München 1987.

RÖDL, Helmut: Insolvenzrechtsreform und mobile Kreditsicherheiten. In: FLF, 1982, S. 223–230.

RUDOLPH, Bernd: Können die Banken ihre Kreditsicherheiten „vergessen"? In: KuK, 1982, S. 317–340.

–: Kreditsicherheiten als Instrumente zur Umverteilung und Begrenzung von Kreditrisiken. In: zfbf, 1984, S. 16–43.

–: Kreditsicherungsrecht und Reform des Insolvenzrechts. In: Bank, 1985, S. 554–557.

–: Zur Funktionsanalyse von Kreditsicherheiten. In: Bank, 1985. S. 503–507.

SCHOLZ, Hellmut/LWOWSKI, H. Jürgen: Das Recht der Kreditsicherung. 6. Auflage. Berlin 1986.

SCHRÖDER, Jan: Die „harte" Patronatserklärung – verschleierte Bürgschaft/Garantie oder eigenständiger Kreditsicherungstyp? In: ZGR, 1982, S. 552–566.

SCHULZ, Harald: Restschuldversicherung im Konsumentenkreditgeschäft. In: Bank, 5/1977, S. 34–36.

SEILER, Harald: Insolvenzrecht: Die Kreditwirtschaft zu den Reformvorschlägen. In: Bkinf, 2/1986, S. 38–43.

STAHLSCHMIDT, Dirk: Schutzbestimmungen in Kreditverträgen. Wiesbaden 1982.

STANNIGEL, Hellmut/KREMER, Eduard/WEYERS, Gustav: Beleihungsgrundsätze für Sparkassen. Stuttgart 1984.

UHLENBRUCK, Wilhelm: Nach einer Pleite bleiben Gläubiger meist unbefriedigt. In: Spk, 1993, S. 35–41.

UHLENBRUCK, Wilhelm/OBERMÜLLER, Manfred: Insolvenzrecht und Insolvenzpraxis für die Kreditwirtschaft. Frankfurt a. M. 1985.

UNTERREINER, Martin: Die Sicherungsübereignung von Warenlagern mit wechselndem Bestand als Instrument der Bankkreditsicherung. Diss. München 1960.

WAGNER, Paul-Robert: Die Kreditversicherung. 3. Auflage. Frankfurt a. M. 1985.

WEBER, Ahrend: Software als Kreditsicherheit. In: Bank, 1980, S. 474–479.

WEBER, Hansjörg: Sicherungsgeschäfte. 2. Auflage. München 1977.

WEIMAR, Wilhelm/LEHNHOFF, Jochen: Recht der Kreditsicherheiten. 3. Auflage. Wiesbaden 1987.

WESKAMP, Anita: Die Auswirkungen der Sicherungsrechte auf die effiziente Ausgestaltung von Kreditbeziehungen. Diss. Bonn 1991.

Wiedemann, Gerd: Die Prüfung der Sicherung von Industriekrediten. Diss. Bonn 1979.

8. Technisch-organisatorischer Bereich (TOB)

Allgemeine Fragen und EDV-Einsatz

Ammann, Martin: Datenschutz im Bank- und Kreditbereich. Zürich 1987.

Berger, Hanno: Schadensverteilung bei Bankbetriebsstörungen. Frankfurt a. M. 1980.

Bierer, Hermann/Fassbender, Heino/Rüdel, Thomas: Auf dem Weg zur „schlanken Bank". In: Bank, 1992, S. 500–506.

Bösch, Gerd: Produktionsmanagement im Bankbetrieb. Bern/Stuttgart/Wien 1992.

Bonn, Helmut: Computerleistung am Arbeitsplatz – strategisches Instrument bankbetrieblicher Politik. In: gi, 3/1981, S. 133–137.

Büschgen, Hans E.: Zum Verhältnis von Markt und Technik. In: bum, 3/1986, S. 19–26.

Butz, Eckhard: Die Anpassung des technisch-organisatorischen Bereichs von Kreditinstituten. Wiesbaden 1969.

Czech, Dieter/Schumm-Garling, Ursula/Weiss, Gerhard: Rationalisierte Sachbearbeitung im Bankgewerbe. Frankfurt a. M. 1988.

Ehrich, Hermann: Die Verbandsrechenzentren. In: Bw.Blätter 1979, S. 44–47 (betr. den Sparkassensektor).

Emmerich, Gerhard: Die Netzplantechnik als Instrument der Terminplanung in Kreditinstituten. In: Bk-B, 1968, S. 281–287, und 1969, S. 13–20 (auch abgedruckt in: Texte zur wissenschaftlichen Bankbetriebslehre II, hrsgg. von H.-D. Deppe, Göttingen 1981, S. 973–1013).

–: Methoden der Zeitmessung von bankbetrieblichen Tätigkeiten. In: Bk-B, 1969, S. 310–315.

Endres, Michael: Investitionen in die EDV als Wettbewerbsfaktor. In: Elektronische Datenverarbeitung in Kreditinstituten, hrsgg. von M. Hein, Berlin 1992, S. 3–45 (Institut für Bank- und Finanzwirtschaft der FU Berlin, Berichte und Materialien, Heft 16).

–: Lean Production im Bankgeschäft? In: bum, 3/1993, S. 5–15.

Filzek, Immo: Büroautomation und Bürokommunikation in Kreditinstituten. Frankfurt a. M. 1987.

Förderreuther, Rainer: Beschäftigungspolitik im Bankbetrieb. Berlin 1977.

Gebauer, Henning: Technisch-organisatorische Existenzbedingungen und bankbetriebliche Geschäftspolitik. Göttingen 1991.

Gitzinger, Siegfried: Entscheidungskriterien für das EDV-Konzept einer Genossenschaftsbank. In: Aspekte bankwirtschaftlicher Forschung und Praxis, hrsgg. von H. Guthardt/u. a., Frankfurt a. M. 1985, S. 347–360.

Haferkorn, Jürgen: Einsatz von Personal Computern in Kreditinstituten. Wiesbaden 1991.

Hallama, Wolfgang: Arbeitszeitmanagement in Kreditinstituten mit teilautonomen Arbeitsgruppen. München 1991.

Hartmann, Hans-Jürgen: Einsatz von Frühwarn-Systemen für die Revision in Kreditinstituten mit Filialnetzen. In: ZIR, 1986, S. 80–85.

Hofmann, Friedrich-Wilhlem: Systeme vorbestimmter Zeiten als Hilfsmittel wissenschaftlicher Betriebsführung in Banken. Diss. Köln 1970.

Hug, Daniel: Leistungsmessung in den Produktionsbereichen von Banken. Bern/Stuttgart 1989.

Juncker, Klaus/Muthesius, Peter (Hrsg.): Rationalisierung im Kreditwesen. Frankfurt a. M. 1979.

Klein, Walter: Organisation von Funktionsausgliederungen. In: Handbuch Bankorganisation, hrsgg. von J. H. v. Stein/J. Terrahe, Wiesbaden 1991, S. 509–519.

KOLBECK, Rosemarie: Bankbetriebliche Planung. Wiesbaden 1971. S. 167–174, 241–253 und 374–389.

KOSMIDER, Hans-Peter: Wie die Informatik besser werden kann. In: Bank, 1991. S. 630–637.

KRÄMER, Christoph: Rentabilitäts- und Risikowirkungen der elektronischen Medien im Bankbetrieb. In: Bank, 1989, S. 266–271.

KUNZE, Christian: Computerunterstützte Sachbearbeitung (CSB) – eine Organisationstechnik von unternehmenspolitischer Bedeutung. In: Bw.Blätter, 1981, S. 295–299.

LEHNER, Franz: PC-Einsatzplanung in Banken. In: Bank, 1989, S. 329–336.

MECKLENBURG, Heinz: Die Entwicklung des EDV-Einsatzes in den deutschen Kreditinstituten. Ein Rückblick auf die letzten 30 Jahre und Ausblick in das gegenwärtige Jahrzehnt. In: gi, 4/1980, S. 15–32.

MEYER, Josef: Sind Wirtschaftlichkeit und Sicherheit der Datenverarbeitung gegensätzliche Ziele? In: gi, 4/1980, S. 63–76.

MOORMANN, Jürgen/WÖLFING, Dirk: Fertigungstiefe in Banken verringern. In: Bank, 1991, S. 677–680.

MUTHESIUS, Peter/SCHNEIDER, Heribert M. (Hrsg.): Terminals für Banken und Bankkunden. Frankfurt a. M. 1982.

NOWAK, Richard: „Verteilte Computerintelligenz" und zentralisierte DV-Entwicklung. In: Bw.Blätter, 1977, S. 77–80.

–: Bildschirmtext – Die Datenstation beim Kunden. In: Spk, 1980, S. 152–156.

–: Sicherheitsaspekte bei großen On-line-Systemen. In: Bw.Blätter 1980, S. 140–145.

–: Computerunterstützung am Arbeitsplatz – ein Akzeptanzproblem? In: Bw.Blätter 1981, S. 299–304.

PLENK, Helfried/PRELLINGER, Helmut: Outsourcing zwischen Tabu und Mode. In: Bank, 1992, S. 48–50.

POMIAN, Manfred: Der technisch-organisatorische Bereich als Gegenstand der wissenschaftlichen Bankbetriebslehre. In: Bankbetriebliches Lehrbuch, hrsgg. von H.-D. Deppe, Stuttgart 1978, S. 477–494.

RAUSCH, Manfred: 25 Jahre Bankautomation. In: Bkinf, 2/1984, S. 16–19.

REDECKER, Karlheinz: Einführung eines dezentralen EDV-Systems im Privatbankhaus. In: Bank, 1983, S. 421–425.

REITER, Werner: EDV in einer Großbank – Von der Hilfsfunktion zum maßgeblichen Organisationsinstrument. In: Der Bankbetrieb zwischen Theorie und Praxis, hrsgg. von J. Süchting, Wiesbaden 1977, S. 79–92.

RICHTER, Alfred: Grenzen der Automatisierbarkeit im Bankgeschäft. In: bum, 3/1986, S. 11–17.

SCHIERENBECK, Henner/WIELENS, Hans (Hrsg.): Rationalisierung und Personalmanagement in Kreditinstituten. Frankfurt a. M. 1983.

SCHMALE, Ingrid: Beschäftigungswirkungen der Bankautomation. Regensburg 1992.

SCHNABEL, Karl Heinz: Aufbau- und Ablauforganisaton der Leistungsabteilung von Geschäftsbanken (Kredit- und Dienstleistungsabteilungen). In: Bankbetriebliches Lesebuch, hrsgg. von H.-D. Deppe, Stuttgart 1978, S. 541–560.

SCHRÖDER, Gustav Adolf: Bürokommunikation, Telekommunikation, Electronic Banking. In: Handbuch Bankorganisation, hrsgg. von J. H. v. Stein/J. Terrahe, Wiesbaden 1991, S. 357–373.

SCHUMM, Gerhard: Datenschutz in Sparkassen bei ordnungsmäßiger Datenverarbeitung. In: Bw.Blätter, 1982, S. 198–209.

SCHUSTER, Leo: Informationsverarbeitung als strategische Erfolgsposition der Banken. In: gi, 5/1986, S. 16–23.

SOBIREY, Frank: Gestaltung von Arbeitsstrukturen in Kreditinstituten beim Einsatz des automatischen Kassentresors. Ein empirischer Beitrag zur Diskussion um die Auswirkungen der Bankautomation auf die Arbeitssituation. Diss. Mannheim 1990.

STAEHLE, Wolfgang/SYDOW, Jörg: Büroarbeit, Büroorganisation und Büroautomation als Gegenstände betriebswirtschaftlicher Forschung. In: DBW, 1986, S. 188–202.

STEFFENS, Elisabeth: Zentralisation und Dezentralisation der computergestützten Informationsverarbeitung in Bankbetrieben. Diss. Münster 1981.

STEVENSON, Horst: Elektronische Datenverarbeitung in Kreditinstituten. 2. Auflage. Berlin/New York 1971.

SULZBERGER, Markus: Das Bankgebäude. Bankbetriebliche Anliegen an Raum und Raumplanung. Bern/Stuttgart 1980.

TERRAHE, Jürgen: Bankterminalisierung als strategische Entscheidung. In: Bank, 1987, S. 370–372.

VINCENZ-WEDER, Pierin: Einsatz und Entwicklung von Expertensystemen im Bankbetrieb. Bern/Stuttgart 1990.

VOGELHUBER, Hans: Effizienz eines Online-Buchungs- und Informationssystems aus der Sicht des Geldinstituts und seiner Kunden. In: gi, 5/1977, S. 19–28.

WEIGERT, Peter: Daten- und Informationsverarbeitung. In: Handbuch Bankorganisation, hrsgg. von J. H. v. Stein/J. Terrahe, Wiesbaden 1991, S. 329–356.

WEISS, Ulrich: Technologie und Bankgeschäft: Herausforderung für den Organisator. In: Bank, 1983, S. 104–107.

–: Chancen und Risiken der Technologie für die Banken. In: bum, 3/1983, S. 16–21.

–: Technologie-Einsatz in neuer Dimension. In: gi, 4/1987, S. 6–14.

BETRIEBSWIRTSCHAFTLICHE BLÄTTER. Fachzeitschrift für Unternehmensführung in der Praxis. Herausgeber: Deutscher Sparkassen- und Giroverband e. V., Bonn. Monatlich.

GELDINSTITUTE. Magazin für Management und Banktechnik. Monatlich.

Personal (Qualifikation und Einsatz)

ASHAUER, Günter: Berufsbildung in der deutschen Sparkassenorganisation – ein geschichtlicher Überblick. Stuttgart 1986.

–: Personalentwicklung als Instrument des Bankmanagements. In: Bankpolitik, finanzielle Unternehmensführung und die Theorie der Finanzmärkte. hrsgg. von B. Rudolph/J. Wilhelm, Berlin 1988, S. 13–48.

ASHAUER, Günter/KUNZE, Christian: Konsequenzen der Personalstrukturanalyse für die berufliche Aus- und Weiterbildung. In: Bw.Blätter 1985, S. 478–483.

ASHAUER, Günter/LIEFEITH, Horst/WEISER, Klaus: Berufsbildung in der deutschen Kreditwirtschaft. Ein geschichtlicher Überblick. Mainz 1983.

BECHINIE, Ernst/GRAF, Lothar: Gehaltsmanagement in der Bank. In: Bank, 1979, S. 327–333.

BEHRENS, Rolf/SIMON, Walter: Veränderte Personalanforderungen im Bankgewerbe. In: zfo, 1984, S. 409–415.

BENÖLKEN, Heinz: Langfristige Personalplanung im Kreditinstitut. Berlin 1976.

–: Aspekte der langfristigen Personalplanung – am Beispiel einer kundenorientierten Universalbank. In: vbo-informationen, 1980, S. 1–20 (A 4, Bl. 110–129).

BESSEL, Fritz/FEDER, Hans: Mittelfristige Personalplanung im Bankbetrieb. In: Bank, 1978, S. 391–395.

BETSCH, Oskar: Mitarbeitermotivation im Bankbetrieb. Frankfurt a. M. 1977.

–: Marktchancen und Betriebsbereitschaft bei Banken. Variable Arbeitszeit als Lösungsansatz. Frankfurt a. M. 1978.

–: Die Auswirkungen neuer Technologien auf die Mitarbeiter von Banken. In: Öst.Bk-A, 1985, S. 231–253.

BRAUN, Karl: Programmierte Personalpolitik in Kreditinstituten. Wiesbaden 1971.

BURGARD, Horst: 50 Jahre Ausbildungsordnung Bankkaufmann. In: Bank, 1988, S. 286–289.

–: Personalwesen. In: OBST/HINTNER, Geld-, Bank- und Börsenwesen, 39. Auflage, hrsgg. von N. Kloten/J. H. v. Stein, Stuttgart 1993, S. 956–991.

BURGARD, Horst/SEIDEL, Christian/u. a.: Bankpersonal. In: ZfgK, 1986, S. 849–864.

DORANTH, Michael: Operative Planung im Personalbereich. In: Bw.Blätter, 1983, S. 290–292.

EBERTS, Manfred: Das Berufsbild des Finanzanalysten in der Bundesrepublik Deutschland. Darmstadt 1986.

ECKHARDT, Peter: Akademische Nachwuchskräfte in der Kreditwirtschaft. Berlin 1990.

EILENBERGER, Guido: Wachsende Geschäftsvolumina als Problem der Unternehmenspolitik von Banken. In: KuK, 1981, S. 114–135.

ERDMANN, Ulrike: Die Entlohnung von Führungskräften in Kreditinstituten. Frankfurt a. M. 1991.

FESER, Uta Maria: Berufsausbildung im Bankgewerbe. 100 Jahre Ausbildung zum Bankkaufmann. Frankfurt a. M./Bern 1990.

FÖRDERREUTHER, Rainer: Die Integration von Hochschulabsolventen in die Kreditwirtschaft. In: Bw.Blätter, 1989, S. 124–130.

FUCHS, Konrad: Organisatorische Fragen im Personalwesen einer Geschäftsbank. In: Bankbetriebliches Lesebuch, hrsgg. von H.-D. Deppe, Stuttgart 1978, S. 511–539.

GROSSE PECLUM, Karl-Heinz/HOROBA, Martin Klaus: Das Assessment-Center-Verfahren der Dresdner Bank AG. In: bum, 8/1987, S. 29–31.

GÜRTLER, J./PUSSE, L.: Mittelfristige Entwicklung von Beschäftigung und Arbeitsproduktivität im Kreditgewerbe: Tendenzen und betriebliche Maßnahmen. In: Mitteilungen aus der Arbeitsmarkt- und Berufsforschung, 1988, S. 222–242.

HANSMEYER-ECHTERDIEK, Ursula: Betriebliche Ausbildung für Führungskräfte in Banken. Wiesbaden 1977.

JANSEN, Peter: Personalentwicklungsmanagement bei Universalbanken in der Bundesrepublik Deutschland. Frankfurt a. M. 1984.

KARBACH, Rolf: Automationsbedingte Veränderungen des Einsatzes menschlicher Arbeitskraft im Bankbetrieb und Konsequenzen für die bankbetriebliche Geschäftspolitik. Diss. Göttingen 1986.

KAUER, Helmut: Mittelfristige Personalplanung am Beispiel einer mittleren Sparkasse. In: Bw.Blätter 1982, S. 254–258 und 267–268.

KNECHT, Heinz: Management Development im Bankbetrieb. Bern/Stuttgart 1981.

KRAUSE, Michael: Fort- und Weiterbildung im Bankbetrieb – ein Mittel der Motivation, Frankfurt a. M. 1977.

KREUTZ, Paul/u. a.: Marktnahe Gestaltung von Betriebs- und Arbeitszeiten. In: Spk, 1987, S. 91–121.

KUNZE, Christian: Personalplanung und -steuerung – verpaßte Chancen. In: Bw.Blätter, 1982, S. 235–240.

LEYDENDECKER, Rolf: Gleitende Arbeitszeit. Probleme der Planung und Einführung der gleitenden Arbeitszeit – untersucht am Modell einer mittelgroßen Sparkasse. Stuttgart 1974.

LINDENER, Hans-Dieter: Mitarbeiterführung im Absatzbereich einer kundenorientierten Universalbank. Köln 1980.

MARTIG, Stephan: Personalplanung als integrierender Bestandteil einer modernen Personalabteilung. In: Fragen der Bankplanung aus der Sicht von Wissenschaft und Praxis, hrsgg. von L. Mülhaupt, Frankfurt a. M. 1975, S. 125–142.

MASEMANN, Hans: Weiterbildung in Kreditinstituten. Wiesbaden 1990.

MEIER, Harald: Personalentwicklung in Banken – Strategien, Konzepte, Instrumente. Wiesbaden 1992.

MEISSNER, Jürgen: Zur Entwicklung der Bankbelegschaften und ihrer Kosten. In: bum, 5/1983, S. 5–8.

MENTZEL, Karl-Heinz: Berufsbildung unter dem Aspekt einer Erziehung zu verantwortlichem Handeln im ökonomischen Bereich – dargestellt am Beispiel des Ausbildungsberufes Bankkaufmann. Diss. Frankfurt a. M. 1979.

MÜHLSTEPHAN, Bernd/WEBER, Irene: Leistungsstatistik und quantitativer Personalbedarf. In: Bw.Blätter, 1976, S. 17–21 und 60–64.

MÜLLER, Matthias: Arbeits- und Zeitstudien als Mittel der Rationalisierung und Kalkulation im Bankbetrieb. Bern/Frankfurt a. M./München 1976.

MUTHESIUS, Peter/SCHNEIDER, Heribert M. (Hrsg.): Bankmitarbeiter und die neuen Informationstechniken, Frankfurt a. M. 1985.

RUDL, Franz Gerhard: Die Angestellten im Bankgewerbe, 1870–1933. Diss. Mannheim 1975.

SAUER, Heinz-Dieter: Beschäftigungs- und Qualifikationsentwicklung im Kreditgewerbe 1970–1983. In: Bank, 1984, S. 252–255.

–: Personalnebenkosten im Bankgewerbe. In: ZfgK, 1986, S. 904–908

–: Neue Technologien und Beschäftigung in Kreditinstituten. In: Bank, 1982, S. 502–505.

SCHEFFLER, Claudia/KERN, Horst: Fachlaufbahn für Spezialisten eröffnet. In: Bank, 1991, S. 681–684.

SCHÖBITZ, Eberhard: Die Rekrutierung von Führungsnachwuchs bei Banken. Wiesbaden 1987.

SCHÜTTE, Martin: Moderne Banktechniken und ihre Auswirkungen auf die Qualität der Mitarbeiter. In: Bank, 1986, S. 614–619.

SCHWAAB, Markus-Oliver: Die Attraktivität deutscher Kreditinstitute bei Hochschulabsolventen. Stuttgart 1991.

SEELMANN, Andreas: Arbeits- und Betriebsordnungen privater Banken. Köln 1992.

SPIEGEL, Raban Freiherr von: Personalpolitik in Banken unter dem Einfluß der neuen Technologien. In: Bank, 1986, S. 4–10.

STOCKER, Klaus G.: Einflußfaktoren der Mitarbeitermotivation in Kreditinstituten. Berlin 1978.

SÜCHTING, Joachim: Kreativität und Innovation – Grundvoraussetzungen zur Bewältigung zukünftiger Probleme in der Kreditwirtschaft? In: Spk, 1982, S. 372–378.

SÜCHTING, Joachim/BOENING, Dieter: Der personale Produktions- und Verkaufsprozeß von Bankleistungen. In: Bk-B, 1971, S. 364–370.

TRAGSEILER, Heinrich S.: Personalbedarfsplanung in Kreditinstituten. In: BFuP, 1979, S. 592–604.

WOLF, Herbert: Der Bankberuf. 4. Auflage. Frankfurt a. M. 1981.

WOLFF, Georg/GÖSCHEL, Gesine: Personalmanagement in Banken. Wiesbaden 1990.

WÜNNENBERG, Hans Gerd/GROSSE PECLUM, Karl-Heinz: Traineeprogramm der Dresdner Bank AG – Instrument der Personalentwicklung. In: Bank, 1986, S. 286–291.

Erstellung ausgewählter Leistungsarten

(a) Abwicklung des Zahlungsverkehrs

BANK FÜR INTERNATIONALEN ZAHLUNGSAUSGLEICH (Hrsg.): Zahlungsverkehrssysteme in elf entwickelten Ländern. Frankfurt a. M. 1989, S. 99–121 und 286–290.

BERNHARDT, Peter/DAMBMANN, Wolfgang: Elektronisches Geld. Frankfurt a. M. 1979.

BÖSEL, Friedrich: Die GZS im Rahmen der neuen Kartenstrategien. In: bum, 6/1989, S. 17–20.

CONRAD, Heiner: Zentrale Geldversorgung oder Direkt-Kassen? In: Bkinf, 8/1977, S. 5–10.

DAHL, Wolfgang: Die Rolle der Verbände im Zahlungsverkehr. In: Bank, 1983, S. 160–165.

DAVID, Wilhelm: Zweite Automationsphase der Deutschen Bundesbank und Kreditgewerbe. Göttingen 1979.

DEPPE, Hans-Dieter: Betriebswirtschaftliche Grundlagen der Geldwirtschaft, Band 1: Einführung und Zahlungsverkehr. Stuttgart 1973, S. 361–417.

DORNER, Herbert: Die GZS Gesellschaft für Zahlungssysteme. In: Bkinf, 4/1984, S. 10–13.

FÖRDERREUTHER, Rainer: Beschäftigungspolitik im Bankbetrieb, Berlin 1977, insbes. S. 176–254.

GODSCHALK, Hugo T. C.: Computergeld. Frankfurt a. M. 1983.

GROSSMANN, Bernd: Zentrale Geldversorgung – ein geeignetes Modell zur marktorientierten Reorganisation der Kundenhalle? In: Bw.Blätter, 1978, S. 237–240.

HARTMANN, Wendelin: Die Deutsche Bundesbank und die Risiken im unbaren Zahlungsverkehr in der Bundesrepublik Deutschland. In: bum, 7/1985, S. 5–10.

HENNIG, Christian: Zahlungsverkehrsabkommen der Spitzenverbände in der Kreditwirtschaft. Frankfurt a. M./Bern/u. a. 1991.

HERGERSBERG, Johannes: Datenträger-Austausch der Sparkassenorganisation für den zwischenbetrieblichen bargeldlosen Zahlungsverkehr. Stuttgart 1977.

–: Entwicklungslinien in der Zahlungsverkehrsautomation. In: Bw.Blätter, 1987, S. 288–292.

–: ec-Geldautomaten. Richtlinien – Vereinbarungen – Verfahren. Stuttgart 1989.

HEYDEN, Peter: Einsatz von Geldausgabeautomaten – Ergebnisse einer marketingbezogenen Analyse. In: Bw.Blätter, 1980, S. 11–17.

JACOB, Jürgen/LOHMANN, Reinhold: Überlegungen zum Einsatz von automatischen Kassentresoren (AKT). In: Bw.Blätter 1982, S. 331–334.

JETTER, Thomas: Cash-Management-Systeme. Wiesbaden 1988.

KÄSBERG, Günter Paul: Prävention doloser Handlungen durch wirtschaftseigene Maßnahmen – untersucht am Zahlungsverkehr bei Kreditinstituten. Diss. Münster 1986.

KALENDER, Hans-Jörg: Die Evidenzzentrale im ec-Geldautomaten-Pool. In: Bw.Blätter, 1982, S. 53–56.

KARBACH, Rolf: Automationsbedingte Veränderungen des Einsatzes menschlicher Arbeitskraft im Bankbetrieb und Konsequenzen für die bankbetriebliche Geschäftspolitik. Diss. Göttingen 1986, S. 32–69.

LEUE, Wolfgang/URNAUER, Albert/ZIRN, Rainer: Revisorische Aspekte der Zahlungsverkehrsautomation. In: ZIR, 1976, S. 133–140.

LINDENTHAL, Peter: Die Organisation des nationalen Zahlungsverkehrs. Idstein 1986.

MÜTZE, Michael: Das Fehlerrisiko im bargeldlosen Zahlungsverkehr unter besonderer Berücksichtigung des Lastschriftverfahrens. Diss. Köln 1980.

PRAST, Rudolf: Neue Techniken im Zahlungsverkehr und in der Kundenselbstbedienung. In: Handbuch Bankorganisation, hrsg. von J. H. v. Stein/J. Terrahe, Wiesbaden 1991, S. 389–408.

REISER, Christof: Scheckabkommen neu gefaßt. In: Bank, 1982, S. 472–485.

–: Das beleglose Scheckeinzugsverfahren im deutschen Kreditgewerbe. In: WM, 1986, S. 409–415.

SLEVOGT, Horst: Wie soll es mit der Zahlungsverkehrsautomation weitergehen? In: Bw.Blätter, 1984, S. 241–246.

VAJC, Klaus: Ausgliederung des Zahlungsverkehrs aus dem Universalbankbereich. Frankfurt a. M./Bern 1986.

WOLFF, Eberhard: Zahlungsverkehrsabkommen im Kreditgewerbe. In: Recht und Wirtschaft in Geschichte und Gegenwart, München 1975, S. 1057–1076.

WREDE, Clemens Freiherr von: Das beleglose Scheckinkasso. Köln 1977.

Zur Rolle der Deutschen Bundesbank im unbaren Zahlungsverkehr. In: Mb-Bbk, März 1982, S. 31–33.

Stand und weitere Entwicklung der Automation des unbaren Zahlungsverkehrs bei der Deutschen Bundesbank. In: Mb-Bbk, August 1985, S. 47–51.

(b) Kreditvergabe

Vgl. auch die Literaturhinweise zum Kapitel „Kreditvergabeentscheidung" (S. 386–392).

BALZER, Klaus: EDV-Einsatz bei der Kreditwürdigkeitsprüfung. In: Bank, 1981, S. 12–18.

BENÖLKEN, Heinz/HENKEL, Rolf/u.a.: Kundenorientierung im Kreditgeschäft – auch betriebswirtschaftlich-organisatorisch sinnvoll? In: Sp, 1976, S. 145–148.

FALTER, Manuel/HERMANNS, Fritz: Die Praxis des Kreditgeschäfts. 13. Auflage. Stuttgart 1991, S. 273–292.

FISCHER, Karl: Überlegungen zur computerunterstützten Kreditbearbeitung in Sparkassen. In: Lernen und Entscheiden, Festschrift zum 50jährigen Bestehen des Lehrinstituts für das kommunale Sparkassen- und Kreditwesen (Sparkassenakademie) 1928–1978, Stuttgart 1978, S. 225–251.

GEBERT, Diether/MANGLER, Wolf-Dieter: Führungserfolgsanalyse im Kreditbereich. In: Bw.Blätter, 1990, S. 194–197.

KARBACH, Rolf: Automationsbedingte Veränderungen des Einsatzes menschlicher Arbeitskraft im Bankbetrieb und Konsequenzen für die bankbetriebliche Geschäftspolitik. Diss. Göttingen 1986, S. 69–81.

KÖNIG, Ulrich-Karl: Neues EBIL: Maschinelle Auswertung von Jahresabschlüssen nach dem Bilanzrichtlinien-Gesetz. In: Bw.Blätter, 1987, S. 50–59.

KRÜMMEL, Hans J./RUDOLPH, Bernd (Hrsg.): Innovationen im Kreditmanagement. Frankfurt a. M. 1985.

REUTER, Arnold/WELSCH, Franz: Wie sich frühzeitig Kreditrisiken erkennen lassen. In: Bw.Blätter, 1993, S. 48–51 (betr. Kontodatenanalyse, KODAN)

RICHTER, Alfred: Computergestützte Kreditentscheidungen. In: Rationalisierung im Kreditwesen, hrsgg. von K. Juncker/P. Muthesius, Frankfurt a. M. 1979, S. 95–104.

SAUER, H.: Organisation im Kreditgeschäft. Stuttgart 1977.

SCHERER, Johann: EDV im Individualkreditgeschäft. In: gi, 6/1981, S. 134–138 und 2/1982, S. 45–56.

SCHMITTMANN, Stefan/REHM, Friedrich: Ausbildungskonzept für das Kreditgeschäft. In: Bank, 1990, S. 496–500 (betr. Bayerische Vereinsbank).

SCHMOLL, Anton: Betreuungsorganisation bei gefährdeten Engagements. In: Öst.Bk-A, 1985, S. 3–11.

WEISENSEE, Gerd Josef: Kreditinformations- und Expertensysteme im Kommerzgeschäft der Banken. Bern/Stuttgart 1990.

(c) Kauf und Verkauf von Effekten

BLITZ, Jürgen: Computerhandel nun auch im Kassahandel. In: Bank, 1991, S. 258–262.

BURDA, Wolfgang A.: Möglichkeiten moderner Informationssysteme für die Wertpapieranlageberatung. In: Bw.Blätter, 1979, S. 113–117.

CRAMER, Jörg E.: Technik in der Anlageberatung – was nützt sie dem Kunden? In: bum, 9/1989, S. 14–19.

DELORME, Hermann: Zur Rationalisierung des Wertpapierverkehrs. In: ZfgK, 1980, S. 604–612.

–: Fortentwicklungen im deutschen Effektengirosystem. In: Spk, 1989, S. 272–274.

DÖRSAM, Heinz/WOHL, Otto: Einsatz der Datenfernverarbeitung im Wertpapiergeschäft. In: Bw.Blätter, 1982, S. 456–461.

FISCHER, Artur: Technik im Wertpapiergeschäft: Was bringt sie der Börse. In: bum, 11/1989, S. 27–31.

GERKE, Wolfgang/AIGNESBERGER, Christof: Computerbörse für den Finanzplatz Deutschland. In: ZfgK, 1987, S. 1027–1034.

GOTTSCHALK, Ulrich: IBIS – Inter-Banken-Informations-System. In: ZBB, 1991, S. 23–27.

HUSEMANN, Peter: Computerunterstützung im Portfoliomanagement. Wiesbaden 1988.

KESSLER, Jörg-Ronald: Börsenabwicklung auf dem Prüfstand. In: Bank, 1989, S. 254–259.

KRÜTZFELD, Tim: Die Computerbörse als Perspektive für den deutschen Kassa-Effektenhandel. In: ZfgK, 1991, S. 106–108.

OCKERT, Wolfgang: OLGA wächst heran. In: Bank, 1993, S. 170–174 (betr. On-line-Geschäftsabwicklungssystem für den Wertpapierbereich).

PFEIFFER, Wilhelm: Der Computer im Dienste des Anlegers. In: Bank, 1987, S. 299–303.

REITER, Werner: BOSS schlägt elektronische Brücke. In: Bank, 1990, S. 618–620.

–: Neue Techniken im Wertpapier- und Devisenhandel. In: Handbuch Bankorganisation, hrsgg. von J. H. v. Stein/J. Terrahe, Wiesbaden 1991, S. 409–437.

SCHMIDT, Hartmut: Wertpapierbörsen. München 1988.

SCHÜLLER, Bernhard: Szenario Finanzplatz Deutschland. In: Bank, 1988, S. 252–256.

–: Wertpapier-Handelssysteme und ihre Risiken. In: Bank, 1991, S. 558–561.

–: Die Vernetzung der Wertpapiermärkte. In: Bank, 1992, S. 392–394.

SPUDY, Jens: Die ersten vier Wochen der Deutschen Terminbörse. In: KuK, 1991, S. 537–572, und 1992, S. 135–174.

VOGEL, Michael: Portefeuille-Management unter Verwendung von Wertpapier-Informations-Systemen. Wien 1989.

WAHL, F. W.: Technik der Deutschen Terminbörse. In: bum, 8/1989, S. 5–10.

Literatur zum 5. Abschnitt:
Absatz bankbetrieblicher Leistungen

1. Grundfragen und umfassende Darstellungen

Vgl. ergänzend die Literaturhinweise zu den Stichworten „Marktforschung" (S. 405), „Gestaltung des Leistungsangebots" (S. 406), „Preispolitik" (S. 410), „Distribution" (S. 412) und „Verkaufsförderung/Werbung/Öffentlichkeitsarbeit" (S. 414).

BAXMANN, Ulf G.: Bankloyalität im Wandel? In: bum, 2/1987, S. 12–14.

BENÖLKEN, Heinz/WINKELMANN, Anja: Zielgruppen-Management im Privatkunden-Geschäft. In: Bank, 1988, S. 438–444.

BETSCH, Oskar/OTTO, Klaus-Friedrich (Hrsg.): Vertriebshandbuch für Finanzdienstleistungen. Frankfurt a. M. 1989.

BOCK, Doris: Studenten als Zielgruppe des Bankmarketing. Berlin/Bielefeld/München 1990.

BRAUN, Peter A.: Das Firmenkundengeschäft der Banken im Wandel. Augsburg 1981.

BURDA, Wolfgang A.: Veränderungen im Bankmarketing. In: DBW, 1984, S. 3–10.

CRAMER, Jörg E.: Marketing bei Banken. Frankfurt a. M. 1975 (3. Auflage des 1968 veröffentlichten Titels „Marketing im Bankbetrieb").

–: Vom Allround-Institut zum Marktspezialisten. In: bum, 3/1981, S. 5–10.

–: Privatkunden jenseits vom Mengengeschäft. In: bum, 6/1985, S. 5–10.

–: Produktorientierung oder/und Kundenorientierung in der Organisation einer Bank und des Bankwesens. In: Organisation der Banken und des Bankmarketes, hrsgg. von W. Engels, Frankfurt a. M. 1988, S. 31–60.

CRAMER, Jörg E./HILPERT, Peter J./ROGER-TEAM: Die herausgeforderten Banken. 2. Auflage. Frankfurt a. M. 1974.

DUUS, Olaf: Der Einsatz absatzpolitischer Mittel bei Bank- und Industriebetrieben. Berlin 1973.

EITEL, Joachim: Pfandbrief-Marketing bei Hypothekenbanken. Diss. München 1975.

ENGELMEYER, Günter: Der Einfluß des UWG auf den Bankenwettbewerb. Diss. Bayreuth 1989.

EPPLE, Manfred H.: Die Kundenbindung wird schwächer: Vertrieb von Bankprodukten. In: Bank, 1991, S. 544–550.

FISCHER, Klaus: Hausbankbeziehungen als Instrument der Bindung zwischen Banken und Unternehmen. Diss. Bonn 1990.

FLIEGNER, Michael: Verantwortung als Gestaltungskriterium für die Beziehung zwischen Bank und Kunde. Düsseldorf 1987.

FÜRST, Kurt F.: Marketingprobleme im Mengengeschäft der Kreditinstitute. Frankfurt a. M. 1975.

GEBERT, Dieter/STEINKAMP, Thomas/WENDLER, Erwin: Führungsstil und Absatzerfolg in Kreditinstituten. Wiesbaden 1987.

GERLACH, Rolf: Der Wettbewerb im Einlagengeschäft der Banken. Diss. Essen 1982.

GIERL, Heribert/STICH, Armin: Marktsegmentierung für Kreditkarten. In: Bank, 1992, S. 398–402.

GRUNWALD, Jörg-Günther/JOKL, Stefan: Sachliche und räumliche Kriterien für die Abgrenzung von Bankleistungsmärkten. In: Öst.Bk-A, 1979, S. 237–244.

HAGENMÜLLER, Karl Fr.: Marketing bei Banken: Von der Stabs- zur Linienfunktion. In: bum, 4/1977, S. 5–9.

HAHN, Oswald: Die Führung des Bankbetriebes. Stuttgart/Berlin/u. a. 1977, S. 187–246 (Die Bankabsatzpolitik).

HOOVEN, Eckart van: Standortbestimmung und künftige Entwicklungslinien im Bankmarketing. In: Handbuch des Bankmarketing, hrsgg. von J. Süchting/E. v. Hooven, 2. Auflage, Wiesbaden 1991, S. 497–515.

HUTH, Horst Olaf: Ertragsorientiertes Zielgruppenmarketing im mittelständischen Firmenkundenbereich von Universalbanken. Frankfurt a. M. 1985.

JACOB, Adolf-Friedrich: Corporate Banking und Kundenloyalität. In: bum, 1/1993, S. 5–13.

JUDT, Ewald: Marketing im Zahlungsverkehr – am Beispiel Kreditkarte. In: BkA, 1991, S. 34–38.

JUNCKER, Klaus: Marketing im Firmenkundengeschäft. Frankfurt a. M. 1979.

–: Marketing und Management im Firmenkundengeschäft. In: bum, 6/1986, S. 25–30.

–: Von der Marktsegmentierung zum strategischen Marketing im Firmenkundengeschäft. In: Handbuch des Bankmarketing, hrsgg. von J. Süchting/E. v. Hooven, 2. Auflage, Wiesbaden 1991, S. 255–280.

JUNKER, Alfred: Möglichkeiten einer kundenbezogenen Planung des Firmenkundengeschäftes von Banken. Diss. Erlangen/Nürnberg 1984.

KAMINSKY, Stefan: Banken für Menschen. Optimistisches Lesebuch über das Konsumentengeschäft der Banken. Frankfurt a. M. 1981.

KASPAR, Herbert: Weiterentwicklung des Firmenkundenmarketing in homogenen Märkten. In: Öst.Bk-A, 1984, S. 255–260.

KOBYLINSKI, Klaus von: Kundenkalkulation im Bankmarketing. Frankfurt a. M. 1978.

KÖLBLINGER, Mario: Personale verkaufs- und lernzielorientierte Ausbildungsprozesse. Ein verhaltenswissenschaftlicher Ansatz zum Marketing der Kreditinstitute. Diss. München 1976.

KÖNIG, Ulrich-Karl: Entscheidungsfindung im Bankenmarketing auf der Basis des Systemansatzes. Berlin 1985.

KOLBECK, Rosemarie (Hrsg.): Bankmarketing vor neuen Aufgaben. Frankfurt a. M. 1992.

KONSTANTINIDIS, George: Bank-Marketing und Bank-Marketingplanung. Diss. Zürich 1988.

KRÜMMEL, Hans-Jacob/RUDOLPH, Bernd (Hrsg.): Bankmanagement für neue Märkte. Frankfurt a. M. 1987.

KURZ, Helmut/STARKL, Friedrich: Bankmarketing als Mittel der Reduktion kognitiver Dissonanzen bei Bankkunden. In: Öst.Bk-A, 1983, S. 464–484.

LAAKMANN, Wilhelm: Einflüsse der Kundensegmentierung und Zielgruppenbildung auf die Vertriebspolitik. In: bum, 8/1990, S. 10–13.

LINDENER, Hans-Dieter: Mitarbeiterführung im Absatzbereich einer kundenorientierten Universalbank. Köln 1980.

LUBITZ, Karl-Joachim: Bankmarketing gegenüber mittelständischen Firmenkunden. Frankfurt a. M. 1984.

MEYER ZU SELHAUSEN, Hermann: Quantitative Marketing-Modelle in der Kreditbank. Berlin 1976.

–: Möglichkeiten und Grenzen der quantitativen Analyse im Bank-Marketing. In: Quantitative Ansätze in der Betriebswirtschaftslehre, hrsgg. von H. Müller-Merbach, München 1978, S. 285–300.

–: Quantitative Analysen im Bankenmarketing. In: gi, 4/1978, S. 93–99.

MÜLLER, Jürgen: Strategisches Marketing im Bankengewerbe. Diss. Freiburg 1978.

PAPIROW, Stefan: Felder sehen, überschauen und klassifizieren. In: Bw.Blätter, 1992, S. 306–310 (betr. Segmentierung).

POTT, Philipp: Marktpolitik von Privatbankiers. Frankfurt a. M. 1983.

RAFFÉE, Hans/WIEDMANN, Klaus-Peter: Marketingperspektiven im Zeichen des Wertewandels. In: Bank, 1986, S. 620–628.

RAHN, Peter-Christian: Marketingpolitik im Konsumentenkreditgeschäft der Universalbanken. Diss. Hamburg 1977.

REGLI, Jürg: Bankmarketing. 2. Auflage. Bern/Stuttgart 1988.

RÖHR, Harald: Potentialorientierte Marketing-Planung im Universalbankbetrieb. Köln o. J. (1974).

ROMETSCH, Sieghardt: Ertragsorientiertes Marketing im Firmenkundengeschäft einer Privatbank. In: Bank, 1986, S. 230–234 und 292–297.

SABEL, Hermann: Bankmarketing – Unsinn, Wirklichkeit oder Notwendigkeit. In: Bankpolitik, finanzielle Unternehmensführung und die Theorie der Finanzmärkte, hrsgg. von B. Rudolph/J. Wilhelm, Berlin 1988, S. 197–243.

SACHENBACHER, Hans-Ulrich: Prospektive Lebensdauerkalkulation von Kundenverbindungen in Kreditinstituten. München 1991.

SCHEER, Olaf: Potentialorientierte Analyse und Steuerung des Privatkundengeschäfts von Banken. Kiel 1989.

SCHINNERL, Rudolf: Verhaltensdeterminanten in der Unternehmung – Studien unter besonderer Berücksichtigung von Kreditinstituten. München 1981.

SCHLÖTER, Hans W.: Marketing als Führungsinstrument im Privatkundengeschäft. In: Handbuch des Bankmarketing, hrsgg. von J. Süchting/E. v. Hooven, 2. Auflage, Wiesbaden 1991, S. 103–118.

(SCHMALENBACH-Gesellschaft, Arbeitskreis Finanzierung): Ansätze zur Gestaltung des Netzes von Bankverbindungen durch eine Unternehmung. In: zfbf, 1988, S. 739–767.

SCHÖNFELD, Werner J.: Expertensysteme für den Vertriebsbereich in Banken und Versicherungen. Darmstadt 1990.

SCHÜBELER, Meinolf: Die Beziehungen zwischen Bank und Kundschaft. Diss. Köln 1976.

SCHÜTTE, Martin: Anforderungen an die Entwicklung von Kundenbetreuern. In: Handbuch des Bankmarketing, hrsgg. von J. Süchting/E. v. Hooven, 2. Auflage, Wiesbaden 1991, S. 211–231.

SCHULZ, Harald (Hrsg.): Finanzmarketing. Frankfurt a. M. 1992.

SCHWEGAT, Stephan: Marketing der Banken gegenüber Ärzten. In: bum, 2/1990, S. 21–23.

SEITZ, Jürgen: Die Determinanten der Bankwahl und der Bankloyalität. Diss. München 1976.

SLEVOGT, Horst: Nach Kundengruppen divisionalisierte Absatzorganisation für Universalbanken. In: Öst.Bk-A, 1982, S. 20–30.

SPANIER, Hans-Dieter: Anmerkungen zur Strategie und Vertriebspolitik im gehobenen Privatkundengeschäft. In: bum, 10/1991, S. 5–12.

STARKL, Fritz: Nachkaufmarketing in Kreditinstituten. Der Beitrag der Theorie der kognitiven Dissonanz zur Gestaltung von Instrumentalentscheidungen in der Absatzpolitik der Kreditinstitute. Wien 1983.

STORCK, Axel: Organisationsansätze zur Effizienzverbesserung im Absatzbereich. In: Bank, 1983, S. 405–407.

STRACKE, Guido: Finanical Services in Deutschland (V): Marktstrategien der Banken. In: Bank, 1988, S. 590–607.

SÜCHTING, Joachim: Die Bankloyalität als Grundlage zum Verständnis der Absatzbeziehungen von Kreditinstituten. In: KuK, 1972, S. 269–300.

–: Die Theorie der Bankloyalität – (noch) eine Basis zum Verständnis der Absatzbeziehungen von Kreditinstituten? In: Handbuch des Bankmarketing, hrsgg. von J. Süchting/E. v. Hooven, 2. Auflage, Wiesbaden 1991, S. 25–43.

–: Bankmanagement. 3. Auflage. Stuttgart 1992, S. 420–490.

–: Marketing. In: OBST/HINTNER, Geld- Bank- und Börsenwesen. 39. Auflage, hrsgg. von N. Kloten/J. H. v. Stein, Stuttgart 1993, S. 991–1042.

SÜCHTING, Joachim/Hooven, Eckart van (Hrsg.): Handbuch des Bankmarketing. 2. Auflage. Wiesbaden 1991.

TERRAHE, Jürgen: Die Zukunft des Hausbankprinzips: Engere oder lockerere Bank/ Kunden-Bindung? In: Organisation der Banken und des Bankenmarktes, hrsgg. von W. Engels, Frankfurt a. M. 1988, S. 145–166.

THIESING, Ernst-Otto: Strategische Marketingplanung in filialisierten Universalbanken. Frankfurt a. M./Bern/New York 1986.

–: Marktsegmentierung bei Privatkunden auf der Basis von Einstellungen. In: bum, 2/1988, S. 23–26.

WALTER, Bernhard: Neue Ansätze im Firmenkundenmarketing. In: bum, 7/1990, S. 5–10.

WECKHERLIN, Philipp: Strategisches Marketing in großen Universalbanken. Diss. St. Gallen 1990.

WEISS, Ulrich: Gemeinsames Bankmarketing im Zahlungsverkehr mit der privaten Kundschaft. In: Handbuch des Bankmarketing, hrsgg. von J. Süchting/E. v. Hooven, Wiesbaden 1987, S. 335–351.

WITT, Frank-Jürgen: Bankloyalität – eine empirische Untersuchung. In: bum, 1/1986, S. 20–23.

WITTMANN, Holger: Ältere Menschen als Bankkunden. Frankfurt a. M./Bern 1990.

WOJTANOWSKYI, Sylvia/JUDT, Ewald/WAGNER, Manfred: Marketing der Konsumentenkredite. Frankfurt a. M. 1982.

ZANTOW, Roger: Systemorientierte Marketinganalyse der Banken. München 1978.

Verbraucherschutz im Kreditgewerbe. Gesetzestexte und Materialien. Frankfurt a. M. 1991.

bank und markt – Zeitschrift für Unternehmensführung und Marketing. Frankfurt a. M. 1972ff.

2. Marktforschung

BRUNNECKER, Hubert-Jürgen: Die Markt- und Mediaforschung als Grundlage für die Mediaplanung. In: Spk, 1983, S. 13–17.

CRAMER, Jörg-E.: Die Marktforschung als Basis für den Einsatz des Marketing-Mix. In: Handbuch des Bankmarketing, hrsgg. von J. Süchting/E. v.Hooven, 2. Auflage, Wiesbaden 1991, S. 119–133.

FRANCK, Helmut: Marktforschung in Sparkassen – warum und wie? In: Bw.Blätter, 1974, S. 182–184 (vgl. dazu auch: Spk, 1980, S. 190–192).

HACKL, Peter/BÖHM, Walter: Klassifikationsprobleme der Bankkundenbeurteilung. In: Öst.Bk-A, 1987, S. 521–534.

HEIB, Rudolf: Nutzung vorhandener Kundendaten als Hilfsmittel zur Intensivierung des Firmengeschäfts. In: Spk, 1979, S. 406–409.

HENTSCHEL, Rüdiger: Kennen die Banken ihre Kunden wirklich? In: Bank, 1984, S. 179–182.

HOLM, Jens Mogens: Das Verhalten potentieller Konsumentenkreditnehmer. Analyse ihres Entscheidungsprozesses als Anhaltspunkt für das Bankmarketing. Diss. Hamburg 1977.

MAINZ, Anton: Kundeninformationssysteme aus der Sicht der Geschäftspolitik und des Marketings. In: Spk, 1981, S. 237–241.

MEYER ZU SELHAUSEN, Hermann: Informationssysteme im Finanzmarketing – Anspruch und Wirklichkeit. In: BkA, 1988, S. 1147–1159.

OSTHUES, Heinz: Die Marktforschung als Führungsinstrument in der Praxis der Kreditinstitute. In: Bankbetriebliches Lesebuch, hrsgg. von H.-D. Deppe, Stuttgart 1978, S. 613–632.

PAPENHEIM, Martin: Kundeninformationssystem im Kreditbereich. In: Bw.Blätter, 1982, S. 354–360.

–: Kundeninformationssystem in Marketing, Werbung und Kundenberatung. In: Bw.Blätter, 1982, S. 408–413.

–: Daten eines Kundeninformationssystems. In: Bw.Blätter, 1983, S. 48–53.

PIX, Manfred: Die historische Absatzmarktanalyse – unverzichtbarer Schritt im Absatzplanungsprozeß. In: Bw.Blätter, 1983, S. 251–258.

STEINBRINK, Klaus: Information und Entscheidung im Bankbetrieb. Frankfurt a. M. 1976, S. 173–222 (Kundeninformationssystem).

WEINKAUF, Walter: Die bankinterne Marktforschung. In: Bkinf, 8/1981, S. 42–46.

WEISS, Ulrich: Markforschung der Kreditinstitute. Die Erforschung des Marktes der privaten Haushaltungen und ihr Einfluß auf die Verhaltensweise der Institute. Berlin 1966.

WILDE, Klaus D.: Langfristige Bankmarktprognosen durch quantitative Risikoanalyse. In: Bank, 1982, S. 465–470.

WILKENING, Otto S.: Bewertung von Zukunftsmärkten durch bankspezifische Marktszenarien. In: Bank, 1986, S. 447–450.

3. Marktpolitische Instrumente

Vgl. auch die unter 1. genannten Gesamtdarstellungen zum Absatzbereich einer Bank (S. 402–405).

Gestaltung des Leistungsangebots

(Anschließend gesonderte Literaturhinweise zum Bereich „Allfinanz")

BÖSEL, Detlef/FRESE, Jörg: Vertriebsplanung und Sortimentsgestaltung im Bankbetrieb. Köln o. J. (1972).

BUCHAL, Detlev: Kartenmarketing, -Management und -Processing. In: Spk, 1990, S. 85–88.

BUDDE, Ramona: Marktinnovationen von Universalbanken. Berlin 1983.

–: Zur Innovationsentscheidung in Kreditinstituten. In: Bw.Blätter, 1982, S. 113–118.

CRAMER, Jörg E.: Neue Dienstleistungen im Bankbetrieb – Ihre Planung und Einführung. Frankfurt a. M. 1970.

CRAMER, Jörg E./PENZKOFER, Peter: Produkt-Management im Bankbetrieb. In: Bk-B, 1970, S. 354–361.

DREWES, Winfried: Qualitätsmanagement in Kreditinstituten. In: ZfB, 1992, S. 937–955.

FERSTL, Christian: Bankbetriebliche Diversifikationsstrategien. Berlin 1977.

FUCHS, Hartmut: Gedanken zur Produktpolitik der Banken. In: bum, 2/1988, S. 5–9.

GENTZSCH, Rainer-Dietmar: Das Leistungsangebot der Universalbanken – Struktur und Gestaltung –. Diss. TU Berlin 1985.

GLOGOWSKI, Erhard/MÜNCH, Manfred: Neue Finanzdienstleistungen. Wiesbaden 1986.

GRIESEL, Harald: Qualitätspolitik im Wettbewerb der Kreditinstitute. Berlin 1978.

HAAKE, Klaus: Der Lebenszyklus von Bankdienstleistungen. St. Gallen 1983 (Institut für Bankwirtschaft an der Hochschule St. Gallen).

HAHN, Oswald: Die Bedeutung der menschlichen Qualität innerhalb der Bankleistung. In: Bank, 1982, S. 56–61.

–: Innovationen in der Bankwirtschaft und anderswo – Gedanken zu einem Schlagwort. In: ZfgG, 1987, S. 139–143.

JETTER, Thomas: Cash-Management-Systeme. Wiesbaden 1987.

JUNCKER, Klaus: Diversifizierung im Firmenkundengeschäft. In: bum, 4/1989, S. 5–11.

KAISER, Elisabeth: Innovation und Imitation von Bankmarktleistungen – insbesondere im Privatkundengeschäft von Universalbanken. München 1989.

KARSTEN, Erich: Zielgruppenorientierte Produktgestaltung im Bereich des Kreditgeschäfts und der Vermögenslage. In: Handbuch des Bankmarketing, hrsgg. von J. Süchting/E. v. Hooven, 2. Auflage, Wiesbaden 1991, S. 151–167.

KEHL, Wolfgang: Die Universalbank. Diversifikation durch Kredit- und Effektengeschäfte. Wiesbaden 1978.

KILHEY, Ulrike: Die Beurteilung des Erfolgs von Bankprodukten als Grundlage produktpolitischer Entscheidungen. Frankfurt a. M. 1987.

KRÜMMEL, Hans-J./RUDOLPH, Bernd (Hrsg.): Bankmanagement für neue Märkte – Chancen und Risiken der Banken an Finanzmärkten mit neuen Produkten und neuen Wettbewerbern. Frankfurt a. M. 1987.

KRUPP, Georg: Die Immobilie als strategischer Ansatzpunkt für Bankleistungen aus Sicht einer Großbank. In: LK, 1988, S. 768–774.

LAUER, Christoph: Diversifizierung des Angebots und Wettbewerbsperspektiven im Bankensektor. Stuttgart 1990.

METZ, Matthias: Kundenfreundliches Verhalten als qualitatives Instrument des Bankbetriebs. Frankfurt a. M. 1985.

MINX, Iris-Christiane: Innovation als Instrument des Wettbewerbs zwischen Universalbanken. Frankfurt a. M./Bern 1983.

MÜHLBAUER, Helmut: Gestaltung von Bankmarktleistungen. München 1988.

NOWAK, Richard/EGNER, Christoph: Vertrieb von Datenverarbeitungsleistungen – eine wichtige Marketingkomponente der Zukunft. In: Bw.Blätter, 1985, S. 154–160.

REIMPELL, Peter: Vermarktung von Finanzinnovationen. In: Bank, 1990, S. 93–98.

SCHILLER, Bettina: Full Financial Service – Erweiterung des Leistungsangebotes der Kreditinstitute mit risikopolitischen und rechtlichen Konsequenzen? In: Bankrisiken und Bankrecht, hrsgg. von W. Gerke, Wiesbaden 1988, S. 127–152.

SCHNEIDER, Günter: Finanzdienstleistungen als Service? In: bum, 9/1989, S. 5–13.

SCHÜTT, Henrik: Produktentwicklung bei Kreditinstituten. Berlin 1991 (Institut für Bankwirtschaft der TU Berlin).

SCHUSTER, Leo: Produktinnovation und Strategisches Management im Bankbetrieb. In: Die Unternehmung, 1/1985, S. 64–79.

SICKING, Peter: Leistungsangebot und Produktmarketing im kommerziellen Kreditgeschäft der Banken. Diss. Marburg 1982.

SINGER, Jürgen: Das bankfremde Geschäft. In: WiSt, 1986, S. 471–474.

SPANIER, Hans-Dieter: Leistungspolitik im Mengengeschäft der Universalbank. Köln o. J. (1975).

–: Wettbewerb um den Privatkunden: Financial Services. In: Bank, 1985, S. 548–553.
STRACKE, Guido/GEITNER, Dirk: Finanzdienstleistungen. Handbuch über den Markt und die Anbieter. Heidelberg 1992.
WEISS, Ulrich: Bankenautomation und Produktplanung. In: gi, 2/1985, S. 189–194.
WIDMER, Alex: Innovationsmanagement in Banken. Diss. St. Gallen 1986.

„Allfinanz"

APITZ, Klaus: Banken und Versicherungen im Image-Vergleich. In: bum, 4/1987, S. 20–24.
BENÖLKEN, Heinz: Überlegungen zur Kooperation von Kreditinstituten und Versicherungen. In: ZfgK, 1985, S. 16–21.
BERGER, Karl-Heinz: Zur Kooperation von Banken und Versicherungen. In: Herausforderungen der Wirtschaftspolitik, hrsgg. von W. Filc/L. Hübl/R. Pohl, Berlin 1988, S. 15–26.
BETSCH, Oskar: Allfinanz eine (un)mögliche Chance. In: bum, 11/1992, S. 15–21.
BÜSCHGEN, Anja: Allfinanz als Marktbearbeitungskonzept privater Geschäftsbanken. Wiesbaden 1992.
BÜSCHGEN, Hans E.: Finanz-Verbund und Finanz-Konzern in der Diskussion. In: bum, 6/1989, S. 5–16.
–: „Allfinanz" am Finanzdienstleistungsmarkt: Leistungspolitik und Marktpositionierung als unternehmerische Herausforderung. In: Institut für Bankwirtschaft und Bankrecht an der Universität zu Köln, Abt. Bankwirtschaft, Mitteilungen und Berichte, Nr. 65 (1991), S. 1–19.
GADDUM, Johann Wilhelm/u. a.: Allfinanz. In: ZfgK, 1989, S. 710–720.
GEISE, Wolfgang: Sparkassen-Finanzgruppe und Allfinanz. In: Spk, 1993, S. 56–63.
GIES, Helmut/MÜLLER, Helmut/KUNTZE, Wolfgang: Möglichkeiten und Grenzen von Allfinanzkonzepten. Karlsruhe 1990.
GOSS, Horst: Maßzahlen zur Erfassung des Umfangs und der Struktur von Allfinanz. In: Bank, 1990, S. 188–191.
–: Volkswirtschaftliche Konsequenzen der Allfinanz. Frankfurt a. M./Bern/u. a. 1992.
GRANDI, Marcel: Rahmenbedingungen der Allfinanz-Konzeption aus aufsichtsrechtlicher und wettbewerbsrechtlicher Sicht. Diss. (jur.) FU Berlin 1990.
HAHN, Oswald: Kooperation von Banken und Versicherung. In: VW, 1986, S. 402–407.
KAVEN, Jürgen-Peter: Banken und Versicherungen zwischen Konkurrenz und Kooperation. In: ZfgK, 1987, S. 148–154.
KESSLER, Helmut: Ausbau des Allfinanzangebots einer Sparkasse unter Berücksichtigung der Verbundorganisation. In: Handbuch des Bankmarketing, hrsgg. von J. Süchting/E. v. Hooven, 2. Auflage, Wiesbaden 1991, S. 135–150.
KORFF, Ulrich/DORNER, Martin: Allfinanz durch Kooperation. In: bum, 6/1991, S. 16–20.
KRÜMMEL, Hans-Jacob/REHM, Hannes/SIMMERT, Diethard B. (Hrsg.): Allfinanz – Strukturwandel an den Märkten für Finanzdienstleistungen. Berlin 1991. (Beihefte zu KuK, Heft 11). – Mit ausführlichen Literaturhinweisen auf S. 383–404. –
KRUSE, Volkhardt: Allfinanzstrategien deutscher Großbanken im europäischen Binnenmarkt. Wiesbaden 1992.
LINSINGEN, Detlev Freiherr von: Zur Kooperation von Banken und Versicherungen. In: ZfgK, 1988, S. 571–574.
MOMBERGER, Eckhard: Versicherungsgeschäft im Bankenverbund. In: bum, 4/1987, S. 7–10.
ORTNER, Reinhard: Wettbewerb und Synergien zwischen Banken und Versicherungen. In: Bank, 1987, S. 248–252.
PAULUHN, Burkhardt: Allfinanz als Organisationsaufgabe. In: Handbuch Bankorganisation, hrsgg. von J. H. v. Stein/J. Terrahe, Wiesbaden 1991, S. 521–532.

REMSPERGER, Hermann: Erscheinungsformen, Ursachen und Implikationen von Allfinanz-Strategien. In: Bank, 1989, S. 299–309.

RUDOLPH, Bernd: Sollten Banken am Versicherungsmarkt tätig sein? In: Bank, 1987, S. 655–661.

SCHNEIDER, Uwe H.: Die rechtlichen Möglichkeiten und Schranken für eine übergreifende Tätigkeit zwischen den verschiedenen Sektoren des Finanzbereichs, insbesondere der Banken und Versicherungen und für die Konzernbildung in diesem Bereich. Mainz 1987.

–: Allfinanz – tatsächliche Entwicklungen und rechtliche Rahmenbedingungen. In: Der europäische Binnenmarkt 1992, hrsgg. von H. E. Büschgen/U. H. Schneider, Frankfurt a. M. 1990, S. 95–116.

SCHWEBLER, Robert: Chancen und Probleme im Beziehungsgeflecht von Banken und Versicherungen. In: Bank, 1986, S. 72–76.

SEIFERT, Werner G.: Versicherungen und Banken als Anbieter von Financial Services. In: Bankmanagement für neue Märkte, hrsgg. von H. J. Krümmel/B. Rudolph, Frankfurt a. M. 1987, S. 63–82.

SINGER, Jürgen: Allfinanz-Preispolitik ist notwendig. In: ZfgK, 1992, S. 524–526.

SÜCHTING, Joachim: Überlegungen zur Attrativität eines Allfinanzangebots. In: bum, 12/1987, S. 7–13. (Diskussion hierzu: bum, 8/1988, S. 5–12, und 11/1988, S. 23–25).

–: Chancen des Allfinanzangebots in der Bundesrepublik. In: gi, 1–2/1989, S. 4–14.

–: Strategische Allianzen in der Kreditwirtschaft. In: ZfgK, 1990, S. 702–704.

VOLLMER, Lothar: Kooperation und Konzentration von Banken und Versicherungen. In: Bank, 1989, S. 352–358.

WAGNER, Philipp J.: Die Bildung von Allfinanzkonzernen. Bern/Frankfurt a. M./u. a. 1991.

WEIGEL, Hans-Jürgen: Was bringt die Kooperation Banken/Versicherungen? In: bum, 8/1987, S. 5–13.

WEIGEL, Hans-Jürgen/KOHLHAUSSEN, Martin/u. a.: Banken und Versicherungen. In: ZfgK, 1992, S. 620–634.

„Electronic Banking"

BRAUN, Günter: Firmenkundenbindung durch Einsatz von Electronic Banking? In: bum, 10/1988, S. 10–13.

CHORAFAS, Dimitris N.: Electronic Banking – eine langfristige Strategie. Wiesbaden 1989.

HIELSCHER, Udo: Electronic Banking. In: ZfB, 1985, S. 477–493.

JUNCKER, Klaus/PFUHLMANN, Hans-Jürgen: Entwicklungstendenzen im Bereich der computergestützten Bankdienstleistungen. In: BFuP, 1988, S. 418–429.

KUNZ, Christof: Electronic Banking – Möglichkeiten und Grenzen. In: vbo-informationen, 1985, S. 67–83 (A/4. Bl. 168–184).

LACHNIT, Laurenz: Erfolgs- und Finanzplanung für mittelständische Betriebe als Electronic-Banking-Leistung der Kreditinstitute. In: Der Betrieb, 1991, S. 2145–2152.

PRIEWASSER, Erich: Electronic Banking – Möglichkeiten und Grenzen der Computerunterstützung im Bankgeschäft. In: Beiträge zu Wirtschafts- und Währungsfragen und zur Bankgeschichte, hrsgg. von der Deutschen Bank AG, Nr. 24, Frankfurt a. M. 1989, S. 55–81.

STRAUB, Eduard: Electronic Banking. Bern/Stuttgart 1990.

WALTER, Bernhard: Anmerkungen zum Electronic Banking im Firmenkundengeschäft. In: bum, 1/1986, S. 7–13.

–: Electronic Banking als Erweiterung des Vertriebssystems und Leistungsprogramms. In: Handbuch des Bankmarketing, hrsgg. von J. Süchting/E. v. Hooven, 2. Auflage, Wiesbaden 1991, S. 303–329.

Zapp, Herbert: Vom Electronic Banking zum Computer-Integrated-Banking. In: Bank, 1987, S. 535–538.

Preisgestaltung

(Arbeitskreis ‚Planung in Banken' der Schmalenbach-Gesellschaft): Kalkulation als Grundlage der Planung von Preisen im Dienstleistungsgeschäft. In: Bank, 1982, S. 321–326.

Betsch, Oskar: Zur Bedeutung der Wertstellungen als Preis im Bankgeschäft. In: bum, 1/1984, S. 20–25.

Bredemeier, Sonning: Der Einfluß der Bundesbank-Zinspolitik auf die Konditionen von Kreditinstituten. In: Spk, 1991, S. 561–565.

Buchal, Detlev: Wettbewerb und Preispolitik im Kartengeschäft. In: Karten, 2/1991, S. 4–8.

Büschgen, Hans E.: Preispolitik im Ratenkreditgeschäft mit Konsumenten. In: bum, Sonderausgabe „Konsumentenkredit in der Diskussion" (1985), S. 22–29.

Deppe, Hans-Dieter: Ein dreiviertel Jahrhundert bankbetrieblicher Konditionengestaltung in heutiger Sicht. In: BfG, 1972, S. 113–116 (auch abgedruckt in: Texte zur wissenschaftlichen Bankbetriebslehre II, hrsgg. von H.-D. Deppe, Göttingen 1981, S. 665–674).

Dichtl, Erwin/Bauer, Hans H./Schölch, Sigrid: Kontoführungsgebühren als Gegenstand von Marktmodellen. In: DBW, 1983, S. 417–430.

Dolff, Peter: Die Konditionenverhandlungen im Kreditgeschäft der Banken. Wiesbaden 1974.

–: Die Konditionenpolitik der Kreditinstitute – eine theoretische und empirische Analyse. In: Bankbetriebliches Lesebuch, hrsgg. von H.-D. Deppe, Stuttgart 1978, S. 299–338.

Eisele, Dieter: Preisstellungsformen der Kreditinstitute. Diss. TU Berlin 1971.

Fritz, Regina: Preis- und Zinsänderungsklauseln im Bankbereich. In: FLF, 1987, S. 107–112.

Gitzinger, Siegfried: Zinspolitik im Passivgeschäft der Kreditgenossenschaften. In: Bkinf, 2/1985, S. 8–12.

Gladen, Werner: Gebührenpolitik im Privatgiroverkehr der Kreditinstitute. Berlin 1985.

–: Kundenstruktureffekte von Gebühren im Privatgiroverkehr der Kreditinstitute. In: KuK, 1985, S. 402–415.

Godschalk, Hugo/Schnurbus, Klaus: Zahlungsverkehrsgebühren: Das Milliarden-Geschäft? In: ZfgK, 1989, S. 512–518.

Hagenmüller, Karl Fr.: Die Bestimmungsfaktoren preispolitischer Autonomie bei Kreditinstituten. In: Geld, Kapital und Kredit, hrsgg. von H. E. Büschgen, Stuttgart 1968, S. 158–170.

–: Das Dilemma der Banken: Kosten und Preise. In: bum, 4/1978, S. 5–10.

Harwalik, Peter: Preispolitik und Nachfrager-Verhalten im standardisierten Geschäft der Banken mit dem privaten Kunden. Diss. Erlangen/Nürnberg 1988.

Hein, Manfred: Zum Problem kostenorientierter Gebühren für die Kontoführung. In: ZfgK, 1972, S. 384–392.

Hermanns, Fritz: Zur zinspolitischen Gestaltung der Passivseite. In: ZfgK, 1983, S. 384–388.

Hossenfelder, Wolfgang: Preispolitik von Universalbanken. Diss. Frankfurt a. M. 1987.

Ippisch, Wolfgang: Gebührenpolitik zwischen Kosten und Kunden. In: Öst.Bk-A, 1986, S. 3–24.

Jacob, Adolf-Friedrich: Der Zahlungsverkehr ist teuer – wer soll ihn bezahlen? In: bum, 4/1980, S. 15–19.

–: Neue Aspekte zur Kalkulation im Zahlungsverkehr. In: ZfgK, 1989, S. 753–758.

–: Kosten- und Erlösstrukturen im Zahlungsverkehr des Privatkundengeschäfts. Stuttgart 1990.

Köllhofer, Dietrich: Preispolitik im Zahlungsverkehr. In: Handbuch des Bankmarketing, hrsgg. von J. Süchting/E. v. Hooven, 2. Auflage, Wiesbaden 1991, S. 169–188.

Krümmel, Hans-Jacob: Bankzinsen – Untersuchungen über die Preispolitik der Universalbanken. Köln/Berlin/u. a. 1964.

–: Ansätze zu einer Theorie der Bankpreispolitik. In: Zeitfragen der Kreditwirtschaft, hrsgg. von der Bank für Gemeinwirtschaft, Frankfurt a. M. 1964, S. 79–116 (auch abgedruckt in: Texte zur wissenschaftlichen Bankbetriebslehre II, hrsgg. von H.-D. Deppe, Göttingen 1981, S. 609–646).

Krupp, Georg: Bankpreise zwischen wirtschaftlichen und „politischen" Notwendigkeiten. In: Bank, 1993, S. 78–81.

Looff, Rüdiger: Die Auswirkungen der Zinsliberalisierung in Deutschland. Berlin 1973.

Mayer, Herbert/Strienz, Roland: Abhängigkeit von Zinsspanne und Zinsniveau. In: Bw.Blätter, 1991, S. 487–491.

Nienstedt, Eberhard: Kreditzinsen öffentlicher Haushalte in der Bundesrepublik Deutschland. Diss. Köln 1988.

Peters, Hans Peter: Die Prime Rate und die Bankpreispolitik. In: ZfgK, 1977, S. 844–848.

Pleyer, Klemens/Huber, Herwart: Wertstellungen und Überweisungslaufzeiten im Giroverhältnis. In: ZIP, 1987, S. 424–434.

Rapp, Andreas: Bankpreise und Kundenverhalten. Frankfurt a. M. 1992.

Rathmann, Herwig: Preismessung bei Privatkrediten von Banken und Sparkassen. Heidelberg 1990.

Reidlinger, Sepp: Preispolitik des deutschen Kreditgewerbes im Zahlungsverkehr der Privatkundschaft. In: Öst.Bk-A, 1982, S. 218–223.

Rettig, Claudia: Determinanten des Zinsniveaus und der Zinsstruktur – eine international vergleichende Analyse. Hamburg 1990.

Rudolph, Bernd: Effektivzinsberechnung und Zinseszinsverbot im Ratenkreditgeschäft. In: ZfB, 1978, S. 549–564.

Schmidt, Dirk: Künftig noch Zinsempfehlungen? In: ZfgK, 1985, S. 757–760. (Entgegnung von Reinfrid Fischer hierzu: ebenda, S. 798–803).

Schneider, Günter: Zur Preispolitik der Banken in der Hochzinsphase. In: bum, 1/1982, S. 26–30.

Schwarz, Axel: Der variable Zins. Zinsanpassungsklauseln in vorformulierten Kreditverträgen. Berlin 1989.

Sigl, Gerhard: Der Kreditpreis. Eine Untersuchung über Kosteneinflußfaktoren und die unterschiedlichen Bewertungsverfahren. Frankfurt a. M. 1982.

Singer, Jürgen: Zur Preispolitik im Zahlungsverkehrsgeschäft. In: ZfgK, 1989, S. 946–948.

Slevogt, Horst: Bankpreispolitik. In: Öst.Bk-A, 1981, S. 319–332.

Starke, Wolfgang: Wie hoch ist die Kostendeckung im Zahlungsverkehr wirklich? In: bum, 5/1991, S. 21–24.

Steppeler, Wolfgang/Astfalk, Thomas: Preisrecht und Preisangaben in der Kreditwirtschaft. Köln 1986.

Strothmann, Helmuth: Anmerkungen zur Preispolitik im Bankgeschäft. In: bum, 6/1986, S. 31–35.

Süchting, Joachim: Rechtfertigungsfähige Preise im Zahlungsverkehr und Kreditgeschäft. In: Bank, 1980, S. 550–556.

–: Probleme der Preisstellung im Kreditinstitut. In: Öst.Bk-A, 1981, S. 304–319.

–: Überlegungen zu einer flexiblen Preispolitik der Kreditinstitute im Firmenkundengeschäft. In: bum, 3/1985, S. 5–9.

–: Wachsen die preispolitischen Spielräume? In: bum, 5/1991, S. 16–20.

WALTER, Herbert: Gebührenpolitik – ein Instrument zur Steuerung des Kundenverhaltens im Zahlungsverkehr. In: bum, 3/1980, S. 21–24.

Distribution (Absatzmethode)

AUSFELDER, Richard: Telefonmarketing. Geschäftspolitische Bedeutung für Kreditinstitute. Wiesbaden 1991.

BECKER, Dorit: Bankbetriebliche Zweigstellenexpansion und Standortforschung. Diss. Göttingen 1975.

BETSCH, Oskar: Bankaußendienst. Frankfurt a. M. 1976.

–: Die „totale Selbstbedienung" in Kreditinstituten oder die Rückkehr zum „klassischen Bankier"? In: Öst.Bk-A, 1976, S. 447–459.

–: Marktchancen und Betriebsbereitschaft bei Banken. Variable Arbeitszeit als Lösungsansatz. Frankfurt a. M. 1978.

–: Grenzen der Zweigstelle. In: bum, 5/1988, S. 5–15.

BÖCKER, Franz/HUBEL, Walter/Zwerenz, Gerhard: Markleistungsindikatoren als Mittel der Vertriebssteuerung eines Bankbetriebes. In: bum, 4/1985, S. 26–32.

BÖSEL, Detlef/FRESE, Jörg: Vertriebsplanung und Sortimentsgestaltung im Bankbetrieb. Köln o. J. (1972).

BOHNSACK, Petra: Kundenfreundliche Banköffnungszeiten und ihre arbeitsrechtlichen Möglichkeiten. Berlin 1992.

BOIE, Gerhard: Direkt-Marketing – ein Erfordernis auch bei Sparkassen. In: Spk, 1989, S. 225–229.

BORSUM, Wolfgang/HOFFMEISTER, Uwe: Bildschirmtext und Bankgeschäfte. In: BB, 1983, S. 1441–1446.

BOSCH, Wolfgang: Der Einsatz von Bildschirmtext im Bankwesen. In: Terminals für Banken und Bankkunden, hrsg. von P. Muthesius/H. M. Schneider, Frankfurt a. M. 1982, S. 105–116.

BREITLAUCH, Rolf/RÜHLE, Karl/BENÖLKEN, Heinz: Marktpolitische Überlegungen zur Funktion der Niederlassungen. In: Spk, 1977, S. 348–355.

BUCHER, Michael: Die Risikoverteilung bei der Benutzung elektronischer kartengesteuerter Zahlungssysteme. Frankfurt a. M./Berlin/u. a. 1992.

CORDEWENER, Karl-Friedrich: Kundenbediente Datenstationen als marktpolitische Instrumente des Bankbetriebs. Göttingen 1982.

DIEROLF, Günther-Otto: Marktorientiertes Vertriebssystem für Volksbanken und Raiffeisenbanken. In: bum, 5/1987, S. 9–14.

DIMPER, Manfred/KRUPP, Georg/u. a.: Banköffnungszeiten. In: ZfgK, 1991, S. 455–468.

DORNER, Herbert: Elektronisches Zahlen. Frankfurt a. M. 1992.

EFFERT, Detlef: Entwicklungen beim Bildschirmtext für Firmenkunden. In: bum, 3/1984, S. 10–16.

EPPLE, Manfred H.: Die Kundenselbstbedienung im Marketing der Kreditinstitute. Frankfurt a. M./Bern 1987.

EWENS, Peter: „Electronic cash" – das gemeinsame POS-System der deutschen Kreditwirtschaft. In: Spk, 1989, S. 120–123.

GERCKENS, Barbara: Absatzwegepolitik im breiten Privatkundengeschäft einer Universalbank. Frankfurt a. M. 1982.

GERKE, Wolfgang/u. a.: Einstellung von Bankkunden zur Selbstbedienung. Ergebnisse einer Repräsentativbefragung. Frankfurt a. M. 1989.

GERKE, Wolfgang/OEHLER, Andreas: Quantifizierbare Wirkungen von Point-of-Sale-Systemen in der Kreditwirtschaft. In: bum, 10/1986, S. 7–14.

–: Die Kosten eines POS-Banking-Systems für Einzelhandel und Kreditwirtschaft und ihre Verteilung. In: bum, 11/1986, S. 14–17.

–: Die Einstellung der Konsumenten zu POS-Banking. In: Bank, 1988, S. 62–67.

GEYER, Günther: Telefonpraxis in Banken. 2. Auflage. Wiesbaden 1988.

HAFNER, Kay: Die Möglichkeiten des Home-Banking und sein Einfluß auf die Geschäftspolitik der Kreditinstitute. Frankfurt a. M. 1984.

HAUSER, Rüdiger: Bankaußenorganisation. Berlin 1979.

HEITMÜLLER, Hans-Michael: Auswirkungen der Selbstbedienung auf das Vertriebssystem. In: Handbuch des Bankmarketing, hrsgg. von J. Süchting/E. v. Hooven, 2. Auflage, Wiesbaden 1991, S. 191–210.

HESELER, Peter: Neue Wege der Distribution von Bankleistungen. In: Bank, 1980, S. 75–79.

HIELSCHER, Udo: Electronic Banking. In: ZfB, 1985, S. 477–493.

KAISER, Thomas: Die Barabhebung vom laufenden Konto in der Bundesrepublik Deutschland und Großbritannien unter besonderer Berücksichtigung des Geldautomaten. Frankfurt a. M. 1990.

KARSTEN, Erich: Ersetzt der Heim-Computer die Bank an der Ecke? In: Bank, 1980, S. 254–257.

KAULVERS, Stephan-Andreas: Personalfreistellung durch Selbstbedienung zur Intensivierung des persönlichen Verkaufs in Banken. Frankfurt a. M./Berlin/u. a. 1992.

KETTERN, Thomas: Cash Management und Bankenwahl. München 1987.

KÖNIG, Herbert: Der Bildschirmtext als Instrument der Bankpolitik. Frankfurt a. M. 1982.

KULINS, Fritz: Geschäftspolitische Bedeutung von Bildschirmtext für die Sparkassen. In: Bw.Blätter, 1983, S. 204–207.

LAUPHEIMER, Yola: Kundenakzeptanz der neuen Technologien. In: Bank, 1985, S. 610–617.

LEHNER, Alfred: Kundenorientierte und kostenbewußte Vertriebspolitik. In: bum, 4/1978, S. 21–27.

LIEBAU, Gerhard: Marktorientierte Organisation und Kundenselbstbedienung – ein Widerspruch? In: Bank, 1983, S. 216–225.

–: Chancen und Risiken der Kundenselbstbedienung. In: Bw.Blätter, 1983, S. 434–440.

MACKENTHUN, Thomas T.: Kreditvermittlung als Absatzweg der Kreditinstitute für Konsumentenkredite. Berlin 1985.

MAINZ, Anton: Geschäftsstellenkonzept der Zukunft. In: Bw.Blätter, 1982, S. 296–303.

MAUERER, Anton: Cross-selling und Selbstbedienung. In: gi, 5/1980, S. 149–153.

MERTENS, Peter: Kunden-Selbstbedienung im Bankwesen. In: ZfO, 1986, S. 327–332.

MORGEN, Kurt: Der Bankkunde bestimmt den Grad der Automation. In: Bank, 1985, S. 328–334.

NÄGLE, Michael/WIECK, Hans-Ascan: Bildschirmtext bei Banken – Anwendung und Akzeptanz im Privatkundengeschäft. München 1986.

NEUNER, Barbara: Die Auswirkungen neuer Technologien auf den Vertrieb von Bankdienstleistungen. In: Öst.Bk-A, 1986, S. 90–95.

OEHLER, Andreas: Die Akzeptanz der technikgestützten Selbstbedienung im Privatkundengeschäft von Universalbanken. Stuttgart 1990.

–: Btx-Banking und Geldausgabeautomaten: Ausgewählte Anmerkungen zur Preispolitik. In: bum, 2/1990, S. 5–13.

PRIEWASSER, Erich: Kartengesteuerte Zahlungsverkehrssysteme. Eine Untersuchung zur unbaren Zahlungsabwicklung am Point-of-sale-Terminal aus der Sicht des Kreditgewerbes, des Einzelhandels und der privaten Haushalte. Stuttgart 1981.

–: Der Einsatz von automatischen Bankschaltern in der Bundesrepublik Deutschland. In: Mut zur Kritik, hrsgg. von O. Hahn/L. Schuster, Bern/Stuttgart 1981, S. 187–202.

REHM, Hannes: Perspektiven für Electronic Cash: Keine Lösung ist besser! In: bum, 12/1992, S. 38–42.

REICHEL, Horst Christopher: Die Intensivierung des Bankaußendienstes. Frankfurt a. M./Bern/u. a. 1992.

RIEDL, Michael: Ein Modell der absatzpolitischen Wirkungen von Bankzweigstellen und dessen empirische Überprüfung. Diss. München 1987.

ROTTENBURG, Franz von: Btx-Benutzung im Kreditgewerbe einheitlich geregelt. In: Bank, 1984, S. 255–259.

SCHIMMELMANN, Wulf von: POS und Home-Banking – Kundenbedürfnis oder Träumerei für Techniker? In:Bankmanagement für neue Märkte, hrsgg. von H.-J. Krümmel/B. Rudolph, Frankfurt a. M. 1987, S. 196–210.

SCHNEIDER, Georg: Die Geschäftsbeziehungen der Banken mit ihren Kunden auf dem Wege des Bildschirmtextes. Köln 1990.

SCHNEIDER, Günter: Gedanken zur Zukunft der Zweigstelle. In: bum, 3/1983, S. 5–15.

SCHNEIDER, Walter: Gedanken zur Zweigstellenpolitik und Zweigstellenstruktur einer Genossenschaftsbank. In: bum, 10/1989, S. 5–14.

SCHUSTER, Leo (Hrsg.): Revolution des Zahlungsverkehrs durch Automation. Stuttgart 1984.

SIELAFF, Gert: Die Nutzung der Post als Distributionsweg für Kreditinstitute. In: Öst.Bk-A, 1980, S. 270–291.

STARKE, Wolfgang: Selbstbedienung als strategische Komponente der Geschäftspolitik. In: Terminals für Banken und Bankkunden, hrsgg. von P. Muthesius/ H. M. Schneider, Frankfurt a. M. 1982, S. 55–62.

STEIN, Johann Heinrich von/POPP, Stefan: Stand und Entwicklungstendenzen der Kundenselbstbedienung im Kreditgewerbe, Frankfurt a. M. 1983.

STEINER, Jürgen: Chancen und Risiken für Kreditinstitute – Neue Technologien zum Abwickeln von Bankgeschäften. In: gi, 1/1985, S. 141–148.

STOLZE, Stefanie: Möglichkeiten und Grenzen des Direkt-Marketing für Kreditinstitute. In: BkA, 1988, S. 1085–1096.

STORCK, Axel: Die Technik- und Beratungs-Bank. Frankfurt a. M./Bern 1983.

SÜCHTING, Joachim: Die Einkaufswirtschaftlichkeit für Bankleistungen und die Zweigstellenpolitik. In: Bk-B, 1968, S. 277–280.

VERBECK, Dieter: Die Filialnetzpolitik deutscher Kreditinstitute seit Aufhebung der Bedürfnisprüfung im Jahre 1958. In: Bankhistorisches Archiv, 1/1989, S. 21–33.

WAGENER, Ernst: Vertriebswege. In: Handwörterbuch der Sparkassen, hrsgg. vom Deutschen Sparkassenverlag, Stuttgart 1982, Band 4, S. 312–322.

WALZ, Hartmut: Unabhängiger Vertrieb von Finanz- und Vorsorgedienstleistungen für private Kunden in der Bundesrepublik Deutschland. Diss. Mannheim 1991.

WALTER, Bernhard: Electronic Banking als Erweiterung des Vertriebssystems und Leistungsprogramms. In: Handbuch des Bankmarketing, hrsgg. von J. Süchting/ E. v. Hooven, 2. Auflage, Wiesbaden 1991, S. 303–329.

WARNECKE, Christoph: Bildschirmtext und dessen Einsatz bei Kreditinstituten. Gröbenzell 1983.

WEISS, Ulrich: EDV-Technologie und Bankmarketing. In: bum, 12/1985, S. 7–12.

ZÜGEL, Walther: Die Geschäftsstelle als Hauptabsatzweg von Kreditinstituten. In: Vertriebshandbuch für Finanzdienstleistungen, hrsgg. von O. Betsch/K.-F. Otto, Frankfurt a. M. 1989, S. 31–44.

Verkaufsförderung/Werbung/Öffentlichkeitsarbeit

BERCKENHAGEN, Roland: Planung und Kontrolle von Kunstförderungsprogrammen. In: ZfgK, 1989, S. 522–526.

BETSCH, Oskar/OTTO, Klaus-Friedrich (Hrsg.): Vertriebshandbuch für Finanzdienstleistungen. Frankfurt a. M. 1989.

BURDA, Wolfgang A.: Institutswerbung im Firmenkundengeschäft. In: Handbuch des Bankmarketing, hrsgg. von J. Süchting/E. v. Hooven, 2. Auflage, Wiesbaden 1991, S. 345–365.

CRAMER, Jörg E.: Werbeplanung bei den Banken. In: Handbuch der Bankenwerbung, hrsgg. von E. Floss/P. Muthesius, Frankfurt a. M. 1972, S. 161–184.

DREWES, Winfried: Kundenbedienung und Kundenberatung in Kreditinstituten. 5. Auflage. Stuttgart 1983.

DREYLING, Georg M.: Das Recht der Bankenwerbung nach dem Kreditwesengesetz. Frankfurt a. M. 1977.

EMMERICH, Norbert-Christian: Die deutsche Sparkassenwerbung 1750–1981. Stuttgart 1983.

–: Befunde zur Entwicklung der deutschen Sparkassenwerbung. In: Spk, 1983, S. 225–229.

ERWAND, J. Peter: Verkaufsförderung. In: Handbuch der Bankenwerbung, hrsgg. von E. Floss/P. Muthesius, Frankfurt a. M. 1972, S. 146–160.

FÄRBER, Hans Werner: Verkaufsförderung bei Banken. Essen 1978.

FLOSS, Eberhard: Öffentlichkeitsarbeit im Bankwesen. Frankfurt a. M. 1974.

FLOSS, Eberhard/MUTHESIUS, Peter (Hrsg.): Handbuch der Bankenwerbung. Frankfurt a. M. 1972.

FOHRBECK, Karla: Kulturförderung durch Banken verstärkt im Blickfeld. In: Bank, 1988, S. 455–461.

FRIEDEL, Erwin/ZINN, Bernd: Computerunterstützung in der Kundenberatung. In: Bw.Blätter, 1981, S. 305–307.

GESSLER, Joachim: Werbung in Banken. Köln 1983.

GEYER, Günther: Das Beratungs- und Verkaufsgespräch in Banken. 3. Auflage. Wiesbaden 1986.

–: Kredite aktiv verkaufen. Wiesbaden 1990.

GOEDECKE, Klaus: Marketing, Werbung, Verkaufsförderung und PR. In: Bkinf, 9/1982, S. 10–14.

GROHN, Elke: Kunstförderung deutscher Banken. In: Institut für Bankwirtschaft und Bankrecht an der Universität zu Köln, Abt. Bankwirtschaft, Mitteilungen und Berichte, Nr. 55 (1988), S. 1–30.

GRÜGER, Wolfgang: Strategische Maßnahmen zur Förderung des Image einer Bankengruppe am Beispiel der Kreditgenossenschaften. In: Handbuch des Bankmarketing, hrsgg. von J. Süchting/E. v. Hooven, 2. Auflage, Wiesbaden 1991, S. 367–376.

HAHN, Oswald: Menschliche Qualität im Kundenbereich der Bank – Anforderungsprofil und Realität. In: Internationale und nationale Problemfelder der Betriebswirtschaftslehre, hrsgg. von G. v. Kortzfleisch/B. Kaluza, Berlin/München 1984, S. 139–158.

HERMANNS, Arnold/MARTENS, Christian: Kunstsponsoring durch Kreditinstitute. In: ZfgK, 1992, S. 683–686.

HUMMEL, Marlies: Neuere Entwicklungen bei der Finanzierung von Kunst und Kultur durch Kreditinstitute. In: bum, 9/1992, S. 24–30.

JUDT, Ewald: Public Relations der Kreditinstitute – Literaturübersicht. In: KuK, 1976, S. 416–424.

KARSTEN, Erich: Ausbildung als Instrument der Verkaufsförderung. In: Bk-B, 1971, S. 267–271.

KELLER, Hans Ueli: Der Schaltertest – Instrument zur Kontrolle des persönlichen Verkaufs im Bankmarketing. Diss. St. Gallen 1982.

KNAUTH, Klaus-Wilhelm: Die Werbung in der Kreditwirtschaft. Stuttgart/München/Hannover 1987.

KUNKEL, Erich/MINK, Helmut/WIDERA, Elmar: Beratungsniveau erkennen durch Schaltertests. In: Spk, 1982, S. 494–497.

MARQUARDT, Detlef: Kultur- und Kunstförderung als Marketinginstrument. In: Spk, 1986, S. 545–546.

METZ, Matthias: Kundenfreundliches Verhalten als qualitatives Instrument des Bankbetriebs. Frankfurt a. M. 1985.

RÜDY, Magnus: Struktureller Vergleich der Werbeaufwendungen in der Kreditwirtschaft. In: Spk, 1983, S. 17–19.

SANDMANN, Hartmut: Kontakte zur Öffentlichkeit. In: Bkinf, 8/1980, S. 21–25.

–: Moderne Bankwerbung. Ein Arbeitshandbuch für Parktiker in Kreditinstituten. Frankfurt a. M. 1985.

SCHAEFFER, Klaus: Wie man von der Werbung zu einer Marketing-Strategie kommt. In: bum, 5/1981, S. 22–25.

SCHNEIDER, Franz: Ausbildung und Einsatz von Kundenberatern. In: Handbuch des Bankmarketing, hrsgg. von J. Süchting/E. v. Hooven, Wiesbaden 1987. S. 181–202.

STARKE, Wolfgang: Die Integration der Sparkassenwerbung auf zentraler, regionaler und lokaler Ebene. In: Bw.Blätter, 1983, S. 2–5.

SÜCHTING, Joachim/BOENING, Dieter: Der personale Produktions- und Verkaufsprozeß von Bankleistungen. In: Bk-B, 1971, S. 364–370.

ULBRICH, Horst: Imagewerbung in der Marketingstrategie der Sparkassen. Stuttgart 1984.

WAGNER, Christoph: Kundenverständnis und Kundenberatungszeit im Bankgeschäft. Wien 1989.

WEBER, Bernt: Was kann Werbung für das Bankgeschäft leisten? In: bum, 9/1988, S. 7–14.

–: Produktwerbung und Verkaufsförderung im Privatkundengeschäft. In: Handbuch des Bankmarketing, hrsgg. von J. Süchting/E. v. Hooven, 2. Auflage, Wiesbaden 1991, S. 233–251.

WOLF, Herbert: Public Relations. In: Handbuch der Bankenwerbung, hrsgg. von E. Floss/P. Muthesius, Frankfurt a. M. 1972, S. 137–145.

WÜNSCHE, Gert: Grundlagen der Bankenwerbung aus verhaltenswissenschaftlicher Sicht. Wiesbaden 1982.

ZAPP, Herbert: Die Kundenberater im Rahmen des Firmenkunden-Marketings einer Großbank. In: Bank, 1985, S. 10–14.

ZENS, Nikolaus: Anforderungsprofil für einen Kundenberater. In: Bw.Blätter 1982. S. 268–273.

Literatur zum 6. Abschnitt:
Rechnungswesen des Bankbetriebes

1. Jahresabschluß

(Veröffentlichungen bis einschließlich 1990 beziehen sich auf die Rechtslage vor der Umsetzung der Bankbilanzrichtlinie in deutsches Recht. Literatur über die Richtlinie selbst wird einbezogen, weil sie mit nur sehr geringen Änderungen umgesetzt worden ist.)

Abschluß des Einzelinstituts

ADOLF, Rüdiger/CRAMER, Jürgen/OLLMANN, Michael: Die Bewertung von Kreditinstituten. In: Bank, 1989, S. 485–492.

–: Die Bewertung von Kreditinstituten – ein Modell zur Ermittlung des Ertragswertes. In: Bank, 1989, S. 546–554.

BADER, Udo-Olaf/BIEG, Hartmut: Die neue Bankbilanzrichtlinie der EG. In: Bankbilanzierung und Bankprüfung, hrsgg. von E. Sonnemann, Wiesbaden 1988, S. 15–66.

BÄSCH, Herbert: Jahresabschlußanalyse bei Universalbanken. Wiesbaden 1992.

BAUER, Jürgen: Stille Reserven und ihre Berücksichtigung als haftendes Eigenkapital von Kreditinstituten. In: DBW, 1984, S. 79–83.

BAUER, Wolf-Dieter: Die EG-Bankbilanzrichtlinie und ihre Auswirkungen auf die Bilanzierungsvorschriften der deutschen Kreditinstitute. In: WM, 1987, S. 861–868.

BEIER, Joachim: Zur methodischen Konzeption und praktischen Ausgestaltung vergleichender Ertragsanalysen der Banken. In: Bank, 5/1977, S. 6–16.

BERGER, Karl-Heinz: Standing-Risiken und stille Rücklagen der Bank. In: Öst.Bk-A, 1987, S. 221–231.

BEZOLD, Andreas: Bilanzierung der Devisengeschäfte der Kreditinstitute. In: Wpg, 1985, S. 321–327 und 354–358

BIEG, Hartmut: Bankbilanzen und Bankenaufsicht. München 1983.

–: Erfordert die Vertrauensempfindlichkeit des Kreditgewerbes bankenspezifische Bilanzierungsvorschriften? In: Wpg, 1986, S. 257–263 und 299–307. (Kritik von E. Spieth hierzu: ebenda S. 528–530).

–: Zur Beteiligungsposition im Jahresabschluß von Kreditinstituten nach Verabschiedung des Bilanzrichtlinien-Gesetzes und der Bankbilanzrichtlinie. In: Bankrisiken und Bankrecht, hrsgg. von W. Gerke, Wiesbaden 1988, S. 87–103.

–: Auswirkungen der Bankbilanzrichtlinie der Europäischen Gemeinschaften auf die Einzelabschlüsse von Kreditinstituten. In: zfbf, 1988, S. 3–31 und 149–171.

BIEG, Hartmut/HOSSFELD, Christopher: Ausgewählte Regelungen der neuen Rechnungslegungs-Verordnung für Kreditinstitute. In: Bkinf, 3/1993, S. 52–58.

BIEG, Hartmut/RÜBEL, Markus: Ausweis und Bewertung von Devisen- und Zinstermingeschäften in Bankbilanzen. In: KuK, 1988, S. 253–277 und 422–449.

BIRCK, Heinrich: Stille Reserven im Jahresabschluß der Kreditinstitute. In: Wpg, 1964, S. 415–422.

BIRCK, Heinrich/MEYER, Heinrich: Die Bankbilanz. 3. Auflage. Wiesbaden.
1. Teillieferung: Inhalt, Struktur und Gliederung der Bankbilanzen. 1976.
2. Teillieferung: Forts. Bankbilanzen, Gewinn- und Verlustrechnung der Banken. 1977.
3. Teillieferung: Geschäftsbericht; Bilanz- und Reservenpolitik. 1979.
4. Teillieferung: Vorschriften über sonstige Unterlagen für die Rechnungslegung der Banken. 1979.
5. Teillieferung: Bewertung; Anhang. 1989.

BÜHLER, Wilhelm/u. a. (Hrsg.): Erfolgsfaktoren des Bankgeschäfts. Wiesbaden 1990.

(BUNDESVERBAND DEUTSCHER BANKEN, Kommission für Bilanzierungsfragen): Zur Behandlung von Genußscheinen im Jahresabschluß der Kreditinstitute. In: Bank, 1986, S. 252–257.

–: Zur Rechnungslegung von Swap-Geschäften. In: Bank, 1988, S. 158–165.

–: Bankbilanzrichtlinie-Gesetz. Arbeitsmaterialien zur Anwendung von Bankbilanzrichtlinie-Gesetz und Rechnungslegungsverordnung. Köln 1993.

CHRISTIAN, Claus-Jörg: Ursprungs- oder Restlaufzeiten im Jahresabschluß der Kreditinstitute? In: BB, 1987, S. 229–234.

DROEGE, Michael: Die Bewertung von Konsumentenkreditforderungen im Jahresabschluß der Kreditinstitute. Frankfurt a. M./u. a. 1988.

EISELE, Dieter: Grundgedanken zu einer inflationsbereinigten Rechnungslegung von Banken. In: Rechnungswesen im Dienste der Bankpolitik, hrsgg. von J. Krumnow/M. Metz. Stuttgart 1987. S. 57–75.

EMMERICH, Gerhard: Grundfragen der Rechnungslegung westdeutscher Bankbetriebe im Interessengegensatz der Beteiligten. In: Bankbetriebliches Lesebuch, hrsgg. von H.-D. Deppe, Stuttgart 1978, S. 115–136.

FANDRÉ, Bernt F.: Auswirkungen der EG-Bankbilanzrichtlinie (BBRL) auf die künftige Bankbilanz. In: Rechnungswesen im Dienste der Bankpolitik, hrsgg. von J. KRUMNOW/M. METZ, Stuttgart 1987, S. 77–93.

FAISST, Lothar: Zur stillen Risikovorsorge im Bankenbereich im Rahmen der EG-Rechtsangleichung. In: Bw.Blätter, 1980, S. 190–196.

FISCHER, Otfrid: Externe Analyse der Aktienbank-Erfolgsrechnungen. In: Rechnungswesen im Dienste der Bankpolitik, hrsgg. von J. Krumnow/M. Metz, Stuttgart 1987, S. 25–37.

FORSTER, Karl-Heinz: Niedrigere Bewertung nach § 253 Abs. 4 HGB, § 26a Abs. 1 KWG und Art. 37 Abs. 2 Bankbilanzrichtlinie unter dem Aspekt der Bewertungsstetigkeit sowie Überlegungen zu den Rückstellungen für allgemeine Bankrisiken (Art. 38 Bankbilanzrichtlinie). In: Bankpolitik, finanzielle Unternehmensführung und die Theorie der Finanzmärkte, hrsgg. von B. Rudolph/J. Wilhelm, Berlin 1988, S. 107–119.

FORSTER, Karl-Heinz/GROSS, Gerhard: Probleme der Rechnungslegung und Prüfung von Kreditinstituten in den Stellungnahmen des Bankenfachausschusses des IDW. In: Beiträge zu Bankaufsicht, Bankbilanz und Bankprüfung, hrsgg. von K.-H. Forster, Düsseldorf 1985, S. 49–67.

FRANKENBERGER, Wilhelm: Wegfall der Sammelwertberichtigungen. In: Bkinf, 1/1989, S. 41–46.

–: Strategische Überlegungen an der Schwelle zum neuen Bankbilanz- und Bankaufsichtsrecht. In: Bkinf, 2/1993, S. 19–24.

FUCHS, Konrad/ORTNER, Reinhard: Vergleichende Analyse der externen Gewinn- und Verlustrechnung von Kreditunternehmungen zum Zwecke des Gläubigerschutzes. In: Management und Kontrolle, hrsgg. von G. Seicht, Berlin 1981, S. 321–336.

GAST, Susanne: Die Erfassung des latenten Kreditrisikos im Jahresabschluß von Kreditinstituten unter besonderer Berücksichtigung der Harmonisierung der Rechnungslegungsvorschriften in der Europäischen Gemeinschaft. Diss. Hamburg 1984.

GERKE, Wolfgang/PHILIPP, Fritz: Bankbilanzen, Teil 1. Frankfurt a. M. 1983.

GERKE, Wolfgang: Sinkende Zinsmarge – steigende Provisionen? In: bum, 6/1988, S. 5–16.

GÖCKELER, Werner: Die Wertschöpfung der Kreditinstitute. Berlin 1975.

HACKENSCHMIDT, Günther: Praxis der Bilanzanalyse in- und ausländischer Banken. Frankfurt a. M. 1983.

HARTMANN, Manfred: Stille Reserven im Jahresabschluß von Kreditinstituten. In: BB, 1989, S. 1936–1944.

HERRMANN, Horst: Einzelwertberichtigungen im Ratenkreditgeschäft mit Konsumenten aus handelsrechtlicher und steuerrechtlicher Sicht. In: Wpg, 1982, S. 329–340.

HESSBERG, Dieter: Zur Mündigkeit des Lesers von Bank- und Versicherungsbilanzen. Sind Rechnungsprivilegien noch zeitgemäß? In: Geld, Banken und Versicherungen, hrsgg. von H. Göppl/R. Henn, Königstein 1981, S. 989–1003 (Band II).

–: Risikovorsorge durch Kreditausfall- und Zinsänderungsrückstellungen im Jahresabschluß der Banken. In: KuK, 1983, S. 531–567.

(Institut der Wirtschaftsprüfer): Zur Transformation der EG-Richtlinie über den Jahresabschluß und den konsolidierten Abschluß von Banken und anderen Finanzinstituten – Stellungnahme. In: Wpg, 1987, S. 525–531.

–: Zur Bildung von Pauschalwertberichtigungen für das latente Kreditrisiko im Jahresabschluß von Kreditinstituten. In: Wpg, 1990, S. 321–322.

JÄGER, Werner: Bankenpublizität in Deutschland. Berlin 1976.

JUTZ, Manfred: Swaps und Financial Futures und ihre Abbildung im Jahresabschluß. Stuttgart 1989.

KEMNITZER, Gerhard: Die Bilanzpolitik der deutschen Großbanken. Diss. Nürnberg 1977.

KIENBÖCK, Karl: Die geschichtliche Entwicklung des Bankbilanzschemas. In: Öst. Bk-A, 1962, S. 283–294.

KLINNER, Bernhard: Zehnjahresvergleich der Erträge im Kreditgewerbe. In: Bank, 1979, S. 283–294.

KOCHENDÖRFER, Heinz Christian: Das aktienrechtliche Niederstwertprinzip für das Anlage- und Umlaufvermögen unter Berücksichtigung der Sonderregelungen für Aktienbanken und Versicherungsunternehmen. Diss. Mannheim 1974.

KÖLLHOFER, Dietrich: Stille Reserven nach § 26a KWG in Bankbilanzen – Fragen und Versuch einer Beantwortung. In: Bank, 1986, S. 552–559.

–: Erfolgsfaktoren am Beispiel einer Großbank. In: zfbf, 1987, S. 585–593.

KOHLER, Klaus: Gewinnverwendungspolitik von Großbanken und Landesbanken. Diss. Hamburg 1978.

(Kommission Bankbetriebslehre/Finanzierung und Rechnungswesen im Verband der Hochschullehrer für Betriebswirtschaft): Stellungnahme zum Entwurf einer Bankenrichtlinie. In: DBW, 1982, S. 441–446.

KRAG, Hans: Grundsätze ordnungsmäßiger Bankbilanzierung und Bankbilanzpolitik. Wiesbaden 1971.

KREMKOW, K.-D.: Grundlagen bankbetrieblicher Rechnungslegung. Berlin 1980.

KRÜGER, Uwe: Der Einfluß des Kapitalmarktzinses auf die Zinsspanne der Kreditinstitute. In: Spk, 1987, S. 298–301.

KRUMNOW, Jürgen: Die Analyse von Bankbilanzen mit Blick auf die EG-Bankbilanzrichtlinie. In: DBW, 1987, S. 554–573.

–: Bildung und Auflösung stiller Reserven nach der EG-Bankbilanzrichtlinie. In: Bank, 1988, S. 302–308.

–: Das Betriebsergebnis der Banken – ein aussagefähiger Erfolgsindikator? In: ZfgK, 1993, S. 64–68.

LOTZ, Ulrich: Haftendes Eigenkapital und Bilanzanalyse nach der 4. KWG-Novelle. In: Bank, 1992, S. 668–670.

MALT, Friedbert: Grundlagen der Ergebnisausweispolitik bei Aktienbanken. Diss. Hamburg 1968.

–: Bilanzpolitik der Banken – Konsequenzen der Mängel des Periodenabschlusses. In: BfG, 1969, S. 141–146.

–: Der überperiodische Zusammenhang zwischen der Bildung und der Auflösung stiller Reserven in Bilanzen von Kreditinstituten. In: KuK, 1969, S. 306–327.

MATHEWS, Kurt: Die Behandlung von Treuhandverhältnissen im Bilanzrichtlinien-Gesetz und in der Bankbilanzrichtlinie. In: BB, 1987, S. 642–648.

MAYER, Helmut/MAISS, Peter (Hrsg.): EG-Bankbilanzrichtlinie. Düsseldorf 1987.

MERTIN, Klaus: Zur Gleichwertigkeit der künftigen Gewinn- und Verlust-Rechnung der Aktienbanken. In: Wpg, 1966, S. 148–151.

–: Die Sammelwertberichtigung in der Bilanz der Kreditinstitute. Diss. Hamburg 1968.

–: Ergebnisstrukturen des Kreditgewerbes. In: Bank, 2/1977, S. 4–12.

–: Wandel in der Ertragsstruktur des Kreditgewerbes. In: Bank, 1980, S. 7–11.

–: Erfolgsmessung einer Universalbank. In: Geld, Banken und Versicherungen, hrsgg. von H. Göppl/R. Henn, Königstein 1981, S. 1084–1088 (Band II).

–: Das Rechnungswesen einer Großbank im Spannungsbereich veränderter Umfeldbedingungen. In: Wirtschaft und Wissenschaft im Wandel, Festschrift für C. Zimmerer, Frankfurt a. M. 1986, S. 233–245.

MEYER, Conrad: Die Bankbilanz als finanzielles Führungsinstrument. 2. Auflage. Bern/Stuttgart 1991.

MEYER, Heinrich: Bankbilanzierung unter der Generalklausel des § 264 Abs. 2 HGB. In: ZfgK, 1987, S. 438–444.

MÜLLER, Albert: Einfluß der Risikoeinschätzung, der Zinsstruktur und der Fristigkeit geldpolitischer Instrumente auf die Bankbilanz. Frankfurt a. M. 1985.

MÜLLER, Werner A.: Stille Reserven und direkte Einlagensicherung. In: ZfgK, 1981, S. 672–676.

MÜNCH, Dieter: Stabilisieren Beteiligungserträge die Ertragsentwicklung der Banken? In: Öst.Bk-A, 1981, S. 2–14.

NAHLIK, Wolfgang: Betriebsergebnisermittlung – ein Hindernislauf über bilanzpolitische Hürden. In: Bank, 1989, S. 142–154.

NICKERL, Josef: Bankbilanzanalyse durch Kennzahlenvergleich. Wien 1981.

PAULUHN, Burkhardt: Einzelwertberichtigungen auf Engagements. In: ZfgK, 1979, S. 688–692.

PRAHL, Reinhard: Die neuen Vorschriften des Handelsgesetzbuches für Kreditinstitute. In: Wpg, 1991, S. 401–409 und 438–445.

PRAHL, Reinhard/NAUMANN, Thomas R.: Zur Bilanzierung von portfolio-orientierten Handelsaktivitäten der Kreditinstitute. In: Wpg, 1991, S. 729–739.

RAIDA, Helmut: Stille Reserven – notwendiger Schutz oder liebgewordenes Überbleibsel? In: ZfgK, 1970, S. 869–872.

REINERS, Max: Kreditrevision im Rahmen der Jahresabschlußprüfung bei Banken. Bern/Stuttgart 1982.

RIXEN, Hans-Hermann: Die Ertragsentwicklung der Universalbanken 1968 bis 1979. In: Bank, 1981, S. 243–247.

–: EG-Bankbilanzrichtlinie transformiert. In: Bank, 1990, S. 638–642.

RÜBEL, Markus: Devisen- und Zinstermingeschäfte in der Bankbilanz. Berlin 1990.

RUFFERT, Dietmar: Vorsorge gegen latente Kreditrisiken. Welche Konsequenzen hat die Aufhebung der Anordnungen des Bundesaufsichtsamtes für das Kreditwesen über die Bildung von Sammelwertberichtigungen bei Kreditinstituten für die Bewertungspraxis? In: Bw.Blätter, 1988, S. 591–593.

SCHARPF, Paul/SOHLER, Armin: Leitfaden zum Jahresabschluß nach dem Bankbilanzrichtlinie-Gesetz. Düsseldorf 1992.

SCHELL, Gerhard R.: Die Ertragsermittlung für Bankbewertungen. Frankfurt a. M./ Bern 1988.

SCHIMANN, Gerhard: EG-Bankbilanzrichtlinie – Neuregelung der Rechnungslegungsvorschriften für Kreditinstitute. In: Der Betrieb, 1987, S. 1497–1505.

SCHMIDT, Reinhart: Zur Planungsflexibilität bei der Planung von Bankbilanzen. In: Proceedings in Operations Research 6, Würzburg/Wien 1976, S. 484–495.

SCHNEIDER, Jürgen: Zur Problematik der stillen Reserven bei Kreditinstituten. Diss. Würzburg 1984.

SCHÜTZ, Axel: EG-(Bank)-Bilanzrichtlinie und Stille Reserven in Bankbilanzen. In: Rechnungswesen im Dienste der Bankpolitik, hrsgg. von J. Krumnow/M. Metz, Stuttgart 1987, S. 95–107.

SCHURIG, Matthias: Schwebende Geschäfte bei Kreditinstituten. Eine risiko- und abbildungstheoretische Analyse am Beispiel der Devisen- und Effektentermingeschäfte, der Kreditzusagen und der Pensionsgeschäfte. Frankfurt a. M. 1981.

SCHWARTZE, Andreas: Deutsche Bankenrechnungslegung nach europäischem Recht. Baden-Baden 1991 (Zusammenfassung in: AG, 1993, S. 12–24).

SCHWARZE, Armin: Ausweis und Bewertung neuer Finanzierungsinstrumente in der Bankbilanz. Berlin 1989.

SONNEMANN, Erik (Hrsg.): Bankbilanzierung und Bankprüfung. Wiesbaden 1988.

SPOHR, Gotthard: Der Goodwill der Banken. Diss. Wien 1960.

SPIETH, Eberhard: Möglichst sicherer Einblick versus true and fair view. In: Risikovorsorge, hrsgg. von R. Kolbeck, Frankfurt a. M. 1985, S. 19–40.

STANNIGEL, Hellmut: Pauschalwertberichtigungen auf Forderungen. In: ZfgK, 1989, S. 260–265.

STEIN, Johann Heinrich von/KIRSCHNER, Manfred: Zum Problem der Berücksichtigung von bilanzunwirksamen Finanzinnovationen in der externen Rechnungslegung der Banken. In: Rechnungswesen im Dienste der Bankpolitik, hrsgg. von J. Krumnow/M. Metz, Stuttgart 1987, S. 13–24.

SÜCHTING, Joachim: Die Bedeutung stiller Reserven bei Kreditinstituten. In: Wpg, 1965, S. 256–259.

–: Scheinargumente in der Diskussion um stille Reserven bei Kreditinstituten. In: DWB, 1981, S. 207–220.

–: Zur Diskussion um die stillen Reserven bei Banken. In: Bankrisiken und Bankrecht, hrsgg. von W. Gerke, Wiesbaden 1988, S. 81–85.

TREUARBEIT AG (Hrsg.): Bankbilanzierung ab 1993. Kommentierung der neuen Vorschriften für die Rechnungslegung der Kreditinstitute. Frankfurt a. M. 1992.

VILLIEZ, Christian von: Die Abgrenzung von Handelserfolgen in der bankbetrieblichen Ergebnisrechnung. In: Bank, 1989, S. 624–627.

WASCHBUSCH, Gerd: Die handelsrechtliche Jahresabschlußpolitik der Universalaktienbanken. Stuttgart 1992.

WIELENS, Hans: Bewertung und Risikovorsorge in der Bankbilanz. In: LK, 1984, S. 4–9.

WITTGEN, Robert: Die publizitätsorientierte Bilanzgestaltung von Aktienbanken. In: ZfB, 1965, S. 724–737.

WITTGEN, Robert/EILENBERGER, Guido: Zur Objektivierung des Beteiligungsbegriffs in Bankbilanzen. In: DBW, 1978, S. 489–494.

WITTSTOCK, Jan: „Window-dressing" in Bankbilanzen. In: KuK, 1972, S. 206–227.

ZESSIN, Axel: Unternehmensbewertung von Kreditinstituten. Göttingen 1982.

Die Ertragsentwicklung im Bankgewerbe. In: Mb-Bbk, November 1976, S. 16–29 (Analyse der Entwicklung in den Jahren 1968–1975).
Im weiteren jährliche Analysen, bisher in: Mb-Bbk, Januar 1978, S. 14–24; Oktober 1978, S. 20–30; Oktober 1979, S. 16–27; August 1980, S. 18–31; August 1981, S. 12–24; Oktober 1982, S. 13–29; August 1983, S. 14–29; August 1984, S. 13–29; August 1985, S. 13–29; August 1986, S. 15–31; August 1987, S. 13–31; August 1988, S. 13–31; August 1989, S. 13–31; August 1990, S. 15–33; August 1991, S. 15–31; August 1992, S. 30–47; August 1993, S. 29–53.

Die Zinsentwicklung seit 1978. In: Mb-Bbk, Januar 1983, S. 14–26.

Behandlung von DTB-Aktienoptionen im Jahresabschluß von Banken. In: Bank, 1990, S. 211–216.

Das neue Bilanzierungsrecht für Kreditinstitute ab 1993 und seine Auswirkungen auf die Monatliche Bilanzstatistik. In: Mb-Bbk, Mai 1992, S. 39–48.

Konzernabschluß

ALBERS, Maria: Der Bank-Konzernabschluß. Frankfurt a. M./u. a. 1991.

BACHMANN, Rolf: Bankkonzernrechnung. Ein Konzept für die Schweiz unter Berücksichtigung nationaler und internationaler Rahmenbedingungen. Bern/Stuttgart 1991.

BENDER, Karl: Die Bankenbeteiligungen aus der Sicht des Konzernrechts. Düsseldorf 1979.

CHRISTIAN, Claus-Jörg/WASCHBUSCH, Gerd: Auswirkungen der EG-Bankbilanzrichtlinie auf die künftige Konzernrechnungslegung deutscher Kreditinstitute. in: BB, 1987, S. 2335–2339.

DIETZ, Detlev: Bankkonzernrecht nach der Novelle zum Kreditwesengesetz. In: AG, 1990, S. 269–289, 333–359 und 376–392.

JÄGER, Werner/VOGELSANG, Michael: Konzernrechnungslegung von Aktienbanken – Eine empirische Untersuchung von Geschäftsberichten der Jahre 1968, 1969 und 1970. In: Wpg, 1973, S. 389–400 und 421–428.

KOHLHAUSSEN, Martin: Der Konzernabschluß als Spiegel der Konzernbilanzpolitik. In: Risikovorsorge, hrsgg. von R. Kolbeck, Frankfurt a. M. 1985, S. 41–59.

MATTES, Helmut: Die konsolidierte Bankbilanz als Instrument der Konzernpolitik. In: Neue Betriebswirtschaft, 1971, S. 71–77.

SCHIERENBECK, Henner/HÖLSCHER, Reinhold: Der handelsrechtliche Konzernabschluß und das bankaufsichtsrechtliche Zusammenfassungsverfahren – Gemeinsamkeiten, Unterschiede und Ansätze einer Verknüpfung beider Regelungskreise. In: DBW, 1988, S. 45–61.

SCHNEWEIS, Lothar: Konzernabschlüsse von Banken. In: ZfgK, 1973, S. 895–900.

WERTHMÖLLER, Thomas: Konsolidierte Rechnungslegung deutscher Banken als Informations- und Überwachungsinstrument externer Adressaten. Diss. Köln 1984.

Als Erweiterung: Sozialbilanzen

BECKER, Wolf-Dieter/FALK, Reinhold (Hrsg.): Gesellschaftsbezogene Berichterstattung öffentlicher Banken. Göttingen 1980.

BONAL, Juan: Die Sozialbilanz einer Sparkasse. In: Spk Int, 1/1981, S. 17–23.

DIERKES, Meinolf: Sozialbilanzen im Bankwesen – Aufgaben, Probleme, Stand der Entwicklung. In: Bankhistorisches Archiv, 2/1979, S. 5–25.

–: Sozialbilanzen bei Kreditinstituten – Perspektiven für weitere Forschung. In: ZfB, 1981, S. 901–909.

FRITZ, Reinhard: Sozialbilanzen bei Kreditgenossenschaften. Gelsenkirchen 1983.

LÜTTEKEN, Udo A.: Sozialbilanz – eine Erweiterung der Selbstdarstellung. In: Spk, 1978, S. 11–13.

SARTOR, Franz-J./GANTER, Georg: Sozialbilanzen der Kreditinstitute. In: ZfgK, 1980, S. 812–820.

SCHAEFFER, Klaus: Warum eine „Sozialbilanz" von einer Volksbank? In: Bkinf, 7/1977, S. 7–9.

–: Erweiterung der externen Rechnungslegung nicht erwerbswirtschaftlicher Betriebe durch Sozialbilanzen. In: BFuP, 1979, S. 554–565.

–: Die Sozialbilanz der Kölner Bank von 1867 eG Volksbank. In: ZfB, 1981, S. 894–900.

2. Kosten- und Erlösrechnung

Grundfragen und Gesamtdarstellungen

(anschließend gesonderte Literaturhinweise zu: Marktzinsmethode/Schichtenbilanz; Mindestmargen; Geschäftsspartenrechnung; Kundenkalkulation; Geschäftsstellenrechnung; Controlling)

ALBRECHT, Heinrich Geier: Die Deckungsbeitragsrechnung im Bankbetrieb. Diss. Heidelberg 1982.

ANTENSTEINER, Ernst/FEUERSTEIN, Dieter: Aufbau einer Stückkostenkalkulation für die Zukunft der Bank. In: Bank, 1989, S. 259–265.

BAXMANN, Ulf G.: Ertragsorientierte Verkaufssteuerung. In: bum, 1/1990, S. 14–17.

BEIER, Joachim: Wertschöpfung und Betriebsergebnis im Rahmen der Bankanalyse und Bankplanung. In: Öst. Bk-A, 1983, S. 403–416.

BRÄUTIGAM, Jochen: Die Probleme der statistischen Bestimmung von Kostenfunktionen in Kreditinstituten. Wiesbaden 1972.

BRAKENSIEK, Thomas: Die Kalkulation und Steuerung von Ausfallrisiken im Kreditgeschäft der Banken. Frankfurt a. M. 1991.

BREUER, Ralf/SKARUPPE, Martin: Ansatzpunkte zur Weiterentwicklung der Bankkalkulation im Wertbereich. In: Mitteilungen der Gesellschaft zur Förderung der wissenschaftlichen Forschung über das Spar- und Girowesen, Bonn, Nr. 35 (Oktober 1992), S. 17–41.

BRUGGING, Albertus: Performance control in banking. In: BkA, 1990, S. 612–620.

BÜHLER, Wilhelm: Gegenwärtiger Stand der Bankkostenrechnung und Möglichkeiten ihrer leistungsgerechten Neugestaltung. Diss. Mannheim 1965.

BÜHLER, Wilhelm/IPPISCH, Wolfgang: Stückkosten und Stückkostenkalkulation in österreichischen Kreditinstituten. In: Öst. Bk-A, 1985, S. 343–362.

BUSCHENREITER, Fritz: Deckungsbeitragsrechnung im Bankbetrieb. In: Öst. Bk-A, 1974, S. 123–135.

DREHER, Erich: Das interne Rechnungswesen als Planungs- und Steuerungsinstrument. In: Risikovorsorge, hrsgg. von R. Kolbeck, Frankfurt a. M. 1985, S. 87–108.

DUTSCHKE, Walter/HABERKORN, Heinrich: Das Führungs-, Informations- und Steuerungssystem einer Privatbank. In: Bank, 1985, S. 380–390.

FLECHSIG, Rolf/ROLFES, Bernd: Risikokosten in der Deckungsbeitragsrechnung. In: Bank, 1987, S. 373–377.

FRANKE, Adolf: Kosten- und Erfolgrechnung der Sparkassen. Diss. München 1968.

FROHMÜLLER, Klaus Peter: Ressortsteuerung und Gesamtbankinteresse. In: Bank, 1988, S. 692–694.

GAIL, W.: Zur Geschichte der Bankkostenrechnung. In: Bw. Blätter, 1958, S. 21–24.

GNOTH, Karl: Rationalisierungswirkungen der Bankkostenrechnung. In: ZfgK, 1978, S. 1078–1082.

GÜDE, Udo: Die Bank- und Sparkassenkalkulation – ihre Darstellung und Kritik. Meisenheim am Glan 1967.

–: Ansätze zu einer Kostentheorie der Kreditinstitute. In: Bw. Blätter, 1967, S. 117–120 und 123–125.

HAGENMÜLLER, Karl Friedrich/JACOB, Adolf-Friedrich: Der Bankbetrieb. Band III: Rechnungswesen – Bankpolitik, 5. Auflage, Wiesbaden 1988, S. 103–192.

HEIN, Manfred: Neuere Entwicklungen in der Bankkostenrechnung. In: Management im Kreditwesen, hrsgg. von W. Schneider/K. Fuchs, Wien 1973, S. 99–123 (auch abgedruckt in: Texte zur wissenschaftlichen Bankbetriebslehre II, hrsgg. von H.-D. Deppe, Göttingen 1981, S. 1087–1111).

HINTEN, Peter von: Ansatzpunkte zur Konzipierung einer bankbetrieblichen Kostentheorie. Diss. München 1973.

–: Die Deckungsbeitragsrechnung – ein Instrument der Erfolgskontrolle im Bankbetrieb. In: BfG, 1973, S. 305–308.

HUG, Daniel: Leistungsmessung in den Produktionsbereichen von Banken. Bern/Stuttgart 1989.

JACOB, Adolf-Friedrich: Das Rechnungswesen als Steuerungsinstrument bei Banken. In: Bank, 1978, S. 416–423.

–: Kostenrechnung und Unternehmensplanung in Banken. In: Geld, Banken und Versicherungen, hrsgg. von H. Göppl/R. Henn, Königstein 1981, S. 1008–1032 (Band II).

JACOB, Hans-Reinhard/VILLIEZ, Christian von/WESTPHAL, Eva Gabriele: Integrierte Datenbasis zur Geschäftssteuerung. In: Bank, 1991, S. 625–629.

KAMINSKY, Stefan: Die Kosten- und Erfolgsrechnung der Kreditinstitute. Eine theoretische, systematische und verfahrenstechnische Untersuchung. Meisenheim am Glan 1955.

KESSLER, Helmut/SCHALDT, Hartmut: Vorausschauende Erfolgsberechnungen als Ansatz für die Gewinnplanung bei Kreditinstituten. In: Bw. Blätter, 1975, S. 153–160.

–: Die Bedeutung der Kostenrechnung für die Steuerung von Sparkassen. In: Bw. Blätter, 1980, S. 157–166.

KLEBER, Eckhard: Kostenplanung in Kreditinstituten. Diss. Göttingen 1972.

KÖLLHOFER, Dietrich: Die Deckungsbeitragsrechnung im Bankbetrieb. In: Bk-B, 1968, S. 131–134.

–: Kosten- und Erlösrechnung in der Universalbank. In: ZfB, 1982, S. 785–789.

KOLBECK, Rosemarie (Hrsg.): Risikovorsorge. Das Rechnungswesen als Informationsinstrument zur Steuerung und Kontrolle bankbetrieblicher Risiken. Frankfurt a. M. 1984.

KRAUSS, Hans-Ulrich: Erfolgsindikatoren und Betriebsvergleich bei Kreditgenossenschaften. Gelsenkirchen 1983.

KREUTZ, Paul/ULL, Johann: Leitfaden durch die Kostenrechnung und Kalkulation. 3. Auflage. Stuttgart 1989.

KREWERTH, Bernhard: Die Kostenrechnung als Steuerungsinstrument im Bankbetrieb. Frankfurt a. M. 1981.

–: Gestaltungsmöglichkeiten einer bankbetrieblichen Kostenrechnung: In: ZfgK, 1981, S. 944–948.

KUNZE, Werner: Die Betriebsabrechnung der Kreditinstitute. Wiesbaden 1981.

LEHMANN, Matthias/SCHMIDT, Reinhard H.: Bankkosten und Bankpreise im Massengeschäft. In: KuK, 1982, S. 341–365.

LINDEMANN, Hans-Heinrich: Grundlagen der Kosten- und Erlösrechnung im Bankbetrieb. Bern/Stuttgart 1975.

MERTIN, Klaus: Dispositives Rechnungswesen – 20 Jahre ohne Zinsbindung. In: ZfgK, 1987, S. 592–598.

MÜLHAUPT, Ludwig: Die Bedarfsspannenrechnung als Mittel der Geschäftspolitik. In: KuK, 1969, S. 121–159 (auch abgedruckt in: Texte zur wissenschaftlichen Bankbetriebslehre II, hrsgg. von H.-D. Deppe, Göttingen 1981, S. 1015–1053).

OSTHUES-ALBRECHT, Henning: Der Einfluß der Betriebsgröße auf Kosten und Erlöse von Kreditinstituten. Wiesbaden 1974.

PASSARDI, Adriano: Bank-Management und Bank-Kostenrechnung. Bern/Stuttgart 1991.

PENZKOFER, Peter/TÄUBE, Klaus: Profit Centers im Bankbetrieb – Zur Problematik der Divisionalisierung von Universalbanken. In: Bk-B, 1972, S. 50–55 und 109–113.

REUS, Peter: Geldwirtschaftlicher Leistungsdualismus und Bankkostenrechnung. Göttingen 1989.

–: Kostenrechnung und monetäre Leistungen im Betrieb. In: Geldwirtschaft und Rechnungswesen, hrsgg. von H.-D. Deppe, Göttingen 1989, S. 283–312.

ROLFES, Bernd: Die Gesamtkonzeption eines Ergebnisinformationssystems. In: gi, 5/1991, S. 27–32.

RUDOLPH, Bernd: Planungs- und Kontrollrechnungen. In: Geld, Banken und Versicherungen, hrsgg. von H. Göppl/R. Henn, Königstein 1981, S. 539–554 (Band I).

RUMMEL, Hans: Die Möglichkeiten einer genauen Selbstkostenrechnung im Bankgewerbe und ihre Auswirkung auf die Rentabilität. In: ZfhF, 1934, S. 281–309.

SCHADE, Carl Albrecht: Verwaltungskostensteuerung im Kreditbereich der Banken. Zero Base Budgeting und Wertanalyse als Steuerungsinstrumente. Frankfurt a. M./Bern 1985.

SCHALDT, Hartmut: Kosten- und Erlösrechnungen als Informationsinstrumente für die Praxis der Kreditinstitute. In: Bankbetriebliches Lesebuch, hrsgg. von H.-D. Deppe, Stuttgart 1978, S. 657–677.

SCHEIDL, Karl (Hrsg.): Gewinnplanung in Kreditinstituten. Neuere Ansätze der Erfolgssteuerung. Frankfurt a. M. 1988.

SCHIERENBECK, Henner: Zur Integration von Betriebsergebnis- und Effektivzinsrechnung bei Disagiokrediten mit Festzinsvereinbarung. In: KuK, 1986, S. 76–109.

–: Lösungsansätze für die Zukunft. In: gi, 1/1988, S. 25–30.

–: Ertragsorientiertes Bankmanagement. 3. Auflage. Wiesbaden 1991.

SCHIERENBECK, Henner/VILLIEZ, Christian von: Zur Systematisierung bankbetrieblicher Ergebnisbereiche. In: Bank, 1989, S. 310–313.

SCHIMMELMANN, Wulf von: Erfolgsorientierte Steuerung der Firmenkundenbetreuer. In: Handbuch des Bankmarketing, hrsgg. von J. Süchting/E. v. Hooven, Wiesbaden 1987, S. 289–302.

SCHÜLLER, Stephan: Steuerung des Produktivitätsergebnisses. In: Bank, 1990, S. 264–272.

SCHULZE-BORGES, Bernd: Innerbetriebliche Kontrollprobleme bei Sparkassen und Landesbanken Girozentralen. Diss. Hannover 1981.

SLEVOGT, Horst: Lenkpreisrechnung als Bankkalkulation für Planung und Marketing. In: Öst. Bk-A, 1972, S. 84–106.

–: Entscheidungsorientiertes Bankrechnungswesen. In: Öst. Bk-A, 1983, S. 443–463.

SÜCHTING, Joachim: Kalkulation und Preisbildung der Kreditinstitute. Frankfurt a. M. 1963.

–: Zur Kontroverse um die Bankkalkulation. In: ZfgK, 1967, S. 15–20.

–: Die Deckungsbeitragsrechnung in Kreditinstituten. In: Neue Betriebswirtschaft, 4/1969, S. 15–21.

–: Schwerpunkte und Probleme der bankwirtschaftlichen Kosten- und Erlösrechnung. In: ZfB, 1982, S. 790–794.

–: Verrechnungspreise im Bankbetrieb. In: Rechnungswesen im Dienste der Bankpolitik, hrsgg. von J. Krumnow/M. Metz, Stuttgart 1987, S. 199–208.

–: Zentrale Probleme einer erfolgsorientierten Steuerung der Bank mit Hilfe der Kosten- und Erlösrechnung. In: Kosten und Erlöse, hrsgg. von R. Steffen/R. Wartmann, Stuttgart 1990, S. 285–296.

–: Bankmanagement. 3. Auflage. Stuttgart 1992, S. 90–128.

TÄUBE, Klaus: Sonderfragen im Bereich der Banken. In: Handbuch der Kostenrechnung, hrsgg. von R. Bobsin, München 1971, S. 787–804.

TERRAHE, Jürgen: Die Steuerung der Kundenstrategie ohne Kosteninformation. In: Rechnungswesen im Dienste der Bankpolitik. hrsgg. von J. Krumnow/M. Metz, Stuttgart 1987, S. 239–247.

TÖNJES, Uwe: Planung, Steuerung und Kontrolle durch ein System von Rechnungsarten. In: Bank, 1982, S. 112–121.

ULL, Johann/KREUTZ, Paul: EDV-Kostenrechnungs- und Kalkulationssystem. In: Bw. Blätter, 1975, S. 54–68.

VILLIEZ, Christian von: Ausfallrisiko-Kosten in der Bankkalkulation. In: ZfgK, 1990, S. 225–229.

WIEMELER, Manfred: Erfolgsrisiken im genossenschaftlichen Bankenverbund. Münster 1990.

WILD, Klaus-Dieter: Das Zielvereinbarungs-Dilemma bei Profit-Center-Steuerung. In: Bank, 1989, S. 189–192.

WILLING, Hans-Peter: Bankbetriebliche Entscheidungen und die Problematik ihrer kalkulatorischen Fundierung. Diss. Köln 1975.

WIMMER, Konrad: Bankkalkulation. Berlin/Bielefeld/München 1993.

ZIMMERER, Carl: Bankkostenrechnung. Frankfurt a. M. 1956.

Marktzinsmethode/Schichtenbilanz

BANKEN, Robert: Die Marktzinsmethode als Intrument der pretialen Lenkung in Kreditinstituten. Frankfurt a. M. 1987.

BENKE, Holger/GEBAUER, Burkhard/PIASKOWSKI, Friedrich: Die Marktzinsmethode wird erwachsen: Das Barwertkonzept. In: Bank, 1991, S. 457–463 und 514–521.

BLATTMANN, Jörg: Stand der Theorie-Diskussion zur „Marktzinsmethode". In: Bank, 1987, S. 621–627.

–: Zum operativen Controlling des Liquiditätsmäßig-finanziellen Bereichs von Banken. Göttingen 1991.

BREUER, Ralf: Messung und Steuerung des Transformationsergebnisses in der Marktzinsmethode. 2. Auflage. Bonn 1990 (Mitteilungen aus dem Bankseminar der Rheinischen Friedrich-Wilhelms-Universität, Nr. 78).

BÜHLER, Wilhelm: Die Schichtenbilanz als Instrument der Leistungsanalyse für die Kreditbank. In: KuK, 1970, S. 408–440.

DANKOVSKY, Michael: Der Zinssaldo – ein Konglomerat von Ergebniskomponenten. In: BkA, 1991, S. 352–359.

DJEBBAR, Jan F.: Zur Kritik an der Marktzinsmethode. In: BkA, 1990, S. 920–931.

DROSTE, Klaus D./u. a.: Falsche Ergebnisinformationen – Häufige Ursache für Fehlentwicklungen in Banken. In: Bank, 1983, S. 313–323.

ECHTERBECK, Harald: Marktzinsorientierte Ergebnisspaltung des Eigenhandels von Kreditinstituten. Frankfurt a. M. 1991.

FISCHER, Otfrid: Die Kapitalkostensätze einlagenfinanzierter Kredite bei unterschiedlichem Marktzinsniveau. In: KuK, 1983, S. 405–427.

FLASSKÜHLER, Alfred: Kalkulationskonzepte des Wertbereichs und ihre Eignung für die Steuerung in Bank- und Sparkassenbetrieben. In: Bw. Blätter, 1987, S. 73–78.

FLECHSIG, Rolf: Die Schichtenbilanz – ihr Glanz und Elend. In: Bank, 1985, S. 298–302.

FLECHSIG, Rolf/FLESCH, Hans-Rudolf: Die Wertsteuerung – Ein Ansatz des operativen Controlling im Wertbereich. In: Bank, 1982, S. 454–464.

FLESCH, Hans-Rudolf/PIASKOWSKI, Friedrich/SEEGERS, Jürgen: Marktzinsmethode bzw. Wertsteuerung – Neue Thesen und Erkenntnisse aus der Realisierung. In: Bank, 1987, S. 485–494.

FLESCH, Hans-Rudolf/PIASKOWSKI, Friedrich/SIEVI, Christian R.: Erfolgsquellensteuerung durch Effektivzinsen im Konzept der Wertsteuerung. In: Bank, 1984, S. 357–366.

–: Marktzinsmethode: Umrechnung der effektiven Marge in DM-Ergebnisse. In: Bank, 1988, S. 380–384.

GNOTH, Karl: Kalkulation von Zinsgeschäften. In: Bank, 1987, S. 184–189 und 256–261.

–: Weiterentwicklung der Marktzins-Methode. In: Bank, 1991, S. 214–222 und 267–273.

GRABIAK, Stephan: Die moderne Marktzinsmethode im Tagesgeschäft der Banken. In: ZfgK, 1988, S. 787–790.

HERZOG, Walter: Elastizitätsbilanz und Marktzinsmethode. in: Bank, 1989, S. 684–688.

IPPISCH, Wolfgang: Bankbetriebliches Zinsspannenmanagement. Wien 1984.

JACOB, Adolf-Friedrich: Planung und Steuerung der Zinsspanne in Banken. In: DBW, 1978, S. 341–350.

JASCH, Michael: Die Marktzinsmethode zur Steuerung des Wertbereichs in Kreditinstituten – eine computergestützte Analyse zur Anwendbarkeit. Diss. TU Berlin 1990.

KLIMPKE, Thomas: Der Opportunitätszins als zentrales Element der Kundenkalkulation. In: Gewinnplanung in Kreditinstituten, hrsg. von K. Scheidl, Frankfurt a. M. 1987, S. 49–70.

KODLIN, Axel: Praxis akzeptiert Marktzinsmethode. In: Bank, 1992, S. 212–215.

KUNZE, Christian: Die Marktzinsmethode – ein neuer Weg in der Kostenrechnung? In: Bw. Blätter, 1984, S. 436–444.

KALINSKI, Rüdiger/DÜRR, Wolfgang/LUSCHE, Beate: Finanzinnovationen und Marktzinsmethode. In: Bank, 1991, S. 331–336.

MARUSEV, Alfred W.: Das Marktzinsmodell in der bankbetrieblichen Einzelgeschäftskalkulation. Frankfurt a. M. 1990.

MARUSEV, Alfred W./PFINGSTEN, Andreas: Die Entstehung des Strukturbeitrages. In: Bank, 1993, S. 223–228.

MARUSEV, Alfred W./SIEWERT, Klaus-Jürgen: Das engpaßbezogene Bonus-/Malus-System im Marktzinsmodell. In: Bank, 1990, S. 217–224.

OESTERLIN, Sybille: Die Bankenzinsspanne – eine theoretische und empirische Untersuchung für die Bundesrepublik Deutschland. Stuttgart 1979.

PAUL, Stephan: Lenkungssysteme in Filialbanken: Steuerung durch Komponenten oder Verrechnungszinsen? Wiesbaden 1987, S. 83–120.

RÖMHILD, Hans Günter: Interne Zinsverrechnung in Kreditinstituten. In: Rechnungswesen im Dienste der Bankpolitik, hrsg. von J. Krumnow/M. Metz, Stuttgart 1987, S. 209–221.

ROLFES, Bernd/SCHIERENBECK, Henner: Der Marktwert variabel verzinslicher Bankgeschäfte. In: Bank, 1992, S. 403–412.

SCHIERENBECK, Henner: Messung und Steuerung des Zinsergebnisses. In: gi, 11/1989, S. 21–32.

–: Ertragsorientiertes Bankmanagement. 3. Auflage. Wiesbaden 1991, S. 78–140.

SCHIERENBECK, Henner/MARUSEV, Alfred W.: Margenkalkulation von Bankprodukten im Marktzinsmodell. In: ZfB, 1990, S. 789–814.

–: Zur Kritik an der Marktzinsmethode. In: BkA, 1991, S. 155–162.

SCHIERENBECK, Henner/MARUSEV, Alfred W./WIEDEMANN, Arnd: Einzelgeschäftsbezogene Aussteuerung von Engpässen mit Hilfe der Marktzinsmethode. In: DBW, 1992, S. 443–471.

SCHIERENBECK, Henner/ROLFES, Bernd: Effektivzinsrechnung in der Bankenpraxis. In: zfbf, 1986, S. 766–778.

–: Effektivzinsberechnung und Marktzinsmethode. In: Bank, 1987, S. 25–33.

–: Zur Diskussion um das opportunitätsgerechte Effektivzinskonzept. In: Bank, 1987, S. 328–335.

SCHIMMELMANN, Wulf von/HILLE, Werner: Banksteuerung über ein System von Verrechnungspreisen. In: Bilanzstrukturmanagement in Kreditinstituten, hrsgg. von H. Schierenbeck/H. Wielens, Frankfurt a. M. 1984, S. 47–65.

SCHMITZ, Andreas: Von der Marktzins- zur Marktpreismethode. In: Bank, 1992, S. 603–606.

SLEVOGT, Horst: Wider die falschen Opportunitätszinsen. In: ZfgK, 1988, S. 104–106.

WAGNER, Hans: Von der Schichtenbilanz zur Zinsspannenrechnung. In: Bk-B, 1965, S. 44–48.

Mindestmargen

BENKE, Holger: Effektivzins und Marge im Passivgeschäft. In: Bank, 1991, S. 98–104.

BRAKENSIEK, Thomas: Die Kalkulation und Steuerung von Ausfallrisiken im Kreditgeschäft der Banken. Frankfurt a. M. 1991.

BÜHLER, Wilhelm: Zur Ermittlung von Mindestmargen im Zinsgeschäft der Kreditinstitute. In: Öst. Bk-A, 1983, S. 37–56.

DORANTH, Michael: Mindestmargen im langfristigen Kreditgeschäft. In: Bw. Blätter, 1979, S. 72–81.

FLECHSIG, Rolf: Die Kalkulation von Zinsobergrenzen im Passivgeschäft mit Nichtbanken. In: Bank, 1982, S. 356–360.

SCHIERENBECK, Henner/ROLFES, Bernd: Entscheidungsorientierte Margenkalkulation. Frankfurt a. M. 1988.

SCHLENZKA, Peter F.: Ansätze zur Mindestmargenkalkulation bei der Steuerung des Kreditgeschäfts. In: Innovationen im Kreditmanagement, hrsgg. von H.-J. Krümmel/B. Rudolph, Frankfurt a. M. 1985, S. 42–57.

SCHMIDT, Werner: Möglichkeiten der Verbesserung des Zinsüberschusses durch ein Mindestmargenkonzept. In: Bilanzstrukturmanagement in Kreditinstituten. hrsgg. von H. Schierenbeck/H. Wielens, Frankfurt a. M. 1984, S. 29–46.

Geschäftssparten rechnung

GNOTH, Karl: Kosten und Nutzen des Zahlungsverkehrs. In: Bank, 1992, S. 705–711.

GODSCHALK, Hugo/SCHNURBUS, Klaus: Zahlungsverkehrsgebühren: Das Milliarden-Geschäft? In: ZfgK, 1989, S. 512–518 und 564–567.

HAMMERSCHMIDT, Rolf: Geschäftsspartenrechnung – eine banktypische Erfolgsanalyse. In: ZfgK, 1967, S. 25–27.

JACOB, Adolf-Friedrich: Neue Aspekte zur Kalkulation im Zahlungsverkehr. In: ZfgK, 1989, S. 753–758.

JUDT, Ewald: Gewinne im Kartengeschäft? In: bum, 6/1988, S. 17–23.

KILHEY, Ulrike: Die Beurteilung des Erfolgs von Bankprodukten als Grundlage produktpolitischer Entscheidungen. Frankfurt a. M. 1987.

KLINKERT, Renald: Die Kalkulation des Zahlungsverkehrsgeschäfts. Diss. FU Berlin 1983.

KOSFELD, Endrik: Zahlungsverkehr und Zinserfolgsrechnung. Frankfurt a. M. 1985.

RUDOLPH, Bernd: Grundlagen einer kapitalmarktbezogenen Ermittlung bankgeschäftlicher Perioden- und Spartenergebnisse. In: Bankpolitik, finanzielle Unternehmensführung und die Theorie der Finanzmärkte, hrsgg. von B. Rudolph/J. Wilhelm, Berlin 1988. S. 177–196.

SLEVOGT, Horst: Ist der Zahlungsverkehr wirklich (so) defizitär? In: ZfgK, 1982, S. 886–890.

–: Rentabilität des Zahlungsverkehrs. In: ZfgK, 1989, S. 998–1001. (Erwiderung dazu: JACOB, Adolf-Friedrich: Kosten- und Erlösstrukturen im Zahlungsverkehr des Privatkundengeschäfts. Stuttgart 1990).

Kundenkalkulation

BÜSCHGEN, Hans E.: Konten- und Kundenkalkulation. In: bum, 2/1978, S. 31–33, und 3/1978, S. 29–32.

FLECHSIG, Rudolf: Kundenkalkulation in Kreditinstituten. Frankfurt a. M. 1982.

HAMEL, Winfried: Konsequenzen der Kundenorientierung für das Rechnungswesen im Kreditbereich. In: zfbf, 1982, S. 899–911.

KARL, Manfred/TROPPMANN, Günther: Konto- und Kundenkalkulation – Entscheidungshilfe im Kundengeschäft. In: Bw. Blätter, 1980, S. 172–176.

KOBYLINSKI, Klaus von: Kundenkalkulation im Bankmarketing. Frankfurt a. M. 1978.

SCHIMMELMANN, Wulf von: Erfolgsorientierte Steuerung der Firmenkundenbetreuer. In: Handbuch des Bankmarketing, hrsgg. von J. Süchting/E. v. Hooven, 2. Auflage, Wiesbaden 1991, S. 331–344.

SCHLECHTHAUPT, Wolf-Dieter: Kundenerfolgsanalyse als Planungs- und Entscheidungsinstrument. In: ZfgK, 1972, S. 762–766.

SCHÜLLER, Stephan: Kundenkalkulation als Instrument des strategischen Marketing. In: bum, 11/1988, S. 13–16.

TERRAHE, Jürgen: Kundenkalkulation und Geschäftsplanung. In: Bankbetriebliches Lesebuch, hrsgg. von H.-D. Deppe, Stuttgart 1978, S. 679–696.

TÖNJES, Uwe: Kunden-Informationssystem und Kundenkalkulation. In: Bank, 1980, S. 106–112.

Geschäftsstellenrechnung

BECKER, Karlheinz: Die Beurteilung des Leiters einer Bankfiliale. Diss. FU Berlin 1983.

BERGER, Karl-Heinz: Filialpolitik und Filialerfolgsrechnung im Kreditgewerbe. In: Betriebswirtschaftslehre und Unternehmenspraxis, hrsgg. von E. Schult/T. Siegel, Berlin 1986, S. 43–54.

BÜHLER, Wilhelm/HRNCIR, Michael: Informationsbedarf dezentralisierter Bankfilialen – Ergebnisse einer empirischen Untersuchung. In: BkA, 1989, S. 107–122.

COSMIDIS, Byron: Die Filialerfolgsrechnung im Dienste der Bankleitung. Diss. Frankfurt a. M. 1968.

FELGENTREU, Marion/GÄRTNER, Michael/KELLER, Berthold: Geschäftsstellensteuerung im Rahmen einer Controlling-Konzeption. In. Bw. Blätter, 1986, S. 416–424.

GACH, Klaus: Zu den Möglichkeiten eines internen Zinsausgleichs im Geschäftstellensystem. In: Bw. Blätter, 1978, S. 255–260.

GACH, Christian/FISCHER, Franz: Wirtschaftlichkeitsanalyse von Banken – Zweigstellenvergleich und Kennzahlenanalyse. Wien 1983.

HALEN, Ulrich von: Zweigstellenrentabilität – Möglichkeiten und Probleme ihrer Bestimmung. In: Bkinf, 4/1979, S. 12–16.

HEYE, Bernd: Die Steuerung der Inlandsfilialen einer Großbank. In: Bank, 1985, S. 15–18.

HOFFMANN, Thomas: Führungsproblematik dezentraler marktorientierter Einheiten im Bankbetrieb. Diss. TU Berlin 1982.

HRNCIR, Michael: Informationsbedarf für Bankfilialen. Wien 1987.

JACOB, Adolf-Friedrich: Rentabilitätsfragen bei Zweigstellenplanungen. In: Fragen der Bankplanung aus der Sicht von Wissenschaft und Praxis, hrsgg. von L. Mülhaupt, Frankfurt a. M. 1975, S. 143–156.

–: Die Steuerung einer Universalbank mit einem System von Erfolgskomponenten. In: vbo-informationen, 1980, S. 56–77 (A/251, Bl. 1–22).

KNAPP, Thomas: Erfolgsfaktoren und dezentrale Steuerung. In: Bank, 1988, S. 608–612.

KÖLLHOFER, Dietrich: Die Geschäftsstellenrechnung der Banken. In: Bk-B, 1972, S. 198–201.

KOLARIK, Franz-Gerhard: Überlegungen zum Profit-Center-Konzept im Bankbetrieb. In: Management und Kontrolle, hrsgg. von G. Seicht, Berlin 1981, S. 391–408.

KREUTZ, Paul/ULL, Johann: EDV-Geschäftsstellenerfolgsrechnung – ein Analyse- und Steuerungssystem. In: Bw. Blätter 1980, S. 166–171.

LEICHSENRING, Hansjörg: Kostenrechnung als Instrument der Filialsteuerung in Banken. In: Bank, 1988, S. 152–157.

LIEBIG, Jürgen: Wirtschaftlichkeitsberechnungen für Zweigstellen. In: Bw. Blätter, 1974, S. 51–57.

MERL, Günther: Zweigstellenplanung: Die Möglichkeiten eines internen Zinsausgleichs im Geschäftsstellensystem. In: Öst. Bk-A, 1973, S. 249–263.

MERTIN, Klaus: Profitcenter-Steuerung in Universalbanken. In: vbo-informationen, 1/1981, S. 1–18 (A/252, Bl. 1–18).

PAUL, Stephan: Lenkungssysteme in Filialbanken: Steuerung durch Komponenten oder Verrechnungszinsen? Wiesbaden 1987.

PLATZ, Siegfried: Erfolgsrechnerische Bewertung von Bankzweigstellen. Göttingen 1978.

RIEDESSER, Armin: Deckungsbeitragsrechnung in Filialbankorganisationen. Wiesbaden 1977.

ROLFES, Bernd/KRAMER, Christoph: Erfolgsorientierte Steuerung marktbezogener Organisationseinheiten in Kreditinstituten. In: KuK, 1988, S. 118–142.

SCHEIDL, Karl: Komponentensteuerung versus Gewinnsteuerung im Bankbetrieb – Aspekte der Lenkung dezentraler Einheiten. In: KuK, 1982, S. 207–226.

SCHUMECKERS, Gerd/DIEFENBACH, Jochen: Geschäftsstellensteuerung über ein Informationssystem. In: Spk, 1981, S. 457–461, und 1982, S. 57–61.

SÜCHTING, Joachim/WÜNSCHE, Gert: Untersuchungen zur Rentabilität von Sparkassen-Zweigstellen. Stuttgart 1978 (Kurzfassung in: Bw. Blätter, 1978, S. 39–48).

VOSSEN, Anton: Zweigstellen-Controlling in Banken des Mengengeschäfts. In: Controlling in Banken und Sparkassen, hrsgg. von L. Mülhaupt/H. Schierenbeck/ H. Wielens, Frankfurt a. M. 1981, S. 125–144.

WIENEKE, Herbert: Ansätze zur integrierten Zweigstellenanalyse und -steuerung – Arbeitskreisergebnisse. In: Bw. Blätter, 1979, S. 261–265.

WINKLER, Klaus: Filialsteuerung im Kreditgewerbe. Diss. Erlangen/Nürnberg 1984.

ZOBRIST, Rudolf: Aspekte der Filialführung mittlerer Banken. Bern/Stuttgart 1991.

Controlling

BÜSCHGEN, Hans E.: Controlling und Marketing. In: Rechnungswesen im Dienste der Bankpolitik. hrsgg. von J. Krumnow/M. Metz, Stuttgart 1987, S. 159–180.

BÜSCHGEN, Hans E./BÖHNER, Willi: Controlling in Universalbankbetrieben. In: BFuP, 1982, S. 193–207.

FLECHSIG, Rolf: Bankbetriebliches Controlling im Kundenmanagement. In: Öst. Bk-A, 1983, S. 157–164.

GUSHURST, Klaus-Peter: Controlling in Banken – Informationsaufgaben im neuen Design? In: ZfgK, 1991, S. 702–706.

HAUSCHILDT, Jürgen: Der Controller in der Bank. 2. Auflage. Frankfurt a. M. 1993.

HESELER, Peter: Elemente eines Controlling-Systems für Banken. Diss. St. Gallen 1983.

KÄSER, Walter: Controlling im Bankbetrieb. Bern 1981.

KALDENKERKEN, Thomas van: Controlling in Sparkassen. Stuttgart 1992.

KRUMNOW, Jürgen: Operatives Controlling im Bankkonzern. In: Rechnungswesen im Dienste der Bankpolitik. hrsgg. von J. Krumnow/M. Metz, Stuttgart 1987, S. 127–143.

–: Controlling im Off-Balance-Sheet-Geschäft. In: Finanzintermediation und Risikomanagement, hrsgg. von H.-J. Krümmel/B. Rudolph, Frankfurt a. M. 1989, S. 135–157.

–: Strategisches Bankencontrolling – organisatorische und instrumentelle Führungsunterstützung in einem Bankkonzern. In: BkA, 1991, S. 3–12.

MERTIN, Klaus: (Self-)Controlling. In: ZfgK, 1982, S. 1118–1121.

–: Konzern-Controlling als Führungsaufgabe am Beispiel einer Großbank. In: Bank-Controlling als Managementaufgabe, hrsgg. von R. Kolbeck, Frankfurt a. M. 1987, S. 11–33.

MÜLHAUPT, Ludwig/SCHIERENBECK, Henner/WIELENS, Hans (Hrsg.): Controlling in Banken und Sparkassen. Frankfurt a. M. 1981.

SAUER, Herbert: Controlling-Einstieg über Controlling-Infrastruktur? In: Bw. Blätter, 1985, S. 173–183.

SCHIERENBECK, Henner: Ertragsorientiertes Bankmanagement. 3. Auflage. Wiesbaden 1991.

–: Ertragsorientiertes Bankmanagement. Fallstudien und Lösungen. Bern/Stuttgart/Wien 1992.

SCHIERENBECK, Henner/SCHIMMELMANN, Wulf von/ROLFES, Bernd (Hrsg.): Bank-Controlling 1988. Frankfurt a. M. 1988.

SCHIERENBECK, Henner/SEIDEL, Eberhard/ROLFES, Bernd: Controlling in Kreditgenossenschaften. (2 Bände). Wiesbaden 1988.

SCHÜLLER, Stephan: Organisation von Controllingsystemen in Kreditinstituten. Frankfurt a. M. 1984.

–: Aufgaben und organisatorische Gestaltung des Bankcontrolling. In: Bank, 1985, S. 558–560.

SCHULTE, Heinz-Werner: Controlling in Kreditgenossenschaften. Berlin 1988.

SEIDEL, Eberhard: Controlling im Betriebsbereich immer wichtiger, doch konzeptionell blockiert. In: Bank, 1988, S. 662–672.

SEIDEL, Eberhard/WIRTZ, Urban: Akzeptanz des Banken-Controlling. In: Bank, 1989, S. 383–391.

ZERWAS, Arnold: Perspektiven des Bankcontrolling – Neue Definition. In: Bw. Blätter, 1992, S. 268–273.

3. Statistik

BÜSCHGEN, Hans E.: Ein Kommentar zur Bankenstatistik aus der Sicht der Banken. In: Allgemeines Statistisches Archiv, 1983, S. 34–48.

ELLGERING, Ingo: Statistik in Kreditinstituten. 6. Auflage. Stuttgart. 1990.

GROMMES, Heinz-Josef/SACCARO, Mario: Betriebs-/Leistungsstatistik der Sparkassen. In: Bw. Blätter, 1979, S. 151–154.

GRUYTER, Jürgen de: Die Bankenstatistik als analytisches Hilfsmittel gezielter Geschäftspolitik der Kreditinstitute. Diss. Wien 1968.

KRONHEIM, Laszlo: Neustrukturierung der Statistik und ihrer Organisation in Kreditinstituten. In: Bank, 1982, S. 64–67.

SCHLESINGER, Helmut: Die Bankenstatistik der Deutschen Bundesbank – Informationsmittel und analytisches Instrument. In: Risikovorsorge, hrgg. von R. Kolbeck, Frankfurt a. M. 1985, S. 109–130.

SCHRAMM, Ingeborg: Die Bankenstatistik der Deutschen Bundesbank – Erhebungsverfahren und Auswertungsprogramm. In: Allgemeines Statistisches Archiv, 1983, S. 1–15.

4. Zum Aufbau von Informationssystemen

BAUMANN, Wilhelm: Informationsorganisation – Bestandteil integrierter Unternehmenssteuerung. In: Bw. Blätter, 1989, S. 364–372.

GIERSZEWSKI, L./WANNINGER, H.: Betriebswirtschaftliche Kennzahlen als Führungsinformation für Banken. In: vbo-informationen, 1978, S. 36–39, 1979, S. 93–95, und 1980, S. 36–42 (B/1101, Bl. 1–14).

HAAS, David: Informations- und Kommunikationssysteme. Mittel zur Problemlösung im Bankbetrieb. Bern/Stuttgart 1991.

HAFERKORN, Jürgen: Individuelle Management-Informationssysteme. In: Bank, 1992, S. 112–116.

KLUGE, Friedrich: Führung, Delegation und Information im Bankbetrieb. Wiesbaden 1971.

KÜPPERS, Bernd: Überlegungen zur internen Information und Kommunikation bei Kreditinstituten. In: bum, 9/1986, S. 31–34.

LEEB, Wolfgang: Führungsinformationssystem in Kreditinstituten. In: Rechnungswesen im Dienste der Bankpolitik, hrsgg. von J. Krumnow/M. Metz, Stuttgart 1987, S. 223–237.

LEICHSENRING, Hansjörg: Führungsinformationssysteme in Banken. Wiesbaden 1990.

MEYER ZU SELHAUSEN, Hermann: Strategisches Informations-Management. In: Bank, 1990, S. 158–167.

MÜLLER, Horst: Wechselbeziehungen zwischen internen und externen Datensammlungen. In: Bank, 1983, S. 252–256.

SAUER, Thomas: Strategische Informationssystemplanung in Banken. Wien 1990.

SENGERA, Jürgen: Management-Informationssysteme. In: Handbuch Bankorganisation, hrsgg. von J. H. v. Stein/J. Terrahe, Wiesbaden 1991, S. 609–624.

STEINBRINK, Klaus: Information und Entscheidung im Bankbetrieb. Frankfurt a. M. 1976.

STEVENSON, Horst: Informationssysteme für Kreditinstitute. Berlin/New York 1973.

SUTER, Hansbert: Die langfristige Planung von computerunterstützten Informationssystemen – dargestellt am Beispiel einer Handelsbank. Bern/Stuttgart 1980.

TERRAHE, Jürgen: Entwicklung und Einsatz von Management-Informationssystemen in Kreditinstituten. In: Controlling in Banken und Sparkassen, hrsgg. von L. Mülhaupt/H. Schierenbeck/H. Wielens, Frankfurt a. M. 1981, S. 85–95.

WILKENS, Klaus: Inhalt und Problematik bankspezifischer Führungsinformationen. Diss. Hamburg 1974.

Sachverzeichnis